U0525663

H.F. Jolowicz    Barry Nicholas

# Historical Introduction to The Study of Roman Law

# 罗马法研究历史导论

〔英〕H.F. 乔洛维茨 巴里·尼古拉斯 著

薛军 译

商务印书馆
创于1897  The Commercial Press

2013年·北京

H. F. Jolowicz and Barry Nicholas
**HISTORICAL INTRODUCTION TO THE STUDY OF ROMAN LAW**
Third Edition
©Cambridge University Press, 1972
本书根据剑桥大学出版社 1972 年第 3 版译出

# 目　录

| | | |
|---|---|---|
| 前言 | | 1 |
| 年表 | | 3 |
| 缩写 | | 6 |
| 第一章 | 罗马史的分期和罗马法史的分期 | 1 |
| | 一、罗马史的分期 | 1 |
| | 二、罗马法史的分期 | 5 |
| 第二章 | 罗马共和国宪法 | 10 |
| | 一、组成部分 | 10 |
| | 二、阶层之间的斗争 | 12 |
| | 三、民众会议 | 22 |
| | 四、罗马民众会议的特征与程序 | 34 |
| | 五、元老院 | 38 |
| | 六、执法官 | 57 |
| 第三章 | 共和国时期的意大利和各行省 | 74 |
| | 一、意大利 | 75 |
| | 二、行省 | 85 |
| | 　　附注—双重市民籍 | 91 |
| 第四章 | 共和国时期的社会状况和不同的社会等级 | 97 |
| 第五章 | 共和国时期的法律渊源 | 111 |
| | 一、法律（lex）与平民会决议（plebiscitum） | 112 |
| | 二、解释 | 114 |

三、执法官告示　　　　　　　　　　　　　　127
　　　四、习惯　　　　　　　　　　　　　　　　　131

第六章　异邦人的法，万民法和自然法　　　　　　133

第七章　《十二表法》　　　　　　　　　　　　　　141

第八章　《十二表法》时期的家庭法和继承法　　　148
　　　一、婚姻　　　　　　　　　　　　　　　　　149
　　　二、家父权　　　　　　　　　　　　　　　　153
　　　三、监护　　　　　　　　　　　　　　　　　156
　　　四、宗亲属关系　　　　　　　　　　　　　　158
　　　五、死因继承　　　　　　　　　　　　　　　159
　　　六、无遗嘱继承　　　　　　　　　　　　　　161
　　　七、遗嘱继承　　　　　　　　　　　　　　　164

第九章　《十二表法》时期的奴隶制和奴隶的解放　173

第十章　《十二表法》时期的财产法　　　　　　　179
　　　一、要式物和略式物　　　　　　　　　　　　179
　　　二、所有权　　　　　　　　　　　　　　　　183
　　　三、所有权的取得方式　　　　　　　　　　　186
　　　四、对所有权的限制　　　　　　　　　　　　203

第十一章　《十二表法》时期的债法　　　　　　　207
　　　一、引言　　　　　　　　　　　　　　　　　207
　　　二、债务口约　　　　　　　　　　　　　　　213
　　　三、私犯　　　　　　　　　　　　　　　　　217

第十二章　《十二表法》时期的程序法　　　　　　228
　　　一、传唤（传唤受审）　　　　　　　　　　　228
　　　二、审判　　　　　　　　　　　　　　　　　229
　　　三、执行　　　　　　　　　　　　　　　　　243

## 第十三章 从《十二表法》到共和国衰亡时的私法：程序法 249
  一、法律诉讼制度的变化 250
  二、程式诉讼制度 260

## 第十四章 从《十二表法》到共和国衰亡时的私法：家庭和继承法 302
  一、婚姻 302
  二、家父权和奴役 308
  三、监护 309
  四、继承 313

## 第十五章 从《十二表法》到共和国衰亡时的私法：关于奴隶和解放的法律 332

## 第十六章 从《十二表法》到共和国衰亡时的私法：财产法 336
  一、占有令状 336
  二、占有令状的起源 339
  三、布布里其诉讼与"善意"所有权的发展 341
  四、行省土地所有权 346
  五、异邦人所有权 347
  六、他物权 348

## 第十七章 从《十二表法》到共和国衰亡时的私法：债法 351
  一、私犯 353
  二、契约 362

## 第十八章 共和国时期的刑法 394
  一、从《十二表法》直到苏拉的立法 394
  二、苏拉以后的常设刑事法庭 411

## 第十九章 元首制时期的政制 415
  一、元首制的开始 415

二、元首制的发展　　419

## 第二十章　元首制时期的居民的等级和城市管理　　445

　　一、市民籍的扩展　　445
　　二、地方管理　　448
　　三、居民等级　　451

## 第二十一章　元首制时期的法律渊源　　454

　　一、原先的渊源　　454
　　二、新的渊源　　467

## 第二十二章　元首制时期的法学　　480

　　一、法学家的著作　　480
　　二、两大学派　　485
　　三、主要的单个的法学家　　488

## 第二十三章　元首制时期的司法与诉讼程序　　508

　　一、概述　　508
　　二、民事诉讼程序的创新　　510
　　三、刑事管辖权　　516

## 第二十四章　古典法的一般特征　　520

　　一、引言　　520
　　二、影响和方法　　521
　　三、逐渐减少的形式主义和刚性　　523
　　四、日益增强的向抽象思维方式发展的趋势　　528
　　五、更多地使用书面形式　　532

## 第二十五章　君主制时期的宪政　　540

　　一、君主的权力　　540
　　二、行政机构　　543
　　三、元老院和保留下来的共和国体制下的执法官　　553

  四、社会等级    555

## 第二十六章　君主制时期的诉讼程序和司法    562
  一、民事程序    563
  二、法院与司法权    570

## 第二十七章　从古典时期结束到优士丁尼继位时的法律渊源    578
  一、法学    578
  二、皇帝立法    589
  三、蛮族法典    597

## 第二十八章　从古典时期结束到优士丁尼继位时的法律的性质    601
  一、对希腊制度的接受    602
  二、"世俗法"    606

## 第二十九章　优士丁尼的立法    612
  一、立法进程    613
  二、法律教育    638
  三、优士丁尼立法在东方的历史    640

## 第三十章　优士丁尼法的一般特征    647

## 索引    660

## 译后记    689

# 前　言

　　本书的目的仍与它在40年前的目的相同，那时，乔洛维茨在第一版前言中写道：

　　"从某种意义上说，本书意在提供一个去掉了本质的东西的版本。罗马法研究的中心问题必须仍然是古典时期及以后的私法，但是历史背景总是很必要的，并且甚至更加必要，因为现代作者们讨论的新问题主要是历史性而非规范性的。因此，我的目的是……给予学习者为了解罗马法所需要的东西而非罗马法本身。强调的主要是法律渊源和宪法的发展，不了解宪法的发展就不可能理解这些法律渊源的性质，但是，此外我还试图解释程序和介绍司法的结构。而且，看起来，对于共和国时期，可能要考虑到我们的知识状况，而无须详细地解释或推测已形成的法律的各种制度，进而描述后来的体制赖以建立的基础。由于在这些研究中争论是必不可少的，而从对立理论的评价中通常会比从公认的事实中学到更多的东西，故未试图避免争议性话题。"

　　但是，罗马法和罗马宪法史的研究并非静止不变的，并且，既然乔洛维茨在20年前能够在第二版中仅作出较小的修改，现在似乎很有必要进行一次彻底的修订。我希望，本书的特征保持不变，但是，有些部分完全是新的，许多部分在很大程度上重写了，因而保持完全未变的没有几页。我主要的努力是维持一种平衡，我一直将这种平衡视为本书的一大优点，它不仅表现在对引起争论的问题的评价上，而且还表现在正文与脚注之间的关系上。在介绍第二版时，乔洛维茨希望，"即使是以前对这一论题并不熟悉的读者仍可以理解该正文，而学者则被告知做进一步深入研究的方向"。我的困难是，在不破坏乔洛维茨的精心平衡，或者将大量参考文献充斥注释的条件下考虑过去40年里出现的大部分作品。因为，尽管看起来可能自相矛盾，当处于初级水平的罗马法几乎在所有地方都已经衰退时，学者们对它的兴趣却大大增加。对此，下列事实提供了一个简单的衡量标准，即在1932年的时候，全部或主要属于罗马法研究的期刊只有四种，而现在有八九种。因此，我不得不对引用的文献进行严格挑选，并力图只对在我看来是最重要发展的那些文献进行说明，而对其他的引文仅作标注。就实体法和程序法而言，我已经很容易地做到这一点，因为有凯泽尔（Kaser）的《罗马私法》和《罗马民事诉讼法》，这两部著作提供了非常全面的文献目录。除极少数例外，我只考虑1970年底以前我获得的各种文献资料。

我感谢我的同事D. L. 斯得克通先生对一些比较纯粹历史性的章节的草稿的批评，和J. A. C. 托马斯教授对关于刑法这一章的校阅。并且，我还要感谢剑桥大学出版社的工作人员和排印人员在处理极其错综复杂的手稿时的耐心和仔细。

巴里·尼古拉斯

牛津

1972年3月

# 年 表

**王政时期**

公元前 753 年　　　　　　　罗马的建立

公元前 510 年　　　　　　　塔克文被驱逐

**共和国时期**

公元前 451—前 450 年　　　《十二表法》的汇编

公元前 445 年　　　　　　　《卡努勒亚法》

公元前 367 年　　　　　　　《李其尼与塞斯提法》

　　　　　　　　　　　　　　允许平民担任执政官

　　　　　　　　　　　　　　裁判官的设立

公元前 338 年　　　　　　　拉丁同盟的解体

公元前 304 年　　　　　　　《福劳维法》

公元前 300 年　　　　　　　《奥古尔尼法》

　　　　　　　　　　　　　　允许平民担任祭司

公元前 287 年　　　　　　　《霍尔腾西法》

　　　　　　　　　　　　　　平民会决议与法律的最终的
　　　　　　　　　　　　　　等同

公元前 252 年　　　　　　　科伦卡尼，第一个平民担任祭
　　　　　　　　　　　　　　司长

| | |
|---|---|
| 公元前大约 242 年 | 设立外事裁判官 |
| 公元前 241 年 | 第一个行省（西西里） |
| 公元前 123—前 122 年 | 盖约·格拉古担任保民官 |
| 公元前 82—前 79 年 | 苏拉的独裁 |
| 公元前 44 年 | 恺撒被杀 |
| 公元前 31 年 | 阿克济乌姆之战 |

**元首制时期**

| | |
|---|---|
| 公元前 27 年 | 奥古斯都使其权力合法化 |
| 公元 14 年 | 奥古斯都去世 |

**古典法时期前期**

| | |
|---|---|
| 公元 117—138 年 | 哈德良的统治 |
| 公元 138—161 年 | 安东尼·庇乌的统治 |
| ？公元 161 年 | 盖尤斯的法学阶梯 |
| 公元 161—172 年 | M. 奥勒留和 L. 韦鲁斯的统治（兄弟皇帝） |
| 公元 172—180 年 | M. 奥勒留一人的统治 |

**古典法时期后期**

| | |
|---|---|
| 公元 193—211 年 | 塞普提·塞维鲁的统治 |
| 公元 211—217 年 | 卡拉卡拉（安东尼）的统治 |
| ？公元 212 年 | 卡拉卡拉敕令 |
| 公元 222—235 年 | 亚历山大·塞维鲁的统治 |

**君主专制时期**

| | |
|---|---|
| 公元 284—305 年 | 戴克里先的统治 |

| | |
|---|---|
| 公元 312 年 | 君士坦丁大帝皈依基督教 |
| 公元 395 年 | 狄奥多西大帝去世 |
| | 帝国的分裂 |
| 公元 438 年 | 《狄奥多西法典》 |
| 公元 476 年 | 西罗马帝国灭亡 |
| 公元 527—565 年 | 优士丁尼的统治 |

# 缩　　写

Abbott and Johnson, *Municipal Administration:* F. F. Abbott and A. C. Johnson, *Municipal Administration in the Roman Empire*（Princeton,1926）.

*ACII*: *Acta Congressus Iuridici Internationalis, 1934*（2 vols.,Rome,1935）.

*AG*: *Archivio Giuridico*（1868— ）.

*AJA*: *American Journal of Archaeology*（1897— ）.

*AJP hil*: *American Journal of Philology*（1880— ）.

Albertario, *Introd.* : E.Albertario, *Introduzione storica allo studio del diritto romano giustinianeo* 1（Milan,1935）.

Albertario,*Studi*:E. Albertario, *Studi di diritto romano*（6 vols., Milan, 1933,1941,1936,1946,1937,1953）.

*Ann.stor.dir.*: *Annali di storia del diritto*（1957— ）.

*APal.*: *Annali del Seminario giuridico dell' Università di Palermo*（1913— ）.

Arangil-Ruiz, *Compravendita*: V. Arangio–Ruiz, *La compravendita in diritto romano*（2nd ed., Naples, 1954）.

Arangio-Ruiz,*Istit.*: V. Arangio-Ruiz, *Istituzioni di diritto romano*（14th ed.,Naples, 1960）.

Arangio-Ruiz, *Rariora*: V. Arangio-Ruiz, *Rariora*（Rome,1946）.

Arangio-Ruiz,*Storia*: V. Arangio-Ruiz, *Storia del diritto romano*（7th ed., Naples, 1957）.

*Athenaeum*: *Athenaeum-Studi periodici di letteratura e storia*（1913— ）.

*Atti Bologna* : *Atti del Congresso internazionale di dirtto romano, Bologna,1933*

(Pavia, 1934).

*Atti Roma*: *Atti del congresso internazionale di diritto romano, Roma,1933* (Pavia, 1934).

*Atti Verono*: *Atti del Congresso internazionale di diritto romano e di storia del diritto,Verona,1948* (Milan, 1953).


B.: Basilica.

Beseler:G. Beseler, *Beiträge zur Kritik der römischen Rechtsquellen* 1—4 (Tübingen, 1910—20).

Bethmann-Hollweg:M. A. von Bethmann-Hollweg, *Der römische Civilprozess* 1—3 ( Bonn,1864—66; repr.Aalen,1959 ).

*BGU*: *Berliner Griechische Urkunden* ( *Ägyptische Urkunden aus den Museen zu Berlin, Griech.Urk.* ) (Berlin, 1895— ).

*BIDR*: *Bullettino dell' Istituto di diritto romano* ( 1888— ).

Biondi, *Dir. rom. crist.* :B. Biondi, *Il diritto romano cristiano* 1—3 ( Milan, 1952—4 ).

Bleicken, *Senatsgericht*: J. Bleicken, *Senatsgericht und Kaisergericht. Eine Studie zur Entwicklung des prozessrechtes im frühen Prinzipat* ( Göttingen,1962 ).

Bonfante, *Corso* :P. Bonfante, *Corso di diritto romano* 1, 2 ( in two parts ),3, 6 ( Rome, 1925, 1926/28, 1933, 1930 ; repr. Milan, 1963— ).

Bonfante, *Scritti* : P. Bonfante, *Scritti giuridici* 1—3 ( Turin, 1926, 1918, 1921 ) 4 ( Rome, 1926 ).

Bonfante, *Storia*: P. Bonfante, *Storia del diritto romano* ( 4th ed., 2 vols., Turin/Rome, 1934; repr. with revised bibliography, Milan, 1958/9 ).

Boyé , *Denuntiatio*: A. -J . Boyé , *La denuntiatio introductive d'instance sous le principat* ( Bordeaux, 1922 ).

Broggini, *Coniectanea*: G. Broggini, *Coniectanea. Studi di diritto romano* ( Milan, 1966 ).

Broggini, *Iudex* : G. Broggini, *Iudex arbiterve* (Cologne/Graz, 1957).

Bruns: *Fontes Iuris Romani Antiqui*, ed. C. G. Bruns (7th ed., 2 vols. in 1, Tübingen, 1909; repr. Aalen, 1958).

Buckland : W. W. Buckland, *A Text-book of Roman Law from Augustus to Justinian* (3rd ed. by P. Stein, Cambridge, 1963).

Buckland, *Main Institutions* : W. W. Buckland, *Main Institutions of Roman Private Law* (Cambridge, 1931).

Buckland : *Manual* : W. W. Buckland, *A Manual of Roman Private Law* (2nd ed., Cambridge, 1939).

Buckland, *Slavery* : W. W. Buckland, *The Roman Law of Slavery* (Cambridge, 1908).

C.: *Codex* of Justinian.

CAH : *The Cambridge Ancient History*, 1929—39.

C. Cordi, C. Deo auctore, C. Haec, C. Imp. mai., C. Omnem, C. Summa, C. Tanta, C. $\Delta\acute{\varepsilon}\delta\omega\kappa\varepsilon\upsilon$ : Introductory constitutions to parts of Justinian's compilation ; see below, 479, n. 3.

CIL: *Corpus Inscriptionum Latinarum* (Berlin, 1863— ).

Class. Quart. : *The Classical Quarterly* (1907— ).

Class. Rev. : *Classical Review* (1887— ).

CLJ : *The Cambridge Law Journal* (1921— ).

Coll. : *Collatio legum Mosaicarum et Romanarum* (FIRA 2.543ff.; and see p. 456, below).

Collinet, *Ecole de Beyrouth* : P. Collinet, *Histoire de l'Ecole de droit de Beyrouth* (*Etudes historiques sur le droit de Justinien*, 2, Paris, 1925).

Collinet, *Le caractère oriental* : P. Collinet, *Le caractère oriental de l'oeuvre législative de Justinien et les destinées des institutions classiques en occident* (*Etudes historiques*, 1, Paris, 1912).

Collinet, *La procédure par libelle* : P. Collinet, *La procédure par libelle* (*Etudes historiques*, 4, Paris, 1932 ).

*Const. Sirm.*: *Constitutiones Sirmondianae* ( in vol. 1 of Mommsen-Meyer edition of CTh.; see below, 465 ).

*Consult*: *Consuliatio veteris cuiusdam iurisconsulti* ( *FIRA* 2.593ff . ; and see below, 458 ).

Corbett, *Marriage*: P . E . Corbett, *The Roman Law of Marriage* ( Oxford, 1930).

Costa, *Cicerone giureconsulto*: E. Costa, *Cicerone giureconsulto* ( 2 vols., Bologna, 1927 ).

Crook, *Consilium Principis* : J . A . Crook, *Consilium Principis* ( Cambridge, 1955 ).

Crook, *Law and Life*: J . A . Crook, *Law and Life of Rome* ( London, 1967 ).

CTh.: *Codex Theodosianus*.


D.: Digest of Justinian.

Daube, *Biblical Law* : D. Daube, *Studies in Biblical Law* ( Cambridge, 1947 ).

Daube, *Forms*: D. Daube, *Forms of Roman Legislation* ( Oxford, 1956 ).

David-Nelson: *Gai Institutionum Commentarii IV* mit philologischem Kommentar herausgegeben von M. David u. H. L. W. Nelson ( =*Studia Gaiana*, vol. 3, Kommentar; Leiden, 1954— ).


*Entretiens Hardt* 13: Fondation Hardt pour l'étude de l'antiquité classique. *Entretiens sur l'antiquité classique*, vol. 13 ( Geneva, 1967 ).

*Epit. Ulp.* : *Epitome Ulpiani* ( *FIRA* 2.261ff.; and see below, 458 ).

*Eranion Maridakis*: *Eranion in honorem G. S. Maridakis* ( 3 vols. Athens, 1963/4 ).

*Essays in Legal History*, ed. Vinogradoff: *Essays in Legal History read before*

*The International Congress of Historical Studies held in London in 1913*, ed. Sir P. Vinogradoff (Oxford, 1913).

Ferrini, *Opere*: C. Ferrini, *Opere*, ed. V. Arangio-Ruiz (5 vols., Milan, 1929/30).

*FIRA*: *Fontes Iuris Romani Anteiustiniani*, ed. S. Riccobono, J. Baviera, C. Ferrini, J. Furlani, V. Arangio-Ruiz (3 vols., 2nd ed., Naples, 1941, 1940, 1943).

de Francisci, *Primordia*: P. de Francisci, *Primordia Civitatis* (Rome, 1959).

*Fschr. Koschalcer: Festschrift P. Koschaker* (3 vols., Weimar, 1939).

*Fschr. Rabel: Festschrift für E. Rabel* (2 vols., Tübingen, 1954).

*Fschr. Schulz: Festschrift F. Schulz* (2 vols., Weimar, 1951).

*Fschr. Siber: Festschrift für H. Siber* (2 vols., Leipzig, 1941/3).

*Fschr. Wenger: Festschrift für L. Wenger* (=*Münch Beitr.* 34, 1944; 35, 1945).

*FV*: *Fragmenta Vaticana* (*FIRA* 2.463ff.; and see below, 456).

Gai.: Institutes of Gaius.

*Gai. Aut.*: The Autun Gaius (*FIRA* 2.207ff.; and see below, 458).

*Gai. Epit.*: The Epitome of Gaius (*FIRA* 2.231ff.; and see below, 466).

*Gai. Sympos.*: *Gaio nel suo tempo. Atti del symposio romanistico* (Naples, 1966).

Garney: *Social Status*: P. Garnesy, *Social Status and Legal Privilege in the Roman Empire* (Oxford, 1970).

Gaudemet, *Formation*: J. Gaudemet, *La formation du droit séculier et du droit de l'église aux IVe et Ve siècles* (Paris, 1957).

Gaudemet, *Institutions*: J. Gaudemet, *Insitutions de l' antiquité* (Paris, 1967).

Girard: P. F. Girard, *Manuel élémentaire de droit romain* (8th ed. by F. Senn, Paris, 1929).

Girard, *Mélanges*: P. F. Girard, *Mélanges de droit romain* (2 vols., Paris,

1912, 1923 ).

Gradenwitz, *Interpolationen*: O. Gradenwitz, *Interpolationen in den Pandekten* ( Berlin, 1887 ).

Greenidge : A. H. J. Greenidge, *Roman Public Life* ( Oxford, 1901 ).

Guarino, *Ordinamento* : A. Guarino, *L' ordinamento giuridico romano* ( 3rd ed., Naples, 1959 ).

*H.A.*: *Historia Augusta*.

Hammond : A*ntonine Monarchy* : M. Hammond, *The Antonine Monarchy* ( American Acad. In Rome, Papers 19, 1959 ).

Heimbach: *Basilicorum libri LX*, ed. G. Heimbach (7 vols., Leipzig, 1833—97).

Hill, *Roman Middle Class* : H. Hill, *The Roman Middle Class in the Republican Period* ( Oxford, 1952 ).

*Historia*: *Historia. Zeitschrift für alte Geschichte* ( 1950— ).

Holdsworth, *HEL*: W. S. Holdsworth, *A History of English Law* ( 16 vols., London, 1923—66 ).

Honoré, *Gaius*: A. M. Honoré , *Gaius. A Biography* ( Oxford, 1962 ).

H.-S. or Heumann-Seckel: *Heumanns Handlexikon zu den Quellen des römischen Rechts* ( 9th ed. by E. Seckel, Jena, 1907; repr.as 10th ed., Graz, 1958 ).

*IRMAE*: *Ius Romanum Medii Aevi, auspice Collegio antique iuris studiis provehendis* ( Milan, 1961— ).

*Iura*: *Iura. Rivista internazionale di diritto romano c antico* ( 1950— ).

J.: Institutes of Justinian.

*JEA*: *Journal of Egypian Archaeology* ( 1914— ).

Jhering. *Geist* : R. von Jhering, *Geist des römischen Rechts auf den verschiedenen*

*Stufen seiner Entwicklung* ( 3 parts in 4 vols., 4th and 5th ed., 1883— 94; repr. Aalen, 1968 ).

JJP: *Journal of Juristic Papyrology* ( 1946— ).

Jolowicz, *De Furtis*: *Digest XLVII.2, De Frutis*, ed. with Introduction, Translation and Notes by H. F. Jolowicz ( Cambridge, 1940 ).

Jolowicz, *Roman Foundations*: H. F. Jolowicz, *Roman Foundations of Modern Law* ( Oxford, 1957 ).

Jones: A. H. M. Jones, *The Later Roman Empire* ( 3 vols., Oxford, 1964 ).

Jones,*Studies* : A. H. M. Jones, *Studies in Roman Government and Law* ( Oxford, 1960 ).

Jörs-Kunkel: W. Kunkel, *Römisches Privatrecht auf Grund des Werkes von P. Jörs* ( 3rd ed., Berlin etc., 1949=2nd ed., 1935, with bibliographical supplement ).

JRS: *Journal of Roman Studies* ( 1911— ).

Jurid. Rev.: *Juridical Review* ( 1889— ).

Karlowa: O. Karlowa, *Römische Rechtsgeschichte* ( 2 vols., Leipzig, 1885, 1901 ).

Kaser, *AJ*: M. Kaser, *Das altrömische ius* ( Göttingen, 1949 ).

Kaser, *EB*:M. Kaser, *Eigentum und Besitz im älteren römischen Recht* ( 2nd ed., Cologne/Graz, 1956=lst ed., 1942, with appendix ).

Kaser, *RPL*: M. Kaser, *Roman Private Law* ( 2nd ed., transl. R. Dannenbring, London, 1968 ).

Kaser, *RPR*:M. Kaser, *Das römische Privatrecht* I ( 2nd ed., Munich, 1971), 2 ( lst ed., Munich, 1955 ) = *Handbuch der Altertumswissenschaft*, ed. H. Bengtson, vol. x. 3.3.1,2 ).

Kaser, *ZPR*: M. Kaser, *Das römische Zivilprozessrecht* ( Munich, 1966= *Handbuch der Altertumswissenschaft*, ed. H. Bengston, vol. x. 3.4 ).

Kelly, *Roman Litigation* : J. M. Kelly, *Roman Litigation* ( Oxford, 1966 ).

Kipp: Th. Kipp, *Geschichte der Quellen des römischen Rechts* ( 4th ed., Leipzig/ Erlangen, 1919 ).

Krüger: P. Krüger, *Geschichte der Quellen und Literatur des römischen Rechts* ( 2nd ed., Munich/Leipzig, 1912 ).

Kübler: B. Kübler, *Geschichte des römischen Rechts* (Leipzig/Erlangen, 1925 ).

Kunker, *Herkunft*: W. Kunkel, *Herkunft und soziale Stellung der römischen Juristen* ( 2nd ed., Vienna, 1967= lst ed., 1952, with bibliographical supplement ).

Kunkel, *Intro.*: W. Kunkel, *An Introduction to Roman Legal and Constitutional History*, transl. J. M. Kelly ( Oxford, 1966 ).

Kunkel, *Krim.*:W. Kunkel, *Untersuchungen zur Entwicklung des römischen Kriminalverfahrens in vorsullanischer Zeit* ( Munich, 1952=*Abh. d. Bayer. Akad. d. Wissensch., phil. -hist. Kl.*, 56 ).


*Labeo* : *Labeo. Rassegna di diritto romano* ( 1955— ).

Lawson, *Negligence* : F. H. Lawson, *Negligence in the Civil Law* ( Oxford, 1950 ).

Lenel, *Gesch.*: O. Lenel, *Geschichte und Quellen des römischen Rechts*( Munich/ Leipzig, 1915, *Iloltzendoroffs Enzyklopädie der Rechtswissenschaft*, vol. 1, 7th ed. ).

Lenel, *EP*: O. Lenel, *Das Edictum Perpetuum* ( 3rd ed., Leipaig, 1927; repr. Aalen, 1956 ).

Levy, *Ehescheidung* : E. Levy, *Der Hergang der römischen Ehescheidung* ( Weimar, 1925 ).

Levy, *Ges. Schr.* : E. Levy, *Gesammelte Schriften* (2 vols., Cologne/Graz, 1963 ).

Levy, *Obligations* : E. Levy, *Weströmisches Vulgarrecht, Das Obligationenrecht* ( Weimar, 1956 ).

Levy, *Privatstrafe*: E. Levy, *Privatstrafe und Schadensersatz* ( Berlin, 1915 ).

Levy, *Property*: E. Levy, *West Roman Vular Law, The Law of Property* (Philadelphia, 1951).

Levy, *Sponsio*: E. Levy, *Sponsio, fidepromissio, fideiussio* (Berlin, 1907).

Lévy-Bruhl, *Nouv. Et.*: H. Lévy-Bruhl, *Nouvelles études sur le très ancien droit romain* (Paris, 1947).

Lévy-Bruhl, *QP*: H. Lévy-Bruhl, *Quelques problèmes du très ancient droit romain* (Paris, 1934).

Lévy-Bruhl, *Recherches*: H. Lévy-Bruhl, *Recherches sur les actions de la loi* (Paris, 1960).

Lipsius: J. H. Lipsius, *Das attische Recht und Rechtsverfahren* (3 vols., Leipzig, 1905, 1908, 1915).

*LQR: Law Quarterly Review* (1885— ).

L.R.Burg.: *Lex Romana Burgundionum* (see below, 467).

L.R.Visig.: *Lex Romana Visigothorum* (see below, 466).

Magdelain, *Actions Civiles*: A. Magdelain, *Les actions civiles* (Paris, 1954).

Magdelain, *Recherches sur l'imperium*: A. Magdelain, *Recherches sur l'imperium, la loi curiate, et les auspices d'investiture* (Paris, 1968).

Maine, *Ancient Law*: Sir Henry Sumner Maine, *Ancient Law* (ed. Pollock, London, 1906).

de Martino: F. de Martino, *Storia della costituzione romana* 1—5 (Naples, 1951, 1954/5, 1958, 1962/5, 1967).

v. Mayr: R. von Mayr, *Römische Rechtsgeschichte* (7 vols., Leipzig, Berlin, 1912/13).

*Mél. Cornil: Mélanges de droit romain dédiés à G. Cornil* (2 vols., Ghent/Paris, 1926).

*Mél. Gérardin: Méanges Gérardin* (Paris, 1907).

*Mél. Lévy-Bruhl: Droits de l'antiquité et sociologie juridique. Mélanges Henri*

*Lévy-Bruhl*（Pars, 1959）.

*Mél. Meylan*: *Mélanges Philippe Meylan*（2 vols., Lausanne, 1963）.

*Mél. de Visscher*: *Mélanges F. de Visscher* 1—4=*RIDA* 2—5（1949—50）.

Meyer, *Röm. Staat*: E. M. Meyer, *Römischer Staat und Staatsgedanke*（3rd ed., Zurich/Stuttgart, 1964）.

Mitteis, *Chrest.*: L. Mitteis, *Grundzüge und Chrestomathie der Papyruskunde*, 2.2 *Chrestomathie*（Leipzig, 1912）.

Mitteis,*Grundzüge*: Ibid. 2. 1.

Mitteis, *Reichsr.* : L. Mitteis, *Reichsrecht und Volksrecht in den östlichen Provinzen des römischen Kaiserreichs*（Leipzig, 1891）.

Mitteis, *RPR*: L. Mitteis, *Römisches Privatrecht bis auf die Zeit Diokletians* 1（Leipzig, 1908）.

Momigliano, *Quarto Contributo* : A. Momigliano, *Quarto contributo alla storia degli studi classici e del mondo antico*（Rome, 1969）.

Momigliano, *Terzo Contributo*: A. Momigliano, *Terzo contributo etc.*（Rome, 1966）.

Mommsen, *Abriss* : Th. Mommsen, *A briss des römischen Staatsrechts*（2nd ed., Leipzig, 1907）.

Mommsen, Ges. Schr.: Th. Mommsen, *Gesammelte Schriften*（8 vols., Berlin, 1905—13; repr. Berlin/Dublin, 1965; *Juristische Schriften* =vols. 1—3）.

Mommsen, *Röm, Chronologie*: Th. Mommsen, *Die röm, Chronologie bis auf Caesar*（Berlin, 1858）.

Mommsen, *StR*: Th. Mommsen, *Römisches Staatsrecht* 1,2（3rd ed., Leipzig, 1887）, 3（lst ed., Leipzig, 1888）; repr. Tübingen, 1952.

Mommsen, *StrR* : Th. Mommsen, *Römisches Strafrecht*（Leipzig, 1899; repr. Darmstadt, 1955）.

Monier: R. Monier, *Manuel élémentaire de droit romain* 1（6th ed., Paris, 1947）, 2（5th ed., Paris, 1954）; repr. Aalen, 1970.

*Münch. Beitr.*: *Münchener Beiträge zur Papyrusforschung und antiken Rechtsgeschichte*（1915— ）.

Nicholas, *Introduction*: B. Nicholas, *Introduction to Roman Law* （Oxford, 1962）.

Nicolet, *L'ordre équestre*: Cl. Nicolet, *L'ordre équestre à l'époque républicaine* 1 （*Bibl. des écoles francaises d'Athènes et de Rome*, fasc. 207, 1966）.

*NNDI*: *Novissimo digesto italiano* （Turin, 1957— ）.

Noailles, *Fas et Ius*: P. Noailles, *Fas et ius. Etudes de droit romain* （Paris, 1948）.

*Not. Dign. Occid.* : *Notitia dignitatum in partibus occidentis*, ed. O. Seeck （Berlin, 1876）.

Nov.: Novels of Justinian.

*Nov. Maioran.* : *Novellae Maiorani* （in vol. 2 of the Mommsen-Meyer edition *of CTh*; see below, 465, n. 5）.

*Nov.* Marcian. : *Novellae Marciani* （ibid.）.

*Nov. Th.*: *Novellae Theodosii* （ibid.）.

*Nov. Val.* : *Novellae Valentiniani* （ibid.）.

Ogilvie, *Livy* 1—5: R. M. Ogilvie, *A Commentary on Livy Books* 1—5 （Oxford, 1965）.

Pais, *Ricerche* : E. Pais, *Ricerche sulla storia e sul diritto pubblico di Roma I* （Rom, 1915）.

*P. Antinoop.*: *The Antinoopolis Papyri* （London, 1950— ）.

Partsch, *Schriftformel* : J. Partsch, *Die Schriftformel im römischen Provinzialprozesse* （Breslau, 1905）.

Pernice, *Labeo* : A. Pernice, *Labeo, Römisches Privatrecht im ersten Jahrhundert der Kaiserzeit* （1, 1878; 2.1, 2 , 2nd ed., 1895/1900; 3.1, 2nd ed., 1892;

all Halle; repr. Aalen, 1963 ).

Perozzi, *Scritti*: S. Perozzi, *Scrtti giuridici* ( 3 vols., Milan, 1948 ).

Peters,*Die oströmischen Digestenkommentare*: H. Peters, *Die oströmischen Digestenkommentare und die Entstehung der Digesten* ( *Berichte d. sächs. Gesellsch. d. Wissensch.* 65, 1913; repr. *Ladeo.* 16 ( 1970 ) 183ff., 335ff. ).

*P. Giess.*: *Griechische Papyri im Museum des oberhessischen Geschichtsvereins zu Giessen* ( Leipzig, etc., 1910—12 ).

*P.Hal.*: *Dikaiomata: Auszüge aus alexandrinischen Gesetzen...herausgeg. von der Graeca Halensis* ( Berlin, 1913 ).

*P.Lips*: *Griechische Urkunden der Papyrussammlung zu Leipzig*, ed. L. Mitteis ( Leipzig, 1906 ).

Pollock and Maitland : F. Pollock and F. W. Maitland, *The Eistory of English law before the time of Edward I* ( 2 vols., 2nd ed., Cambridge, 1898, 1911; repr. with introduction and bibliography by S. F. C. Milsom, 1968 ).

*P. Oxy.*: *The Oxyrhynchus Papyri*, ed. B. P. Grenfell and A. S. Hunt *et al.* ( London, 1898— ).

Pringsheim, *Ges. Abh.* : F. Pringsheim, *Gesammelte Abhandlungen* ( 2 vols., Heidelberg, 1961 ).

Pringsheim, *Greek Law of Sale* : F. Pringsheim, *The Greek Law of Sale* ( Weimar, 1950 ).

PS: *Pauli Sententiae* ( *FIRA* 2.319ff.; and see below, 457 ).

Pugliese, *Proc.* : G. Pugiese, *Il processo civile romano*, vol. 1: *Le legis actiones* ( Rome, 1961/2 ) ; vol. 2: *Il processo formulare* 1 ( Milan, 1963 ).

*PW*: *Paulys Realenzyklopädie der klassischen Altertumswissenschaft*, neue Bearbeitung, ed. G. Wissowa, etc. ( Stuttgart, 1894— ; in two series, the second, beginning at R, being distinguished by the addition of A after the volume number; Suppl.=supplementary volume ).

Rabel: E. Rabel, *Grundzüge des römischen Privatrechts, in Holtzendorffs*

*Enzyklopädie der Rechtswissenschaft* 1（7th ed., 1915）399ff.（separate reprint, Darmstadt, 1955）.

Rend. Ist. Lomb.：（Reale） *Istituto Lombardo di scienze e lettere. Rendiconti. Classe di lettere e scienze morali e storiche*（1864— ）.

RHD: *Revue historique de droit français et étranger* （4th series, 1922/ ）; from 1877 to 1921: *Nouvelle revue historique de droit francais et étranger*.

Riccobono, *Scritti*: S. Riccobono, *Scritti di diritto romano* 1,2 （Palermo, 1957, 1964）.

RIDA: *Revue internationale des droits de l'antiquité*（1948— ）.

Riv. it. sci. giur.：*Rivista italiana per le scienze giuridiche*（1886— ）.

Rostovtzeff, *Economic History*：M. Rostovtzeff, *The Social and Economic History of the Roman Empire* （2nd ed. by P. M. Fraser, 2 vols., Oxford, 1957）.

Rotondi, *Leges publicae*：G. Rotondi, *Leges publicae populi romani* （Milan, 1912; repr. Hildesheim, 1962）.

Rotondi, *Scr. giur.*：g. Rotodi, *Scritti giuridici* （3 vols., Milan, 1922）.

Schmidlin, *Rekuperatorenverfahren*：B. Schmidlin, *Das Rekuperatorenverfahren. Eine Studie zum römischen Prozess* （Freiburg, Swizerland, 1963）.

Sch. Sin.: *Scholia Sinaitica* （FIRA 2.637ff.; and see below, 459）.

Schulz, *CRL*: F. Schulz, *Classical Roman Law* （Oxford, 1951）.

Schulz, *History*: F. Schulz, *History of Roman Legal Science* （Oxford, 1946）.

Schulz, *Principles*：F. Schulz, *Principles of Roman Law* （Oxford, 1936）.

Schwind, *Publikation*：F. v. Schwind, *Zur Frage der Publikation im römischen Recht* （Münch. Beitr. 31, 1940）.

Scr. Ferrini （Milano）：*Scritti in onore di Contardo Ferrini pubblicati in occasione della sua beatificazione* （4 vols., Milan, 1947—9）.

Scr. Ferrini （Pavia） ：*Scrtti di diritto romano in onore di Contardo Ferrini pubblicati della R. Universita di Pavia* （Milan, 1946）.

*Scr. Giuffrè* : *Scritti in memoria di A. Giuffrè* （Milan, 1967）.

Scullard, *History* : H. H. Scullard, *A History of the Roman World 753—146 B.C.* （3rd ed., London, 1961）.

*SDHI*: *Studia et documenta historiae et iuris* （1935— ）.

Sherwin-White: A. N. Sherwin-White, *The Roman Citizenship* （Oxford, 1939）.

Siber: H. Siber, *Römisches Recht*, vol. 2: *Römisches Privatvecht* （Berlin, 1928）.

Sohm: R. Sohm, *Institutionen, Geschichte u. System des röm. Privatrechts*（17th ed. by L. Mitteis and L. Wenger, Munich, 1928）.

Solazzi, *Scritti*: S. Solazzi, *Scritti di diritto romano 1—4* （Naples, 1955, 1957, 1960, 1963）.

*St. Albertario*: *Studi in memoria di E. Albertario* （2 vols., Milan, 1953）.

*St. Arangio-Ruiz*: *Studi in onore di V. Arangio-Ruiz* （4 vols., Naples, 1953）.

*St. Betti*: *Studi in onore di E. Betti* （5 vols., Milan, 1962）.

*St. Biondi*: *Studi in onore di B.Biondi* （4 vols., Milan, 1965）.

*St. Bonfante*: *Studi in onore di P. Bonfante* （4 vols., Milan, 1930）.

*St. de Francisci*: *Studi in onore di P. de Francisci* （4 vols., Milan, 1956）.

*St. Grosso* : *Studi in onore di G. Grosso* （3vols., Turin, 1968）.

*St. Paoli*: *Studi in onore di U. E. Paoli* （Florence, 1955）.

*St. Redenti*: *Studi in onore di E. Redenti* （2 vols., Milan, 1951）.

*St. Riccobono*: *Studi in onore di S. Riccobono* （4 vols., Palermo, 1936）.

*St. Solazzi*: *Studi in onore di S. Solazzi* （Naples, 1948）.

*St. Volterra*: *Studi in onore di E. Volterra* （in course of publication, Milan）.

Stein, *Histoire*: E. Stein, *Histoire du Bas-Empire* （2 vols. in 3, Paris, etc., 1959, 1949）.

Stein, *Regulae*: P. Stein, *Regulae Iuris. From Juristic Rules to Legal Maxims* （Edinburgh, 1966）.

Steinacker, *Die antiken Grundlagen*: H. Steinacker, *Die antiken Grundlagen der frühmittelalterlichen Privaturkunde* （Leipzig, 1927）.

Steniwenter *Versäumnisverfahren* : A. Stein wenter, *Studien zum röm. Versäumnisverfahren* ( Munich, 1914 ).

Strachan-Davidson: J. L. Strachan-Davidson, *Problems of the Roman Criminal Law* ( 2 vols., Oxford, 1912; repr. Amsterdam, 1969 ).

*Symb. David: Symbolae iuridicae et historicae M. David dedicatae* ( 2 vols., Leiden, 1968 ).

*Symb. Frib.* : *Symbolae Friburgenses in honorem Ottonis Lenel* (Leipzig, 1931).

*Symb. Taubenschlag: Symbolae R. Taubenschlag dedicatae*, 3 vols.=Eos 48 ( 1956 ).

*Synteleia Arangio-Ruiz*: *Synteleia V. Arangio-Ruiz* ( 2 vols. in 1, vol. 2 beginning at p. 607, Naples, 1964 ).

*SZ: Zeitschrift der Savigny-Stiftung für Rechtsgeschichte. Romanistische Abteilung* ( 1880— ).


Tab.: XII Tables ( *FIRA* 1.23ff. ).

*TAPA: Transactions of the American Philological Association* ( 1869— ).

Taubenschlag, *Law* : R. Taubenschlag, *The Law of Greco-Roman Egypt in the light of the Papyri, 332 B.C. -A.D. 640* ( 2nd ed., Warsaw, 1955 ).

Taylor, *Roman Voting Assemblies:* L. R. Taylor, *Roman Voting Assemblies* ( Ann Arbor, 1966 ).

Tenney-Frank: Tenney-Frank, *An Economic History of Rome to the end of the Republic* ( 2nd ed., London, 1927 ).

*TR: Tijdschrift voor Rechtsgeschiedenis. Revue d' histoire du droit* ( 1918— ).

*Tulane L. R.* : *Tulane Law Review* ( 1929— ).


*Varia: Varia. Etudes de droit romain* ( Institut de droit romain de l'Université de Paris; 4 vols., 1952, 1956, 1958, 1961 ).

Vinogradoff, *Hist. Jurisp.* : P. Vinogradoff, *Outlines of Historical Jurisprudence*

(2 vols., Oxford, 1920, 1922).

de Visscher, *Etudes*: F. de Visscher, *Etudes de droit romain* (Paris, 1931).

de Visscher, *Les édits d'Auguste*: F. de Visscher, *Led édits d'Auguste découverts à Cyréne* (Louvain, 1940; new ed. with additions, 1965).

de Visscher, *Nouv. Et.* : F. de Visscher, *Nouvelles études de droit romain* (Milan, 1949).

Voci, *Modi di acquisto*: P. Voci, *Modi di acquisto della proprietà* (Milan, 1952).

Walbank, *Polybius*: F. W. Walbank, *A Historical Commentary on Polybius*, xxvi vol. 1 (Oxford, 1957).

Watson, *Obligations* : A. Watson, *The Law of Obligations in the later Roman Republic* (Oxford, 1965).

Watson, *Persons* : A. Watson, *The Law of Persons in the later Roman Republic* (Oxford, 1967).

Watson, *Property* : A. Watson, *The Law of Property in the later Roman Republic* (Oxford, 1968).

Watson, *Succession* : A. Watson, *The Law of Succession in the later Roman Republic* (Oxford, 1971).

Wenger: L. Wenger, *Institutes of the Roman Law of Civil Procedure* (revised ed., transl. O. H. Fisk, New York, 1940).

Wenger, *Quellen*: L. Wenger, *Die Quellen des römischen Rechts* (Vienna, 1953).

Westrup: C. W. Westrup, *Introduction to Early Roman Law* (5 vols., London/Copenhagen, 1934, 1939, 1944, 1950, 1954).

Wieacker, *Textstufen*: F. Wieacker, *Textstufen klassischer Juristen* (Göttingen, 1960; *Abh, Akad. Wiss. Göttingen, phil. -hist. Kl., 48*).

Wieacker, *Vulgarismus*: F. Wieacker, *Vulgarismus u. Klassizismus im Recht der Spätantike* (*Sitzungsb. Akad. Heidelberg, 1955*).

Willems: P. Willems, *Le droit public romain* (7th ed., Louvain, 1910).

Willems, *Sénat*: P. Willems, *Le Sénat de la République romaine* (Louvain, etc., vol. I with appendix, 2nd ed., 1885, vol 2, 1883; repr. Aalen, 1968).

Windscheid-Kipp: B. Windscheid, *Lehrbuch des Pandektenrechts* (3 vols., 9th ed. by Th. Kipp, Frankfurt am Main, 1906; repr. Aalen, 1963).

Wlassak, *Provinzialprozess*: M. Wlassak, *Zum römischen Provinzialprozess* (Akad. der Wissenschaften in Wien, phil. -hist. Kl., 190.4, 1919).

Wlassak, *Prozessformel*: M. Wlassak, *Die klassische Prozessformel I* (ibid. 202.3, 1924).

Wlassak, *Prozessgesetze*: M. Wlassak, *Römische Prozessgesetze* (2 vols., Leipzig, 1888, 1891).

Wlassak, *Studien*: M. Wlassak, *Studien zum altrömischen Erb-und Vermächtnisrecht* 1 (Akad. der Wissenschaften in Wien, phil. -hist. Kl., 215.2, 1933).

de Zulueta, *Gaius*: F. de Zulueta, *The Institutes of Gaius*, Part II, *Commentary* (Oxford, 1953).

de Zulueta, *Sale*: F. de Zulueta, *The Roman Law of Sale* (Oxford, 1945).

# 第一章

# 罗马史的分期和罗马法史的分期

## 一、罗马史的分期

根据主要的统治政体的不同,罗马历史通常被分为三大时期——王政时期、共和时期和帝政时期。这些主要的分期又可以按照不同方式进行细分。蒙森[1]——他的著名的《罗马史》只写到共和国衰落时期——将其著作划分为五个时期。其中,第一个时期是从最远古时代到王政的废除。关于这一时期,古代的历史作家[2]可以告诉我们许多:罗马城是公元前753年由罗慕路斯建立的,在他之后的六位国王中,最后三位是埃特鲁斯人,并且,正是最后一位埃特鲁斯国王高傲者塔克文的暴政导致王政在公元前509年被废除。但是,这些历史作家都生活在与他们所描述的那些事件相距遥远的后世,而在他们的时代,探究历史真相不被认为是历史作家的主要职责,因此,许多生动形象的细节很可能像阿尔弗雷德国王( King Alfred )与烤焦的蛋糕的传说一样不真实。但是,有一些方面可以证明是真的。那时候存在王,这可以从保存在摄

---

[1] *Römische Geschichte* ( 9th ed. Berlin, 1903 ); Dickson 的英译本 ( 3rd ed. London, 1894 )。
[2] 特别是 Livy ( 59 B.C.—A.D. 17 ) 和 Dionysius of Halicarnassus ( *c.* 25 B.C. )。

政王①和圣王②职位中的模仿而得到证实；根据考古学的证据，很显然在公元前六世纪存在一个埃特鲁斯统治时期。虽然许多方面受到质疑，但是，历史作家的叙述代表了罗马人活着的传统，因此不能轻易地加以抛弃。③

蒙森所划分的第二个时期是从王政的废除持续到意大利的统一。当罗马最初出现在历史中的时候，只是一个小的城邦国家，但在具有相同起源的几个城邦国的联盟即拉丁同盟中，她已经占据一个优势的地位。④罗马与其同盟国之间的关系并不总是和平的，但是，在与拉丁人的战争中，最终取得胜利的是罗马，正如后来——但必须经过数世纪的艰苦斗争——罗马针对意大利的其他国家一样。这一时期的最后一场大战是针对意大利南部（那里有许多希腊殖民地）的希腊城邦塔兰托（Tarentum）——她与一个非意大利的掌权者埃彼路斯（Epirus）国王比鲁斯（Pyrrhus）结成了联盟——而展开的。随着公元前275年比鲁斯最终的失败，对意大利的征服事实上已经完成。罗马殖民地⑤在许多具有战略意义的地方建立起来，她先前的敌人中，一些被迫接受罗马的直接统治，

---

① 下文，第30页。(该页码系英文原书页码，即中译本边码。下同。——译者注)

② 下文，第45页。

③ 关于一个有价值的评述，参见 A. Momigliano, *Terzo Contributo* 545ff.( = *JRS* 53 [1963] 95ff.)；参考前引书, 669ff.( = *Riv. Storica italiana* 76 [1964] 830ff.)。E. Gjerstad, *Early Rome* 1–(Lund, 1953—)中收集并论述了考古学的证据。关于同一作者的简短评论，参见 *Entretiens Hardt* 13.3ff, 并参考 *Historia* 16(1967)257ff。此外，通常还参见 H. H. Scullard, *The Etruscan Cities and Rome* (London, 1967) 243ff。尽管至少从公元前8世纪起一直有人居住在罗马遗址（并且已经发现了约公元前1500年的有关痕迹），杰尔斯塔德还是把罗马城的建立特别地界定为设立一个永久性的广场，在他看来，这标志着先前存在的村落的统一，并确定其年代为大约公元前575年。但是他所确定的这一年代未获得普遍的接受，并且，无论如何，广场的建立只代表伊特鲁里亚（Etruria）统治的开始。有关证据还表明，与伊特鲁里亚之间的贸易一直持续到约公元前450年，并且杰尔斯塔德将王政的结束也大约地放在这一时期；但是，对塔克文的驱逐并不必然导致罗马与伊特鲁里亚之间贸易的立即终止，同时以这样或那样的不同于传统叙述的处理方式都存在不妥帖之处。参见下文，第8页注释。

④ 下文，第58页以下。

⑤ 与希腊殖民地不同，罗马殖民地仍与母邦紧密联系，并充当被征服领土上的一个军事要塞。参考下文，第59页。

另一些则受到条约的约束，而在这些条约中，罗马是占据支配地位的一方，以致它们事实上处在其统治之下。它们不能与其他外国订立条约，并且有义务派遣小分队为罗马军队服役。

罗马这一时期的内部历史几乎和其外部历史一样不平静，主要被"不同阶层之间的斗争"，也即贵族与平民之间的斗争所占据。贵族（the patricians）是显贵（the nobility）或者有特权的公民，而平民是不享有特权的公民，因而，平民的主要目标是获得政治上和法律上的平等，这一目标直到公元前287年才得到完全的实现。①

第三个时期则伴随着罗马与非意大利国家之间的斗争，罗马不得不与这些国家在意大利而且在海外进行战斗。这些国家中主要的是迦太基和马其顿，蒙森将公元前168年在皮德纳对马其顿部队的决定性胜利作为这一时期的结束。罗马胜利的结果是，它现在获得了意大利以外的领土，它们逐渐被称为"行省"。第一个行省是西西里，它在公元前241年第一次布匿战争后归于罗马。后来的与迦太基的战争使罗马取得了西班牙的更大部分，并最终取得"非洲"，即布匿人在北非的占领区，在公元前146年毁灭迦太基之后，它们被组成一个行省。马其顿本身则在公元前148年成为一个行省。这不过是皮德纳之役的必然结果；在公元前2世纪初，罗马的影响在东地中海和西地中海地区就已经非常显著。但是，"俘虏了希腊，俘获者也被俘虏"，不管是好是坏，这是罗马开始感受到希腊文化的全面冲击的时期。这也是罗马社会开始经济转型的时期。城邦国家成为帝国的首都、世界的商业中心；自耕农被依靠奴隶劳动的大地产者取代了；紧密的公民团体让位给一个贫富两极分化显著的社会；无产者阶层也出现了。

第四个时期被蒙森称为"革命"时期。它是旧的共和政体崩

---

① 《霍尔腾西法》（Lex Hortensia），下文，第25页。

溃的历史，它被激烈的政治斗争——这些斗争导致了几次内战——打下了烙印。蒙森以苏拉领导下的元老阶层的贵族的暂时胜利作为这一时期的结束，苏拉作为公元前81—79年的独裁者，在一个完全非民主的基础上重新恢复了宪法。

第五个时期，也是蒙森著作中的最后一个时期，是从苏拉到公元前46年，在这一年，裘力斯·恺撒在塔泊苏斯（Thapsus）战胜了庞培军队，成为罗马世界的主人。蒙森将这一时期称为"军事君主政体的建立"。这是一个继续发展的内部冲突时期，伴随着外部扩张，并且在像庞培和恺撒这样的领导者所具有的超越宪法的地位中，它已经具有了帝国的预兆。但是，尽管恺撒在其短暂的余生里事实上是一个军事独裁者，并且从某种意义上说是罗马帝国的创立者，但是他通常并不被认为是第一位皇帝。公元前44年他被刺杀后，并没有真正意义上的共和体制的复兴，而是有一次内战的复兴，直到公元前31年，在阿克济乌姆（Actium）战役中，裘力斯·恺撒的大侄子、养子裘力斯·屋大维打败其对手安东尼，赢得胜利，这场内战才结束。就是这个房大维——他更为人所知的是在公元前27年所接受的"奥古斯都"的称号——通常被说成是第一位罗马皇帝。

罗马帝国数个世纪的漫长历史自然可划分为两个时期，但是并没有任何明确的分界线将它们相互区分开来。前一时期通常被称为"元首制"时期。在这一时期，尽管皇帝事实上是最高统治者，但他的权力被披上共和政体形式的外衣；但是，这种掩饰也日益变得稀薄，在公元3世纪时已经完全消失。一般将随后的公开的专权时期称为"君主专制"时期，因为皇帝在这一时期即使在理论上，也不再仅仅是"元首"或者"第一公民"，而是其臣民的统治者——"主人"。如果我们必须选择一个具体的日期作为"君主专制"时期的开端，我们可以选择公元284年，因为在这一年，在经过大约半个世纪的皇帝频繁更替的混乱之后，戴克里先登上了王位。① 这位皇帝实行了一些重要的改革，它们加起来就相当于修改了宪法。从他在位到帝国结束，罗马帝国一直是一个君主专制国家，但是，对于"它何时结束"的问题不可能给出简单的答案。在其改革中，戴克里先自己在帝国的东西两部分之间建立了一个行政上的分割。当君士坦丁皇帝将其驻地迁至君士坦丁堡时，这种分割被强化了，并且在公元395年最终确定下来。但是，在那之前，西罗马帝国的灭亡已经临近了。蛮族的入侵再也不能被抵制，西罗马帝国的最后一个皇帝罗慕路斯·奥古斯都在公元476年被废黜。

另一方面，东罗马帝国仍继续存在了很长一段时期，直到公元1453年君士坦丁堡被土耳其人攻陷才结束。在其近千年的余生里实行统治的所有皇帝中，有一个对于法律学家来说最为重要的人，即优士丁尼皇帝，他于公元527年登上王位，于公元565年去世，因为正是在他在位期间，并且主要是由于其个人兴趣，罗马法呈现出流传到后代的形式。因此，公元565年通常被认为是罗马法史结束的时间，除了一些个别的问题外，本书将不涉及在此之后的事件。

## 二、罗马法史的分期

一个民族的法律史和这个民族本身的历史一样悠久，因为在人类社会的每个时期都存在某种法律。就罗马而言，其法律的历史甚至比其民族的历史更为悠久，因为即使在罗马帝国衰亡后，罗马法也从未完全消亡，并且从公元11世纪起，通过对优士丁尼的法律汇编的重新研究，它作为一种积极的力量得以复兴，并且

---

① 但是，在公元2世纪早期，前任执政官小普林尼（Pliny the Younger）通常就称图拉真为"君主"（*dominus*）。

对整个欧洲法律的发展产生了深刻的影响。但是,即使截止到优士丁尼的去世,我们所涉及的时期也是相当长的,从传统的罗马城建立的日期算起,大约有1300年。

将一般的历史划分为不同的时期,同时又不想导致一种错误的观念,即一个民族的发展是间歇性而非持续性的,这是很困难的,不过对于法律史来说,则更为困难,因为法律史中很少有剧烈的中断。一般说来,变化是逐渐产生的,它们远远落后于经济和社会的发展,并且只有在经过很长一段时间之后,我们才能看到已经发生的转变是多么的巨大。此外,政体的变迁,例如从共和国到帝国的变化,可能对私法几乎没有什么影响。因此,通常对法律史进行的分期并不必然与一般历史的分期相一致,并且这样的分期更不能被精确地划定。不过,我们在这里还是可以区分为五个时期。

## (一)远古时期。

这包括王政时期和共和国的前三个或三个半世纪。占主导地位的事件是被称为《十二表法》的著名法典的制定,据传,这发生于公元前451—450年。《十二表法》本身没有任何部分幸存下来,但是,后代的作者们为我们提供了相当多的一般被认为是可靠的引文和释义,这些构成我们了解这一时期的私法的最重要的依据。(关于共和国时期的宪法,由于历史学家们必然提到,我们的资料还算充分。)在其他方面,我们的原始资料很贫乏。我们知道一些影响了《十二表法》以后时期的私法的立法的片段,还知道一些特定的法律制度的存在;此外,有时我们能通过对较晚时期的法律的仔细研究,推断较早时期的事态,而与其他的原始法律体系之间的比较,可以提示我们如何来填补资料的缺漏,或者可以解释那些单凭自身难以理解的事实。除此之外,我们就只能猜测。

## （二）形成时期。

共和国的最后 150 年和帝国的第一个世纪是罗马法的伟大的形成时期。公元前 201 年，第二次布匿战争结束后经济和社会的发展在法律上有其相应的体现和后果。尽管我们关于公元前二世纪的资料仍然少得令人心焦，但是，从后来的文献明显可以看出，这一时期有许多伟大的开端：旧的、僵化的《十二表法》逐渐让位于一种更加灵活的符合帝国社会需要的体制。形成这种体制的伟大法学家们很明显是些历史性的人物，尽管他们的著作没有任何片段保存下来。

在共和国的最后一个世纪，我们可以看得更加清楚。在优士丁尼的《学说汇纂》中，这一时期的法学家经常被后代的作者们所引用，[①]并且有一些直接的引文；我们有西塞罗[②]的著作，在所有这些著作中（不仅仅在其法庭演说中），有许多地方涉及法律问题；另外，我们有大量文学作品，虽然它们不是法律的，但是从中可以推断出有关法律问题的信息。我们还拥有一些以铭文形式保存下来的法律的文本。

到共和国结束时，就我们所知的罗马法的主要特征，看来好像已经确定下来，发展的速度也慢下来。但是，法律作品的数量却增加了。这不仅是 150 年迅速发展的成果被整理出来的结果，而且，也可能正确的是，在帝国时期，由于获得政治名声的机会必定不多，对于追求某个公职的人来说，法律是一种重要的途径。

---

[①] 下文，第 480 页以下。
[②] 公元前 106—前 43 年。

## （三）古典时期。

到哈德良统治时，罗马法已经达到一个稳定的成熟期。[①] 在公元 2 世纪和公元 3 世纪的前半期，许多伟大的法学家通常既是实践者[②]又是作家，他们承担了详尽阐述和整理的工作，因而这 150 年通常被认为是罗马法的古典时期。[③] 这一时期可以分为两个时期，即涵盖了哈德良和安东尼皇帝统治时期的古典前期和处于塞维鲁斯诸帝治下的古典后期。[④] 并不是说在这一发展过程中出现了中断，而是说前期的著作具有较多创造性的特征，而后期的著作却体现出针对整个法律领域来挖掘出既有的原则。在《学说汇纂》中，十分之九以上的引文出自古典时期的作者们，单是仅仅出自古典后期的两位作者[⑤]的引文就占该作品一半以上的篇幅。

## （四）从后古典时期直到优士丁尼的统治。

在亚历山大·塞维鲁死亡（公元 235 年）后出现的混乱时期，法学家的行业突然结束，甚至在戴克里先统治下恢复了秩序也没有使法律创作复兴。在君主专制政体下，没有单个法学家进行创造性工作的余地。当然，也有法学家，但他们是不知名地待在皇帝的议事处，他们的成果可以在以皇帝的名义发布的立法和决定中找到。除了这些以外，法律作品仅仅体现为一些古典著作的汇集和节录。法律思维的质量令人心痛地衰落了。

---

[①] 尤里安对裁判官告示所进行的汇编（下文，第 356 页以下）导致快速变革的最有活力的法律渊源的停滞。
[②] 关于在何种意义上法学家也可以被称为实践者，参见下文，第 94 页及下页。
[③] 正如上文已经提到，由于发展最迅速的时期似乎与共和国一起结束，因此古典时期的开始有时被回溯到这个时代。
[④] 关于年代，参见年代表，第 xiii 页。
[⑤] 乌尔比安（Ulpian）和保罗（Paul）；参见下文，第 392 页及下页。

在公元 4 世纪和 5 世纪，从事实务的法学家，特别是在行省，不再遵守古典法的精细特性。由此导致的生硬的简化的"世俗法"，从西罗马皇帝的日耳曼继承者为其罗马属民所制定的法典中明显可见，[①]但是其影响甚至在皇帝议事机构的声明中也可以看出来。

**（五）优士丁尼的统治本身构成一个时期，这是因为这位皇帝所进行的工作大体上可被称为法典编纂。**

在先前的时代就已经出现了法律上的某种复兴，而优士丁尼利用了这种复兴，来实现对存在的大量的权威观点进行整理的目的。他本人还是一个立法者，颁布了许多法令，其中有一些具有重大意义。但是，优士丁尼之所以享有巨大名声既非因其原创性立法，实际上也不是由于智识的复兴具有足够的力量来进行许多原创性的工作。其工作的意义在于这一事实，即他在《学说汇纂》中收集，并由此保存了大量的摘自古典作家著作的片段，在他的《法典》中相应地收集了帝国的法令，因而他赋予了罗马法从某种意义上来说最终的形态。

---

① 下文，第 466 页以下、第 473 页以下。

# 第二章

# 罗马共和国宪法

## 一、组成部分

根据传统叙述，王政体制包括三个组成部分：国王、元老院（senatus，与 senex 有关）和民众会议。对于这三者之间的职责分工，我们一无所知，该体制也不可能是完全确定的。国王是军事首领和大祭司，并行使一些司法职能；元老院是他的顾问机构。保留给全体民众组成的会议来决定的那些问题可能随国王性格的不同而有很大差异：个性软弱的国王可能要人民批准某一行动方案的提议，而个性坚强的国王可能没有这种批准就去做了。

在共和国时期，这些组成部分中有两个保存下来，即元老院和民众会议，并且实际上，第三个组成部分并没有经历如它表面看来的那么大的变化，因为执法官是王权的继承人。在发生了从王政向共和的转变后，两名执法官被选举出来以取代国王作为城邦的首领，他们最终被称为"执政官"（consuls）[1]，但是王权并未被削减。王权固然受到了限制，因为现在有两个首脑而非一个，并且执政官只任职一年，而国王则终身掌权，但是，除此之

---

[1] 最早是"长官"（praetors）；Livy 3.55.12；Festus 249L；参见 Tab. XII.3。

第二章　罗马共和国宪法　　11

外，执政官仍然拥有国王行使过的巨大权力。①虽然最后，这些权力受到法令的限制，②但是始终存在广泛的剩余性的未受到法律严格界定的权力，尽管它们通常受到宪法惯例的约束。这种未明确界定的权力，最初只授予执政官，但后来还授予其他一些执法官，它的名称就是"治权"。③

我们知道，执法官的任职只限于贵族，平民则无当选资格，

---

① 许多学者认为很难接受这一传统的叙述。所提出的反对理由中包括：（1）后来的两名相互平等的执政官的复杂制度看来好像从一开始就形成了，这是不可能的；（2）在公元前448—前368年之间的大部分时期里，事实上存在两个以上的最高执法官（军团长官，下文，第14页），由于不可能在如此长的间隔后再"恢复"，所以双执法官只可能开始于公元前367年的改革（下文，第15页）；（3）如果双人制确实开始于公元前367年，那么很容易解释将其称号由"praetor"改为"consul"的理由（因为praetor的古词源出自 prae-ire，也就是"领导者"：Cic. Leg. 3.8，虽然consul的词源不很清楚，但是有人认为con-表示联合行动；进一步参见 de Martino, 1.192n, 345n；G. Pugliese, Proc. 1.123n）；（4）Livy 7.3.5，引用了一部古法，该法提到"那个作为最高长官的人"（qui praetor maximus sit），因而有人认为，这与具有平等地位的双执法官制度相矛盾。这些和其他理由导致对公元前367年以前的宪法发展进程的许多种假设，它们都涉及到最初或者有一个执法官，如独裁官（下文，第55页）或者至少一个地位高于其他人的执法官（参见 Staveley, Historia 5［1956］90ff.；de Martino 1.185ff.；P. de Francisci, Primordia, 743ff.；Arangio-Ruiz, Storia 28ff., 407ff.）。最重要的论据是第四个。除非李维的叙述的正确性受到怀疑（如受到斯塔费勒的怀疑，参见本注引文），最大的长官（praetor maximus）必须被解释为（根据传统叙述的辩护者的观点）不是一种官衔，而仅仅是对两名执政官中年长者的描述性提法（Meyer, Röm. Staat 483；进一步参见 Momigliano, St. Grosso 1.161ff.）或者表示执政官职位的最高性（Magdelain, Iura 20［1969］257ff.）。另一方面，传统叙述的主要的独立证据是古罗马的执政官年表（fasti consulares），它显示了一连串的公元前451年以前的两名年度执政官。（这种年表是其名字被用来纪年的执法官——执政官、军团长官的名单，罗马人参照他们计算年代；虽然流传下来的副本是在共和国后期才制作的，它们的可信度受到怀疑，但是，在它们可以被核对的范围内，它们被发现是可信的。）如果在这些年里只有一位最高的执法官，那么年表中有一半的名字可能是被添加的，这种添加的明显动机可能是为了荣耀后来的显贵家族，但是这些家族的名字在这些年里只占少数。参见 Meyer, Museum Helveticum 9（1952）176ff.，批评 K.Hanell, Das altröm. Eponyme Amt（Lund, 1946）的论点，即年表开始于公元前509年并不是表示共和国的建立，而是表示朱庇特·卡比多尼纳斯神庙的落成，并且，年表最早的部分原本只是一份相继担任一种与这个新神庙有关的其名字被用来纪年的执法官的名单。对于Hanell（汉内尔）来说，向共和国逐步过渡的完成的标志是公元前451年十人立法委员会的选任；参见Gjerstad，上文，第1页注释中的相关观点，以及该注引用的莫米里亚诺（Momigliano）的综述。

② 例如，取消了处死公民的权力；下文，第12页、第306页以下。

③ 关于治权的起源的争论的综述，参见 Staveley, Historia, 5（1956）107ff.。关于治权与司法权之间的关系，参见下文，第47页注释。

并且这是不同阶层之间的斗争所集中的焦点之一。关于这一斗争，现在必须说明一些情况。

## 二、阶层之间的斗争

什么是平民的起源，这是一个从未得到满意解决的问题。[①] 根据蒙森的观点，他们最初是"门客"，即处于依附于大家庭的地位的人（例如农奴、寄居的异邦人），但是，对此可以反驳的理由不仅是这样一个团体几乎不可能维持一种有效的斗争，而且我们的原始资料在平民与门客之间作了区分。还有许多的与种族差异有关的假设（例如，认为平民是最早的拉丁原住民，而贵族则是埃特鲁斯征服者），[②] 但是支持它们的证据是不充分的。无论如何，很明显，在我们确切地知道一些情况的所有时期里，平民也是公民，而不仅仅是外邦居民。这种分化可能仅仅是一种普通的社会的和经济的分化：土地的大部分可能落在少数家庭手中，这些家庭然后僭取了政治与宗教事务上的优越权利。此外，现在普遍认为，这种分化直到共和国早期才进一步加重。[③] 因为除罗慕路斯和两个埃特鲁斯塔克文之外，所有的国王拥有的都是后来的平民的姓名，并且平民的姓名也出现在公元前487年以前的执政官中。而且，我们所有的资料似乎都表明，《十二表法》中包含的禁止贵族与平民间通婚的规定，并非如现代作者们普遍认为的那样是对一项古老规则的重申，相反是一个粗糙的创新。[④] 根据这一观点，不同阶层之间的斗争起源于贵族内的一个核心集团试图使

---

[①] 参见 de Martino 1.54ff.。

[②] Arangio-Ruiz, *Storia* 43ff., 412ff.

[③] Last, *JRS* 35（1945）39ff.；Kunkel, *SZ* 77（1960）369f.；Momigliano, *Terzo Contributo* 590ff.（= *JRS* 53［1963］117f.）；Magdelain, 载于 *Hommages J.Bayet*（Brussels, 1964）427ff.

[④] Last, *JRS*, 35（1945）31f.；相反的观点，参见 Arangio-Ruiz, *Storia* 414。

自己单独成为一个统治阶级，因而，较小的贵族和普通民众就联合起来反对它。① 但是，无论如何，即使这种分化不是近期发生的，这一斗争的目标及其发展经过则明确地显示，在平民团体内肯定有一批能够追求城邦领导地位的精英人物。

平民与贵族之间的斗争具有双重特征，部分是经济的，部分是政治的。主要的经济问题是关于公共土地和债法的问题。

## （一）公共土地。

不是所有的土地都归私人所有；② 一些土地属于城邦。这部分土地不时由于成功的战争而得以增加。它可能按照下列三种方式之一进行处理：或者无偿分给私人作为其财产（分得的土地），或者出售给私人，或者向任何希望为农业目的或者作为牧场使用而占用它的公民开放③。平民明显没有资格以这些方式中的任何一种享用公共土地，但是，他们失去这种资格的程度，以及不具备这种资格是法定的还是经济上的，并不清楚。

## （二）债务法。

对于穷人来说，与他们被排除在公共土地的利益之外相比，一种更为紧迫的不幸是极其苛刻的债务法。穷人可能被迫离开其农庄到军队中服役，并且他不像富人那样拥有奴隶，可以在其离开时继续耕作。由于罗马并不总是打胜仗，穷人甚至可能回家后

---

① 参考 Momigliano, *Terzo Contributo* 419（= *Entretiens Hardt* 13.199f.）。
② 关于早期的土地的共同所有权，参见下文，第138页。
③ 严格地说，除非城邦乐意，这种土地的占用不产生任何权利，城邦可以征收实物作为租金，并且能够随时要求收回该土地；但是事实上，这种要求收回土地的权利很少被行使，并且虽然土地严格说来不归占用者所有，但土地世代相传，而贵族执法官经常不向属于自己阶层的成员强征租金，尽管这种租金从来就不是很多。

发现他的农庄已经被敌人所毁。唯一能做的事就是向某个富人借钱，使其能够重新开始。而在下一年同样的事情还可能发生，因而债务负担将增加。这在一个现代国家就可能是足够严重的了，但是在古罗马，不能支付其债务的人可以被其债权人带走，或者杀死，或者被卖到外邦作为奴隶。即使债权人不做出那些他们能够做出的极端行为，但还是可以以这样做为威胁，使债务人处于一种完全从属于他们的意愿的赤贫状况，并且实际上，这似乎就是大批平民的境况。①

对于他们帮助征服的土地，他们得不到任何份额，并且他们要冒不仅失去自己的土地，而且失去自己的生命或自由的风险。

主要的政治问题是那些关于执法官任职资格、平民会议通过的决议的效力和不同阶层之间的通婚。

（一）执法官任职资格。城邦的常设首脑是执政官，至少从公元前5世纪的第二个25年起，②平民被排除在执政官之外。他们也不能被指定为独裁官，独裁官是王政的一种暂时复活，在紧急时期，当必须将整个城邦的权力集中于一人手中时采用。除执政官之外的唯一常设执法官是财务官，他们最初只是执政官的助手并由执政官指定。当然，不可能设想贵族执政官会愿意指定一个平民财务官。祭司在政治上具有相当的重要性，也完全控制在贵族手中。

（二）平民会通过的决议的效力。从很早时候起，平民就聚集在一起召开会议（平民会）并通过决议（平民会决议）。为这些决议争取法律效力是他们的目标之一。

（三）通婚。《十二表法》禁止不同阶层之间通婚；③也就是说，一个贵族与一个平民之间的婚姻不被认为是合法的：一位贵族父亲与一位平民母亲所生的子女仍是平民，并且他们在法律上

---

① 下文，第164页。
② 上文，第10页。
③ 上文，第10页。

与其父亲没有关系,这特别地导致,在他死后,其子女对他的遗产不享有任何权利。这种通婚的禁令不仅具有社会意义,而且还具有政治意义,因为它强调了贵族的观点,即平民的出生太低微以至于不能成为执法官。

有关经济问题与有关政治问题的斗争是紧密结合的。当然,有些富有的平民没有遇到比他们贫穷的同侪所遭受到的经济上的痛苦,但是他们意识到,只有通过与本阶层的其他人联合起来,他们才能得到他们自己所要求的政治让步。最终,他们所追求的政治平等完全得到了实现,但是,充其量,对下等阶层的贫穷问题只进行了缓和,而对公共土地的明智的使用本来可以有效地解决这一问题。

这一斗争的详情,其绝大部分处于口传历史的时期,并且历史作家们的描述,至少有一部分不符合史实。重构历史的难度由于将事实上相对晚近才发生的改革投射在久远的过去这样的倾向而增加了。因此,我们频繁地发现对明显是就相同的事情制定的一系列法律的说明,并且只有两种解释似乎是可能的:或者较早的法律没有被实施,或者,除了是臆造的,它们从来就没有存在过。例如,罗马公民未经向民众会议申诉(provocatio)不得被处死①的规则,被归入至少三部分别为公元前509年、公元前449年和公元前300年的《瓦勒里法》中。②对此至少可以这样说,在每种情形下,竟然都由同一氏族的一个成员来促成这些法律的通过,这是很奇怪的,因此很可能是,只有最后一部法律真正存在过。③

尽管存在这些难题,还是显露出一些事实的真相。平民采取的第一个步骤是自身联合成一个团体,召集会议并选举自己的官

---

① 下文,第306页以下。
② 更不用说《波尔其亚法》(*Lex Porciae*)了。
③ 法律是以提出它的执法官的名字命名的;因此,一项名为《瓦勒里法》(*lex Valeria*)的法律必然是由一个名叫"瓦勒里"(Valerius)的人提议通过的。

员，这些官员被称为保民官。据传，他们的设立可追溯至公元前494年，据推测，在这一年发生了"平民的第一次撤离"，即平民全体离开城邦，并且只有在被保证得到一些让步之后才返回城邦。据说，这些让步是承认平民为一个团体，并赋予保民官（到公元前449年时有十名）①特定的权力。这些官员被赋予了：（1）议事权，即召集平民会议并从中产生决议的权力；不过，这些决议是只对平民自身产生效力的法令，并不约束该团体之外的任何人；（2）否决权，即否决执法官的任何行为，包括将一项法案提交给民众会议诸如此类的行为的权力；（3）帮助权，即保护平民的权利，特别是反对执法官所进行的惩罚。②

毫无疑问，保民官后来得到了这些权力；但是，说他们从一开始就拥有这些手段——特别是可怕的否决权——这根本是不可能的。

在后来年代里，斗争继续进行，平民取得了一些成功，例如《伊其利法》（传统上确定的年代为公元前456年），这是在保民官的压力下通过的一部法律，它将阿文丁山上的土地分给贫穷的公民；但是，紧接着发生的重大运动是支持进行法律编纂，它导致了《十二表法》的颁布。这一段历史是这样的，早在公元前462年，保民官C.特仑提鲁斯·阿拉斯（C.Terentilius Aras）提议，应选举五个人制定一部法典，以约束执政官行使其司法权。贵族们成功地反对这一提案达八年的时间，但后来他们被迫作出让步。然而，他们通过派遣一些使节去希腊城邦学习它们的法律，特别是著名的雅典立法者梭伦的法典，③从而设法推迟这些事务。公元前451年，这些使节回国后，选出了十个人（而不是最初建议的五个人）

---

① 关于这一数量达到十名的时期，我们拥有的原始文献存在不一致的地方；参见 Ogilvie, *Livy 1–5* 301ff., 381ff.。

② 平民还宣誓维护保民官的神圣性或不可侵犯性：任何攻击保民官的人将被视为祭品，不受法律的保护（也就是说任何人可以杀死他而不受到处罚。——译者注），其财产将被没收到平民的色列斯神庙。根据传统叙述，这种神圣不可侵犯性根据公元前449年的一部《瓦勒里和霍拉提法》（*leges Valeriae Horatiae*）获得法律的认可。

③ 梭伦立法的年代可能是公元前594—前593年。

作为首席执法官，而非执政官（拥有执政官治权的十人立法委员会），正常的宪制，包括保民官的任命，也暂时被中止。虽然平民被宣布可以当选这一职务，但是贵族统治的影响是如此之大，以致只有贵族被选入第一个委员会。十人委员会制定了他们的法典，并将其提交民众会议批准，然后，这些法律被铭刻在十个铜板上，并被竖立于市场。但是，由于这一工作被认为尚未完成，次年（公元前450年）又选出另一个十人委员会，又起草了另外两个铜板的法律。在这第二个委员会中，有一些平民，因而他们是平民阶层中第一批担任罗马人民的执法官的成员。从这一段开始，历史越来越具有传奇的色彩。据说，新的十人委员会表现得很专制，并且虽然他们的工作已经完成了，但仍拒不交职。这激起了普遍的民愤，特别是对于其中的一位成员阿庇·克劳迪，他迷恋上一个名叫维吉尼亚的女子，就唆使他自己的一个扈从声称她为一个奴隶，然后以其执法官的资格给予该主张者临时占有，而不是如法律所规定的那样，承认一个自由受到怀疑的人在案件判决前仍是自由人。后来，该女子的父亲为了使她免受侮辱而杀死了她，因而导致了"平民的第二次撤离"，这次撤离的结果是推翻了十人委员会并恢复了宪制。但是，已经起草的两块铜板的法案被提交给民众会议，并得到了通过，因而使铜板的数量增加到12块。

尽管这段历史在许多地方具有明显的传奇特征，但有些方面仍是相当清楚的。《十二表法》的汇编是不同阶层的斗争中的一个插曲，并且构成了平民的一次胜利。很明显，该法不仅仅被贵族执法官所操纵，而且其绝大部分内容，普通民众也不知情。平民想要一部法典，为的是，如果一位平民被一位贵族执法官冤枉，他能够明确地指出该执法官违反了法典中的哪一条。很可能，该法典本来被打算作为保民官权力的一种替代。保民官的主要价值在于他们的帮助权的职能，即他们能够阻止执法官不公正地对待平民，但是这种制止不公正的方法是有史以来发明过的最笨的方法之一。首先，任命一位执法官，然后指定另一个人——某个阶层的代表——为了该阶层的利益来对执法官进行干预。这位阶层的代表被赋予通过其否决权使整个城邦机制瘫痪的权力，因而在该城邦有一种通常的无政府性质的因素。自保民官设立后非同寻常的五十多年的斗争已经表明，保民官是一种无政府性质的机构。很可能，进行法典编纂是要以明确的法律上的更规则化的保护来取代保民官的人身性质的保护，对此，可以想象平民会满意，因为他们自己阶层的成员能够进入将要制订该法典的委员会。但是，如果这是其用意，那么十人委员会在暴力之下的终结则使之落空了。被恢复的宪制包括了保民官的任命，并且再也没有试图废除他们。事实上，当不同阶层之间的斗争结束后，如我们将看到的，① 他们成为元老院统治的一个重要工具。

除了恢复宪制外，平民通过他们的撤离还获得了一些让步，它们体现在由新的执政官于公元前449年通过的几部《瓦勒里－霍拉提法》中。其中，最重要的是一部关于申诉的法律，② 以及另一部被说成是赋予平民会决议以法律效力的法律。③ 几年后，在公元前445年，通过一部《卡努勒亚法》，解除了不同阶层之间通婚的禁令（这一禁令已经包括在《十二表法》中），同时安排了关于允许平民担任执法官职务的一个妥协方案。

当时，作为对执政官的替代也可以选举拥有执政官权力的军团长官（一般为六名，有时为四名），④ 每年由元老院决定城邦最高职位应该采取何种形式。⑤ 结果，直到公元前367年取消这一职位之前，选举出拥有执政官权力的军团长官的次数是选举出执政

---

① 下文，第54页。
② 但是关于这一法律是否可信，参见上文，第12页。
③ 下文，第24页。
④ 拥有执政官权力的军团长官（Tribuni militum consulari potestate）。不能将他们与平民保民官（tribuni plebis）相混淆。
⑤ 从技术上说，这是由主持选举的执法官决定的事项，但是，我们几乎不能设想，他会不咨询元老院而自行作出这样一个重要的决定。

官的次数的两倍。由于平民符合被选举的条件，因而李维说这一职位的设立是一种政治上的让步；但是，他也引用了这样的一种观点，即由于这一时期战争频繁，因而需要更多的拥有治权的执法官。不过，这两种解释都不怎么说得通。一方面，公元前400年以前只有两名平民被选上，而在此之后到公元前367年之间只有七名平民被选上；另一方面，战争的频繁程度与拥有执政官权力的军团长官的选举之间似乎没有联系。①

随着公元前367年的《李其尼-塞斯提法》的通过，迎来了下一个重要时刻。这一期间，是持续斗争的时期，富裕的平民继续利用穷人的经济上的痛苦作为一种工具，来不断为争取政治让步进行鼓动。但是，这场斗争并不总是按他们的意愿发展。贵族赢得的一次胜利（在公元前443年）是，设立了一个只限于贵族担任的新的高级职务，即监察官。②从此以后，开始选出（最终确定是每隔五年）两名监察官，来接替到那时为止由执政官履行的一些职责，特别是造制人口登记表，即为服兵役和税收目的的关于罗马人民的官方名单。另一方面，在公元前421年，平民开始享有担任财务官的资格。通过法律将被征服领土的部分土地分给公民以减轻穷人的贫困也做了一些，但不是很多。在公元前377年，保民官李其尼和塞斯提开始鼓动制定一项既包括经济措施也包括政治措施的改革计划。虽然在他们取得成功之前经过了十年的激烈动荡，但他们的建议在公元前367年成为法律。③通过的措施包括了以下几项：

---

① De Martino 1.262ff.；Staveley, *JRS* 43（1953）30ff.；Beddington, *Historia* 8（1959）356ff.
② 有人认为，监察官可能直到公元前367年才作为一种独立的执法官而出现，在那以前其职能由特殊的享有执政官权力的军团长官来履行；但是，不同的意见可参见 de Martino 1.270ff.
③ 关于这一传统叙述的历史准确性受到质疑，参见 von Fritz, *Historia* 1（1952）1ff.；以及关于土地的立法措施，参见 Tibiletti, *Athenaeum* 26（1948）173ff., 28（1950）245ff.。关于雇佣自由劳动者的规定看起来特别有时代错误。在公元前2世纪几次大的征服战争之前，奴隶劳动几乎不可能发展到足以构成一种威胁的地步。

## 1. 经济方面

（1）任何公民"占用"公共土地不得超过500尤格里（大约320英亩），或者在公共牧场上饲养牛不得超过100头，或者饲养羊不得超过500头。

（2）地主必须雇佣一定数量的自由劳动者。这一规定的目的是为越来越多的失业的公民提供工作，因为大庄园数量增加，而庄园主们发现通过奴隶来进行耕作更为经济。

（3）通过将已支付的利息从资本中扣除，并安排分期支付余额来减轻债务人的责任。当然，这项措施只可能具有一种暂时的效果。关于债务的"法律"并没有被修改。

## 2. 政治方面

（4）废除拥有执政官权力的军团长官的职位，此后，执政官中必须有一名是平民。[1]贵族被选入第一届十人委员会和平民军团长官的数量稀少已经表明，为平民保留一个执政官职位的必要性。

（5）神谕的看管者，当时应该是十人（十人祭司团），应该一半是贵族，一半是平民。

这是平民首次被允许进入祭司团体，它在政治上很重要，因为对神谕的解释能对城邦的事务产生重大影响。

在《李其尼－塞斯提法》通过的同一年，还设立了两个新执法官，即裁判官和贵族市政官[2]。拥有执政官权力的军团长官的废除使拥有治权的执法官的数量再次减至两名。裁判官的设立使这一数量增加到三个。新的执法官旨在接管执政官的司法工作，因而，

---

[1]　但是，直到公元前320年以后，这一规定才得到一贯的遵守，并且直到公元前172年，才有两名平民同时当选。

[2]　下文，第48、49页。它们可能不是由这些法律草案本身引入的；参见 Magdelain, *Recherches sur l'imperium*；参考同一作者，*RHD*（1964）199ff。由于执政官本身最初被称为长官（上文，第8页），因而一开始这个新设的执法官有时被称为较小的长官（praetor minor）。

对于罗马法的研究来说，裁判官的职务是所有执法官中最为重要的。李维说裁判官最初仅限于贵族担任，因而其设立是一种妥协，但是，无论如何，它没有长期地成为贵族的独占领域，因为我们知道，在公元前337年就有一位平民当选该职务。①

由于有一名执政官职务保留给平民阶层，平民达到了他们的主要目的，其他的职务向他们开放也就是水到渠成的事情了。公元前351年有一位平民首次被选为监察官，并且在公元前339年，《布布里利法》为平民保留了一个监察官职务。在公元前300年，通过《奥古尔尼法》，祭司长——从政治角度看它是祭司团中最重要的职位——也向平民开放。②到此为止，为职位而进行的斗争就结束了。整个斗争的最后一个举措是公元前287年的《霍尔腾西法》，据之，平民会决议被赋予法律效力。这一事件的详情很重要，我们将在以后论述民众会议时对之进行讨论。③

平民胜利的结果是，贵族与平民之间的差别在政治上的意义消失了，但是罗马没有成为民主政体。一个新的贵族统治取代了旧的贵族统治，它通常被称为公职贵族，它由当时数量上已经很少的贵族家庭，加上那些获得了足以当选高级执法官的财富和影响力的平民家庭所组成。如果某人的某个祖先曾担任过一个显贵官职④，那么他就被看作为一个贵族。但是，新旧贵族之间存在巨大差别：旧贵族的特权已经由法律为他们提供保证，而新贵族的那些特权完全是实践活动的产物。在法律上，没有任何东西能够阻止民众会议选举一个在其家谱中提不出一个担任过显贵执法官的人当

---

① Mommsen, *StR* 2.204, 怀疑这一职务是否曾被法定地限制在贵族的范围内，因为后来没有提到一部将其向平民开放的法令。

② 第一位成为祭司长的平民是提比留斯·科伦卡尼乌斯（Tiberius Coruncanius），时间是公元前254年；下文，第91页。

③ 下文，第24页。

④ 独裁官、执政官、裁判官、监察官、贵族市政官。关于贵族（nobilitas）的概念的全面论述，参见 M. Gelzer, *The Roman Nobility*（Eng. trans., Oxford, 1969）。盖尔泽试图将"贵族"这一术语限于那些其祖先担任过执政官（或者与之相当的职位）的人。

官,并且民众会议的确有时也运用了这一权力。①但是,一般说来,只有古老的知名的家庭的成员,不管是贵族的还是平民的,才具有赢得选举的足够影响,并且民众会议的看法似乎是,最好继续将政府的管理委托给那些在其所属家庭管理政府已经成为一种传统的人。

必须承认,穷人并没有从允许富裕平民分享贵族的政治特权的让步中获得多大利益。《李其尼-塞斯提法》所规定的关于占用公共土地的限制几乎没有实施多久,并且关于自由劳动者的规定(即使历史上确有其事)也没有什么效果。另一方面,其他的一些不相干的因素,特别是由于罗马的征服而导致的可作为殖民地的土地的增加和财富的普遍增长,毫无疑问有助于改善下层阶级的物质条件。关于债务法的修改,我们将在后面涉及。

## 三、民众会议

从一开始,罗马的民众会议似乎就具有两个特性,并且只要民众会议仍然存在,这两个特性就仍然继续是它们所特有的。它们是:(1)表决总是以团体为单位进行;(2)民众会议只有经一名执法官召集才能召开,并且只能处理由召集会议的那名执法官提交给它的事项。

民众会议不像英国下议院那样,通过简单的点人数来表决。首先,在每个团体内点人数,以多数决定该团体的投票;然后计算所有团体的投票,以多数来决定民众会议的表决。用来进行这种投票的最初的团体是库里亚(curia),最早的民众会议因此也被称为"库里亚民众会议"(the comitia curiata)。②

---

① 公元前63年执政官西塞罗就属这种情形,他是一个新人(novos homo)。
② 严格地说,Comitium是会议召集的地方,但是这种单数形式用得极少。Comitia(复数形式)是指"一种会议"。

关于库里亚的确切性质，存在一些疑问。① 罗马人最古老的划分显然是分为三个部落，即拉姆内（Ramnes）、蒂铁（Tities）和卢切勒（Luceres），② 并且每个部落都有十个库里亚。库里亚明显是一个人为设置的单位,但看来它是建立在血缘关系的基础上,③ 因而可能在某些方面与氏族（gens）有关，而 gens（拉）相当于 clan（英），建立在其成员间真实的或假设的关系的基础上。④ 但是，它并不只是一个血缘单位。我们得知，每个库里亚都有自己的领土，⑤ 并且库里亚体制与军队有关，每个库里亚提供 10 个骑兵和 100 个步兵。⑥ 没有迹象表明贵族与平民之间存在区别，这可能是因为二者之间的划分还没有被强化。⑦

我们不知道在王政时期给库里亚会议保留了哪些职能，如果它们有一定的职能的话。历史学家们确实说，由人民决定和平与战争的问题，但是这可能仅仅是从较晚期的法律中得出的推论。

---

① 参见 Momigliano, *Terzo Contributo* 571ff.（=JRS 53（1963）109ff.）。

② 这些部落的起源还很不确定。不能将它们与一种后来建立的组织，也就是塞维鲁斯部落体制相混淆，参见下文，第 20 页。

③ Aulus Gellius（15.27.5）引用古人莱流斯·费里克斯（Laelius Felix），说库里亚会议是按照人的族群（genera hominum）进行表决的。这有时直接就被认为是指氏族，但是，它几乎只能表明血缘关系（参见 de Martino 1.120ff.）。Dionysius（2.7.3）将库里亚等同于希腊的宗族（fratria），后者是一种血缘组织。

④ 由于氏族是自然的单位且大小不同，每个库里亚可能包含不同数量的氏族。氏族本身仍很重要，参见 de Francisci, *Primordia* 162ff.。一个氏族的所有成员拥有一个共同的名字（例如，就 Marcus Tullius Cicero 而言，Tullius 是氏族名，Marcus 是姓名或个人的名字，Cicero 是该氏族内某个家庭的名字），有共同的习俗，并且有一个组织来进行共同的祭祀（sacra gentilicia）。氏族会议似乎有可能通过对其成员有约束力的决议，例如，不准他们带有某个不光彩的个人的名字。

⑤ Dionys. 2.7.4.

⑥ Varro *L.L.* 5.89, 说每个部落提供 1000 个士兵；而 Servius *Aen.* 9.368, 说每个库里亚派 10 名骑兵；参考 Festus, s.v.*celeres*, Bruns 2.4.

⑦ 参考上文，第 10 页。Livy 10.8.9, 代表贵族的观点，认为平民没有氏族（the plebians gentem non habere），因此，基于库里亚由氏族组成的假设，有人认为，库里亚会议只限于贵族；但是后来肯定有平民氏族，并且《十二表法》确立了将无遗嘱继承的最后的继承人赋予家族的规则（下文，第 125 页），而没有说明对平民有别的规定。上面李维转述的贵族的主张可能是夸张的宣传，可以理解为平民氏族不配有这个名字；参见 Magdelain, in *Hommages à J.Bayet*（Paris, 1964）464。关于另一种观点，参见 Giuffrè, *Labeo* 16（1970）329。

我们还听说一些由国王提议、经民众会议通过的法律，但是在远古的社会中立法很少，并且这些法律是否曾获得通过则更为可疑。①现代权威学者也认为，古罗马历史学家关于国王由民众会议选举的观点是不正确的。他可能通过一种预兆来被确定，而民众会议的职能仅仅是以欢呼声拥戴这个新的统治者，而不是选出他。②

实际上，我们不应该设想有什么很明确的制度。哪些问题由国王亲自决定，或者经元老院建议后决定，而哪些问题由他留给民众会议决定，可能在很大程度上取决于国王的个性。

无论如何，库里亚民众会议在历史上并不具有重要的政治意义；可能在废除王政前后，它因政治目的而被另一个会议，即根据不同的集团将公民召集于其中的一种会议所取代。但是，尽管在共和国时期库里亚民众会议在政治上并不重要，但是，为与私法、订立遗嘱③和自权人收养④有关的某些目的，它继续召开，并且它还具有一种与公法有关的形式上的职能。当一个拥有治权的执法官在新的民众会议中被选上，其职位必须由库里亚会议通过的一项《库里亚法》（*lex curiata*）加以确认。⑤但是，事实上，由于所有这些在历史上完全是形式性的目的，三十个库里亚由三十个

---

① 下文，第 86 页注释。

② 参见 Gaudemet, *Institutions*, 267ff.; Kunkel, in *Ius et Lex* (*Festgabe für M.Gutzwiller*) (Basle, 1959) 3ff.。

③ 下文，第 127 页。

④ 下文，第 120 页。

⑤ Cicero, *Agr.* 2.26, 声称该法律的作用是重复一次选举，因而给人民再一次考虑的机会，但是，当库里亚会议是唯一的民众会议时，这不可能是它本来的职能。它通常被视为以前的民众会议在封授国王时扮演的角色的一种残余（参见上文），但是关于其性质争议很大。由于它有时被称为"关于治权的法律"（*lex de impero*），因而通常它应该是授予治权，或者在某些方面与之有关（上文，第 8 页）。另一方面，它还与占卜的权力有关（下文，第 30 页注释），并可以授予这种权力（Staveley, *Historia* 5 [1956] 84ff.）。但是另外，古罗马的法学家梅萨拉（M. Valerius Messalla）好像认为（Gell. 13.15.4），即使对没有治权或者占卜权的低级执法官，也需要一项《库里亚法》来确认其职位。Magdelain, *Recherches sur l'imperium* 15 n 1, 猜测当选择权由百人团会议或部落会议行使时，执法官权力的授予及其范围的界定就是《库里亚法》的职能，但是这与上文所引用的西塞罗所说的内容相冲突，而西塞罗肯定知道该法律的措辞（参考 Nicholls, *AJPhil.* [1967] 257ff.）。

侍从官，即执法官的随从来代表。

然而，各个库里亚仍然存在；他们有宗教仪式，并且很明显还有公共基金，但它们没有任何重要意义。

出于政治目的取代库里亚体制的大会是百人团会议，其基础是百人团，依字义为"一百"。这种民众会议是一种新体制的核心特征，根据传统说法，这一新体制是七位国王中的倒数第二个国王（据传公元前578—535年在位）塞尔维·图流斯（Servius Tullius）的成果。虽然这种"塞尔维"体制的一些特征是后来的添加，但现在人们普遍认为，传统叙述将它确定在王政末期左右，至少在这一点上是正确的。《十二表法》[①]中提到了最大的会议（comitiatus maximus），由此似乎可以确定，百人团会议在公元前五世纪中期以前就存在，并且根据我们了解的关于罗马在大约公元前500年的政治与军事地位的情况，可以很容易地说明该体制的主要特征。[②]显然，罗马在那时经济上很繁荣，必定吸引了许多外来人口，但是在建立在血缘基础上的库里亚体制下，这些外来人口必然被排除在公民范围之外。同时，罗马开始进入军事扩张时期，这需要更大的军队。新体制显然与罗马人的军事体制有关，并且很可能使公民团体的扩大成为可能。

原来的三个部落被建立在居住地基础上的新的部落所取代，城邦本身被划分为四个部落，城外土地最初可能进一步被分为16个部落；随着罗马的扩张，这些"乡村"（rustic）部落不断增加，直到公元前241年，部落的总数才固定为35个。这样，居住地而不是血缘关系是新组织的基础，并且在这些早期的年代里，执政官（和以后的监察官）在进行人口登记时可能有权将外来人口编

---

① Tab. IX. 1, 2。

② Last, *JRS* 35（1945）30ff.；参考 de Francisci, *Primordia* 668，*St.Arangio-Ruiz* 1.1ff.（放弃了早期的怀疑论观点）；Staveley, *Historia* 5（1956）76ff.；de Martino 1.132ff.；Momigliano, *Terzo Contributo* 594ff.（= *JRS* 53（1963）119ff.）。但是，Nicolet, *RHD*（1961）341ff.，更倾向于公元前4世纪的某个时期。

入到部落中。此外，只要是居住就够了；不要求拥有土地。① 新的部落的存在仅是为了政治目的，并作为征税的一个依据；与库里亚不同的是，它们没有任何自治和祭祀（sacra）。

如我们从历史学家那里所知，在这一体制中，公民团体还根据财富的多少被分成五个等级。我们得知对不同等级的财产划分是以货币来表示的，但是由于这一组织方式所处时期可以远远追溯到罗马首次铸造货币之前，② 因此，财产等级最初肯定根据其他的财产来表示。③ 在家父权力之下的家子，不能拥有任何自己的财产，可能被安排在他们的父亲所处的等级中。④

每个等级被分为许多军事团体或者多个百人团（字义上的含义是"多个一百"）。在第一（最富有的）等级中，有80个百人团，在第二、第三和第四等级，各有30个百人团。所有这些都是步兵团。在他们之上，没有任何明确的财产资格条件但大概是从第一等级中最富有的成员中抽出的，是18个骑兵（equites）百人团，⑤ 并且还有4个工匠和司号兵百人团，和1个由那些甚至不具有最低等级资格的人（无产者或者只登记人头的贫困者）组成的百人团。这样，总共有193个百人团，并且它们是新的会议，即百人团会议的表决团体。可以看出，新的会议的重要特征是其财产等级基础，也就是说，在其内部给予财富的优越地位。这是因为，最富有的等级加上骑兵团可以获具98个百人团，因而能通过投票压倒其他等级，尽管他们肯定只构成公民

---

① Last, *JRS* 35（1945）30ff. 公元前312年的监察官阿庇·克劳迪（Appius Claudius），并非如 Mommsen（StR 2.402ff.）所认为的那样，是第一个登记无土地公民的人；他可能将城市人口在所有部落进行重新分配，从而限制了乡村居民的权力；他的创新被公元前304年的监察官所废弃。

② 下文，第145页。

③ Mommsen, *StR* 3.247，推测只包括土地；相反的观点参见 Last, *JRS* 35（1945）40f.，可能将所有要式物都计算在内；Greenidge 69；Kaser, *EB* 175ff.。

④ Festus, s.v. duicensus（Bruns 2.7）。

⑤ 并且，在这18个骑兵团中，有一个由6个先投票的百人团（*sex suffragia*）组成的最初的核心；参考下文，第23页注释。

团体的一小部分。

虽然如我们所知道的那样，百人团组织服务于一种政治目的，但是很明显它最初与罗马人的军事组织有关。骑兵、步兵和技术性的部队的部署就是充分的证据，并且我们还得知，在每个等级，有一半的百人团是由年少者（年龄在46岁以下的男子）组成，他们构成现役军队，有一半的百人团是由年长者（年龄在46岁到60岁之间的男子）组成，他们构成后备部队。我们还得知，不同等级的成员必须给自己提供的武器装备是不同的：第一等级必须提供一个全副武装的步兵的全部甲胄，其他等级则须提供较便宜的装备。此外，它的仪式是军事化的。[1] 基于这些理由，蒙森认为，百人团会议最初并且长期以来实质上一直是处于军事阵列中的罗马人，[2] 这一军事组织被用于进行投票表决的目的。但是，对这种观点有一些反对理由。在会议上进行投票表决的百人团根本不可能是用于战场上的作战部队，因为军事组织要求一个具备标准战斗力的部队，而每个等级的百人团的数量是从一开始就永远固定下来，因而他们的实力肯定随人口的增长和财富的变化而变化。此外，在任何共同体内，年龄在46岁到60岁之间的人与年龄在46岁以下的人不可能一样多。[3] 但是，不能设想，百人团组织与作战部队毫无联系，却会具有这许多军事特征，因此，其原因可能是，我们拥有的关于最初的体制的资料还不很详细。[4]

公元前241年，部落的数量达到35个，此后便没有再增加：

---

[1] 下文，第26页。
[2] *StR* 3. 253.
[3] 关于这些及其他观点，参见 G.W. Botsford, *The Roman Assemblies*（New York, 1990）80ff., 203ff.。
[4] 我们得知，第一等级被简单地称为 classis, 而其他等级则被称为 infra classis（Festus 100L；Gell. 6.13）。可能 classis 是军团，而 infra classis 则是轻装部队和非作战部队。此外，似乎可能的是，最初只有6个骑兵百人团，并且它们可能并不是从贵族（他们是徒步作战）中抽出，但是组成了国王的警卫队；参见 Momigliano, *Quarto Contributo* 377ff.（=*JRS* 56［1966］16ff.）。探究百人团组织体制的发展的困难，由于探索军队早期发展的困难而增加；参见 de Martino 1.142ff. ; Scullard, *History* 423ff.。

新取得的土地被并入到既有的部落中。① 随后，或者此后不久，②百人团会议的组成进行了改变，以实现部落与百人团之间的某种协调。我们的资料很少而且很模糊，因而关于这次改革的性质存在很大的争议。③ 根据西塞罗的一项叙述，④ 在他所处的时代，第一等级似乎有 70 个百人团而非最初的 80 个百人团，并且一般认为，这个新的数据产生于这一等级给每个部落各分配两个百人团（一个是年长者百人团，另一个是年少者百人团）。如果对其他四个等级适用同一原则，那么总共可能有 373 个百人团（5×70 + 18 个骑兵团 + 5 个额外的非武装百人团），但是从西塞罗所说的情况来看，似乎很明显，百人团的总数仍是 193 个，并且不管怎样，在表决权方面如此急剧的变化几乎是不能想象的。因此，蒙森⑤ 推测，公元前三世纪的改革包含了在原来的表决百人团之外创设新的百人团单位（每个等级分给每个部落两个）。只有在第一等级，每个新的百人团单位有一个表决百人团；其他四个等级的 280 个（4×70）单位在其余的 100 个表决百人团中进行不平均的分配，从而在实现部落组织与百人团组织之间的某种联系的同时保留财产等级制原则。这一体制由于异常复杂而遭到蒙森的批评者们的普遍否定，⑥ 但是，1947 年在意大利托斯卡那地区的马里

---

① 因此，部落逐渐失去他们的地域意义，而部落的名称几乎成为公民姓名的一部分，父子相传。这样，西塞罗（Cicero）的官方描述是 M（arcus）Tullius M（arci）fi（lius）trib（u）Arn（iensi）Cicero.

② 时间在公元前 218 年以前，因为李维罗马史的残存部分在那一年继续，并且在公元前 216 年，他认为修改后的安排是理所当然的。这一改革可能是监察官进行的，并且最近发现的一个铭文，根据一种解释，可以证明它是由公元前 230 年的监察官法比乌斯·马西姆斯（Q.Fabius Maximus）进行的；参见 Cassola, *Labeo* 8（1962）307；反对的观点可参见 Guarino, *Labeo* 9（1963）89ff.。

③ 关于其概况，参见 Walbank, *Polybius* 1.683ff.；Meyer, *Röm. Staat* 88ff., 497ff.；Arangio-Riuz, *Storia* 415ff.。

④ *Rep.* 2.39。这段话的解释存在争议；参见 Sumner, *Historia* 13（1964）125ff., 及其引述的资料。

⑤ *StR* 3.270ff.

⑥ 但是，参见 Momigliano, *Quarto Contributo* 363ff.（= *SDHI* 4[1938]509ff.）。

阿诺（Magliano）也即古代的赫巴（Heba）发现的一片铭文（现在通常称为赫巴铭文，Tabula Hebana[①]）表明，实际上它可能接近事实真相。这一铭文属于公元19—20年，揭示了公元5年一部《瓦勒里和科尔内里法》（lex Valeria Cornelia）设立了一个特殊的选举机构，以进行执政官和裁判官候选人的预选（destinatio）。该机构由元老院成员和具备担任法官资格的那些骑兵们组成，并从33个部落中抽出，但是按照百人团投票表决（最初为10个，但是公元19年增加到15个，公元23年又增加到20个），[②]每次都通过抽签将两个或三个部落分到各个百人团。由于这个机构实质上肯定是百人团会议的一部分，[③]因而，令人不得不猜想，通过抽签进行分配的做法来自于民众会议的程序，并且设想了各种详细的制度。[④]但是，仍有一种可能性，即公元前3世纪的改革只不过是从第一等级中抽出10个百人团在其他等级中进行重新分配。

这一改革被狄奥尼修斯（Dionysius）[⑤]描述为一次"民主的"改革，并且，保守的苏拉（公元前88年）的确暂时恢复旧制，但是其重要特征可能不是第一等级中百人团数量的稍微减少，[⑥]而是将表决的基础转移到部落。依旧制，每个等级中城市人口肯定能够通过投票压倒乡村居民，因为城市人口能够更加容易地参加会

---

[①] V. Ehrenberg and A.H.M.Jones, *Documents illustrating the Reigns of Augustus and Tiberius*, 2nd ed.（Oxford, 1955）76ff.。关于讨论，参见 G.Tibiletti, *Principe e magistrate repubblicani*（Rome, 1953）; de Visscher, *Etudes de droit romain*, 3e série（Milan, 1966）3ff., 51ff.（= *RHD*, 1951, 1ff.; *St. Arangio-Ruiz* 2.419ff.），进一步的论述参见下文，第326页注释。

[②] 这种进一步的增加被另一铭文所揭示（*Année Epigraphique*, 1952, 80）。

[③] 它显然履行先投票的百人团（centuria praerogativa）的职能，并很可能取代之（下文，第28页）。

[④] 参见上文，第22页注释。

[⑤] 4.21.3.

[⑥] 可能正是在这时候（当然是在公元前296年以后，参见 Livy 10.22.1），作出了另一个改变。以前6个先投票的百人团（上文，第21页注释）享有的先投票的特权，被转移给第一等级中的某个百人团，这个百人团通过抽签来选择。关于这一特权的意义，参见下文，第27页以下。第一等级因此所获得的，很可能超过了其百人团的数量减少的损失。

议，而现在，城市部落在每个等级至多只能控制八票（每个城市部落两票），而不管它们中有多少参加了投票。①

部落已经是另一种会议，即部落会议（comitia tributa）的基础。它享有完全的立法权，但是在其他方面，它的职能平行于但低于百人团会议的职能：选举较低级的执法官，对贵族市政官判处罚款的申诉作出裁判。虽然其起源的时间不确定，但是《十二表法》中提到了"最大的会议"（comitiatus maximus）②，这可能隐含着它是作为较小的会议而存在的，并且似乎没有理由怀疑李维所作出的它在公元前357年对解放奴隶进行征税的叙述。③但是，由于这一制度与平民会（concilium plebis）相混淆，因此它的整个发展并不很清楚，而后者是一种只有平民组成的会议，也是按照部落召开会议。由于在共和国后期贵族肯定成为一个在数量上不多的贵族团体，而纯粹的平民会最终获得了与全体民众的会议相同的立法权力，因而，任何不了解罗马宪制的细微之处的人很容易将这两个机构相混淆，这可能是现代历史学家在解释原始文献时发现许多困难的原因。④

关于平民会议，我们已经在论述不同阶层间的斗争时有所提及。最初，平民好像习惯于按照库里亚召开会议选举保民官，还可能处理其他事务。无论如何，根据李维⑤的观点，公元前471年的一部《布布里利法》（lex Publilia）规定，在以后，这一会议

---

① Meyer, *Röm. Staat* 90f.；Staveley, AJPhil. 74（1953）23ff.
② 上文，第20页。
③ Livy 7.16；但这是不正常的，因为它发生在军营里。根据Tacitus, Ann. 11.22，财务官的选举（至少在后来，这是部落会议的职能）首次发生于公元前447年，并且Livy 3.72.6说，是部落在公元前446年投票通过所谓的《关于科里奥利领土的法律》（*lex de agro Coriolano*）。De Martino 1.330f.，认为这两种说法都是古代作家的将事件发生的时代的提前，并将这种会议的起源时间确定为公元前4世纪，其理由是，只有在那时，乡村人口（即部落表决制度的受益方，参见上文第23页）能够达到足够多的数量，以获得这一新的改革。
④ 关于这些会议之间的区别的综述，参见Taylor, *Roman Voting Assemblies*, table facing p.5；并且他反对贵族在共和国后期参加了平民会的观点，参考前引书，第60页以下。
⑤ 2.58.

的安排应按照部落进行,因此它就这样保持下来。这次改革似乎是民主性质的,因为它削弱了贵族对平民会的影响。[1] 只要平民按照库里亚召开会议,大贵族家庭的门客们就是平民会成员,因而有些时候能够按照他们的庇主的意愿改变事态;而一旦由部落取代库里亚,这些没有土地的人必然被排除在外,因而平民变得更加独立。

关于平民会取得立法权的发展步骤的历史特别不清楚。我们十分明确地得知了三部法律,它们都被描述为几乎以完全相同的用语规定,平民会决议,也即平民们自己的决议,应当具有法律效力。第一个法律是一部《瓦勒里与霍拉提法》(lex Valeria Horatia),据说它是作为十人立法委员会垮台的后果而于公元前449年通过的,[2] 第二个法律是公元前339年的一部《布布里利与菲罗尼法》(lex Publilia Philonis),[3] 第三个法律是公元前287年的《霍尔腾西法》(lex Hortensia)。[4] 这些法律相互之间的关系已经引起许多猜测。《霍尔腾西法》是法学家们提到的唯一的一部法律,因而有些人认为只有它可能真正存在过。[5] 那么,另两部较早的法律可能是罗马历史学家的某种倾向的产物,即他们趋向于将比较晚近的事件强说成在遥远的过去发生,这一点我们已经注意到了。在这点上,这种传说可能产生于一个事实,即公元前449年和公元前339年都是进行过民主改革的确凿的年份。[6] 但是,许多学者也承认这两部早期法律之一或者两者都在历史上存在过,但又猜测,平民会决议的效力在某种程度上受到限制,例

---

[1] Livy 2.56.
[2] 那些平民部落所作的决定对全体人民有效;Livy 3.55。
[3] 平民会决议对每个罗马公民有效;Livy 8.12。
[4] 那些平民所作的决定对每个罗马公民有效;Pliny, Nat.Hist. 16.15(10)。另参见 Gai. 1.3;J.1.2.4;D. 1.2.2.8(Pomponius)。
[5] 例如,von Fritz, Historia 1(1952)19。
[6] 关于公元前339年的另一部《布布里利与菲罗尼法》(lex Publilia Philonis),参见下文,第33页。

如受到元老院准可①或百人团会议确认的条件的限制。②但是,《卡努勒亚法》（lex Canuleia）③、《李其尼与塞斯提法》（leges Liciniae Sextiae）④和《格努其法》（lex Genucia）⑤都是平民会决议,因此,可能历史学家的叙述是正确的,并且可能贵族试图不理会早期的那两部法律。⑥法学家们可能只关心最终有效的那部法律。无论怎么样,毫无疑问的是,在通过《霍尔腾西法》之后,平民会决议与法律具有相同的效力,前者是平民在平民会上制定的法令,这种会议贵族是无权参加的,后者则是全体民众,即贵族与平民一起在百人团会议或部落会议上制定的法令。因此,我们有一个奇怪的结果,就是在共和国后期有三个机构都具有通过有约束力的法令的相同资格,如我们应该称它们的那样,它们是三个最高立法机关,⑦百人团会议和部落会议,虽然它们的组织形式不同,但是由相同的人组成,而平民会几乎完全由相同的人组成（因为到公元前287年,贵族肯定成为数量不多的少数）,并且和部落会议一样,按照部落集会。我们还必须记得,库里亚会议,一种全体民众的会议,也建立在一种不同的基础上,尽管它已经失去其政治意义,但仍保持一种形式上的存在。

---

① 即经元老院的贵族成员批准；下文,第33页。

② De Martino 2.127ff.; Guarino, *Ordinamento* 376ff.（=*Fschr. Schulz* 1.458ff.）。Staveley, *Athenaeum* 33（1955）3ff.,认为《瓦勒里与霍尔腾西法》使平民会决议和部落会议制定的法律都生效,但受元老院准可的条件限制,并认为《布布里利法》取消了对部落会议制定的法律的这种限制,而《霍尔腾西法》则取消了对平民会决议的这种限制；另参见 Arangio-Ruiz, *Storia* 414f. 的批评意见。

③ 上文,第14页。

④ 上文,第15页。

⑤ 公元前342年,禁止有息贷款。

⑥ Stuart-Jones, *CAH* 7.528,指出一个事实,就是在公元前355—前247年（即在几部《李其尼与塞斯提法》要求一位执政官应当是平民之后）,至少有六次是两名贵族执政官同时当选。

⑦ 至少就百人团会议而言,要受元老院准可程序的约束,下文,第33页。

在任何特定情况下召集这些会议中的哪一种，取决于希望将一项议案提交给人民的执法官。百人团会议的主席通常是执政官，不仅是针对立法，而且也针对选举；部落会议只能由"贵族"①执法官，通常是执政官或裁判官召集，而平民会则只能在一个平民执法官的主持下开会。虽然这三种会议的立法权相同，但是，由于执政官经常忙于军务，平民会的主持人即保民官比执政官有更多的时间和更大的兴趣去立法，所以在共和国后期，平民会成为通常的通过法律的机构。②就选举而言，这些会议的职能的区分更为严格，拥有治权的执法官，还有监察官，由百人团会议选举，较低级的人民执法官（如贵族市政官和财务官）由部落会议选举，保民官和平民市政官则由平民会选举。③这样，百人团会议实际上通常限于最重要的官员的选举，其开会次数相对较少的一个原因是要涉及的仪式很麻烦。它是（理论上如此）武装起来的人民，因而只能在城外，通常是在战神广场（Campus Martius），以完全军事性的仪式集会。当它开会时，在贾尼科罗山（在台伯河对岸，远离城邦的主体部分和骑士广场）上设置一岗哨，并升起一面旗帜，降下旗帜则表明敌人来了，从而执政官应解散会议。这种习惯做法一直延续到帝国时期，尽管台伯河在几个世纪前就已经不再是罗马领土的边界了。④

---

① 这一术语并不是指这个执法官本人必须是一个贵族；它用于区别作为严格意义上的（民众的）执法官的官员，如执政官、裁判官和贵族市政官，以及根本不是严格意义上的执法官而只是平民首领的那些官员，即保民官和平民市政官。优士丁尼（J. 1.2.4）在区别法律与平民会决议时有点使人产生误解。他说："法律是人民根据一位元老院阶层的执法官的动议（senatore magistrat interrogante），比如执政官，通过的法令；而平民会决议则是平民们根据一位平民执法官，如保民官的动议通过的法令。"这可能使读者错误地推测，保民官不是元老院成员。

② 但是，即使一位执政官或一位裁判官提出立法议案，他显然是向部落会议提出；我们不知道任何由百人团会议在公元前287年和苏拉之间通过的法律；参见Gaudemet, Institutions 338 n 2。

③ 关于这些会议的刑事管辖权，参见下文，第305页以下。

④ Dio Cassius, 37.28.

## 四、罗马民众会议的特征与程序

正如已经提到的，罗马民众会议只有在一名执法官召集下才能召开，并且只能处理该执法官提交给它的事务。对于执法官的提案，民众会议要么接受，要么拒绝，不能修改，即使在实际开会的时候也不能进行任何讨论。执法官在提议立法时，他必须起草打算提交给人民的提案（rogatio），或者让他人为他起草，并且根据制度惯例，该提案通常在元老院进行辩论。但是，根据严格的法律来说，这是不必要的，并且无论元老院同意与否，一旦法律通过，对其效力毫无影响。当提案草拟好后，执法官有义务在一项公告中将其公布（proponere, promulgare），在该公告中还要宣布他将召集民众会议对提案进行表决的日期。根据一部《切其里和迪第法》（lex Caecilia Didia）（公元前98年），公布与表决之间必须至少相隔24天（三次集市期——古罗马时期的三个星期），在实践中，这一规则甚至在法律作出规定之前似乎一直就被遵循着。在公布之后，提案可以被撤回，但是不能进行修改。在这个间隔期间，执法官能够，并且通常也是这么做，举行非正式的公众会议进行讨论（contiones），在这些非正式会议中，他发表个人意见，并且可以允许任何其他人发表赞成或者反对提案的意见。有时，非正式会议在正式的民众会议之前的很短时间召开。在进行表决前，提案被再次宣读，并且主持会议的执法官问人民是否同意它，"公民们，你们愿意决定吗？"（velitis iubeatis, Quirites）然后，人民分成不同的部分（部落或者百人团）并分别进行表决。最初，每个人都口头进行投票，但由于在共和国后期贿赂的增加，因而引进秘密投票，试图制止其发展。[①] 每个人被发

---

[①] 就立法而言，秘密投票由公元前131年的一部《帕皮里法》（lex Papiria）引进。就选举而言，它已经在8年前由一部《加比尼法》（lex Gabinia）引进。

给一块小的蜡板，如果他想投票赞成该议案，他刻上符号 V（uti rogas——"如你所建议的那样"），如果他想投票反对之，就刻上符号 A（antiquo——"我投票赞成以前的状态"）。①

我们已经知道，在百人团会议上，各等级按顺序投票（尽管在每个等级内部各百人团看来是同时进行投票的），并且，由于每个等级的投票数在下一等级开始投票前就予以宣布，因而游移不决的票通常所具有的跟风趋势使先投票的等级（骑兵百人团）占了一种优势。当它被转移给第一等级的一个百人团（先投票的百人团，centuria praerogativa）②时，这种优势更加强化了，并且这个百人团是通过抽签被选中的。因为抽签被认为是天意的表现。③在两种部落会议上，除了选举时以外，投票同样是依次进行，④并且由于整个次序是由抽签决定的，第一个投票的部落（principium）肯定具有一种与那个先投票的百人团相同的优势。

一项提案一经民众会议接受，立即成为法律，当然，除非它含有延缓生效的规定。尽管通常都予以公布，但公布并不是生效的必要条件；有时法律本身规定，其条款必须"在能够很容易全部读到的地方"（unde de plano recte legi possit）公开放置。为此目的，最初使用木板，后来使用铜板。不管怎样，一部正式的法律副本被存放在金库（aerarium）里，但是，看来似乎没有适当

---

① 或者，在民众会议作为法庭时，L（开释）或者 D（判罪）。还可能，事先将这两个字母写在书板上，投票者划掉其中一个。在选举时，这种书板可能更大，投票者可以将他倾向的候选人名字的首写字母刻在上面。参见 Taylor, *Roman Voting Assemblies* 34f., 76f., 146。

② 可能一直是一个年少者的百人团；Taylor, *Roman Voting Assemblies* 91f.；参考上文，第 23 页。

③ Cicero, *Planc.* 49 说，在执政官的选举中，一名候选人如果得到了这个先投票的百人团的选票，他几乎总是被选上；Taylor, *Roman Voting Assemblies* 151 n 16。在 *pro Murena* 38 中，他更加强调这一点。

④ Taylor, *Roman Voting Assemblies*, 40f., 128ff., 追随 P. Fraccaro, *Opuscula* 2（Pavia, 1957）235ff., 反对 Mommsen, *StR* 3.396ff., 后者认为投票总是同时进行的。即使在选举中，在有些情况下，宣布表决的次序也可能影响最终结果，因为一旦足够多的候选人获得了必要的票数后，就停止宣布；参见 Taylor, *Roman Voting Assemblies* 81f.。

的归档和整理的举措，因为西塞罗抱怨说，只有熟练的助手们才能找到一部想要查阅的法令，因此，他们事实上决定了法律将是什么。①

罗马人有一个原则——如同所有那些设有立法机关的共同体必然会具有的原则一样，后来制定的法令总是能够废除以前的法令，以及当后法与前法相冲突时，后法必须被视为在不一致的范围内废除了前法。②和英国的宪法一样，罗马的宪法也是一部"柔性"的宪法，这也就是说，不像美国宪法那样含有一些不能由普通立法所废除的基本的宪法规则。只要英国议会认为合适，它就能够废除最重要的宪法性法律，例如《王位继承法》（Act of Settlement），并且为这一目的，它完全可采用与它通过一部《特许法律》（Licensing Act）所用的相同的程序。和它一样，罗马民众会议或平民会也能够使用其普通程序修改罗马宪法，并且实际上经常这样做。但是，这个事实没有妨碍民众会议试图通过制订有关立法的准则来约束其后继者们。这些准则中有一项规则很著名，它规定在《十二表法》中。③ "不得制定个别性的法律"（Privilegia ne inroganto），这也就是说法律应该制定一般性规则；立法程序不应被用于处罚没有违反共同体的某项一般规则的特定个人。一个关于个别性的法律的例子可能是英国的《褫夺公权法》（Act of Attainder），即一项命令处死某个人的议会法，例如它被亨利八世用于处死他的部长托马斯·克莱威尔（Thomas Cromwell）。

后来有一项规定，同样试图制订一项立法准则，它包含在《切其里和迪第法》（lex Caecilia Didia）中。④ 该法律规定禁止在同

---

① Cic. Leg. 3.46. 这无疑是一种夸张。关于它的发展变化，参见 Schwind, Publikation 30。
② 这一原则得到《十二表法》的明确认可（Tab. XII. 5）。Livy 7.17：在《十二表法》中，人民后来通过的法律先于前法。
③ Tab. IX. 1.
④ 上文，第27页。

一法案中涉及不相关问题的提议（不得进行一揽子提案，ne quid per saturam ferretur），这种"附带条款"（tacking）的目的当然是使人民接受一项不受欢迎的提案，因为他们不可能在拒绝它的同时又不拒绝他们所欢迎的提案。现在，很明显，鉴于后法废除前法的原则和基本的宪法性法律与其他法律之间没有区别的原则，这些限制不可能严格地约束以后的民众会议。如果民众会议决定通过一项法案，而该法案确实包含了不相关的事项，那么，至少从严格的逻辑上讲，这一法案应成为法律，并且《切其里和迪第法》应被认为在与这一新法相冲突的范围内被废除。

这似乎确实是严格的法律上的立场：虽然对于法律（lex）的效力没有任何外部限制，但是有一些强有力的习惯，它们内在地限制了民众会议的自由。因此，罗马人自己有时也认为，人民的一项法令即使违反了某一先前制定的宪法原则，但由于默示的废除，它应该是有效的，① 但是，民众会议对于制定这种法令，例如个别性的法律，无疑和英国议会对于废除《王位继承法》一样，是极为反感的。可能正是在这个意义上，西塞罗认为，② 一部法律不能剥夺一个公民的自由或者公民权，即法律对某个公民或公民阶层规定这样一种剥夺是不合适的。③ 但是，他确实还告诉我们，④ 所有法令都附加了一项条款，该条款将这些法令的效力明确地限制在合法的范围内。"如果将要制定的规定含有可能违法的因素，那么，这种规定就不被包含在这一法令中"（Si quid ius non esset rogarier, eius ea lege nihilum rogatum）。由于如我们已经知道的，从逻辑上讲，明示废除必然有效，因而这可能应被解释为排除默示废除。⑤

30

---

① 在 Livy 7.17 中出现了一个这样的例子，有人提出，尽管有《李其尼和塞斯提法》的规定，但将两个贵族同时选为执政官是有效的，因为这种选举本身是拥有最高权力的人民的行为。另参考西塞罗借其对手的口而表达的观点；*Caec.* 95；*Dom.* 106。

② *Caec.* 96。

③ Pugliese, *Atti Verona* 2.61ff.；参考 Stein, *Regulae* 14。

④ *Caec.* 95。

⑤ 关于相关的"不完善法律"（*leges imperfectae*）的问题，参见下文，第 87 页。

## 五、元老院

从严格的法律理论上讲，元老院纯粹是一个顾问机构，最初是属于国王的，后来是属于执政官的。它不能像民众会议那样通过法律；它只能提出建议，并且只有在享有执行权的执法官询问时才能提出建议。[1] 在共和国早期，可能执法官不仅在法律上，而且在事实上都比元老院更有权力，但后来，由于一种宪法惯例的发展，它使执法官向元老院提出咨询成为除日常事务和在战场上指挥作战以外的几乎所有事务的必要条件，元老院便成为罗马的实际统治机构。

### （一）组成。

最开始的时候元老院是国王的议事机构，并且根据传统叙述，国王自由地指派元老院成员。[2] 但是，在共和国时期的元老院内，一个由家父（patres）所组成的机构的存在以及他们在王位空缺期（interregnum）中享有的职能表明国王的自由并不是无限制的。因为，虽然从广义上说，整个元老院被认为是家父群体，但是，这一术语更严格地被适用于一个贵族核心集团，并且正是这种狭义上的家父们，在最高执法官空缺时——这可能发生在两个执政官都突然死亡时——享有最高的权力。在这种情况下，没有人能够主持选举，因而，如技术性的用语所说的，"占卜[3]重归家父们"。

---

[1] 关于元老院的决定的名称自始至终都是"consultum"，即决议；它从不像人民的法令那样是"iussum"，即命令。

[2] Festus, s.v. praeteriti（Bruns 2.26）。

[3] 在进行每一个公共行为，例如选举或者将一项提案提交人民之前，都必须通过观察预兆确定神是否赞成。这被称为"占卜"，因此，如这里引用的话中的一样，占卜被认为是进行占卜的权利。

于是，家父们指定一位摄政王（interrex），① 此人在任职五天后指定其继承人，如此这般，直到其中一位摄政王主持选举执政官。② 在共和国后期，只有在元老院作为一个整体主动提出时，家父们才行使他们在这一事务上的职能，这表明他们应该为此目的而召开会议，但是，这就必然推断，肯定有一个时期，家父们就是元老院的唯一成员。无论如何，这一术语表明，这一程序最初被用于任命一位国王，因而，以这种方式在体制上优越于国王的一个机构，它的组成会完全依赖于国王的意志，这似乎是不可能的。③

家父们是指哪些人也不确定。他们几乎不可能是指所有家庭的家长们，即使是古罗马作广义上理解的家庭，④ 因此，通常认为，他们是氏族的首领。⑤ 根据传统叙述，元老院成员的数量最初为 100 名；到共和国时期，这一数字达到 300 名，其间经过有许多说法，⑥ 但是我们被告知，当塔尔奎尼·普里斯科（Tarquinius Priscus）封授 100 名新元老时，原来的机构被称为大氏族的家父（patres maiorum gentium），而新成员们被称为小氏族的家父（patres minorum gentium）。⑦ 但是，这并不当然肯定地意味着，一名元老就是一个氏族的家父，而且没有什么其他资料表明存在这样一种人物。此外，元老院的成员问题在原始文献中与贵族阶层（也是另一种意义上的家父）的成员问题相混淆。

对于平民如何以及何时第一次被接纳入元老院的问题，不能

---

① Livy 1.17.5.
② 所有摄政王都能够领导选举活动，但第一个摄政王除外，可能是因为在占卜前的任何选举都是无效的，而只有他才能进行第一次占卜（Magdelain，载于 *Hommages à J. Bayer*, Brussels 1964, 427ff.）。
③ 关于元老院准可，参见下文，第 33 页。
④ 下文，第 114、118 页。
⑤ 例如，de Martino 1.117ff.。
⑥ 参见 Ogilvie, *Livy 1–5* 148。
⑦ Cic. *Rep.* 2.35；*Fam.* 9.21.2；Livy 1.35.6；Suet. *Aug.* 1，2；Tacitus, *Ann.* 11.25，认为小氏族的家父是作为两个第一任执政官之一的布鲁图斯采用的。区分大氏族与小氏族的意义没有进一步的说明；Ogilvie, *Livy 1–5* 147f.。

给出明确的答案,并且如果贵族与平民间的区分直到共和国早期才加剧,①那么这个问题本身就有误。后来的作家们当然根据他们自己所处的时代来看待早期的元老院,而在他们的时代,贵族与平民之间的区分虽然不再重要,但仍很鲜明,因为从阶层之间的斗争的视角看得出这一点。但是,这些作家们的叙述中有许多模糊和歧异之处,它们可能是由于将这种区分强加在这种区分还不是很明确的时期而造成的。②如我们已经知道的,毫无疑问,存在一个狭义上的家父的贵族核心集团。它出现在一个著名的短语"元老们当选者们"(patres conscripti)中,在元老院发表演说的人总是使用这个词语。后来,这被认为只表示一个意思,并适用于所有的元老,即已经被选中并登记在册的元老们,但是最初它明显等同于"元老们和当选者们"(patres et conscripti),而当选者们是指那些并非狭义上的家父但已经入选的元老。③在共和国后期,当选者们肯定是平民,并且李维④认为他们产生于最早的执政官们,他们依靠骑士阶层,从而填补了先前的革命在元老阶层中造成的空缺。但是,这很可能是一种根据后来的阶级结构作出的合理化处理,并且还存在其他说法,认为对平民的吸纳发生得更早。⑤同样地,也不知道"小氏族的家父"应被视为贵族还是平民。⑥简言之,可以有把握地说,一方面,如果以前有非贵族(使用一个中性词)的国王,在早期时有非贵族的执政官,那么肯定也有

---

① 上文,第 10 页。
② 参见 Momigliano, *Quarto Contributo* 424ff.(=*Entretiens Hardt* 13.204ff.),他提出一种三分法,即分为家父、人民和平民,后两者被认为是等级和较低等级(上文,第 22 页注释)。
③ Festus, s.vv. *adlecti, conscripti, qui patres qui conscripti*(Bruns 2.2, 5, 29)和 Mommsen, *StR* 3.838ff. 的其他证据;反对的观点参见 U.von Lübtow, *Das röm.Volk*(Frankfurt, 1955)144ff.; Ogilvie, *Livy 1–5* 236。
④ 2.1.10, 11;参考 Plut. *Qu. Rom.* 58, *Rom.* 13;Dionysius 5.13.2 说,布鲁图斯选出平民中最优秀的人,使他们成为贵族,然后将他们编入元老院,但这明显是因为他假定元老肯定是贵族,而且个人被授予贵族身份是可能的;参见 Mommsen, *StR* 3.839 n 2。
⑤ 参见 Mommsen, 前引书。
⑥ Momigliano, 前引书,第 839 页注释 2。

非贵族的元老，另一方面，根据阶层之间的斗争，一旦拥有执政官权力的军事指挥官的职位对平民开放，则平民肯定能够进入元老院。但是，由于李维总是将该机构说成是贵族一方的大本营，并且如我们所知道的，担任拥有执政官权力的军事指挥官的平民的数量稀少，因此，很显然，平民元老肯定是少数，并可能是极少数。

执政官在挑选元老时，不受任何形式上的限制。毫无疑问，他们或多或少受到习惯的制约，要挑选那些曾担任过高级官职的人，但是，只要执法官职位不多，他们肯定有一个相当大的范围来行使自由裁决来补足 300 人的数量。但是，根据一部《奥威尼法》（*lex Ovinia*）（大约公元前 312 年）[1]，选任元老的职能被赋予监察官，[2] 并且他们应"挑选各个阶层中最优秀的人"。[3] 这没有被进一步解释，但是，由于《奥威尼法》是一项平民会决议，因而这里所说的各个阶层极有可能是指贵族阶层和平民阶层。[4] 或者，可能涉及各种不同阶层的前任执法官，既包括贵族执法官也包括其他的执法官。[5]

无论如何，根据宪法惯例，或者在有些情况下根据法律，前任执法官在经过一段时间之后确实获得了一种被选任的权利，除非有拒绝考虑他们的足够理由。在几次布匿战争时期，这一权利仍限于前任贵族执法官（执政官、裁判官和贵族市政官），但是，

---

[1] 已知的第一次由监察官进行的元老院议员的挑选是公元前 312 年由阿庇·克劳迪和普劳第（C. Plautius）进行的。Livy 4.24 记载，公元前 319 年的监察官将执政官艾米流斯（Mamercus Aemilius）从部落中除名，但没有提到他被排除在元老院之外，由此，Mommsen, *StR* 2.418 n 2，推断，在那时还没有通过《奥威尼法》(*lex Ovinia*)；参考 de Martino, 1.408 n 3。

[2] 下文，第 53 页。

[3] Festus, s.v. *praeteriti* (Bruns 2.26): 监察官从两个等级中，按照库里亚挑选出最优秀的人进入元老院（*ut censores ex omni ordine optimum quemque curiati<m> in senatum legerent*）。关于"*curiati<m>*"这个词，参见 Willems, *Sénat* 1.169ff.

[4] O'Brien Moore, *PW Suppl.* 6.692f.

[5] Willems, *Sénat* 1.160ff.，表明它不可能限于贵族执法官，因为符合条件的候选人的数量相对于空缺的职位数量来说太少，以至于使该法律毫无意义。

它起初被扩大到平民市政官，然后是保民官，最后在苏拉统治下，扩大到财务官。由于这些扩大，一直有足够多的前任执法官占满元老院的所有席位，并且实际上，监察官的选任权（虽然这被认为是他们最重要的职能）被限制在将某个有资格的人从元老院名单中除名，只要他们认为此人犯下严重的不端行为。尽管苏拉将元老的人数提高到 600 人，情况仍然是这样的，因为他还将财务官的人数增加到 20 人。用前任执法官来填充元老院的结果是，它实际上成为一个由民众会议选举出来的机构，而当选为财务官职的首要意义实际上是当选的同时伴随着占据元老院的一个席位。但是，不能由此就设想元老院变成了一个民主性的机构。只有在很少的情况下，民众会议选举那些不属于贵族的人，而一个人一旦当选，他便终生拥有他在元老院的席位。

## （二）职能。

### 1. 与立法有关的职能。

（1）元老院准可。元老院的贵族核心集团在王位空缺制度方面保持一项特殊职能，① 它还拥有另一项权力，这项权力最初可能非常重要。未经元老院准可，民众会议的任何决议（立法的、选举的或者司法的）都是无效的。对于平民会决议来说，由于它们是与旧的宪制没有关系的机构制定的法令，因而元老院准可也许是不必要的。② 最初是在表决后给予准可，但是，公元前339年的一部《布布里利与菲罗尼法》（*lex Publilia Philonis*）要求，就立法而言，应在提案被提交给人民之前给予准可，并且在接下来的那个世纪，一部《梅尼亚法》（*lex Maenia*）将这一原则扩大到选

---

① 上文，第30页。
② 但是，参见上文，第25页。关于部落会议的证据太少，以致我们不能肯定地说，对于这一机构的法令也需要元老院的准可，但可能是需要的；Mommsen, *StR* 3.1040；相反的观点参见 Willems, *Sénat* 2.86ff.。

举方面。① 其结果肯定是改变了给予准可的性质。以前，元老院使民众会议的决议生效；而现在，民众会议使元老院的建议生效，正如它能够使整个元老院的任何决议生效一样。② 无论是因为这个原因，还是简单地因为元老院内部的政治平衡发生了变化，使得这一职能只由元老院一方行使似乎是不合理的，因此，元老院准可融入到元老院的一般职能中，并且仅仅成为一种走过场。

（2）执法官在将一项提案提交民众会议前的咨询。整个元老院的实际权力是一个宪法惯例的问题。这一惯例就是，除为日常工作的目的外，执法官如果没有事先咨询元老院，则不得行使其权力，因此，执法官如果打算在民众会议上提议立法，通常首先将该事项提交给元老院。这是非常有必要的，因为一旦该提案被公布，就不可能修改，而非正式会议只提供很少的实际讨论的机会。另一方面，在元老院，可能对该议案进行适当的辩论，并且执法官能够根据提出的修改建议修改他的最初草案，直到最后将它予以公布。主动权当然属于执法官，但在共和国后期，当有权召集元老院开会的执法官的数量很多时，元老院的任何重要派别总是能够找到一位执法官，能应他们之请召集一次会议。同样地，如果某一位执法官不顾宪法惯例，在没有事先咨询元老院的情况下想向人民提交一项议案，元老院通常能够找到一位保民官来否决他的行动。一些执法官成功地不理会元老院的事例是发生在革命时期。

即使有关提案未被否决并由民众会议通过，元老院仍然还留有一手武器，因为如我们已经了解的，它被认为是宪法的守护者，并且要在该法律中找到某种缺陷一般不会很难，例如认为占卜进行得不适当，这将使有关的程序无效。严格地说，是由作为执行

---

① 仅从 Cic. *Brut.* 55 得知。它表明，在公元前 290 年的前几年，它还未被通过；因为李维不可能不提到它，所以它必然属于公元前 292—前 219 年期间，李维的罗马史关于这段期间的叙述未能保存下来；Mommsen, *StR* 3.1042。

② Meyer, *Röm. Staat* 213.

官员的执法官来决定是应当不理会有问题的法律还是将它付诸实施，但是他们几乎不可能凭自身的权威而采取诸如不理会之类的重大步骤，因而最终的决定实际上属于元老院。①

（3）豁免权。严格地说，由于民众会议是唯一能够制定法律的机构，因而只有它才能免除某个人受到某项法律的适用。但是，这种权力逐渐被元老院所篡夺，在紧急情况下元老院可以给予豁免，起初这必须经民众会议批准，后来这种批准逐渐变成一种形式或者完全被忽略。公元前 67 年，有一部《科尔内利法》（lex Cornelia）试图剥夺元老院篡夺的这一权力，结果却导致确认了它的这一权力，因为该法律规定，当通过一项豁免决议时，至少应有 200 名元老到场。②

罗马统治的一个重要特征是由前任执法官，即任期已届满的执法官来管理各行省，这实质上依赖元老院的豁免权，因为元老院通过豁免执法官受到最初法定任期的限制，延长了他的治权。③

## 2．与官职有关的职能。

关于执法官的实际选举，元老院几乎没有什么权力。我们已经提到，元老院准可的形式化，④以及元老们任命一位摄政王的权力。⑤元老院（即整个元老院）还行使与另一种特殊的执法官——独裁官有关的事实上的权力。如我们将看到的，虽然在紧急情况

---

① 元老院作为宪法的守护人的地位实际上依据一种观念，即它是城邦的重要的议事机构，照此，如出现任何宗教问题，它必然是最终的裁断者。宪法的基本原则不完全是世俗的问题。它们，以及实际上整个罗马公共生活，被认为得到神的赞许，而任何对常规的背离都可能招来神谴。元老院与宗教的特殊联系，可能从这样一种习惯做法中看出，即执政官任职之后提交到它面前的第一件事应是关于宗教问题的一项提议。参见，例如，Livy 36.1；37.1。

② Asconius, Corn. p. 58c.（Bruns 2.69）。至少从理论上说，民众会议的确认似乎仍是必要的。Dio Cassius 36.39 没有提到 200 人这一法定人数。

③ 最初，需要人民表决，但到公元前 2 世纪，元老院已经具有这种权力；Mommsen, StR 1.643。

④ 上文，第 33 页。

⑤ 上文，第 30 页。

下指定一位独裁官的权力属于执政官，但是早在共和国初期，这一权力只能经元老院建议才能行使，已成了习惯，并且最后，元老院享有如此大的权力，以至于不仅可以建议应该指定一名独裁官，而且还可以建议应当由谁来担任。随着公元前202年以后独裁官这一职位本身废而不用，这种习惯当然也失效了。①

对于在不同的民众会议上选举的执法官的任命，元老院根本没有任何影响力，但那些间接的影响选票的方法除外，而这些方法是所有时期的政府都知道的，但是它们通常——尽管决非总是如此——足以阻止为元老院大多数人所不喜欢的候选人当选。但是，在这些执法官当选后，元老院通过它获得的给他们分派各自不同的活动领域的权力，对他们行使一种非常重要的控制。例如，每个执政官都完全有权行使治权所固有的所有权力，但是，事实上他们通常安排了一种分工，每个人经常指挥预定打不同战役的两个部队中的一个。虽然，严格地说，这种分工或者通过安排，或者通过抽签，但元老院有时提出，其中一位执法官比另外一位更能胜任某个领域，并且最重要的是，划分这些领域本身，即决定哪些领域属于执政官的"行省"，② 最终成为元老院无可争辩的特权。在共和国后期，民众会议竟经常动用其不受限制的立法权，使元老院所作的安排归于无效；③ 但是，当然，这都是革命时期，而在通常情形中，这一问题的决定权归元老院，从而授予它对执政官的某种程度的控制。可能正是为了使这种控制减至最小，公元前123年，盖约·格拉古（Gaius Gracchus）通过了他的《关于执政官行省的森布罗尼法》（*lex Sempronia de provinciis*

---

① 下文，第56页。
② 关于"provincial"（领域、职权、行省）的各种含义，参见下文，第66页。
③ 这样，公元前108年，虽然元老院已经让在职的指挥官延期来指挥与朱古达（Jugurtha）之间的战争，但是，根据一项平民会决议，前一年当选为执政官的马里奥（Marius）被授予努米底亚（Numidia）行省，从而获得这一战争的指挥权。庞培和恺撒，在元老院的强烈反对下，也通过同样的方式而获得指挥大权。

*consularibus*），①该法要求元老院在任命有关的执政官的选举之前指定特定的行省作为"执政官"行省。但是，通常要事先猜到谁可能赢得选举，肯定不很难。②在苏拉以前的时期，执政官在他们任职的那一年里，通常在外地指挥作战或者担任行省总督；但是在苏拉以后，他们几乎总是留在罗马，只在任职年底前往他们的行省担任"行省执政官"。③因此，行省总督和军事指挥官与罗马的民政官员相分离，强化成一种固定的做法，并且为元首制所继承。

元老院与官职有关的职能还包括通过一种被称为"元老院最高决议"（senatus consultum ultimum）的权力，这一权力是元老院在共和国后期的革命时期僭取的。无论如何，贵族派（"保守"派）认为，这种决议的效力是，赋予执法官非常的权力，包括（据说是如此）不经向人民申诉便处死公民的权力。在形式上，这种决议仅仅是向执政官（有时还包括其他执法官）建议，"务必使共和国不受损害"，但是其目的在于，在危急关头宣布某种像戒严法那样的措施，并且它部分上是作为一种手段，意在填补由于废除独裁官而造成的制度上的空缺，因为独裁官是原先的体制为在紧急情况下产生一位强有力的执行官而规定的。尽管罗马人可能普遍同意，如果有确实的武装反对城邦的情况，则可以允许执政官越出严格的法律之外来对付它，并且元老院作为城邦的重大议事机构，可以向执政官指出他们的职责，但是，事实是，元老院最高决议的运用只是为了派别的目的，而且是在元老院实际上只代表一个派别（即贵族派）的时期；因而，其合法性从未被民主派所承认。特别是，

---

① 这部法律一直有效，直到公元前52年，被短命的《庞培法》（*lex Pompeia*）所取代。
② 因此，公元前60年，恺撒在元老院的主要对手预见到他肯定会当选为公元前59年的执政官之一，成功地设法将一些不重要的行省的管理权分派给公元前59年的执政官（Suet.Jul.19）。恺撒利用他在民众会议政治上的支配地位，使《瓦提尼法》（*lex Vatinia*）获得通过，授予他高卢行省总督的职位达五年之久。
③ 较旧的观点认为，他们总是待在罗马，并且这是苏拉制定的某项法律所导致的，这一观点已经被巴尔斯顿（Balsdon）证明不成立（Balsdon, *JRS* 29[1939]57ff.，这是关于共和国后期治权的总体性质的重要论述）。

公元前63年的执政官西塞罗未经审判将卡喀提林的同谋们处死，尽管元老院已经通过了最高决议，但是他的这种做法被普遍认为是非法的，并成为公元前58年他被流放的主要原因。①

受到元老院最强烈且最连贯的影响的两个领域是财政领域和外事领域。这里，如在所有方面一样，元老院的行为在形式上是建议性的，但是没有任何其他方面像这些方面一样，形式变得如此稀薄，事实暴露得如此清楚，以致实际作出决定的正是元老院自己，而不是它所建议的执法官们。

## 3. 财政职能。

为了理解共和国的财政，我们必须首先摆脱现代的先入之见，即认为一个国家的收入的最大部分必然来自税收。在古罗马，其原则更确切地说是，国家应有充分的收入以偿付所有日常开支，而不征税。② 另一方面，我们不应猜想，所有公共性质的开支必然从公共金库中支付。罗马人尽可能地习惯于通过拨出特定来源的收入为一般的经常性开支作准备。因此，宗教开支的支付主要通过将某些城邦土地的租金一次性拨给特定的庙宇使用。甚至军事性开支可能也以相同方式来处理。直到一个相当晚近的时期，骑兵们有权为他们的马匹及其饲料获得一笔金钱支付，这笔钱的支付是一些妇女和无父母的孤儿的一种义务，这些人拥有财产，但在人口登记中不能被列入，因为人口登记表中只包含那些能够佩带武器的人的姓名。在这种情况下支付的金钱不通过城邦金库，而是直接支付，这一点从盖尤斯那里明显可知，据他说，如果一位士兵未获支付，他能够从负有义务的人那里占有一件财产，以实现支付。③ 甚至对步兵的支付看来最初也是部落的事情，如果他们确实获得了支付的话，但是，它很早就由城邦接管了（公元前406年）。

---

① 参见 Last, JRS 33（1943）93ff.。
② 英国的国王也曾一度被人们期望"独自谋生"。
③ Gai. 4.27。我们不知道如何确定哪个人应向哪些士兵进行支付。参考下文，第190页。

这种永久性拨款的制度是元老院能够控制财政的主要原因之一；它不包括的开支必然是一种非日常事务，因此，根据一般的宪法原则，需要元老院的批准。①

主要的日常收入来源是来自公共土地的收入。此外，还必须包括一些间接税，特别是口岸税（portoria），进出口税和一定数量的对各种违法行为科加的罚款。但是，古罗马的间接税与我们的间接税不同，因为它们并不是每年都要重新进行审核，因而每年的数目都有变化，而是被一次性地规定下来。在共和国后期，当罗马所征服的土地已经大大地扩张时，各行省的税收成为另外一种收入来源，但是，在这里，这些税收也是根据永久性体制进行征收的，并且根据最终的理论，也代表土地的租金，因为土地尽管留给它最初的所有者，但是被认为已经成为罗马城邦的财产。②在日常收入不足以支付城邦开支的情况下，这在共和国初期的战争时期经常发生，就有必要诉诸于征税。这种税收被称为"tributum"，表现为对一个公民进行人口登记而被估价的财产（这也是为召集百人团会议的等级划分的依据）的一部分，并且由执政官来决定何时应征税以及征收的比例，③但是，在这点上，如果没有元老院的批准，执政官可能永远都不会采取行动。在严格意义上，这种税与其说是税收，不如说是一种强迫贷款，它是为应付紧急情况而强行获取的，并且在情况许可时是可以偿还的。确实有在打胜仗后偿还的情况，但是这些情况很少，并且在实际上，几乎总是征税，直到公元前168年皮德纳战争的胜利，④因为这一胜利给金库提供无数战利品，使征税变得不必要了。在共和国时期，从未再向公民征收直接税。⑤

---

① 上文，第30页。
② 下文，第267页。
③ 正常的数量是千分之一（单倍税，tributum simplex），但是我们也听说了双倍税和三倍税。
④ 上文，第2页。
⑤ 可能在公元前43年出现例外。

关于支出，除了那些必要的战争支出外，主要的特殊支出是为了公共工程、道路、房屋等。民政机构几乎没有什么发展；高级官员全部都不支薪水（虽然并不乏捞钱的机会），并且虽然他们有需要付酬的助手，但这并不构成一笔很大的款项。现代国家承担的许多义务（如教育、扶贫、监督雇佣条件），大多数是没有的，这个事实在某种程度上说明了古罗马财政安排与我们自己的相比更简单的原因。

从严格的法律理论上说，城邦的金库（aerarium）处于最高执法官即执政官的控制之下，只有他们才有权从中支出钱款；但是，这一理论与事实并不相符，因为元老院牢牢控制着财政，并且主要的财政官员是监察官和财务官。但是，这些官员的职责很不相同，因而必须分别进行论述。

（1）监察官。[①]这些执法官有时被说成是罗马的"预算编制者"，但是，根据我们的观点，他们编制的预算是非常不完善的。他们必须编造财产登记表，为此，他们看来在财产估价方面有相当大的自由裁量的余地。例如，我们得知，公元前184年，加图（Cato）对奢侈品以它们的实际价值的十倍进行估价，这当然意味着，它们的所有者必须支付更多的税。监察官也制订为征收公共税收所必要的合同；例如，他们能够将公共土地或者像矿产或渔业这样的属于城邦的财源以一定的租费出租，并且正是他们与包税人（publicani）即税收包收人订立合同。在共和国时期，许多税，例如口岸税，或者田税（vectigal）（在城邦公地上定居的人为"所占有的"公地支付的税款），[②]以及行省的各种税，不是由城邦官员直接征收的，而是被包给了一些投机商，这些投机商支付或者承诺支付一笔总额以换取征税的权利，他们当然希望所收的税多于他们必须支付的金额，从而获利。这种制度导致了相

---

① 参考下文，第51页以下。
② 上文，第10页。

当大的压迫，因为对包税人没有适当的控制，他们经常获得巨额利润。[1]但是，有时他们弄巧成拙，或者在不同包税人团体之间在出价方面的竞争极其激烈时，或者收成不好时，[2]如果要遵守出价，他们就面临破产。在这些情况下，只有元老院才能使他们摆脱合同，并且我们知道几个这样做的例子。[3]

除了安排收取公共税入以外，监察官在某种程度上还是花钱的官员；例如，他们通常安排关于公共建筑、道路等的合同，在这些合同中，城邦是支付方而非收入方。但是，在这些问题上，他们的自由裁量权更小，仅仅被允许从金库中支取不超过奉执政官和元老院之命拨入他们的信贷的一笔确定的金额。因此，在这方面，他们所处的地位与其他执法官相似，其他执法官也拥有为他们开立的类似的信贷额供他们支付有关费用，例如给他们的下属付酬。

监察官的登记表（tabulae），如实地显示了城邦可能预期的收入的一大部分，这些登记表是古罗马人所拥有的与预算表最相似的东西，并且毫无疑问主要用于估计可能花费的金额，但是它们肯定是不完整的，因为监察官每五年只选举一次，并且任职期限不超过18个月，[4]在其中的间隔期，亟待处理的事务转由其他执法官处理。此外，特别的收入，例如来源于战利品的收入，也不会记入监察官的账目中。

（2）财务官。[5]金库（aerarium）本身处于财务官的监督之下。最初，只有这个唯一的金库由作为执政官助手的两名财务官进行管理，执政官能控制金库，如同对城邦的所有其他部门一样。公

---

[1] 这些合同通常不提供给个人，而提供给团体，并且，通过投入资本而无须做任何事情，就能够在这样一个团体中取得一定的份额，这种方式和一个人在现代的联合股份公司取得股份差不多。
[2] 许多税收是按照收成的一定比例来计算的。
[3] 公元前59年发生了一个著名事件，关于是否应当解除亚洲包税人的义务的问题，成为政治派别之间最重大的问题之一；Balsdon, *JRS* 52（1962）135ff.。
[4] 因此，监察官订立的合同的期限一般为五年。
[5] 参考下文，第50页以下。

元前421年，①财务官的数量增加到四名。有两名（城市财务官）将仍旧管理罗马的金库，对于另外两名财务官，每个执政官在开始作战时将让其中的一名作为一个独立的助手。于是，一个独立的金库为他建立起来，后来，同样的独立的金库也为行省总督建立起来。虽然这些金库处于行省总督的控制之下，但仍与罗马的中央金库有关，行省的财务官从中央金库获得金钱或者信贷额用于管理开支，并且有义务在返回罗马时报账。但是，与此同时，行省总督完全有权自行决定进入他的金库的款项的用途。所有的钱并不是都通过中央金库。

两名城市财务官除了记录金库账目的职责外，还有其他职责，例如出售属于国家支配的财产（例如奴隶和战利品）。他们有时还在元老院作财务报告。

理解罗马财政的关键在于这样一个原则，即每个拥有治权的人有义务委派代表将受其控制的款项记账。对于执政官和大多数前任执法官来说，这些代表在当选的财务官和前任财务官中选择，前任财务官就和他们的上级一样，通常在他们卸任后去某个行省；但是，如果没有这种代表可选，则该拥有治权的人有义务亲自挑选一个代表。这一规则的目的显然在于，对奉拥有治权的执法官之命进行的每一次支付都应当有记录，这将能够在不限制他花钱的权力的情况下让他说出那些花得不适当的钱的用途。城市财务官比任何其他财务官拥有一种更为独立的地位，因为他们的上级（执政官）经常离开罗马。这实际上意味着，他们只根据元老院的授权拨款。他们有权只按执政官的命令支付，但在共和国后期，甚至执政官也从未在不事先咨询元老院的情况下发布这种命令。

因此，我们获得这样一种见解，即财务官是掌管金库钥匙的人；他们奉一位执政官之命向他或者向其他执法官支付款项，但是由

---

① 这一年，财务官这一职位向平民开放；上文，第15页。

于执政官必须咨询元老院的这一习惯,因而是元老院进行着实际的控制。[1]

### 4. 与外事有关的职能。

我们已经提到过,宣战是保留给人民的一项职能,[2] 尽管在这个最重要的问题上,执法官实际上在将一项建议案提交给人民之前当然有义务向元老院咨询。要回答这样一个问题,即根据罗马宪法,媾和权,或者在实质上的相同的缔约权[3]由谁享有,这并不很容易。很有可能的是,通过条约约束罗马城邦的权力最初被认为是作为共同体代表的执法官的治权所固有的,但是在有史时期,就不再是这样了。

条约不能被认为有约束力,除非这个执法官的行为得到共同体的事先许可或者事后批准。不止一次,受骗的敌人吃了苦头才知道,罗马人可能拒不承认一位执法官代表他们所立下的最神圣的誓言,而且认为通过将他以及所有参加了那个仪式的人赤身裸体绑缚交给他们与之缔约的人,他们的良心就得到了满足。[4]

为了许可或者批准条约的目的,共同体表示为"元老院和罗马人民",这是罗马城邦特别用于国际关系的称呼,其中,如果

---

[1] 但是,在共和国后期,公共账目的监督经常是很粗略的;参考 Cic. Verr. II. 1.36f.; Plut. *Cato Minor* 16。

[2] 上文,第 19 页。

[3] 因为,从理论上讲,所有与罗马没有条约联系的国家都是敌人。

[4] 最著名的例子是公元前 321 年的科乌迪姆峡谷(Caudine Forks)事件。执政官卡尔维努斯(T.Veturius Calvinus)和波斯图米乌斯(Sp.Postumius)领导的罗马军队,被撒木尼人(Samnites)困在一个峡谷中。由于无法逃脱,执政官们缔结了一项条约,据此,如果饶了这些罗马人的性命,他们就同意讲和。这样做了以后,其军队在被解除武装并被迫从一个轭门(失败的象征)下通过后,回到了罗马。但是,根据波斯图米乌斯自己的建议,元老院否认该条约的效力,其理由是未经人民同意而签订的条约,人民不能受其约束,而法律所要求的是将实际的缔约当事人交给敌人。参考 Lévy-Burhl, *Nouv. Et.* 116ff.(=RHD, 1939, 533ff.); Kaser, *AJ* 260ff.; La Rosa, *Iura* 1(1950)283ff.。后来的一个例子是否认公元前 137 年由提比略·格拉古代表执政官曼其努斯(C.Hostilius Mancinus)议定的努曼提(Numantine)条约。

对它加以注意，元老院放在前面。事实上，从共和国早期起决定权属于元老院，而人民对元老院决定的批准是一个形式。接近共和国末期时，它有时候还被忽略，尽管西塞罗仍然会说它在法律上是必要的。① 某项条约一旦得到许可，通常派一个使团缔结它，这个使团由两名或三名"战和事务祭司"（Fetiales）组成，他们是专门承担国际礼仪的祭司团成员，并且代表元老院和人民发誓。

所有国际事务集中于元老院掌管之下，是元老院与经常变换的各个执法官相比具有持久性的自然结果，而这种集中的一个后果是，一旦和平在望，作战的将军就会指示敌邦的大使们直接去罗马的元老院，在这之前，只进行初步谈判。此外，在敌人已经彻底地被征服以致不存在缔约和约的问题，而只有完全投降（deditio）的问题后，是元老院派出一些专员协助指挥官决定被征服领土的体制。这种体制一般被规定在一部法律中，这一法律是一种特许状，但没有得到民众会议的批准。在罗马帝国的行省不断增加的时期，元老院的最高性得到如此明确的承认，以致它的批准就足够了。②

在谈到古罗马的"外交事务"时，我们当然应该记得，在共和国后期，罗马已经是地中海地区的强权，并且实际上超过已知世界的大多数国家，因此，不存在像现代独立国家之间存在的那种国际往来，唯一能自己单独与罗马相较量的是遥远的帕提亚（Parthia）王国。但是，我们还应当记得，罗马统治地区的绝大多数居民不是公民，而是异邦人（peregrini），因此，从某种意义上说，对意大利以外的各行省的管理也是"外交事务"的一部分。在这点上，元老院作为长期性管理机构，也对所有行省总督实施尽可能多的监督。如同存在于我们现代的大使馆中的那样，来自其附属国或者独立国家的常驻罗马的代表，还不为人所知，所有

---

① *Pro Balbo*，第 34 页。
② 公元前 133 年，提比略·格拉古确实对元老院在新取得的亚洲行省问题上的特权进行了挑战；并且十年后他的兄弟盖约·格拉古根据一项平民会决议管理亚洲的财政体制。

事务都由为特殊情形所指定的使节们来处理。关于这些使节和召集起来的元老院对这些使节的影响，古罗马历史记载了许多的例子，对他们中的许多人来说，正如其中的一个确实认为的那样，元老院肯定就像是"国王们的集会"。①

## 5. 宗教方面的职能。

作为城邦的重大议事机构，元老院不可避免地，经常关心影响城邦宗教的事务，并且很难说罗马宗教的某一部分是相当独立于元老院的。不仅每年的第一次开会专用于执政官呈交关于宗教事务的报告，②而且在每次会议上宗教事务优先于所有其他事务。

在某种程度上，最重要的宗教"团体"，例如祭司团和占卜官，其成员一般都是——虽然这不是必须的——元老院的主要成员，这些团体作为各种常务委员会，以处理属于其职权范围内的事务；但是，这些机构几乎不拥有什么主动权，因而需要元老院的权力以执行他们的建议。因此，如果祭司团宣布出现某种被认为预示着神谴的"预兆"，元老院可以命令进行斋戒仪式；它还可以命令查阅希比拉书（Sibylline），③这是一个有时候具有非常重大的政治意义的事情。根据一般原则，如果在日常性之外的任何宗教仪式或节日需要花钱，元老院的批准当然是必要的，并且它能够规定特别的节日，这种权力有时被用于阻止不受欢迎的公众活动。接纳一种新神加入罗马的公共礼拜，虽然严格说来可能是由人民决定的事项，但是一般由元老院决定，有时是由于查阅希比拉书的结果。

---

① 这些词语是伊壁鲁斯国王皮洛士的使节秦纳斯（Cineas）所使用的，当时，尽管皮洛士在公元前280年取得在赫腊克林（Heraclea）的胜利，但是，只要外邦的军队还停留在意大利的土地上，元老院就拒不商议谈判条件。

② 上文，第34页注释。

③ 古希腊的一些玄妙难解的预言的汇集，据说由罗马的最后一位国王高傲者塔克文从库玛（Cumae）的预言者西比（Sibyl）处带到罗马。它们由一个特殊的团体，即十人祭司团，后来是十五人祭司团保管（上文，第16页）。

## （三）程序。

为了理解元老院的程序，必须自始至终记住，元老院是一个咨询机构，其工作是向执法官给出建议，它本身不具有任何正式的执行权力。这首先表现为这样一个事实，即元老院只有在一位执法官，最初是只有那些拥有治权的人民的执法官，①召集下才能开会，而该执法官在自己采取行动前向它咨询。但是，后来可能是由于平民会立法权的扩大，以及由此产生的这样一种必要性，即平民会主持者在平民会决议提案之前应能够向元老院咨询，因而保民官取得了召集执法官们的议事机构的权力。②元老院会议的可能的召集人的这种增加很重要，因为它意味着，任何一个重要的阶层的意见通常都能促成一次会议的举行以便表达其意见，即使所有的拥有治权的执法官都想阻止这种表达。通过这种方法，以及通过根据元老院的意愿运用其否决权，在共和国后期，保民官成为元老院统治的一个重要工具，这居然达到了他们可以被称为"贵族的奴才"（mancipia nobilum）这样的地步。

正如元老院只能由一位执法官召集一样，它只能讨论由某个执法官提交给它的事情；没有任何"私人性的议员提案"，尽管如我们将看到的，元老院进行表决的动议可以由某个非执法官的议员来草拟。

通常的召集人是执政官，但是一旦元老院被召集，就不是只有召集人才能向议院提交议题。执政官的议题排在最前面，③然后

---

① 独裁官、执政官、裁判官、摄政王和必然包括的拥有执政官权力的军团长官，只要存在这些官职，参见上文，第14页以下。

② 其年代不能确定，并且保民官显然不经常运用这一权利（这不同于在执政官或者内事裁判官已经召集元老院之后再将事项提交给它的权利）；O'Brien Moore, *PW Suppl.* 6.700。

③ 是"议题"而不是"动议"，因为，严格地说，执法官只是请求提供建议，他自己不提出什么建议。当然，事实上，他的陈述可能包含一项建议。

是裁判官的议题，再后是保民官的议题。每个议题的进行是从提交该事项的执法官进行陈述开始，并且还允许任何执法官在辩论期间随时主动地发言。在开始的陈述之后，元老院可以立即进行表决，但是更经常的是进行辩论。但是，在辩论的形式方面，执法官咨询的性质再次明显表现出来。它不是任何想发言的成员都可以"引起发言者的注意"，而是由主持的执法官约请某个成员发表其意见（例如，"马尔切·图利，说说你的看法？"）。但是，在这一职责中，执法官或多或少受到习惯的制约，要遵循一种规定的资历顺序。当监察官仍是一种起作用的力量时，通常由监察官选择某个特别高贵的人排在元老院名单的第一位，因而这个人作为首席元老（princeps senatus）总是最先被约请发表意见。在苏拉的改革削弱监察官职位的重要性后，就不再这样做，主持人可以选择执政官级别的任何人（即前任执政官）首先发言。执政官之后依次是裁判官，前任市政官，前任保民官，最后是前任财务官。[①] 因此，没有担任过显要官职的人很少有发言的机会，但是他们能够通过走到一位他们同意的发言者的旁边坐下表明他们的意见。因此，用"脚"表达他们的意见的人被称为二等元老。[②] 一位元老院成员一旦应邀讲话，他可以就他认为具有公共意义的任何事发表自己的意见，而不论这件事与元老院正在讨论的事项有无关系。[③] 除了会议必须在日落前中止外，发言没有任何时间限制，从而通过冗长的演说阻挠议事的情形决不是没有发生过的。

当辩论结束时，由主持的执法官选定应当对各成员表达的意见进行表决的顺序，而表决的进行是通过支持者走到元老院的一边，而反对者走到另一边。如果关于某一问题的某一动议被通过，

---

[①] 通常，由于显而易见的原因，对被选定即将就任的执政官先于其他执政官被征求意见。
[②] Gell.3.18；Festus s.h.v.（Bruns 2.23）；Monro, Journal of Philology 4（1872）113ff.；O'Brien Moore *PW Suppl.* 6.680；并参见 *Iura* 18（1967）248ff.。
[③] 这被称为"题外话"（egredi relationem）。最著名的例子是迦图（公元前184年的监察官）的例子，他每次发言都附加"迦太基必须被摧毁"的话，最终罗马人接受了这一建议。

则其他的动议均自动被放弃。

一项动议一旦获得通过,便成为元老院决议(senatus consultum),只要享有否决权的保民官或者其他执法官不否决它。它可以被否决,因为从严格的法律理论上说,它只是元老院向提出请求的执法官提出的建议,其约束力来自于他的权力,而一位执法官的行为可以由一位保民官或者具有相同或更高级别的同僚所否决。元老院通过的决议如被否决,便不是一项元老院决议,而仅仅是一项准可,它是一种意见表达,虽然不约束任何人,但是可能获得执法官或者有关的其他人的尊重。在主持的执法官为每次议案选定的一个小委员会的监督下,所有的决议都要写下来,并在财务官的监督下,存放于金库中。为了防止伪造,在阶层之间的斗争时期,平民市政官被授予一部分控制权——我们得知由他们负责照管元老院决议,存放在谷神(Ceres)庙,但是我们不知道分享职责的确切方式。

关于公布,没有据以公布元老院决议的一般制度;有时它们在非正式会议上予以宣布,有时被张贴于一处公共场所供人阅读,有时还可能将副本送给有利害关系方,例如行省总督或者联盟城邦的大使们。

## 六、执法官

### (一)执政官。

我们已经知道,在王政垮台后,根据传统的叙述,王权由于被转给两名年度选举的官员而受到了限制,他们在有史时期被称为执政官,[①]并且,我们还知道,阶层之间的斗争主要是冲着平民

---

[①] 最初为长官(praetores);上文,第8页注释。

可以被选举担任这一职务问题，而这一职位在整个共和国时期一直是城邦的最高职位。严格说来，执政官治权（imperium），像它所继承的王权一样，是不受限制的权力，它延伸到管理的所有方面，并且包括军队的领导权、司法权和向人民提交议案的权力，当然还包括向原先是国王的、当时是执政官的咨询机构的元老院提交事项的权力。执政官没有完全继承王权的唯一领域似乎是宗教领域。祭司团首领的职位传给了一个独立的官员——祭司长（pontifex maximus），并且为某些较次要的宗教目的，"王"的称号由一位被称为"圣王"（rex sacrorum）的祭司所保留。

执政官的选举在百人团会议上进行，①为此目的，一般由一名执政官召集百人团会议，例外情况下由一名独裁官、摄政王或者拥有执政官权力的军团长官召集。由裁判官主持执政官选举很不合常规。选举的日期是每年最重要的固定政治事件，将来自意大利所有地方的许多公民吸引到罗马，选举日期在被苏拉固定下来之前，每年很不相同，在苏拉以后，通常在七月进行选举。但是，（由于公元前153年的一部法律）执政官年总是从一月一日起开始，因此，有一个相当长的间隔期，在此期间，获选的候选人在就职前是被指定的执政官（consules designati）。执政官一旦当选，在法律上不能被撤职，除非可能被一名独裁官免职，但在革命时期在一些情况下确实发生了撤免一名执政官的事。如果一名执政官死亡或者辞职，在该年度的剩余时间里，由他的同僚主持一次选举来填补他的空缺。如果两名执政官都死亡，则须指定一名摄政王。②

执政官的治权实质上是王权，但受到同僚制原则和一年的任职期限的限制。因此，它是一种综合性权力——军事的和民政的，并且，除了由于特定法律或者对其他执法官分派特殊职能对它施

---

① 库里亚会议对治权的形式上的确认（上文，第19页）在任职之年的年初进行。
② 上文，第30页。

加的特殊限制外，它没有明确的定义。但是，这些限制几乎全都在罗马城或至其第一个里程碑（城内和平区域，domi）范围内适用；在此范围之外（城外军事区域，militiae），治权的享有者是不受限制的。依据法律的最重要的限制与申诉（provocatio）有关。[①] 最初属于执政官享有，后来被转给其他执法官享有的权力的例子包括：选定元老院成员的权力被授予监察官，[②] 民事司法管辖权被分派给内事裁判官（praetor urbanus）。但是，在这些法律限制之外，并且更为重要的是元老院的全面渗透的权力，由于它，执政官实际上变成只是首席执行官员。实际上，在西塞罗的时代，执政官在他们的任职年里只是罗马和意大利的首席行政官。以前，虽然特别的裁判官或者前任执法官在情况需要时被任命为行省总督，执政官本人则经常指挥共和国军队，不仅在意大利内，而且也在意大利以外，但是，在苏拉以后的时期，固定地由任职年已满的执法官（执政官和裁判官）担任各行省的总督职位，由此也担任驻扎在各行省的军队的指挥，因此导致执政官和裁判官在其任职年不离开意大利。这在政治上的意义在于，在意大利内，民政权力与军政权力相分离；因为，意大利被认为是永久和平的（它的所有居民现在都是公民了），并且确立了一项宪法原则，即除在意大利发生骚乱或者奴隶起义外，不应有任何军队驻扎在意大利疆界内。

同僚制的原则是指有两名职责与权限完全相同的官员，这一原则的不便之处通过许多不同的方法得到克服。基本的方法是否决权（intercessio），即任何一个执政官都能否决他的同僚的任何一种行为，结果是问题仍像它们本来的那样。但是，如果经常采用这种方法，就不可能进行管理。在某种程度上，执政官通过协议划分他们的活动领域；更多时候他们一起采取行动。例如，他

---

[①] 下文，第306页以下。

[②] 上文，第32页。

们可以一起召集元老院，或者民众会议，许多带有两名执政官名字的法律证明他们是这样做的。如果事情是只有一个人才能做的，则可以通过协议或者通过抽签进行安排，但是也有一种旧习惯，据之，执政官轮流履行这种职责。在城邦内，他们每个月轮换一次，年龄较长的执法官或者早先当选的那个执政官（consul prior）一般轮头回；只有轮值的那个执政官才能让人在他前面带着束棒（fasces）。在战场上，更主要的做法是他们每天轮流当最高指挥，不过这种做法问题更多。

执政官原则上享有普遍的司法管辖权，[①]但事实上，当设立了一个特别的司法官员，即裁判官时，执政官似乎实际上不再涉足民事诉讼。[②]

执政官有许多外在的身份标志。虽然他们与其他一些执法官都有执法官的镶边长袍（镶紫边的宽外袍）和显贵的席位，但是只有他们由整整12名侍从官开道，同时捧持束杖或者一捆捆杖节，这是强制权的象征，执政官一离开市区，便在束杖上面加插斧头，以表示他已经将他在城内和平区域行使的有限权力换成拥有军事

---

① 管辖权与治权之间的关系是一个疑难问题；参见 Pugliese, Proc. 1.162ff.; Kaser, ZPR 29f., 133f.。几乎不能将它视为完全不同的（正如根据 Lauria, St. Bonfante 2.481ff.），无论是面对关于这两项权力显然相联系的文本（例如，D.1.21.3;5.1.58），或者是面对有关规则，例如一个执法官对于另一个拥有相同治权的执法官无管辖权（D.36.1.13.4），抑或是面对依据治权进行审判的种类（下文，第223页）。但是同样很难认为它们仅仅是一个概念的两个方面，因为虽然每个拥有治权的执法官都拥有管辖权，至少从原则上来说是这样的，不过也有一些执法官拥有管辖权但没有治权，它们包括贵族市政官（关于认为他们有治权的观点，参见 Sargenti, BIDR 69, 1966, 201ff.; G. Impallomeni, L'editto degli edili curuli, Padua, 1955, 118f.）、两人委员会和四人委员会、在元老院行省的财务官以及监察官（如果他们的确可以被认为有管辖权，参见 Sargenti, 本注引书）。这些执法官不能够进行诸如命令授权占有或者恢复原状，或者缔结裁判官法上的要式口约（D.2.1.4；50.1.26），因为这些行为与其说是管辖性质的行为，倒不如说是治权性质的行为（magis imperii quam iurisdictionis）；不清楚令状是否属于这种类型。可能最好是将管辖权视为治权的一部分，但可以单独授予某人享有；参考 F. de Martino, La giurisdizione nel dir. rom. (Padua, 1937)。

② 虽然通过拟诉弃权进行财产转让以及诉请解放，作为形式上的行为，可以在他们面前进行；并且他们当然能够否决裁判官的行为。关于刑事管辖权，参见下文，第305页以下。

治权的执法官的不受限制的权力。执政官的最显著的特权是,他们的名字成为他们任职的那一年年历的法定名称。

48

## (二) 裁判官。

上文已经叙述了导致公元前 367 年设立第一任裁判官的一系列事件。① 这一新的执法官将接管在此以前由执政官履行的关于民事司法管辖的职责。不妨立即指出的是,这不意味着裁判官就是按照我们对这个词所理解的意义上的法官。古罗马的民事审判,一直到帝国时代,一直分两个阶段进行,只有第一个阶段涉及管辖的执法官。这是法律审阶段,在这一阶段,只确定预备性工作,并且特别是确定当事人之间争议的问题。② 只是在第二个阶段,即裁决审,③ 才进行实际的审判,并对提出的争议作出判决,这个阶段的承审员(iudex)不是一名执法官,而是专门为审判指定的一个私人。

仅仅执法官与承审员之间的这种职责分工,就使我们可以理解,罗马人如何能够靠一个司法官员对付这么长时间,因为直到大约公元前 242 年④ 才任命另一名裁判官,并进行职责分工,一名裁判官主管公民之间的司法(内事裁判官),而另一名则主管异邦人之间或者罗马人与异邦人之间的司法,因此被称为"处理异邦人之间诉讼的裁判官",或者更简单地称为"外事裁判官"(praetor peregrinus)。⑤

---

① 上文,第 16 页。
② 确定争议是指准确地确定审判所要决定的当事人之间的问题是什么,无论是法律的还是事实的。
③ 下文,第 185 页。
④ Mommsen, *StR* 2.196 n 2;Jörs-Kunkel 59 n 2.
⑤ Daube, *JRS* 41(1951)66ff.,注意到这似乎是最初的官衔,而"公民与异邦人之间诉讼"的说法直到元首制初期才有,因此认为在那以前,是内事裁判官办理公民与异邦人之间的案件;反对的观点可参见 F. Serrao, *La 'iurisdictio' del pretore peregrine*(Milan, 1954)10ff.,139ff.。当然,任一裁判官都能够将其管辖权委托给另一个裁判官,参见 Livy 24.44.2。另参见 Bonifacio, *Iura* 6(1955)242ff.。

裁判官的人数保持在两名的时间并不长，但是后来设立的裁判官是为了不同的目的。罗马最初规定它在海外获得的行省通过任命新的裁判官来管理，大约公元前227年为西西里和撒丁两个行省增加了两名裁判官，它们是罗马由于第一次布匿战争获得的，公元前197年又为两个新的西班牙行省增加了两名裁判官。裁判官的人数保持六名直到苏拉统治时，因为尽管设立了新的行省，但它们越来越根据新的由前任执法官管理的原则进行管理。①

关于裁判官的地位的最准确的理解，用罗马人的话来说，他是执政官的一个较次要的同事。和执政官一样，裁判官是由百人团会议选举产生的，并且拥有完全的治权，这意味着他原则上能够履行执政官的所有职责，包括军事的、行政的和司法的。但是，他从属于执政官；执政官的否决权胜过他的行为，而他不能否决执政官的行为，并且他的下级地位还由于他有权跟随的侍从官的数量较少，有六名，而在外部明显地表现出来。他不同于执政官的最重要的方面是，他总是被给予一个确定的职权范围（provinciae），在其中行使其治权，而执政官的活动领域不受这样的限制。但是，虽然每个裁判官都有一个职权范围，但他不是从一开始就被人民选到其中的。人民只选举六名裁判官，以后通过抽签将这些职权范围分配给当选者。通常，这些职权范围包括罗马的两个司法管辖和四个海外总督职位，但是这种安排有时可以变动；两个领域，也即内事裁判官和外事裁判官的职权范围可以结合起来，以便使一位执法官有时间履行在通常的六个领域外的特殊职责；或者，这一目的也可以通过使一个行省的现任总督在其原来的任职期外再留任一年来实现。对这些问题的决定权属于元老院。苏拉重建宪法之后，情况有所不同。每年选举产生八名裁判官，他们在任

---

① 下文，第67页。

职年内全都待在罗马,其中两名和以前一样,负责民事司法管辖,其余六名则作为常设刑事法庭(quaestiones perpetuae)的主持人,苏拉建立的这些常设刑事法庭是罗马公共生活的一个长期特征。① 只有在卸任后,裁判官才能像执政官一样,开始担任外地行省的总督职位。

虽然每个裁判官主要限于其规定的职权范围,但由于享有治权,因而必要时还能超出此范围之外而采取行动。因此,我们发现裁判官召集元老院或者人民,或者进行征兵,但(在通常情况下)只是在执政官不在的时候。在这些情况下,是内事裁判官被指望带头,因为他的职位级别最高。他还几乎肯定在罗马,因为我们得知法律禁止他在任职年内离开罗马超过十天。② 内事裁判官和外事裁判官在司法管辖方面的特殊职能,特别是他们的告示,在法律的发展方面具有极端重要的意义,必须留待以后进行单独论述。③

## (三)市政官。

市政官最初纯粹是平民的官员,保民官的助手,就如同财务官是执政官的助手一样,并且和保民官他们本人一样,由平民会选举产生。但是,由于公元前367年设立了两个新的具有相同头衔的官员,他们是真正的全体人民的执法官,并且照此资格,由部落会议选举产生,从而彻底改变了这一职位。从此以后,与保民官的联系被忘记,④ 并且四名市政官主要作为一个"团体"一起行动。平民市政官与"贵族"市政官之间仍存在一些区别:前者

---

① 下文,第318页以下。
② Cic. Phil.2.31.
③ 下文,第97页以下。
④ 以至于导致贵族市政官的级别比保民官的级别要高。

必须总是平民，而后者隔年从这两个阶层中选举产生；贵族市政官不仅拥有显贵的席位——他们得名于此——而且还有执法官的长袍，而平民市政官和保民官一样，没有任何外在的职位标记，并且一般被认为处于较低的地位。

这一职位的职责虽然很不相同，但可被描述成基本上是市政的。市政官负责城市维护，这包括城市内清洁的监督，道路、公共场所和公共建筑的维修，以及供水。他们还负责粮食供应和一些公共娱乐，并且享有对城邦档案的部分管理权。[①] 与一般性的城市维护相联系，他们实施某些治安职能，并能科加罚款和采取其他强制措施，但如果罚款超过了某一最大限额，必须由民众会议进行审理。[②]

从法律史的观点来看，他们最令人感兴趣的职能是市场管理，因为贵族市政官[③]行使与此有关的一定的民事管辖权，为此，他们发布相当于裁判官告示的市政官告示；[④]这些告示在买卖法的发展方面具有重大意义。[⑤]

## （四）财务官。[⑥]

财务官最初可能是执政官的助手，因此由执政官亲自选定。但是，在有史时期，他们由部落会议选举产生，并且被看作是罗

---

[①] 上文，第45页。

[②] 下文，第307页；召集民众会议审判的权力是一个未被解释的反常现象，因为市政官无治权（但是，参见上文，第47页注释），因而不能为任何其他目的召集人民。可能他们从一名裁判官那里"借得占卜权"。

[③] 这一管辖权未被他们的平民同事们所分享，可能是因为在它被确立时，平民市政官还没有获得人民的执法官的身份；Mommsen, StR 2.501. 甚至贵族市政官也没有治权；关于其后果，参见上文，第47页注释；另参见 Kaser, Mél. Meylan 1.173ff.

[④] 对于一些救济（例如特有产之诉），他们利用裁判官告示；Kaser，同上注。

[⑤] 下文，第293页及下页。

[⑥] Wesener, PW 24.1.801ff.

马人民的执法官。财务官的数量，最初①为两名，公元前 421 年，增加到四名，②并且可能在大约公元前 267 年又任命了四名财务官协助执政官管理意大利。如我们已经知道的，苏拉将这一数量增加到 20 名。③

两名城市财务官（金库财务官）实质上是独立的执法官。他们最重要的职责是财政职责，我们已经对之进行了论述，④关于他们在民众会议之前进行的刑事审判中的作用，将在下文考虑。⑤另一方面，那些附属于在罗马外的拥有治权的执法官的财务官处于更加从属的地位。虽然他们的主要职责是财政性的，但他们被其上级用作所有职责的代表，包括军事的、行政的，甚至司法的。⑥高级执法官与其财务官之间的关系被认为是一种私人关系，并且当作为上级的执法官的任期被延长时，其下属的任期通常也被延长。但是，那些与意大利的管理有关的财务官，虽然严格说来从属于执政官，但事实上拥有分配给他们的确定的职位，并且，以相当大的独立性来履行它们。这些职位并不全都为人所知，但在奥斯体亚（Ostia）有一名财务官与粮食供应有关，而另有一名财务官似乎与"林业"（calles）部门有关。

---

① 他们产生的时间不明。我们所拥有的涉及到这一问题的资料，将他们的设立归于几个国王中的一个（Ulpian，引用小格拉坎努斯［Junius Gracchanus］, D. 1.13.1pr.; Tac. Ann. 11.22; Plut. Popl.12），但是拉特（Latte）已经论证说（TAPA 67, 1936, 24ff.; PW Suppl. 7.1610f.），他们始于公元前 447 年，并且来自于最初的独立的处理财务的执法官。因此，塔西佗说（本注引书）他们是最初在公元前 447 年被选举出来，这是正确的，但是，他进一步说，较早时他们是被指定的（这是蒙森关于他们最初是执政官助手的观点的主要依据），这肯定是一个错误的推断。在拉特看来，彭波尼（D. 1.2.2.23）提到的在《十二表法》中也有涉及的负责死刑案件的杀人罪审判官（参考 Festus, s.v. *parricidii quaestores*, Bruns 2.21）是很不相同的，这一观点为昆克尔所接受并详细阐述，参见 Kunkel, *Krim*.37ff.。Mommsen, *StR* 2.536ff.，已经将他们等同于金库财务官（quaestores aerarii）并根据他关于他们是执政官助手的假设，说明了这种不协调的职责结合的理由。进一步的论述，参见下文，第 310 页、第 316 页注释。
② 上文，第 40 页。
③ 上文，第 33 页。
④ 上文，第 39 页以下。
⑤ 下文，第 306 页以下。
⑥ Gai., 1.6, 说他们拥有贵族市政官的管辖权。

## （五）监察官。①

我们已经提到，监察官的设立（公元前443年）是阶层之间的斗争中的一个插曲，②它构成贵族的一次胜利，因为这一新官职最初限于贵族。该职位开始向平民开放的时间不明，但我们听说在公元前351年第一次有平民监察官，并且此后不久，也开始适用与执政官职位相同的规则，也即两个监察官中的一位必须是平民。

这一新的执法官职位的最初目的，明显是为了分担最高执法官以前履行过的职责之一，即进行人口登记，并且一开始，监察官似乎是相对不重要的。但是，它对人民的整个道德生活的控制，特别是任命元老的权力，③最终使它成为一种比执政官职位本身还要尊贵的职位，并且几乎没有例外地，它仅由属于执政官级别的人担任。监察官的选举是在百人团会议上由一名执政官主持进行的，但是监察官不享有治权，④并且，虽然他坐在显贵席位上，但在他前面没有束杖。另一方面，他的职位的显赫在他死后变得很明显，因为在所有执法官中，只有他身着作为高贵象征的紫色宽外袍——这曾经是王的象征——被埋葬。监察官不同于其他执法官，还因为他们不是每年选举一次；他们的选举只是为了进行人口登记，这一职责随着代表罗马人民进献赎罪祭品，或者人民的涤罪仪式而结束，因而他们必须在这个仪式完成时，或者最晚不迟于自其当选后18个月离职。此后，不任命其他的监察官，直到要进行新的人口登记，通常其间的间隔为四年，后来为五年。禁

---

① F.Cancelli, *Studi sui censores*（Milan, 1957）; J.Suolahti, *The Roman Censors*（Helsinki, 1963），主要是对具体的历史人物的研究。
② 上文，第15页。
③ 上文，第32页。
④ Cancelli, *Studi sui censores*，同上（参考 *Labeo* 6[1960] 225ff.）; Magdelain, *Recherches sur l'imperium*，赞成监察官享有一种有限的治权。

止重选。

人口登记远不是一种纯粹的计数；它是按照部落和百人团的划分对全体人民进行登记，其目的主要是军事的和财政的。偶尔它也为政治目的，因为百人团和部落都是表决单位。为了进行登记，监察官召集百人团会议的成员，也就是佩带武器的公民在战神广场集合，每个公民，或者至少是每个家庭的家长，必须申报其家庭成员及其财产；这后一申报部分是为确定税收所需要的，部分是因为百人团会议的划分取决于财富。此外，监察官在古罗马广场上对18个骑兵百人团进行单独的审查。对共同体的道德监督，即著名的道德统治，是人口登记的一个结果。如果监察官不赞成某个人的行为，他们能够在编制的名册上在这个人的姓名旁加上一个表示谴责的标记（nota），而对于他们可能表示这种不满的理由，没有任何限制。它可能是当事人的私生活中的某种行为，例如奢侈的生活，或者与妻子离婚而未听取家庭会议的意见；可能是一次不名誉的交易的结果；可能是对另一个人干了某种不名誉的坏事，例如盗窃，又或者是与公共生活有关的某种行为，在部队里开小差或者临阵脱逃，或者监察官认为的身为一名执法官的不当行为。监察官似乎在一种告示中公布了他们的行动原则，并且毫无疑问，不同的人的观点也不相同，尽管普遍的看法是，监察官们必须维护古代罗马社会风俗的朴素和严格性。防止这些重大权力被滥用的唯一措施是，每次都必须说明作标记的理由，两个同事必须共同附加这种标记。通常还传唤受影响的那个人作自我辩护，但是没有正式的听审。

标记的后果是，将受责难的人从他所属的那个部落开除，通常是完全将他从所有部落开除，结果是他变成一个下层公民（aerarius），或者没有表决权但必须缴纳人头税的公民，但是很显然，其结果有时可能只是将这个公民从一个"乡村"部落降格为四个"城市"部落中的一个，这些"城市"部落名誉较低，部分是因为它们包含了所有的解放自由人。对于骑兵来说，这种责难通过"卖掉你的马"的命令来表示，它含有开除的意思。

元老院成员名单的修订不是人口登记的组成部分，但它可能是所有权力中最重要的，并且在这方面，监察官的标记意味着将一个本来有权获得一个席位的人排除。除了加标记以外，监察官还可能通过增加一个人应当支付的税收数额的方式惩罚他们认为应受责难的行为，这可以直接通过成倍地增加通常的千分之一税，也可以间接地通过将某些财产，特别是奢侈物品，估计一个比其实际价值高得多的价值来实现。

关于监察官的财政职责，特别是公共合同的支付，我们已经谈到过。① 毫无疑问，他们偶尔必须决定与这些职责有关的争议，因为古罗马的原则是，只要涉及城邦，就是执法官决定而不是法庭决定。但是，无论如何，在共和国后期，如果一项争议发生在个人之间，监察官似乎能够指定一个承审员或判还官（recuperatores）。②

关于刑事问题，似乎监察官有时确实征收与他们的各种职责有关的罚款——关于执法官不能这样做的观点不符合古罗马关于执法官的尊贵的观念——但是，没有证据表明这是在行使某种正式的管辖权。

如我们已经说到的，监察官职位的选举之间的固定间隔为五年，但是在很多情形中，被允许了更长的间隔期，而且在苏拉以后，任命变得很不规律。公元前22年以后，再也没有任命监察官，虽然皇帝们仍继续实行道德监督并且偶然也采用监察官的头衔。事实是，在共和国后期，公民的数量大大增加，人口登记已经变得不实用，并且实际上，它只是对各个城市编制的名册的一个汇编。它对税收没有必要，因为已经不再对公民征税，③ 对军事目的，它

---

① 上文，第38页以下。
② Lex Agraria, line 35（Bruns 1.80）；参考 Cancelli, Studi sui censores（同上）59ff.
③ 上文，第38页。当奥古斯都建立军事金库为发给退役士兵的养老金作准备时，其部分资金来自于对公民征收的遗产税。

也不必要，因为先前的市民部队也已经被一个自愿应征的专业部队所取代。

监察官的权力，作为对贵族权力的一种牵制，也不为元老院所喜欢，并且不再需要他们来填补元老院，因为在苏拉体制下，总是有足够的前任财务官们填补空缺。

## （六）保民官。

上文已经描述了平民设立保民官作为一种保护措施，保民官的数量增加到十名和保民官的主要权力。到阶层之间的斗争结束时，保民官作为罗马公共生活的一部分已经有如此长的历程，以至于没有尝试废除，他们在整个共和国时期一直存在，并延续到帝国时代。严格说来，他们一直不是全体人民的执法官，而只是平民的执法官；他们仍在平民会上选举产生；他们必须是平民，并且没有任何明显的外在身份标记；但是，事实上，他们被列为执法官，这一职位通常由上层平民家庭[①]的成员担任，作为官职序列[②]或者执法官职业的一部分。此外，他们不仅取得了出席元老院的权利，而且取得召集元老院会议的权利。[③]

保民官拥有三项权力，这些权力赋予其极为重要的政治意义，它们是：他们据以一直能使城邦所有事务停顿的否决权，作为平民会主持人的立法权和一般强制权。关于这最后一项权力与保民官进行政治审判，尤其是对那些任期届满的执法官的审判之间的关系，以及保民官的这些权力与申诉权的联系，将在下文进行论述。[④]

虽然保民官已经成为罗马宪制的一个有机组成部分，它仍

---

① Kunkel, *SZ* 77（1960）381.
② 下文，第 79 页。
③ 上文，第 43 页。
④ 第十八章。

保持其无政府主义的可能性，并且它总是被用作派别斗争的工具，时而被这一方所利用，时而被另一方所利用。经常地，它的强大的消极权①使它成为一种工具，被元老派用来对一些执法官进行控制，因为后者可能想运用他们理论上巨大的权力而不充分尊重元老院的意愿。但是，保民官也是由改革者们，例如格拉古兄弟和民众领袖们，例如萨图尔尼努斯（Saturninus）所选择的官职，因而其权力仍是对元老院的最高权力的一种威胁。由于这个原因，当苏拉在一种贵族制的基础上重建宪制时，他极大地限制了这些权力，但是，之后不久又恢复了原来的状况，保民官一直到共和国末期仍很重要。它的权力及其仍具有的神圣性或不可侵犯性，使它成为奥古斯都建构其独裁的法律正当性的两个主要基础之一。

## （七）独裁官。

共和国宪法从一开始就规定，在危机时刻，当同僚制原则可能削弱城邦的效率时，暂时回复到王政。②也不是如我们所可能预料的那样，由人民来决定这在什么时候是必要的，而是由执政官他们自行决定。在某种紧急情况下，任何一名执政官都能指定一名独裁官，于是，被指定的人的职位高于执政官本人及其同事和其他所有执法官。哪一个执政官应行使这一权力，或者通过拥有束杖来决定，③或者（在不能达成协议的情况下）通过抽签来决定，并且，无论如何，在元老院统治的漫长时期里，这一权力只

---

① 一般认为，保民官没有积极权力，或者只有非常少的积极权力，例如在《阿梯里亚法》中的与监护人的职责有关的那些权力（Gai.1.185）。但是，参见 Karlowa 1.224f.。

② 一些作家们怀疑从王政直接过渡到相互平等的执政官的传统叙述，他们认为独裁官是一种过渡形式，参见上文，第 8 页；相反的观点可参见 Staveley, *Historia* 5（1956）101ff.。

③ 上文，第 47 页。

有得到元老院的许可才能行使。虽然独裁官的指定与人民无关，但独裁官的治权，像执政官和裁判官的治权一样，必须由一部《库里亚法》加以确认。①他的任职期限不得超过六个月，并且很显然，当指定他的那个执政官任期届满时，他的权力也终止。被指定的人差不多总是曾担任执政官的人，并且这一职位最初限于贵族，可能在执政官向平民开放的同时它也向平民开放。在其任期内，独裁官是最高的；他相对于执政官的优势表现在他有24名侍从官随行，这甚至比国王们曾拥有的侍从官的数量还要多，并且甚至在罗马城内时也在束杖中加插斧头。直到相对晚近以前，他不受申诉的限制，②并且最初他显然也不受保民官否决权的约束；即使在这已经发生改变以后（可能大约在公元前3世纪初），保民官似乎也极少运用他们的权力，如果他们有这种权力的话。作为治权的拥有者，独裁官有权做一名执政官能够做的所有行为，并且他还能做一件其他执法官都不能做的事，即将治权委托给他自己的代表，因为每个独裁官都指定了一名骑兵长官（magister equitum），虽然如这一名称所意指的那样，骑兵长官主要被指定来指挥骑兵部队，但他是一个独裁官的总助手，并可能具有独裁官委托给他的各种职责，例如当他的上司在战场上指挥部队时他在罗马的完全控制权。骑兵长官有权带六名侍从官并且级别与裁判官相同。③

作为通常的宪法机制的一部分的独裁制，并没有持续到共和国结束。在公元前217年，通过选举授予法比·马西姆（Q.Fabius Maximus）独裁官职位，这已经对既定做法构成偏离，而当民众会议在同一年授予骑兵长官相同的权力，这一职位的原始特征被进

---

① 上文，第19页。
② 可能直到公元前300年的《瓦勒里法》（lex Valeria）才受申诉的管辖。
③ 还可以为一种有限和临时的目的任命独裁官，例如召集民众会议，或者甚至为了纯粹仪式性的职责，如主持某些运动会；但是，这些不受法律限制的独裁官与那些完全根据法律创设的独裁官之间原则上似乎没有区别；参见 Luzzatto, St. de Francisci 3.410ff.。

一步削弱。公元前202年以后，再也没有任命原来意义上的独裁官。虽然苏拉和恺撒确实利用这一头衔作为他们独裁权力的依据，但是他们的任命都是不规范的，并且在实际上，两人都是成功的派别领袖，在革命时期，由于他们对军队的控制权，从而能够将他们的意志强加于共同体之上。旧的独裁官已经消失，因为它与元老院的完全的最高权力不能共存。

## （八）较低级的执法官。

在这些较低级的执法官中，首推军团长官。通常，每个军团有六名军团长官，因此，对于最终有四个军团的部队来说，就有24名军团长官，但是发展的各个阶段不很明确。直到公元前362年，他们由执政官任命，但是在那一年，这六名军团长官的选举[1]被委托给部落会议。

较低级的民政执法官包括：（1）三人行刑官（tresviri capitales），他们履行与刑事管辖有关的次要职能，为审判前关押被告作准备，安排死刑执行，并可能基于他们自己的权力处理奴隶和异邦人。根据他们防止夜间妨害治安行为的责任，他们通常被称为三人宵禁官（tresviri nocturni）。[2]（2）三人铸币官（tresviri monetales），或者铸币所主管，他们于公元前289年设置，这被

---

[1] 或者从更多数量中选出六名？参见 Mommsen, *StR* 2.187 n 1；Livy 7.5.9。但是，在格拉古兄弟的时代，人民选举的习惯已经废而不用，盖约·格拉古似乎恢复了它。

[2] 进一步的论述，参见下文，第314页。他们还具有与内事裁判官的管辖权有关的一些职责，但是这些职责的性质不明确。Festus, s.v. *sacramentum*（Bruns 2.34），记载，一部可能在公元前242年之后、公元前124年之前的《帕庇里亚法》（*Lex Papiria*）规定，收取誓金并对其进行判决（sacramenta exigunto iudicantoque）。这只意味着他们收取在誓金法律诉讼（下文，第180页）中败诉方被没收的罚金，并对任何附随的争议进行判决，但是"iudicare"这个词被理解为是指某种独立的管辖权。他们还具有与拘禁之诉（下文，第188页）有关的某种职责，可能是代表裁判官监督其执行。显然正是《帕庇里亚法》规定他们由民众会议选举。有关的讨论，参见 Pugliese, *Proc.* 1.211ff., with references。

认为是罗马铸币开始的标志。① （3）六人养路官，其中四人负责罗马本身的街道，另外两人负责紧邻地区的街道。他们在市政官控制下工作。对法学家来说更重要的是法律官员。（4）卡普与库玛城四人司法官（praefecti Capuam Cumas），他们是裁判官在这些城市负责司法管辖的代表。② （5）十人争议审判官（xviri stlitibus iudicandis）。③ 这些人与涉及自由的诉讼有关，虽然他们在共和国期间只充当陪审员，但是经选举产生的，并且被认为是官员。其原因可能恰恰在于这些涉及自由的审判具有重大意义，尤其是对于那些其家谱可能不清楚的较低等级来说是如此。

在所有情况下，选举会议都是部落会议，并且在共和国末期，所有较低级的民政官员一起被统称为二十六人官（viginitisexviri）；通常在担任财务官之前，已先担任过这些职务之一。

---

① 下文，第145页注释。
② 参考下文，第330页。
③ 下文，第198页。

# 第三章

# 共和国时期的意大利和各行省

到共和国结束时，罗马的疆域范围就非常接近它在历史上曾有的最大版图了，并且已经包括已知世界的大半部分。这个庞大的帝国，不像亚历山大的帝国那样是单个征服者的成果，而是数个世纪战争与扩张的结果，因此，它的政体不是由单个人意志强加的一种紧凑的体制，而是体现历代统治者们的计策的一个复杂的结构。虽然罗马的各种政治制度无疑有助于罗马帝国的建立，但是，也不能说它们作为一种管理手段被证明是成功的。城邦体制在强加于它的重负下被破坏，不得不由一种军事专制政体所取代，因为，我们必须记住，在共和国末期，罗马的体制仍是一种城邦式的。如果我们称之为"罗马帝国"的领域可以被说成真有一种体制的话，它应该被描述成一种城邦间的联盟，这些城邦间的唯一纽带是它们共同地——虽然程度不同地—附属于那个最高的城市，而该城市的管理机构必须也服务于管理整个联盟的目的。

在追溯这个联盟的发展时，最好区分三个时期，即拉丁同盟时期、征服意大利时期和征服海外和阿尔卑斯山以外行省的时期。这些时期并不表现为明显相区别的期间；罗马在它最终镇压拉丁人的最后一次反抗之前，已经征服了几个意大利城邦，并且在它彻底征服意大利之前，已经获得了几个海外行省，但是只有通过它在拉丁姆地区的领导地位,它才能实现对意大利的霸权,并且不仅在帝国早期,而且在共和国末期,在罗马的疆域内,意大利与在其边界以外的附属领土相比,代表着一个享有特权的部分。

# 一、意大利

## (一)拉丁同盟。

　　罗马与其拉丁邻邦的关系在历史上开始出现是通过一项条约,在罗马与一个拉丁诸城市的同盟之间缔结的一项条约,即《卡西安条约》(传统上确定在公元前493年)。[①] 在这个条约中,罗马不是作为同盟的一个成员而是作为一个平等的当事方,该条约规定,各方应相互给予战争援助,战利品应平均分配(还可能规定联合部队的指挥应轮流担任),以及因私人交易产生的诉讼应在达成交易的所在城市进行审判。但是,对于后来的法律发展来说,比这些更为重要的是,罗马与这些拉丁城邦之间的这种关系明显伴随着分享某些私人的和公共的权利。从罗马人的观点来看,这意味着拉丁人拥有一些——但不是所有——罗马公民的权利。而且,这个"拉丁人"最后变成一种抽象的身份,能够授予与最初的拉丁城市毫无联系的共同体。这是由于罗马与拉丁同盟所采取的一个重要的联合行动所造成的,也就是建立殖民地。

　　罗马意义上的殖民地主要是在被征服土地上建立的一种军事定居点,其目的在于控制周围领土,虽然它当然也服务于为剩余人口提供生计的目的,因为殖民者们总是获得新城市领土上的小

---

[①] 关于这一传统叙述的可靠性,参见 Last, *CAH* 7.487ff.。

块土地。罗马人或者任何拉丁城邦的公民，如果成为拉丁殖民地居民，则丧失其原来的公民身份，因为殖民地是一个独立的城邦，而按照规则，任何人不能同时是两个城邦的公民。① 最初，这些殖民地成为拉丁同盟的成员，与原来的城市处于相同的地位，但是甚至在同盟解散前这似乎就发生了变化，较晚建立的殖民地是同盟者，而非成员。但是，它们的公民拥有和早期建立的殖民地的公民相同的权利，并且如我们将看到的，在拉丁同盟解散后，罗马继续在意大利其他地方，甚至在各行省，建立拥有这些权利的殖民地，并且也继续给现存的外邦共同体以拉丁身份。

在私人权利中最重要的是通商权（commercium），最初拉丁城市不仅拥有与罗马的通商权，而且拥有相互间的通商权。古代的一般规则是，一个共同体的法律只适用于该共同体成员以及异邦人不享有权利。如果与其所属的城邦之间没有相反的条约，那么，该异邦人可以像一个奴隶一样被俘获，而他的财产将被首先来到的人作为无主物拿走。如果有一项条约，则可能约定对缔约城邦的公民的保护，并且万民法的发展甚至为那些没有条约的城邦公民提供保护。② 但是，保证通商权的意义比这更大。③ 它给予拉丁人采用罗马人的通过要式买卖，④ 以及可能还有其他称铜式行为（per aes et libram）⑤ 取得财产的方式的权利。与其他异邦人不同，拉丁人还能够从一个罗马人的遗嘱中受益，但这可能不是由于他们的通商权的结果。虽然我们几乎没有从另一方面听人说过它，但毫无疑问，罗马人同样地在拉丁城市中享有相同的特权。

采用要式买卖取得财产的权利并不意味着，当拉丁人获得财产时，他是依据市民法（ex iure Quiritium）对其享有所有权，因

---

① 进一步的论述，参见下文，第 71 页以下。
② 下文，第 102 页以下。
③ Kaser, *St. Arangio-Ruiz* 2.130ff.
④ 下文，第 143 页以下。
⑤ 下文，第 161 页、第 164 页以下。随着万民法的发展，其他交易可能对他们开放。

为他不是一个罗马市民（Quirites）。①因此，他不能通过罗马的传统的法律诉讼在一个罗马的法庭主张其所有权，②也不能通过拟诉弃权（in iure cessio）获得财产，这是一种以共谋的方式运用法律诉讼。要式买卖要涉及根据市民法主张所有权——盖尤斯是这样说的，对这一难点的最好的解决方法是假定有两种形式，一种形式是盖尤斯所描述的，供公民之间适用，另一种形式没有"根据市民法"这几个字，在一方当事人不是罗马人时采用。

在拉丁人和罗马人之间可能还有通婚权（conubium）。③这意味着，如果一个拉丁人和一个罗马人结婚，这种婚姻被罗马法认可，其结果导致他们的子女取得其父亲的身份。如果其父亲是一个罗马人，则他们处于他的权力（家父权）下，而在不被认可的婚姻中，他们取得其母亲的身份。

拉丁人最重要的公共性质的权利（可能直到公元前 2 世纪以前）④，是通过在罗马永久定居并公开放弃其原来的公民权，而成为一个罗马公民的权利（迁居权）。⑤在罗马居住的其他拉丁人每次都可以在通过抽签决定的一个部落中投票。罗马人无疑在拉丁城市中享有相应的权利。

但是，拉丁人变得不满足，并且于公元前 340 年，在罗马拒

---

① 这个词（表示罗马公民）的起源不清楚；参见 Labruna, *Labeo* 8 (1962) 340ff.。Ius Quiritium 既可以指适用于罗马公民的法（J.1.2.2），也可以指罗马公民权；Gai. 1.35 具有这两种含义。后者可能是最初的含义。De Visscher (*Etudes* 3.225ff.=*Mél. Lévy-Bruhl* 317ff.)，追随 Mitteis, *RPR* 67 n 15，注意到，在早期的程式（所有权之诉、拟诉弃权、要式买卖）中这个术语限指对物权，并提出，这些绝对的权利被视为产生于公民权，而债的产生只是间接的，通过产生债的行为（誓约，等等）。

② Pugliese, *Proc.* 1.233ff.；Mitteis, *RPR* 124 n 45；相反的观点，Sautel, *Varia* 1 (1952) 75ff.。

③ *Epit. Ulp.* 5.4 说，除非特别授予，否则拉丁人不享有这一权利，而 Gaius, 1.79，表明一个罗马人与一个拉丁人之间的婚姻是一种没有通婚权的婚姻，但是这些是指殖民地拉丁人，即后来的拉丁殖民地及其他被赋予拉丁人权利的共同体的成员。早期拉丁人，即拉丁同盟和早期殖民地的原始成员，明显比殖民地拉丁人具有一些优势，而通婚权很可能是其中之一。

④ 下文，第 61 页。

⑤ Castello, *BIDR* 61 (1958) 210ff.。这个术语不是罗马的术语。

绝了其更大的政治权利的要求后，进行了反抗，这次反抗于公元前338年被镇压，随之发生了一种根本的改变。拉丁同盟被解散，并且联盟政体被废除，但是处理则是相当宽大的。有些城市在获得完全的罗马公民权的同时还保留了它们当地的政府，但必须交出它们与其他城邦——无论是否为拉丁城邦——之间的关系的控制权，并提供派遣军在罗马军队服役。另一些城市被给予无表决权的市民籍，这是指他们拥有和罗马人相同的权利和义务（包括服兵役和纳税[1]），但是不能投票，也不能当选为执法官，而且本身要受罗马执法官或司法长官的管辖。但是，他们享有迁居权，并且他们的身份在当时并不像它后来那样被认为是受处罚的，相反被认为是一种过渡地位。另外还有一些城市仍作为联盟者，虽然它们被剥夺相互通商或通婚权，但保留与罗马本身的通商权和可能在有些情况下与罗马的通婚权，并可能还有迁居权。

拉丁权的后续历史是拉丁殖民地的历史。罗马继续设立拥有与拉丁城市相同的权利的殖民地，它们属于罗马为确保其对意大利的控制而采取的主要方法，不过，很自然的是，现在单独由罗马来决定殖民地开拓者，并决定派遣他们的时间和地点。这些殖民地开拓者可以是罗马人，也可以来自于任何一个同盟城邦，但是，每个被招募的殖民者，包括罗马人在内，在取得新城市的市民籍的同时即丧失其原先的市民籍。[2]

迁居权被限制，可能在大约公元前265年，[3]因为有这样一项要求，即想通过迁居取得市民籍的拉丁人必须将他的一个儿子留在他自己的城市，其目的无疑是为了保持殖民地的战斗力，并且在公元前2世纪时，这一权利似乎彻底消失了，取代它的是后来

---

[1] 上文，第38页。
[2] Gai. 1.131.
[3] 参见 Sherwin-White 96ff.。

的一种所谓的小拉丁权（minus Latium），①第一次确切无疑地提到它是在公元前 89 年。②

这样，拉丁人成为一种身份，与其他同盟者相比，由于它拥有的私人性的各种权利和获得罗马市民籍的机会——虽然这种机会已经被减少了，它是有特权的。如前面已经提到的，它不仅可以被授给殖民地，而且也可以授予已经存在的外邦城市。公元前 89 年它就这样被授予波河以北（外高卢）的意大利居民，这些居民被认为给予市民籍的时机仍不成熟，③随后又被给予意大利的其余地区，在共和国的剩余时期里它继续被授予，特别是恺撒，而且在帝国早期，它作为给予市民籍的一种折衷方案被授予位于各行省的共同体。在帝国时期，拉丁权利甚至被作为一种身份模式，被授予给某些不因解放而成为公民的解放自由人，即"优尼亚"拉丁人；但是，这种"拉丁人资格"并不是指什么拥有拉丁权利的共同体的成员资格，从共和国法律的角度来看，它仅仅是一种反常。④

## （二）意大利的其余部分。

对意大利的其余部分，罗马推行的政策与在拉丁同盟解散后对拉丁人采取的政策相同。其中的一些城邦，它已经取得了对它们的最高权力，因而将它们解散并且吞并，而其他的城邦，它通过条约使它们受罗马的约束，这些条约虽然给予它们名义上的自主，但这种自主中包括了如此之多的限制，以致它们实际上成为附庸。所有的同盟都被解散，而且罗马的同盟者被禁止与其他大国缔结条约。

---

① 下文，第 345 页注释。

② Asconius *in Pis*.p.3（Clark），但是很显然，这个制度在那时早已建立起来了。如果蒙森对文本的填补得到承认，那么在公元前 123 年的《阿其里法》（*lex Acilia*）（Bruns 1.72；*FIRA* 1.101）第 78 行中有对它的提及。

③ 下文，第 66 页。

④ 参见，例如 Gai. 1.22。

如果我们考察公元前266年的形势，当时，罗马已经在公元前275年战胜庇鲁斯，随后又战胜了它的许多意大利敌人，成为意大利亚平宁山脉以南地区的主宰，我们发现，居民已经被分成四个等级：

## 1. 罗马全权公民。

这不仅包括罗马本身的居民，而且还包括以完全的市民籍被合并的共同体的居民，以及罗马殖民地的成员。因为罗马利用拥有全权的公民的殖民地和拥有拉丁权利的公民的殖民地，来保证它对被征服领土的控制，前一种殖民地在早期的时候较小，并且更具有军事性质。① 由于在这些情况下，殖民地居民仍是罗马人，因而建立这种殖民地不像建立一个拉丁殖民地那样是创设一个新城邦。给予他们的土地成为一种要式物，根据市民法完全属他们所有，并被合并到罗马的一个部落中，② 作为所有者，他们自己本人也登记在人口登记名册上，在罗马法下生活并受裁判官管辖权。但是，殖民地享有一种较小程度的自治，最初可能是军事性质的，③ 并且通常免除殖民地居民在罗马军队服兵役的义务，因为他们在实际上被要求担任他们所居住的殖民地的卫戍部队。

## 2. 无表决权的公民。

没有表决权的市民籍，例如已经给予一些拉丁城市的，也授予其他被征服的共同体，因为它们的威胁太大，以致不能让它们独立，即使在一项同盟条约的约束下，这种授予的处罚性质通常由于没收相当大部分的被征服土地而更加明显。既然罗马市民籍

---

① Sherwin-White 72ff.。他认为，大约公元前180年，有一个政策的改变。
② 上文，第22页。
③ Sherwin-White 78.

如同罗马人有时当然地自我认为的那样,与任何其他市民籍不能共存,这种合并,和赋予全权的合并一样,将意味着被征服城市作为一个独立的城邦的完全消失,而这种观点事实上就是蒙森所持有的。然而,现在非常普遍的观点是,蒙森比罗马人自己更加严格地适用这一市民籍不兼容的规则,并且似乎各地方当局实际上行使相当大的自治权力,不仅仅是根据罗马的授权,而是作为它们先前主权的一种残余。① 但是,根据罗马人的观念,罗马市民籍意味着适用罗马法(虽然有一些地方规则设法保存下来)并处于内事裁判官的管辖之下,但是,随着公民数量的增多,要将每个案件都送到罗马审判显然是不可能的;裁判官也不可能巡回审判,因为他在其任期年内不能离开罗马超过10天以上。因此,裁判官采取委派代表的方法,任命司法长官在边远的共同体受理民事案件。很可能,这些代表们还在那些不允许拥有本地执法官的城市履行一般的管理职责。在享有地方自治的城市,他们对地方行政实施某种监督,但他们的主要任务是司法管辖,并且因为这个,他们才不仅被派到那些其居民没有表决权的城市,而且也被派到居民拥有完全公民权的城市,无论如何,只要该城市距离罗马如此之远,以致将每个案件都送交裁判官将会是一个无法容忍的困难。

最初,所有长官都由授权的裁判官指定,但是,如我们已经知道的,后来有四名长官在部落会议上选举产生,并被认为是罗马人民的较低级的执法官。②

承认公民共同体的地方自治,隐含着一项原则的背离,这一原则不仅在意大利而且也在希腊适用,也即国家与城市是两个可以互换的词语,因为这种承认意味着一个人可以是一个罗马的公民,并且还可以作为一个附属共同体的成员而享有权利。这种双

---

① 参见本章的附注。
② 上文,第57页。

重市民籍是古罗马"自治市"概念①在后来的术语含义的根源，即拥有较小的自治权的由罗马公民或拉丁人组成的市镇。在我们这里所涉及的时代中，这个词尚无这一专门含义，但是事实在那里，而它可能在罗马的——并且实际上是欧洲的——政治体制的历史上具有极端重要的意义。

### 3. 拉丁人。

现在这个词几乎专门指拉丁殖民地的居民，因为最初的拉丁城市几乎全都获得了罗马的市民籍。拉丁人不纳税，他们向罗马部队派遣在他们自己的军官领导下服役的独立的派遣军，并且根据他们自己的法律拥有自己的土地。但是，由于他们在私法上的特权地位，他们的地位比其他同盟者的地位更加有利，而且他们在其他方面与罗马之间的联系也更为密切。较晚的殖民地单独由罗马建立；它们的法律②和社会制度也模仿罗马，并且把罗马看成其母邦和支持者，来反对他们定居于其中的经常敌视的异族人。

### 4. 同盟者（allies）。

"盟邦"的地位，虽然不如拉丁人的地位有利，但在这一时期，比无表决权的公民的地位更好。他们与罗马结盟的条约的规定在不同情形下肯定各不相同，但是，一般而言，盟邦放弃其撇开罗马缔结条约或者进行战争的权利，并同意派出部队为罗马军队服务，所派部队的数量可能由条约确定。铸造银币（大约公元

---

① "自治市"（municipium）一词是由古人（Festus, s.v. *municipium*, Bruns 2.15）从"munus capere"（承担义务）中派生出来的，并被认为是指无表决权公民的地位，因为他们"承担"罗马公民的"义务"却不享有其权利。有人指出，"munus"不是指"义务"，而是指"礼物"，因而"municipes"最初是指"获得礼物者"，即与罗马缔结友好条约的城邦的成员，这种友好联盟关系往往以互换礼物作为象征；但是，参见支持 Festus 的 Pinsent, *Class. Quart.*（1954）158ff.。

② 西塞罗提到（Balb. 21）拉丁人自愿接受一些罗马法律。

前269年首次在罗马进行）实际上被保留给罗马，[①]而对于其他方面，各邦是独立的。他们保留自己的宪法（虽然可能为适应罗马而对这些宪法进行修改），自己的法律制度，自己的财政和行政（除了罗马人被免除缴纳进出口税以外），并且他们对其领土的所有权得到罗马的承认。他们不必让罗马的驻军进入，[②]并且，除了所派部队的供应和支付必然发生的费用外，他们免于被罗马征税。

打败庇鲁斯的一个世纪后，也就是蒙森的历史划分的第三个时期随着皮德纳战役[③]（公元前168年）而结束时，意大利人的状况向更坏方面发生相当明显的转变。这主要是由于与迦太基的庞大战争，在这一战争中，罗马被迫无情地利用处于自己支配之下的一切资源，并且尤其是采取对它的盟邦中与敌人联合起来的那些城邦给予惩罚的措施。意大利南部的许多坎帕尼亚人和其他人甚至被否认具有无表决权的公民的资格，而是投降者。这意味着当他们被罗马人征服时他们所沦落的投降者（归降）的地位——不是以合并或结盟来作为交换——是永久性的。他们在私法上并非没有权利，因为他们仍是自由的，而所有自由的人被认为拥有万民法（ius gentium）上的权利，[④]但是他们根本没有公法上的地位，而仅仅是臣民，罗马政府可以对他们做任何它喜欢做的事。[⑤]

但是，即使除这些异常苛刻的待遇的情形外，罗马的枷锁还开始更沉重地压在意大利的"盟邦"，甚至是拉丁人的身上。许多城市不得不服从对他们与罗马结盟条约的不利修改；拉丁人和盟邦必须承担比罗马人更重的军事义务，而且他们不被分给应得

---

① *CAH* 7.663.
② 在结盟的市镇派驻军队的权利偶尔可在特殊条约（例如与塔兰托之间的条约）中见到，并且这一权利当然与取得人质的权利相结合；*CAH* 7.655f.。
③ 上文，第2页。
④ 下文，第102页以下。
⑤ 严格说来，归降（deditio）是敌人根据宽恕的许诺（信义）彻底投降的协议，这个词不适用于通过武力攻占的城邦的人民，但是，在这两种情况下被征服者的地位是类似的。关于帝国时期的归降人，参见下文，第346页及下页。

的那份战利品。罗马的立法①和罗马的行政措施②有时毫无法律根据地延伸到这两个群体，而罗马的执法官们由于知道不可能存在有效地抵制，因而在"结盟的"城市里肆无忌惮，举止像外国征服者一样。

罗马人改变后的态度的一个表现是，他们在授予公民权方面变得很不大方了。他们现在已经是意大利的绝对的主人而不仅仅是一个重要的城邦，并且他们不想因与太多的其他人分享其特权而降低其特权的价值。③这样，对于意大利的民众来说，由于那时不可能再指望获得任何真正的独立，市民籍终于成为最主要的目标。④

在革命时代的初期，盟邦对公民权的要求得到民主派领袖们的支持（特别是盖约·格拉古），并且从公元前125年起，提出了许多关于授予公民权的建议。但是，由于元老派与城市民众的联合反对，这些提议全部失败了，这些民众小心翼翼地保护自己的特权因而在这个问题上拒不遵从其通常的首领。

公元前95年达到了高潮，那一年的执政官的一项议案获得通过（李其尼和穆齐法，lex Licinia et Mucia），该议案远不是给予意大利人公民权，而是确立对公民名单的一种严格检查，以肃清那些其要求根本很可疑的公民。这一措施，以及公元前91年德鲁苏斯（Drusus）关于将公民权延伸到盟邦的建议的失败，有助于加速同盟者战争（公元前91—88年）的爆发。在这一反抗中，意大利大部分地区拿起武器反对罗马人，虽然经过两年多时间的艰苦战斗后，罗马人成功地镇压了这次反抗，但它是以放弃进行这场斗争所要维护的那个原则为代价的。

在这场战争结束前，两项法律被提出并得到通过，一个是公

---

① 例如，公元前193年，高利贷法律的适用扩展到拉丁人和其他意大利人。
② 《关于酒神崇拜的元老院决议》（Sc. de Bacchanalibus）（下文，第313页）在整个意大利适用。
③ 参见拉丁人取得市民籍的限制，上文，第61页。
④ 主要原因之一是，申诉权将免受罗马执法官任意处罚的保护赋予公民，而不给予任何其他人。

元前90年的执政官L.恺撒提出的《尤利法》(lex Iulia),该法将公民权给予所有尚未反抗的盟邦(可能还有放下武器的盟邦),另一个是公元前89年由两名保民官提出的《普劳第和帕皮里法》(lex Plautia Papiria),该法给予在意大利定居的任何人两个月的时间,在此期间,他能通过将其姓名上报罗马的外事裁判官,从而取得公民权。[1] 这些措施明显不包括仍在反抗的意大利人,但事实上,在它们提交后不久,公民权被延伸到意大利本身的所有城市,[2] 而这种延伸仍是同盟者战争的完全的功劳。作为结果,一种双重市民籍,罗马的和当地的,成为意大利的通例。拉丁或意大利城市以前曾经是——至少从理论上讲是这样——与罗马结盟的独立城邦的,现在成为狭义上的自治市长期以来所指的,仅仅为了地方管理的一个共同体,而殖民地、自治市和行政区之间的区别实质上只是一种名义上的区别。意大利人取得罗马公民权,原则上还伴随着罗马法的适用,并且新的公民像原来的公民一样,处于裁判官或其代表们的管辖之下。但是,保留给各城市的或者新赋予它们的地方自治的权力是相当大的。各个地方的会议选举执法官,各个地方的元老院独立地处理它们自己的财政;刑事管辖主要是地方性的,并产生了从属于罗马的裁判官的地方执法官依罗马法实行的民事管辖。

## 二、行省

行省(provincia)的字面上的含义是"一个执法官的权力范围",

---

[1] 关于更为严格的限制,参见Sherwin-White 132。我们对该项法律的内容的了解来自于西塞罗的一段话(pro Archia 7),西塞罗只引用了该法中与其委托人的案件有关的那一章。我们不知道另外还有多少章。

[2] 在意大利北方(罗马人的"阿尔卑斯山脉以南的高卢"),分波河以南地区和波河以北地区。前者取得完全的公民权,而后者仅取得拉丁人资格,进一步取得公民权的措施是公元前49年在恺撒的绝对统治之下采取的。

而我们这里所说的词语行省（province）所具有的意义就是同一概念的区域性适用而导致的结果。一个"行省"就是分配给一名拥有治权的执法官的具有区域限制的一个权力范围，并且因此，是位于意大利之外的，因为在意大利内部不存在对治权的地域限制。正是赋予总督在这些地域内的统一节制权，实际构成了该行省的统一，而在这一区域内部生活的人民可能实际上以不同方式进行管理，并与罗马具有不同的关系。对他们所有人来说，总督代表着罗马城邦的权力，不论他们是居住在行省的罗马公民，罗马或者拉丁殖民地的成员，还是其他生活在原来的可能有也可能没有相当程度的自治的共同体中的居民。正是这个事实解释了罗马人如何设法以如此少的官员治理他们庞大的帝国。当他们取得领土时，他们不将它并入他们自己的统一管理体制内；通常，他们让它处于和当初发现它时完全相同的状态下，但使它的大部分地区处于一名执法官的一般监督下，这名执法官拥有治权，因而被赋予治权在罗马之外所具有的最高权力。实际上，总督制度是罗马军官实施的军事控制，后固定下来，成为和平时期的控制体制，对总督权力的主要限制不是任何法律上的限制，而是由于罗马交由他自主支配的工作人员非常少，因此实际上不可能干预到细节上去。

　　罗马人提供拥有治权的管理其行省的执法官的第一个方法是增加裁判官的数量，但是随着帝国的扩展，这种方法被证明是不够的，因而求助于在执法官任职年届满后延长他们的权力。这在罗马城内是从不被允许的，但是在其他地方，元老院经常为此目的运用其豁免权。在罗马城外的军事指挥官在被其继任者接任之前保留其指挥权，这也是通例。但是，延长的是执法官的权力，而非职位本身，因而，前任执法官根据曾拥有过的官衔，行使代执政官或者裁判官的治权。我们肯定记得，在苏拉以前的时期，执政官经常在海外进行指挥，并且这些指挥权通常以这种方式得到延长，裁判官在其继任者为其他目的所需要时，其权力也一样得到延长。因此，在苏拉时期以前，由前任执法官管理行省的做法已经很普遍了，而在苏拉以后，执政官和所有裁判官在任职年内都必须留在意大利，只有在此之后才能去一个行省，这成为准则。根据公元前52年通过的庞培的一部法律，这又被修改，在罗马与行省总督的任期之间必须经过五年时间，这一规则虽然在内战期间失效，但后来为奥古斯都所恢复。

总督的工作人员只包括一名实任的执法官，即财务官，关于他的职责，我们已经提到；有一些特使（legati），即没有职位的元老们（裁判官行省通常有一位，在执政官行省有三位），他能任用他们作为他的代表履行任何职责，军事的、行政的或者司法的。这些人最初由元老院指定，但后来由总督亲自选定，并且他们通常是具有相当高的资历和经验的人，有时他们自己就是前总督或者以前的将军。总督还有许多随从（comites）（原意为"同伴"）陪同左右，他们通常是较年轻的、刚刚参与公共生活的人，总督可以为他认为合适的任何目的而任用他们。特使和随从后来在帝国时期都有一段重要的历史。

罗马的第一批行省是通过与迦太基的斗争而取得的；第一个行省是西西里，创建于公元前241年第一次布匿战争结束后，十年后又设立撒丁行省；公元前201年第二次布匿战争结束时设立两个西班牙行省，在公元前146年迦太基灭亡，结束第三次布匿战争之后又加设非洲行省。同时，罗马开始卷入地中海东部地区的事务。公元前148年马其顿成为一个行省，公元前129年亚洲成为一个行省，并且这种扩张在革命时期没有停止。到共和国末期，总共有15个行省，分别是：西西里、撒丁、近西班牙和远西班牙、伊利里亚、马其顿、阿哈伊亚、非洲、亚洲、纳尔波那高卢、内高卢、比提尼亚、昔兰尼与克里特、奇里乞亚和叙利亚。

在这些意大利以外的领土上，罗马的政策与在意大利采用的政策部分相同，部分不同。将行省人作为有表决权的公民或者无表决权的公民而予以合并，如同在征服意大利的较早阶段经常做的那样，这不得而知，但是通过条约结盟的政策被广泛采用，这些条约事实上使缔约另一方从属于罗马。在一些情况下，例如马赛，这些条约表现为以前的那种当事方真正平等时缔结的协议，并且许多城邦在所有内务方面保持真正的自治，甚至包括在其领土内对罗马公民的刑事管辖权。① 当然，对外关系受到罗马的严格控制，或者更确切地说，作为一项规则，除与罗马本身的往来外，不允许任何外部关系。

排在这些"自由的和结盟的"城邦之后的是那些"自由的"但非"结盟的"城邦，即不是通过一项条约，而是通过罗马本身的单方面行为来保证其自由的那些城邦。与由双方当事人发过誓的条约不同，这种单方行为可以随时被合法地撤销。一份具有这种性质的文件，或者更确切地说，关于它的一个完整的片段，以一种铭文的形式保存下来。② 它是大概公元前70年的一项平民会决议，③ 除了别的一些规定外，它还规定，特尔梅苏（Termessus）（位于皮西迪亚，Pisidia）的公民应是"罗马人民自由的朋友和同盟者，并适用他们自己的法律，只要这些法律与本法不存在冲突之处"。而关于特尔梅苏人已经同意这种安排的任何说明，存在一个重大缺失。

行省人中不属于上述两种受优惠城邦的其他人，仅仅是臣民，并且虽然他们也被包括在一般性的术语"盟友"（socii）中，但很难找到任何能够将他们与归降人区别开来的法律条款。④ 但是，

---

① 与国王之间的条约，虽然在意大利不为人所知，但在其他地方经常出现。罗马的势力范围，像现代帝国的势力范围一样，不受它直接统治的领土的限制，而且并入帝国的一个通常的前奏是承认和支持一个当地的国王，作为回报，这个国王接受罗马的命令，并必须保护它的边境。
② *Lex Antonia de Termessibus*（Bruns 1.92；*FIRA*1.135）.
③ Last, *CAH* 9.896.
④ 上文，第64页及下页。

对不同类型的人的实际待遇存在重大差异。在那些如同西西里和希腊化的东方一样,在罗马人到来之前有城邦并存在较高的文明程度的情况下,这些城邦被保留,同时享有相当大的地方自治和适用它们自己的法律,但是,必须记住的是,甚至在这些国家,也有许多人不是这些城邦的公民而是从属于它们,还有其他一些人与任何城邦都无联系,但住在乡村耕地。在东方,特别是在亚洲行省,在许多情况下,最后这些人曾是附属于王室地产的农奴,虽然罗马法本身在这一时期[①]不承认农奴制(不同于奴隶制),但他们的境况似乎没有因罗马的占领而得到改善。那些用罗马人的话来说,继续属于那些城邦"所有"的共同体的臣民的境况也未得到改善。但是,由于我们拥有的依据较少,很难知道在什么程度上这些等级的低下地位是由于一般法律规则给他们施加的负担,以及在什么程度上这仅仅是由于他们与富裕的城市居民和向其出租土地的罗马地主相比更贫困。

一个行省一旦被取得后,它的组建通常规定在一部官定法律(lex data)[②]或特许状之中,这个工作通常由那个征服的将军本人在元老院派出的十人特使委员会的协助下进行,或者至少提交元老院批准。管理西西里的状况的《鲁皮里法》(lex Rupilia)就属于这种性质,关于它,我们从西塞罗指控维雷斯的演说中知道得相当多。这种官定法律,除了规定其他内容外,还规定不同等级的居民的法律地位,确立税收原则,规范当地政府,并制定司法管理规则。例如,关于《鲁皮里法》,我们知道,它规定,在一个城邦的某一成员与另一成员之间发生争议时,该事项应由该城邦的法院依该城邦的法律决定;只有在涉及不同城邦的成员时,

---

[①] 关于晚期帝国的"隶农",参见下文,第435页以下。

[②] 如蒙森所认为的那样,官定法律并不是如同蒙森所认为的那样与民决法律(lex rogata)相对立,尽管它由一名执法官而非立法机关颁布。它仅仅是指一项规范某个行省、殖民地或自治市的建立的法令,而不论该法令采取的形式如何。它本身可能是一部民决法律(例如,lex Antonia de Termessibus,同上);Tibiletti, St. de Francisci 4.595ff.; Dizionario epigrafico 4(1956)s.h.v.。

这个案件才交由总督的法院处理。① 在其他地方无疑也适用相同的规则。② 但是，这种关于行省的法律对许多问题未作规定，因而不得不由总督的告示加以补充。和罗马的所有其他执法官一样，总督有权在他的任期开始时发布告示，这些告示规定了他打算在其任期内适用的原则。如同其他执法官，特别是那两个罗马的裁判官所做的那样，每个总督通常接过其前任告示中的大部分内容，而只增加少量的他自己的规定，这导致这些行省告示，和城市告示一样，发展成一个重要的和持久的法律体系。由于告示是所有法院和其他机构都必须承认的，因而发布告示的权利本身足以表明甚至行省法律也不能对总督的权力产生多大约束。事实上，在共和国时期罗马行省管理的重大缺陷是，没有人来控制总督，可以运用的唯一的牵制是根据反对勒索和违逆（maiestas）的法律，这使他能够在任期届满后受到追诉。这是一种保障措施，但共和国末期的刑事法庭的腐化经常使它名存实亡。③

事实是，共和国时期的罗马人从一种纯粹自私自利的角度来看待行省，并且主要把它们看作收入来源。"结盟的"城市和其他一些城市免除税收，但是行省居民中的大多数人的负担非常沉重。他们不仅必须向罗马城邦纳税，而且这些税收一般被人承包。罗马的包税团体或单个出价人支付一笔约定金额换取在一特定时期内征税的权利，导致许多罗马私人能够以牺牲行省居民为代价使他们自己变得富裕。必须记住的是，总督及其工作人员也是没有薪酬的，他们希望通过他们的职位而找到赚钱的机会。

就军事义务而言，行省人的地位与意大利人根本不同。与"盟邦"之间的条约规定了军事支持，沿海地区的希腊人必须时常提

---

① Cic. Verr. II.2.39.
② 参考来自切兰尼（Cyrene）的第四个告示（FIRA 1.409）；de Visscher, Les édits d'Auguste 123ff.；RIDA（1964）324ff.；以及全面的论述，参见 Pugliese, Proc. 2.1.245ff.。
③ 第一部反对行省总督搜刮钱财的法律是公元前149年的《关于搜刮钱财罪的卡尔布尼亚法》（lex Calpurnia repetundarum）；下文，第308页。

供船只，但是大部分人口没有被征召服役，而这一政策明显表明意大利与从属地区之间的区别，前者被罗马人视为在其领导下的一个军事同盟，而后者的事情就是纳税。

在共和国时期，罗马行省管理的主要思想是这样的：（1）大部分地区隶属于一个集军事、行政和司法职责于一身的执法官的专制权力下。"自由的且结盟的"城邦或者"自由的"城邦，如果在地理上处于行省内，严格说来不服从于总督，但总督的影响事实上延伸到它们。如果和经常会发生的那样，这样一个城市是一个行省的主要城市，则总督可以将它作为他的驻地，地方当局必须让他自行其是。（2）在很大程度上保留现有的区域体制，尤其是当有关体制属于城邦类型的或者能够很容易地改变为城邦型的情况下是如此。（3）排除行省人享有市民籍（和拉丁人身份），也不由他们承担由意大利同盟承担的军事义务，取而代之的是他们必须缴纳重税。就罗马法而言，罗马臣民中的绝大多数人是在严格意义上的罗马法范围之外的异邦人，只享有所有自由的人依万民法所拥有的权利。事实上，"异邦人"一词逐渐不是指属于一个独立城邦的外国人，因为到共和国末期在已知世界里几乎没有这类人了，而是指罗马的一个臣民，因为他不是公民，所以不是一个罗马人。

## 附注——双重市民籍
### 参见上文第 63 页

蒙森关于罗马市民籍不与任何其他市民籍相兼容的观点[1]被 H. 鲁道夫（H. Rudolph）[2]在逻辑推理上贯彻到底，他认为在同盟者战争以后，整个意大利波河以南地区都取得市民籍，所有地

---

[1] *StR* 3.1.773ff.
[2] *Stadt u. Staat im röm. Italien*（Leipzig, 1935）.

方自主都停止，并且所有意大利人一直处于罗马官员排他性的管辖之下，直到裘力斯·恺撒建立一种新的地方自治制度。但是，谢尔文·怀特（Sherwin-White）① 已经证明，在细节上，他的论点站不住脚，而德·威西尔（de Visscher）② 除提出其他论据外，还指出，当杰流斯（Gellius）③ 将自治市民定义为"来自自治市的罗马公民，适用他们自己的法律和法"时，他不可能仅仅是在胡说八道——蒙森④ 就是这样认为的，因为他的根据是哈德良皇帝，他出生于一个自治市，并且亲自重建其管理体制，因此肯定完全理解这个问题。德·威西尔将蒙森运用反对市民籍双重性规则的严格性归因于现代国家主权理论的影响，无疑也是正确的。但是，德·威西尔本人对这一规则的解释肯定更可疑。简单地说，他认为这一规则是一种单边规则，其意思是罗马的政治优势使它能够坚持这样一种立场，即它自己的任何公民都不能接受任何其他共同体的市民籍而不丧失罗马市民籍，但是他又认为，只要其他共同体愿意，没有什么能够阻止它们允许其成员在保留他们原先市民籍的同时又成为罗马公民。并且，如果他们去了罗马，他们就失去其当地市民籍，但是这不是因为任何不兼容原则，而是因为失去当地住所，必然也失去当地市民籍（市民籍的变更）。⑤ 为支持这一论点，他能够引用西塞罗的看来是将罗马人和其他人进行比较的一些片段，⑥ 以及其他证据。但是，针对这样一种明显的逻辑反证，即如果 A 与 B 不兼容，则 B 与 A 也不兼容，他不得不解释说，不仅这一规则是罗马法而非国际法的一项规则，而且它只适用于生来就是罗马公民的人。而他的理论的最薄弱的部分就在

---

① *Roman Citizenship* 136ff.
② *Nouv. Et.* 51ff.，109ff.；并参见他的 *Les édits d'Auguste* 108ff.
③ 16.13.6.
④ *StR* 3.1.796 n 3.
⑤ *St. de Francisci* 1.39ff.
⑥ *Pro Balbo* 29：我们不可能属于这个城邦，以后又属于另外的一个城邦；出处同上，30；*pro Caec.*100。

这里，因为"生来的罗马公民"不能被认为仅仅是指一个从出生时就具有这种市民籍的人，因为假使那样的话，在自治市方面的不兼容问题只可能比按通常观点晚一代产生。因此，他不得不说明，他称为"生来的公民"的那类人在历史进程中改变了特征。最初，并且在西塞罗的时代仍然如此，它只包括"严格意义上的"罗马出身的公民——在共和国最后一个世纪里非常少的一部分人，而不包括，例如西塞罗他本人，因为他生于阿尔皮诺自治市。但是，在恺撒之后，当意大利的罗马化已经结束时，它包括所有意大利人，而与行省的城市的成员相对。

但是，如果我们接受这种观点，我们就必须在没有任何直接证据的情况下假定，当西塞罗说①"我们不可能属于这个城邦，又属于那个城邦"时，他忘记了他正在讲到的这条规则不适用于他本人，并且进一步地推定，这一规则在他那个时代明显濒临失效，但在他死后不久被恢复，尽管其含义有很大的变化。甚至蒙森的观点，即在奥古斯都时代突然完全改变了原来的严格的不兼容规则，②更容易让人相信。的确，看来我们什么时候都不能把一种完全符合逻辑的制度归结于罗马人。无疑，在共和国时期普遍认为，一个人不可能有两个祖国（patriae），③但是不同时期的政治需要，迫使接受那些逻辑上不可能产生任何其他结果的形势。

德·威西尔关于对作为自治市成员的罗马公民适用的法律这个问题的观点，与其关于市民籍的论述密切相关，并且对私法学家来说具有更大的意义。对属人原则的严格解释，意味着它只可能是罗马法，而这也是蒙森的观点，但是这个问题并不是如此简单的。杰里乌斯不仅说到"自治市民适用他们自己的法律"，而且继续说他们不受任何一项罗马的法律的约束，除非他们批准了

---

① 参见前注。
② *StR* 3.1.699.
③ 很显然，当西塞罗说（*Leg.* 2.5.），"所有的城市居民都有两个故乡，一个是出生意义上的故乡，另外一个是城邦意义上的"，他显然带着提出一种反论的思想。

它，尽管他承认，事实上，在他自己的那个时代也不可能适用当地法，因为人们已经忘记它了。①

因此，德·威西尔认为，虽然生来的罗马公民只受罗马法约束，但新公民继续根据他们原来的法律生活，尽管由于罗马的政治优势及其法律的技术优势产生自己的影响，这种法律的确逐渐变得罗马化了。关于这种观点，他大部分也是依据来自罗索斯（Rhosos）②的铭文，并在较小的程度上依据一些昔兰尼（Cyrenean）敕令。③在前者中，根据一部迄今为止无人知道的《穆那体·艾米里法》（lex Munatia Aemilia）（公元前42年），屋大维因为某个名叫塞娄科斯（Seleukos）的人所提供的服务而给予其市民籍，并且声明，他本人及其家庭，可以选择在他们自己的城市根据他们自己的法律受到审判，或者在罗马执法官面前，甚至还可能在他们自己选择的某个自由的城市受到审判。④因此，他们被给予多种管辖的选择权。但是德·威西尔指出，所要适用的法律只在与他们自己的城市有关时才被提到，并认为在这里，一般准则，也即通常的习惯做法远不是市民籍意味着适用罗马法而非任何其他法，通常的做法是新的公民不仅继续是他们原来的城市的成员，而且仍受它的法律的约束。他们还受它的管辖权的支配，除非像在这个案件中一样被特别豁免。但是，他论证说，无论如何他们绝没有被给予法律的选择权，因为那将使他们变成类似变幻无常的海神一样的人，而这样的人是没人会放心地与之做生意的。

根据第三个昔兰尼敕令⑤中的一些话，德·威西尔得出一个有

---

① Gell.16.13.6—9.
② FIRA 1.308.
③ FIRA 1.403；参考 de Visscher, Les édits d'Auguste.
④ § 8, lines 53—59；关于一个自由的城市的说法建立在对第55行作出的一个很可疑的复原的基础上。
⑤ Lines 57—58.

点类似的观点，因为在其中，奥古斯都命令说，昔兰尼行省的已经被授予（罗马的）市民籍的居民，除非被特别豁免。

多数学者认为这大约是指"他们自己也要受到希腊共同体的礼拜仪式的约束"，但是德·威西尔采纳①维尔海姆（Wilhelm）的翻译，②结果整句话是指"以他们作为希腊人的资格受到人身性的（即不是财政性的）负担的约束"。如果这是对的，那么当然毫无疑问的是，原先的市民籍被保持，并且至少在一个问题上，适用当地法律，但是，为了得出这个所想要的含义，需要一个精通希腊语的大师的相当多的特殊辩护。

这种新公民仍受其当地法约束的思想具有很深远的意义。接受它，不仅意味着打乱了关于在通常情况下，属人原则具有优越性的普遍信念，而且特别是改变了我们关于将市民籍授予给予帝国的所有的，或者差不多所有的自由人的安东尼敕令③的效力的观点。米泰斯（Mitteis）④认为它必然意味着罗马法的同样广泛的扩用，由此还包含了试图大笔一挥改变数百万人的法律，虽然这种观点受到了攻击，但是，如我们将看到的，⑤看来它在本质上是正确的。主张别的观点的就是公然违抗太多的证据。

但是，如果我们还是基本上相信米特斯的观点，以及法律的属人性的一般原则，那么所有的谜团肯定仍未被解决，⑥并且我们可能由于试图以现代术语和现代概念来表达古人立场而在理解方

---

① *Ann. del sem. giur. di Catania* 3（1949）14f.。关于他反对先前的解释的理由，参见 *Les édits d'Auguste* 89ff.。

② *Anzeiger Akad. Wissensch. Wien* 80（1943）8。他认为这个石匠想要写……。文格尔（Wenger）赞同这一观点，参见 Wenger, *Mél. de Visscher* 2.523。

③ 下文，第346页。

④ *Reichsr.* 159ff.

⑤ 下文，第346、470页。

⑥ 似乎没有在其他地方被引用过，支持共和国时期的人身性原则的一个片段是 Diodorus Siculus（希腊历史学家——译者注），BK.13.c.35……（即戴克里斯的）……，这似乎表明，至少他认为，对于西西里的一些城邦的成员来说，取得罗马市民籍导致了法律的改变。

面出错。<sup>①</sup>有证据表明，<sup>②</sup>在意大利自治市，尽管取得了罗马市民籍，仍保存了一些当地规则，并且在元首制时期似乎罗马市民籍"仍与当地市民籍并存，而当地的公民的义务没有受它的影响"。<sup>③</sup>我们只能断定，在元首制时期，和在共和国时期一样，存在一些例外，但尽管有这些例外，法随市民籍的一般观念仍被坚持，因而安东尼敕令为整个罗马领土的法律的统一提供了一个理论依据，而这种法律的统一在帝国后期成为现实。

---

① De Visscher, *Österreich. Zeitschr. für öffentl. Recht* 12(1962)71ff.; Nörr, *TR* 31(1963)525ff.，尤其是577ff.。

② 上文，第72页及下页。

③ A. H. M. Jones, *The Greek City from Alexander to Justinian* (Oxford, 1940) 172。另参见 Arangio-Ruiz, *Scritti F. Carnelutti* 4(Padua, 1950)53ff.。

# 第四章

# 共和国时期的社会状况和不同的社会等级

　　罗马应该把它的兴起归功于它的自耕农的好战的性格。关于最早时期的共和国和阶层之间斗争的传统描述很清楚地表明,那时一个普通的罗马人已经是地主。确实,平民的贫困表明,他们的土地通常肯定非常少,还确实的是,根据现代考古学理论,在人类有记载的历史开始之前,在整个拉丁姆地区和在埃特鲁里亚一样,可能就存在一种佃农制度,即人口的大多数是在大地主所拥有的大片土地上工作的半自由的佃户。[1] 但是,我们从关于阶层之间的斗争的经济方面所了解的情况足以表明,在这一斗争发生时这种状况已经结束了。平民的主要抱怨之一是,他们被迫当兵,当他们打完仗后回到家时,发现他们的土地由于缺乏照顾而被荒废,或者实际上更糟糕的是,被敌人毁坏,因而他们不得不向更大的地主借钱以便重新开始。这不是一个半自由的农民可能发出的那种抱怨,因为他的地主有责任再资助他。平民还声称,贵族独占公共土地的利益,而不把它们在贫穷的平民中间进行分配,这也再次表明平民能够拥有土地,并视这种所有权为他的正常状况。

　　如果一个普通公民是一个小地主,那么我们不应想象,贵族的地产会很大。贵族必须应召离开田地去带领共和国军队作战的

---

[1] Tenney-Frank 12.

传统描述可能就是事实真相。从驱逐国王开始，罗马是一个贫穷而弱小的城邦，至少直到它夺得维爱城（传统上界定在公元前396年）为止，那是它第一次对一个异邦人民的伟大征服。在它这段弱小的时期里，发生了阶层之间的较早期的斗争，并且在扩张时期的很早期，平民就赢得主要的胜利（公元前367年的系列李其尼和塞斯提法）。证明罗马已经开始走向大庄园和奴隶劳动这一灾难性道路的事实是，有必要①将任何个人可能占有的公地的数量限制在500尤格里（iugera）这个相对大的数字，以及要求地主雇佣一定比例的自由劳动者。但是，这些措施本身——虽然它们未严格地予以执行——无论如何，经过最初的几年后，肯定在补救它们所针对的弊端方面有所作用，并且还通过罗马对其征服地的利用为帮助农民做了更多。罗马在夺得维爱后，将该城夷为平地，并将其领土在罗马公民中平均分配，平民们得到了他们应得的份额。此后罗马除了将征服的领土用作殖民地——殖民地不仅具有军事功能，还服务于为罗马不断增多的公民提供土地（通常是很小的份额）的目的——之外，还多次将它们分派给个人。

这种政策的结果是，人口的主要成分是相同种族的自耕农，即"在这个国家具有利害关系"的人，他们很爱国、很勇敢、数量也很多，足以提供相当数量的军队，这些军队使罗马一旦开始其征服生涯后能够继续去征服其他的领土。这些农民在他们家庭的帮助下，有时在一两个奴隶或者处于受役状态的人②的帮助下，亲自耕种其土地。商业和工业在罗马的早期发展中所发挥的作用似乎相对较小，并且如我们所看到的，政府是贵族性质的。平民在他们与贵族的斗争中的成功并没有改变事态；它只不过以一种新的贵族统治取代了古代的贵族统治，古代的贵族统治对职位有法定的垄断，而在新的贵族统治下，虽然每个公民在法律面前有

---

① 如果它是事实的话；参见上文，第15页注释。
② 下文，第114页注释。

相等的权利，但是相对少数的家庭——现在不仅有贵族的，而且也有平民的家庭——在事实上几乎供应了所有的执法官，并通过元老院保持其权力。由此发展成的贵族统治可能是世人曾经见过的最成功的。它并不很辉煌，伟大的政治家也很少，但是和其他罗马人民一样，它具有这样的特征：对城邦深切的奉献、纵使面对最令人绝望的形势也从不放弃的坚定以及时刻愿意承担，这使它能够将显贵的执法官的许多权力委托给一系列普通贵族，因而建立起一个由具有广泛的公共职务经验的人组成的统治团体。罗马人有与英国人所表现的同样的爱好，即将一些重大的权力委托给个人，并且和英国人一样，他们对非常规地运用权力有一种自豪感。M.李维（M. Livius）在公元前204年担任监察官时，剥夺了35个部落中的34个部落的公民权，因为他们先是不管他的无辜而宣告他有罪，而后来又选他当执政官和监察官，这个人在大多数国家可能会催生一场革命。

随着第二次布匿战争的结束，这个国家的外部生存条件和内在精神都开始发生重大变化。经过连续17年的战争，大片地区被毁坏，无数人战死沙场，而且这个国家的所有男丁都被持续的军旅生活搞得精疲力竭。农业受到损害，不仅仅因为荒芜和缺乏耕种者，他们被叫去服兵役了，而且因为与当时从西西里大量进口的谷物的竞争。最糟糕的是，自耕农逐渐被主要依靠奴隶劳动耕种土地的大地主所取代。战争使贵族阶层发了财，因为他们能够从战利品和被征服民族的政府赚得大笔钱，战争也使包税人和商人发了财，因为他们为其事业找到了新的场地。在意大利，由于战争和没收，罗马城邦获得了大片的土地，而既然公民的数量不再足以让农民移居到所有这些土地上，唯一有利可图的开发方法是将这些土地大片地出租给有钱人，或者继续罗马的旧习俗，允许他们"占有"它，即仅仅非正式地得到它，从而有义务向城邦支付其产品的一部分。每件事都有利于富人。成功的战争使富人想得到多少奴隶就能得到多少奴隶，并且奴隶不仅比自由劳工更廉价，还没有被召去服兵役的危险。许多土地只适于作为牧场使用，而牧场不必付费，除非它是实行大规模的管理，因为几个放牧人就能够照看许多牲口。另一方面，与出产谷物的行省的竞争，逐渐使意大利的土地肥沃的地区日益转向种植葡萄酿酒和种植橄榄，而这两类种植都需要资本，因为小本经营的人负担不起在葡萄树长出葡萄之前等待5年或者橄榄树长出橄榄之前等待15年的时间。因此，富人倾向于吸收这些新土地，并尽可能买进自耕农，而自耕农当然可能定居在某个殖民地，或者作为商人去海外的行省，但也可能漂泊到罗马，变成一个或多或少吃闲饭的无产者，主要靠从行省进口的粮食维生，那时，政府已经开始分发这些进口的粮食，虽然不是免费地分发，但价格极低。毫无疑问，在公元前2世纪仍有大量自耕农，正是这些人征服了东方，就好像他们曾经征服汉尼拔（Hannibal）一样，但是，土地集中到少数人手中的过程一直在进行，并将大大有助于引发革命。"大地产毁了意大利"（Latifundia perdidere Italiam）。

对东方的征服而流入罗马的财富具有腐蚀其人民的后果，这是一个古老而真实的故事。接触东方意味着接触颓废的希腊文化，而财富则提供了模仿希腊人的恶习的机会。但是伴随着财富和恶习，也带来了更值得的东西——文学、艺术和哲学。城邦、家庭和农场曾是老式的罗马人唯一关注的东西；现在，他发现生活中可能有更多的东西。在公元前3世纪和公元前2世纪，上层社会开始弥漫着希腊文化；希腊文学成为教育的基础，而且希腊的修辞学已经开始对罗马人的头脑发挥其危险的迷惑力。对于思辨哲学，注重实际的罗马人几乎没有什么兴趣，但是希腊思辨的伟大时代已经结束，重点已经被放在哲学的伦理学方面而不是哲学的形而上学方面。这对三个主要体系，即"新柏拉图学派"、伊壁鸠鲁学派和斯多葛派都适用，但斯多葛派在罗马最受欢迎。

首先，它的思辨方法为众神及其崇拜留有一个位置——而伊壁鸠鲁学派的信徒们则教导，众神如果真的存在的话，也根本不关心人的生活，斯多葛派因而不与罗马人出于爱国动机而珍爱的那种城邦宗教产生冲突，甚至在他们也不信仰该种宗教的时候。但最重要的是，斯多葛派的道德观，以及它的为了过"根据自然的生活"而抑制激情的完美的智者的理念，激发了罗马人的责任感，并为已经是城邦生活的指导原则的为城邦服务提供了理论依据。

意大利农业的衰退和由此产生的没有土地的最下层阶级的发展，以及由于新的获得财富的机会——自然地只有少数人才能利用这些机会——所引起的不断增加的财富差别，是导致格拉古兄弟（公元前133—前121年）试图改革的原因，也是导致持续一个世纪，最后却以帝国的建立而告终的革命时期的原因。这一时期显现出许多惊人的反差。从政府体制的角度看，它是一个崩溃时期，甚至偶尔处于无政府状态，但从道德败坏的统治阶级的观点看，它却是罗马历史上最辉煌的时代。对外征服没有停止，文学达到一种前所未有的水平，只有紧接下来的奥古斯都统治时期才比得上，在这一整个历史时期中出现了从盖约·格拉古到奥古斯都本人的一系列杰出人物，并且在后期，当内战迫近，或者实际上很猛烈时，整个场景不仅仅由职业的历史学家为我们揭示，而且由本身就属于这一戏剧中的主要演员的两个人——恺撒和西塞罗的文学天赋为我们所照亮。虽然法学家认为他的"经典时期"是在帝国早期的虽然比较沉闷但更为有序的时期，但对于语言文学的学生来说，共和国时期的最后一个世纪是"经典的"。

当然，不可能穷尽地划分所有的不同的人的阶层，因为这些人合起来构成的是一个巨大且具有高度文明的城邦，其社会和经济结构几乎和现代欧洲国家的一样复杂。不过，我们还是可以大致划分如下：

## （一）元老院贵族。

官职在很大程度上限于高等贵族，也就是说，限于能在其祖先中找出贵族执法官的那些家庭的成员，[①] 尽管有时一个新人可能凭其才能强行挤入这个特权圈子。这个阶层的一个年轻人如果——而事实上也几乎总是这样——要从事公共事业，他通常服几年兵役，尽管在共和国末期，这明显不再是法定的要求。然后，他通过担任构成二十六人的执法官之一开始他的官职生涯，而且一经选上财务官，即成为元老院的终身成员。这些职位必须依次序担任；在担任财务官之前不能担任裁判官，在担任裁判官之前也不能担任执政官，并且对每个职位都规定了一个最低年龄。对于财务官来说，最低年龄曾经是 28 岁；在西塞罗时代是 30 岁；对于执政官是 43 岁。介于这两种职位之间不仅有其他官职——市政官、裁判官、以及对平民来说的保民官，而且还有在各行省的任职，并且依惯例，在两种"贵族"职位的任期之间必须经过两年间隔。同一职位必须经过 10 年才能再次担任。

从事任何贸易或者职业将被取消任职资格，因此，元老们不得不是富有的人。事实上，他们都是大地主，通常在意大利和行省拥有多处产业。根据一部《克劳迪法》（*lex Claudia*）（可能是公元前218 年），元老们长期以来被禁止直接参与商业，因为该法禁止他们及其儿子们拥有一艘超过适度规模（足以运送他们自己土地的产出）的海船，可能还禁止他们参与关于包出国家税收的合同。无论如何，所有种类的投机业务都被认为与一个元老身份不相称，如果实在要干的话，也只能秘密进行。

到共和国末期，元老院贵族已经配不上他们在国家里占据的地位。西塞罗，尽管是这个"阶层"的领袖，也申斥那些堕落者，

---

[①] 关于盖尔泽（Gelzer）的更加限制性的观点，参见上文，第 17 页注释。

因为他们在其别墅里逍遥自在,关心他们的鱼塘甚过关心他们的公共职责。对奢华的狂热导致贵族阶层中的许多人开始负债,于是,倒霉的行省人不得不找到足够的钱,不仅要弥补他们的总督挥霍掉的财产,而且还要在总督返回后被指控犯勒索罪时贿赂陪审员们。在罗马的实力达到巅峰时,它实际上成为一个堕落的统治阶级的猎物,它需要一个君主的强硬手段来使这些骚乱的贵族秩序井然。

## (二)骑士。[①]

我们已经知道,[②]根据"塞维鲁斯"体制,有18个骑士百人团,他们构成骑兵部队,并且很明显(由于它们比其他百人团优先投票),他们是从第一等级的富裕成员中抽出来的,虽然对他们在第一等级的最低财产资格之外没有任何确定的财产资格要求。他们被称为"公共马匹骑士"(equites equo publico),因为他们的马匹的购买与饲养的经费由公共基金提供,并且一旦他们达到46岁的现役年限,就被认为回复到第一等级。[③]但是,在危机时刻,这18个百人团是不够的,于是由第一等级的其他成员满足这一需要,这些成员自愿充当编外骑兵,并自费提供他们的马匹。[④]因此,可以将这18个百人团与编外骑兵区别开来,前者在百人团体制中有一种特殊的地位,而后者则没有。但是,到目前为

---

[①] Hill, *Roman Middle Class*;Henderson, *JRS* 53(1963)61ff.;Nicolet, *L'ordre équestre*。对于拉丁文的骑士(equites),很难找到一个合适的英译。英文的"骑士"(Knights)表示中世纪的骑士,而翻译为"中产阶级"(middle class)在现在的理解中可能太宽泛,也暗示与元老院阶层的过于清晰的差别;Scullard, *JRS* 45(1955)181f.。

[②] 上文,第20页及下页。

[③] Hill, *Roman Middle Class* 9f.;反对的观点,参见 Nicolet, *L'ordre équestre* 75ff.。参见下文,第81页。

[④] 现代作家们通常称他们为"私人马匹骑士"(equites equo privato),但是这一用法没有古代的根据;Hill, *Roman Middle Class* 18 n 3;Nicolet, *L'ordre équestre* 66ff.。Livy, 5.7, 说他们第一次服役是在围攻维爱城时(该城于公元前396年被攻占)。在这里,可以将这一叙述的历史真实性搁下不谈;参见 Hill,本注引书, 17ff.。

止，元老与骑士之间的区别还不是一个问题。因为拥有一匹"公共马匹"与占有元老院的一个席位并非不相容，而且元老毫无疑问被包括在这18个百人团中，直到他们达到年限（有时明显甚至更长些）。①

三项措施促使骑士作为一个独立阶层而出现，它们可能都与盖约·格拉古的改革行动有关。规定了一个较低的最低财产资格，在公元前67年这一限制是40万塞斯提兹，②并通过一项《关于归还马匹的平民会决议》（plebiscitum reddendorum equorum）（大约公元前129年），规定一个上限，从而将元老们排除在18个骑兵百人团之外。第三项措施是通过格拉古的《审判法》而采取的，该法赋予骑士担任陪审员的权利，在此之前这项权利限于元老享有。这一权利将是引起这两个阶层之间争夺的一个起因，直到《奥勒留法》（lex Aurelia）（公元前70年）找到一个解决方案。③虽然这差不多还算清楚，但仍有一个重要的模糊之处。很明显，

---

① 参见前注。

② 这至少是《有关剧院的罗沙法》（lex Roscia Theatralis）规定的限制，该法恢复了骑士的坐在剧院第14排座位紧跟元老后面的特权（这一特权可能最初由盖约·格拉古授予，后被苏拉剥夺）。最早提到骑士的财产资格是在公元前76年（Cic. Rosc.Com. 42），通常认为它起源于格拉古的《审判法》（下一个注释）。但是它很可能追溯到第二次布匿战争（Nicolet, L'ordre équestre 47ff.）。

③ 不清楚格拉古兄弟的改革是排除全部元老，还是仅仅增加骑士，或者它是仅适用于关于搜刮钱财罪的刑事法庭（下文，第308页），还是适用于所有刑事和民事法庭。可能对有冲突的证据的最好的解决办法是，假定元老被排除在关于搜刮钱财罪的刑事法庭之外（在被告属于他们本阶层的情况下），而对于其他法庭，审判员从一个混合名单中抽出；Brunt, Crisis of the Roman Republic, ed. R. Seager（Cambridge, 1969）83ff.。一部法律残存的片段（Bruns 1.55；FIRA 1.84）涉及关于搜刮钱财罪的审判，并包含了明显旨在同时排除元老及其最密切的圈子里的人的规定。这通常被认为就是西塞罗，Verr. 1.51，提到的《阿其里法》（lex Acilia），该法又看作就是格拉古的《审判法》，但是最具有实质内容的关键条款缺失；参见 Last, CAH 9.75ff., 892ff.。在接下来的五十年，审判员名单的组成根据占主导地位的阶层的不同而变化。《奥勒留法》（lex Aurelia）将它在元老、骑士与准骑士（tribuni aerarii）之间平均分配。最后这一类人的身份很模糊（参见，例如 Henderson, JRS 53［1963］63f.；Hill, Roman Middle Class 212ff.），但是他们即使不是骑士阶层的一部分，也与这一阶层有明显的社会联系，因而这一解决方法无疑不利于元老院。准骑士后来被恺撒（公元前46年）所排除（或者被吸收到骑士里），并且奥古斯都和卡里古拉又作出进一步的修改，但是审判员名录仍然限于元老和骑士。参见 Kunkel, PW 24.1.749ff.；Mommsen, StR 3.527ff.。

有许多人满足40万塞斯提兹的财产要求（这不是一个很大的数目）①，但不能在18个百人团中找到任何位置，即使看来可能的是，这些百人团在那时包含的人数超过了1800人。这些"编外的骑兵"是否属于骑士阶层，并且更具体些，他们是否属于当时有权担任审判员的那种类型的人？西塞罗在公元前76年写作时，将那些从人口登记的角度来看，作为罗马人的骑士的人与另一个集团，也即可能是这18个百人团相对比，②因而较合理的观点似乎是，至少到那时，这一阶层可被认为包括所有满足上述财产资格的人，而18个骑士百人团构成这个阶层内的年轻人的精英部分。③并且，看来可能的是，格拉古的《审判法》中所指的审判员也从这个更大的集团中抽取，④那时可能第一次按照财产资格界定这一集团。

禁止元老们经商，⑤虽然并不总是被严格遵守，它意味着骑士阶层等同于富裕的商人阶层，并且尤其是等同于包税人（西塞罗⑥称他们为"该阶层的精华"），因为这些人的主要活动是接受城邦的合同。这一阶层的利益经常不同于那些元老院贵族的利益，⑦但是这种差别不应被夸大：土地仍是主要的资本，而许多骑士是

---

① Cicero, *Parad.* 49，认为一年10万银币只能让一位绅士过一种俭朴的生活；过极其奢侈的生活可能花费60万银币（Brunt，同上，第80页注释②和第83页注释①）。并比较在元首制时期对高级官员的薪水（下文，第337页注释）。

② *Rosc.Com.* 42："如果你根据财产资格来看他，他是罗马人的骑士"。在 *Commentariolum petitionis* 33中还对这18个年轻人百人团与骑士阶层本身明确区分，但是将这一著作归于西塞罗的兄弟昆图斯（Quintus）的确切性已经受到质疑，因此它的年代也受到了怀疑（对此，参见Balsdon, *Class.Quart.*, 1963, 242ff.）。

③ Nicolet, *L'ordre équestre* 163ff.，论证说，骑士阶层只有一种严格的法律上的含义，它只包括公共马匹骑士，只有这些人才是罗马人的骑士，但是，这很难与文学原始文献的证据，特别是西塞罗的作品相吻合，后者揭示了一种更加灵活得多的用法；参见Henderson, *JRS* 53（1963）61ff.。

④ Mommsen, *StR* 3.530, *StR* 209，将他们限于18个百人团；反对的观点，Strachan-Davidson, 2.85ff.。

⑤ 上文，第79页。

⑥ *Planc.* 23。

⑦ 特别是在行省，这两个阶层可能发生冲突；如果某个总督严格监督包税人，当他以后在罗马不得不接受搜刮钱财罪的审讯时，他会发现由骑士组成的陪审团毫不留情。

82 地主。也不存在一种明显的社会差别。除了元老的儿子通常被征募到 18 个骑兵百人团的事实外，元老家庭与骑士家庭之间通常有密切的联系。①

和元老一样，骑士有某些外在的等级标志；他们佩戴狭条带，即在长大衣上的紫色的狭条带（而元老们戴阔条带）；他们获得了戴金戒指的权利，而在早些时候这是元老的一种特权，并且如我们已经知道的，他们还在剧院里拥有特殊的席位。

在帝国时期，骑士贵族甚至变得更加重要；对于除元老的儿子以外的人来说，进入该阶层是从事任何公共职业的必要的第一步，无论是民事的还是军事的，而且许多非常重要的职位仅限于骑士级别的人担任，将元老排除在外。

## （三）中下层社会等级。

我们必须把所有既不属于元老阶层，又不属于骑士阶层的自由的人看作这一类。在共和国的最后的几个世纪，尽管政治上处于无政府状态，意大利似乎是富裕的。在发展中的城市里，有一些商人富到能为自己建造漂亮的房屋，而其他许多人靠中等规模的庄园带给他们的收入维生，这些庄园，像元老们的大庄园一样，主要依靠奴隶劳动来经营。从这个富有的城市贵族阶层中产生了当地所有的执法官，在这一阶层中，还应将一些以前当过兵的人计算在内，因为他们退伍后获得了小块土地。例如，我们知道，许多苏拉的老兵在庞培定居，并成为人口中的上流成分。

在乡村，自由的农民当然没有完全消失，可是，许多人由于内战中其财物被没收而遭受损失，他们的家园被由军队首领安顿在这片土地上的老兵们所占据。还应该有为数不少的地主的自由

---

① Brunt，同上，第 80 页注释；R. Syme, *The Roman Revolution* (Oxford, 1939) 13f.；以及非常全面的论述，Nicolet, *L'ordre équestre* 247ff.。

的佃农，尽管主要的耕作是由奴隶来进行。这些佃农与英国的佃农——他们经营土地的方式和一个所有者差不多相同，且自产自销——不同，他们不是独立的人，而是由相当少的人构成更大的由整个庄园所组成的经济体的一部分，并且对地主的依赖性很大。

在城市里，没有一个庞大的阶层对应于现代工业国家的大量产业工人，首先是因为大部分相应的工作由奴隶进行，其次是因为古代世界的工业从来没有发展到它在现代社会所发展到的程度。不过很自然的是，有许多工匠，一些工匠在小作坊里工作，这些小作坊为顾客制造定制的商品，而其他工匠则为不确定的市场制造批量的物品。但是，工厂制度不是很盛行；大部分的物品似乎在小作坊制造出来，商人从制造者手中购买然后进行销售；罗马的工业在创造巨大的财富方面所发挥的作用从未有商业那么大。

但是，劳动阶级的绝大部分不是自由人而是奴隶，大多数奴隶在大小不等的庄园，以及城市的作坊里工作。所有这些人的身份在法律上是相同的；他们像任何其他财产一样为他们的主人所拥有，但是实际上，他们的地位有很大的不同，既有农场劳力，这种奴隶经常被迫带着镣铐工作，睡在简陋的工棚里，根本不可能过家庭生活，又有奴隶管家，主管由不在当地的地主所有的大庄园，或者高等级的罗马人的机要秘书，像西塞罗的奴隶提罗（Tiro）一样，可能成为家庭的一个"低微的朋友"。通常，一个人可以指定他的奴隶为某一事务的管理人，在这种情况下，他获得利润但对与该事务有关而订立的合同负全部责任。在其他情况下，非经准许，不能根据他的奴隶的合同向他要求一笔超过该奴隶的特有产（peculium）的数额的钱，特有产就是虽然在法律上仍然属于主人所有，但允许奴隶自主管理的财产。由于主人能够占据所增加的任何收益，所以尽管他的责任是有限的，但是他必然可以无限制地获利。

一些处境较好的奴隶通常得其主人许可积攒钱成为他们的特

有产，并用他们的积蓄赎买自己的自由，这也就是说，主人可以同意（尽管这样一种同意在法律上不能强制执行），如果奴隶积蓄的钱达到一定金额，他可以取得这笔钱并解放该奴隶。这样一种安排当然是奴隶努力工作的一个强大的动力。许多奴隶还出于慷慨的动机而被解放，或者实际上是为了出风头。这最后一种动机特别被用于遗嘱解放，因为罗马人非常醉心于葬礼的壮观，而如果一个人的出殡行列中有许多心怀感激的解放自由人跟随，这会产生一个良好的印象。

这种解放的做法实际上具有重要的社会和政治意义，特别是因为罗马法——它在这方面比希腊的制度更慷慨大方——不仅给予被解放的奴隶（只要满足适当的手续的话）完全的自由，而且给予他公民权。[①]其结果是，从开始有许多奴隶的时候起，公民人口的很大一部分是奴隶出身，而且更为重要的是，他们属于其他的种族，因为大多数奴隶是战争中抓获的俘虏。希腊人和地中海东部的其他种族人主要通过这种方式使他们的血统与意大利人相混合，因为这些人具有使他们适应那些较好的地位的文明，而高卢人，举个例子来说，多半被用来干种田或采矿的重体力活，几乎没有解放的可能。

解放自由人（libertinus）[②]虽然是公民，但在政治权利方面并不与生来自由人完全平等。他有投票权，但是由于所有解放自由人都被限制在四个"城市"部落（除了在一些短暂的时期，民主派领袖成功地通过了法律取消这一限制），因而35个部落中有31个部落是他不能影响的。他最初肯定被排除在百人团大会的投票之外，因为在整个共和国时期，解放自由人不能在军团中服役（尽管他们通常在舰队中被用来干些低级的勤务），但是，当百人团会议不再与军队有密切联系，而在某种程度上建立在部落区划的

---

[①] 参见下文，第136页。

[②] Libertinus（解放自由人）是一般意义上的词汇，包括了"拉丁"解放自由人；libertus（解放自由人）含有市民籍的意思；Buckland, *RHD*（1923）293ff.。

基础上时，①解放自由人也许可以被纳入。对于执法官和元老院，解放自由人没有当选资格。②

尽管解放自由人在政治上无资格，但他们构成一个非常重要的社会等级。他们中的大多数出身于机智的种族，并且自然是最聪明的人获得自由，尽管在可恶的奴役状况下度过的青少年时期无助于使他们非常严谨。③他们主要集中在市镇，在那里，他们可能构成自由的劳动人口的大部分。毫无疑问，有些人变富裕了，尽管几乎没有在帝国早期众所周知的庞大财产的迹象。④

对于罗马本身，它的无产者具有特殊意义。由于公民遍布整个意大利，除极少情况外，绝大多数有投票权的人当然不可能参加大会。虽然在夏季许多外地投票者来参加执政官的选举，但立法实际上掌握在恰巧住在罗马的人手中。必须记住的是，民众会议自始至终是一个首要的大会；代议政体的方式从未被采用。因此，任何人只要能投该城市的民众所好，就可以将罗马城邦的立法机构操在他的手里。为此所采取的主要方法是，由城邦以很低的价格分配粮食，这种做法开始于盖约·格拉古时期。在西塞罗的时代，每个提出申请的公民都以一种稳定而且高补贴的价格得到与士兵相同的配给量。这些分配是以牺牲城邦来进行的，但是，除此之外还有其他好处，它们产生于私人的口袋，特别是一个追求较高级别执法官的人几乎不得不提供的耗费巨大的表演，如果他不想他的生涯受到不愉快的挫折。

其结果自然是，城市居民堕落了，而民众会议只不过成为表达当时能够获得最大名望或者能够使军队去威慑人民的那个人的意愿的机器。

---

① 上文，第22页。
② 解放自由人（Libertinus）最初包括被解放的奴隶的子女，由此，生来自由人是指一个其祖父是自由人的人，但是，到共和国末期，任何人只要出生时处于自由状态，就是生来自由人；Gai. 1.11：那些出生的时候就自由的人是生来自由人。
③ "只要是主人让他们做的就没有什么难为情的"；Petronius, *Cena Trimalchionis* 75。
④ 参见 S. Treggiari, *Roman Freedman in the late Republic*（Oxford, 1969）。

当然，这最后一种举动在共和国较早时可能是不可想象的，那时军队几乎完全等于人民，但是，发生了一个转折性的变化。在以前的制度下，服兵役是强制性的，并建立在财产资格的基础上：只登记人头的贫困者[①]则没有义务。在公元前3世纪和2世纪，由于战争，以及向行省的移民，公民的数量，特别是（由于大片领地的增加）具有必要的财产数额的公民的数量减少，而且服兵役也开始不受富裕阶层的欢迎。另一方面，有许多无产公民非常乐意过军队为他们提供的生活，并对打完一场战役后退役表示不满。接连降低为入伍所要求的财产状况不能应付这种状况，于是，在高卢人的决定性胜利歼灭整个军队后，公元前107年不得不采取最终的措施。当时的执政官，也是罗马最伟大的战士之一的马里奥（Marius）将军队向所有想入伍的公民开放，而不考虑任何财产资格。因此，罗马军队变成一个主要是雇佣性质的军队。[②]士兵是职业化的；他的利益在于军队，而不在于整个城邦，而且，他所效忠的是带领他的那个将军，当他服役期满时，他依靠那个将军的帮助分得土地。因而，罗马的将军有可能利用他们的军队作为把他们的意志强加于城邦的工具，而这一旦成为现实，就导致内战长期的痛苦，直到建立我们称之为帝国的军事独裁政体。

---

[①] 上文，第21页。
[②] 但是当需要非常多的士兵时，征兵仍很普遍；P. A. Brunt, *Italian Manpower 225 B.C.-A.D.14* (Oxford, 1971) ch. XXII.

## 第五章

## 共和国时期的法律渊源

"法律渊源"这一用语在许多不同的意义上使用,在法理学的著作中可以找到对它们的讨论。[①] 从它在这里所使用的意义上来说,它是指新的法律规则能据以产生的一种方法。在现今的英国,有两种具有这种性质的主要渊源,即制定法和判例;如果一项规则是由一部议会法规定的,它成为一项法律规则;如果一位法官在判决一桩提出一个新的法律问题的案件时适用了某项原则,该判决是一个先例,而该原则(在某些限制条件下)成为一项法律规则。在共和国时期,罗马的相应的法律渊源是:

---

① 例如,H.L.A.Hart, *The Concept of Law* ( Oxford, 1961 ) 246f.。

## 一、法律（lex）与平民会决议（plebiscitum）

严格说来，法律（lex）[①]是民众会议的一项法令，[②]这民众会议可以是百人团会议，也可以是部落会议，[③]而平民会决议是由平民会所通过的。但是，平民会的法令一旦被置于与民众会议的法令相同的层次时，[④]平民会就成为通常的立法机关，它所通过的法令也通常被称为"法律"（leges）。实际上，这种做法如此普遍，甚至在法学家中也是这样，以致几乎不能认为这是不正确的。[⑤]

除《十二表法》本身外——《十二表法》当然是法律（实际

---

[①] 这仅是指共和国时代。实际上，古代的历史学家认为国王是各种法律（leges）的制定者（参见 collection, Bruns 1.1—15；FIRA 1.1—18），彭波尼甚至猜测，像共和国时期的执法官一样，国王向民众大会提交法律议案（D. 1.2.2.2）。但是，在一个如此早的年代不可能有任何真正的立法。所提到的规则可能是很古老的，但将它们说成是法律是由于这样一个普遍的错误造成的，即没有立法就不可能有法律。据彭波尼（同注引书）说，在他那个时代已经有一本主要包含王法（leges regiae）的汇编的书，并被称为《帕皮里法》（ius Papirianum），因为它是由在最后一位国王高傲者塔克文时期的一个叫塞斯特·帕皮里（Sextus Papirius）的人编辑的。但是（§36），他进一步谈到布布里·帕皮里（Publius Papirius）是进行王法汇编的那个人，而狄奥尼斯（3.36）说第一位祭司长盖尤斯·帕皮里（Gaius Papirius）修复了第四位国王安库斯·马尔提乌斯（Ancus Martius）对第二位国王努玛的许多法令进行的汇编，这些法令曾经公布在广场的铜表上，并逐渐变得难以辨认。这些叙述只不过是传说，而且这部汇编的产生必定比他们提出的时期晚得多。在 D.50.16.144 中，提到一个叫格兰尼·弗拉库斯（Granius Flaccus）的人关于《帕皮里法》的评注，由于已知的唯一一个叫这个名字的人是恺撒送了一本关于宗教仪式（de indigitamentis）的书的人，所以这部作品被认为是他的。它肯定至少不晚于公元前 46 年，因为在可能是这一年写的一封信（ad Fam. 9.21）中，西塞罗显然不知道它的存在。Carcopino, 载于 *Mélanges d'archéologie et d'histoire, Ecole française de Rome*, 54（1937）344ff.，认为它是毕达哥拉斯式的伪造，是在公元前 46 年到公元前 37 年之间制作的。无论它是哪一年的，几乎没有什么怀疑的是，这部作品至少部分地确切描述了祭司传统的原貌。它的实际标题似乎是"关于祭祀礼仪"（Servius, *Aen*.12.836, Bruns 2.78），这很符合我们听说的被归于王法的大部分规则的性质，因为它们全都属于法与宗教之间的模糊不清的部分。参考 Schulz, *History* 89；Kaser, *AJ* 65f.。

[②] 从其最广义来说，法律（lex）包含的内容比法令多得多；参见上文，第 69 页注释，以及下文，第 244 页注释。该词的最基本的含义可能是宣告；Stein, *Regulae* 9ff.。

[③] 库里亚会议在共和国时期不再具有任何政治意义；上文，第 19 页。

[④] 上文，第 24 页及下页。

[⑤] 例如，乌尔比安在 D. 9.2.1.1 中说："《阿奎利亚法》是平民会决议，它是平民保民官阿奎利亚在平民会上提案制定的。"

上当一个法学家没有任何限定地提到法律的时候,通常就是指《十二表法》)——法令在共和国时期不是一个非常富有成效的法律渊源。像我们自己的一样,罗马的立法通常具有政治性的特征,私法的发展基本上留给其他渊源,特别是解释和执法官告示。但是,有许多具有宪法意义的法律(或者平民会决议)对私法产生影响,并且就我们所知,有一些没有任何政治意味。属于后一类型的主要是《阿奎利亚法》(lex Aquilia),① 该法彻底改写了整个财产损害法,并且是后来所有关于这个问题的法律的基础。在作为政治斗争产物的法律中,我们可以提到公元前445年的《卡努勒亚法》(lex Canuleia)和(可能是公元前326年的)《贝得里亚法》(lex Poetelia),前者解除了贵族与平民之间通婚的禁令,② 后者减轻了债法的严厉性。③ 盖尤斯《法学阶梯》第3卷第121片段以下所论述的关于保证的各种法令也可能具有一种政治性。④

在后古典时期的法律汇编中,⑤ 对法律可能具有的"完善性"区分为三种不同的程度。"完善法律"(lex perfecta)明确禁止某种行为,并使违反该禁令的行为无效;"次完善法律"(lex minus quam perfecta)不使被禁止的行为无效,但对从事这种行为的人科以处罚;"不完善法律"(lex imperfecta)禁止有关行为,但既不使它无效,也不规定罚则。⑥

属于最后一种类型的一个例子是《琴其亚法》(lex Cincia)(公元前204年),该法禁止在非近亲属之间超过一定数额以上的赠

---

① 下文,第275页。
② 上文,第14页。
③ 下文,第164页。
④ 下文,第300页。其他重要的法律是《爱布兹法》(下文,第218页)、《普莱多里法》(下文,第241页)、《阿梯里亚法》和《尤利和提笔法》(下文,第239页)、《富里法》、《沃科尼亚法》、《法尔其第法》(下文,第247页及下页)。
⑤ *Epit. Ulp.* 1.2.
⑥ 甚至一种完善法律可能也不使被禁止的行为自动无效,而仅仅是可以判决无效;di Paola, *Synteleia Arangio-Ruiz* 1075ff.。

与，但是既未规定违禁赠与行为无效，也未规定对违禁者加以惩罚。①

另一方面，《关于遗嘱的富里亚法》（lex Furia testamentaria）是一种次完善法律，它以禁止对除特定人之外的人遗赠1000阿斯（asses）以上的财产，但不使这种遗赠无效；相反，它以给予四倍罚金的诉讼来对抗接受这种遗赠的人。②

关于为什么能制定不完善法律的理由，人们不清楚；有人指出，它表达这样一种思想，即法律（lex）没有权力改变法（ius），但更为可能的是，它反映了早期罗马法中法律交易的形式主义概念：一旦某项交易按照规定形式完成了，只有另一次适当的形式才能取消它。③

在一些法律的结尾，有一个段落叫"处罚条款"，它规定了对违反法律的处罚，但是我们不知道是否需要设想所有的法律通常都包含这一段落，并且缺乏这一段，正是不完善法律的特征。④

## 二、解释

罗马法的历史，就我们实际知道它的一切情况而言，开始于一部法典，即《十二表法》。毫无疑问，该法典的许多内容来自现存的习惯法，而且习惯法更多的内容肯定仍然没有成文。这种

---

① 但是，这部法律不是没有效力的：在一定范围之内，裁判官通过抗辩与答辩来执行它；参考下文，第207页；Buckland 254f.；Kaser *RPR* 1.603f.。

② Gai. 2.225；4.23.

③ 参见 Stein, *Regulae* 14ff.。

④ 参考 J. 2.1.10：对违反法律行事的人规定制裁的那一部分法律，也称作制裁。《关于维斯帕西安的治权的法律》（lex de imperio Vespasiani）（Bruns. 1.202；*FIRA* 1.154）最后一段的标题也是"处罚条款"（sanctio）。它没有预示采取任何惩罚，相反，免除所有根据该法行动的人依以前的法令可能遭受的任何惩罚。在晚期拉丁语中，sanctio 有时泛指"法律"（law），例如，Const. *Deo auctore* 2，优士丁尼命令《学说汇纂》的编纂者们"收集并修订罗马的所有法律"（omnem Romanam sanctionem）。

制定法和习惯的混合体的发展（告示除外）主要是通过被称为"解释"的方法实现的。

根据一致的且完全可靠的传统叙述，这种职能在早期是由祭司来行使的，这是一个小小的"团体"，虽然能够将其说成是僧侣之类的人，但他们并不必然属于任何特殊的等级，除了到公元前300年①他们必须是贵族之外。祭司团的成员决不是与其他职位不相容的；相反，它是贵族阶层成员的公共生涯的一个附加特征。另一方面，我们也不应设想祭司是法官；②他们的职责，几乎肯定和后来的法学家（prudentes）的一样，是咨询性的。他们向执法官提出关于法律的意见，而且明显也向个人提出意见；至少，这很可能就是彭波尼说的那句暧昧不明的话的含义，他说，每年指定一位祭司"负责私人事务"。③不难理解为什么应该是这些祭司们成为最早的法律权威。确实，罗马法在其历史的较早的时期就呈现出一种世俗特征，但是，对于罗马人——和所有民族一样——来说，法律与宗教最初是不加区分的，并且有许多领域，甚至在《十二表法》时期之后和在更晚的时候，神法（ius sacrum），或者严格地说应叫做宗教法，仍然涉及到普通的市民法。祭司是宗教传统的卫士，就以这种身份，自然也应该是在纯粹的法律事务方面被求教的权威。因此，例如，历法主要是一种宗教事务，照此，在很大程度上由祭司规定；但是，它也具有重要的法律意义，因为在很多日子，存在执法官不能开庭的宗教上的原因。④同样，关

---

① 上文，第16页。但是，第一个平民祭司长直到公元前254年才产生。

② Broggini, *Iudex* 90ff.。并参见下一个注释。

③ D. 1.2.2.6；这个负责私人事务（qui praeesset privatis），即可能是指与神法事务相对应的私法事务；Wlassak, *Prozessformel* 103。Paoli, *Mél de Visscher* 4.281ff.，将它与（动词）praeire 相联系，意思是领导或促使执法官和各当事人陈述适当的程式；对此，参见 Bonifacio, *Iura* 2（1951）335ff.。F. de Martino, *La giurisdizione nel dir. rom.*（Padua, 1937），和 *Storia* 1.172，更进了一步，他认为，到公元前367年设立裁判官以前，对争议的处理一直控制在祭司长手中；但是参见 Kaser, *AJ* 348ff.；Pugliese, *Proc.* 1.120。

④ 必须记住，罗马的历法非常复杂，作为对原先的月球年的改造，通过偶尔加设一个闰月使它与太阳年协调一致，直到恺撒的改革才引进了闰年制。

于家庭的法律有许多具有宗教特征。自权人收养,最初还有立遗嘱,只能在库里亚会议上由祭司长主持进行,而祭司长特别关心祭祀,即家庭的宗教礼仪的保存,因为这些行为涉及的自然血统顺序的变化可能对祭祀产生不利的影响。

根据他们的不同建议,祭司们能够对法律的发展产生相当大的影响。他们甚至可能,以"解释"为借口,创造一种全新的制度,如同他们在解放方面做的一样。《十二表法》显然没有规定任何方法,据之家父能自愿让其儿子摆脱他的权力,但是有一项条款显然是为了惩罚家父残酷地滥用其权利,它规定,如果家父将自己的儿子出卖三次,家子即摆脱他的权力。① 这种三次出卖是可能的,因为如果家子的买者解放了他(他可能这样做,就如同他可能解放一个奴隶一样),家子重新处于家父的权力之下。通过"解释",这一条款被用作将家子从家父的权力下解放出来的目的。家父将自己的儿子假装出卖②给一个朋友三次;每次出卖后该朋友都将这个家子解放;前两次解放后,家子重新回到家父的权力下,但在第三次后他成为自权人。

这里,我们发现,和在古罗马法中的其他几种情形一样,一种公认的法律行为被用作它从来就没有想到过的目的;一种假装的出卖行为是为了实现与平常的真实出卖无关的目的。但是,当我们谈到女儿或孙子女的解放时,还要更加过分,将《十二表法》中的这一条款的意思明确曲解为它几乎肯定不具有的意思。该条款只提到儿子;可能只是对于他们,才有对家父权力的这种限制;其意思在于,家庭的首领应能够将家庭中那些不太重要的成员予

---

① Tab. IV. 2:如果父亲三次卖出自己的儿子,儿子就从父亲那里解放。这是传统的解释,但是其他滥用家父权的行为受的总是宗教上的惩罚,因此已经有人提出(Kaser, SZ 67, 1950, 474ff.;参考 Lévy-Bruhl, *Nouv.Et.* 80ff.),该条款一直就是意图提供一种结束家权的方法,规定连续三次出卖的要求表明所做行为的严肃性。

② 参考下文,第 119 页。"家子的解放"(emancipation),即让一个孩子摆脱他的家父的权力,必须与"奴隶的解放"(manumission)仔细区分,后者是由主人解放他的奴隶或者处于受役状态的人。

以出卖,其次数可能和他们被买者解放的次数一样多。但是,一旦该条款最终被用于允许解放家子时,它被解释为是指只有对于他们,三次出卖才是必要的;对于女儿或孙子女,允许一次出卖就够了;因而,女儿或孙子女是通过"卖"一次和解放一次获得解放。

与这种解释同样重要的是,祭司们在塑造法律诉讼,或者向法庭提出请求所使用的语句形式方面的工作。这些请求必须严格遵循它们所依据的法律文本,[①]而且它们必须每个字都完全准确。盖尤斯告诉我们,任何人哪怕只犯了极小的错误,都会败诉,[②]他还举了一个例子:[③]一个人由于别人砍了他的葡萄树,他根据《十二表法》关于"砍树"的条款向此人提起诉讼,但他在提出请求时说的是"葡萄树"而不是"树",结果被驳回起诉。很显然,那些能最终决定什么形式是正确的人拥有非常大的权力,而且,对于认为自己的请求的正当性足以保证胜诉的外行来说,诉讼是件非常冒险的事。

祭司对法的垄断,就它所表现出来的而言,是贵族的重大堡垒之一,因为祭司最初全部来自这一阶层。当《十二表法》规定一个书面文本时,这种垄断当然受到了一次成功的攻击,但是仍有许多事情需要去做。

传统叙述把这种垄断的打破归于一个叫福劳维(Cn. Flavius)的人的行为,[④]此人是阿庇·克劳迪·切库斯(Appius Claudius Caecus)(公元前312年监察官)的秘书,也是他的一个解放自由人的儿子,据说他偷了他主人编辑的一部关于法律诉讼的汇集,并将之公开。它以《福劳维法》知名;而福劳维此举得到人民如

---

① 这至少是盖尤斯(4.11)给出的解释之一,但是,参见 Stein, *Regulae* 11f.。
② Gai. 4.30.
③ Gai. 4.11.
④ 关于福劳维,参见 Pais, *Ricerche* 1.217ff., 由 Kreller, SZ 45(1925)600ff.,根据其他作品所作的概括; Schulz, *History* 9f., 对整个传统叙述非常怀疑。

此的感激,以至于他们选他当保民官,后来还选他当贵族市政官(公元前304年),根据后一官职的权限,他在广场上张贴历法的副本,使所有人都能亲眼看到在什么日子可以提起诉讼。由于阿庇·克劳迪虽然属于一个大的贵族家庭,[1]但他本人是一个民主的革新者,并被认为是一位著名的法学家,所以,很可能福劳维的公布实际上是在他的唆使下进行的。还非常可能的是,我们应将法律的通俗化与公元前300年《奥古尔尼亚法》(lex Ogulnia)规定将祭司职位向平民开放联系起来;无论如何,根据彭波尼所说,正是第一个平民祭司长提贝留·科伦卡尼(Tiberius Coruncanius)(公元前254年)"第一个开始传授"。[2]我们不知道这些词确切的含义,但它们显然是指某种公共活动,可能指的是允许普通的民众,尤其是想学习法律的学生向他求教。无论如何,当时产生了一类人群,他们被认为是"法学家"或者"法律专门家",即"精通法律"的人,这些人将法律作为他们的专业。

关于共和国较早时期的法学家,我们几乎唯一的资料来源是保存在《学说汇纂》第一卷第二章第二节(D.1.2.2)中的出自彭波尼的单卷本手册的长片段。[3]这个片段可能是该手册的整个"历史导论",分成三个部分:其中第一部分[4]论述法的起源,第二部分[5]论述不同的执法官,第三部分[6]论述法学家。很遗憾,这个文本很不可靠;彭波尼利用的典籍中有一些——特别是关于最远古时代的部分——是不可靠的,并且,和其他罗马历史学家一样,他喜欢生动形象的轶事胜过喜欢准确的细节,但是这个片段的价值仍很大。对于共和国较晚时期的法学家,除了彭波尼的论述外,

---

[1] 他是十人委员会成员阿庇·克劳迪的曾孙。
[2] D.1.2.2.38。参考同一出处,35:"在所有从事这门科学的人中没有人提到过在提贝留·科伦卡尼之前进行过公开的教学"。Schulz,前引,仍然持怀疑态度。
[3] Schulz, History 168f.
[4] Pr.—12.
[5] 13—34.
[6] 35—53.

第五章 共和国时期的法律渊源　119

我们在西塞罗的哲学著作中得到许多参考资料，以及在信件和演说中对他的同时代人的提及，并且帝国时代的法律作者也有涉及。　92

在帕皮里（Papirius）[①]之后，彭波尼首先提到十人立法委员会成员阿庇·克劳迪，随后立即转到他的曾孙阿庇·克劳迪·切库斯（Appius Claudius Caecus），[②]他说，阿庇·克劳迪·切库斯是一部失传的关于时效中断的论著的作者。[③]接下来提到的是森普罗尼（P. Sempronius）（公元前304年执政官），人们叫他"智者"；[④]P. 希比奥·那西卡（P. Scipio Nasica），[⑤]他获得"最好的人"（Optimus）的外号，并在圣路上为他公费提供一个房子，以便更容易向他咨询；以及马克西姆（Q. Maximus），关于他的法律作品没有任何说明。关于提贝留·科伦卡尼，[⑥]彭波尼说，他的著作没有一部保存下来，但是他的解答"很多而且值得纪念"。接着提到塞斯特·艾里·贝杜斯（Sextus Aelius Paetus）[⑦]（公元前198年的执政官）。他是"三分法"的创始人，之所以这样称谓是因为"首先是《十二表法》的法律，其次是解释，最后是法律诉讼"。这可能是指《十二表法》的每个条款都被单独提出，紧接着的是法学家对它的发展和相对应的法律诉讼，也可能是指这三个部分是独立的；对此我们无从判断。据说[⑧]塞斯特·艾里·贝

---

　① 上文，第86页注释。关于这些法学家的传记资料，参见 Kunkel, *Herkunft*；关于他们的著作，参见 Schulz, *History*。
　② 上文，第91页。
　③ 根据 Schulz, *History* 9 所说，这是不足凭信的；但是参见 Mayer-Maly, *Mnemosyne* P. Bizoukides（Salonica, 1960/3）221ff., 他提出，这个"时效中断"是离夫三夜（trinoctii absentia）中断（下文，第116页），一旦阶层之间的通婚成为可能，因而一个平民可以取得对一个贵族妻子的夫权的时候，这种中断就会有社会和政治意义。
　④ 彭波尼说人民叫他"智者"（σοφδυ），但是人民几乎不可能选择一个希腊名字。彭波尼仅仅是照抄某个希腊的资料；Kipp 98。
　⑤ 彭波尼把他与他的父亲弄混了，后者的姓名是盖尤斯（Gaius）；Wenger, *Quellen* 487 n 140。
　⑥ 上文，第91页。
　⑦ 外号叫"Catus"（机智的人）。
　⑧ D. 1.2.2.7.

杜斯还汇编了《艾里亚法》（ius Aelianum），这是一部关于法律诉讼的汇集本，它取代了《福劳维法》，但是不知道这是否与"三分法"完全相同。①"三分法"在彭波尼那个时代仍然存在，彭波尼说，它被称为"法律的摇篮"。与塞斯特·艾里·贝杜斯一起提到的是他的兄弟 P. 艾里（P. Aelius）（公元前 201 年执政官）和 P. 阿提里（P. Atilius），后者外号"贤人"。在艾里兄弟之后是 M. 波尔丘·加图（M. Porcius Cato）（公元前 184 年的监察官）和他的儿子，后者的名字与其父相同，在公元前 152 年先于其父死亡。老加图是著名的政治家，但小加图作为一个法律家更加重要，并且他比他父亲有更多的书保存下来。随后的三个人，彭波尼说他们"奠定了市民法的基础"，这可能是指他们是最先写出不仅汇集了各种程式，而且还包含独立论述的书籍的人。这三人分别是 P. 穆齐·谢沃拉（P. Mucius Scaevola）（公元前 133 年执政官和后来的祭司长）、M. 尤尼·布鲁图（M. Iunius Brutus）（公元前 142 年裁判官，但未当执政官）和 M'. 曼尼流（M'. Manilius）（公元前 149 年的执政官）。布鲁图的著作叫《论市民法》，②部分是采取与他的儿子对话的形式，但是也包含了他的所有解答。彭波尼说曼尼流的《编年史》在他那个时代还保存着，并且西塞罗提到的销售合同程式的汇编（曼尼流的货物出卖的法律）的作者可能也正是这个人。③

在这三个"市民法的创立者"之后是 P. 鲁第里·鲁佛（P. Rutilius Rufus）（公元前 105 年的执政官），他是斯多葛派哲学家帕勒提（Panaetius）的门徒，并可能是鲁第里诉讼的创始人；④A. 维尔吉尼（A. Verginius），我们对他一无所知；⑤Q. 艾里·吐贝罗（Q.

---

① 如果这三个部分是独立的，那么它可能就是第三部分。
② Cir. Cluent. 141；de Or. 2.142, 224；Schulz, History 92f.
③ De Or. 1.246。有一些被保留在 Varro, R.R. 2.5.11（Bruns 2.63）。它们可能构成那部《编年史》的一部分。
④ Gai. 4.35。下文，第 209 页。
⑤ 参见 Schulz, History 47。

Aelius Tubero），他和鲁第里一样，也是帕勒提的门徒；塞斯特·庞培（Sextus Pompeius），他是后来的"伟人"庞培的叔叔，以及切里·安提帕特（Caelius Antipater），彭波尼说他写了许多历史，关心演说胜过关心法律。

接下来是 Q. 穆齐·谢沃拉（Q. Mucius Scaevola）（P. 穆齐的儿子），他是一位活跃的政治家，公元前 95 年的执政官，并且和其父一样也是祭司长；公元前 82 年他死在马里奥派别的手中。随着他，我们进入一个新的时期，对这个时期我们知道得更多。较早期的法学家的作品（虽然他们的一些著作的抄本保存下来）在古典时期几乎全部是通过引文得知的，但是 Q. 穆齐的那些作品则明显以原本形式读到，甚至在《学说汇纂》中也有一些直接出自他的著作的摘录，而在出自其他作家的摘录中对他的引用不计其数。此外，他是第一个明显受希腊辩证法影响的法学家。[1] 彭波尼说他是第一个"按类别安排市民法"的人，对于这句话的意思，我们能从盖尤斯关于他区分五种监护的叙述中有所理解。[2] 他的主要作品，关于市民法的 18 卷书，是人们曾经创作过的第一部系统的法律论著，并成为后来的关于市民法的大多数著作的基础。[3] 此外，他还写了一本关于定义[4]的单卷书，但也包含了一些规则，它在《学说汇纂》中被使用。有些现代学者认为他是一个法学家流派的奠基人，后来由拉贝奥和普罗库勒学派的人延续。[5] 无论如何，他有许多学生，其中最主要的一个是 C. 阿奎利·加卢（C. Aquilius Gallus），他是西塞罗的一个裁判官同事（公元前 66 年），[6]

---

[1] Schulz, *History* 62ff.；Stein, *Regulae* 36ff.

[2] 1.188。

[3] 关于它的规划，参见 Schulz, *History* 94f.；参考 M. Lauria, *Ius Romanum* I.1（Naples, 1963），Wieacker, *Iura* 16（1965）269，对它作了评论。并参见下文，第 376 页。

[4] Stein, *Regulae* 36ff.。或者可能是区别（distinctions）；Albanese, *Studi G.Scaduto*（Palermo,1967）。

[5] 下文，第 380 页。

[6] 他负责主持惩罚选举舞弊罪的刑事法庭（quaestio de ambitu）；Cic. *Cluent*. 147。

也是"诈欺抗辩程式"（formulae de dolo）[1]以及阿奎利亚要式口约[2]的创始人。加卢的一个学生是塞尔维·苏尔比丘·鲁佛（Servius Sulpicius Rufus）[3]（公元前51年的执政官），他对于法律的发展所产生的影响和Q.穆齐的一样大。[4] 他是西塞罗的朋友和法庭上的对手，据说，他开始研究法律完全是因为，他因无知而遭到Q.穆齐的羞辱。[5] 根据彭波尼所说，他留下了"将近180本书"，其中有几本书仍保存着。他的著作包括《对Q.穆齐观点的纠正》，一本关于嫁资的书，和第一次对告示进行评注的"两本很简短的书"。他有许多学生，其中有一个叫A.奥弗利（A. Ofilius），是恺撒的朋友并活到奥古斯都时代。他一直是骑士阶层的一个成员，因为他写了第一本对告示作详尽评注的书，而特别值得注意。塞尔维的另一个学生是P.阿尔芬·瓦努（P. Alfenus Varus），据说他作为一个制靴人踏进社会，公元前39年成为执政官，并获得了公费办葬礼的荣誉。他的著作包括《学说汇纂》40卷，其中两个节录在优士丁尼的《学说汇纂》中被采用。彭波尼还提到了塞尔维的其他许多学生，除了他们中的有些人的著作被一个叫奥菲迪·那莫萨（Aufidius Namusa）的人收集，此外对他们几乎是一无所知。较为重要的是A.卡谢里（A. Cascellius），他在奥古斯都时代仍活着，并可能是"卡谢里审判"的创始人；[6]C.特雷巴蒂·德斯达（C. Trebatius Testa），他是西塞罗的朋友，作为法学家享有很大的声望，并且奥古斯都向他咨询有关执行遗嘱附书的可行性；[7] 和Q.艾里·杜贝罗（Q. Aelius Tubero），据说他是在向恺撒起诉Q.李

---

[1] Cic. *Off.* 3.60；*de nat. deor.* 3.74.

[2] J. 3.29.2.

[3] Stein, *Regulae* 41ff.。关于其生平研究，参见 P. Meloni, *Servio Sulpicio Rufo e i suoi tempi*（Cagliari, 1946）.

[4] 参考下文，第380页。

[5] D. 1.2.2.43.

[6] Gai. 4.166, 169.

[7] J. 2.25 pr.

加里（Q. Ligarius）却未能定他的罪之后才成为一个法学家的。他因同时精通私法与公法而出名，并在这两个部门都有书留传下来。

显然，这些"精通法律的人"不是我们所理解的职业法律家；他们不仅没有因为他们的服务而得到报酬，而且他们是公职人员，只将他们的一部分时间致力于法律，并且实际上将它作为他们公共生涯的一部分。正如我们已经看到的，他们中许多人是执政官，这意味着他们已经经历了整个官职序列，而且有一些还是著名的将军和行省总督。提贝留·科伦卡尼是公元前280年抵抗庇鲁斯的一个军队的首领；塞斯特·艾里是第一次马其顿战争中一个军队的统帅，而Q.穆齐担任亚洲行省总督被认为是一个总督应当做到的典范。[1] 无疑，在一些情况下，研究法律的主要激励是，法学家希望通过向公民提供法律帮助，能够获得为当选所必要的名望。[2] 到共和国末期，虽然主要的法律家仍是担任高级官职的人，但法律职业明显开始变得有点更加专门化了，因为我们听说，阿奎利·加卢为了更专心地致力于法律，拒绝竞选执政官，[3] 他还不时地退隐到切尔其那（Cercina）岛，在那里，他写了好几本书。[4] 西塞罗[5]在论述一个理想的法学家所需要具备的品质时说，他必须擅长于"解答（respondendum）、帮助（agendum）和起草（cavendum）来解决城邦中私人可能需要的所有法律和习惯事务"。在这些活动中，[6] 解答是最重要的。它是指提出建议，这是从法律家使用这

---

[1] 他还是令人遗憾的促使同盟者战争爆发的《李其尼和穆齐法》（*lex Licinia et Mucia*）的建议者之一；上文，第65页。

[2] 其证据是菲古路斯（C. Figulus）的故事，由于他在一次执政官选举中落选，后来拒绝提出法律意见，他以一句双关语打发当事人，"你们不是已经选择了咨询者，为何不去向他咨询？"（An vos consulere scitis, consulem facere nescitis?）（Val. Max. 9.3.2）（这里的consulere语含双关，既是指咨询者，也是指执政官。这里的意思就是埋怨这些人不选举他为执政官——译者注）。

[3] Cic.*ad Att.* 1.1.1.

[4] Pomponius, D. 1.2.2.43.

[5] *De Or.* 1.212.

[6] 另参见 Schulz, *History* 49ff.。

个词的意义上来说的,即尤其是关于法律是什么的建议,这种建议可能向一个私人给出,如同我们的律师"意见",也可能向正在审理一个案子的法官提出,因为必须记住的是,罗马的法官(审判员)不像我们的法官那样是职业法律家,而是门外汉,他们除了通常独自一人开庭,并属于共同体中较富有的阶级以外,更像我们的陪审团成员。这样一个法官,如果对某个法律问题有疑问,很可能想询问一个法学家的意见,而且当他得到意见时,几乎肯定会照着做,虽然在共和国时期,没有任何义务必须这样做。还可能的是,一个诉讼当事人取得了一个法学家的意见后,将此意见作为向正在审理他的案件的法官提出。① 结果是,这些意见实际上很像判决,并且,虽然罗马法不赋予先例任何约束力,但法学家们的意见有助于形成法律,其方式不完全异于判决形成英国法的那种方式。从帝国初期起,解答作为一种法律渊源的重要性将变得大得多,但它们在共和国时期早已是一种渊源。一般说来,毫无疑问,解答是对于一个现实的案子作出的,无论它是否导致打官司,但这不是必要的。例如,一个学生可能提出一个纯粹假想的案例,由法学家进行讨论并作出决定,并且由于不管如何都没有任何形式性的要求,这个决定可能具有与根据真实的事实作出的决定相同的影响力。这种围绕着一个法学家进行的讨论确实发生过,它由西塞罗所证明,② 但是,"庭外讨论"这个奇怪的用语与"解释"③——即以解释方法创造的法律——成为同义语,与这种做法是否有联系尚不能确定。

---

① Pomponius, D. 1.2.2.49:在奥古斯都时代之前,公开地给出解答的权利没有由元首一方面授予,那些相信自己的研究的法学家对向其进行咨询的人给出答复,并不总是给出签了字的答复,他们更多的是亲自给法官写信或者是那些向他们咨询的人来证明答复的内容。另参见下文,第359页及下页。

② *Top.* 56:答复来源于讨论。

③ Pomponius, D. 1.2.2.5 还提到,市民法有时在这种狭义上使用,正如我们说"普通法"有时是与制定法相对,有时却包括制定法而与衡平法相对一样。

从解答的最宽泛的含义来说，还可以包括向执法官提出的与其法定职责有关的建议，因为执法官虽然作为公职人员可能对法律有所了解，但他们极少是专家。特别是在进行起草告示这一极其重要的工作时，他们肯定得到法学家们的帮助，因此，告示法与狭义的市民法本身，实际上主要是法律专家的成果。

在西塞罗提到的其他法律专家的活动中，"起草"（cavere）是指起草合同、遗嘱及需要专家帮助的其他交易的法律程序。[①] 可能我们应将西塞罗在别处[②]称为"撰写"（scribere），即书面文件的撰写包括在它里面，但是必须记住的是，许多重要的交易，对我们来说可能体现为书面文件并仅仅由各方当事人签署，而在罗马法上，必须根据口头言词（要式口约）达成，即使也起草了一份文件作为已经说过的话的证据。

"帮助"（Agere）是指诉讼方面的援助——关于程序问题的帮助，起草诉讼当事人所要使用的特殊的格式，如果现代的权威学者们是正确的话，应该说是起草"程式"（从法律意义上来说的），在"程式"诉讼的程序制度下，它构成承审员审理诉讼的依据。[③]

辩护本身不是法学家的事情，而是演说家的事情，虽然演说家可能也是一个法学家，但更多时候未受过法律训练。根据古代的观点，所需要的培训是关于演说本身的，许多年轻的罗马人为了获得这种教育去希腊的学校学习；演说家为就在他的案子中所涉及的法律问题进行辩论，每次都必须从一位专家那里获得必要的严格意义上的法律知识，尽管经过一定的时间后他可能自然而

---

[①] Cavere 字面上的含义是指"采取预防措施"，由此引申为起草一种言辞程式，这种程式试图采取预防各种意外的措施，作为法律文件尤其要注意，这个词作为要式口约（stipulari）的同义语使用的用法，因为要式口约（与非正式合同不同）能够使当事人想达成的任何一种约定具有法律约束力，因此，在必须作出详细规定情况下，总是使用它。名词 cautio 在很多情况下是指证明要式口约的书面文件；参考下文，第 418 页、第 509 页及下页。

[②] Mur. 19.

[③] 下文，第 200 页。

然地自己获得相当的法律知识。例如，西塞罗，虽然他一点也不认为自己是一个法律家，但很显然，他了解大量法律。

就我们所知，法学家除了解答、起草和帮助这样直接的实践活动外，有时还花一部分时间写作关于法律问题的书籍。这是罗马人不受希腊模式影响的唯一的一种作品类型。在希腊，在不关心任何一个城邦具体制度的抽象的哲学家和由辩护人进行的机械性的汇编之间，什么其他类型的作品也没有。① 如我们已知道的，罗马人受到希腊辩证法的影响，并且他们借用了一些哲学的普遍原则，但这些在实践中没有多大作用，而罗马的法律作品首先是实践性的；法学家从未忽略罗马生活的种种事实和它们必须在广场上进行处理的方式。在共和国时期的作品中，除了出自 Q. 穆齐的一些孤立的片段外，实际上什么也没有保存下来，但是从开始于帝国的那个伟大时代明显可以看出，在共和国时期肯定打下了坚实的基础。在这个时代结束之前很早就不再像《福劳维法》和《艾里亚法》那样仅仅是对各种诉讼程式的汇编。许多详细而系统的具有某种原创性的著作已经被写出来，尽管这些著作的构造无疑也主要是根据"个案决疑"的原则，即根据对个别案件（现实的或者假设的）的论述，这自始至终一直是罗马法律作品的特征，但为学生们而写的导论性著作除外。关于这类著作，在这个时代非常少。②

前面已经附带提到，一些法学家也积极从事教学工作。在共和国时期，这种教学一般限于允许年轻人求教及与求教相关的讨论，③某种预备教育是通过对《十二表法》的了解提供的，而《十二表法》在西塞罗的少年时代仍在学校里定期讲授。④ 当彭波尼说一

---

① P. Hal. 1 被认为是这样一种汇编；参见该版本，第 26 页。
② 布鲁图与其儿子的对话（上文，第 93 页）可能是一部；Schulz, History 93f.。
③ 上文，第 95 页；Schulz, History 55ff.。
④ Leg. 2.59：我们童年时曾经把《十二表法》作为必须遵守的规则学习过，不过现在已经没有人学习它了。

个法学家是另一个法学家的听课者（auditor）[①]时，他可能指的正是参加讨论。专职教师的定期讲课直到帝国时期才有。[②]

## 三、执法官告示

所有的高级执法官都有权发布告示，即将他们的命令和意图告知人民的公告，每个执法官当然都在他自己的职权范围内发布告示。[③]从那些具有司法管辖职责的执法官的告示中，尤其是从内事裁判官的告示中，[④]产生了荣誉法[⑤]或执法官法，它最终竟被置于与来自法令和解释的市民法相并列，并与市民法紧密结合，其方式能与普通法和衡平法共同构成英国法律体系的方法相比，虽然二者有重大差别。就裁判官及其他司法性质的官员而言，依惯例，当他们上任后每年应公布告示，并将它张贴在广场上的一个显眼的地方。[⑥]由于认为它要在全年内有效，因而它被称为永久的（持续的）。[⑦]从理论上讲，每个裁判官对于他的告示有完全的自由处

---

[①] 例如，D. 1.2.2.42：穆齐的学生很多，其中最有权威的是阿奎利·加卢、巴伯·卢其尼等。

[②] 关于塞尔维·苏尔比丘，彭波尼说（§43）他"听"了好几个法学家的课，但是由巴伯·卢其尼引导（institutus）他开始学习，后来主要由加卢·阿奎利进行教育（instructus）。这里的"instituere"可能指基础教育，"instruere"可能指更高级的教育，但对于假设存在系统的对法律教育的不同阶段的划分，这还不足为据；Kunkel, *Herkunft* 337 n 714。

[③] 例如，我们知道，公元前92年的监察官发布了一份告示，通告谴责正在增长的上修辞学校的风气，认为它违反先人习俗（mos maiorum）。

[④] 但也包括外事裁判官、行省总督、贵族市政官（参考上文，第49页）和财务官的告示，财务官在元老院行省的地位类似于罗马的市政官；Gai. 1.6。

[⑤] 它来自于将"荣誉"等同于"执法官"（罗马共和国时期的执法官都是不支付薪水的，所以被认为是一种荣誉性质的活动。——译者注）；在哈德良时代以前没有这个术语，参见A.Magdelain, *Les actions civiles*（Paris, 1954）63ff.。Volterra, *Scritti U.Borsi*（Padua, 1955）17ff.；*Iura* 7（1956）141ff.，认为市政官告示不产生荣誉法；另参见Guarino, *Ordinamento* 385ff.（=*Labeo* 1［1955］295ff.；2［1956］352ff.）。

[⑥] 它被写在白色的木板上，因而称为白板。

[⑦] 如果情况需要，裁判官也可以在这一年里发布更多的告示。西塞罗有一次说这样一种告示是紧急告示（Verr. II.3.36.），但这不是一个法律术语。

理权力，但是他逐渐变得习惯于接过他前任的告示的大部分，作为自己的告示重新发布，仅仅作出他或他的顾问认为适当的那些删除或添加，因而逐渐形成一个相当大的文件，称为"沿袭告示"，因为它是这样一年年地"传下来"；法学家们就是对这种文件进行评注的。① 最初对发布告示的执法官没有强制要求遵守他在其告示中表明的意图；② 很可能，舆论的压力就足够大了，但是到共和国末期，如我们从西塞罗关于维雷斯的不端行为的叙述中知道的，当肆无忌惮的执法官们为了他们自身的利益或者他们朋友的利益而毫不犹豫地滥用他们的权力时，公元前67年通过了一部《科尔内利法》(lex Cornelia)，禁止裁判官违反他们的永久告示。③

裁判官有权发布告示，并且实际上，这些告示是一种非常重要的法律渊源，但是裁判官不是一个立法者；他不能像最高的民众大会可以通过一部法律或者一项平民会决议那样来直接地、公开地修改法律，④ 因此，他的告示不采用与一部法令相同的形式。相反，它主要包含裁判官关于在某种情况下他将会做的事的声明，包含他会履行他的司法管辖职责的方式，并且，正是他在这方面享有的很大的自由，使他能够对法律产生如此巨大的影响。因此，他可能会说，在某某情况下，他会给予诉权(iudicium dabo)，即如果一个人到他那里控告另一个人，而其指控事由在市民法上未给予他对那个人的任何请求救济的权利，裁判官就可以给他诉权。或者，裁判官可能说，在某种情况下，他会让某人占有财产

---

① 上文，第94页。

② 除非一个同事或一个保民官的否决，而这总是可能的。西塞罗说，在维勒斯当裁判官时，总是使用这种否决权(Verr. II.1.119)。

③ Ascon. in Cornel.(Bruns 2.69)。这不是这样的严格，因为裁判官显然继续根据个案的是非曲直给予诉权(所谓的指令给予的诉权)，同时也继续拒绝给予在告示中宣布的诉权(参见紧接的下文)。参见B.Vonglis, La lettre et l'esprit de la loi(Paris, 1968)187ff.，他认为，如果是根据法学家的准可，则这些给予是被允许的。

④ 关于此，参见Buckland, Tulane L. R. 13(1939)163ff.

（准许占有，准许遗产占用），或者他会让某人恢复到他原先的状况（恢复原状），即认为某种交易，如指控方受欺诈而订立的合同，从未发生过，等等。裁判官还可以拒绝允许原告提出其请求（否认诉权），只要他认为公正原则要求如此。[①] 裁判官的权力的实质其实在于他对救济的控制。他并不给予某种权利（而法律可以这样做），他允许一种救济，而一旦有某种救济，不言而喻，也就有某种权利。这一点可以非常清楚地从继承法中的一个例子看出来。如果一个人未留遗嘱而死，他没有任何子女或亲属，[②] 这样，在市民法上，他没有任何继承人继承财产，任何人都能够占有其财产而不必担心，至少就市民法而言，其他人能提起诉讼将财产从他那里拿走。裁判官认为，在这些情况下，死者的遗孀[③] 应该有权利。但是他不能宣称她是继承人，因为在市民法上她不是，而他不能改变市民法，但是他能够，而且确实也在他的告示中写道，他会"给予她财产的占有"，即他会给予她一种救济，[④] 据此，她能从任何占有了死者财产的人的手中取得这一财产，而由于没有人能够表明一种更好的资格，因而她能保留她已经得到的财产。因此，我们可以说，根据荣誉法，遗孀享有一种权利，尽管她在市民法上没有任何权利，而且裁判官也没有多此一举地说她根本上就有一种权利。当然，这仅仅是整个复杂的"遗产占有"制度的一个例子，所有遗产占有制度加在一起构成了关于继承的裁判官法，它被嫁接到市民法的遗产继承规则上。同样地，如我们将看到的，可能提到裁判官法（"善意"）所有权，即与严格根据市民法的所有权（市民法所有权）相对的，受裁判官救济保护的所有权，并且类似情形延伸到整个法律制度。市民法规则和裁判

---

[①] Kaser, *ZPR* 178.
[②] 除了 gens（家族）以外；不是每个人都属于某个家族，而且无论如何，家族对无遗嘱继承的权利在共和国末期或者帝国初期就消失了；参见 Gai. 3.17，以及下文，第 125 页。
[③] 市民法不考虑遗孀，除非她缔结的是有夫权婚姻；参考下文，第 124 页。
[④] 下文，第 252 页及下页。

官规则在实际中如何相互配合，当然是在每种情况下都要详细研究的问题，但是，这里可以分析一句关于它们之间关系的著名的话。帕比尼安说，荣誉法的功能是"帮助、补充或者纠正"市民法。① 同样以遗产继承制度为例，很可能帕比尼安在说这句话时正在想到它，有助于我们很好地理解它的意思。"帮助"是指除了市民法的救济外，还提供裁判官救济供享有市民法权利的人利用；因此，在许多情况下，市民法上的继承人能得到"获得占有令状"（像所有令状一样是一种裁判官救济）。"补充"，虽然与"帮助"之间不能划出一条严格的界线，但它特别是指在没有市民法上的权利人的时候，给予根据裁判官制度选择的人以救济，如上面提到的那个遗孀的例子。"纠正"发生在这样一种情况下，即裁判官给予不享有市民法上的权利的人救济，但确实有人有这种权利，例如，一个人在一份遗嘱中被指定为继承人，而这份遗嘱满足裁判官法的要求却不满足市民法的要求，尽管由于该遗嘱在市民法上无效，法定继承人由此享有继承权，但被指定的那个继承人将优先于法定继承人。②

发布告示的权利，无疑在某种意义上说是古老的，但不能因此说裁判官从一开始就拥有我们刚刚概括的那些巨大的权力。③ 实际上确定的是，在很早的时候，早期的法律诉讼制度必须能够用于所有目的且不得修改；换言之，只有市民法普遍适用。还可以肯定，当《爱布兹法》(lex Aebutia)④扩大程式诉讼制度的范围时，裁判官的权力得到相当大的增加，因为这种制度以根据由裁判官决定的语句格式审理案件的方法，取代了僵化且不能改变的法律

---

① D.1.1.7.1.：裁判官法是裁判官为了公共的福利对市民法进行的辅助、补充和修改。
② 但是，裁判官法上的继承人并不总是通过这些救济保持他所得到的财产；下文，第253页。Kelly, *Irish Jurist* 1(1966)341ff.，猜测只是在《爱布兹法》以后，并可能是由于该法的一条规定，裁判官才能"纠正"市民法。
③ Gai.4.11.
④ 年代不明，但几乎可以肯定是公元前2世纪的。参考下文，第219页以下。

诉讼。学者们不能达成一致的是关于裁判官在《爱布兹法》通过之前时代的较晚时期拥有多大权力,一些学者认为那时他仍有点像机器人,因此,只要原告说了合适的言词,他必须让案件继续进行,既不能阻止它,也不能影响它,其他学者则认为,甚至在《爱布兹法》以前,裁判官也有很大的自由处理的权力。不过,这个问题必须留待以后考虑。

关于除内事裁判官和贵族市政官的告示以外的告示,我们知道得很少。外事裁判官,鉴于他应付的异邦人是市民法和法律诉讼决不适用的,因而肯定一开始就有很大的自由处理的权力,并且可能的是,许多创新最先是在他的告示中出现的,只是后来才被内事裁判官吸收到自己的告示中。无论如何,到西塞罗那个时代,这两者似乎在很大程度已经一致起来了,因为西塞罗说,他打算模仿罗马的裁判官的那些告示起草他自己作为奇里乞亚行省总督的告示的一部分,[①] 而这只有在它们很类似的情况下才有可能。我们对行省告示的了解大部分来自于西塞罗在这方面的叙述,在指控维雷斯的演讲中对西西里的告示的援用。他关于他自己对奇里乞亚行省的打算的话,向我们表明一个行省总督享有多么大的自由权限。例如,他说他将遵循 Q. 穆齐·谢沃拉在担任亚洲行省总督时发布的告示中树立的榜样,并允许希腊城市根据他们自己的法律生活——这表明,只要他愿意,他可以在其任职期间代之以某种完全不同的制度。

## 四、习惯

罗马法,和其他民族的法律一样,当然来源于习惯,但在有

---

① Ad Att. 6.1.15。关于这个文本,参见 Pugliese, *Synteleia Arangio-Ruiz* 972ff.; Marshall, *AJPhil.* 85(1964)185ff.。

史时期，习惯作为一种法律渊源所发挥的作用相对较小。然而，由于它的缘故才引进一些规则——例如，盖尤斯告诉我们，扣押之诉被用作强制执行某些权利请求，一些权利请求是根据法令产生的，而其他一些权利请求是依习惯产生，[1]并且西塞罗把习惯（mos）[2]列入法律渊源中。但是，共和国时期没有关于这个问题的明确的学说，帝国时期与此有关的观点的讨论必须容后再述。[3]

---

[1]　Gai. 4.26.
[2]　Top. 28.
[3]　下文，第353页以下。

# 第六章

## 异邦人的法，万民法和自然法

按照严格的罗马法理论——这一理论在罗马法的整个历史上一直存在，市民法是仅仅适用于公民的法，而且，由于最初除了市民法外再没有别的什么法律，所以异邦人既无权利，也无义务。任何罗马人都可以抓住异邦人，并将他的财产作为无主物据为己有，另一方面，也没有可以对异邦人起诉的法庭。是否的确曾经有这样一个时期，实践与这一理论完全相符，这完全可以存疑，但是至少，一旦与其他城邦之间的交往真的很普遍，文明进步了，就不能再维持这样一种野蛮的制度了。我们已经知道，对于拉丁同盟的成员规定了一个例外，他们享有通商权意味着他们的权利在罗马受到保护，而且很早期的历史已经提供了一个与异邦订立条约的例子，这个条约为相互保护法律权利提供了保障，至少就产生于通商的权利而言是如此。这个条约据说是在共和国建立的第一年①（公元前509年）罗马与迦太基人之间缔结的。很遗憾，我们没有关于这个条约所给予的保护的性质的任何记载，但是其他条约似乎作出了各得己物的规定，② 即任命由几个审判员（判还

---

① 这个年代是由 Polybius（3.22）提出的。Last, *CAH* 7.859ff.；Walbank, *Polybius* 1.337ff., 给出了接受它的理由。

② 各得己物是城邦与王国与别的民族或外邦之间根据约定，通过判还官的决定来各自归还夺取的对方的私人的物（Festus, s.v. *reciperatores*, Bruns 2.30）。如该文本所指出的，他们的职权可能限于要求返还战争中掠夺的财产；Schmidlin, *Rekuperatorenverfahren* 3ff.；Pugliese, *Proc.* 2.1.41n。参考下文，第103页注释。

官）组成的法庭，这些判还官可能来自于所涉及的两个城邦。最终，除特别的条约外，异邦人事实上不再作为无权利者对待；将其作为无权利者可能会结束通商的可能性，而罗马的商业利益逐渐在增加。我们已经知道，① 大约公元前 242 年，任命了一位特殊的裁判官处理涉及异邦人的争议，并且根据我们的叙述，毫无疑问，以前的单个的裁判官已经在处理这类案件，连同那些只涉及公民的案件一道。必须记住的是，大约在同时，罗马还取得她的第一个行省，② 这意味着她的总督可能不得不亲自关心海外的司法管辖，其中必定会涉及异邦人。

关于罗马执法官对异邦人实施管辖的法庭，有两个问题：首先是关于所运用的程序；其次是关于所适用的法律。罗马的严格的法律诉讼程序几乎肯定不能运用，③ 因而执法官可能不得不自己想办法。这可能是程式诉讼的来源之一。④ 所适用的法律当然不能是原原本本的市民法，因为市民法只适用于公民，而且很可能，有关的异邦人也很不乐意它完全对他们适用；因为它的程序很繁琐，一个小疏忽可能就意味着灾难，这些可能是为那些来自希腊城邦、习惯于一种更发达且更自由的制度的人所特别讨厌的。这个问题可能通过适用属人原则来解决，即根据一个人所属城邦的法律对他作出判决，⑤ 并且在某种程度上就是这样做的。我们知道，⑥ 当属于同一城邦的异邦人来到当地法庭时，一般允许他们根据其所属城邦的法律解决他们的争议，并且很可能，如果该事项的争讼是在罗马总督的法庭里进行，也适用同一原则。⑦ 但是，如果将这个原则贯彻到底，就可能必须发展"法律冲突"规则，以

---

① 上文，第 48 页。
② 上文，第 68 页。
③ 参见 Kaser, *ZPR* 45。
④ 参见下文，第 219 页以下。
⑤ 上文，第 63 页、第 71 页以下。
⑥ 上文，第 70 页、第 100 页以下。
⑦ Mitteis, *Reichsr.* 125.

便在疑难案件中，当涉及一个罗马人与一个异邦人，或者属于不同城邦的异邦人时决定应适用哪一种法律。这类规则没有产生，①可能部分是因为罗马的法庭不得不注意的城邦的制度太多了，但更加特别地是因为，随着罗马实力的增长，所涉的"异邦人"实际上越来越普遍地是罗马的臣民，对于他们的法律的细微之处，罗马执法官可能有一点不耐烦。无论如何，通过外事裁判官和行省总督的告示，确实逐渐形成了一种制度，它既不是罗马的市民法，也不是"国际私法"法典，而是调整只要是自由人的人们之间的关系而不论其国籍的一套规则体系。鉴于这种法律制度建立在罗马执法官告示的基础上，其中有许多源于罗马法，但是它作为罗马法在很大程度上被剥夺了罗马法的形式性因素，并受到其他思想，特别是希腊思想的影响。因此，罗马的要式口约合同是以这种方式扩用于异邦人的制度之一，即异邦人可以受它约束，并根据它而享有权利，②并且，不难理解为什么，尽管要式口约是我们称之为一种要式合同，③但所要求的形式是可以想象出来的最简单的形式，并且这种合同可用于各种各样的目的。另一方面，要式买卖④带着它的复杂的仪式，包括使用秤和铜并且要说许多套话，仍然专门是市民法的一种交易。还必须注意到，我们正在说的这些规则几乎全部是指活人间的交易；家庭法和继承法的问题仍根据每个特定的人的属人法。⑤

虽然不能证明曾经把"万民法"这一术语适用于在外事和行

---

① Mitteis, *Reichsr.* 123；Wesenberg, *Labeo* 3（1957）227ff., 发现偶尔在这方面的一些措施。
② 以他不使用"誓约"（spondeo）这个词为前提，因为它只能被公民使用；Gai. 3.93。
③ 即一种特殊的形式，在这种情况下，以相应的措词完成的口头提问和应答，是它生效的必要条件。
④ 下文，第143页。
⑤ 例如，家父权的问题只有当父亲和儿子同为罗马公民时才能产生。异邦人不能依一个罗马人的遗嘱获得财产；一个罗马人能否依一个异邦人的遗嘱获得财产，是一个由该异邦人的法所决定的问题。

省的告示中发展出来的这些规则，但是，可以确定，它们在导致万民法这个概念的产生方面具有重大意义，因为它们一旦确立下来，反过来也影响适用于公民之间的法律的发展，特别是使这种法律不那么拘泥形式，因此万民法的产生，从其实践意义上说，就是出现一些"既适用于我们自己，又适用于异邦人的那部分法律"。在这个意义上，有大量的法律是万民法，例如不仅契约中的要式口约，而且所有的不要式契约，包括"要物的"和"合意的"，①以及不要式的取得财产的方法。

在原始文献中，"万民法"这一术语的这种"实践"意义并不总是很明确的，因为，罗马的作家自己不将它与一种相当不同的意义相区别，后一种意义不是实践性的，而是源于希腊哲学理论。亚里士多德，在一般性地谈论法律时，将法律分成两个部分，即"自然"法和"人定"法，②他宣称，自然法到处都是一样的，并且到处都具有相同的效力；除了是"自然的"，它还是"共同的"。③这种观点成为老生常谈，尤其是在斯多葛派学者中，因为它完美地与斯多葛派"根据自然而生活"的理想相吻合。西塞罗以类似的语气重复关于自然法的高调；当他举出关于自然法规诫的例子时，他和希腊人一样没有超出基本的道德规范，④但是，对于他——就如同对于亚里士多德一样——来说，很明显的是，一项原则的普世性证明了它的自然性，由此也证明了它的有效性，因为自然法并非纯粹的理想，它是一种有约束力的法律，任何人民的法令或元老院决议都不能超越它。⑤这种论点，虽然没有用下面这些话来表述，但意思是很明显的：如果人类的所有种族都承

---

① 下文，第285页以下、第288页以下。
② *Eth. Nicom.* 5.7.1.
③ *Rhet.* 1.13.2.
④ 例如，*de inv.* 2.65ff.；2.161。
⑤ *Rep.*3.33。参考 Blackstone, *Commentaries* 1.41："这种自然法与人类同时存在并由上帝自己支配，它当然在约束力方面比任何其他法律都具有优越性……任何人为制定的法律如果违反这种法，就是无效的"。

认一种做法，那一定是因为由他们的万能的母亲——大自然所教。因此，在对所有民族共同的法这个意义上，西塞罗将自然法与万民法相等同，[①] 并得出这样一个推论，即作为万民法的一部分的法律也应该是市民法——即每个特定城邦的法律——的一部分，[②] 尽管作为市民法的法律并不一定是万民法，因为，如亚里士多德认为的那样，有一些问题是大自然不关心的，因而每个共同体可以自己制定规则。这种认为万民法是对整个人类共同的法的理论观点，在法学家中非常流行，虽然它直到盖尤斯时才在流传下来的原始文献中出现，[③] 盖尤斯实际上在他的《法学阶梯》的开头几乎是用亚里士多德的话，"所有由法律和习惯统治的民族，部分地使用他们自己的法，部分地使用整个人类共同的法；因为每个民族为自己制定的法是该民族特有的，并被称为它的'市民法'，即该城邦的特别法；但是，自然理性为所有人指定的法在所有民族中具有相同的效力，并被称为万民法，是为所有民族所适用的法。因此，罗马人民也部分地适用它自己的法，部分地适用对所有人共同的法。"

对于这种"理论"含义与我们上面谈到的"实践"含义之间的区别，当我们考虑与万民法相关联的词语时，最为清晰。在这两种情况下，这个关联词语都是市民法（ius civile），但是在将这个词语翻译成英文时，我们必须进行区分。如果要表示"实践"含义，我们说"市民法"（civil law），意思是"罗马法"，例如，对于要式买卖是不是万民法的一种制度这个问题，其回答是"不是；它是市民法的一种制度"。但是，如果要表示理论含义，如上面出自盖尤斯的那段话中，我们必须提到正在被谈论的那个特定的城邦，例如，如果我们问"关于妇女订立的契约须得到丈夫或儿

---

① *Off.* 3.23；*Har. resp.* 32.
② *Off.* 3.69.
③ 它在彭波尼的一个文本（D. 50.7.18）中出现，是从现代对它最普遍理解的意义上说的，即调整国家间关系的法（国际公法）。

子的准许的规则①是万民法的一部分吗？"其回答将会是："不；它是比提尼亚（Bithynian）市民法的一个规则。"优士丁尼把这一点说得很清楚。他说，"如果一个人想叫梭伦法或者德拉古法为雅典市民法，他没有错。"②

106　　确实，这种区分不是由罗马人自己作出的③——他们实际上没有成功地在理论上区别道德与法律，但是它仍然在那里，而且，如果我们要理解一项制度可以被说成是万民法的一部分的不同意义，就必须掌握它。例如，上文已经说明了可以对要式口约这样归类所依据的意义；它是万民法的一部分，因为一个雅典人，或者一个高卢人，或者一个没有城邦的优尼亚拉丁人，可以根据它而受到约束或者享有权利。但是，当罗马人说奴隶制和解放④或者战争中占有财物的权利（战争占有）⑤是万民法的一部分时，他们是指某种不同的意思。他们是说这些制度是他们所知道的所有法律体系所共有的，而不是说这些制度将在罗马的法庭上得到承认。一个人如果宣称他已经被一个异邦人所解放，他也不能根据罗马法声称是自由的；⑥他是不是自由的，将取决于解放他的那个人所属城邦的法律。确实，所有城邦都知道解放，但是关于这个问题的规则，不同城邦差别很大；而当提到一个要式口约时，其意思

---

① Gai. 1.193.
② J. 1.2.2.
③ 隆巴尔第（G. Lombardi），在一个有价值的概括性研究（*Sul concetto di 'ius gentium'*, Rome, 1947；参考 *Richerche in tema di 'ius gentium'*, Milan, 1946）中坚持认为，万民法一词的"理论"用法比"实践"用法更重要，并且实际上，这后一种意义几乎根本没有作为一个独立的东西存在。但是，虽然这个词可能起源于希腊理论，但面对像 Gai. 3.93 和 154 这样的片段，我们几乎不能否认，罗马法学家有时也在实践意义上使用它（除非我们假定这些片段是被添加的，或者盖尤斯是在他的时代之前的"后古典的"法学家；参考下文，第 390 页注释）。另参见 Pugliese, *Riv .it. sci. giur*（1948）453ff.；Grosso, *Mél. de Visscher* 1.395ff.。
④ D. 1.1.4.
⑤ D. 41.1.5.7.
⑥ 事实上，不是那些有罗马公民权的人可以解放那些不被看作罗马公民的人吗？参见 Cic. *Caec*.96。

就是指罗马的要式口约制度，而其他城邦的法律体制中关于某个相类似的合同的任何规则一点都不重要。正是只有这后一种万民法才实际上对从事实践活动的法律家有关系；另一种万民法是哲学上的装饰。

从已有的论述来看，自然法仅仅是（理论意义上的）万民法的另一个名称。不仅西塞罗将它们等同，[①]而且法律家一般也不加区别地使用这两个词语。[②]实际上，当他们援引"自然"的概念时，它通常是从一个事物或制度的内在特征这一更不精确的意思上来说的。从这种意思上说，交付是转移所有权的一种"自然的"方法。[③]在这里还存在一个问题有必要予以澄清。如果有一种制度真的是所有古代民族共有的，它就是奴役制度，因此它一直被认为符合万民法。根据亚里士多德，它也是自然的，因为有些人生而就是奴隶，[④]但是希腊其他哲学家有不同观点；人生而是自由的，因此，我们发现奴隶制有时候被界定为一种违背自然的、由战争造成的万民法制度。[⑤]但是，这是唯一的一个能够发现这两种制度之间脱节的情形。通常，看起来，法学家们是按照在市民法和万民法（等同于自然法）之间简单的二分法来思考的。但是，乌尔比安似乎采纳了一种三分法。[⑥]因为他将自然法等同于人与动物共有的本能。[⑦]优士丁尼

---

[①] 上文，第105页。

[②] 例如，将 Gai. 1.86 和 1.89 作一比较。

[③] 参见 Nicholas, *Introduction* 56f., 以及更详细地, Levy, *Ges. Schr.* 1.3ff. (=*SDHI* 15, 1949, 1ff.)；C.A.Maschi, *La concezione naturalistica del diritto e degli istituti giuridici romani* (Milan, 1937)。

[④] *Pol.* 1.2.13.

[⑤] 例如 J. 1.2.2。通常参见 M. Villey, *Lecons d'histoire de la philosophie du droit* (Paris, 1957) 121 ff. (=*RHD*, 1953, 475ff.)。

[⑥] D.1.1.1.2, 3= J. 1.1.4; 1.2 pr.。有人坚决主张，三分法及其引进的自然法的观点是被添加的；参见，例如 Lombardi, *Concetto* (同上), 194ff.。

[⑦] 这种观点似乎是在希腊的修辞学校中发展起来；参见波洛克编辑的梅因的《古代法》的注释E，以及 Castelli, *St. S. Perozzi* (Palermo, 1925) 53ff.。它的依据是毕达哥拉斯哲学的；参见 Cic. *Rep.* 3.19。它没有在任何其他法律文本中出现，并且是一个不幸的思维混乱（参见，例如 Nicholas, *Introduction* 55f.），但是它在《法学阶梯》和《学说汇纂》中的突出地位使它在后来的思想中产生了不该有的影响；参见例如，Aquinas, *Qu.* 94, *art.*2 (*fin.*)。

在其《法学阶梯》中采纳了同样的三分法作为开篇,但由于他随后继续引述盖尤斯陈述二分法的片段,因此他的处理令人迷惑不解。[1]

---

[1] Gai.1.1=J. 1.2.1;参考 J.1.2.11。

# 第七章

# 《十二表法》

我们已经叙述了根据传说《十二表法》是如何得以编纂和颁布的。① 现在必须针对其内容——尽可能地从它流传下来的片段中可以确定的范围内，以及这些片段所表明的法律发展的阶段进行论述。原文的大半部分已经完全灭失；原先的铜② 表据说在公元前390年高卢人火烧罗马时毁坏了。虽然可能后来制作了替代品并被竖立在广场上，但是这样的权威文本，在共和国末期不存在。③ 另一方面，私人复制本肯定很多，这从频繁可见的引文，以及西塞罗所说的在他青年时代，《十二表法》在学校里被传授给男孩们的话中可能证明。但是，由于缺乏一个官方文本，导致其语言逐渐变得现代化了。虽然我们所拥有的片段看起来很古老，但大家知道，除了在少数情况以外，它们的语言与其说接近于公元前5

---

① 上文，第13页。
② 关于铜是所用的材料是由历史学家说的。一些现代作者认为，在如此早的一个年代里，可能使用木头。彭波尼的文本（D. 1.2.2.4）说是"eboreas"（象牙的），但有人已经推测那是"roboreas"（木头的）的一个书写错误。
③ 圣·齐普林（St. Cyprian）大约在公元245年写作（ad Donat. 10），他哀叹在迦太基广场上看到的罪恶行径时说，"虽然我们把法律刻在十二表上，……还是不顾法律而犯罪"，但这里即使提到《十二表法》，它可能只不过是一种修辞手法。没有任何属于公元前450年或公元前390年的文本保存下来，这甚至从古代作家，如瓦罗，引用片段所采取的进化了的形式明显可以看出来；进一步参见下文，第111页，并参考Lenel, *SZ* 26（1905）500f.。

世纪的拉丁语，不如说更接近于古典时期的拉丁语。① 幸存下来的片段来自于共和国最后一个世纪或者更晚时期的作家们的引文，他们有时声称按照原话给出该法律的文本，有时仅仅用他们自己的话表述其规定。许多片段得自西塞罗，有一些得自法学家，尤其是盖尤斯，相当多的内容得自对古玩和废旧古僻的词语特别感兴趣的语法学家和考古家们，其余的则主要从罗马的文学作品收集到。关于其排列，几乎都不能确定；在少数情况下，可以知道某项规定出现在哪个表上，例如，西塞罗说，② 当我们是孩童时，我们学会了"如果传唤去法庭"（si in ius voact），这似乎表明这些词语（关于原告对被告的传唤）处于整个文本的开头，因此，相应地，该法典以关于程序的规定开始，不管怎样，这很有可能，因为这些规定可能被认为是所有规定中最为重要的。我们知道，禁止贵族与平民之间通婚的规定在最后两表（据推测是由第二个十人立法委员会"团体"起草的）中的一个上，西塞罗说③ 最后两表包含了"不公正"的法律，并且有趣的是，听说遗嘱继承放在了无遗嘱继承的前面加以规定。④ 现代的版本全都或多或少按照狄克森（Dirksen）（1824 年）和熊尔（Schöll）（1866 年）所采用的顺序，但是与其说是为任何其他原因，不如说是为了引用的方便。⑤ 当然，原文本内容究竟有多少出现在这些著作中，说不上来，但是，鉴于罗马人只要有可能就喜欢提到他们的伟大法典，因而很可能，我们至少能了解大部分的较重要的规定。

如果我们说《十二表法》是一部法典，我们决不能误解它们的范围和规模。李维确实将它们说成"所有公法和私法的渊源"，⑥

---

① 进一步参见下文，第 111 页。
② *De leg.* 2.9.
③ *De Rep.* 2.63；参考上文，第 13 页。
④ D. 38.6.1 pr.。关于这些及其他资料用来作出可能的重构（包括在盖尤斯关于《十二表法》的评注中的处理顺序），参见 M. Lauria, 前引书（上文，第 93 页注释），第 21 页以下。关于较早的作品，参见 Krüger, 13 n 31。
⑤ 参见 Bruns 1.15ff.；*FIRA* 1.21ff；英译本，A. C. Johnson, P. R. Coleman-Norton, F. C. Bourne, *Ancient Roman Statutes*（Austin, Texas, 1961）9ff.。
⑥ 3.34.

而奥索尼斯（Ausonius）①在公元4世纪的时候甚至更进一步，增加了"圣法"，但这些话都言过其实。首先，几乎所有残存片段与私法有关。虽然并入了少数属于圣法的规则，②但整个汇编在性质上是世俗的，并且，罗马人在其发展的一个如此早的时代就能将法律与宗教如此完全分离，表明了他们的法律天赋。其次，公法，在宪法的意义上，在我们的片段中也只通过两项规定表现出来，即禁止个别性法律的规定③和禁止除百人团会议以外的任何民众会议对被指控死罪的公民进行审判的规定。④从"公民的自由"的角度来看，这两项规定都很重要，并且如果真有这两项规定，它们无疑也是为这个原因而被包括的。此外，甚至在私法领域内，这些片段的规模也表明，只规定了主要的规则，尽管细节性规定的数量根据不同问题有些变化。程序似乎被规定得很仔细，这可能是因为，平民所抱怨的困难大多数与之有关，⑤而要式买卖无疑是很有名的，但只以简单地确认其效力而打发了。⑥

这些片段所描绘的大概图景是一个自耕农的共同体，在这个共同体中，商业到那时为止仍不重要（尽管有考古学证据表明，实际上有一定量的"对外"贸易），书写也仍不普遍。但是，这种图景是可靠的吗？当然，如我们已经知道的，十人立法委员会的历史明显包含了一些传奇因素，但是，大约在1900年及其后，批评更进了一步：整个关于公元前5世纪的法典编纂的主要历史是一个虚构。它要么是⑦罗马人将较近的事件硬说成发生在久远的

---

① *Idyll*. 11.61—2.
② 特别是《十二表法》第十表（Tab. X）汇集的关于葬礼的法规，尽管甚至这些规定主要是按照一种避免铺张浪费和不合适地表达悲伤的愿望而作出的。另参见Tab. VIII.21：庇主若欺骗门客，视为被献祭。
③ Tab. IX.1：不得制定个别性的法律（privilegia ne inroganto）；参见上文，第29页。
④ Tab. IX.2：未经最大的会议，不得处死公民；进一步参见，下文，第306页以下。
⑤ 值得注意的是，法律民众化的下一步，即《福劳维法》（上文，第91页）也与程序有关。
⑥ Tab. VI.1：当事人在债务口约和要式买卖中所约定的，是他们的法律。
⑦ E. Pais, *Storia di Roma*（Turin, 1898,1899）1.1.550ff., 1.2.546ff., 631ff.; *Storia critica di Roma* 2（Rome, 1915）217ff.;*Ricerche sulla storia e sul diritto pubblico di Roma* 1（Rome, 1915）1—240。Kreller, *SZ* 45（1925）589ff. 对派斯后来的著作进行了叙述和评论。

过去这种习惯的一个例子,[1]出现在十人立法委员会[2]中的阿庇·克劳迪是公元前312年担任监察官的真实的阿庇·克劳迪的一个投影,[3]要么更为激进的是,[4]该法律汇编根本不是立法性的,而是在公元前2世纪前半期进行的,对部分的确是很古老的资料的一种汇集,这很可能是塞斯特·艾里做的,[5]因为所有后来的作家都是从他的《三分法》获得对这个所谓法典的了解。但是,公元前1世纪的罗马人会如此彻底地弄错一件事,而且根据这些理论,这件事距离那时相当近,这真的不可想象。塞斯特·艾里的时代完全是有史可考的,甚至监察官阿庇·克劳迪的时代现在是,并且过去也是众所周知的。此外,罗马大事年表(fasti)[6]记载了十人立法委员会成员的姓名,因而没有什么可以支持来假设存在着一个涉及范围如此之广的伪造。最重要的是,残存片段所表明的法律的状况是如此古老,根本不可能是公元前200年,甚至也不可能是公元前300年的,[7]而二者之中的任何一个年代都不可能使《十二表法》所表明的法律有足够的时间发展成西塞罗时代的已经很复杂的制度。撇开所有对《十二表法》的编纂历史的详情可能存在的怀疑不管,目前,普遍接受的观点[8]是,《十二表法》的确是一部被制定出来的法典,并且传统叙述将它们确定在公元前

---

[1] 上文,第12页。
[2] 上文,第13页。
[3] 上文,第91页。
[4] Lambert, *RHD*(1902)149ff.; *Revue générale du droit* 26(1902)385ff.,480ff.;27(1903)15ff.; *Mélanges Ch. Appleton*(Paris, 1903)503ff.; *La fonction du droitcivil comparé*(Paris, 1903)1.398ff.
[5] 上文,第92页。
[6] 上文,第8页。
[7] 但是,它与我们所了解的关于公元前5世纪的情况却相一致; Wieacker, *Entretiens Hardt* 13.300ff.;参考 Gjerstad,前引书,第357页。
[8] 反对派斯和朗贝赫的观点,特别参见 Girard, *Mélanges* 1.1ff.(=*RHD*(1902)381ff.); Lenel, *SZ* 26(1905)498ff.; Greenidge, *English Historical Review* 20(1905)1ff.; Wenger, *Quellen* 360ff.。

5 世纪中期，这并没有错到哪里。

这不是说，这些规定被引用时（当不只是对它们进行意译或者概述的情况下）所采用的准确的词语形式可以被认为是公元前 5 世纪的。我们最早的拉丁语的例子是由在广场上发现的一处铭文提供的，① 它可能属于大约公元前 500 年。虽然几乎不能辨认出什么，但有足够东西表明，我们的《十二表法》的片段中的词语形式不是来自这个时期。② 由于，在这个铭文中出现了 iouxmenta 这个词，它被认为是 iumenta 的早期形式，但是，奥路斯·杰流斯在声称是对《十二表法》的一处毫无改动的引用中只用了 iumentum。③ 此外，一般认为，④ 有一些由于误解或试图合理化或夹入一些解说性的评注而导致的增加和修改。⑤ 在没有任何权威文本保存下来的情况下，诸如此类的变异必然是在意料中的。另一方面，有些原始形式原封不动地保存着（例如，sam 表示 eam，escit 表示 est），并且，甚至在形式已经现代化的情况下，这些词语本身通常也很明显是古老的，有些词对保存它们的作家来说都是无法理解的。⑥ 还有，句法⑦ 可能几乎没有受到流传过程中的危险的影响，而文体在极其简洁和简易方面是一致的。整个法典，就我们能辨认的而言，是一系列不连贯的规则，但是其语言总是

111

---

① 所谓的 lapis niger，FIRA 1.19；Bruns 1.14；参见 Wenger, *Quellen* 349f.。

② Wieacker, *Entretiens Hardt* 13.300f.

③ Tab. Ⅰ.3（Gellius 20.1.25）："如被告因疾病或年老不能出庭，原告应提供驮畜或车子，但是除自愿的以外，不必提供有坐垫的车辆"；另参见 Tab. Ⅶ.7。

④ 参考 Wieacker, *RIDA*（1956）462ff.。

⑤ 因此，在前二注引用的 Tab. Ⅰ.3 中，"qui in ius vocabit" 由于与通常的句读方式相冲突，因而一般被认为是后来的添加；并且 Fraenkel, *Hermes* 60（1925）440ff.，已经证明，在奥路斯·杰流斯文本上的 "vitium" 肯定是一个愚蠢的注解，可能是模仿市政官告示的 "morbus vitiumve"（下文，第 294 页）。关于合理化的一个例子，参见下文，第 171 页。

⑥ 例如，在 Tab. Ⅹ.4 中的 "lessus"（mulieres genas ne radunto, neve lessum funeris ergo habento [汉语的通常译法是：殡葬时妇女们不得抓破面颊，不得嚎啕大哭。——译者注]），据 Cicero, *de leg.* 2.59 所说，甚至对于塞斯特·艾里来说其含义也是很晦涩的；同时可参考 "anfractus"（Tab. Ⅶ.6），"adsiduus"（意指"富裕的"：Tab. Ⅰ.4），"pedem struere"（Tab. Ⅰ.2，往下面的第二个注引用）。

⑦ F. Sbordone, *Synteleia Arangio-Ruiz* 334ff.

仔细和精确的。①

关于希腊的影响问题一直被讨论着。② 传统的叙述包括一名使节去雅典学习梭伦的法律，也去其他城市学习当地的法律；③ 而且据说一个名叫海默多鲁斯（Hermodorus）的以弗所人帮助了十人立法委员会。④ 这些传说的可靠依据与围绕《十二表法》的其他生动详细的叙述的依据一样不多，因而现代的观点一般是持怀疑态度的。但是，如果说这种怀疑是基于这样一种假定，即罗马世界的视野还没有延伸到如此之远，那么，近来的考古发现已经证明这样的假定是没有根据的：有充分的证据表明，从《十二表法》以前的时期起，罗马与大希腊以及与严格意义上的希腊之间都有联系。⑤ 这由存在一些来自希腊的外来语所证明，因为有一个希腊语"罚金"（poena）确实在《十二表法》中出现。⑥ 因此，完全有可能，希腊对这部法律有影响，即使关于派使节去学习梭伦法律的传说很可能产生于将罗马的法典与其最伟大的希腊的对应物（指梭伦法典）相联系的一种愿望。⑦ 令人奇怪的反而是这种影响在内部文本表现上的缺乏。⑧ 摘自保存在《学说汇纂》中的盖尤斯

---

① 在一些片段中，有看来是频繁和突然的变换主语的情况，例如，Tab. Ⅰ.1, 2：Si in ius vocat（即原告），ni it（被告），antestamino（原告），Igitur em（被告），capito（原告），Si calvitur pedemve struit（被告），manum endo iacito（原告）。但是，Daube, *Forms* 57ff.，已经指出，这些是第三人称单数在一种非人称意义上的原始用法的例子，因此，si in ius vocat 意指"如果有传唤"。关于 Tab. Ⅰ.1 的文本，参见 Daube, *Forms* 28f.。

② 关于近来的讨论，参见 Wieacker, *Entretiens Hardt* 13.330ff., *St.Volterra* 3.757ff.；Delz, *Museum Helveticum* 23（1966）69ff.。

③ Livy 3.31.8, 32.6。但是，Dionys. Hal. 10.51.5, 52.4，说这些其他城市是在意大利（属于广义上的大希腊地区）。

④ 彭波尼（D.1.2.2.4）说，海默多鲁斯（Hermodorus）向十人立法委员会建议了一些法律（auctor fuit），Pliny, *H.N.* 34.21 说他是一个"翻译"。

⑤ E. Gjerstad, *Early Rome* 4（Lund, 1966）582, 586f., 597f.（摘要）。

⑥ Tab. Ⅷ.3；参见 Mitteis, *RPR* 15。

⑦ Ruschenbusch, *Historia* 12（1963）250ff.，将这一传说的来源归于 S. 苏尔比丘·鲁佛。Momigliano, *Entretiens Hardt* 13.357，评论说，派去政治家云集的雅典的大使肯定应该得到比梭伦的法律更为先进的某些东西。

⑧ 除非将文体和排列的清晰（Schulz, *Principles* 7），或者没有任何将此法典归于神的影响的企图（Momigliano, 本注引书）视为证明。

第七章 《十二表法》 147

的评注的两个片段声称《十二表法》的规则与梭伦的那些法律之间的一致性，但是这种一致性不是很显著，至多表示通过大希腊地区的间接借用。① 西塞罗提供了一个更有说服力的例子，他说，关于葬礼排场的限制是来自于梭伦的立法；在这里，这些细节对应得如此紧密，以至于似乎肯定是存在借用，尽管它仍可能仅仅是间接性的。② 其他关于与希腊规则相似的例子已由现代作家所收集，③ 但是，即使这样，这一证据只包括了该法典的一小部分，并且几乎全都是细节问题。残存的绝大部分片段似乎都有一个纯粹的本土来源，而对它们的这种观点很符合关于平民所想要的与其说是改革不如说是确定性的传统叙述。无疑，一些有争议的问题得到解决，也引进了一些创新，其中有一些很可能从希腊照搬而来，但是《十二表法》作为一个整体，建立在罗马自己的习惯法基础之上。

---

① D. 47.22. 4（= Tab. Ⅷ. 27），允许社团成员制定他们自己的规则，只要他们不违反"公共法律"；以及 D. 10.1.13（=Tab. Ⅶ. 2），关于毗邻的土地所有人所建的建筑物之间应留的空间。梭伦关于后一问题的规则（参考 Paoli, *RHD*, 1949, 505ff.）在公元前3世纪亚历山大时期有效；参见 P. *Hal.* Cols. 4 和 5。Bonfante, *Storia* 1.114, 盖尤斯本人实际上是在论述一个不同的问题——指导审判员审理地界调整之诉的原则。

② Cic. *de leg.* 2.59, 64（Tab. Ⅹ. 2, 3, 4）；参考 Wieacker, *Entretiens Hardt* 13.345ff.。

③ Pais, *Ricerche* 1.147ff.；Mitteis, *RPR* 12ff.。很有趣的是，"不得制定个别性的法律"（Tab. Ⅸ. 1）与 Demosthenes, *c. Aristocr.* 86.649 所引用的那条雅典规则相一致，该规则就是"不得为任何个人的利益制订特别的法律"。

# 第八章

# 《十二表法》时期的家庭法和继承法

　　罗马的家庭纯粹是家长管辖的，而罗马法是以允许作为家庭首领的家父享有独特的巨大权力作为其特征。最初，这种权力无疑是一种一般的，但是表达得相当模糊的最高权力。但是，到《十二表法》时期，它已经具体化了并且细分化了，以致其名称根据其所行使对象的不同而不同。①它对妻子和家子的妻子行使时是夫权，对子女和奴隶行使时是支配权，在前者情况下称为父权，在后者情况下称为主宰权，而被奴役的人，至少按照古典的说法，②被说成是处于受役状态（in mancipio）。③

---

　　①　Gai. 1.49. 最初用来指无差别的权力的那个词似乎是"manus"（夫权）（参考旧式英语"mund"），它后来仍以复合词形式出现，例如 manumissio（解放奴隶）、emancipare（脱离家父权），而与对妻子的权力无关。参考 R. Jhering, *Geist* 2.162；Mitteis, *RPR* 75。

　　②　"Mancipium"在以下三种意义上出现：（1）下一个注中所描述的权力；（2）称铜式行为（参考下文，第 151 页）；（3）作为那种行为之标的的奴隶。第（2）种意义可能是最初的意思，而第（1）种意义是相对晚的衍生含义；参见 L. Capogrossi Colognesi, *La struttura della proprietà*（Milan, 1969）221ff., 288ff., 他论证说，在短语"转让"（mancipio dare）或者"受让"（mancipio accipere）中（例如，Gai. 1.119, 121, 140, 162），这个词是夺格（"通过要式买卖"）而不是与格（"进入 mancipium 的权力或状态"）。另参见 Kaser, *EB* 180ff.。关于受役状态，参见 David and Nelson, *TR* 19（1951）439ff.；同一作者，*Gai. Inst. Komm.* 162f.。

　　③　这种状态是罗马的家父所拥有的出卖其子女的权力的产物。如果家子被卖到国外，他成为那个外国民族中的一个奴隶，但是如果被卖给一个罗马人，他以受役状态被拥有。他受那个买者的支配，并且就其私人生活而言，无疑处于和一个奴隶差不多的地位，但他在法律上仍是自由人和公民，尽管他的政治权力可能被暂时搁置。一旦解放，他重新回到他的家父的支配权下，除非已经有过三次出卖，因为根据《十二表法》的一项规则，在这种情况下，家父权最终被解除。参考上文，第 89 页及下页。

## 一、婚姻

　　婚姻对于罗马人来说，和古代的其他民族一样，是一个事实问题而不是一个法律问题，这是在这样一种意义上说的，即两个人被认为结了婚，不是因为他们已经过了任何特定的仪式，而是因为他们事实上作为夫妻生活在一起。[1]这种事态通常开始于将新娘带到新郎的家中（娶妻入夫家），但是这个程序除了表明从此就实际上开始婚姻生活，此外没有任何特殊的法律意义。但是，婚姻可能伴随着夫权，即该女子脱离她的家父的家庭而成为其丈夫的家庭的一个成员，并受他的权力的支配：她对他来说处于一个女儿的地位。[2]由于在早期罗马家庭组织的重要性，这使妻属于一个不同于她的丈夫的家庭很不容易，而且由于如我们将看到的，夫权通常产生于婚姻持续达一年，因此，可能严格说来，有夫权的婚姻是《十二表法》时期的法则，但是这两种制度仍是不相同的。[3]

　　夫权可以下述三种方式的任何一种产生，即通过祭祀婚、买卖婚或者时效婚。[4]

　　**祭祀婚。**是一种宗教仪式，其基本目的是将女子从其家父家庭的祭礼转移到其丈夫家庭的祭礼。它几乎肯定只限于贵族使用。盖尤斯说，这一名称来自于使用一种向天神朱庇特·法勒（Jupiter Farreus）献祭时使用的用麦（far，一种粗麦）做成的饼，必须有

---

[1]　H. F. Jolowicz, *Roman Foundations* 141ff.
[2]　Gai. 1.111. 根据 Gai. 1.148, 2.159, 3.41 所说，如果丈夫处在家父权之下，妻子处在他的夫权之下，那么也导致她处于这个家父的支配权下。
[3]　E. Volterra, *La conception du mariage d'après les juristes romains*（Padua, 1940）; *St. Solazzi* 675ff。这些文本从未谈到两种类型的婚姻，它们提到的祭祀婚、买卖婚和时效婚为创设夫权的模式，而非婚姻的形式。此外，时效婚将夫权加于一桩已经存在的婚姻（Gai. 1.111，参见下文，第116页）。关于一种不同的强调，参见 Kaser, *Iura* 1（1950）64ff。
[4]　Gai. 1.110—113. 关于这三种形式出现的先后，意见悬殊，但一般认为，到《十二表法》时期时它们都已经存在了。时效婚确实存在，这明显可以从离夫三夜中断可能阻止它的规定中看出来；下文，第116页。

十个见证人，并必须说一些庄重的话。一则后来的文献资料[①]补充说，祭司长和朱庇特神的祭司也在场。在盖尤斯时代，圣王和较重要的祭司们的父母仍然必须是经历了这种结婚仪式的，并且他们自己也必须这样做。

买卖婚。与祭祀婚相对，它纯粹是世俗的，并且对平民开放。它是称铜式行为对创设夫权的一种适用。一个人可以通过要式买卖[②]（即通过当着五个证人的面用秤和铜进行购买的一种要式行为）取得某些种类的财产的所有权，而通过同样的方式（除了所用的词语不同外[③]），他能取得对一个女子的夫权。在古典法中，买卖婚，和要式买卖一样，是一种假想买卖，并且不支付任何价金，但是，毫无疑问，在最初，二者都是真正的通过购买取得。[④]

时效婚。正如买卖婚类似于通过要式买卖转让一样，时效婚也类似于通过时效取得所有权。[⑤]盖尤斯[⑥]说，如果一个女子与一个男子保持婚姻持续一年，她便受他的夫权支配，而《十二表法》

---

[①] Servius, *in Georg.* 1.31（Bruns 2.78）；另外的一些细节见 *in Aen.* 4.374（Bruns 2.76）。关于这种婚姻的叙述，参见 P. E. Corbett, *Marriage* 71ff.；关于祭祀婚包含了来自不同时期的成分的观点，参见 P. Noailles, *Fas et Ius* 29ff.（=*Fschr. Koschaker* 1.386ff.）。

[②] 下文，第 143 页。

[③] Gai. 1.123（但是我们不知道这些话语是什么）。Plutarch（*Qu. Rom.* 30；参考 Cic. *Mur.* 27）告诉我们，新娘对新郎说"你盖约在哪里，我盖娅也在哪里"（ubi tu Gaius, ego Gaia），而贝提乌斯（Boethius）（*in Cic. Top.* 3.14；Bruns 2.73）说，新郎问新娘她是否愿意成为他的家母，而新娘问新郎他是否愿意成为她的家父，但是，这些无疑是随同的婚姻仪式的惯常部分，而不是买卖婚行为的必要条件。一些后来的作家（Servius *in Georg.* 1.31, Bruns 2.78；Isidor. *Or.* 5.24—6, Bruns 2.81）有一种荒谬的想法，认为买卖婚是一种相互的买卖，即妻子买丈夫和丈夫买妻子，这是因为他们误解了乌尔比安明显在一个片段中说的某些话，而该片段现已遗失。贝提乌斯提到了乌尔比安，当他说相互的问题时，无疑是正确地重复他的话。

[④] 在早期法中，很可能，妇女从不是自权人，在家父死后，她落入最近的宗亲属的权力中（Kaser, *Iura* 1, 1950, 89ff.；参见下文，第 122 页）；因此，总是从该女子从属于其权力的人那里进行这种购买。但是，一旦妇女能够成为自权人，有这样一个困难，即该女子似乎出卖她自己；参见 Corbett, *Marriage* 80f.；A. Watson, *Persons* 24 n 6。一些学者（例如 Lévy-Burhl, *Nouv. Et.* 74ff.；Karlowa 2.166）认为，买卖婚从来不是一种真正的买卖，而是有意识地采用要式买卖，当事人总是那个女子而不是她的家父；但是，在家庭法中有意的创新比任何法律的分支部门都更加不可能。

[⑤] 下文，第 151 页以下。

[⑥] 1.111.

规定，如果她想阻止这种情况发生，她能通过每年离家三夜（离家三夜中断）来实现。

应该予以注意的是，盖尤斯说的是"保持婚姻"（持续婚姻），因而清楚地表明夫权和婚姻是不同的。另一方面，正是这个时效婚制度反映了一个时期，如上文已经说到的，在其时，夫权是婚姻的通常的伴随物。"离家三夜中断"无疑不是《十二表法》第一次引进的，而是表明中断的程度最终要被认为足以中断该年，因为很明显，不是每一次偶然离家就够了，而中断的可能性隐含于时效婚的概念中。

但是仍有一些难点。（1）为什么时效婚及其产物"离家三夜中断"被发展起来？如果我们同意盖尤斯的观点，认为它最初是取得夫权的一种方式，那么我们可能把重点放错了位置。一个人不会偶然地缔结婚姻，因此，他肯定对夫权有这样或那样的意图。他几乎不会简单地决定通过时效婚让它发展——或者不发展。① 时效婚最初的作用，和它的参照对象——时效取得一样，可能是简化证明的方式。一年后，丈夫不再需要证明买卖婚或者祭祀婚。②（2）为什么要通过离家三夜阻止夫权的产生？可能在罗马史前时期隐藏有某种宽泛的社会学解释，但更加可能的是，如我们已经知道的，在盖尤斯关于《十二表法》规则的叙述中隐含的婚姻与夫权的分离，是进化的产物，因为有人已经指出，③制造这种分离的原动力来自于妇女拥有财产的权能的发展。可能，在非常早的法律中，妇女从来不能成为自权人，④ 因而也不能拥有财产：无论

---

① 有人根据一种试婚提出解释，这种婚姻可与在英格兰北部和苏格兰一度存在的"handfast"婚姻相提并论，如果妇女在一整年内生了一个小孩或者怀孕，则婚姻成为永久性的，但是如果她没有，则可以解除婚姻（P. Vinogradoff, *Hist. Jurisp.* 1.246；Lévy-Burhl, *TR* 14, 1936, 452ff.）。但是没有任何迹象表明在罗马有这种婚姻，而且很难说它与盖尤斯所说的"持续婚姻"相一致（Kaser, *Iura* 1〔1950〕70ff.，也反对 Lévy-Burhl, *Nouv. Et.* 63ff. 后来提出的一种变化了的解释方法）。

② Kaser, *Iura* 1（1950）75ff.。但是，对这种简化证据的需要，财产所有权比对妻子的夫权更加明显，因为创设夫权可能是一件重大且值得纪念的事。Mitteis, *RPR* 252, 认为时效婚的目的仅仅是为了纠正买卖婚仪式上的缺陷。

③ Kaser, *Iura* 1（1950）86ff.

④ 上文，第 116 页注释。

她处于她的家父的支配权下，还是在她的家父死后，她和她的财产一样落入最近的宗亲属手中。① 因此，单靠在她的丈夫身上创设夫权本身不会导致任何财产的转移。但是，一旦人们承认（如在我们所了解的历史的最早时期已经承认的那样），妇女在家父死后成为自权人，并与其兄弟享有相同的分享家庭财产的权利（或者，可能更为重要的是，如果她没有任何兄弟，便有权得到全部财产），她的宗亲属便可能有一种强大的动力，希望阻止家庭的财产通过她的婚姻而随她一起转移。

**离婚。**既然婚姻的存在是一种事实，它的结束也是如此。所需要的只是实际终止婚姻生活——丈夫与妻子分开，且无意再在一起。② 另一方面，夫权的解除只能通过一种法律行为，即采用与要式买卖相同的方式将妻子退卖给她的家父，或者某个其他人，后者然后可以将她解放，结果是她变成自权人。如果夫权是通过祭祀婚产生的，那么很显然结束它也有一个相应的祭祀除婚，③ 但是我们对它几乎什么都不知道。

虽然离婚不需要什么形式，但是我们听说了许多程式，它们的采用大概是一个习惯问题。④ 另外，虽然有效的离婚不需要任何理由，但一个罗马的丈夫不能轻易运用他的权力。习惯要求，在他打发他的妻子走之前，他应召集一个家庭理事会（他的妻子的亲属必须派代表出席这个会议）并表明他打算采取的行动具有充

---

① 下文，第 125 页。

② 但是，朱庇特神祭司的婚姻不可解除；Festus, s.v. *flammeo*, Bruns 2.9；Gell. 10.15.23。

③ Festus, s.h.v.（Bruns 2.7）；Plutarch, *Qu. Rom.* 50 明显与这有关，提到"许多奇怪和可怕的仪式"。

④ Corbett, Marriage, 224f.；Kaser, *RPR* 1.82。存在一个困难是，西塞罗说（*Phil.* 2.69）在《十二表法》中规定了"你自己管理你的物"的程式（参考 D. 48.5.43，但是，其中提到的可能是《关于惩治通奸罪的尤利法》；Volterra, *St.Biondi* 2.123ff.）。没有找到任何令人满意的解释：如果这些话语是法律所要求的，那么它们几乎不会在这个最传统的法律部门中被废弃；如果它们仅仅是一个习惯问题（Kaser, *RPR* 1.82），难以理解它们为什么该被包括在《十二表法》中。反对 Yaron, *TR* 28（1960）1ff. 的观点，参见 Watson, *TR* 33（1965）43f.。

分的理由。①普鲁塔克（Plutarch）②列出了一个有关理由的清单，他说这是由罗慕路斯制定的：通奸、饮酒、私自隐藏钥匙和巫术。以不充分的理由离婚可能招致监察官的处罚，③也可能在很早时期会有某种更加严重的后果，④但是，设想这种离婚是无效的，可能与罗马的整个趋势背道而驰。⑤

至此，我们只谈到由丈夫提出的离婚。但是，在这一法律中，如同我们知道它的那样，按该制度的逻辑要求，任何一方都能主动提出结束婚姻。即使妻子归顺夫权，她的丈夫的法定权力也不能超过她离弃他的事实，并且由于她因此可能仍处在他的夫权下，但不再是他的妻子，因而她能迫使他解放她。⑥但是，这不可能在早期法中存在，可能那时丈夫的权力足够强大，使处于夫权中的妇女提出离婚毫无可能。

## 二、家父权

罗马家父对其子女的完全的权力已经是众所周知的，而且罗

---

① Val. Max. 2.9.2；参考下文，第237页。

② Rom. 22。比较Dionys. 2.25。相关的讨论，参见Noailles, Fas et Ius 1ff.；C, W. Westrup, 1.1.77, 198。

③ Val. Max.（参见本页引书）说，公元前307年，监察官将L. 安东尼（L. Antonius）从元老院开除，因为他未经家庭会议的同意就赶走了他的妻子。

④ 根据Plutarch, Rom. 22所说，罗慕路斯的一项法律规定，如果一个人以被许可的理由之外的任何理由与其妻子离婚，其财产将被没收，其中一半给他妻子，另一半献给色列斯女神；而卖出自己妻子的人将被献祭给阴间诸神。关于此，参见Noailles, Fas et Ius 1ff.；Perrin, St. Albertario 2.405f.。

⑤ Mitteis, RPR 252。有一个值得注意的各种传统叙述相互吻合的说法（参见Corbett, Marriage 218），说曾经发生的第一起离婚是鲁加（Spurius Carvilius Ruga）的离婚，现在非常普遍地认为其年代是在大约公元前230年。但是，无论是从一般的可能性角度还是从相反证据的数量的角度（参见上文）都使这不可信。要么，这个年代肯定错了（Corbett, Marriage, 227f.），要么，它是第一起在妻子无过错的情况下（无子女）的离婚，或者是第一起嫁资被返还的离婚；参见Kaser, RPR 1.82n；Watson, TR 33（1965）38ff.。

⑥ Gai. 1.137a；下文，第236页。

马人知道这是他们特有的一种制度。它不仅延伸到所有家子和家女（只要她们没有被转到丈夫的夫权中），而且还延伸到家子的子女和更远的男系卑亲属，除了人的生存寿命的限制外，它不受任何限制。

年龄最老的男性尊长（家父）对属于他的后裔享有完全的控制，甚至到了处他们以死刑的程度。但是，这种生杀之权①不是一种专断的权力，而是受到一定的条件限制——这些条件当然由习惯确定并也可能由法律规定，即必须召集一个理事会对该案件进行听审；并且似乎家父受这个理事会通过的裁决的约束。②另外，只有家父享有私法上的权利：家庭的从属成员都不能拥有任何财产，并且他们的所有的取得直接归家父，正如一个奴隶的取得成为其主人的财产一样。处于家父权下的人，无论男女，未经家父同意，不能结婚，如果家子缔结有夫权婚姻，是家父取得对他们的妻子的权力。③有一个限制，可能从很早时期就存在：家父权与公法没有关系，处在家父权下的家子能够像家父一样自由地投票和担任执法官。④在私法方面，我们知道的在《十二表法》时期存在的唯一限制——如果能称它为一个限制的话，就是关于家父出卖家子三次，家子即脱离家父的规则。如我们已经知道的，⑤这条规则被用来使解放家子成为可能。

如果家父与子女间的联系能够通过解放的方式人为地打断，

---

① Yaron, *TR* 30（1962）243ff.
② 这种家庭内部法庭的存在已受到质疑，但是参见 Kunkel, *SZ* 83（1966）219ff.，他引证了共和国晚期和元首制早期对家子的审判的例子（Sen. *de clem*. 1.15.2；Val. Max. 5.9.1；Jos. *A.J.* 16.356）。关于对妻子的审判，参见上文，第 118 页。甚至女自权人也可能被审判。昆克尔推测，Gai. *Aug*. 85f. 中的那个不完全的片段涉及的就是《十二表法》中禁止无正当理由处死家子的规则（这些正当理由可能由家庭会议确定）。关于昆克尔对在通常的刑事审判中的"评议会"（consilum）的观点，参见下文，第 311 页以下、第 317 页。
③ 上文，第 115 页注释。
④ Pomponius, D. 1.6.9：家子在公共事务中被认为处于家父的地位，例如担任执法官以及被指定为监护人。
⑤ 上文，第 90 页。

## 第八章 《十二表法》时期的家庭法和继承法

它也能够通过收养人为地建立起来。在罗马，保持家庭连续性的愿望总是很强烈，并且特别重要的是，应该有一个家子将家庭的"圣物"或者家庭祭祀传承下去。在共和国时期的法律中，如我们所知道的，存在两种完全不同的收养形式，这是根据被收养人的不同而决定的，如果被收养人是处于家父权之下的人（即他权人），他仅仅只是被转给另一个家父，如果被收养人是家父（即一个男自权人），他要放弃自己的独立而归于其他某个人的父权下。[①] 在前一种情况下，其程序是纯正收养（从严格意义上说的），并且关于三次出卖家子的规则又被运用，以解除真实的家父的支配权。被收养的孩子（或者更确切地说是"被收养的人"——因为他可以是任何年龄的）被两次卖给第三人，而每次出卖后均被解放；于是他被第三次出卖，以致家父权无法挽回地消失。下一步是收养的家父应向现在对孩子掌握支配权的那个第三人提起诉讼，主张这个孩子是他的家子。这个诉讼当然是共谋的，结果是，该第三人不作任何辩护，执法官便将该孩子判给收养人，由此该孩子被转到收养人的家父权下。这是罗马法学家使用一种共谋诉讼以产生法律没有直接规定相关办法的那些结果的许多例子中的一个。[②]

自权人收养（adrogatio）是一件更为重要的事；首先由祭司们调查这个交易是否合乎需要，如果他们没有任何反对，然后则可以在一个祭司的主持下召开库里亚会议民众会议，该会议必须给予批准，这个制度便得名于向他们提交的提案（rogatio）或者法案。[③] 不难理解为什么这种收养需要宗教当局和民众大会的批准，

---

[①] 如果一个人处于另一个人的夫权、受役状态或者支配权（家父权或者主宰权）下，他或她就是他权人。除此之外的所有人都是自权人，并且如果是男性，就是家父，对于他们来说，家仅仅是同一事物的另一种说法，因为这个词与结婚和有子女都无关；新生儿，如果他不处于支配权下（例如，如果他是私生子），则是一个家父。"家母"这个词偶然作为与家女相对应的意义上使用（例如，D. 1.7.25），但是其较古老的意思似乎是"妻子"，实际上特别是指一个缔结有父权婚姻的妻子；参考在买卖婚中使用的套语，上文，第115页。

[②] 关于拟诉弃权，全面的论述参见下文，第149页。

[③] Gai. 1.99.

而对于纯正收养则无需任何人的批准。自权人收养，作为对一个自权人的收养，意味着一个家庭消失并被合并到另一个家庭。这个家庭可能只包括被收养人自己，也可能包括他本人以及处于其支配权之下的那些人（这些人将随他进入收养人的支配权下），但是在任何一种情况下，家庭都消灭了，必须作出相应的安排以继续其家祭。这无疑是祭司们特别关注的。①

一般认为，在《十二表法》时期已经存在自权人收养，虽然并没有任何实际的证据；该制度本身具有一种远古风格，并且最重要的是，库里亚民众大会作为最早的一种民众大会的形式，从共和国早期开始就不再作为一种政治机构起作用，②对它的采用说明自权人收养起源的时期在《十二表法》之前。在有史时期，为了进行自权人收养，库里亚民众大会是由三十个侍从官所代表的，每个侍从官代表一个库里亚，以致它的批准只不过是一个形式。但是，祭司们的初步调查仍是实质性的。

## 三、监护

在整个罗马法历史中，未达适婚年龄③的孩子需要一个监护人，在《十二表法》时期（及以后很长时期）任何年龄的女自权人也是如此。在这些情况下，进行监护的人被称为监护人（tutor）。除了由于年轻或者性别的无能力外，罗马法还承认另外两种情况，即精神病人和浪费人，不过在这些情况下，监护人被称作另外一个名称——保佐人（curator）。但是，必须理解的是，除非所涉及的人是自权人，否则就绝不可能存在任何一种监护的问题；一

---

① 可能的是，民众大会进行第二次表决，宣布被收养的自权人不再参与他的家庭祭祀（退出祭祀）。
② 上文，第19页。
③ 对女孩规定为12岁，后来对男孩规定为14岁；参见 Gai. 1.196；J.1.22 pr.。

## 第八章 《十二表法》时期的家庭法和继承法

个人如果处于支配权、夫权或者受役状态下，就不可能有监护人，因为监护人的首要职责（而且在后来的法律中是唯一的职责）是管理无能力的人的财产，而一个他权人不可能有任何财产需要管理。

在《十二表法》时期，关于指定监护人的规则极其简单。一个人可以在其遗嘱中为处于其夫权或者支配权下、在他死后将变成自权人的任何人指定一个监护人。① 在没有一个遗嘱② 指定的监护人时，监护属于那个根据无遗嘱继承的规则③ 在被监护人（未成年的孩子）死后将继承其财产的人，④ 也就是最近的那个宗亲属，⑤ 或者最近的数个宗亲属共同监护；在没有宗亲属时，监护属于族人。⑥ 对于解放自由人来说（他们不可能有任何宗亲属），监护属于庇主（即解放他们的人）或其子女。这不一定是由《十二表法》规定的，而是从解放自由人未留遗嘱死亡时庇主或其子女将取得对他们的继承权的规则中推出来的。⑦

精神病人的保佐首先归于宗亲属，如果没有宗亲属，则属于族人；⑧ 不可能有遗嘱指定。《十二表法》还规定了对浪费人财产的管理（浪费人保佐）。如果一个人浪费他作为自家继承人根据无遗嘱继承取得的财产，⑨ 他可能被执法官的令状禁止经营该财产，

---

① 当然，以此人需要一个监护人为条件。因此，他可以为他的妻子（归顺夫权的）和他的女儿（除非她缔结了有夫权的婚姻）指定监护人，不论她们的年龄大小，也可以为他的儿子或者一个已死的儿子所生的孙子指定监护人，只要他们在他死时未达到适婚年龄。另一方面，他不能为这样的人指定一个监护人，例如一个活着的儿子所生的孙子，因为那个孙子会处于他自己的家父的支配权下。维斯塔贞女也被免于监护。参见 Gai. 1.144ff.。

② 关于遗嘱监护追溯至《十二表法》的观点是根据那些关于《十二表法》第五表第7条提到监护的说法（参见下文，第139页注释）。但是，也有不存在这一说法的版本，而且 M. Wlassak（*Studien* 4, 19）由于拒不相信《十二表法》授予了比处分个人财产的权力更多的东西，而宁愿相信这些说法。

③ 除了女子能够继承财产但不能成为监护人。

④ 下文，第124页。

⑤ 下文，第122页。

⑥ 下文，第125页。

⑦ Gai. 1.165.

⑧ Tab. V.7.

⑨ 下文，第124页。换言之，他从一个直系尊亲属获得的财产。

于是对该财产的管理可能转给宗亲属。① 在后来,这种令状可能扩大到所有财产。②

监护制度(包括监护和保佐)在发达的法律中成为一种与我们一致的,意在保护无能力人免受他自己无经验、疾病或者浪费的后果,但在《十二表法》时期这显然不是它的主要目的。为了无遗嘱继承者或者至少是家庭的利益,监护权在那时是被分派③给无遗嘱继承的继承人,因为他们正是在被监护人未获得遗嘱能力④而死亡时将受益的人。在妇女监护方面,这特别明显;宗亲属被赋予对她们的权力,以防止她们丧失家庭的财产,或者在一桩不受欢迎的婚姻中将财产随她们一起带走。缔结有夫权婚姻需要监护人的同意,因此监护人能阻止他们不赞成的婚姻。⑤ 整个制度实际上是一种试图将财产保留在宗亲家庭内的制度。

## 四、宗亲属关系

在受同一家父支配的人的直接圈子外,还可以找出亲属关系,但只能根据宗亲原则,也就是只有男系亲属关系得到承认。如果

---

① *Epit. Ulp.* 12.2。毫无疑问,如果没有宗亲属,这里的保佐也属于氏族,但是没有文本谈到这一点。

② 关于在《十二表法》时期是否存在令状的问题存在争论。关于这里采纳的观点,参见 Solazzi, *Scritti* 3.245ff. ( =*St.Bonfante* 1.47ff. ); Kaser, *RPR* 1.85 ; 参考 *Epit. Ulp.* 20.13 ; D. 27.10.1 pr.; D. 28.1.18 pr.。该令状的格式被保存在 PS 3.4a.7 中:"因为你恶劣地挥霍你父亲的和祖父的财产,导致你的子女陷入贫困,我禁止你进行这样的活动(进行这样的胡作非为;根据 Kaser, *St.Arangio-Ruiz* 2.152ff.),也禁止你经商"。De Visscher ( *Etudes* 57ff.=*Mél. Cornil* 2.570ff.;参考 Collinet, *Mél. Cornil* 1.147ff.)认为父家与祖父的财产( bona paterna avitaque)是指浪费人的家父在遗嘱中留给他的财产,并且既然我们知道《十二表法》只适用于通过无遗嘱继承取得的财产,因此,他认为,这个令状只是后来当执法官认为将这一限制扩大到其他财产是可行的时候才产生。根据这种观点,在《十二表法》中,是宗亲属他们自己有权作出这种禁止。

③ 除了遗嘱指定监护人外。

④ 男孩通过达到适婚年龄,精神病人和浪费人则分别通过恢复神智和让人解除禁令。

⑤ 参考上文,第 116 页注释。

两个人处在同一个人的家父权下，或者有某个共同的祖先，而如果这个人在世，他们都会处在其权力下，那么这两个人就是宗亲关系。① 因此，两兄弟或者兄妹是宗亲属，一个人和他兄弟的儿子或者女儿也是，因为他们都处在同一个人，也就是一个的父亲和另一个的祖父的支配权下（或者如果他在世，会处于其支配权下），但是，一个人和他的姐妹的儿子不是宗亲关系，因为，他们决不可能处在同一支配权下——他们只是血亲，血亲是指所有的亲属，不论这种关系是通过男性，还是通过女性而联系的。如我们已经看到的，家父权的联系能够通过收养而人为地建立，这赋予被收养的孩子所有的如果他生来就处于支配权下就会享有的那些权利。另一方面，他失去同他以前家庭的全部宗亲联系，被解放的人也一样。夫权具有和家父权相同的效力；通过有夫权婚姻，妇女脱离她的家父的宗亲家庭，而进入她丈夫的宗亲家庭，在这一家庭中，她占据的地位类似于她丈夫的女儿的地位。

我们已经看到在与监护有关的问题上的宗亲原则的运作；更加重要的是它在无遗嘱继承中的运作，对此我们很快就要讲到。

## 五、死因继承

早期罗马法中只有很少的方面和死因继承法一样引起如此多的争论，因而必须对这一争论中的主要问题作些叙述。但是，如果我们首先概括地叙述一下我们所知道的这个法律在有史时期的最独特的特征，这些问题将会清楚些。②

罗马的这个制度的关键点是继承人（heres）或者概括继承人。当一个人死亡后，他的继承人，或者数个继承人共同地，统括地

---

① 或者，如果他们是父亲和子女，当然是宗亲关系。
② 另参见 Nicholas, *Introduction* 235ff.。

接过他的法律地位，并继承他的所有权利和义务（在它们本来是可转移的范围内）。继承人成为死者所拥有的财物的所有人，如果死者是债权人，他也成为债权人，而如果死者是债务人，他也成为债务人。当有数个继承人时，遗产在他们中间分享，这不是说每个人将得到属于死者的某些特定的财物，而是说他们将成为死者所拥有的全部财物的共有人；他们每个人都将有权获得对死者欠下的每项债务的一部分，也将有义务承担死者所欠的每项债务的一部分；而且他们对死者债务的责任不以其资产价值为限——如果他没有留下足够的财产清偿债务，继承人们必须自掏腰包清偿这些债务。

继承人或者数个继承人可以通过遗嘱指定（"设立"），也可能根据无遗嘱继承的规则确定，但是在没有一个继承人时，不能发生继承。而且，在自家继承人与家外继承人之间存在着重大区别。自家继承人是处在死者的支配权或者夫权下的、由于他的死亡而成为自权人的人。除此之外的所有继承人都是家外继承人。① 如我们将看到的，在家父死后优先享有权利的是自家继承人。例如，如果他留下一个从属于夫权的寡妇，一个生了一个儿子的家子，一个先死的家子所生的孙子，一个已出嫁的女儿和一个未出嫁的女儿，他的遗产将被分成四个部分，寡妇、家子、先死家子所生的孙子② 以及未出嫁的女儿每人各得一份。活着的家子所生的孙子得不到遗产；他不是一个自家继承人，因为他不由于他的祖父的死亡而成为自权人，而是处于他自己的父亲的支配权下。已出嫁的女儿也得不到遗产，因为只要她缔结的是有夫权婚姻，她就已经脱离她的家父的权力。

自家继承人与家外继承人在三个方面存在重要差别：(1) 他们

---

① 这里我们不涉及必要继承人；Gai. 2.153ff.。
② 如果先死的家子有几个孩子，则他们分享本来应该属于其父亲的那一部分——即继承是按代进行，而不是按人头；Gai.3.8.

在家父死后自动成为继承人,而家外继承人必须作出一个表示接受继承的"进入"(接受)行为;(2)作为相应的必然结果,自家继承人即使在不知情或者不愿意的情况下也会成为继承人——他们是自家的和必要的继承人;(3)同样地,如果家父立了一份遗嘱,也不能悄无声息地忽略他们;而是必须或者将他们设立为继承人,或者明确且郑重地剥夺他们的继承权——否则,该遗嘱必定无效。

遗嘱还可以从遗产中作出赠予(遗赠),任命监护人,或者解放奴隶,但是所有这些规定都不能生效,除非设立了一个或数个继承人。如果没有设立继承人,或者这种设立无效,整个遗嘱也无效。因为在遗嘱继承与无遗嘱继承之间划有一条明确的界线,这表现在"不得实行部分遗嘱继承和部分无遗嘱继承"的原则中。遗赠等不能由一个无遗嘱继承人承担,而且,遗嘱不能只处分部分遗产,而使其余部分按无遗嘱继承处理。

## 六、无遗嘱继承

根据《十二表法》,如果一个人未留遗嘱而死,首先有权继承的人是他的自家继承人。提到他们的权利所采取的形式值得注意。[①] 他们与其说是被给予遗产,不如说是被假定取得遗产,因为该法律只规定,"如果一个人未留遗嘱死亡且没有一个自家继承人,则最近的宗亲属将取得财产。"并且盖尤斯[②]说,他们被叫做自家继承人,因为"他们是家庭的继承人,甚至在他们的家父有生之年里,也在某种意义上被认为是主人"。关于这和上文已经提到

---

① Tab. V.4:如果某人未留遗嘱而死亡,又没有继承人,那么由家族中最近的宗亲来继承。另参见下文,第131页注释。

② 2.157:他们是家内继承人,而且在其家父活着的时候,他们也在某种意义上被认为是主人。参考 D. 28.2.11。

的自家继承人的地位的特殊性的解释，大概可以在法律发展的早期找到，那时，家父与其说是家庭财产的所有人，不如说是它的管理人，并且在他死后，自家继承人只不过是开始完全享有在某种意义上早已属于他们的东西。因此，他们自动地继承财产，并且因此，他们不能被排除，除非在一份遗嘱中以庄严的形式被排除；而且，如我们将看到的，① 在早期，遗嘱必须得到祭司的批准，并在民众大会面前作出。

在没有自家继承人时，由最近的宗亲属继承，或者如果有数个同一亲等② 的宗亲属，则由这数个宗亲属继承。③ 对于妇女和小孩来说，这必然是第一等级，这是因为，既然妇女不可能拥有家父权，她不可能有任何自家继承人，而一个小孩不可能有任何孩子。

必须注意的是，《十二表法》没有说这些宗亲属将是继承人，而说他们将"取得家产"。据此，有人已经推测，他们最初并不完全作为继承人被考虑，如同自家继承人，可能还有遗嘱指定的继承人那样，但是在有史时期，宗亲属肯定确实完全被算作继承人。④

在没有宗亲属时，由族人来继承。⑤ 我们不知道，他们是否作为一个团体取得财产，或者，如所使用的"gentiles"（族人们）这个词，而非"gens"（家族）所表明的，他们是否作为个体取得财产。看起来，至少在族人的权利还残存着的最晚的时期，继

---

① 下文，第127页以下。

② 亲等的计算根据是在家谱中从一个人到另一个人所要采取的步骤的数目；因而，祖父和孙子是第二亲等亲属，而叔叔和侄儿是第三亲等亲属，即从侄儿向上数两步到共同的祖宗再向下数一步到叔叔。

③ 在古典法上，"proximus"（近亲）作狭义的解释，并且如果最近的宗亲属拒绝继承，下一个近宗亲属也无权继承（即用评注者的话来说就是没有继承顺位）；Gai. 3.12, 22；Epit. Ulp. 26.5。但是，这条规则可能导致奇怪的结果，并且 Yaron（TR 25[1957] 385ff.）已经提出，最初，近亲只表示宗亲属不作为一个等级取得财产，并且，只是在裁判官承认血亲有权"遗产占有"（下文，第250页）的时候才采取限制性解释，而其效力在于将除最近发父系亲属以外的亲亲置于与宗亲平等的地位。

④ 参考 Buckland, Text-book 368；Manual 228。

⑤ Tab. V .5：如果没有父系亲属，则由氏族的宗亲取得。我们不知道，当最近的父系亲属拒绝时这是否也适用；比较 Buckland 369 和 Schulz, CRL 224。

承由个体取得,因为我们获悉,恺撒被"没收家族的遗产",①但是,在《十二表法》时期,这很可能是不同的。②

总的来说,没有长子继承权的痕迹,也没有男性比女性优先的痕迹。在自家继承人等级中,女儿与其兄弟平等地取得,并且同样地,在近宗亲属等级中,死者的(同一父亲所生的)姐妹将和兄弟平等分享财产,并将叔叔排除在外。

没有长子继承权,以及自家继承人继承的独特性,③被用来支持这样一种假说,即史前时期的基本单位是家长管辖的联合家庭,关于这,它首先与彭梵得的名字相联系。④对这种制度,有人主张在其他印欧语系民族中的相似之处,它不可能像古典的罗马家庭那样限制在一个活着的家父的直系卑亲属的范围内,而可能包括许多这样的家庭,它们生活在一起,并共同地使用家庭财产。这种联合家庭可能有一个行政首脑或者最高统治者(如我们将看到的,他由遗嘱指定),但是,家产可能仍属于所有家庭成员世世代代地共同所有(显然要受到会导致"移民"等经济压力的限制)。乍一看,这种假说看起来似乎可以由1933年发现的盖尤斯的那些片段所证实,⑤这些片段表明,在早期法中,自家继承人之间存在盖尤斯所称的一种合伙,据此,他们仍对他们已经继承了的财产享有共同的所有权,每个人都有权处分全部的财产。但是这种合伙明显与假设的联合家庭极其不同。因为,没有任何行政首领的痕迹,⑥而如果联合家庭要作为一个稳定的组织存续下去,这是必

---

① Suetonius, *Caesar* 1.2。保存下来的最晚近的证据是公元前8年—公元前2年的图里亚颂词(Laudatio Turiae)(Bruns 1.321),它暗示着存在宗族监护。Gai. 3.17说:氏族法已经完全被废弃不用了。

② 但是,参见下文,第138页。

③ 上文,第124页及下页。

④ *Scritti* 1(Turin, 1926);*Corso* 6.37ff.。家长的联合家庭是 C. W. Westrup, *Introduction to Early Roman Law*, vols. 1—3(London and Copenhagen, 1944, 1934, 1939)的中心论题。

⑤ 下文,第389页。

⑥ De Zulueta, *Gaius* 177;对于此观点及其他观点,参见 Crook, *Class. Quart.*(1967)113ff.。

不可少的。事实上，恰恰相反，这是一种独立的平等者的合伙；它的存续只以所有自家继承人都不决定解散它为条件，而只要它确实存续，他们中的每个人都有权处分其全部财产。由于这些及其他的理由，彭梵得的理论已经失去支持，但是，由于它对有关罗马遗嘱的起源的争论也很重要，因而关于它的进一步思考容后再述。

## 七、遗嘱继承

当我们从无遗嘱继承转换到遗嘱继承时，我们在确定《十二表法》时期的法律状况方面的困难变得大得多了。我们知道存在某种遗嘱，[1] 而这本身是一个值得注意的事实，因为大多数民族在其法律发展的相应阶段还没有发明出遗嘱。遗嘱的存在意味着一个人对其财产的权力延续到他的有生之年以后，意味着他能够将财产从那些本来依法在他死后会取得它的人手中拿走而说其他的什么人将获得它。我们如此习惯于这种财产权的极端发展，以致我们认为它是自然的，但是实际上，这一发展一般只在一个民族法律史的后期才到来。[2] 我们还知道，《十二表法》将遗嘱继承放在无遗嘱继承的前面规定，[3] 并且罗马人在其整个历史上，一直认为遗嘱继承是正常的。[4] 但是，除了这些事实外，其他所有的都或

---

[1] 无遗嘱继承的规则预先假定了制作遗嘱的可能性："如果未留遗嘱而死亡……"。并且《十二表法》第五表第 3 条 "那些遗赠其物的……"（uti legassit...suae rei）可能是指某种死因处分，但其准确含义存在争议；参见下文，第 139 页注释。关于"遗嘱"（testamentum）一词的早期来源，参见 Goldmann, *SZ* 51（1931）223ff.。

[2] 参考 H. Maine, *Ancient Law* 207ff.。

[3] 上文，第 109 页。

[4] 实际上，彭梵得认为，这种遗嘱是很早就有的，但仅仅是为了指定联合家庭的首领（上文，第 126 页）；财产仍是共同的。进一步参见下文，第 131 页及下页。

多或少是看似合理的推测。我们可以将存在意见分歧的主要论点列举如下：

## （一）在《十二表法》时期存在什么类型的遗嘱？

我们从盖尤斯[①]那里知道，"在最开始存在两种遗嘱，一种是召集民众会议立下的遗嘱，另一种是战前立的遗嘱"。前者在库里亚民众会议上进行，通常一年为此目的召集两次这种大会，[②]可能由祭司长主持，这被称为民众会议的召集（comitia calata）。[③] 战前遗嘱在公民集合成军队列阵，而非民众会议时举行，"因为"，盖尤斯说，"战前是整装待发的军队"。"因而"，他继续说，"他们在和平和安宁时期立一种遗嘱，而当他们在出发打仗前立另一种遗嘱。"根据其他原始文献，[④]似乎战前遗嘱的订立时间是在两次占卜之间，并且公民士兵在三个或四个战友听取的情况下立下它。[⑤]

除了这两种公共形式的遗嘱外，[⑥]还有一种——至少在后来是有的——私人形式的遗嘱，即称铜式遗嘱（要式买卖遗嘱）。这在表面上一种要式买卖，即遗嘱人将其全部财产采取要式买卖的形式卖给一个朋友（在此被称为"家庭买主"），并请他按自己的指示在自己死后处分该财产。如我们所知道的，这是一个真正的遗嘱，导致一个继承人的设立（他是除了家庭买主外的某个人），并且到共和国晚期，它是通常的形式，甚至在古典法中仍是如此。[⑦]

---

① 2.101。
② 根据蒙森（StR 2.38；Röm. Chronologie 242f.）所说，其日期分别是 3 月 24 日和 5 月 24 日。
③ 这个词明显只有当民众会议在宗教当局召集时才适用。
④ Schol. ad Verg. Aen. 10.241, Bruns 2.77；Plut. Coriolanus 9.
⑤ Scherillo, Scr. Giuffrè 1.781ff.，推测战前遗嘱不是在人民实际上处于战斗序列时所立，而是在百人团会议面前所立（上文，第 20 页）。因此，它也可以对平民开放，他认为，平民被排除在库里亚会议之外，因为他们没有氏族；但是，参见上文，第 18 页注释。
⑥ 这两种形式在共和国末期都已废弃不用。
⑦ 下文，第 242 页。

但是，在起源上，很明显的是，与其说是一种遗嘱，不如说是防止不可能立遗嘱的情况发生的一种手段。但是，由于我们从盖尤斯那里知道，在早期已经存在另外两种形式，我们不得不问，在什么意义上说不可能立遗嘱。普遍认为，要式买卖遗嘱的出现是为应付紧急情况作准备，在这些情况下，遗嘱人不可能等到下一次民众会议的召集，从这个意义上说，立遗嘱是不可能的；更为可能的是，如下文所提出的，它实现了一种超出会前遗嘱的范围之外的目的。

人们争论，在《十二表法》时期是否存在要式买卖遗嘱（以其早期形式）。一方面，如我们已经知道的，盖尤斯说，"在最开始"存在其他的形式，并且他说要式买卖遗嘱"被增加到较早期的形式中"。由于罗马人总是认为《十二表法》是基础，这表明，盖尤斯认为要式买卖遗嘱是一种后来的引进。另一方面，在要式买卖遗嘱的程式中，出现了"根据公法"（secundum legem publicam）这些词语，这很可能是对《十二表法》的一项规定的援引。但是，即使在《十二表法》中能找到要式买卖遗嘱的起源，我们所知道它的那种形态无疑也是后来的一种发展，因此，我们应将关于它的讨论推迟到后面的章节。① 这里，我们只应考虑在会前遗嘱方面所产生的问题。

## （二）人民在会前遗嘱中所发挥的职能是立法者的职能，或仅仅是见证人的职能？

乍一看，似乎很明显，他们的职能是立法者的职能，也就是他们必须通过他们的表决批准遗嘱人打算立的那份遗嘱。遗嘱一般意味着对一个人的家庭，或者家族在他死后对其财产的法定权利的干预，因此，似乎很自然的是，这种干预应当首先被准许，而这只有经主权人民本身在一种私人性质的议会法令中批准，就

---

① 下文，第242页以下。

如同自权人收养那样，而在这种情况下，肯定进行表决。实际上，这种遗嘱可能仅仅是自权人收养的一种形式。① 但是，许多学者持相反观点，认为没有表决，人民被召集仅仅是为了见证遗嘱人的宣告。这种观点的主要论据是：（1）testamentum（遗嘱）这个词本身与 testis（即见证人）相联系，并且后来的要式买卖遗嘱的程式完全可能来自于会前遗嘱，包括向见证人呼吁——ita do ita lego ita testor, itaque vos, Quirites, testimonium mihi perhibetote。② （2）根据拉贝奥③所说，会前遗嘱是在人民的非正式会议上作出的，而在非正式会议上从来没有任何表决。④

## （三）会前遗嘱是否和发展了的法律中的遗嘱一样，任命一个概括继承人，或者只包括遗赠？⑤

在这两种观点中，前一观点现在可能是被普遍接受的，而后一观点是勒内尔（Lenel）所强烈主张的。⑥ 他认为，在《十二表法》

---

① 参见下文，第 130 页。Koschaker, SZ 63（1943）449ff.，发现在《十二表法》以前至少 1000 年有一个赫梯（Hittite）国王的遗嘱与作为一种立法行为的会前遗嘱相类似。

② "因而，我给付、委托并且立下遗嘱，我请你们这些公民们为我作证。" 参见 Gai. 2.104，和下文，第 243 页。

③ 这是由莱流斯·费里克斯（Laelius Felix）所报道，引自 Gell. 15.27.1—3。

④ 非正式会议（Contio）是由执法官召集的一种非正式的人民的集会，其目的是听各种演说，例如在对某项立法提议表决前。但是，似乎没有理由的是，拟议中的遗嘱为什么不应该同样地先在非正式会议上宣读，然后人民再对它进行表决。参见 Paoli, St. Betti 3.529ff.。一个折衷意见可能是：最初是一种立法职能，后来退化成仅仅是见证的职能。因而，Girard（Manuel élémentaire de droit romain, 853）猜想，这一改变由《十二表法》明确下来。他指出（同一著作，第 855 页），战前遗嘱肯定是在这个变化后引进的，因为在这种遗嘱形式中，公民士兵只可具有见证的职能，并且，由于只有年少者（年龄在 46 岁以下的男子）构成现役部队，而他们不可能拥有比他们年长的人也没有的遗嘱自由。（根据谢里洛的观点，上文，第 127 页注释，两种遗嘱都是立法行为。）

⑤ 还有监护人的任命，如果 Epit. Ulp. 11.14 中给出的关于《十二表法》第五表第 7 条的版本是正确的话：那些遗赠其特殊的财产，指定人管理其财产的，有效；参见下文，第 139 页注释。

⑥ Essays in Legal History, ed. Vinogradoff 120ff., repr. Labeo 12（1966）358ff.；以及 SZ 37（1916）129ff.。关于批评的意见，参见 Buckland, LQR 32（1916）97ff.。

时期，唯一的真正继承人是无遗嘱继承人；而通过遗嘱产生一个相同的概括继承人的可能性直到要式买卖遗嘱发展的后期才出现，那时家庭买主不再有任何实际的作用，对于他，要式买卖只不过是一种为将遗嘱规定的权利和义务转给书面的板子中提到的继承人所必要的仪式。[①] 勒内尔认为，在普劳图（Plautus）[②] 时代还没有发生这一变化，因为他认为在普劳图的戏剧里，没有任何通过遗嘱指定一个继承人的痕迹。勒内尔的论点部分是依据在《十二表法》涉及遗嘱的片段中对 legare 这一词的使用（uti legassit……suae rei, ita ius esto），但是很可能，这里是指早期的要式买卖遗嘱[③]，如我们将看到的，[④] 它的产生可能是为规避不能通过会前遗嘱作出遗赠的情形。但是，勒内尔的叙述中无法克服的困难是解释罗马的遗嘱究竟如何发展出在成熟法中成为它的特性的那些特征，并且困难尤其在于，整个遗嘱的效力为什么最终依赖于指定继承人。这么基础性的一项规则不可能只是要式买卖遗嘱后来发展出的副产品。也很难相信，如勒内尔所主张的，命令式的 heres esto（即据以指定继承人的那些词语）产生于作为让与的一种转变形态的要式买卖遗嘱，而非最初的会前遗嘱形式本身，而在后一种形式本身是一种准立法的形式，使用祈使语气似乎是很自然的。

但是，在某种程度上，勒内尔也涉及到否认早期的遗嘱能在家庭之外指定一个继承人。他认为，如果是这样，那么罗马法将是独一无二的。其他的早期法律制度没有一个产生了与真实的或者拟制的（即通过收养）血亲无关的概括继承人。在希腊法和早期的日耳曼法中都发现，遗嘱处分开始时有两种。一方面存在收养，

---

[①] 下文，第 243 页。
[②] 死于公元前 184 年（如果 Cicero, Brut. 60 的叙述是可靠的话）。
[③] 在这一片段中"legassit"（其原形是 legare）可以作不同的解释。可以解释为"遗嘱"，也可以解释为作为要式买卖的约款的遗赠。考虑到规定要式买卖的《十二表法》第六表第 2 条中也出现了极为类似的"ita ius esto"，因此也可以推测是以要式买卖形式进行的遗赠。
[④] 下文，第 244 页。

这使一个无子女的人获得一个将获得亲生子地位的继承人，另一方面存在对各种人实行的特定财产的遗赠，这些遗赠是一个人在世时作出的，但只有他死后才生效。在勒内尔看来，罗马的相等同的情形分别是自权人收养和会前遗嘱。虽然在这方面大多数人的意见不追随他，但是，其分歧并不总是很明显，因为我们正在问的问题已经变了。我们不再简单地问，会前遗嘱是否限于作出遗赠，而是更广泛地涉及这种遗嘱在何种程度上可以干预无遗嘱继承的顺序。这个更宽泛的问题需要单独加以探讨。

## （四）谁能够被遗嘱指定为继承人？

在发展成熟的法律中，如我们已经知道的，[1]任何人都可以被指定为继承人，无论他仅仅是数个自家继承人中的一个，还是完全来自于家庭之外，但这种遗嘱自由受到这样一个条件的限制，即如果不指定一个自家继承人，必须明确且正式地剥夺其继承权。现代学者占主导地位的观点是，[2]这种对自家人权利的保护，反映了法律最初的一种状态，在这种状态下，他们根本不能被剥夺继承权。家父不能自由地在死亡时处分家庭的财产。他所拥有的是作为一个家产的受托人或者管理者的那些权力，这些权力和他关于家祭的职能一起，自动地被移交给那个自家人（或者所有的自家人）。在这一阶段，不会有遗嘱的位置。最先感到需要遗嘱是在这样一种情况下，即没有自家人，而且由于某种原因，不想由最近的宗亲属取得财产。[3]这种需要可以通过收养的方式得到满足（事实上，如我们刚看到的，在其他早期的制度中就是如此），

---

[1] 上文，第 123 页及下页。

[2] Kaser, *RPR* 1.92ff., 95ff.; Wieacker, *Fschr. Siber* 1ff.; Arangio-Ruiz, *Istit.* 510。这种观点与梅因（《古代法》，第六章）及其他 19 世纪作家的观点并无本质区别。

[3] 参考上文，第 125 页。

并且这可能是会前遗嘱与自权人收养之间明显相似的原因,这种遗嘱在起源上可能是一种延缓到收养人死亡才生效的自权人收养。如果,并且只要它被认为是一种自权人收养,它当然限于在没有自家人时任命一个家外人,而且也尤其不可能被用于任命一个自家人而排除其他自家人。这到底是不是可能的,我们无从知道,因为整个遗嘱很早就废弃不用了,因而我们的资料很贫乏。①

这种叙述的大概框架得到广泛接受。我们必须将上文已经提到的彭梵得的观点②与它对比。彭梵得认为,遗嘱在起源上不仅仅是为在没有自家继承人时转移财产而提供的一种例外手段,而且从最早时起就是一种通常的制度,用于从数个家子指定一个作为联合家庭的行政首领或者最高权力的继承人(财产仍处于所有成员的共同所有权下)。因而,它占据的是在一些其他法律体系中长子继承权原则所占据的地位。在罗马,前任的指定对于公共职务的继任总是起着一种重要的作用,③由于家长的地位类似于一种公职,因而很自然地想到,完全不知道长子继承权的罗马人也运用指定来处理这种情况。彭梵得认为,只有这样,我们才能说明甚至在很早时期遗嘱继承就优越于无遗嘱继承的原因,并且只有基于由继承人来继承的是一种最高权力的假设,我们才能解释"不得实行部分遗嘱继承和部分无遗嘱继承"(nemo pro parte testatus, pro parte intestatus decedere potest)的规则。④对于一种仅仅从财产的角度看待继承的制度,这个格言没有任何根据,但

---

① 乍一看,似乎《十二表法》的规定"未留遗嘱死亡,且没有自家继承人",隐含着一个人即使有自家继承人,仍可以任命其他继承人(参见,例如,Franciosi, *Labeo* 10 [1964] 352ff.),但是,它同样很可能只设想了一个人没有自家继承人,应该立遗嘱而未能立遗嘱的情形。关于第三种解释,参见下文,第99页。
② 上文,第126页,引用的相关论著。
③ 参考上文,第30、55页,以及下文,第341页。
④ "一个人不能部分有遗嘱,部分无遗嘱而死亡",也就是,如果一个人的确留下了一个有效的遗嘱,它必须处理他的全部的继承问题。因此,如果张三被指定为某特定财物的继承人,即使遗嘱人设想的是其余财产作为无遗嘱继承来处理,张三仍取得全部财产;Buckland 296。

## 第八章 《十二表法》时期的家庭法和继承法    171

是，一个家庭不可能有两个家长，一个由遗嘱任命，而另一个直接依法产生，这是完全可以理解的。遗赠完全是一个不同的问题：它们是死因赠与的一种发展，并且《十二表法》中"uti legassit"等词语可能正是对它们适用的。直到很久以后，才能够指定一个非家庭成员作为继承人。①

彭梵得的理论有一个很大的优点，即说明遗嘱是一种古老的制度，而不必假设甚至在原始时期可能就有一个与死者无血缘或者收养关系的"概括继承人"，但是（甚至除了上文②说明的对罗马早期的联合家庭观点的反对意见外），它产生的问题比它所解决的问题更多。例如，它不能解释自家人如果不能继承则必须明示剥夺继承权的规则。③这一规则实际上肯定是依据一种授予所有自家人的原始的继承权，这种权利只能由于家庭的首领直接行使专制权而被取消。按照彭梵得关于在遗嘱下，一个家子的继承是正常的理论，就不可能有这种权利，并且更进一步的规则，即在订立遗嘱以后出生的自家人（后生子）④将推翻该遗嘱，变得完全不能理解。⑤如果一个人已经立下遗嘱，指定了一个家子，那么，因为一个小孩出生而废除该遗嘱可能是毫无意义的，在至少还有其他人的情况下，没有人一定会想到指定这个孩子为"最高权力者"，除非他长大成人。女子的继承权也很难——如果不是不可能的话——根据彭梵得的理论进行解释。⑥

132

---

① Lévy-Bruhl, *Nouv. Et.* 33ff.（参考同一作者，*Mél. de Visscher* 2.137ff.；Stojčević, *Mél Lévy-Bruhl* 273ff.）将彭梵得的理论对《十二表法》的规定进行了一种极端的适用：未留遗嘱死亡，且没有自家继承人（上文，第95页），据此，这些词语是指"如果一个人未留遗嘱而死亡，因而没有自家继承人成为其继承人"，其假定继承只适用于一个依遗嘱继承家庭的最高权力的家子；如果他未在遗嘱中被任命，他可以作为最近的父系亲属取得财产，但并不取得家庭的领导地位（D. 38.16.12）。

② 第126页。

③ Gai. 2.123ff.

④ Gai. 2.130ff.

⑤ Rabel, *SZ* 50（1930）295ff., 330。整篇文章是对彭梵得的理论的尖锐批判。

⑥ Rabel, 前引书, 第321页。

在没有更多的证据的情况下，这个谜团肯定难以解开，但是可能性更大的一种推测是，对于罗马人——和其他民族一样，指定一位"概括继承人"的遗嘱最初可能只在没有亲生的卑亲属当然地进行继承的情况下订立。很可能，只是随着要式买卖遗嘱的发展，它才不仅仅可以实现彭梵得认为是遗嘱的首要职能——即选择一个自家继承人而排除其他自家继承人，[①] 而且，作为一种逻辑结果，能够排除所有自家人，而任命一个优先于他们的家外人。

还可能的是，会前遗嘱限于任命一位继承人，并且要式买卖遗嘱的最初目的是实行遗赠，但这个问题将在后文作更全面的考虑。[②]

---

[①] Wieacker, *Fschr. Siber* 1ff. 论证说，这一发展在公元前 4 世纪后半期才出现。Solazzi, *Iura* 4（1953）149ff., 甚至主张，到公元前 111 年《土地法》那么晚时，要式买卖遗嘱仍不可能设立一个继承人。

[②] 第 242 页以下。

# 第九章

# 《十二表法》时期的奴隶制和奴隶的解放

　　奴隶制是古代社会所有民族——无论是文明的还是野蛮的——共有的一种制度，并且在罗马，它肯定从最早时起就得到承认。在那时，和所有时候一样，其主要来源是战俘，并且毫无疑问，一个女奴所生的孩子成为拥有该女奴的人的奴隶的规则可以追溯至远古时代。诸如古典时期存在的那些对这一规则的较小的修改是由于后期的"在任何可能的情况下有利自由"的原则，无疑在最早的法律中是没有的。就法律而言，在罗马，奴隶一直是一件财产，并且，就我们所谈的这个时期而言，对奴隶主任意处置奴隶的权力的任何限制仍是极其遥远的事。只有从以下两方面，我们才能说市民法承认奴隶的人的属性：（1）奴隶主可以通过奴隶获得财产的可能性；（2）奴隶通过解放而成为自由人，在解放后不能被拥有的资格。

## （一）市民法规则是，由奴隶实施的一种法律行为在对主人有利时有效，但不能使主人处于任何责任下。

　　因而，在后来的法律中，奴隶能为其主人作出一项要式口约，因为要式口约是一种单方面契约，从中仅产生允诺一方的义务。于是，甲的奴隶问乙："你愿意付给我的主人10吗？"而乙回答说:"我愿意。"因此,乙欠甲10。对于买卖来说,则并非如此,因为买卖是一种双边契约,卖者只是以承担交付出卖物的义务换取一种对于支付价金的权利。因此,如果甲的奴隶声称将甲的财产卖给乙,乙不能强迫甲做任何事,但是只要甲愿意,他能够强制乙执行该合同,当然以他愿意履行自己的义务为条件。这些例子属于比《十二表法》更晚近的时期,但是没有理由怀疑这个原则是古代的。在古典时期,奴隶能代表其主人通过要式买卖获得某物,①因为,一旦要式买卖变成一种纯粹的转让,而不必实际支付任何价金时,可以推断他应该能够这样做。②但是,对于奴隶来说,不能进行拟诉弃权,因为如盖尤斯所说,③他不能主张任何东西是他自己的。

134    一个人的法定权利可能受到其奴隶行为的不利影响的唯一途径,就是通过奴隶所作出的非法行为。因为如果奴隶做了非法行为,其主人要么必须支付损害赔偿,要么失去他的奴隶。但是,这不能被认为是承认奴隶的人的属性,因为对于由动物造成的损害,也适用极其类似的规则。④

## (二)奴隶的解放。

发达的市民法知道三种解放奴隶的方式,在被正确实施的情况下,它们都具有不仅使奴隶自由,而且使他成为公民的效力。

### 1. 登记。

这是指经奴隶主人的同意,将奴隶登记到在人口登记时编制的公民名单中。⑤虽然是奴隶实际将自己的名字报给负责人口登记

---

① 关于详细的讨论,参见 Buckland, *Slavery* 712ff.。
② 参考下文,第143页及下页。
③ 2.96。
④ 下文,第171页。
⑤ 上文,第51页及下页。

的执法官，但是当然必须取得其主人的授权，并且，如果未得到授权，执法官会拒绝接受该名字，无疑，如果执法官本人认为这个人不适于取得市民籍，他也一样会拒绝。

人们争论，这是一种宣告性的行为，还是一种设立性的行为，也就是，执法官是否虚拟地记录此人已经是一个公民，或者，是否登记到名单本身改变了这个人的身份（正如在拉丁殖民者的名单中登记会使一个罗马家子成为一个拉丁人一样）。[①] 由于很清楚的是，执法官有权在这个名单内改变一个人的地位，[②] 因而，较为可能的观点[③]是，至少在早期，设立性质的解释是正确的。在共和国后期，当取得市民籍的途径更多，而错误的可能性更大时，另一种观点很可能占优势。

## 2. 诉讼。

一种更为普通的方法是为解放的目的，采用一种特定的诉讼形式，在这个诉讼中诉请自由（自由权诉讼）。[④] 当然，可能发生一个被认为是奴隶的人希望主张他实际上是自由的情况。在这种情况下，他不能自己提起这个必要的诉讼；他必须让某个公民充当辩护人（自由辩护人），而且其程序采取誓金法律诉讼的形式（只要法律诉讼仍然被使用时）。[⑤] 各方来到执法官面前，辩护人用权杖(vindicta, festuca)触碰这个人，宣称他的自由；然后，被告也触碰此人，宣称他是他的主人，最后，经过进一步的程式以后，[⑥] 该事项被提交给一个承审员以普通的方式进行审判。

---

① Gai. 1.131.
② 上文，第52页。
③ Last, JRS 35（1945）35ff.；Daube, JRS 36（1946）60ff.；Watson, Persons 186f. 对此表示怀疑；关于对宣告行为的观点的重述，参见 Frezza, St. de Francisci 1.201ff.。
④ 但是，参见下文，第135页注释。
⑤ 下文，第180页。
⑥ 和在任何其他誓金之诉一样，但是有一个特殊规定，即赌誓的金额决不能超过50阿斯，以免妨碍人们充当辩护人；参见 Gai. 4.14。

135　　如果一个主人想运用这个程序释放他的奴隶，他让某个公民（实际上，通常利用执法官的一个侍从）充当辩护人，并声明此人是自由人；然后，主人保持沉默而不对这一要求进行辩驳（而当参与一个实际的自由权诉讼时他会辩驳），从而承认该要求。但是，在这里，他确实也要将其权杖放在此人身上，因而实际上，这个程序似乎是从他的这种行为，而非辩护人的行为得名的。① 然后，随着执法官宣告此人是自由的，从而结束该程序。②

　　因此，诉请解放在形式上是一种共谋诉讼，但是和拟诉弃权一样，它也不能简单地照此来解释。不仅执法官③知道这种交易的目的，而且其效果与普通诉讼情况下的效果也不相同。因为解放不仅仅在当事人之间有效：这个人实际上变成自由的，并且他只是从解放那一刻起变得自由，而自由权诉讼的支持自由的判决必然会隐含着这个人在诉讼开始之前就已经是自由的。他也成为他的前主人的解放自由人，而如果他一直是自由的，他根本不可能是一个解放自由人，而是生来自由人。诉请解放实际上是一种拟诉弃权的形式，并且在这里，我们也必须涉及一种混合制度，它无疑作为一种共谋诉讼开始，但逐渐被认为是某种完全不同的东西。④

---

① Karlowa 2.133.

② 根据某些非法律文献（Karlowa 2.133 n 4；参考 Wlassak, *SZ* 28 [1907]，2f.），似乎主人还打奴隶一记耳光，并让他转身，但可能这些行为（很容易发现它们的象征意义：Nisbet, *JRS* 8, 1918, 8ff.）不具有任何法律意义，并且他们甚至不是早期的形式（Charvet, *SDHI* 19, 1953, 334ff.）。

③ 这个执法官并不必定是裁判官或者行省总督；任何拥有治权的执法官都能行使这种"自愿管辖"。

④ 下文，第 149 页及下页。值得注意的是，罗马人自己从未说诉请解放或者拟诉弃权是虚构的，而盖尤斯（Gai.1.113, 119）确实称要式买卖为虚拟买卖；Wlassak, *SZ* 28（1907），76. 因而，Lévy-Bruhl, *QP* 56ff.，论证说，它与自由权诉讼无关，而是主人解放奴隶的一种直接行为，随之是裁判官的宣告。另参见 Meylan, *St. Arangio-Ruiz* 4.469ff.，并参考下文，第 150 页。但是，列维·布鲁尔赖以立论的特征很可能将被解释为后来的发展；Kaser, *SDHI* 16（1950）75ff.。

## 3. 遗嘱。

遗嘱解放是这三种形式中最常用的一种，因为一个人如果生前不喜欢放弃其财产，可能不反对在损害其继承人的情况下慷慨些。自由的给予必须像遗赠一样，采用命令式的词语，通常的形式是"斯蒂科获得自由"或者"他要允许斯蒂科自由"；还像遗赠一样，它依赖于整个遗嘱的效力，并且，在继承人是一个家外人时，只能从他接受的那一刻起生效。

关于这三种形式的相对古老性，我们几乎没什么可说。遗嘱解放肯定和《十二表法》一样早就存在，因为我们发现其中提到了有条件的给予自由，[①]并且只有对这种形式才能附加条件。我们不知道在这一时期是否也存在另两种形式。[②]

有人认为奇怪的是，被解放的奴隶不仅是自由的，而且成为一个公民，从而一个私人有授予市民籍的权力，因而有人推测，这一规则不是早期的。但是，这涉及一种为古代观念所不熟悉的自由与市民籍的明显分离。[③]在一种属人法的制度下，[④]如果一个人是自由的，他必定属于某个他依其法律生活的共同体，而奴隶是根据罗马法被解放的，他所属的共同体必然是罗马共同体。同样地，由一个异邦人在罗马解放的奴隶，取得他的主人的身份。[⑤]所以，和现代社会的一个共同原则，即外国的妻子取得或者有权取得其丈夫的国籍一样，这一切并不令人奇怪。在这两种情况下，作为一个私人的公民都能够被视为行使了一种授予市民籍的权力。实际上，看起来，对于罗马人来说，在最初，并不是该公民自己授予了市民籍。因为，在诉请解放和登记解放中，公共当局明显以执法官的形式参与了，而如果遗嘱解放可追溯到会前遗嘱，那

---

① Tab. Ⅶ.12.
② 参考 Daube, *Forms* 72ff.；Buckland, *Slavery* 443。
③ 关于其产生的结果，参见 Volterra, *St. Paoli* 695ff.。
④ 上文，第103页。
⑤ Volterra, *St. de Francisci* 4.73ff.

么它最初肯定要求民众大会的批准。当然，最终，由于私人的称铜式遗嘱的发展，以及随着人口的增加，执法官不可能知道被带到他面前请求解放的人的所有情况，因而这种控制流于表面，但是它在早期的存在大概恰恰可以由解放确实授予市民籍这个事实来说明。

在希腊的城邦，确实，被解放的奴隶被给予的仅仅是住民（metic）或者居住的异邦人的身份，但是住民是其居住地所在共同体的一个成员，尽管不是一个全权公民成员。以同样的方式，罗马人最后通过《优尼亚法》（*lex Iunia*）（可能是在公元前17年）授予被不完善解放的奴隶以拉丁人的身份。[①] 在早期的罗马社会，没有这类二等成员。如果有什么令人奇怪的话，那就是直到《优尼亚法》之前，这种情况一直没有产生（或者有所调整）。

---

① 下文，第345页。但是住民所处的地位比尤尼亚拉丁人要好。

# 第十章

# 《十二表法》时期的财产法

## 一、要式物和略式物

物的本性迫使如果不是所有的，至少也是大部分的法律制度区分土地与所有其他类型的财产，因为土地是生产食物和建造住宅所必要的，而且与其他物不同，它不能被移动。在英国法上，在区分"不动"产与"可动"产的名义下，这种对比尤其显著；在罗马法上，虽然它在《十二表法》那么早的时期就存在，[①]但它是一种不同的、纯粹的罗马式的区分，即要式物（res mancipi）和略式物（res nec mancipi）之间的区分，使其意义相形见绌。要式物是处于罗马式的所有权之下的土地、[②]奴隶、用来牵引和负重的牲畜（包括牛），以及处于罗马式的所有权之下的土地的乡村地役权；[③]除此以外的所有其他物是略式物。在发展了的法律中，这种区别的意义在于，对要式物的完全的市民法上的所有权的转让只能通过被称为要式买卖的这一庄严的转让方式，或者相等同

---

[①] 时效取得的时间根据涉及的是动产还是不动产而不同；参见下文，第152页。

[②] 自市民籍扩大到整个意大利后（上文，第66页），这是指在意大利的所有土地，但是，当市民籍被进一步扩大时，没有得出这样一种推论，即新公民的土地能够产生市民法所有权。但是，行省的土地偶尔地可以通过授予意大利权而在法律上被视为在意大利的土地；下文，第267页。

[③] 下文，第157页。

的拟诉弃权方式，而略式物的所有权可以仅依据交付（traditio）来转让。因而，如果甲想给乙赠送一只绵羊，并为此将绵羊交付给他，则该绵羊便立即成为乙的完全的市民法上的财产。但是，如果甲想给乙一头牛，并同样交付给了他，这头牛仍是甲的市民法上的财产，因为牛是一种要式物，而绵羊不是。

不难看出，被称为要式物的那些特定种类的物应予以特殊对待的某些理由。在一个既是农业的、又是好战的定居的共同体中，它们是最为重要的那些物：土地；用以耕种土地的奴隶和牲畜；在土地远离公共道路或者在它上面没有水时，要对它进行耕种就必须有的通行权和取水权；以及打战用的马匹。[①] 这类物不允许像较不重要的物所能够的那样从一人之手转到他人之手；如果对它们的所有权要发生变化，必须有一种公开的转让行为，如果以后发生争议，可以作为其证明。[②] 然而，这类要式物，就其在发展了的法律中表现出来的而言，可能和它在某个较早的时期不完全一样。要式买卖的仪式根本不适于土地的转让，因为它包括了受让人抓住所要取得的物，[③] 而抓土地是一件不可能的事，或者至少是

---

① 如果纯粹从农业重要性的角度来看，这个清单难以理解（de Visscher, *SDHI* 2, 1936, 263ff.）。实际上，可以说，在一个农业社会，绵羊和山羊肯定会算作为财富的一个重要部分，因此，应被归类为要式物。但是，问题可能在于，要式物不仅必须体积大，而且必须是单个可辨认的。小牲畜不如大牲畜那样可以很容易辨认，一个人如果得到一个小牲畜，就像一个人获得可消耗物一样，而没有在证人面前进行形式上的转让，也不会那么可能被怀疑盗窃。

② 下文，第 145 页。对于德·威西尔（同上引书）来说，这种区别根本不是一种经济上的区别。关键是 "mancipium" 这个词，他认为，其本义是家父对那些帮助他劳动和打战的人与牲畜行使的权力（参考上文，第 114 页注释）。随着财产概念的发展，家庭的自由的从属成员逐渐排除在要式物这一类型之外，虽然仍是要式买卖的对象（实际上，Gaius 1.116ff.,解释的正是与他们有关的仪式），并且最后，"mancipium" 的概念被吞没于 "dominium" 中。但是，与这相比，"mancipium" 的本义倒似乎是在要式买卖中出现的用手抓的行为，由这种行为产生的那种权力仅仅是一种派生出来的意思；而且，将土地包括在一种支配权的对象中是难以理解的（德·威西尔不得不以土地是行使这种权力所在的场所为理由来说明它）。

③ 下文，第 144 页。

# 第十章 《十二表法》时期的财产法

一种有损尊严的手势。① 而且，土地最初未被包括在要式物中的理由，很可能是它不能由私人所有，或者如果它能由私人所有，也不能转让而只能父子相传。我们知道，作为一项规则，很早期的法律一般不承认土地的私人所有权，例如，在日耳曼部落中，在恺撒的时代还不知道它，② 并且，甚至在塔西佗那个时代，也只有对宅基地的私人所有权，而土地的其余部分由整个的乡村共同体所有，并且每年重新分配给个人耕作。③ 在希腊法中还发现最初的氏族或部落所有权的痕迹，④ 并且实际上，只要有充足的土地供每个能耕种的人耕种，并且，因为不知道粪肥的适当用法，每年必然有大部分可用地处于休耕中，对个人所有权的要求就几乎不会被感受到。从而，根据较充分的理由可以推断，很可能在罗马也有一个时期，土地或者其大部分不是由个人所有，而罗慕路斯在建立罗马城时给每个公民分配两个尤格里的土地（世袭地产）的传统叙述则证实了这种可能性。⑤ 由于这一数量远不够维持一个家庭，所以，这种分配可能意味着还存在其他某种形式的共同耕作，世袭地产仅仅是宅基地，并且很可能，如它的名称看上去所表明的那样，不可转让。但是，这一传统叙述不是特别值得相信，⑥ 而且，无论如何，我们不知道其余的土地的共同所有权采取的是什么形式，它是否在不同氏族中——这最有可能——还是在城邦的某些其他划分单位中进行分配。至少，在《十二表法》时期，很清楚，土地的私人所有权已经存在，且不限于世袭地产；关于土地的时效取得的明确规则⑦ 是充分的证明，并且实际上，如果没有这种假定，就不能理

---

① 没有理由认为，对于要式买卖来说，土地是由一块土来象征的（虽然它是在誓金法律诉讼中；Gai. 4.17.）。因为如果这种做法存在的话，盖尤斯不可能在 1.121 片段的关于土地的要式买卖的叙述中漏掉它不提。就地役权而言，这当然是完全不可能的。

② B.G. 6.22.

③ *Germ. c.*26. 但是参见 Dopsch, Appendix III to Reeb's edition(1930), 152ff.。

④ Vinogradoff, *Hist. Jurisp.* 2. 206。Bonfante, *Scritti* 2. 260ff.，根据其一般思想（上文，第 126 页）认为要式物起源于那些由联合家庭或者氏族所有的物。

⑤ Varro, *R.R.*1.10.2, Bruns 2.62；Pliny, *H. N.* 18.2.7；参见 Kaser, *RPR* 1.122；Mayer-Maly, *SZ* 77（1960）40ff.。

⑥ 可能将在完全不同的情形下建立殖民地时发生的事的年代向前推了；Lenel, *Gesch.* 1.311。

⑦ 下文，第 151 页及下页。

解不同阶层之间的斗争的早期历史。① 另一方面，有人推测，所有权，从它是所有权之诉保护的一种权利这个意义上说，最初只限于要式物，而一个人对略式物的权利只有到盗窃之诉的程度才能被主张。②

另一个困难的问题是关于将物划分为要式物和略式物这种做法，与可能甚至更早的将财产划分为家产（familia）和特有产（pecunia）二者之间的关系，如果它们有任何联系的话。这两个词有时一起，有时单独地出现在许多古代法律用语中，而且由于同时保存它们的版本很混乱，很难知道最初的区别是什么，这种混乱也表明在有史时期，它已经不再被充分理解。③ 家产在那时可能包括一个人的全部财产，但是更狭窄地，它表示他的奴隶（famuli，仆人）。因此，许多人④认为，家产是早期的与要式物相等的词（在要式物包含土地以前），而特有产（出自 pecus，牲畜）是与略式物相等的词。因而，家产（从词源上说可能与 domus [家] 有关）最初可能是"家庭内部的财产"，尤其是奴隶，而特有产是其他财产，尤其是牛和羊。一个吸引人的不同

---

① 这一斗争在某种程度上是富人与穷人之间的斗争（上文，第 10 页及下页），并且在早期，这只能是指在土地方面富有或者贫穷的人，但是，可能即使土地是私人所有，仍然不能转让。

② Kaser, *SZ* 68（1951）147ff.，指出在要式买卖（下文，第 143 页）和对物的誓金法律诉讼（下文，第 180 页）中所使用的话语的相似性，并指出对于较不重要的类型的物，后一种仪式很麻烦。进一步参见下文，第 141 页。

③ 关于这些文本的全面考查，参见 Albanese, *APal*. 20（1949）258ff.。这两个词同时出现在家庭买主在要式买卖遗嘱中所说的套话中（Gai. 2.104；下文，第 242 页）；"familia"单独出现在《十二表法》关于无遗嘱继承的规则里（上文，第 124 页）和"familiae empter"（家庭买主）以及"action familiae erciscundae"（遗产分割之诉）这些用语中；"pecunia"单独出现在西塞罗引自《十二表法》（Tab. V .7）的关于精神病人的保佐人的话语中：精神病人无保佐人时，对其身体和财产由最近的宗亲保护，无宗亲的，由族人保护。对《十二表法》中关于遗嘱继承的规则（上文，第 129 页）的准确形式不能确定，因为我们的权威法学家们作出了不同的叙述。盖尤斯（Gai. 2.224）和彭波尼（D. 50.16.120）说"uti legassit suae rei, ita ius esto"，乌尔比安（*Epit.Ulp*. 11.14）说"uti legassit super pecunia tutelave suae rei"，以及保罗（D.50.16.53 pr.）同样提到"pecunia"和"tutela"（虽然这个片段有许多讹误）。另一方面，西塞罗（*Inv*. 2.148）说"uti super familia pecuniaque sua"。

④ 例如，Mitteis, *RPR* 81；Karlowa 2.73；Bonfante, *Scritti* 2. 206ff.。

的观点①是，二者的区分不同于要式物和略式物之间的区分，相反，家产是为作为一个农业单位的家庭的存在所必要的，因而不能由家父自由转让的财产（包括要式物在内），而特有产是家父"个人的"财产。但是，鉴于残存下来的文本中的不一致而且混乱的用法，较为审慎的结论②是，不存在明显的二分法，相反，这两个词表示早期的两大项财产（土地除外），也就是奴隶和牲畜，因此共同代表整个家庭的财产。

## 二、所有权

我们已经作出的论述把所有权当做某个自我说明事物，但是为了理解下一个问题，必须对其性质进行更仔细一点的考察。支配古典时期的罗马法的是通常被称作绝对的所有权概念，它已经得到进化，并且通过所有权之诉来维护这一权利。在发达的法律中，所有权可以被定义为对有形的物所实施的不受限制的控制权，无论谁，只要拥有这种权利，就能对他所有的物提出要求，不论该物在哪里，也不论谁占有它。③如果我占有某物，而你是该物的所有人，于是，你所必须做的是证明你的所有权，从而我必须放弃它；你不必提出我已经侵犯你的权利。另一方面，我作为占有人，要做的只是稳坐不动，等你证明你的权利；如果你未成功地证明你是所有人，则我仍占有它。现在，在所有——或者说是大部分——法律制度中找不到这个很明确的概念。例如，英国法从来没有一种与所有权之诉相对应的诉讼，至少在动产方面是如此。对于脱离所有人占有的物，所有人据以重新获得该物的诉讼全都声称，

---

① Wlassak, *Studien* 42ff.；Wieacker, *Fschr. Siber* 1ff.；参考 Festus（Bruns 2.22）：奴隶的特有产的说法来自于绵羊，就如同家父的财产的说法来自于家产。

② Kaser, *RPR* 1.45；*AJ* 159ff.

③ 当然，受到该占有人可能具有的任何特殊权利的限制，并且受到"善意"所有权规则的限制，下文，第264页及下页。

被告侵犯了原告的某种权利，例如，被告"不公正地扣留"该物，[①]或者原告遗失它，它由被告获得，而被告已将它变为己用；[②]用法律上的术语来说，为回复动产的诉讼都"看起来是侵权"。此外，所声称的侵犯严格地说不是对所有权，而是对占有，或者对直接占有权的侵犯，因为如果所有人将物"委托"，例如出借给他人，[③]是受托人能够对被发现占有该物的第三人提起诉讼，而委托人限于他对受托人的权利。因此，可以说，"虽然委托人是物的所有人，他作为所有人的权利的总和最初是其对受托人的取得占有的优先的权利；因为这种取得占有的优先的权利是中世纪共同法承认的唯一的所有权形式"。[④] 除了英国法外，其他日耳曼法律制度中都有这种与罗马的"绝对"所有权适成对照的，对占有的"相对权"的概念。

但是据说，最初罗马法对此也较不明确，这不仅是从完全的所有权只限于要式物的意义上来说的，甚至从这种所有权也不是绝对而是相对的意义上来说也是如此。这些争论必须予以简要叙述。

在发达的法律中，如我们已经知道的，所有权适用于各种各样的物，不仅包括要式物，而且包括略式物，唯一的区别是要式物的转让需经过要式买卖（或拟诉弃权），而略式物则不需要，但是凯泽尔（Kaser）[⑤]推测，曾经这种区别更进一步，略式物最初不需要要式买卖，并且实际上不能被要式买卖，理由很简单，因为它们不能被人完全地所有，因此，主张市民法上的完全所有权不能对它们适用，而这种主张是要式口约，[⑥] 以及拟诉弃权[⑦]

---

① "留住"（Detinue）。
② "转换"（Conversion）。
③ 在一定时期内；"意定的委托人"拥有直接占有权；参见，Winfield and Jolowicz on Torts, 9th ed. 431ff。
④ W. S. Holdsworth, *HEL* 3. 337.
⑤ 参见上文，第139页注释；除了在那里所给出的理由外，他还提出关于合法拥有的要式口约，在他看来，这种要式口约保护买者仅仅不受卖者或者其继承人的妨碍；参见下文，第292页。另参见 Kaser *ZPR* 68 n 14。
⑥ 下文，第144页。
⑦ 下文，第149页。

的一个必要组成部分。一个人取得的对它们的权利，无疑通过盗窃法来保护，而不是通过对物之诉，结果是，所有人只能对一个恶信地取得对该物的占有的人主张其权利。如果这曾经是法律的话，在法律诉讼时期结束之前，它肯定已经不再是如此了。因为盖尤斯[①]在关于对物的誓金法律诉讼[②]的叙述中，主张市民所有权构成这种诉讼的一个必不可少的部分，他提到一根圆柱、一艘船和一群羊是可以提出请求的物（但是，它们由于不能很方便地带上法庭而只由部分来表示）。甚至略式物不能被要式买卖也有疑问[③]（它们当然能通过拟诉弃权转让），虽然这个问题在实践中只有在要式买卖不伴随着该物的交付（traditio）时才能出现。

第二点更为基本。我们已经知道，古典法的一个特征是被告在所有权之诉中的地位；他自己不必证明他如何取得占有，用法律上的话说，就是不需要证明权利依据；只要原告没有证实权利依据，他就能保留该物。但是，在我们所知道的最早形式的所有权之诉中，似乎还不是这样的。[④]如果我们看一看盖尤斯记载的对物的誓金法律诉讼的形式，[⑤]我们会发现，不仅原告主张有关的物是他的，而且被告也作出类似的主张；然后，原告问被告他凭什么理由作出这一主张。因而，似乎被告不能简单地依赖他的占有，而必须证明某种权利依据。据说，这个问题仅仅是哪一方有更优越的权利的问题，就如同在日耳曼法制中的那样，而在古典法中，原告必须证明绝对的所有权。这在表面上是正确的，但是我们必须谨防完全被字面上的区别引入歧途。一方面，绝对所有权和相对所有权之间的差别在实践中不可能与它在理论上的差别一样明显，这

---

[①] 4.17。

[②] 下文，第180页。

[③] 参见 Bush, *Juridical Review* 52（1940）66ff.，特别引用了 Pliny（*N. H.* 9.35.58）和 Tac（*Ann.* 1.73）的观点，而反对 Cic. *Top.* 45 和 *Epit.Ulp.* 19.3.7–9 的观点。

[④] Kaser, *EB* 6ff.；简要的英文摘要，载于 *Tydskrif vir Hedendaagse Romeins-Hollandse Reg*（1964）5ff.；遭到 Voci, *Modi di acquisto* 279ff. 的批评；另参考 Watson, *Property* 94ff.（但是，参见下文，第181页注释）；并参见 Kaser, *RPR* 1.124f.。

[⑤] 4.16。

仅仅是因为很少能证明所有权。甚至在古典时期的所有权之诉中，原告实际上肯定也只证明对该物享有一种更优越的权利。[1] 而且，另一方面，我们不知道，在对物的誓金法律诉讼中，如果法官对双方的权利要求都不满意时会发生什么事。[2] 在没有这一资料的情况下，绝对所有权和相对所有权之间的区别就悬而未决。

## 三、所有权的取得方式

罗马人自己没有对前一节中所考虑的抽象问题进行很多讨论；他们在所有权的标题下考虑的主要问题是取得所有权的方式问题。他们将这些方式划分为市民法取得方式和自然法取得方式。[3] 所讨论的市民法取得方式是要式买卖、拟诉弃权和时效取得，而自然法取得方式则包括先占（即第一个占有无主物——例如一只野兽——的人的权利）、加工（从现有材料制造出一个新的物的人在有些情况下取得的权利）、交付（非程式地移交占有）和其他方式。市民法取得方式只对公民（或者享有通商权的人）开放，而自然法取得方式由于是万民法的一部分，因而也对异邦人开放。在这一点上，优士丁尼[4] 大胆提出一个历史的推测。"较为

---

[1] 参考下文，第154、266页，并进一步参见 Nicholas, *Introduction* 154ff.。凯泽尔的观点遭到了意大利学者们的广泛批评，但不像这里一样是根据与一种假设的"绝对"的古典法上的概念的对应物是虚幻的理由，相反是根据不仅古典的概念，而且早期的概念也是"绝对"的理由；参见例如 Talamanca, *TR* 26（1958）243ff.；L. Capogrossi Colognesi, *La struttura della proprietà*（Milan, 1969）121ff., 396ff.。

[2] 盖尤斯说，被告不必然保持对该物的临时占有，也就是，直到对该诉讼作出判决之前，因为裁判官将这给"当事人中的一个"。我们不知道裁判官在作决定时考虑什么样的因素。当然，甚至古典时期的所有权之诉确认胜诉的原告是绝对的所有权，也不是在这个判决对第三人有效的意义上说的，因为第三人以后可以试图从他那里要求物。（但是，对于法律诉讼程序，有人主张相反的观点。相关论著参见 Kaser, *ZPR* 93 n 36；另参见 Pugliese, *RIDA*, 1959, 347ff.。）

[3] Gai. 2.65；J. 2.1.11.

[4] 在《学说汇纂》（41.1.1 pr.）中，这些话被认为是盖尤斯在 *Res cottidianae* 中说的（关于此，参见下文，第338页注释）。

适当的是"，他说，"从较古老的法律开始，而很显然，自然法是较古老的法律，因为它是大自然自身的产物，因而与人类同时产生；至于市民权利只是在城邦开始被建立，执法官被任命并且法律被制定时才产生。"现在，在适用于所有权取得方式的某种意义上来，这是正确的；无疑，先有掠夺，后有要式买卖，但是，从另一种意义上说，它与我们现在所知道的被认为是关于法律的历史发展的一般真理是相反的，即程式性（而市民法取得方式以程式为特点）在非程式性之先。承认要式买卖赋予所有权和制定关于这一问题的法律规则，肯定发生在从法律理论上承认先占的规则之前。类似地，交付最初没有作为一种取得方式而被注意到，因为，虽然通过这种方式取得略式物的人受到保护，但这种方式的非程式性掩盖了它的法律意义。因此，在谈到《十二表法》时期的法律时，我们能够将我们限制在市民法取得方式上。

## （一）要式买卖。

"要式买卖"（mancipatio），盖尤斯说，[①]"是一种象征性的出卖"（虚拟买卖）。因为它的完成需要有交易双方当事人（让与人和受让人），至少五名见证人，他们必须是超过适婚年龄的罗马公民，一把秤和另一个拿着它的成年公民（司秤），以及一块铜（aes，又称 rausculum）。[②] 其仪式是，受让人抓住被转让的物，如果它是一个可动物的话，[③]并说（照字义，[④]假定正在被转让的是一个奴隶）"我宣称，根据市民法，这个人是我的，我用这块铜和这把秤把他买下"（Hunc ego hominem ex iure Quiritium meum esse aio, isque mihi emptus

---

① 1.119。关于文本问题，参见 David-Nelson *ad h.l.*。

② 参考 Festus（Bruns 2.33）：在要式买卖中，随着说"以铜片敲秤"（rausculo）的话，就用铜块撞击秤。

③ 上文，第 138 页。

④ 进一步参见紧接的下文。

esto hoc aere aeneaque libra）。然后，他以铜击秤，并将它交给让与人，"当作价金"（quasi pretii loco）。①

在古典时期的仪式就是这样，并且在那个时候，要式买卖是一种纯粹的转让，也就是，无论一个人想向另一个转让一个要式物的所有权的理由是什么，他都能采取要式买卖作为这样做的一种方式。这个理由可能是买卖，也就是，他想转让对该物的所有权，因为他负有由一个买卖契约所产生的这样做的义务，但是，也可能是其他任何理由，例如，因为他想进行赠予，或者履行他已经通过要式口约作出的承诺，并且，甚至在出于买卖的理由时，这种买卖也完全不同于要式买卖；这种买卖是据以产生转让义务的合同，而要式买卖则是用来履行该义务的让与。受让人交给让与人的那块铜与实际的价金毫无关系，即使已经有一个在先的买卖，而且，在根本不存在买卖时，它也同样要被给与。

但是至少是根据传统的观点，曾经有段时间要式买卖并不是一种象征性买卖，而是一种真实的买卖。在铸币产生之前，铸币作为交换媒介的地位，在某种程度上由非铸造的铜所取代，而对这种铜自然必须进行称重，以便接受方能够知道他得到的是他所预期的数量。但是，早期的通过要式买卖进行的"售卖"完全不同于发达法律中的买卖（emptio venditio）。买卖是一种纯粹的契约，即产生各方义务（对卖方来说是转让所出卖的物，对买方来说是支付其价金）的协议，并完全与随后的来履行这些义务的转让和支付相分离，而早期的要式买卖是买卖与转让合一，因为没有先前的契约，而价金的支付（也就是，对那种金属的称重）是为这种转让所必要的程式的一部分。这种"出卖换现成的钱"（或者更确切地说，换现成的铜）实际上是早期法的唯一的一种买卖。过去常常一般推测，从一种买卖转变为纯粹的转让，并且简单地通过以虚拟的称铜的重量代替真实的称铜的重量的理由肯定是铸币的引进。当然这是因为，

---

① 这个程式可能包括价金的声明；参见 Paul, *FV* 50：这是我买的价金（emptus mihi esto pretio）。

一旦存在铸币，可以对它进行计数而非称重，从而价金的支付必然在某种程度上与要式买卖本身相分离。但是，我们现在知道，在罗马，令人奇怪的是只在一个很晚的年代才铸造货币。近来的权威学者们①说它是在公元前3世纪初，比《十二表法》晚150多年，而且在《十二表法》时期可能已经发展出象征性的程式。在这一点上，不妨区分可以将要式买卖说成是一种象征性买卖的三种意思。或者，存在一个真正的为了出卖而进行的转让，但价金不在当场支付，即存在一种赊销；或者，实质上没有买卖，但这个仪式被用来实现一种为了赠予而进行的转让（例如，给一个女儿的嫁资）；或者，最后，没有买卖而只有名义上的转让，就像要式买卖被用作立遗嘱②、脱离父权③或者通过买卖婚创设夫权④的情况一样。很可能是这样的，如我们已经知道的，⑤至少要式买卖遗嘱在《十二表法》时期存在⑥，并且普遍认为，赊销也得到承认。⑦无论如何，不能想象的是，

---

① H. Mattingley, *Roman Coins* (2nd ed., London, 1960) 3ff.; 同一作者, *JRS* 35 (1945) 65FF.; R. Thomson, *Early Roman Coinage*, vol. 3 (Copenhagen, 1961)。银币在公元前269年第一次铸造，但是在早一点的时候，有铜铸币（足重的铜币）和铜币条（现在通常称为"铸造带花纹的铜币"[aes signatum]），这很可能是从公元前289年起，那时第一次任命了三人铸币官（上文，第56页）。

② 上文，第127页。

③ 上文，第90页。

④ 上文，第115页。另参见债务口约（nexum），下文，第164页。

⑤ 上文，第128页。

⑥ 优士丁尼（Inst. 2.1.41）说，《十二表法》规定，对出卖物的所有权不发生转移，除非支付了价金（或者提供了担保）。他陈述这条规则是针对交付（在他那个时代保存下来的唯一的转让方式），但不可能的是，《十二表法》居然会涉及交付（相反的意见，参见Watson, *Obligations* 61ff.）。已经有很大争论（古典法对此也不确定）；参见 de Zulueta, *Sale* 37f.; Arangio-Ruiz, *Compravendita* 276ff.; Kaser, *RPR* 1.46, 418ff. 及相关引述。但是，通常推测，从优士丁尼将这一规则适用于交付的意义上说，或者从合法性之诉（下文，第146页）只有支付了价金才成立的意义上说，在《十二表法》中，这一规则适用于要式买卖；Buckland, 240 n 2; Arangion-Ruiz, 前引出处。Kaser, *EB* 111ff. 另参见下文，146页注释。

⑦ Paul, *FV* 50记载，《十二表法》同时"确认"要式买卖和拟诉弃权（参见Watson, *Property* 21 n 2）。这同这样一条规定（Tab. Ⅵ.1）相联系（Girard 310），即"在缔结债务口约和要式买卖时，当事人说的话，具有效力"，但是，更为可能的是（Buckland, 238; Kaser, *RPR* 1.47），这一规定是指对要式买卖的程式附加的条件（要式买卖约款）；例如，如果甲想向乙转让对一块地的所有权，但又想为自己保留通行权，则他可以让乙说"我宣称，这个物是我的，但它受通行权的制约"，等等。

所有这些要式买卖的应用在公元前 3 世纪以前全都没有产生。

在这个仪式中，除了称铜的重量外，还有一个主要因素是见证人，他们在那里大概是确保这种行为的公开性，① 并防止今后的争议。在罗马早期，要式物的转让无疑是一件大事，一个人如果被发现占有某个奴隶或者某头牛，而整个地区的人可能都知道这个奴隶或者这头牛以前属另一个人所有，则他必须能够证明这一事实是正当的。因此，在一个几乎不采用书面形式的时期，显而易见的事情是要请见证人，这些人能够在以后证明一切都是正常的。见证人当然通常是邻居，对受让人来说，他们的在场还在一定程度上保证了转让人有权转让有关的物，因为他们通常会知道该区的人拥有什么样的要式物。②

要式买卖一旦完成，③ 其效果当然通常是转让所有权；但是，所有权只能由拥有它的人转让；如果转让人不是所有人，则受让人也不能成为所有人。但是，在这种情况下，如果发生追夺，也就是说，如果真正的所有人对受让人提起诉讼，并通过证明其权利，能够从受让人那里拿走该物，则转让人应负责任。在受到这样一种诉讼的威胁时，受让人该做的事是，通知转让人并请他证明他所转让的权利（涉权通知，即请他作为权利的保证人），而如果转让人未能为此诉讼辩护以致发生追夺，则受让人能对他提起另一个诉讼，请求返还双倍买价。这个诉讼几乎肯定被叫做合法性之诉（actio auctoritatis），④ 它的重大意义在于，成为后来的法律中所发展的卖方权利担保责任的起点。⑤ 很显然，这种对诉讼的责任必然产生于要式买卖本身，而无须任何特殊的协议，它甚至不

---

① 相反的意见，参见 Gallo, *SDHI* 23 (1957) 174ff.。

② 关于盎格鲁-萨克森法律中相似的规定，参见 Holdsworth, *HEL* 2. 81："一个私下买受的人冒很大的风险。不仅物的真正所有人可能主张是他自己的，而且他还可以指控该买受人盗窃。而一个私下买受的买者……可能发现很难证明这一指控不成立。"

③ 假如（就买卖而言）支付了价金，如果确实有一个这样的规则。

④ PS 2.17.3.

⑤ Arangio-Ruiz, *Compravendita* 310ff.；Girard, *Mélanges* 2. 5ff.；Kaser, *RPR* 1.132；Lenel, *EP* 542ff.。

能通过一项排除它的特殊协议来规避，因为当希望排除它时，习惯做法——至少在后来的法律中是如此——是提到一个塞斯提兹（一个硬币）作为买价，因此，合法性之诉只是针对两塞斯提兹的名义金额，而不值得提起。例如，当要式买卖被用于通过赠予转让财产时就是这样做的。① 但是，这种责任仅仅持续到取得时效期间届满前。如果受让人占有土地达两年，或者占有动产达一年以后，其占有仍没有受到干扰，则没有必要提起任何合法性之诉，因为到那时，受让人的地位已经不可置疑，② 即使该物最初不属于转让人。

---

① Bruns 1.335；*FIRA* 3.241；参考 de Zulueta, *Sale* 43 n 4。

② 关于时效取得的性质，参见下文，第 151 页。合法性保证（auctoritas）的含义及其与时效取得的关系，产生很大困难（关于文献资料，参见 Kaser, *RPR* 1.134f.；特别是 Kaser, *SZ* 68 [1952] 155FF.；Mayer-Maly, *SZ* 78 [1961] 221ff.，Yaron, *TR* 35 [1967] 191ff.）。在这一点上（有其他用法，例如"监护人的准可"），从普劳图（Plautus）起的文本明显赋予它"保证"的含义，如同上文（参见 Mayer-Maly, 同上引书）一样，但是这种含义不能轻易适用于三个很早的立法上对这个词的使用。(1)《十二表法》第六表第 3 条很可能是这样写的：usus auctoritas fundi biennium, ceterarum rerum omnium annus esto。"Usus"在这里可能是主格（Cicero, *Caec*.19.54 说的是：lex usus ET auctoritatem fundi iubet esse biennium），从而这一文本通常被认为意指："占有（为时效取得）和保证的责任持续两年"。Mayer-Maly（同上引书）宁愿把"usus"看作是所有格，并将这一规定限制在对合法性之诉施加一项限制："占有的保证持续两年"。对这些解释（尤其是后者）的反对是，关于保证责任的限制只有当它与取得者为通过时效取得完善其所有权所必要的期间相符合时才有意义，而如果占有被中断，那个期间可能从要式买卖之日起持续两年以上；Kaser, *EB* 26，被 Yaron（同上引书，第 201 页）所引用。Kaser, *SZ* 68（1952）155ff.，*RPL* 105，把"usus"看作一个主格，并说这一规定的意思是，依赖于转让人的保证的占有持续两年（即在此时间以后，他的地位变得无可怀疑）；但是，为了得出这一含义，他不得不假定，这一规定制定得很糟糕，无论如何，它似乎让主要问题（取得者所有权的完善）隐含于一个附带的后果（保证责任的终止）。当然，根据凯泽尔的论点，即严格意义上的所有权在当时限于要式物（上文，第 141 页），时效取得的这种从合法性保证的派生也将时效取得限于要式物；参见下文，第 154 页。(2) 对通常提出的关于《十二表法》第三表第 7 条（在 *FIRA* 1.44 中的第六表第 4 条）的解释可以产生同样的冲突，该条规定：adversus hostem（即一个异邦人）aeterna auctoritas esto。这被认为是指将异邦人从时效取得中排除（Gai. 2.65），并且最常提出的含义是"为了异邦人的利益的保证的责任永远持续"（即因为他不能时效取得）。对此，实际上有进一步的反对观点，即它赋予"adversus"一种特殊的含义，并且在《十二表法》中不可能有一条"有利于"异邦人的明确规定。因此，凯泽尔提出（*RPL* 105），"这种保证（即，和依赖这种保证的取得者的地位）永远持续而对异邦人不利"，也就是，他不能时效取得；但是，除了已经指出的最初的冲突外，给予这样一种含义也非常勉强。另参见 Mayer-Maly，同上引书，第 270 页以下。(3) 同样的反对适用于给予在《阿梯尼法》的下述规定中的"auctoritas"以同一含义（Gell. 17.7.1ff，下文，第 153 页）：quod subruptum erit, eius rei aeerna auctoritas esto。但是，Yaron（同上引书），继 Lévy-Bruhl, *Nouv. Et.* 15ff. 之后，论证说，在所有三个文本中，"auctoritas"

147　由于要式买卖而可能引起的另一种诉讼是田亩之诉（de modo agri）。如果被要式买卖的一块土地被说成是一定的面积，而后来经过丈量发现其实际面积要小，则这种请求双倍的相对应的价金的诉讼将成立。转让人由于要式买卖的这种责任肯定很古老，很可能和《十二表法》一样古老，因为有西塞罗引用《十二表法》的一些话，这些话几乎肯定是关于它的。①

148　前面关于原始的要式买卖是一种真正的买卖的叙述，直到最近数十年才被普遍接受，并且它仍然似乎在本质上可能是正确的，但是，在大量争论中出现了另一种不同的说法，它由凯泽尔系统地提出，②并得到大量支持。根据这种说法，要式买卖不是作为一种买卖而产生，而是作为一种单方转让财产而产生的，当着见证人的面支付铜的目的在于，获得失去财产者的默许。如果失去财产者未能保护取得者免受第三人对该物提出要求，则他被认为犯有一种盗窃取得者所作出的支付的那个物的罪行，因而要负返还双倍价款的责任（合法性之诉）。③

为支持这种假说，主要提出了以下三条证据。首先，要式买卖明显在形式上是单方面的：只有取得财产者一方说或做所有的

---

表示重新获得某物的权力。这赋予《十二表法》第三表第 7 条（所有人总是能从异邦人那里找回物，也就是没有时效取得）和《阿梯尼法》（被窃物没有时效取得）一种直接的含义，但是，《十二表法》第六表第 3 条必须是指，对于土地为时效取得所必要的占有持续两年等，因此，所有人找回它的权利也一样。并且我们可以提出反对，说第二个命题是多余的，因为它是前一命题的一个必然结果。此外，要解释关于保证的早先假定的含义到后来的有明确依据的含义的过渡，是不容易的。

① Cic. Off. 3.65（Tab. Ⅵ.2）.

② Kaser, EB（尤其是 136ff.）; RPR 1.43ff., 131ff.; SZ 68（1951）174ff.。De Visscher, Nouv. Et. 141ff.（= RHD, 1933, 603ff.）第一次提出要式买卖是单方行为的观点，但是将之与这样一种观点相联系，即这一行为的主要目的是取得物的出让者的合法性保证，这是取得者在时效取得赋予其所有权之前的唯一权利依据。但是，如果在其中不提到这一行为的主要目的，那可能是很奇怪的。关于这一观点的讨论以及不同的观点的论述，参见 Kaser, 本注引书。必须强调的是，在这里，甚至超过在关于早期罗马法的大多数讨论中，详尽的结构论述所赖以建立的直接证据很少，其不足以从其他早期制度取得的证据来弥补，而这些制度的联系本身是猜测的。

③ Kaser, EB 122f.

事，而失去财产者（或者卖方）仅仅默然认可。但是，不只是要式买卖有这种情况。布克兰（Buckland）[1]已经指出，程式性的行为和话语只出自受益或者请求的那个人，这正是罗马私法上的程式性的行为的普遍特征，他还提出，有对话的那些例外情形在最初是宗教仪式。其次，要式买卖套语的前一部分（我宣称，根据市民法，这个人是我的）与所有权之诉的套语完全相同。[2]因此，凯泽尔认为，这两者是相联系的。如果说所有权之诉是两个强力行为的冲突，它必须通过审判来解决，那么，要式买卖也就是一个单一的强力行为，它不诉诸审判，因为另一方接受一个补偿。[3]但是，采用相同的套话只不过要证明，在两种情况下都有关于所有权的公开声明，在一种情况下是根据协议，而在另一种情况下则不是。[4]最后，套语的后一部分（isque mihi emptus esto hoc aere aeneaque libra），如它通常被翻译的那样（"并且，我用这块铜和这把秤把他买下"），似乎不合逻辑。因为前一部分刚刚宣称了物已经属于说话者。因而，已经有人说，前一部分似乎陈述一个假设，而后一部分则确认这个假设，并且其中的一个部分已经被看作是后来的添加而被剔除了。[5]但是，凯泽尔认为，"emere"的原意不是"买"而是"拿"，因此，根据他所持有的要式买卖是一种单方取得，随后产生一种补偿的观点，这里没有任何不合逻辑性。与此相反，普里卡尔特（Prichard）[6]已经指出，

---

[1] Buckland, *Fschr. Koschaker* 1.16ff.

[2] 下文，第 180 页。

[3] Kaser, *EB* 140，假定，要式买卖可追溯到群体之间自力救济的原始时期。

[4] 要式买卖没有将权杖放在物上的行为，而这是所有权之诉的一个特点，这很有意味。但是，在拟诉弃权的叙述中没有提到它，而拟诉弃权几乎肯定与所有权之诉有关（下文，第 150 页），尽管这种遗漏在拟诉弃权问题上可能只不过是一个偶然的证据缺漏，因为我们在与之密切相关的诉请解放的叙述中提到了权杖（上文，第 134 页）。

[5] De Zulueta, *Gaius* 59。Thormann, *Münch. Beitr.* 33（1943）115，认为，这两个部分源自两个不同的种族成分，它们构成了意大利的主要人口。在他看来，单方取得是入侵的说印欧语系语言的人，即"执矛夫"的特征，而称重的仪式则属于地中海本土的和平经商的人。

[6] *LQR* 76（1960）412ff.

这里所认为的不合逻辑性是来自于对"emptus esto"语气的一种误解,它不是一种现在—将来时的命令式,如同传统的翻译和凯泽尔的不同解释所假定的那样,而是一种过去时的命令式;[1] 他进一步指出,"emere"的原意与其说是"拿",不如说是"取得"。因此,根据普里卡尔特的观点,"emptus esto"的字面意思是"让它已由我取得",从而重新回到作为这个仪式的开端的,象征性的把物抓住(mancipium)。整个行为是一种为出卖而进行的转让,这个程式的实质意义是"我宣布,根据市民法规则,这个人属于我,并且凭借这块经适当称量作为价金的铜使我对他的获得具有法律效力"。[2]

## (二)拟诉弃权。

与要式买卖一样(对于要式买卖,它通常是一种替代方法),这是一种转让方式,并且如它的名称所暗示的那样,在执法官面前进行。在古典时期,根据盖尤斯的描述,[3] 各方到一个人民的执法官,即在罗马的内事或外事裁判官,或者在各行省的总督面前,预谋中的受让人抓住要被转让的物,说(例如,如果它是一个奴隶)"我宣称,这个人根据市民法是我的"(Hunc ego hominem ex iure Quiritium meum esse aio)。然后执法官问转让人是否作出一个相似的声明(反要求);转让人或者保持沉默或者说"不";于是执法官将该物"判决"(addicit)给受让人。

这个程序通常——并且很可能是正确的——被说成是一种共谋

---

[1] 参考 Tab. Ⅷ.12:如果某人在夜间盗窃,被抓住之后可以杀死他。

[2] 凯泽尔还主张,取者所取得的权利在时效取得完成之前,仅仅是一种相对优越于让与者权利的权利;并且,由于这种所有权通过抓取而获得,它是一种原权利而不是一种从让与者那里传过来的权利。但是,取得者说这个物根据市民法是他的;并且没有迹象表明他不能立即维护其权利。此外,从他的所有权摆脱了影响让与者的权利中的负担或者瑕疵的意义上来说,它不是原权利;参考 Voci, *Modi di acquisto* 37ff.; Prichard, *LQR* 76(1960) 418f.。

[3] 2.24。

第十章 《十二表法》时期的财产法　　　195

诉讼；为了达到转让某物的所有权的预期结果，双方假装它已经属于受让人，该受让人主张它是他的；然后，他的主张被转让人承认，并由法庭的判决进一步确认。这个程序开始的方式与在旧的法律诉讼的程序制度下提出的所有权之诉的方式完全一样，[①]并且盖尤斯的语言与这种观点是相一致的，因为他说"这个主张"是一个"所有权的主张"，并说这个程序叫作法律诉讼。但是，有一些重要特征将拟诉弃权与普通诉讼相区别。[②]首先，看来在普通诉讼中不进行判决（addictio）；如果被告不作回答，原告只是拿走该物。[③]其次，这里的判决不能仅仅被看作是一种由于同意而作出的裁决，因为一个裁决仅仅在诉讼当事人之间有效，[④]而拟诉弃权也对第三人具有效力。例如，假设甲占有某物，而乙主张该物是他的，提起所有权之诉，并得到判决。这个判决解决了甲和乙之间的事，因此，如果甲再主张该物，则乙只要简单地回答说，此事项已经被决定了；但是，如果第三人丙向乙主张该物，在乙诉甲的诉讼中的判决根本不是对他的答复。同样地，如果丙占有了该物，而乙想主张它，他也不能提出该判决支持他的主张。但是，如果甲已经将此物通过法律诉讼让与给乙，而丙占有它，则乙能利用这支持他的主张，而且，如果他能证明甲拥有它并已将它转让给自己，他就将胜诉，就像如果他能证明甲拥有它并将它通过要式买卖转让给他，他会胜诉一样。

由于这些及其他理由，有人认为，拟诉弃权根本不是一种共谋的或者"拟制的"诉讼，而从一开始就是一种转让，在这种转让中，法庭机构被用于表达并实现当事人的意志。[⑤]对这种观点的首要反对理由是，罗马法似乎从来不知道任何诸如执法官能根据

150

---

① 下文，第180页。并参见紧接的上文，关于要式买卖的程式。
② Buckland 233f.
③ 但是参见下文，第180页注释。
④ 以及那些通过他们取得权利的人。参见上文，第142页注释。
⑤ Wlassak, *SZ* 25（1904）102；Lévy-Bruhl, *QP* 114ff.；*Nouv. Et.* 141ff.；参考 Schulz, *CRL* 348f.。相反的观点，参见 Kaser, *AJ* 104ff.。

其职权来实现一项交易的双方当事人的意志之类的原则，并且事实上，拟诉弃权主要被用于产生当事人的意志原本不能产生的那些结果。① 此外，有一些规则只能根据拟诉弃权是一种诉讼的观点来解释，尤其是这样一项规则，即处于支配权下的人不能参加任何法律诉讼，也不能参加任何拟诉弃权。② 其实，这两种解释中的任何一种都不足以单独说明所有的事实，因此，必须假定这个制度具有一种混合的特征。它开始时很可能是一种共谋诉讼，是由法律实践者们发明的一种权宜之计，但是后来它变得如此普遍，以致它被承认为一种转让，并且不受某些属于纯粹的诉讼所具有的规则的束缚。

拟诉弃权比要式买卖产生得早还是晚，不能确切地为人所知，因为二者都可追溯到我们有记载的时期以前，但很可能，要式买卖更古老。③ 要式买卖属于一组"称铜式"交易，这类交易还包括一种借贷形式④和一种免除债务的方法，⑤这两者与作为最初的买卖形式的要式买卖一样，是那些甚至是最原始的法律制度都需要的制度。另一方面，对那些需要采用拟诉弃权（而不仅仅是要式买卖的替代）的交易，就我们能知道的而言，它们决不属于最古老的阶层。例如，它是创设城市地役权和活人之间的人役权的唯一方法，而且已经知道这两种类型的产生比乡村地役权要晚，而乡村地役权可以实行要式买卖。⑥ 但是，无论如何，拟诉弃权很可能在《十二表法》时期已经存在，因为据记载，保罗说《十二表法》

---

① 参考下文，第151页注释；Mitteis, *RPR* 278。另参见 Wolff, *Tulane L.R.* 33（1959）525ff.。
② Gai. 2.96；*Schol. Sin.* 49。
③ 参考上文，第148注释。
④ 下文，第164页。
⑤ 下文，第161页。
⑥ Gai. 2.29, 30. 其他情形是无遗嘱继承人在接受继承前将遗产转让（Gai. 2.35），妇女的法定监护人将对妇女的监护转让（Gai. 1.168ff.），以及在收养仪式（上文，第120页）的最后由养父提出请求。诉请解放也是一种拟诉弃权，尽管这种共谋提起的诉讼不是一种所有权之诉，而是一种自由权诉讼。

既确认要式买卖，也"确认它"。<sup>①</sup>在后来的法律中，它可以替代要式买卖作为要式物的转让方式，也可替代交付作为略式物的转让方式，但是它几乎不被采用，因为其他的方法比它更为方便，并且它的主要适用领域是那些不能适用要式买卖的"无体物"。由于它是取得所有权的一种市民法上的方法，它只能由公民采用，而且它不能适用于行省的土地，因为跟要式买卖一样，它涉及宣称市民法所有权的问题，而行省的土地不能产生市民法所有权。自然地，其效果也是转移市民法上的所有权，只要转让人是市民上的所有人，但是，没有什么与合法性之诉相对应的东西，因为，由于这个程序在形式上是主张财产已经属于受让人，从逻辑上讲，不能让转让人对有缺陷的所有权负责。出于相同的理由，在转让的基础是买卖的情况下，也不能有任何使所有权的转移依赖于价金支付的问题。

## （三）时效取得。

最好是从描述我们在古典法中知道的那种时效取得的基本成分开始。在那个时期，它是指通过一定期间的持续占有取得所有权，对土地来说，需要的期间是两年，对所有其他的物来说是一年。关于通过这种方式的占有导致取得所有权的条件，有很多详尽阐述；特别是，这种占有必须在开始时是善意的，并且它的开始必须有一个正当的原因。在此不宜详细讨论这些要件，但是，通过以一个最简单和最普通的时效取得的情形为例，可以在某种程度上理解它们的性质，这个例子是一个人买了一件不属卖方所有的物品，并且此物已被交付于他。在这种情况下，他不能立即成为它的所有人，但是，假设他是诚信的（并且假设该物不是被窃的物），在他的占有持续必要的一年或者两年之后，他才会成为所有人。

---

① 上文，第145页注释。

这里，所要求的"诚信"（bona fides）是指信赖卖方有资格转让该物的所有权；正当原因是指买卖，即"通常是取得的依据的一个行为或者交易"。① 其他的类似的正当原因是赠与、遗赠和嫁资。

除了诚信和正当原因的条件外，还有一项规则，即对被窃物不能实行时效取得。② 如盖尤斯详细指出的，③ 这不仅仅意味着窃贼不能凭时效取得他所窃取的物的所有权，而且意味着任何其他人也都不能，例如一个从窃贼那里买下它的人，不论此人可能多么清白，他也不能。禁止被窃物的时效取得的规则与罗马法上对盗窃的宽泛的定义④ 相结合的结果是，动产的时效取得相当罕见。一般来说，当一个人占有属于另一个人所有的物时，盗窃就可能在某一时间已经发生了。因而，如果甲，甚至完全清白地取得对属于乙的某物的占有，并将它卖给丙，而丙知道他无权出卖该物，则丙决不能时效取得，因为正是甲出卖他无权出卖的物的这一行为，甲就犯下了盗窃，因此使该物成为一种被窃物。对于不动产，情况则不同，因为根据主导的观点，土地不可能被窃，因此，在上面假设的例子中，如果所涉及的是土地，丙则能够时效取得。⑤

时效取得的目的，如盖尤斯所解释的那样，⑥ 是"不使对物的所有权长期处于不确定状态"，换言之，如果一个人未能采取措施追回他的财产，在一定时间以后，就要剥夺他对它的权利以有利于占有人；人们如果不受侵扰地占有某物达一段时间，就不能突然面临根据所有权提出的要求，而提出要求的人在那之前并未费心地坚持主张这些所有权。但是，必须注意的是，在罗马法上

---

① Buckland, *Manual* 129.
② Gai. 2.45；参考上文，第 146 页注释。
③ Gai. 2.49.
④ 下文，第 170 页。
⑤ 但是一部《普劳第法》（公元前 78—前 63 年之间）和一部《尤利法》（恺撒或者奥古斯都时期的）排除以暴力取得的物的时效取得；Gai. 2.45, 49ff.
⑥ Gai. 2.44.

的这些期间很短，并且，虽然当城邦很小的时候，人们能相对容易地找到他们的财产，这些期间无疑是合适的，但是，后来帝国扩张了，人们感到它们带来一些不便。① 这个制度的另一个用途是它补救了有瑕疵的转让。如果某个要式物只通过交付进行转让，或者虽然试图进行要式买卖但在进行仪式时发生某种错误，那么市民法上的所有权没有发生转移，但是，假设受让人保持占有状态达到必要的期间，他在后来可以成为完全的所有人，尽管在原来的转让中存在瑕疵。时效取得，如外国作家们有时说它的那样，既补救实体的瑕疵，也补救形式的瑕疵；当试图进行的转让无效时，这或者是由于转让人无权转让（从非所有人处取得），或者是由于所采取的转让形式不适当（从所有人处取得），经过一定期间以后，受让人照样成为所有人。

大体上，古典时代的时效取得就是这样。但是，在早期法中，它几乎肯定很不同，尽管关于这些差别的准确的程度有相当多的争论。② 从盖尤斯那里我们知道，在《十二表法》中规定了对被窃物的排除，③ 但是，这条规定也被归结于《阿梯尼法》（lex Atinia）（大概是公元前 2 世纪中期）。④ 由于我们听人说起关于这部法律是否有追溯效力的争论，⑤ 因而它不可能仅仅重述现有的法律，关于这种双重归属的最可能的解释是，《十二表法》仅将这一规则适用于窃贼本人的时效取得，而《阿梯尼法》则将它扩大到第三人的时效取得。⑥

---

① 对于行省的长期时效（longi temporis praescriptio）制度，采取了较长的期间，并且优士丁尼将对动产的时效取得期间延长到三年（Inst. 2.6 pr.）。

② 尤其参见 Mayer-Maly, *SZ* 77（1960）16ff., 78（1961）221ff., 79（1962）86ff.；St. Betti 3.451ff.；Yaron, *TR* 35（1967）191ff.。

③ 2.45；参考上文，第 146 页注释。

④ 一般性的论述，参见 Jolowicz, *De Furtis* LXXXIX。

⑤ Gell. 17.7.3；参考 Stein, *Regulae* 22ff.。

⑥ Daube, *CLJ* 6（1937）217ff.；但是参见 Yaron, *TR* 35（1967）215ff.；并参考 Watson, *Property* 26ff.。

还有，在早期法中存在诚信和正当原因的要件不太可能。[1] 如果存在这些要件的话，那个粗陋得多的要件，即该物不能是被窃物，就几乎不会产生，而随着法律科学的发展，相反的进程可以很容易地设想到，并能解释在发达法律中这两个规则的同时存在。此外，这个假定也从甚至在发达法律中也存在几个不要求诚信的情形中得到支持。[2] 这些情形可以很方便地解释为较古老的法律状态的残余物。

但是，近来的讨论主要集中在时效取得最初的功能和效力问题上。通常认为，《十二表法》的下述规定涉及时效取得：[3] usus auctoritas fundi biennium esto（对土地的时效取得是两年），这被认为包含两个虽然有联系但是独立的规则：对土地来说，时效取得的时间（以及可以提起合法性之诉的期间）是两年。但是，凯泽尔[4]将这两个规则更紧密地联系起来，并认为，所涉及的这种时效（prescription）不同于那个古典时期的时效取得（usucapio）：《十二表法》不承认时效取得是一种取得所有权的方式，而只涉及在所有权之诉中必须加以证明的时效。在要式买卖中的受让人，如果在一年或者两年经过之前，他需要在某个所有权之诉中证明

---

[1] 相反的意见，参见 Mayer-Maly, SZ 79 (1962) 97f.；但是参见 Yaron, TR 35 (1967) 215。

[2] Gai. 2.52ff.。参见 de Zulueta, Gaius 71ff.。主要的情形是代继承人的时效取得 (usucapio pro herede)。如果一个人占有一件财产，而这件财产属于一个尚未继承的遗产（也就是处于死者死亡后、家外继承人接受该遗产前的期间），他能对它实行时效取得，即使他清楚地知道自己无权取得它。那个关于盗窃的规则不妨碍他，因为，作为一项原则，根本不可能有对构成尚未继承的遗产的一部分的财产的盗窃，因为这样一种财产没有所有人。

[3] 上文，第 146 页注释，对此进行了论述。这里的"usus"的准确含义不确定。一旦法律行家赋予它一种精确的意思，它就是指"占有"，并且，一般来说，为时效取得所要求的占有和为占有令状（下文，第 259 页）所要求的占有是一样的。但是，当"占有"的含义被确定下来时，这个词本身让位于 possessio，因而 Yaron (TR 35 [1967] 209ff.) 认为，它最初肯定是指某种不同的意思，并推测，早期的要求是对物的实际利用，而不是抽象的控制的可能性，后者对 possessio 来说就是足够的。

[4] 进一步参见上文，第 146 页注释；并且，关于他的观点的清楚的重述，参见 Deutsche Landesreferate zum VI. Internationalen Kongress für Rechtsvergleichung, 1962, 19ff.。梅耶·马里认为（参见上文，第 146 页注释），《十二表法》的这一规定只与合法性之诉有关，但又认为，其他幸存的资料与时效取得有关，古典法上的制度同时源出这两类原始资料。

所有权，必须请求转让人的合法性的保证，而在此以后，他的地位变得无可指摘。从而，他只需要证明他的占有达到必要的期间，任何更好的权利都由于其享有者未能主张它而无效。凯泽尔在这里的观点当然与他关于早期的所有权之诉只涉及一种相对优越的权利的论点相一致。[1]它实际上是该论点的一个逻辑上的必然结果。因为，一个只承认"相对"权利的制度不可能承认一种授予"绝对"权利的时效取得的"取得"方式。[2]而且，其反论也是正确的：一个按照"绝对"所有权进行思考的制度不可能承认一种纯粹"消灭性的"取得时效的制度。因此，凯泽尔认为，从早期的时效取得到古典的时效取得的过渡发生于所有权之诉的特点发生变化，并且承认"绝对"所有权之时。但是，如果相对所有权与绝对所有权之间的明显区别的效力可以受到怀疑，[3]那么这里的在早期时效取得与成熟的时效取得之间的区别的效力可能也一样可以受到怀疑。因为，认为古典的时效取得使所有权之诉的原告能够确定地证明所有权的观念在实践中肯定是虚幻的。诚信和没有盗窃属于内在的无法证明的因素，因此，在古典法中，时效取得肯定与其说是一种取得所有权方式，不如说是一种转移举证责任的方式。[4]原告如果证明他已经占有，并且它是根据正当原因取得的（而对于动产来说，甚至这通常可能也很困难），则他能合情合理地说，由被告来证明没有被时效取得。凯泽尔的早期诉讼当事人的地位在这方面似乎没有重大差别：一旦他证明占有达到了必要的期间，

---

[1] 上文，第 142 页。

[2] 参见 Nicholas, *Introduction* 120f.。实际上，如果早期的时效取得是根据比现占有人拥有更优越的权利的那个人未能主张该权利，则人们可能希望相关的时间是自从他能够作出这种主张起已经经过的时间，即使没有一个人在此期间是持续占有。但是，凯泽尔关于"usus auctoritas...biennium"的解释使这个标准是取得者的占有（使用后来使用的术语），而非失去者的不再占有。

[3] 上文，第 142 页；并参见下文，第 266 页及下页。

[4] 参见 Nicholas, *Introduction* 124。对此的一个例外是时效取得在补救一个接受方对通过交付取得的要式物的所有权的形式瑕疵方面的功能。（德·威西尔认为这是最初的功能；*SDHI* 22［1956］98f., 23［1957］28；但是参见 Yaron, *TR* 35［1967］193f.）。

则要由另一方当事人证明该物被窃，①或者在其他方面不能对它实行时效取得。②

## （四）其余的市民法上的取得方法。

这些方法可以简短地予以论述。首先是从城邦取得的方法。无疑从很早的时代开始，根据习惯，战争中获得的战利品由执法官，通常是财务官，公开拍卖。在进行这类拍卖时，竖起一根长矛，可能作为一种象征，表示所取得的权利将受国家力量的保护，③因此，这种售卖被称为拍卖（venditio sub hasta）。对于以这种方式买的财产的所有权，显然甚至在交付之前就转移给买者；④无论如何，对于要式物（而且奴隶通常可能在被出卖的那些物中），不需要进行任何要式买卖。这实际上是根据罗马法的一般原则，即城邦不受对个人适用的规则的约束。不仅可动的战利品，而且属于城邦的土地（无论是由于从敌人那里夺得，还是由于任何其他原因）都可以被出卖，或者如我们已经知道的，⑤被无偿分配给个人，在建立殖民地时通常这样做。在这方面，财产的转让也无须任何在私法上可能需要的形式。

这里需要提到的唯一的其他取得方式是分配裁判（adiudication）。在分割财产诉讼中，古典时期的承审员，不仅能够如同在其他诉讼中一样，判一方支付另一方一笔金钱，而且还能分配对有关财

---

① 被前一当事人吗？参见上文，第153页。
② 除了被窃物外，《十二表法》还禁止其他物的时效取得。它们包括：(1) 属于不同所有人的地产之间的五英尺（Tab. Ⅶ.1）；(2) 陵墓前面的场地（forum sepulchri），被解释为坟墓的入口；焚烧场（bustum），即烧尸体的地方（Tab. Ⅹ.10）；(3) 属于受其宗亲属监护的妇女的要式物，除非经监护人准可对它进行转让（Tab. Ⅴ.2；Gai. 2.47）；这条规则后来被一个年代不明的《鲁第里敕令》（constitutio Rutiliana）所修改（Karlowa 2. 404）。
③ 下文，第198页注释。
④ 至少在古典时期对于通过一个代理人出卖的国库财产来说是如此；D. 49.14.5.1。
⑤ 上文，第10页。

产的全部或者部分的唯一所有权。例如，如果甲与乙共同拥有一块土地，甲想结束这种共有关系，他能对乙提起分割之诉。于是，承审员能够将部分土地分配给甲，部分土地分配给乙，他也能将全部土地分给其中的一人，并判此人向另一方支付补偿。在任何一种情况下，判决都充当了一种赋予所有权的方法，如果这种审判是一种法定审判（iudicium legitimum），[1] 则赋予市民法所有权，在其他情况下，仅仅赋予裁判官法所有权，它在时效取得的期间届满后将成熟为市民法所有权。在古典法上，承审员具有这种独特的权力的诉讼有三种，即为分割由于共同继承而共同拥有的财产的遗产分割之诉（actio familiae erciscundae）、在由于任何其他原因而共同拥有财产的情况下的共同财产分割之诉（actio communi dividundo）和为调整地界争议的地界调整之诉（actio finium regundorum）。[2] 在这些诉讼中，第一种诉讼[3] 和最后一种诉讼[4] 肯定可以一直追溯到《十二表法》。[5]

## 四、对所有权的限制

对所有人的对他的物做他所喜欢的事的一般权利的限制有两类。它们可以是类似于为了一般公众或者邻居们的利益而对特定种类的财产的一切所有人施加的限制，或者它们可能仅仅是在特

---

[1] 也就是，在罗马城一千步的范围内、所有当事人均为罗马市民并且在一个独任承审员面前进行审判；Gai. 4.104。

[2] 这种诉讼的性质存在争议；尤其参见 Buckland, RHD（1936）741ff.；Arangio-Ruiz, BIDR 32（1922）5ff.。

[3] Tab. V .10；D. 10.2.1 pr.

[4] Tab. Ⅶ .5。关于第二种诉讼，参见下文，第 183 页。

[5] 必须予以牢记的是，取得所有权的"自然法"方法在这里省略，不是因为它们在《十二表法》时期不存在，而是因为没有它们由法律调整的资料。关于它们能说得出的任何内容，可能仅仅是对后来的法学家们所制订出的那些规则的陈述。

定情况下由于恰巧对某个非所有人赋予对该物的一种权利而施加的限制，这两类限制在《十二表法》时期都已经存在。

## （一）对特定种类财产的一切所有人施加的限制。①

在实践中，这是指对土地所有人的限制。（1）如我们已经知道的，所有人不能越过其财产的边界进行耕作或者建筑。②（2）他必须允许其邻居的树木的枝杈伸到他的土地上方，但以它们离地面至少15英尺为前提；对于低于15英尺的枝杈，他能够要求邻人砍掉。如果树本身伸出，则有相同的权利，或者甚至可能整棵树都必须被砍掉。③（3）如果其邻居树木的果实落在他的土地上，他必须允许该邻居来到该土地上收获它。④（4）他不得对其土地作出这样的变化，以致妨碍水从他邻居的土地向他自己的土地自然流动。⑤

## （二）由于赋予非所有人的权利而产生的限制。

在发达的法律中，这些他物权（iura in re aliena），即对他人所有的物的权利，⑥有几种类型，但是在《十二表法》时期，只存在最古老的最终被称为"乡村地役权"的权利。地役权是赋予一块土地（"需役地"）的所有人在相邻土地（"供役地"）上做某事或者阻止该土地所有人做他本来能自由地做某事的权利；

---

① Kaser, *RPR* 1.125f.
② 上文，第112页注释。
③ Tab. Ⅶ.9。在后来的法律中，这些权利由令状予以支持（下文，第230页）;《十二表法》明显给予诉权；D. 43.27.1.8；D. 43.27.2。
④ Tab. Ⅶ.10。在后来的法律中，有一个关于收获果实的令状以实施这一权利。"Glans"严格地说是指"橡果"，但那时被用来包括所有树木的果实。
⑤ Tab. Ⅶ.8。这个诉讼是排放雨水之诉。
⑥ 下文，第268页。

这种权利必须"随地走",也就是说,它必须是这样的,如果需役地被转让给他人,该权利随之转让,并且同样地,如果供役地被转让给他人,该义务也随之转让。在发达的法律中,地役权分为"乡村地役权"和"城市地役权",这一般根据它们为农业土地的需要服务还是为建筑物的需要服务,因而,我们发现,通行权、在他人土地上引水或者取水权和放牧权,被归入乡村地役权,而阻止邻人增加房屋的高度或者妨碍采光的权利和支撑权被说成是城市地役权。① 作为一个类型,城市地役权毫无疑问在起源上比乡村地役权要晚,因为对它们的需要仅仅产生于当城市的建筑空间变得有价值,罗马的围着一个庭院建造且窗户朝里面的老式房屋开始被更像我们的公寓大楼的建筑所取代,以及尽管《十二表法》中有规定通道的规则,独立的房屋被"半独立的"房屋或者"高于街道地面的一排房屋"所取代的时候。② 当然,所有的乡村役权并不都是一样地古老;在《十二表法》尚存的片段中实际提到的唯一的役权③是道路通行权(利用既设道路通过他人土地的权利④),尽管非常可能的是,其他通行权(个人通行权,即徒步或

---

① 在确立据以区别城市役权和乡村役权的准确的原则方面有很大困难。一些文本(例如 J.2.3;D. 8.2.2.;8.3.1)列举了每一种役权,从中可见,同一役权总是要么是乡村役权,要么是城市役权,但是,有时一个通常看来像是城市役权的类型却被归入乡村役权(D. 8.3.2 pr.)或者相反(D. 6.2.11.1),可能体现了这样一个原则,即同一役权根据需役地的性质,也就是根据它是被建造的还是非建造的,可以是城市役权,也可以是乡村役权;Buckland 262。凯泽尔已经提出(SZ 70﹝1953﹞144ff.),这种区别产生得相对晚,并且是在学术界产生的,而且,主要的古典法学家们坚持第二种观点。其实际效果在大多数情况下可能是一样的,因为,(比如说)支撑权不可能被需要,除非在需役地上有一个建筑物,而对通行权和用水权通常只在乡村需要,而不是在城市,因为一般说来,城市里的每个人都有权在公共道路上通行和获得公共供水。

② 最古老的城市役权很可能是排放污水(cloacae immittendae)役权,它可能是罗马在公元前390年被高卢人破坏后仓促重建时产生的。如果,如李维所说(5.55),它被建造得如此杂乱无章,以致原来建在公共街道下面的公共排水设备从私人房屋下经过,那么,一个人的房屋的排水设备也可能在他人的房屋下面经过,从而必须获得使它们保持在那里的权利。

③ Tab. Ⅷ.7.

④ 这是通常的解释,但是参见 Arangio-Ruiz, *Istit.* 236f.。

者乘车通行的权利,和负重通行权,即驾驭驮畜通行的权利)和经他人土地取水的权利(引水权)是一样的古老,① 因为一旦有私人对土地的所有权,它们就都是为农业所必要的。关于道路通行权,《十二表法》规定了道路的固定宽度(8英尺,拐弯处16英尺),② 还规定,如果道路非处于维修良好状态,享有权利的人"可以驾驭他的驮畜走他能走的地方",③ 也就是拐道。必须记住的是,只有乡村役权(并且可能只有它们中最古老的那些权利)是要式物,能通过要式买卖创设;其理由不难理解,只要我们认为,早期的人在"通行权"中看到的不是对一种抽象的所有权的一种抽象限制,而是一条非常具体的道路,即一个具体的田地的一部分,因而能通过与转让该田地相同的方式转让。④ 当那种"古代的光线"的役权(禁止妨碍采光役权)开始被承认时,不可能把它们看作是邻居的土地的一部分,因此,后来的役权不是要式物。但是,没有理由设想,拟诉弃权除了作为可以对非要式物的役权适用的唯一方法外,不能被用作对属于要式物的那些役权的要式买卖的一种替代方法。对于一种役权来说,拟诉弃权的形式可能是,需役地的所有人提出请求,说他已经拥有这一权利,而预想中的供役地的所有人则承认确实如此。⑤

---

① 另一个重要的用水权,即汲水权似乎产生得较晚。
② Tab. Ⅷ.6.
③ Tab. Ⅷ.7.
④ 这有时被现代作家表述为根据功能对所有权的划分,每一方为了不同的目的拥有土地;Kaser, *RPR* 1.38, 143f.。
⑤ 上面没有提到关于用益权和使用权的"人"役权,因为,尽管它们在发达的法律中很重要,但在《十二表法》时期它们肯定不存在。

# 第十一章

# 《十二表法》时期的债法

## 一、引言

优士丁尼将债定义为"一种法律约束,据之我们必须根据我们城邦的法律履行某种义务",①这个定义,尽管不完善,②但充分描述了罗马发展了的债的概念和现代的债的概念。但是,必须意识到的是,这个浅显的概念决不是早期的。

在今天,当我们说甲对乙负有一项债时,我们的意思是,如果甲不根据此债自愿履行其义务,则乙就能到法院对他提起诉讼,③并且在得到判决后,凭借国家权力强迫甲做他原本该做的事,或者如果那不可能或者不合需要,则做别的事代替,通常是支付钱款给他。因而,如果甲负有支付100英镑给乙,或者将布莱克艾克(Blackacre)转让给乙的债务,则最终,国家将出卖甲的足够多的财产以获得必要的100英镑或者将布莱克艾克从甲那里拿走,并交给乙。如果甲的债务是担任乙的秘书,则国家不能强迫他做

---

① J. 3.13 pr.
② Buckland, *Main Institution* 235f.。尤其要注意的是,这个词不仅能表示债务人的义务,而且能够表示债权人的权利。
③ 甚至在现代法律中,存在这样的一些情形,即虽然债得到法律的承认,但不能通过诉讼来强制执行;参见例如,Salmond, *Jurisprudence*, 12th ed. (1966) §43,并参考后期罗马法的"自然债务"。

那个秘书，而将让他支付金钱来替代。为乙做某事的义务总是与被强制做那件事的责任或者付费让别人来替代做出的责任相联系。另一方面，在法律的早期阶段，这两件事，即义务和责任，决不是必然结合的。在一个时期，当国家还没有普遍承担私人之间义务的强制执行时，决不能因此说，由于某义务被承认，因而它将被强制执行，因此早期的债权人要求某种有形的东西，它将充当债务人履行义务的担保；他想要让将承担责任的某个人或者某个物处于他的权力下；换言之，他想要一个人质或者抵押物，如果他没有得到他的应得的东西，他就能随意处置这个人质或者抵押物。尤其需要注意的是，这（最初）不是一个让人质做债务人应当做的事，或者将抵押物出卖，从其收益中自行偿付的问题；它是让人质或者抵押物处于某人的权利之下的问题，并且对人质来说，是一个能够给他以惩罚的问题。

　　发达的法律和早期的法律之间的一个进一步的区别是早期的制度还没有区分作为债的发生根据的非法行为和契约，而这种区分是先进的制度所共有的。在发达的罗马法中，以及从它派生出的现代制度中，我们能够说，如果甲对乙负有债，这通常（决非总是）或者是因为甲已经同意履行构成这个债（契约）的内容的那个行为，或者是因为他对乙做了某件他必须为之对乙支付损害赔偿的坏事（非法行为）。这种区别本身很明显不是早期的，但是，已经有关于债的起源是后来所称的契约还是非法行为的一些争论。能够这样认为，[①] 最先关于违法的概念并无差别，并且，只是很渐进地，表现在一个人不做自己已经同意做的事情中的那种违法行为，才与其他违法行为分离开来。另一方面，能够这样说，[②] 违法

---

[①] Perozzi, *Scritti* 2. 443ff.；Bonfante, *Storia* 1.208ff.

[②] E. Betti, *La struttura dell' obbligazione romana*, 2nd ed.（Milan, 1955）109ff.，他还强调保证契约在早期的重要性。De Visscher, *Etudes* 257ff.，认为直到公元 2 世纪早期私犯才被引入古典的债的概念中。肯定令人关注的是，在盖尤斯的《法学阶梯》中，私犯看来像是对契约之债的论述的一个附属物；参考 de Zulueta, *Gaius* 141f.。

行为在早期的后果是报复，并且这不需要作为债的本质的为了强制获得满足而产生的约束的概念。因为债是获得满足的一种手段，而报复本身是所要追求的满足。因此，债的概念仅仅产生于达到这样一种阶段时，即受侵犯的那个人可以同意放弃报复，只要非法行为人愿意付给他赎金，而正是在这些关于赎金的协议中，我们找到契约的起源。再后来，这种可选择的赎金被一种固定的强制性赎金所取代，也就是被一种固定的罚金所取代，并且最后被可变的损害赔偿金所取代，但与此同时，契约独立地发展起来。

也是在关于赎金的协议中，我们发现关于义务和责任之间的区别的最清楚的例子。假设甲对乙犯了一种违法行为——偷了他的财产，则乙有理由向甲报仇，如果他足够强壮，他就会为此抓住甲。于是，甲可能答应支付赎金，而且乙可能同意接受它，但是可能很容易发生的是，只要甲处于被羁押中，他就不能筹钱，而乙一旦抓住他，就不想让他走。因此，甲让一个孩子或者男亲属在此期间为他作人质。其结果是，虽然 A 欠下那笔钱，但他不再负责任，而人质虽然不欠那笔钱，但要负责任，因为责任是某种相当实在的东西；它意味着处在债权人的权力下。于是，在一些法律体制下，无论如何，这样一个阶段到来了，即甲能够为他自己作人质，或者更确切地，如人们现在能够说的那样，为自己作保。也就是说，在他保证负责任后乙让他走，这意味着，如果他不付钱，乙将能再抓住他。眼下，有形的约束被一种潜在的约束所取代，后者在某些情况下可能又变成一种实际的约束。

这里的对义务和责任的区分已经被现代学者所研究，尤其是在他们对古代日耳曼法的调查研究中，并且只有在日耳曼法中，才能明确证明它的存在。① 现在仍普遍认为，有些相类似的观念

---

① 布鲁纳（Brunner）撰写的词条，载于 Holtzendorff 的 *Enzyklopädie der Rechtswissenschaft*, 7th ed. by J. Kohler, I（Munich etc., 1915）137. 关于类似的观点，参考 Pollock and Maitland 2.185ff. "义务"和"责任"两个词在这里被用作（不是非常准确的）与两个德文词"Schuld"和"Haftung"相等的词语。关于希腊法，参见 J. Partsch, *Griechisches Bürgschaftsrecht*（Leipzig, 1909）13ff.。

也构成了罗马法的基础，[1] 而且这种观点的主要证据来自于罗马法术语本身。Obligatio（债）字面上是指一种"约束"，并且几乎不可能有怀疑的是，最初它决非纯粹的隐喻；相同的观念可从 nexum（债务口约）一词中看出，如我们将看到的，[2] 这个词是指已知的最早的契约。更有意味的是 solutio（清偿）这个词，它在发达的法律中指债的偿付，或者更确切地说，债的履行。在字面上，它是指"解开"，并且这最初决不仅仅是指对某种隐喻式的"约束"的隐喻式的解除，这一点可从庄严的秤铜式清偿的程式中相当清楚地看出来，因为在这一程式中，将被解脱的债务人说"我使我自己从你那里得到自由和解脱"（me a te solvo liberoque）。[3]

当时，在《十二表法》时期，这个法律已经不再处于其最原始的状态。城邦已经极大地限制自我救济，但是离它自行承担起保证人们相互履行其义务的任务的时期还很遥远；它最多能做到的是说明一个人在何种情况下对另一个人负有责任，在有些情况下——实际上是在大多数情况下——决定该责任如何能够被清赎，以及规定防止未经授权的强制执行责任的方法。因而，就后来被叫做私犯的行为而言，它已经一般性地规定，私犯人应对被侵犯人支付一定罚金，换言之，如果被侵犯人通过赎金的方式获得一定的金钱，他必须放弃报复的权利，但是在其他情况下，进行报复的权利（虽然以一种被限制的形式）仍然被明确保留，并且是由被侵犯的人来考虑他是否将接受作为替代的赎金，以及如果这样的话，要多少赎金。[4] 契约比所可能预期的更加发达。支付和接受关于私犯的赎金的协议当然得到承认，保证的形式也一样：两种古代的保证，即应诉保证人（vas）和诉讼保证人（praes），

---

[1] Kaser, AJ 189ff.
[2] 下文，第 164 页。
[3] Gai. 3.174.
[4] 下文，第 172 页。

前者确定地在《十二表法》中被提到。① 但是，自从发现了盖尤斯的新的片段，② 我们知道，要式口约也可追溯到这一时期，③ 也就是，在一个提问之后作出的口头允诺能产生一种可诉之债。但是，很可能，要式口约到当时为止只限于支付一定数额金钱的承诺（如盖尤斯所举的例子中那样），而且，债务口约④——也就是使债务人"受制约于"债权人的一种法律行为——的存在似乎表明，仅仅根据要式口约而产生的"债"（从后来的意义上说的）决不总被认为是充分的。

此外，这种纯粹的声明也具有误导性。有人可能问，在至少没有买卖和租赁、动产的借用和寄托的情况下，人们怎么能够行事？其回答是两方面的。首先，我们必须区别后来的法律中这些合同的每一种所包含的经济关系存在的问题，与到当时为止出现的，任何责任是由所作的承诺所引起还是在隐含在这些关系中的问题区别开来。其次，我们必须认识到，后来通过契约的概念所获得的结果中有许多能够，并且在过去就是，通过私犯的概念来实现的。因而，相当清楚的是，存在买卖或者易货的经济关系，人们实际上用货物交换早期的货币等价物（尤其是非铸造的金属），或者交换其他货物，但是这个程序不产生任何债，也不是一个契约，因为双方当事人几乎总是同时进行他们各自的那部分交易。因此，从经济的角度看，在对铜进行称重完全变成象征性的以前，早期的要式买卖，如通常所理解的那样，明显是一种买卖——以一个物交换某种货币，但是，它根本不是后来的契约意义上的买卖，因为在那种意义上，买卖是指转让某物以取得某种货币支付的协议，而一旦达成这个协议，卖方就负有做他承诺去做的事的债务，而买方就有支付他已经承诺的价金的债务。在要式买卖中，

---

① Tab. Ⅰ.10。下文，第 184 页。
② 下文，第 389 页。
③ 下文，第 182 页。
④ 下文，第 164 页。

没有产生这些债的机会，因为物的转让与铜的称量都是同一法律行为的组成部分；对物的所有权只有在铜被给付时才转让，而铜只有在物的所有权被转让时才给付。一旦要式买卖完成，便没有什么事需要双方去做，而在它完成之前，不产生任何法律后果。① 当称重成为象征性的时候，确实有可能通过要式买卖出卖财产而不立即获得一个等价物；换言之，有可能允许赊欠，但是没有理由认为，一个这样允许赊欠的卖方享有对该价金的诉权。很可能，他能通过订立一个债务口约来为自己提供保证，据此，价金被视为他向买方提供的借款，尽管没有这种做法的直接证据。此外，如果有一项规则规定，除非支付了价金，所有权不发生转移，则卖方通过其对该财产提起所有权之诉的能力而得到保护。② 相反的情形，——买方在物被转让之前支付价金——实际上可能很少见。如果一项要式买卖已经进行，而物仍由卖方占有，则它同样仍然属于买方所有，买方能通过其提起所有权之诉的权力而得到保护。如果所出卖的是略式物，我们不可能说明有什么样的规则，但是毫无疑问的是，这些售卖几乎总是现金交易，并且不存在这样的一般原则，即未获支付的卖方有权重新获得价金，或者已经支付价金的买方有权为获得标的物提出控诉。③

对于包罗了后来的土地和动产的物的出租、雇佣契约和承揽契约的"租赁"（locatio conductio）契约，我们知道得更少。它们全都存在，这是毫无疑问的，尽管它们都不像后来那样普遍。在一个主要由自耕农组成的共同体里，土地和房屋的租用必然很少；对租赁动产的需要可能也不多；采取"承揽"形式的交易几乎不发达。

---

① 如果在要式买卖后，买方被追夺所有权，卖方确实负有支付双倍价金的义务（上文，第146页），但是双倍返还的责任似乎表明，这是一种私犯的责任，即对"偷窃"价金的惩罚。

② 上文，第145页注释。

③ 卖方如果没有坚决要求立即支付，通常在以后就没有执行它的诉权，对此的最好证明是 Gai. 4.28 中提到的那个特定情形。他说，《十二表法》允许对购买牲畜用来祭祀，但是不付价金的人提起扣押之诉（诉讼形式中的一种）。如果有任何一般规则允许针对价金提起诉讼，那么，这一特殊规定就不必要。

此外，虽然无疑有一些自由的劳工，但耕地的工作肯定主要由所有人、他们的家庭和他们的奴隶来做。肯定没有这样的一般原则，即对某物的使用或者劳务承诺支付的钱可以要求获得，① 但是，财产法和私犯法可能禁止一些种类的不公正的行为。一个人如果拒不返还他租赁的物，则在所有人提起所有权之诉后必须交出它，并且他很可能被看作为一个窃贼；② 相同的推理还适用于获得某物以对其进行某种加工的人的情形——例如获得一块布料以做成一件衣服。

对于后来由"要物的"（关于动产的）借用合同和寄托合同所涵盖的关系，也是一样。借用人和受托人如果试图保留不属于他们的物，则可能处于相同的地位，并且对于寄托来说，有明确的证据表明，《十二表法》允许一种双倍诉讼——一个与盗窃之诉完全一样的罚金之诉。③ 我们不可能怀疑，某种保证形式至少在事实上也存在，但是关于这个问题的早期法律真相不明。④

## 二、债务口约 ⑤

在关于罗马早期历史的叙述中，相当突出的是某些被称为债务奴隶(nexi，字面上是指"被束缚的")的人的痛苦，很清楚的是，这些人是债务人（一般是平民），他们由于不能偿付其债务而成为其债权人的债务奴隶，有义务为他们劳动，遭到他们的责打，并且确确实实是"被束缚"。更为清楚的是，产生这些债务奴隶

---

① 我们又有一种允许扣押之诉的特殊的情形；Gai. 4.28。
② 参考上文，第 141 页关于早期所有权之诉是否对略式物适用的问题。
③ 参考下文，第 172 页注释。
④ 参考下文，第 301 页以下。
⑤ 相关文献非常多。参见 de Zulueta, *LQR* 29（1913）137ff.；Kaser, *RPR* 1.166；还有 Tomulescu, *Iura* 17（1966）39ff.（以及进一步的引述）；MacCormack, *SZ* 84（1967）350ff.；Ogilvie, *Livy* 1—5, 296ff.。

所依据的交易像要式买卖一样，是一种"秤铜式"交易。大概在公元前 326 年，通过了一个《博埃得里亚法》(lex Poetelia)，从而结束了这种由债务所产生的束缚的可能性。① 这是所有可以有把握地断言的内容，因为很自然地，古典时代的法律作家没有人论述一个大约在古典时期之前四个世纪就废弃不用的制度，而历史学家们则不关心对引起他们所描述的那些痛苦的那种地位进行准确的法律描述。我们拥有的最好的证据是来自词典编辑者的一些片段（但是其中最主要的一个片段严重残缺不全），② 以及盖尤斯的一个片段，这个片段描述的不是债务口约，而是解除因秤铜式交易所负债务的方法。③ 其结果是，学者们在对该证据的解释方面意见非常不一致，因而对于债务口约的性质所持的观点不可计数。

在 19 世纪后半期占支配地位的、并且在后来有许多变化形式的理论是由胡斯克（Huschke）提出的。④ 根据他的观点，债务口约是一种形式的借贷，采取秤铜式、司称和五名见证人的仪式加以缔结，因而是债法中与财产法中的要式买卖相对应的行为。最初，贷方称出铜的重量给借方；后来，由于一种针对要式买卖发生的相类似的发展，⑤ 称重成为象征性的，所借贷的货币的实际支付与

---

① 参见下文，第 189 页。

② Varro, *L.L.* 7.105 (Bruns 2.60)："曼尼流写道，债务口约是通过称铜式进行的交易。穆其说，债务口约是所有的通过称铜式进行的行为，其目的是使得人们受到约束，除此之外还受到支配 (in mancipio)。通过对这一词语的探究表现得更为清楚，因为通过称铜式交易受到约束的人不是自权人，因此被称为债务奴隶 (nexum)。那些通过劳役而不是通过金钱来偿债直到清偿的人被称为债务奴隶。这在维索洛 (C. Petelio Libone Visolo) 任独裁官期间被废除，使其不再出现，所有的债务人都被解脱不再是债务奴隶。"关于文本问题，参见 Tomulescu, *Iura* 17 (1966) 49 n 16。关于 "bunam cipiam iurare"，参见 Berger, *St. Arangio-Ruiz* 2.117ff.。这个片段特别重要，因为它引用了两个法学家的观点，即曼尼流和穆其（上文，第 92 页），但是就连他们也是生活在《博埃得里亚法》(lex Poetelia) 制定的许多年以后。如果瓦罗的文本中关于该法律的制定应归于独裁官博埃得里的叙述正确的话，则它的年代可能是公元前 313 年，但是，李维 (8.28) 把它归于公元前 326 年的执政官，其中之一名叫博埃得里 (Poetelius)。

③ 3. 173ff.

④ *Ueber das Recht des Nexum* (Leipzig, 1846).

⑤ 上文，第 144 页。

这个仪式相分离。通过"依债务口约和要式买卖而缔结契约"（cum nexum faciet mancipiumque）等这些词语，《十二表法》以与确认要式买卖本身相同的方式（根据这种观点）确认了这种交易。① 即使这种交易的确与要式买卖相似，但是对于一种借贷来说，所说的话必然不同于在一种转让中所用的话语，而胡斯克猜测，它们由贷方（作为在此行为下取得权利的人）来说，并且表现为这样一种程式，在其中，他宣称借方被判决（damnas，判处）将这笔钱偿还给他，这个词的重要性在于这一事实，即如果债务人没有在规定日期偿还，该债务能够通过被称为拘禁（manus iniectio）的程序直接对他的人身进行强制执行，而无须事先获得判决。② 债权人当然不可能立即就进入这些极端程序，但是可以通过威胁要行使他的权利，从而使债务人从属于他。

第一个提出一种根本不同的解释的人是米泰斯（Mitteis）。③ 他认为，胡斯克的理论与历史学家对债务口约的描述不一致，从后者的描述看来，进入约束状态不是由于贷款本身，而是由于无偿债能力的借款人当面临一种必然会导致判决的诉讼，即拘禁，以及或者被处死或者被卖为奴隶时的最后的绝望的行为。④ 米特斯猜测，有两个行为都叫做债务口约。第一个是提供贷款，它可以通过誓金法律诉讼来强制执行，而第二个是债务人将自己通过要式买卖出卖给债权人，他因而通过一种自卖而成为债权人的奴隶，

---

① 但是参见上文，第 145 页注释。我们缺乏直接证据证明它们出自《十二表法》，但是费斯都斯引用它们（s.v. *Nuncupata pecunia*, Bruns 2.18）的方式使关于这个问题几乎没有什么疑问。如果它们确实出自《十二表法》，那么它们证明债务口约在那时存在，但是，无论如何，这个制度是如此原始，以致它在法律编纂时期的存在是毫无疑问的。

② 下文，第 188 页；de Zulueta, *Gaius* 245f.。反对将这一后果归因于"damnas"一词，参见 Kaser, *AJ* 124ff.。凯泽尔本人猜测，债权人说"因此你受我的约束……"（quod tu mihi nexus es…）。

③ *SZ* 22（1901）96ff.；25（1904）282；*RPR* 136ff.

④ 例如 Livy 7.19.5；参考 MacCormack，前引书。Kaser, *AJ* 232ff., 推测，债务口约实际上的确包含一种借贷，但是在历史学家们所提到的那些情形中，提供借贷是为了使债务人还清现存的债务。

这种自卖更确切地说，是自我担保，因为如果后来偿还了债务，他就会被解放。这种对自己进行的要式买卖是为了通过自愿进入约束状态，从而逃避如果不这样做就可能通过判决而进行的执行。这种理论解释了将债务口约作为要式买卖的相等同的行为的一贯用法，这种用法在西塞罗那里尤其明显；它解释了瓦罗的这一称述，即债务奴隶是一个"为了清偿欠款而充当奴隶来提供劳役，直到抵偿应付款项为止的自由人"，[①] 这种说法同其他通常被发现有自卖或者自我担保的法律体系的发展相一致，但是其困难至少和妨碍胡斯克的理论的困难一样大。如果我们假定，在第一个债务口约时对铜进行称量，那么在第二个债务口约，即对自己的要式买卖[②] 时就没有什么可以称重了，而且，无论在其他法律体系里自卖可能是多么普通，它在罗马法上除此之外就不为人所知，并且似乎有悖于原则。实际上，虽然胡斯克的观点所依据的理由有许多被证明是错误的，但是，他的假设大体上仍可能是最可接受的。因此，我们仍能认为，债务口约是通过秤和铜进行的交易，据此，如果债务人未能在指定日期偿还其债务，则将使自己不需判决即受到拘禁。因而，它有一种"要物的"成分，因为它赋予贷款人（潜在的）针对借款人的人身的权利，[③] 但是，这与说它是一种自卖不是一回事。它引起拘禁，因为最初那是所知的唯一的责任形式；它实际上是一种法律所认可的自我救助。只是后来，当引进其他使审判成为必需的法律诉讼时，债务人承担这种责任的待遇开始被认为是特别严苛的。实际上，作为支持这种观点的一种积极理由，还有盖尤斯的片段[④]，从中我们得知，经判决的债务（它当然确实引起拘禁）和因秤铜式交易所负的债务都必须通过秤铜仪式来加以免除。如果债务口约是一种自卖的话，那么其免除肯定会涉及

---

① 上文，第 164 页注释。
② 参考 Mommsen, *SZ* 23 (1902) 350。
③ 因此，它是一种为产生上文第 159 页所解释的那种意义上的"责任"的交易。
④ 3.173—175；参考 de Zulueta, *Gaius* 144。

一种再次出卖或者诉请解放[1]，因为债务人已经可能处在债权人的支配权力之下了。[2]

## 三、私犯

在发达法律的四种[3]主要私犯中，有两种已经被承认，它们的名称就是后来仍保留的名称，即盗窃和侵辱（后来包括所有对一个人的尊严和更多方面的侵犯，但在这个较早时期，它的范围绝不可能超过实际的殴打）。

### （一）盗窃。[4]

盗窃区分为现行盗窃[5]和非现行盗窃，前者是窃贼在实施行为时被抓获，后者则是他未在实施行为时被抓获。对于前者，如果窃贼是一个自由人，对他实行鞭笞，然后将他判付（addictus）给事主。盖尤斯说，[6]存在争论的是，他因此变成了奴隶，还是处于被判付者的地位（即一个由其债权人在判决后通过拘禁抓住的

---

[1] Gai. 1.138.

[2] Livy 2.27，造成了一个困难。在那里，这个历史学家说执政官之一强迫债务人进入债务奴隶状态。MacCormack，前引书，提出，在《十二表法》以后没有提到这样一种程序，可以归因于它已经被已决案的拘禁（manus iniectio iudicati）所取代（Gai. 4.21）。Tomulescu，前引书，将这一文本看作是证明债务口约（nexum）根本不是一种称铜式行为而是一种拟诉弃权的证据，李维提到的是债务奴隶（addictio）。确实，没有明显的证据表明存在一种采用称铜式的贷款的交易，但是拖姆雷斯库的观点包含这一假设，即到曼尼流的时期（上文，第92页）债务口约（nexun）已经具有另一完全不同的含义：所有采用称铜式实现的交易（omne quod per aes et libram geritur）。

[3] 盗窃、抢劫、非法损害财产和侵辱。

[4] Tab. VIII.12—16；Gai. 3.183—208。关于接下来的内容，参见 Jolowicz, *De Furtis*；de Zulueta, *Gaius* 198ff.。

[5] 后来，关于现行盗窃的确切定义存在不同意见；Gai. 3.184；J. 4.1.3。关于这种区分的起源，参见 Jolowicz, *De Furtis* LXVIII—LXXIV。

[6] 3.189。

人)。① 如果窃贼是一个奴隶，对他实行鞭笞，然后从塔尔佩尤斯山崖扔下去。对于非现行盗窃，刑罚早已是罚金了，即必须偿付被窃物价值的两倍。②《十二表法》进一步规定，如果带着见证人在某人的房屋里搜寻被窃物并发现了此物，则在查获盗窃之诉中，此人应受三倍罚金。③ 盖尤斯还说，如果搜寻被窃物的人除了系一块遮羞布（licium），并手拿一个盘子（lanx）④ 外，是光着身子进行搜寻的，则这种被发现的非法行为被认为是现行盗窃。在盖尤斯的时代，这种搜寻早已废弃不用，⑤ 并且很明显不再被充分理解。因此现代有了很多讨论。⑥ 在早期社会，特别是那些具有印欧—日耳曼族裔起源的社会，仪式性搜寻很普遍，⑦ 而裸体是一种通常的特征，其目的可能是为了防止搜寻者在房屋里"栽赃"。但是，由于"lanx"和"licium"没有接近的类似词语，其意义很模糊。盖尤斯提出了合理的解释（licium 是一块为遮羞的缠腰布，而 lanx 是一个大浅盘，或者是为了在找到失窃物后将它放在上面，或者是为了使搜寻者的手被占着，从而防止

---

① 因此最终将被处死或者卖到国外为奴；下文，第 189 页。

② Gai. 3.190。《十二表法》第八表第 16 条（对非现行盗窃犯提起的诉讼——此句的其余部分未被保存下来）通常被认为是对此作出的规定，"adorat"是指在非现行盗窃诉讼中的原告的控告。但是，《十二表法》的其他地方直接规定非法行为（例如折断肢体，第八表第 2 条），而没有关于需要控告的废话，并且 Yaron（*TR* 34 [1966] 510ff.）以其他早期制度为证据提出，这一规定涉及对诬告盗窃所处的刑罚。

③ Gai. 3.186，191。即使一个人不知道此物在他的房屋里，或者此物是被窃取的，他也应对这个诉讼负责，但是这里面的不公正可以通过转移盗窃之诉（actio furti oblati）大致且迅速地得到补救，这个诉讼也是三倍价值之诉，房屋所有人能够对将该被窃物放在其房屋里的任何人提起这种诉讼。Gaius 3.187 记载，被告只有在他的行为目的是为了转移该物时才负责任，但是这个条件很可能比《十二表法》要晚（Daube，*Biblical Law* 262，269）。凯泽尔（*BIDR* 65 (1962) 84）实际上认为，盖尤斯不是想要排除无辜的被告的责任，而仅仅是举这个典型的例子，但是这种解释很难与盖尤斯使用的词语相协调："当然，把被盗窃物交给你的目的是……"（utique si ea mente tibi data fuerit ut...）。

④ Gai. 3.192—193a。关于这些词语的含义，参见紧接的下文。

⑤ Gellius（16.10.8）认为它属于因《爱布兹法》（*lex Aebutia*）（下文，第 218 页）而消失的古代习俗之一。

⑥ 关于全面的概括和批评，参见 Horak，*PW* 24.1.788ff.（1963）。

⑦ C. von Schwerin，*Die Formen der Haussuchung in indogermanischen Rechten*（Leipzig，1924）；Goldmann，*SZ*（*German. Abt.*）45（1925）457ff.，对此做了评论。

他将任何东西偷带进屋内），但是它们更可能具有巫术或者宗教的意义。"Licium"在其他地方是指一根线，因而它在这里可能表示戴一个护身符，或者一个仪式性地扎在头上的带子，而"lanx"可能是放着祭品的盘子，以抚慰被搜寻的房屋的家神。①

确定"携盘碟与缠布带"进行的搜寻与带着见证人的非正式搜寻之间的关系，也同样困难。如果它们同时都存在，似乎与通常认为早期法具有的"方法经济性"特征相违背，而简单地解释说②在《十二表法》时期只有正式的搜寻存在，查获盗窃之诉是后来裁判官（所创）的旧的死刑的替代物，也很难让人接受。因为它涉及否认盖尤斯关于查获盗窃之诉追溯到《十二表法》的明确说明，而盖尤斯写了《十二表法》的评注，可能也知道程式（它能表明诉讼是市民法的还是裁判官法的），他不可能弄错一个如此简单的问题。与盖尤斯所说的话最相吻合的解释是由道贝（Daube）提出的。③他认为，在《十二表法》时期，两种搜寻确实都存在，但是，"携盘碟与缠布带"式的搜寻只有当被告拒绝允许非正式搜寻时才予以实行。这是盖尤斯下述说法④的自然含义，即《十二表法》没有规定拒绝搜寻的惩罚，而仅仅规定搜寻者要进行"携盘碟与缠布带"式的搜寻。盖尤斯根据他的理性化的观点，感到这很可笑，因为一个人如果拒绝了其中一种搜寻，也将拒绝另一种搜寻，随着它所涉及的处罚越重，就越发如此。但是，在原始时期，拒绝仪式性搜寻无疑导致宗教性的处罚。⑤

---

① Horak, *PW* 24.1.793ff. Wolf, *Sympotica F. Wieacker*（Göttingen, 1970）59ff.
② Mommsen, *StrR* 748.
③ *Biblical Law* 259ff.
④ Gai. 3.192f.
⑤ Daube（*Biblical Law* 284ff.）试图迎合从"方法经济"而来的论点，他假设在《十二表法》以前的一个时期，只有仪式性搜寻存在，并且它只在一种持续追赶达到高潮时才举行（由此在这样一种搜寻后找到被窃物产生与现行盗窃相同的效果）。非正式搜寻可能在没有持续追赶时才予以实行。De Visscher, *Etudes* 1.217ff.= *TR* 6（1925）249ff.，也诉诸于持续追赶的存在或者缺乏。他假设，在《十二表法》时期，只有一种搜寻（即携盘碟与缠布带式的搜寻），但是现行盗窃的处罚只在已经有了持续追赶或者明确否认占有时才适用；在其他情况下，可能只有查获盗窃之诉。另参见 Daube, *Biblical Law* 278ff.。

在古典法中，以及很久以前，只有导致查获盗窃之诉的非正式搜寻保存下来，而当时，拒绝这种搜寻引起一种由裁判官引进的、规定四倍罚金的拒认盗窃之诉。

如果窃贼是夜间来行窃，或者在白天他以武器自卫，则《十二表法》允许不经审判将他杀死，在后一种情况下，只要杀他的人高声呼唤。[1]

如词源学所表明的，[2] 在早期，盗窃（furtum）很可能含有一种实际拿走某物的意思。至少看起来很明显，最初盗窃只可能针对能够被移动的物，因而不能针对土地。[3] 这实际上仍是古典法，但是对土地的排除已经由一些较早的法学家们提出质疑，[4] 而且很有道理，因为盗窃的范围很早被扩大到包括没有拿走的情形。因此，在公元前2世纪，法学家布鲁图认为，如果一个人为了一

---

[1] Tab. VIII .12, 13。西塞罗只对后一种情况提到呼唤的要求（Tull.50），而且，虽然盖尤斯在这两种情形都提到它（D. 9.2.4.1），但有理由怀疑这个文本。不过，由于呼唤最初似乎表示在受害方诉诸自我救助之前对邻居发出的证明罪犯的犯罪行为的正式呼叫，在早期法中它很可能在这两种情况下都需要。后来，杀死窃贼的理由被认为是自卫（Cicero，本注引书），因此，呼唤很可能被认为是杀死窃贼的人准备证明其行为正当的证据。在这样一种背景下，在夜间没有呼唤的，可能予以原谅。一般性的论述可参见 Wieacker, Fschr. Wenger 1. 129ff。Kaser, EB 38ff.，猜测在杀死一个现行窃贼或者在进行携盘碟和缠布带式的搜寻后被作为现行盗窃对待的窃贼之前，也必须呼唤。

[2] Niederländer, SZ 67（1950）185ff。"fur"（希腊文为 ø ω ρ）一词与"ferre"（带走）相联系，因此意指"带走的人"。这个词源早已由一些古代作家提出，例如，J. 4.1.2，其中提到其他的一些说法，比如这个词与"furvum"（黑的）相联系，或者与"fraus"（欺骗）相联系。虽然这些说法是词源上的一种想象，但无疑反映古典时期流行的较宽泛的盗窃的概念；参见紧接的下文。

[3] 关于"拿走"构成最初的盗窃概念的一部分的提法，可能似乎与上文（第163页）所述的一种观点不符，即拒绝返还托付物的受托人被作为窃贼对待。但是，两种观点可能都是正确的。早期法有"客观化"的标准，也就是说，它规定由某些明显的事实产生某些后果，因为它将那些事实看作为它试图涉及的其他事实的证据。如果一个人拒不交出借给他的物，这一般是因为他已经拿走该物，或者至少已经将它藏起来，目的是为了据为己有；这就足以使法律宣布，所有有相同行为的人都是窃贼。无论如何，没有人提出，这里有任何需要严格解释的法律规则。《十二表法》对寄托和不诚实的监护人（下文，第172页）的情形的处罚采用与处罚窃贼相同的方法，这一事实可用作任一方面的论据，因为，如 Mommsen 所说（StrR 738 n 2），不能确定，应将这些情形看作为盗窃的特殊情形，还是看作为类似于盗窃的行为（参考 Watson, Obligations 157f.）。

[4] Gai. 2.51；D. 41.3.38；Gell. 11.18.13。

种目的借了一匹马而将马用于另一目的，则他是一个窃贼；[1]并且很显然，如果将属于他人的物出卖，并且明知无权这样做，即使是完全清白地对该物获得占有，也是盗窃。[2]因此，构成盗窃的行为在古典法上通常被说成是窃取（contrectatio），字面上是指触碰或者触摸。[3]

## （二）对财产的损害。

后来的关于这个问题的法律几乎完全是根据一部法律（《阿奎利亚法》，其年代不能确定，但肯定比《十二表法》要晚），以致不可能发现被取代的早期规定的内容。[4]《十二表法》有不少片段提到对不动产的损害的特殊情形，但是没有一个与动产有关，并且没有任何关于一般规定的可靠证据。所涉及的非法行为是那些可能与农业人口特别有关系的行为。夜间收割他人的庄稼，或者让牲畜吃他人的庄稼的，处以死刑，[5]除非违法者未满适婚年龄，在这种情况下，对他实行鞭打，或者他必须给予两倍以上的损害赔偿。[6]放火焚烧某住宅，或者靠近这样一个住宅的一堆谷物的人，

---

[1] Gell. 6.15.1；参考 Gai. 3.196。当然，如果他认为所有人不会介意，则他不负责任；Gai. 3.197。

[2] 参考 Gai. 2.50。

[3] 对这个身体接触的要求作严格解释，可能导致反常（例如，当一个人出卖属于他人的物，而只有买方触摸了它），而且某些文本可以被理解为承认未触摸的盗窃。因此，布克兰认为，"contrectatio"应该被认为是指"干涉"（LQR 57 [1941] 467ff.）。对这一观点非决定性的反对和进一步的争论，参见 Watson, Obligations 220ff.。

[4] 参考下文，第 275 页。乌尔比安说（D.9.2.1），《阿奎利亚法》（lex Aquilia）"偏离"了包含在《十二表法》以及其他法令中的以前的关于这一问题的规则。关于论述，参见 F. H. Lawson, Negligence 4ff.。

[5] Tab. VIII .9。这种处罚（在十字架上钉死，作为献给谷物女神色列斯的祭品）揭示这种违法行为在早期与渎圣罪的亲和性；Perrin, Annales Universitatis Saraviensis 2（1953）173ff.。

[6] 这些话很模糊；很可能，如蒙森所提出的（参见 Bruns 1.31），对一个未适婚的自权人处以鞭打，而对处于支配权下的人，家父必须或者支付两倍赔偿，或者交出这个男孩（损害赔偿）。

如果是故意的，则被烧死；如属意外，则必须进行损害赔偿，如果他太穷，则对他"轻加责打"。① 对于非法砍伐他人树木，规定了每砍一棵树处 25 阿斯的罚金，② 并且，还有关于禁止利用魔咒毁坏他人的庄稼或者为自己得到他人的庄稼的规定，但其详细内容失传了。③

对于四足动物所致损害，作出了特别规定。其规则是，所有人必须赔偿损失（noxiam sarcire），或者交出这个牲畜，④ 如我们将看到的，⑤ 这个规则也适用于处于权力下的奴隶和家子所进行的私犯。⑥

## （三）侵辱。⑦

《十二表法》对"折断肢体"（membrum ruptum）⑧ 的惩罚是同态复仇、以牙还牙，也就是说，允许对侵害者施以相同的伤害，但是只有"在未订立关于赎金的协议时"才能这样做。对折断骨头（os fractum）的处理是通过一种固定的罚金刑，如果受害者是一个自由人，处以 300 阿斯罚金，如果是一个奴隶，则处以 150

---

① Tab. Ⅷ.10.
② Tab. Ⅷ.11；参考下文，第 174 页。
③ Tab. Ⅷ.8.
④ Tab. Ⅷ.6.
⑤ 下文，第 173 页.
⑥ 参见 Daube, *CLJ* 7（1939）23ff.；Kaser, *AJ* 219ff.
⑦ Gai. 3.223ff.
⑧ 这几乎不可能限制在折断一肢的范围内，因为除这种断肢和折断骨头（os fractum）以外的重伤需要和较轻的打击相同的罚金（25 阿斯）。Binding, *SZ* 40（1919）106ff.，推测一个涉及这类伤害的条款被人们遗忘，但是这是不可能的。更普遍的假设是，"折断肢体"是指身体的某部分永远丧失或者残废，这包括比如一只眼睛。有这样一种反对，说这种伤害可能不如折断骨头那么严重，但根据这种伤害仍能惩处同态复仇的严厉处罚，对此，能够这样说（Appleton, *Mél. Cornil* 1.51ff.；G. Pugliese, *Studi sull'iniuria*, Milan, 1941, 29ff.），《十二表法》允许在这些情况下同态复仇，恰恰是因为它不能确定一个能满足千差万别的伤害程度的赔偿数额，而折断骨头是一个能相对容易弄清且稳定的伤害，因而对它能规定一个价格（Birks, *TR* 37［1969］163ff. 谈得更为深入）。而且，必须予以牢记的是，赎金无疑是经常的，

阿斯罚金。"对于其他所有侵辱",盖尤斯说,"规定处以 25 阿斯罚金。"实际上,这仅仅是指像未造成严重伤害的这类打击。公元前 5 世纪的罗马人不可能对侮辱很敏感,并且,如果我们设想这里所指的侵辱能够指它在后来的法律中包含的无数不同种类的对某个人的人格的攻击,那么,很难解释如何能够对它们都处以相同的罚金。《十二表法》实际上的确处罚歌唱诽谤性诗句的行为,而且是处以死刑[①],但是,在这里,其罪恶几乎肯定是属于巫术。[②]

## (四)其他私犯及私犯法的一般特征。

除了这些主要的关于对人身和财产的侵犯行为的规则外,《十二表法》的片段还包含许多零散的处罚规定,其中有一些在一个发达的制度里根本不会处于私犯的标题下,但是在这里必须对它们进行这样的划分,恰恰因为它们所涉的情形是通过施加罚金处理的,也就是说被作为私犯对待。因此,如果受托

---

并且,它甚至可能通过执法官拒绝对一个提出合理的赎金报价的被告给予判付,从而得以间接实行(Simon, *SZ* 82 [1965] 166)。或者,折断骨头可能限于诸如未造成永久残废的骨折(di Paola, *Ann. Cat.* 1 [1947] 268ff.)。De Zulueta, *Gaius* 217,提出,其区别在于所使用的武器:"折断肢体是用一切切割性武器——短剑、匕首或者刀进行的伤害,这可能是一种需要同态复仇的私人争斗的行为。"关于更激进的推测,参见 Birks,本注引书。

① Tab. Ⅷ.1;Ronconi, *Synteleia Arangio-Ruiz* 958ff.。普林尼和西塞罗提出不同的说法和不同的解释。Pliny, *H.N.* 28.4.18,引用"恶意地唱歌诅咒的人"(qui malum carmen incantassit),他把这看作是反对巫术的,而西塞罗在由圣·奥古斯丁(*de civ. dei* 2.9)保存的《论共和国》的一个片段(4.12)中,写道"如果有人唱歌或作诗攻击和诋毁他人"(si quis occent avisset sive carmen condidisset),并且这是从诽谤角度加以表述的:"恶意地进行诽谤"(quod infamiam faceret flagitiumve)。有人认为,实际上有两个独立的规定,但是,《十二表法》本身不可能涉及现代意义的诽谤,或者即使涉及到,也不可能对它处以死刑。更为可能的是,这两个说法反映了同一个来源,普林尼的版本给出了原始的含义,则西塞罗的版本则是进行了合理化;参考 Ronconi,前引书,第 962 页及下页;Wieacker, *RIDA*(1956)462f., 466。Pliny,本注引书(=Tab. Ⅷ.8),还保存了关于禁止对庄稼"使用邪术移走"(qui fruges excantassit)的部分规定。

② 在发达的法律中,只有故意的行为才算作侵辱,但是,在《十二表法》时期,该法不可能考虑单个被告的主观意志状况;参见下文,第 173 页及下页。

人未能返还寄托给他的物,则他应像窃贼一样承受"双倍"之诉,而不是像在后来的法律中那样被认为仅仅是违反了他的合同。① 同样地,监护人如果盗用被监护的人的财产,也必须偿付"双倍"。② 在后来的法律中,虽然这种诉讼保存下来,③ 但是监护人与被监护人之间的关系一般通过一种诉讼(监护之诉)来规范,这种诉讼不具有私犯的特征,并且被优士丁尼④ 放在准合同的标题下。⑤

对流传下来的十人立法委员会关于私犯的法律的几乎所有内容的描述很有意味,因为它表明,在《十二表法》时期,罗马法处于对私犯的自愿赎金向强制赎金的过渡状态。就我们能知道的而言,差不多在所有情况下,该法已经坚决要求受侵害一方接受罚金刑以取代行使其原始的报复的权利,而且确定了应估算的罚金的数额,但是在折断肢体和现行盗窃的情况下,⑥ 他仍可以坚持要进行同样的报复,尽管本身也受到规范。

但是,虽然说这种由受害方选择报复或者赎金的简单的制度在《十二表法》时期已经差不多消失,然而私犯法不仅在那时,而且在后来的很长时期内,仍然保留了许多起源时代的痕迹。在整个罗马法的历史上,私犯诉讼仍然确实随私犯人的死亡而终结,其理由无疑是报复只能针对加害人,而不能针对其继承人。最初,这种诉讼也可能确实随侵犯行为的受害人的死亡而终结,因为他的继承人不可能感到相同程度的对报复的渴望,这条规则甚至在发达法律中仍对一些诉讼适用,特别是关于侵辱的诉讼,因为这

---

① Tab. Ⅷ.19;参考上文,第163页、第169页注释。
② Tab. Ⅷ.20.
③ 作为侵吞财产之诉(actio rationibus distrahendis)。
④ J. 3.27.2.
⑤ 参考合法性之诉和关于田地规模诉讼,上文,第146页及下页(被优士丁尼废弃)。
⑥ 在这方面,受害方也可以接受赔偿,只要他愿意;D.2.14.7.14:"事实上,关于盗窃,法律也允许约定"(Nam et de furto pacisci lex permittit),这里的"法律"(lex)无疑是指《十二表法》。

种诉讼被认为特别具有报复的特征。

此外,在整个罗马法历史上,一直存在的整个"侵权"诉讼制度,表面上留有它起源于报复观念的痕迹。作为一项规则,如果一个处于权力下的奴隶或者家子犯了某种私犯,则对其主人或者家父提起一种被称为"侵权"的诉讼能够成立,在这种诉讼中,他可以选择交出侵害人(损害赔偿,noxae deditio),或者偿付一个自由人在犯下相同私犯的情况下应支付的数额。最初,这意味着受害人有权对侵害人进行报复,而家父或者主人能够出钱使其摆脱该报复;很显然,这个奴隶或者家子自己不能这样做,因为他没有任何用以偿付的财产。如果在提起这种诉讼之前,这个奴隶易主或者这个家子被收养到另一个家庭里,则由新的主人或者家父负责,仍然很明显是因为主要的权利是报复,而支付损害赔偿仅仅是对那时的家长允许的赎回他的下属的一种可能性。① 如果这个家子脱离家父权或者这个奴隶被解放,则这种责任转由他本人承担,从而他必须进行偿付,就如同他在进行该私犯时未处于权力下一样,因为受报复的责任不因身份或者家庭关系的任何变化而受到影响。在《十二表法》中,② 侵权责任延伸到盗窃和侵害(后者可能表示除盗窃以外的侵害财产的行为),而不延伸到对人身的侵害行为(侵辱),对于这些行为的侵权诉讼只由裁判官提供。③

---

① 同样地,在提起这种诉讼前死亡使这种责任消灭。关于在争讼程序(litis contestatio)后交出尸体,参见 de Zulueta, *Gaius* 274, 及相关引述。

② Tab. XII.2.

③ 关于早期法的细节,存在猜测和争论;尤其参见 F. de Visscher, *Le régime romain de la noxalité*(Brussels, 1947),其中也汇集了许多早期的研究成果;de Visscher, *Iura* 11(1960) 1ff., 概括了他的主要思想;另参见 Kaser, *RPR* 1.163f., *AJ* 225ff.。一个困难是找出宣告家父有罪的法律依据。根据通常的原则,这个依据应是在争讼程序之前存在的一项义务,而且普遍认为,这里的这种义务产生于家父保护罪犯的行为。但是,德·威西尔注意到这与上文所述的那个规则不一致,即家父只有在罪犯在进行争讼程序中仍处在他的支配权之下时才负责,从而主张这种义务只在那一时刻产生。他认为,在侵权诉讼被引入之前,受害方可能通过一种正式的但在法庭以外的传唤,要求家父或者移交犯罪人或者提供适当赔偿。对于这个程序的缺陷——即家父不能对该请求的效力提出质疑,德·威西尔猜测,它是通过允许家父将其进行赔偿建立在证明有罪的基础上予以消除的。但是,所有与此有关的证据都非常少,而且很难理解,如果进行赔偿是这种诉讼的依据,为什么移交犯罪人的选择仍然存在。

在《十二表法》中，罪过的概念也处于过渡状态。① 早期的原则可能是，一个人对其行为负责，而不论其意志状况如何，但是，这个原则不再普遍适用。关于杀人罪的法律，我们知道的东西极少，其中之一是，已经区别故意杀人和非故意杀人，因为一个片段告诉我们，"如果武器从他手中飞出，而非由他投掷的，"则由公羊"取代"②——很可能被交给死者的宗亲属。这是那个被杀者的宗亲属有权对凶手进行报复的时代的一种遗俗。如我们已经知道的，对纵火来说，也同样区分故意行为和非故意行为，③ 而且，一种粗糙的和雏形的对犯罪意识的关注体现于这一事实，即一些刑罚至少对未成年人减轻了。④ 实际上，关于《十二表法》对除谋杀和放火以外的犯法行为的处理，较好的表述⑤ 可能不是从原始的对行为本身负责方面，而是从对该法所描绘的必然包含一种违法意图的行为负责的方面。⑥ 到那时为止，这种犯罪概念根本没有产生任何实际后果，因为关于缺乏违法意图的证据不被承认，但是承认这种证据的可能性将使该法后来发展出一种过错责任原则。⑦

如果我们从罪过的问题转向所施加的处罚的性质，我们看到，《十二表法》跟其他早期法律体制一样，是详细且严厉的；该法典试图精确地规定在每一种情况下将会发生的事，结果是，当有罪的问题被确定时，就没有什么留给法官自由裁量的了。特别是，必须注意到固定的罚金刑，例如，25 阿斯一直是对简单的侵辱和砍伐每棵树所处的刑罚，⑧ 尽管毫无疑问，打击的严重性和树的价值可能在不同情况下差别相当大。如我们将看到的，在后来的法

---

① 参考 Perrin, *RHD*（1951）383ff.。
② Tab. Ⅷ.24.
③ 上文，第 170 页。
④ Tab. Ⅷ.9, 14.
⑤ 参考 Kaser, *BIDR* 65（1962）79ff.。
⑥ 参考查获盗窃（furtum conceptum），上文，第 167 页。
⑦ 下文，第 275 页。
⑧ 上文，第 170、171 页。

律中，裁判官认为有必要通过引入一种关于侵辱的诉讼以对这种非常粗略和机械的方法作出改进，在这种诉讼中，由法官根据他对特定情况下侵犯行为的严重程度的看法来估计可偿付的损害数额。[1] 同样地，对于树来说，他代之以一种两倍于所受损害额的诉讼。[2] 另一方面，早期的处罚总是一个确定的金额，或者一个确定量——某物的价值的简单倍数，而不像后来的法律有时规定的那样是某种较难计算的东西，即受害人因该非法行为所遭受的损失（id quod interest）的价值。[3]

---

[1]　Gai. 3.224.

[2]　"追究偷伐树木行为之诉"（actio arborum furtim caesarum）: Lenel, *EP* 337.《十二表法》规定的这个诉讼通常以"砍伐树木之诉"（actio de arboribus succisis）而加以区分；相反的观点，参见 Albanese, *APal.* 23（1953）15ff.。

[3]　这种倍增最初可能根本不是价值的加倍，而是以实物加倍，因此，例如，如果一个人偷了一头奶牛，则他必须给付两头奶牛。参见 Jolowicz in *Cambridge Legal Essays*（Cambridge, 1926）203ff.。

# 第十二章

# 《十二表法》时期的程序法[①]

在罗马法史中,除了细节的差异外,可以发现三种程序制度——法律诉讼制度、程式诉讼制度和非常审判制度。这些制度的适用时期相互重叠,但是大致可以这样说,法律诉讼制度一直盛行到《爱布兹法》(lex Aebutia)的通过,可能是在公元前 2 世纪后半期,[②]程式诉讼制度主要适用于从共和国最后一个世纪直到古典时期结束,而非常审判则是在后古典时期适用。无论如何,出于对《十二表法》进行研究的缘故,这里我们只得考虑这些程序的第一种——法律诉讼。

在对程序的任何讨论中,必须问三个主要问题:(1)一个人如果想对另一个人提出诉讼主张,他如何开始;也就是说,他如何使另一个人进入法庭?(2)当双方在法庭面前时,审判如何进行?(3)假定判决有利于原告,如何对被告执行它?因此我们必须考虑(1)传唤,(2)审判,(3)执行。

## 一、传唤(传唤受审)

这个程序是完全能够想象得到的最简单的程序;想提出诉讼

---

[①] 一般性的论述,参见 Kaser, ZPR ; Pugliese, Proc. 1。
[②] 下文,第 218 页。

主张的人口头传唤他的相对方，①无论他可能在哪里找到此人，要求跟随他去法庭（受审——在执法官面前），并且相对方有义务服从这种传唤。如果他拒绝，则传唤方叫上旁观者作证人，然后开始动用武力，因为到那时为止，以及后来很长一段时期，国家不给他提供任何帮助。②如果被告生病，或者年老体弱，必须提供一头驮畜载着他，但被传唤的一方不能坚持要一辆带坐垫的四轮马车。③被告能够避免服从原告的传唤义务的唯一方式是找到一个应诉保证人（vindex），也就是，保证在要他出庭时他会出现在执法官面前的人，并且由于不可能指望原告仅凭某个贫穷的旁观者的保证就让一个富裕的对手离开，因此，《十二表法》规定，当被告是较富有阶层（assiduus）的一个成员时，应诉保证人也必须是其中的一个成员。④

## 二、审判

在法律诉讼程序（并且还有后来的程式诉讼制度）中，诉讼审理的特征是，将诉讼程序明显区分为两个阶段，第一个阶段在执法官面前进行（法律审，in iure），在这个执法官监督下处理

---

① 不清楚是否需要套话；Kaser, ZPR 48；Kelly, Roman Litigation 6 n 3。

② 因此，看来强有力的人，或者拥有强有力的朋友的人，肯定经常能够向一个较弱的对手打响指；参见 Kelly, Roman Litigation 6ff. 和 Garnsey, Social Status 189ff. 所进行的论述。

③ Tab.I.1：原告传唤被告出庭（ito），如果被告拒绝，原告可邀请第三者作证，强制前往。Tab.I.2：被告借口不去或企图逃避，原告有权拘捕。Tab.I.3：被告因年迈或疾病不能出行，原告应该提供驮畜或车子，但是除自愿外，不必使用有坐垫的马车。我们知道，这些规定写在《十二表法》的开头，因为 Cicero（Leg. 2.9）用开头的话 "si in ius vocat"（传唤受审）来指整个法典。关于（ito），参见 Daube, Forms 28f. 对于在对物诉讼中是否需要传唤受审，存有争论；Kaser, ZPR 48；Lévy-Bruhl, Recherches 159。

④ Tab.I.4：当事人为富有阶层的时候，应诉保证人也应该为富有阶层的人，如果第三人是无产者，那么任何人都可以担任。应诉保证人也出现在通过拘禁（下文，第188页）进行的执行中，关于其确切地位，不清楚。在拘禁中，他可能是一个代替被告承担全部责任的人，也就是，成为诉讼的实际当事方，但是，很可能，在这里，他仅仅是一个保证被告出庭的人；参见 Kaser, ZPR 49f. 以及相关引述。

所有准备工作；第二个阶段是对争讼作出实际决定的阶段，它由一个承审员（iudex）主持，[①]这个承审员既非执法官也非职业法律家，而是经各当事方同意、由执法官指定的一个法律的门外汉。但是，他不只是一个私人性质的仲裁者，因为他后来作出的决定是一项判决，这项判决得到城邦认可，并引起执行程序（尽管作为最后一着，它和传唤受审一样，还得由胜诉的原告将这些付诸实现）。[②]

罗马法的有关制度，它在历史上的概观大致就是如此，但是，如果我们追根溯源的话，就发现存在许多疑点。是否有一个时期，由执法官（或者国王）本人进行所有程序？后来的传统叙述说是有的，[③]并且可以确定的是，如果有人假定，罗马和其他社会一样，也有一个时期，对案件的举证和判决问题由非理性的或者超自然的方法解决，例如神明裁判或者占卜，[④]那么，程序的划分就毫无意义。

此外，无论这种划分何时发生，其理由是什么？[⑤]长期以来支

---

[①] 现代著作有时使用"in iudicio"（事实审）这一术语表示在承审员面前进行的程序，以与在执法官面前进行的程序相区别，但这一术语似乎没有原始文献的根据，因此，更好的说法是"apud iudicem"（裁判审）。根据 Wlassak, *Prozessgesetze* 2.26ff. 所说，裁判是指从诉讼程序直到判决的程序，Wenger（190 n 1）也追随这一观点，但是，有一些片段，特别是 Cic. *Part. Or.* 99, 证明它还可能具有更狭窄的含义；Buckland, *Class. Rev.* 40（1926）83ff.；Pugliese, *Proc.* 2.1.7ff.。

[②] 参考上文，第175页注释。

[③] Dionys. 4. 25, 36；Cic. *Rep.* 5. 3；Pomponius, D 1.2.2.1。这个问题有很大争论；参见 Broggini, *Iudex* 59ff.；Pugliese, *Proc.* 1.77ff.，97ff.；Kaser, *TR* 32（1964）336ff.，以及他们的相关引述。执法官在拟诉弃权中的"判决"（addictio）（上文，第149页）如果能够被看作对早期诉讼的真实反映，则也证明这种假设。一种观点认为，《十二表法》第一表第8条也证明了这种假设，该条规定了一方当事人缺席：诉讼当事人一方过午仍然不到庭的，承审员即判决到庭一方胜诉。但是，尽管"判决"通常适合于裁判官（Kaser, *EB* 78n），在此它很可能被用作指承审员的"判决"（Jolowicz, *Mél.de Visscher* 1.488n）。对于另一种解释，参见下文，第178页注释。Broggini（*Iudex* 87ff.）认为，直到引进了请求承审员或仲裁人之法律诉讼后，程序的划分才变成必须的（下文，第182页）。

[④] Lévy-Bruhl, *Recherches* 73ff.；Broggini, *Coniectanea* 133ff.（=Recueils de la Société Jean Bodin 16, 1965, 223ff.）；J. Ph. Lévy, *Mél. Lévy-Bruhl* 133ff.；参考 Pollock and Maitland 2.598ff.。

[⑤] 关于讨论，参见 Kaser, *Irish Jurist* 2（1967）129ff.；*TR* 32（1964）329ff.；Pugliese, *Proc.* 1.77ff.。凯泽尔在承认早期可能由国王本人作出决定的同时，认为划分的理由是认识到诉诸一个公正的外部人的合理性，以及感觉到纯粹的案件审理不是拥有王权或统治权的人的职责。但是，这种解释肯定太过理性。

配许多作者对这个问题的态度的是乌拉沙克（Wlassak）的观点，[1]他认为罗马的诉讼程序实质上是当事人自愿提交仲裁，城邦仅仅给予批准。为支持这一观点，提出的理由是：在诉讼程序中缺乏国家干预，这早已被注意到；当事人在古典法中肯定享有的、选择他们自己的承审员的自由；以及，猜想的结束法律审程序的证讼程序（litis contestatio）的契约性质。[2]但是，现在普遍认为，上述第二和第三个理由站不住脚，[3]而第一个理由只不过是对原始社会缺少具体的执法方法的一种反映。更为重要的是，乌拉沙克的理论的缺陷[4]在于，它把那个社会描绘得太质朴宜人了，因为它设想自愿提交合理解决办法肯定优先于任何城邦体制。如上所述，更为可能的是，早先时期的人接受仲裁是一种非理性或者超自然的方法，而国王——他同时也是祭司长——的职责是决定应予采用的方法（也就是，作出一个所谓的中间判决）。[5]程序的划分可能就起源于此，并且很可能，承审员在最初被指定时，其职责不是权衡证据（如果是的话，从非理性到理性的这种过渡可能会太突然），而是根据他自己的知识确定裁决，这种方式与英国早期的陪审团有些类似。

此外，如果我们从历史上很平常的那个独任承审员的角度考虑，我们可能歪曲对早期程序的观点。[6]一方面，我们也听说指定一个或多个仲裁人（arbitri）。在古典法中，承审员和仲裁人的区别并不明显，但是，在起源上，其区别可能在于，在承担责任与否问题上指定承审员，而当事项较复杂时，才指定一个或多个仲裁人[7]

---

[1] 在许多地方表现出来，尤其参见 Der Judikationsbefehl der röm. Prozesse, 载于 *Sitzungsb. Ak. Wiss. Wien* 197.4（1921）。

[2] 参见下文，第 184 页。

[3] 参见下文，第 178 页及下页、第 184 页注释。

[4] Kaser，前引诸书（上文注释）。

[5] 参见 Jolowicz, *Atti Bologna* 2.59ff.；Jolowicz, *Mél. de Visscher* 1.477ff.。

[6] 在《十二表法》第十二表第 3 条中提到三名；参考 Cic. *Leg.* 1.55。关于判还官，参见下文，第 203 页注释。

[7] Broggini, *Iudex*；Pugliese, *Proc.* 1.169ff.。当诚信审判出现时，同时提出了责任问题和权衡问题，这种区别可能变得模糊。

（例如，在地界调整之诉中确定边界，或者在遗产分割之诉中划分共有财产），另一方面，更为重要的是，我们必须认真考虑这种可能性，① 即重大案件不是由一个承审员或者数个仲裁人来决定，而是由一个在执法官主持下的陪审团法庭来决定。因为，有人推测，② 百人审判团和十人审判团就属于此类，它们至少可追溯至共和国早期。

还有关于如何指定承审员或者仲裁人的问题。③ 很明显，他们通常总是从一个载有经核准人员的官方名单（承审员名录，album iudicum）中选取。④ 在格拉古改革之前，⑤ 只有元老才能担当此职，因此这个名录与元老院名单的范围相同。此后，有资格任此职务的人员的类型发生多次变化。在后格拉古时期，似乎是只要当事人愿意，他们也能选择名录以外的人，但在早期法中几乎不可能有这种自由。⑥ 这不仅是因为它与早期社会的严格的呆板僵化不相符，而且还因为这样的话，格拉古的建议引起的风暴就很难加以解释。一个更重要的问题是，担任承审员的人是由当事人决定（如根据乌拉沙克的理论，⑦ 罗马诉讼程序源于双方的同意，因而他可能是如此被任命），还是由执法官决定。另一方面，有"请求承审员或者仲裁人之诉"（legis action per iudicis arbitrive postulationem）的用语，这由盖尤斯的新片段所揭示。⑧ 原告（很显然只有他）

---

① Kaser, *TR* 32（1964）338ff.
② 由昆克尔提出来；参见下文，第 199 页。如果昆克尔关于罗马陪审团法庭的性质的论点能够被接受，则主持的执法官可能要受陪审团裁决的约束。Kaser, *TR* 32（1964）347ff.，推测甚至独任承审员与执法官的关系也可以这种方式看待。他认为，这可能说明《十二表法》第一表第 8 条的规定（上文,第 176 页注释）。承审员充当执法官的陪审团或评议会，因此，如果一方当事人没有出庭，此案便退给执法官，并由他作出裁决。这包含一种假设，即在正常情况下，在承审员面前的听审结束时，最初有一个阶段，可能等于第三个阶段，即由执法官公布承审员的决定。凯泽尔在琴索尼奴斯（Censorinus）论《普莱多里法》（Bruns 1.45）和 Servius（*in Aen.* 12.727）中找到这种假定的回应。
③ Kaser, *TR* 32（1964）355ff.；Pugliese, *Proc.* 1.100ff.；2.1.215ff.
④ 参考上文，第 80 页及下页。
⑤ 下文，第 315 页。
⑥ 不同的意见，参见 Broggini, *Iudex* 18f.。
⑦ 上文，第 177 页。
⑧ 下文，第 182 页。关于"承审员决定"，参见 Kaser, *AJ* 108 n 21。

请求执法官"给"一个承审员，这很难说是请求批准经由双方同意的承审员的适当用语。但是，另一方面，西塞罗说，[1]"我们的祖先们"希望，除非经各方当事人同意，任何人都决不能成为承审员；而且其他证据表明，当事人有一定的发言权。[2] 其解释可能是，承审员的指定的确由执法官进行，但是执法官实际上可能考虑当事人的意愿，尤其是，不能将某个承审员强加于不愿意的一方当事人。

## （一）法律审程序。

正是在这个阶段，罗马诉讼体制显示出其高度的形式性。一旦在执法官面前，[3] 原告必须以与其诉因相适应的套语提出其请求，从而启动程序。然后，被告（如果对他进行争辩）同样以套语作答，[4] 而执法官亦以规定形式出面干预，以便此案能提交承审员审理。正是这些口头陈述（因为这个程序完全是口头的）构成实际的法律诉讼，而且所规定的用语必须得到如此精确的遵循，以至于原告如果犯最小的错误，也会败诉。[5] 对此，盖尤斯记载，[6] 一个人想为其葡萄树遭人破坏提起诉讼，他在请求中使用了"葡萄树"一词，结果败诉，因为他据以诉讼的《十二表法》中的那个条款[7] 只提到"树"。如果他使用"树"这个词，就万事大吉了，

---

[1] Clu. 120.

[2] Festus, s.v. *Procum*（Bruns 2.28）："事实上'procare'是指当任命承审员的时候，是否请求另外的一个承审员而不是这个承审员"。

[3] 设立裁判官以后，与此有关的执法官通常是裁判官，但是最初唯一拥有治权的执法官，因而也是唯一拥有管辖权的执法官是执政官，或者在《十二表法》以后、裁判官设立之前的时期，是拥有执政官权力的军团长官（上文，第14页）。还应注意是，执法官不可能在所有日子都开庭，而只有在日历上标记"F"（fasti）的日子才开庭，或者在日历上标记"C"（comitiales）的日子而实际上又没有召集民众会议时开庭。在日历上标记"N"（nefasti）的日子，他不能开庭。

[4] 参见下文，第182页。

[5] Gai. 4.30.

[6] 4.11。

[7] 上文，第170页。

因为虽然葡萄树是树，但是他未能使用正确的词语是致命性的。从这个例子我们可以看出，如果请求是根据一项法令，则它必须不折不扣地遵循该法令的用语，<sup>①</sup>但是，也可能有一些请求不是直接根据法令，而是习惯法的产物。<sup>②</sup>在这两种情况下，可能都是由祭司以其作为执法官或承审员的顾问的资格，最终决定某种程式是否可以接受。<sup>③</sup>当盖尤斯开始描述法律诉讼时（这种诉讼在他的时代几乎完全被废弃了），<sup>④</sup>他说有五种法律诉讼（形式），<sup>⑤</sup>但是，很明显，这些形式只是诉讼可能进行的一般模式，并且，在这些形式内部，每个诉因都有其自身的相应形式。无论如何，就《十二表法》时期启动某诉讼的程序而言，我们只需讨论其中的两种形式——誓金法律诉讼和请求承审员或仲裁人之诉。因为，在其余三种形式中，有两种（拘禁之诉和扣押之诉）主要是执行方法，<sup>⑥</sup>而另一种（请求给付之诉）是后来产生的。<sup>⑦</sup>

## 1. 誓金法律诉讼。

通过誓金进行的诉讼形式根据请求是对物（尤其是请求所有权之诉）还是对人（执行某项债务的请求）而不同。对于前者，我们知道得很清楚，因为盖尤斯有相当充分的描述；<sup>⑧</sup>遗憾的是，

---

① 盖尤斯还说（4.11），这些形式之所以被称作法律诉讼，"或者是因为它们是由法令规定的，……或者是因为它们本身与法令的用语相符，因而和法令一样得到不折不扣的遵守"。对于另一种解释，参见 Stein, *Regulae* 11f.。Pugliese, *Proc.* 1.11f.，认为，把诉讼称为法律的，只有当还存在其他诉讼时才必要，因此，它可能并不比程式诉讼的最初出现更早。

② De Zulueta, *Gaius* 231；Magdelain, *Actions Civiles* 8ff., 22ff.；Pugliese, *Proc.* 1.11ff.；相反的观点，Kaser, *ZPR* 25 n 6。

③ 注意，在关于"葡萄树"的叙述中，盖尤斯说"有一个关于他败诉的解答"（responsum）。他并没有说这个解答是否给予执法官，或者后来此案件什么时候交给了一个承审员。

④ Gai. 4.31.

⑤ Gai. 4.12.

⑥ 参考 Buckland 609："诉并不一定意味着争讼；它是一种执行某种权利的程序"。

⑦ 下文，第 193 页。

⑧ Gai. 4.16f.

其手稿中涉及后者的部分有缺漏。①

（1）对物的誓金法律诉讼（所有权之诉）。如果所主张的物是动产，它必须在法庭上出示，原告开始时用手抓住该物，并说（例如，如果它是一个奴隶）"我宣称，这个人（？根据一种正当的所有权）根据市民法是属于我的；看，如我所说，我将我的木棒架在他身上"（Hunc ego hominem ex iure Quiritium meum esse aio secundum suam causam; sicut dixi, ecce tibi, vindictam imposui）。② 随后他将木棒（vindicta）③ 放在这个奴隶身上。轮到被告时，他以和原告一样的话语和手势提出请求，然后裁判官要求双方当事人都放开奴隶（mittite ambo hominem）。虽然这通常被认为可能是作为讼争前兆的自力救济的一种形式化，④ 但它的产生同样可能是具有巫术性的主张的一种形式。⑤ 在裁判官出面干预后，双方当事人再进行对话。原告⑥说："我要求这；你能说出你请求的理由吗？"（Postulo anne dicas qua ex causa vindicaveris），被告则答道："我做得对，所以我将木棒放在它身上"（Ius feci sicut vindicatam imposui）。原告说："既然

---

① Gai. 4.14f.

② Noailles, *Fas et Ius* 45ff.（=*RHD*, 1940/ 1, 1ff.）指出，Probus 4.6（普罗布斯的缩略语集——译者注）（*FIRA* 2.456），在他完全展开的缩略语中提到"S.S.C.S.D.E.T.V."，这表明他利用了"根据我所说"（secundum suam causam）及其后面的部分,而非前面的那部分内容。关于讨论，参见 de Zulueta, *Gaius* 234；Pugliese, *Proc.* 1.276ff.。

③ "vindicta" 的含义很模糊。盖尤斯将它看作木棒（festuca）的同等物，但是其原始含义可能不同；de Zulueta, *Gaius* 234；Staszkow, *Labeo* 8（1962）317ff.；*SZ* 80（1963）83ff.。

④ De Zulueta, *Gaius* 233；Kelly, *Roman Litigation* 2；Pugliese, *Proc.* 1.27ff.，46f.

⑤ Kaser, *AJ* 321ff.；Lévy-Bruhl, *Recherches* 45ff.，80ff.（但是参见 Pugliese, *TR* 30[1962]513）；Broggini, *SZ* 76（1959）113ff.。

⑥ Gaius（4.16）非常精确地说"首先提出所有权请求的那个人"，因为严格地说，由于每一方都必须主张物是他的，没有哪一个的主张更接近原告的主张；参考上文，第 142 页。Watson, *RIDA*（1967）455ff.，指出只由一方提问题很奇怪，认为它是被告，因此，这个程序由被告，而不是（如上所述）由原告开始的。但是，盖尤斯将这一方当事人称为"主张所有权的人"，并且，虽然盖尤斯后来对双方当事人都使用"主张所有权"，但当他将它用于指其中的一方时，他肯定是指原告。

你提出不公正的请求，我和你赌 500 阿斯的誓金"（Quando tu iniuria vindicavisti, Daeris te sacramento provoco）。被告答："我要求与你打赌"（Et ego te）。在历史上，誓金是一笔金钱，[①]它最初必须被存放起来，后来可以提供保证承诺，[②]作为双方的一种赌注，最终败诉一方的誓金将被没收充公。但是，由于誓金的字面意义是指"宣誓"，有人推测，在这种诉讼发展的初期，[③]各方当事人都对其请求的正当性进行宣誓，由此问题变成哪一个誓言是正当的，[④]败诉方失去其赌注，作为他发假誓的一种惩罚。如果人们承认，一个或者数个法官最初在诉讼中不发挥任何作用，[⑤]这个问题可能通过祈求超自然力，例如神裁法或者占卜来解决。[⑥]

一旦打了"赌"，执法官将进一步指定由一方当事人暂时占有被主张的物，该方当事人必须提供担保：如果他被证明没有正当权利，他将返还该物以及在此期间产生的孳息。[⑦]如果被主张的物是不动产，似乎最初双方至少到争议的土地上执行该仪式的一部分，后来则是假装这样做。[⑧]盖尤斯说，一块土被用于代表土地，各方当事人说他们的话，并在它上面做手势，"好像整个物都在场一样"。[⑨]

（2）对人的誓金法律诉讼。这里我们拥有的关于所使用的套话模式的详细情况更少，但是，其程序很明显肯定更为简单，

---

[①] 如果所争议物的价值低于 1000 阿斯，誓金为 50 阿斯；如果其价值达到或者超过 1000 阿斯，则为 500 阿斯，但涉及自由的问题总可以 50 阿斯的赌注提出。最初，这些数额可能以牛羊进行估算（Cic. Rep. 2.60）。赌注似乎一度交由祭司们保存（Varro, L.L. 5.180, Bruns 2.54），而败诉方的赌注无疑被没收归众神，因为其假誓伤害了众神。

[②] 保证人，Gai. 4.16。参考下文，第 187 页及下页、第 299 页及下页。

[③] 根据昆克尔观点（下文，第 311 页及下页），在那种法律诉讼中的宣誓保留下来，被用于死刑诉讼。

[④] Cic. Caec. 97；Dom. 78.

[⑤] 上文，第 176 页及下页。

[⑥] Lévy-Bruhl, Recherches 73ff.；Broggini, Coniectanea 133ff.（=Recueils de la Société Jean Bodin 16, 1965, 223ff.）

[⑦] 暂时占有的指定，也就是直到诉讼审理完后，被称为临时占据，而保证人被称为诉讼保证人；Gai. 4.16；Tab. XII .3；Santoro, APal. 30（1967）5ff.。

[⑧] Festus, s.vv. superstites and vindiciae, Bruns 2.42, 46；Cic. Mur. 26；Gell. 20.10.7.

[⑨] Gai. 4.17；参考 Gell.，同前注。

因为没有双方都主张所有权的争讼物,因而也没有必要进行任何触碰、使用棍棒或者裁定临时占有。原告宣称他主张被告欠他的是什么,他说"我宣称你应该给我"(Aio te mihi dare oportere),[1]同时可能还加上该请求的理由,而被告否认此债务(如果他想争辩该事项)。随后,无疑是誓金的要求,就如同对物誓金诉讼中一样,以及指定承审员。如果被告不想反驳原告的主张,他必须承认它;他不能像在对物誓金诉讼中那样保持沉默,因为这里没有原告可以拿走的物;原告想要被告支付他某物或者为他做某事,因而被告必须要么承认其请求,要么进行否认,这样就可以进行审判。如果他承认它,这种当着执法官的面的承认,在《十二表法》时期[2]就已经与一项判决的效力相同,以便执行能得以进行,就好像进行过审判,并作出了原告胜诉的一项判决一样。

## 2. 请求承审员或仲裁人之诉。

在盖尤斯的新片段被发现之前,对这一诉讼的了解非常少,甚至没有证据表明它可追溯至《十二表法》。现在我们得知,与誓金诉讼(它被说成为"一般性的")截然不同,[3]它只能被用于法令特别许可该诉讼的那些情形,并且原告必须说明其起诉的理由。[4]例如,如果他根据一项要式口约起诉,他说"我声明,根据一项誓约,你有义务支付我 10,000 塞斯特;对此,我问你是承认还是否认"(Ex sponsione te mihi X milia sestertiorum dare oportere aio: id postulo aias an neges)。被告否认此债(这种否认似乎不需要任何套语),于是原告进一步请求裁判官指定一个承审员或者仲裁人。"既然你否认,我请求裁判官指定承审员或者仲裁人"(Quando

---

[1] Probus 4.1(*FIRA* 2.456)。

[2] 《十二表法》第三表第1条将承认与判决一起规定,即是证明:"对于自认或者经过判决的债务,有30天的宽限期";参考下文,第188页。

[3] Gai. 4.13。

[4] Gai. 4.17a。

tu negas, te praetor iudicem sive arbitrum postulo uti des）。这可能是指，在有些情况下，他说承审员，而在另一些情况下，则说仲裁人，也就是说，当其主张可以简单地以"是"或者"不是"来回答时，就请求指定承审员，而当它需要行使某种裁量权，则请求指定仲裁人，① 如在分割诉讼中那样。因为，盖尤斯在后来提及这些诉讼时说"在列举诉讼原因之后，立即要求仲裁人"（itaque nominate causa ex qua agebatur statim arbiter petebatur），没有加上"或承审员"。② 这可能是，在这些情况下，"既然你否认"（quando tu negas）这些词语被删去，因为没有任何需要否认的事。盖尤斯只提到根据要式口约的诉讼（这是由《十二表法》认可的），以及两种分割诉讼，即遗产分割诉讼（也是根据《十二表法》）和共同财产分割诉讼，后者是根据一部《李其尼亚法》（lex Licinnia）。③ 甚至在这个新的发现之前，就已经有人推测，分割诉讼属于那些利用请求承审员或仲裁人之诉的诉讼，因为它们不能适用誓金诉讼，后者涉及能宣称正确或者错误的誓言；但是，要式口约也包括在内则令人感到很惊讶，因为甲是否欠乙10,000塞斯特的问题是再明确不过的，④ 而且我们甚至不知道要式口约和《十二表法》的历史一样久远。

所提到的情形似乎只是个例子，但我们不知道其他情形。很可能，地界调整之诉因其与分割诉讼很相似，所以也包括在内，⑤ 可能还包括排放雨水之诉和潜在损害之诉。⑥

虽然未经法令认可，不能根据请求承审员或仲裁人之诉的方式提起诉讼，但盖尤斯并没有说经认可的诉讼只能根据这种方式

---

① 参考上文，第178页。

② Arangio-Riuz, *BIDR* 42（1934）614；不同的观点，参见 de Zulueta, *JRS* 26（1936）182，尤其是因为 Probus 4.8 把"我请求裁判官指定承审员或者仲裁人"说成是一种程式；参考 de Zulueta, *Gaius* 239f.

③ 参考 D. 4.7.12，年代不知；de Zulueta, *JRS* 26（1936）178f.。

④ 关于要式口约被包括在内的理由的推测，参见 Kaser, *AJ* 253ff.；Broggini, *Iudex* 169ff.。

⑤ 不同的观点，参见 Buckland, *RHD*（1936）741ff.。

⑥ Kaser, *ZPR* 79；Broggini, *Iudex* 168f.

提起，并且我们知道，至少在后来的法律中，在一种情况下，要式口约通过誓金诉讼来执行。① 很可能，就要式口约而言，这一直是一种可供选择的方法，但可疑的是，分割诉讼是否曾经也可以在誓金程序中被提起。但是，不知道在有可供选择的方法时谁有权决定。从表面上看，有人可能会猜想，原告以他选定的任何方式启动程序，但是，需要注意的是，在我们知道可供选择的刑事和非刑事程序的唯一的另一种情形下，② 选择是由被告来决定的。无论如何，与誓金诉讼相比有一个重大的好处，即它是非刑事性的，也就是说，如果败诉，也没有罚没财产归城邦的危险。盖尤斯特别强调这一点——"所以不会遭受罚金"（itaque sine poena quisque negabat），并且，虽然这些话在字面上仅是指被告，但原告的情况肯定是相似的。此外，有一个重大的简化；③ 所有的陈旧的预备程序都没有了，没有迹象表明诉诸超自然力量，并且双方当事人直接涉及他们之间的争端。我们不能断定这种简化了的法律诉讼是不是《十二表法》本身所作的一种创新，但是当我们考虑到《十二表法》的制定的部分目的是对平民压力的一种让步，并且誓金诉讼中包含的刑罚可能尤其沉重地压在较贫穷阶级身上时，这不是不可能的。无论如何，请求承审员或仲裁人之诉产生的时间肯定比誓金诉讼要晚。

在这两种法律诉讼中，法律审程序的最后都是指定承审员和安排第三日在他面前进行审判（in diem tertium sive perendinum）。盖尤斯关于对人的誓金诉讼明确说到这一点，但是对物的誓金诉讼以及请求承审员或仲裁人之诉无疑也是如此。④ 但是，最关

---

① Gai. 4.95；下文，第 196 页注释。
② Gai. 4.163；下文，第 231 页；参考 de Zulueta, *JRS* 26（1936）184。
③ Lévy-Bruhl, *Recherches* 95ff.
④ 最初，指定是当即进行的，从新近发现的盖尤斯的片段 4.17a 来看，这仍是请求承审员或仲裁人之诉中的规则。但是对于誓金诉讼，《皮那里亚法》（*lex Pinaria*）（年代不知）规定 30 天的休庭期，到期后双方会同到法官面前接受指定的承审员（Gai. 4.15），这可能是为了给双方当事人时间以达成和解。为了保证被告在休庭期后的出庭，可以采用"出庭保证"。

键的时刻是，双方通过交互进行庄严的主张和反主张或者否认来"参予诉讼"，这被称为"证讼"，可能是因为它最初要庄严地请求旁观者见证（testari）所发生的事。① 这个时刻之所以重要，其主要原因在于，从那以后，原告的权利被认为已经"被行使"，也就是说，即使未获得判决，也不能基于同一主张提起新的诉讼。

有时法律审程序不能在当天结束。在这种情况下，为了避免重新传唤的需要，一种特殊的保证人（应诉保证人）必须"保证"被告重新出庭；这种保证（出庭保证）后来为被告本人作出普通的要式口约所取代，并由后来的保证形式提供担保，但是，很明显直到《爱布兹法》以后才如此，因为杰流斯② 提到应诉保证人是该法所废弃的古老习俗之一。对于法律审程序结束后的休庭期，不需要提供在承审员面前再次出庭的保证，因为如我们将看到的，承审员能够对未出庭的被告定罪，甚至在他缺席的时候，这被认为是让被告出庭的充分保证。

概言之，法律诉讼时期的法律审程序就是这样的。有许多地方，不仅有细节方面，而且有实质方面，我们想说清楚些，但资料不够。例如，我们确实不知道这些程序如何开始。在后来的程式诉讼制度中，原告必须让被告知道这个案件是关于什么的，这可能是通过向被告出示他打算使用的程式的草稿（editio actionis）来做到，并且原告必须请求执法官允许提出该诉讼（postulatio actionis）。在法律诉讼制度下，很可能也需要类似的程序，但我们没有任何详细资料。主要的争论点是执法官本身的地位，但这

---

① Festus, s.v. *Contestari* (Bruns 2.5)："证讼与那些在场参加的一起进行，法官要求他们说'我们见证'。"关于"证讼"的法律性质，已经有极大的争论。乌拉沙克根据其认为罗马程序最初是自愿提交仲裁的观点（上文，第177页），将它视为一种契约。随着意见偏离乌拉沙克的一般立场，重点已经转向双方当事人宣称的形式性和单方性。即使在古典法上将它视为一种契约，也无疑存在时代错误，但是协议的成分明显更为重要。关于很多近期著作的讨论和概述，参见 Kaser, *SZ* 84(1967)1ff., 521ff.; *Labeo* 15(1969)190ff.。

② 16.10.8；参考下文，第219页。

个问题由于与程式诉讼密切相关,因而必须留待与那个制度一起讨论。①

## (二)裁判审程序。

在承审员②面前的程序,似乎从一开始就不受形式的限制。承审员在城邦的某个公共场所开庭;③他甚至能够在不能进行法律审程序的日子听审案件,而且和执法官一样,他由一个顾问人员组成的评议会(consilium)协助。程序开始时由双方当事人对案件进行简要陈述。④然后进入实际审理。至少在共和国后期及其以后,按照惯例这由辩护人来进行,辩护人代表其委托人发言,并提出每一方所依凭的证据。这种证据可以是证人证言,也可能是书证,虽然直到帝国时期以后相当长的时期内,证人证言更优先。毫无疑问,正如上文已经提到的,⑤在很早的时候,在原始法律中常见的非理性的证明方法在罗马也有。⑥但是,在发达的法律中,虽然有一些证据规则(例如,由原告承担举证责任的一般原则),法官在权衡双方提交给他的证据方面有非常广泛的自由。⑦如《十二表法》所规定的那样,他必须倾听双方的意见,⑧除非其中一方直到正午仍未出庭且无正当的理由,因为该法规定,在此种情况

---

① 下文,第218页以下。

② 或者案件的决定被移交的其他人或组织;参见上文,第178页。

③ Tab.I.6,7:"如当事人双方能自行和解的,则认为解决诉讼","如当事人不能和解,则双方应该于午前到广场或者议事厅说明争议,由长官进行审理";Kaser, *TR* 32(1964)349ff.。

④ 案件陈述(Causae coniectio),Gai. 4.15。在程式诉讼制度下,程度本身会告诉承审员案件的大致情况。

⑤ 177。

⑥ Broggini, *Coniectanea* 133ff.(=*Recueils de la Société Jean Bodin* 16(1965)223ff.);J. Ph. Lévy, *Mél. Lévy-Bruhl* 193ff.;参考 Pollock and Maitland 2. 598ff.。

⑦ 关于古典法中的证据问题,参见 Pugliese, *Recueils de la Société Jean Bodin* 16(1965)277ff.。

⑧ "双方到庭"(Ambo praesentes);参考前面注释。

下，可以作出有利于出庭一方的判决。① 我们知道的唯一的不出庭的理由是严重的疾病以及为与一个异邦人有关的审判所作的指定。② 听审必须在日落时结束，③ 但是，至少在后来，当辩护人学会发表很长的演讲时，在重要案件中休庭是很平常的。

当双方都完成时，承审员退庭，以便在其评议会的帮助下考虑他的判决。如果他不能得出一个决定，他可以发誓说"此案对他来说还不清楚"（sibi non liquere），这样执法官便可以解除其职责。④ 双方当事人必须返回到执法官那里，让执法官另指定一名承审员。⑤ 在通常的情况下，当他能够作出决定时，他立即口头宣布其判决（sententia），但是，他必须在所有当事人都在场时宣布，因为当事人不受其缺席时所作判决的约束。在誓金法律诉讼中，判决的形式似乎包含一个声明，宣称一方当事人的誓言是正当的，⑥ 并且，如果诉讼程序是对物的，或者是对人的且涉及一笔数额确定的金钱，则可以立即执行，如下一节中所说的那样。在根据请求承审员或仲裁人之诉进行的审判程序中也可以如此，只要请求是关于一笔折算为数额的金钱。但是不清楚如果请求是关于确定的物或者是不确定的物时该怎么办。⑦ 根据程式诉讼制度，我们知道，判决只能针对一个确定数额的金钱，⑧ 很可能这条规则来自法律诉讼，但是这种说法存在一些问题。有人可以争论说，

---

① Tab. I. 8 ："诉讼当事人一方过午不出庭的，承审员应即判决出庭的一方胜诉"；参考上文，第 176 页注释，关于谁作出裁决的问题。当被告缺席时，原告可能必须走一下过场；参考 Buckland 638。

② Tab. II .2 ："患重病"或者"安排审判外国人"。

③ Tab.I. 9 ："日落为诉讼程序中止的时限"。

④ Gell. 14.2.25.

⑤ 关于变更承审员所包含的困难，参见 Buckland 715；Broggini, *Coniectanea* 227ff.（=*TR* 27［1959］313ff.）。

⑥ Cic. *Caec*.97；*Dom*.78。

⑦ 下文，第 193 页。例如，对于一个窃贼，当必须对他处以被窃物价值的多倍罚金时，会产生这个问题。

⑧ 判处罚金（Condemnatio pecuniaria）；下文，第 204 页。

在请求承审员或仲裁人之诉中，至少仲裁人可以自己进行估价，①但是，即使这是可以接受的，没有什么可以证明类似的关于誓金法律诉讼的推定也是合理的。其理由可能在"诉讼标的估价裁断"（arbitrium liti aestimandae）中找到，"诉讼标的估价裁断"记载于瓦勒里·普罗布斯（Valerius Probus）的缩略语集中，除了这个名称外，我们对它几乎一无所知。②这可能是在普通诉讼作出判决后进行金钱估价的程序。但是，在盖尤斯③论述对物诉讼的一个不完整的片段中，存在进一步的问题，在这个片段中他似乎说，虽然程式制度中的判决必须是对一个确定金额，但在较早时的法律中它可以"针对物"（in ipsam rem）。这明显不可能是指通过国家的行为进行的执行，但可能的是，既然在对物誓金法律诉讼中，承审员关于一方当事人的誓言是正当的裁决实质上等于所有权宣告，这可以被视为一种"针对物"的判决，其估价留给"诉讼标的估价裁断"去解决。但是，既然在对物诉讼中原告与被告之间没有任何关系可以作为被告承担责任的依据，那么假定未能移交争议物只构成一种私犯，可能会更好些。④

## 三、执行

如果被判决要求执行的被告不自愿遵守判决，则仍有一个如何执行判决的问题。在现代法中，我们把执行看作为对实际判决

---

① 但是，参见 Wenger 144 n 19。
② Probus 4.10（FIRA 2.456）；参考 Lex Acilia repetundarum 58（Bruns 1.68；FIRA 1.96）。
③ Gai. 4.48。关于讨论，参见 de Zulueta, Gaius 264。另参见 Broggini, Coniectanea 187ff.（=St. Betti 2.119ff.）。
④ 这是 Kaser（Iura 13, 1962, 22ff.；参考 BIDR 65, 1962, 88f., 94ff.）根据《十二表法》的一个条款（第十二表第3条）提出的解释。该条规定："凡以不正当名义取得物件的，由长官委任三个仲裁人处理，如占有人败诉，应返还所得孳息的两倍"。关于这条规定和其他解释的全面讨论，参见 Santoro, APal. 30（1967）5ff.，他本人赞成较为普遍接受的观点，即该条是关于诉讼保证人责任的范围；参见紧接的下文。

的履行；如果被告自己不做判决命令他做的任何事——移交物的占有，偿还一笔金钱，或者任何其他事——国家本身将尽可能采取措施确保预期结果的实现；例如，它将没收争议物，并将之移交给胜诉的原告，或者没收被告的足够的财产并进行出售，以能够向胜诉的原告偿付必要数额的金钱。这不是早期法的观点；相反，那时执行更主要地被认为是对顽固的被告施加压力的一种方法，以便动摇其意志，使他做他应当做的任何事。因此，执行基本上完全针对被告的人身，正是因为如此，才可能使他最有效地尝到苦头；只有在例外的情况下，执行才针对有关的财产。还必须注意，在这样的早期时代，推动执行程序是原告的事。为此，他需要执法官的授权，但执法官并不为他采取行动。更具体的分析，还是有必要区分对物诉讼和对人诉讼。

## （一）对物诉讼。

在这点上，只有当判决不利于被裁定临时占有的那个人时才可能产生执行的需要，[①] 因为如果判决对他有利，就再没有要做的事了。在多数情况下，至少，如果败诉的临时占有人没有自愿地放弃争议物，则执行程序会针对在审判开始时为他作保的诉讼保证人（praedes litis et vindiciarum），因为诉讼保证人存在的目的恰恰是为了便利执行。[②] 针对其本人进行执行，这样的可能性已经被考虑到了。[③]

---

① 上文，第181页。

② 关于他们的责任范围问题，参见 Santoro, APal. 30 (1967) 63ff. 以及相关引述。从 Varro, L.L. 6.74, 和 Festus, s.v. praes (Bruns 2.26) 看来，他们最初承担责任的方式是说"我保证"（praes sum）以回答执法官提出的问题。他们的责任范围可能是由《十二表法》第十二表第3条规定的，如桑多罗和其他人所认为的那样，也可能留由仲裁人评估（Kaser, Iura 13, 1962, 31f.）。

③ 上文，第186页及下页。

## （二）对人诉讼。

在这个标题下，严格说来，我们只需考虑拘禁之诉（legis actio per manus iniectionem），因为它是执行经判决确定的债务的唯一方法，且针对债务人的人身。但是，讨论扣押之诉（legis actio per pignoris capionem）也会很方便，[1] 扣押之诉是针对财产的一种执行方法，在例外情况下可用于某些未经判决的债务的执行。

### 1. 拘禁。[2]

在当庭承认[3]或者判决后必须给债务人30天的宽限期；如果债权人在这一期限内未获偿付，他可以将债务人带到执法官面前，仪式性地拘禁（manus iniectio）他，同时用规定的套话[4]陈述债务和未偿还的事实。如果债务人仍不能或者不偿还，并且没有应诉保证人[5]前来对原告拘禁的权利提出抗辩，则债权人有权带走他，囚于私牢中。人们通常推测，执法官作出将债务人判付（addictio）给债权人的实际裁决，例如对于现行盗窃[6]所出现的那样，并且很明显，肯定有某种官方授权，因为如果没有的话，要求执法官在场就无任何意义，但是我们的主要权威作者没有提到有关于此的裁决。[7]

---

[1] 参考上文，第 180 页。

[2] 参见 de Zulueta, *Gaius* 242ff.。

[3] 当庭承认（Confessio in iure）；参考上文，第 182 页注释。

[4] Gai. 4.21："由于你被判决（或者判罚）向我支付 10,000 塞斯特兹，而你没有支付，因为我抓住你以便获得被判罚的 10,000 的塞斯特兹"（Quod tu mihi iudicatus (sivi damnatus) es sestertium X milia, quandoc non solvisti, ob eam rem ego tibi sestertium X milium iudicati manum inicio）。供选择的"或者判罚"（sive damnatus）可能适用于未经判决的执行的情形（例如间接遗赠和当庭承认）；参见 de Zulueta, *Gaius* 246。

[5] 下文，第 189 页。

[6] 上文，第 167 页。

[7] Gai. 4.21 和 *Lex coloniae Genetivae* 61（Bruns 1.123；*FIRA* 1.179），后者相当忠实地仿效罗马关于拘禁的规则。而且，如果"iudicati"也是"addicti"，很难理解如何可能产生关于已被判决的窃贼的地位的争论（上文，第 167 页）。另一方面，Gellius, 20.1.44，记载"执法官不放走并且说，我将这个被判处的人判付给你"；参考 Kaser, *AJ* 110f.。

虽然处于拘禁中的债务人可能被缚以"不少于 15 磅重的粗绳或者脚镣",①但他仍是自由人,是其财产的所有者,并且有缔约能力,至少可以与其债权人达成某种安排。如果他还是没有偿还,也没有设法达成某种安排,他可能像这样被拘禁 60 天,但是,债权人必须连续三个集市日②在民众会议上将他带到执法官面前,公开宣布其欠债数额,以备某人会怜悯他,代其偿还,或者可能给予其他债权人一个主张权利的机会。③如果 60 天期满仍毫无作为,则债务人可以被杀死或者被卖到国外为奴;如果有数个债权人,他们可以将尸体分割成若干块,以与各自债权额相当。但是,《十二表法》补充规定,如果他们割得太多或者太少,也不承担任何责任。④

这个执行程序为《十二表法》的片段所证明,⑤其严厉程度令人毛骨悚然,它清楚地表明债法仍被认为是私犯法的一部分;债权人因债务人未偿还欠债而蒙受侵害;他想报复他的债务人,而法律允许他这样做。债务人逃脱的唯一可能是出现一个应诉保证人;这个应诉保证人是指亲自表示愿意对此事提出抗辩,从而阻止债务人受到监禁的人,他不仅自担风险提出抗辩,而且几乎可以肯定,如程式诉讼制度中的类似的已决案之诉的情形一样,如

---

① "vincito aut nervo aut compedibus XV pondo, ne minore: aut si volet maiore vincito", Gell. 20.1.45。许多《十二表法》的编辑者修改这个文本,以提出一个最高重量,而不是最低重量,但是参见 Wenger, *SZ* 61(1941)372ff. 以及相关引述。

② 可能是 60 天期限的最后三个集市日(nundinae); Buckland 619 n 10。

③ G. Beseler 4. 104。

④ Gell. 20.1.49:"Tertiis nundinis parties secanto: si plus minusve se fraude esto"。有人认为,这个著名的条款不应从字面来理解,而是指债务人的财产是可分割的。但是,杰流斯从字面上理解它,尽管他说(§52)他从未听说过任何人被肢解,Quintilianus(*Inst. Or.* 3.6.84)也这样说。大部分现代权威学者也认为字面理解更符合早期法的精神实质(例如,Wenger 224f.; Kaser, *ZPR* 102),但是,Radin(*AJPhil.* 43〔1992〕40ff. 认为,"secare"是指出卖债务人的财物(参考"sectorium 令状",Gai. 4.146),而 da Nobrega(*SZ* 76〔1959〕499ff.)认为它是指债务人被卖到台伯河对岸后对于分享价金所作的决定。Lévy-Bruhl(*QP* 152ff.)认为它是指将债务人活体的不同部分奉献给不同的神的魔术仪式,但不伴随着实际的切割肢体。

⑤ Tab. Ⅲ .1—6。

果他未能成功地抗辩，他必须加倍偿还所欠债务。① 几乎还可以确定，甚至应诉保证人也不能抗辩已经被判决确定的案件的是非曲直，而只能抗辩判决本身的有效性，② 或者抗辩它作为拘禁的依据的充分性，例如，他可以提出下列理由：债务已经清偿，或者债务人已经与债权人达成某种安排。③

这个程序的极端严厉性在某种程度上为已经提到的有关债务口约的《博埃得里亚法》（公元前326年？）所减轻。④ 这部法律显然将杀人与卖到国外为奴的行为视为非法；很可能，它还允许在《十二表法》所规定的60天之外继续拘留，以便债权人能使用债务人的劳力，⑤ 因为不然的话，如果债权人必须放他走，就根本没有有效的执行程序了。盖尤斯⑥在描述未能提供应诉保证人的后果时仅仅说，债务人"被带回家，并被绑起来"。

在多大的程度上对财产的执行与拘禁相联系，我们并不知道。可以确定，债务人在60天的拘禁期内仍是其财产的所有者，因为《十二表法》⑦明确规定，只要他愿意，他可以"自行生活"，但是，在这60天之后，他的财产是否和他的人身一起交由债权人处置，则不能确定。无论如何，这个问题不会具有重大的实际意义，因为一个人几乎总是会先拿出其最后一点财产来偿债，在这之后才发生拘禁的。

## 2. 扣押。

⑧这种"保证的取得"是扣押债务人的一件财产作为迫使他偿

---

① 参考下文，第197页；关于应诉保证人的地位的论述，参见 de Zulueta, *Gaius* 243；Kaser, *ZPR* 99。*Lex col. Gen.* 61（上文，第188页注释）明确规定，他必须双倍偿还。
② 例如，基于某种形式上的理由，或者根据在判决作出时一方当事人不在场。
③ 参考 Buckland 619。
④ 上文，第164页。
⑤ Kaser, *AJ* 247ff.，认为这可能早已是惯例，这部法令只是缓和了债务人可以被拘留的条件（参考 Livy 8.28.8）。
⑥ 4.21；参考 *Lex col. Gen.* 61（上文，第188页注释）：secum ducito. Iure civili vinctum habeto。
⑦ Tab. III .4.
⑧ Gai. 4.26—29；de Zulueta, *Gaius* 248ff.

还债务的一种方式。扣押的同时必须说一定的正式的套话，但是扣押不必有执法官或者另一方当事人在场，因此，盖尤斯说，有些权威拿不准它是否该划归为法律诉讼一类。保证物似乎不能出卖；很可能，如果债务人被证明很顽固，则它被毁坏。无论如何，扣押从来就不是一般的执行方法，它也不用于判决确定的债务。它仅在非常有限的情形下允许实施，这些情形中有些是依习惯，另一些是由《十二表法》本身规定的。所有这些情形似乎都关涉国家或者宗教，因此，很可能，它最主要的是一种国家特权，只有当国家承认某些人的请求具有特殊的公共意义时，才通过一种授权允许这些人实施。[1]

---

[1] Buckland 624。这些情形都不能根据普通的法律诉讼执行；Pugliese, *Mél. Meylan* 1.279ff.。其中的两种情形与宗教有关，据说是《十二表法》规定的，上文已经附带提及（上文，第163页注释）。盖尤斯提到的依习惯的情形是所有对士兵负有提供金钱义务的情形，这或者是为支付士兵的军饷（aes militare），或者对于骑兵来说，为支付他的马匹购买费或者饲养费。这最后一种负担（军马饲料费，aes hordearium）据说（Livy 1.43）是对未婚女子施加的，大概是因为，虽然她们可以拥有财产，但她们不能在财产登记表上定等级（Greenidge 74）。军饷据说在公元前406年由国家接管。剩余的一种扣押情形，盖尤斯提到是由一系列的 lege censoria（监察官法）引入的（即，可能是根据监察官制定的一种契约），它是指包税人（publicani）而言的，因为包税人被允许利用这种方式强制执行税款的缴付。在这点上，国家授权的思想表现得最明显。

# 第十三章

## 从《十二表法》到共和国衰亡时的私法：程序法

正是在这个时期，奠定了伟大的古典罗马法大厦的基础。从《十二表法》的编撰到元首制的开始之间的四个世纪里，罗马从一个小城邦国发展为一个称霸世界的庞大帝国，伴随着这种扩展带来的日益复杂的生活，法律必然也越来越复杂。公元前450年，罗马人仍是一个自耕农的共同体，他们主要根据氏族或者部落组织起来，一些相对简单的法律制度就能调整他们的生活。公元前31年，他们是一个多样化的群体，其中，氏族组织不再有任何意义，而他们的法律由于对外征服和商业主义的扩展，已经具有个人主义的特征，这种个人主义将成为其最显著特征之一。

要令人满意地论述这个时期的法律很困难，因为我们能获得的直接资料来源非常少，现有的这类直接来源主要是最后那段时期的。[1]

---

[1] 在《学说汇纂》中有一些对共和国后期的法学家的直接摘录（参见下文，第482页），以及他们的古典时期的学术继承者对其观点的大量引用。在非法律的原始文献中，首要的是西塞罗（公元前106—前43年）的著作。许多演讲实际上是在法庭进行的，尽管大多数是在刑事法庭，因而必然包括许多法律资料，但是哲学著作也具有重大意义。《论共和国》和《论法律》虽然公开声称是描述一个理想的国度，但在相当大程度上建立在罗马的实际习俗的理想化的基础上，并且它们以及其他著作包含许多法律轶事。甚至是信件也经常提到法律问题，尤其是关于西塞罗的私人事务。E. Costa, *Cicerone Giurecosulto* (2nd ed., Bologna, 1927)是一种有用的指导；关于讨论，参见 Pugliese, *Raccolta di scritti in onore di A.C.Jemolo* (Milan, 1963) 4.561ff.；关于在一些演讲中的问题，参见 H. J. Roby, *Roman Private Law* (Cambridge, 1902) 2.451ff. 其他重要的作者是老迦图（上文，第92页）和瓦罗（公元前116—前27年），他的《拉丁语》包括许多法律专业词汇的解释，并且是费斯都斯的著作《词语的意义》得以产生的主要间接出处。普劳图（Plautus）（公元前254—前184年）的戏剧充满法律引喻，但必须很小心地利用，因为情节取自古希腊原作，并且，即使这个戏剧家使用罗马的专门词语，

一般而言，我们必须如我们所知道的那样，当这个法律存在于伟大的古典法学家时代，并且，由于我们不可能设想它突然就完全成熟地出现，我们必须根据这些制度本身的内在证据，尽可能充分地推断以前的情况，而罗马法学家们亲自告诉我们关于这个法的历史的一些情况，非法学家们尤其是历史学家的零星参考资料，从某种程度上说，还有碑铭，也可以帮助我们解决这个难题。即便如此，不仅仅是细节仍有疑问；甚至是一些基本问题，例如关于我们发现在帝国早期存在的合同制度的发展，也存在许多意见分歧。

在继续论述实体法之前，最好首先从上一章末关于程序法的历史未完之处接着讲，因为程序上的变化不仅本身意义重大，而且是许多实体制度发展的先决条件。在我们所讲的这个时代的后期，和帝国早期一样，主要的创造性的工具是裁判官告示，而且裁判官的工作在很大程度上是通过程式（formula）进行。根据这种程式制度，在各当事人之间作出决定的问题以裁判官认可的程式的形式被提交给承审员，罗马法的主体部分实际上就是根据这一体系发展出来的。因此，不对这种程序有所了解，就不可能理解罗马法的发展。

## 一、法律诉讼制度的变化

甚至在引进程式诉讼之前（关于其引进的年代和方式存在很多争议），可能就已经对诉讼作了相当大的改变，即通过调整旧

---

我们不能确信他对那些事实作了必要修改以使它们合适。特伦斯（Terence）（公元前185—前159年）不如普劳图重要，因为他的著作更接近于模仿希腊原作。沃森关于共和国后期法律的系列论述卷本（参见文献缩略，上文，第xxvi页）对这些非法律的原始文献使用得相当多。

制度使之适应变化了的情况。首先，随着新的诉讼理由逐渐得到承认，或者通过立法，或者通过习惯，法律诉讼的"模式"中使用的实际套语的数量可能在持续增加，并且我们有这一进程的某些证据。彭波尼说，塞斯图·艾流斯写了一本关于诉讼的书以补充弗劳维的书，"因为，随着城邦的发展，缺乏一些诉讼形式"。①这只能表示，自从弗劳维时代以后，新形式实际上已得到承认，而艾流斯将它们写进他的"关于先例的书"中，他不可能自行来创造它们。②

除了这个渐进发展外，我们有确切了解的唯一变化是，立法引进的以及盖尤斯在其关于法律诉讼程序的叙述中提到的那些变化。虽然确定各项法律的日期很困难，但它们看来属于从大约公元前3世纪中期到大约公元前2世纪末这个时期，并且，它们不仅趋向于简化程序，而且更加特别的是，趋向于改善没有亲属能够且愿意提供帮助的贫穷的诉讼当事人的状况。誓金法律诉讼制度意味着，每个原告或者被告必须提供相当多的一笔钱作为赌誓，或者在后来，必须找到就此必需的金额为他担保的朋友，③并且，在拘禁的情况下，被告的地位更糟糕，因为他根本不能为自己辩护，而必须找到一个应诉保证人，后者会进行诉讼，但如果他抗辩不成，须加倍偿还。确实，请求承审员或者仲裁人之诉没有这些不利条件，但是这个简化了的法律诉讼的范围有限制。富人对穷人苛刻地利用法律机器，这在整个共和国时期一直是一个具有政治意义的问题，随着旧的氏族制度的解体，它可能变得越来越尖锐。④新市民

---

① D. 1.2.2.7："随着城邦的扩大，由于在审判中缺乏一些诉讼形式，没过多久塞斯图·艾流斯编撰了另外的关于诉讼的书给人民，该著作被称为艾流斯书"；参看上文，第92页。

② 参考 Lenel, *SZ* 30（1909）343。我们可以一般性地比较12世纪和13世纪初令状数量的发展；参见 Holdsworth, *HEL* 1.398；Holdsworth, *Sources and Literature of English Law*（Oxford, 1925）21。

③ 参考上文，第181页。从对折断他人骨头的严重违法行为处以300阿斯罚金这一事实可知，500阿斯是一大笔钱；上文，第171页。

④ 包括氏族对依附于自己的"门客"的保护。

（一）请求给付之诉的引进。对原有制度所作的一个最重大的改变是，创设了一种新的法律诉讼——请求给付之诉（legis action per condictionem）。对此，盖尤斯[②]说，它是由某个《西利法》（lex Silia）和一个《坎布尔尼亚法》（lex Calpurnia）引进的，前者是关于归还确定数额的金钱（certa pecunia），后者是针对所有"确定的物"（certa res）。[③]

这些法律的年代不明，但通常将它们确定为公元前3世纪。[④] 盖尤斯在一个片段中对这些程序进行了简短的描述，该片段的开头直到最近的发现才为人所知。[⑤] 原告说："我主张：你应当给我10,000塞斯特兹，我要求你对此加以确认或者否认"（aio te mihi sestertium X milia dare oportere: id postulo aias an neges）。被告否认他的责任，于是原告接着说："既然你否认，我要求你在30日后出庭确定承审员"（Quando tu negas, in diem tricesimum tibi iudicis capiendi causa condico）。为此，30日后双方再次出庭，如盖尤斯所说，这种法律诉讼得名于要求（summons），"因为古代语中的要求（condicere）相当于通知（denuntiare）"。[⑥] 可

---

① 参考 E. Jobbé-Duval, *Etudes sur l'histoire de la procédure civile chez les Romains*（Paris, 1896）28。在早期法中，没有家庭的人是没有权利的人。值得注意的是，实行这些改革（尽管很小）的时期似乎与大约公元前3世纪末2世纪初罗马出现的民主倾向相适合。另参考关于保证人资格的法律（下文，第300页及页），这些法律可能是受民众拥护的党派鼓动的结果。

② 4.19。

③ 给付确定物的请求是指移交某个已经确定的特定物（"一个名叫斯蒂科的奴隶"，"位于图斯库鲁姆的地产"），或者确定数量和质量的可替代物（"1000个塞斯特兹"，"100蒲式耳上等非洲玉米"，"100坛上等坎帕尼亚葡萄酒"）的请求。任何其他的请求都是关于非确定物的，尤其是提出请求者声称另一方有义务履行某种行为而非移交财产（D.45.1.68；74；75）。这个问题对于要式口约具有特殊意义。在程式诉讼制度下，关于确定物的要式口约的适当诉讼是请求给付之诉，而关于非确定物的适当的诉讼是依要式口约之诉；Gai. 4.136，137；D. 12.1.24。参考下文，第215页注释。

④ Kaser, *ZPR* 81，以及相关引述。

⑤ 4.17b。

⑥ 参考 Festus, s.vv. *condicere and condictio*, Bruns 2.5。

以看出，这种诉讼与请求承审员或仲裁人之诉有很多相似之处；①在这两种诉讼中，都有直接对债务的主张和否认，都没有繁琐的预备手续和誓金诉讼包含的没收罚金的危险。但是，两者也有重大区别。在请求给付之诉中，原告不必说明其诉讼理由，而在请求承审员或仲裁人之诉中原告必须说明；30日的休庭期是《皮那里亚法》(lex Pinaria)为誓金诉讼引进的，它适用于请求给付之诉，而不适用于请求承审员或仲裁人之诉。二者可能还有一个区别。请求承审员或仲裁人之诉对于任一方当事人来说，除了争议事项外，完全没有风险，但是，程式诉讼时期的请求给付之诉(condictio)取代了法律诉讼时期的请求给付之诉(legis actio per condictionem)，②在这种诉讼中，当诉讼是针对一笔确定的钱款时，则有一种风险，因为败诉方必须向胜诉方支付争议金额的三分之一。这通过关于额外给付三分之一的誓约和复约(sponsio et restipulatio tertiae partis)得到保证，也就是说，原告对被告说："你是否答应，如果判决对我有利，你向我支付所请求金额的三分之一？"③被告答应，然后轮到被告向原告约定，如果判决对原告不利，原告向他作出相同的支付。这样，双方对审判的结果打了一个赌，而败诉方的赌注将属于胜诉方，而不像誓金诉讼中的那样归于国家。主流观点认为，④这种做法可追溯到法律诉讼时期。如果这是对的，乍看起来，令人奇怪的是，盖尤斯丝毫没有提到它，即便他的叙述非常简短，但其理由可能是，⑤规定30日的休庭期的目的在于鼓励当事人达成和解，因此誓约和复约仅发生在程序的第二个阶段，在任命承审员之后；而关于这个阶段，盖尤斯什么也没有说。

还有这种新诉讼的目的问题。盖尤斯说⑥，既然"对于应当给

---

① 上文，第182页及下页。
② 下文，第214页以下。
③ 确切的形式不知道，但是参见 Gai. 4.180；Lenel, *EP* 238。
④ 尤其参见 Arangio-Ruiz, *BIDR* 42(1934)622ff.。
⑤ 无论如何，几乎可以肯定，在《坎布尔尼亚法》规定的诉讼中没有誓约和复约，因为甚至在程式诉讼时期，当涉及确定物时，也没有它们的迹象。
⑥ 4.20。

付我们的东西"（de eo quod nobis dari oportet）的诉讼可以由誓金之诉或者请求承审员或仲裁人之诉提起，他不知道为什么要引进这种诉讼。这表明，他至少认为，请求给付之诉不能使那些根据原先任何一种方法都不能强制执行的请求成为可诉的。但是，很可能他错了。可能改革是必需的，因为有新的请求理由要求得到承认——文字契约、[①] 消费借贷，[②] 可能还有一些后来称为准契约的形式。[③] 对于它们，未经法律许可，请求承审员或仲裁人之诉不能适用，并且可能在当时，据以提起对人的誓金之诉的理由如此僵化，以致法律的保守主义不会轻易允许它扩大适用于其他事由。后来，当它们根据请求给付之诉可以强制执行时，有人可能认为，誓金之诉作为一种"普通诉讼"可能也适用，而这可能是盖尤斯发生错误的原因。[④] 无论如何，值得注意的是，这个创新没有通过规定据以运用这一新程序的具体请求理由的形式。相反，它规定诉讼目的；一个人无论出于什么理由，主张确定的钱款或者确定的物未给付的，他都可以依请求给付之诉提起诉讼，并且毫无疑问，这种新法律诉讼[⑤]的"抽象"性质肯定促进了对新的债的根据的承认。[⑥]

---

[①] 下文，第 282 页。

[②] Prichard, *Synteleia Arangio-Ruiz* 260ff.，认为引进它是为了填补债权人向债务人追索的缺漏，这种缺漏产生于《博埃得里亚法》削弱债务口约的效力（但是，这部法律的效力不确知；上文，第 189 页）。Tomulescu, *Irish Jurist* 4（1969）180ff.，提出这种新诉讼，由于誓约和复约、宣誓和抽象的形式，加强了债权人在通货膨胀时期的权力。

[③] 下文，第 284 页。

[④] De Zulueta, *JRS* 26（1936）183ff.

[⑤] 参考下文，第 214 页及下页。

[⑥] 此外，也不知道是否可能有一种法律上的依要求宣誓（必要宣誓）。根据程式制度，在存在一种针对确定金额的请求给付之诉的情况，以及其他一些情况下（Buckland 633），原告可以向被告提供通过发誓决定事项的机会。如果被告接受这一提议，并发誓说原告的请求没有事实根据，则原告败诉。但是，被告可以拒绝发誓，而将立誓"提交"给原告，那么，如果原告发誓说其请求有正当根据，其后果就好像已经作出判决一样。如果被告拒绝发誓，也拒不"提交"，则他将被视为不能进行适当的自我辩护的人，并可能受到财产占取的压力，也就是说，裁判官让原告占取他的财产。如果原告对于被"提交"的立誓拒不接受，那么事项也得到解决，因为如果他试图再提起诉讼，裁判官会拒给他诉权（否认诉权）。可能，在普劳图的戏剧（Plaut. *Pers.* 478, *Cure.* 496, *Rud.* 14）中提到这种誓言。

（二）关于誓约的程序。另一种简化程序是关于财产问题的决定，也几乎肯定可追溯到法律诉讼时期，它是通过一种要式口约直接审理所有权问题的方式。原告对被告说，"如果争议中的这个奴隶（例如）根据市民法权利是我的，你答应付给我25塞斯特兹吗？"被告答应。然后，提起关于这25塞斯特兹的诉讼，承审员在决定是否应付这些钱时必然得决定所有权问题，而所有权问题是诉讼的目的，因为25塞斯特兹完全是一个名义上的金额，甚至不会实际支付。① 这个程序的优点是，即使审判是根据誓金之诉，它也是对人的誓金之诉，在这种情况下，其手续比对物的誓金之诉简单。并且，由于形式上争议的数额只是极小的，所以赌注仅50阿斯，而如果所有权处于争议中的标的物很值钱，在对物的誓金之诉中，其赌注须为500阿斯。② 一旦请求给付之诉被引入，要式口约的名义金额可以这种形式提出，因此根本没有任何赌注被国家没收。当然，仅仅关于这个要式口约的决定，即使对原告有利，也不能确保将他的物交出来给他。为了他能强制执行这个决定，被告必须以要式口约的形式作出另一个允诺，据此，他实际上保证，如果关于第一个要式口约的决定对他不利，他将返还该财产及在此期间的利润，或者支付其价值。③

对于这个允诺，他必须提供保证人，由此，这个保证人的职责与对物的誓金之诉中的诉讼保证人相似，因此，这个允诺被称为"关于诉讼保证人的要式口约"（stipulatio pro praede litis et vindiciarum）。④

（三）纯粹拘禁（manus iniectio pura）的引进。上文已经讲

---

① 在盖尤斯的时代，当人们使用关于誓约的间接方法时，誓金（summa sponsionis）通常根据一种属于普通程序的请求给付之诉提出，但是，由于在案件提交给百人审判团法庭时，它根据誓金之诉提出，使用旧的程序。这一事实说明这种程序的产生时间很可能在程式制度之前（Gai. 4.95）。无论如何，在已经有更有效且更简单的请求程式（下文，第211页）的时候，几乎不可能创设这种程序。

② Kaser（参见 ZPR 77，以及相关引述）在这里为他的相对所有权概念向绝对所有权概念过渡的论点（上文，第154页及下页）找到论据。在以前的程序中，双方当事人都声称"是我的"（meum esse），而这里，只有原告的请求是（间接地）处在争议中。

③ Lenel, EP 516ff.

④ Gai. 4.94.

了，早先的拘禁程序是判决作出后的一种推动执行的方法，①并且很可能，在适当时，对于依债务口约所负的债务，即使不经判决，也可以采取。②盖尤斯③在讲述其性质后，接着解释说，其适用范围被许多法律予以扩大，这些法令允许它对所有其他债务也适用；其中有一部法令是《布布里利法》(lex Publilia)，该法规定，保证人在代主债务人偿还债务后，如果在6个月内未得偿还的，可对主债务人适用拘禁程序；④另一部法令是《关于誓约的富里法》(lex Furia de sponsu)，⑤该法规定，在有数个保证人或者承保人时，如果其中有一个保证人与该法的规定相反，被迫偿付债权人的数额超过其应分担份额的，该保证人被赋予相同的权利。在这两种情况下，拘禁都是准判决拘禁(pro iudicato)，也就是说，在实施拘禁时在所说的话中加上"好像依判决一样"这几个字，因而被告的地位与被判决的债务人相似，尤其是在需要一个应诉保证人方面；如果没有这些情形，他必须清偿债务，或者被人带走囚禁起来，而保证人要阻止这一后果的发生，只能自己提出抗辩，如果最终证明被告确实欠债未还，则保证人须加倍偿还应付金额。但是，我们无法设想，在这种情况下，由保证人承担举证责任，因为那将意味着，任何人只需声称，例如他作为保证人为被告偿还了债务，就能迫使被告找一个应诉保证人来提出反证。⑥

随后，盖尤斯继续说，其他法律为各种债务引进了一种不同的拘禁，即纯粹拘禁；在这些情况下，不必找保证人，被告可以"自

---

① 上文，第188页。
② 上文，第164页。
③ 4.22。
④ 可能，这反而是对以前直接进行拘禁的权利的一种限制（如果债务的支付本身是称铜式清偿的话，参见上文，第161页）。参见 Kaser, *RPR* 1.172，以及相关引述；*RPL* 217f.。《布布里利法》的颁布年代不明。
⑤ 下文，第300页。
⑥ 参考 Buckland 621。

已阻挡原告的拘禁，进行自我辩护"。① 最后，通过某个《瓦里法》（lex Vallia），所有拘禁，除经判决和依《布布里利法》的拘禁外，都成为纯粹拘禁，② 这个程序纯粹成为在特定情况下可采用的一种提起诉讼的方法，其特征是，被告如果抗辩无效，须承担加倍偿还的责任。确实，一些作者认为，不存在这种加倍返还责任，实际上也没有关于它的直接证据，但是，如果没有这种责任，这种程序相对于普通的誓金之诉或者请求给付之诉就毫无优势可言，从而也很难理解它为什么会被发明出来。③

（四）百人法庭和十人法庭的设立。在法律诉讼制度的变化中，我们能够将可以进行事实审程序的两个新法庭的设立包括在内，它们是百人审判团（centumviri）和十人争议裁判委员会（decemviri stlitibus iudicandis）。④ 百人审判团是一个陪审员名单，至少在共和国后期其人数总共 105 人，对于每个特定案件，都要从中选举出实际的评议会（consilium）。我们不知道选举的方法，也不知组成一个评议会通常的人数，但是，下述事实给了我们某种提示，即在帝国时期，陪审员名单上的人数为 180 人，百人审判团通常分成 4 个分部开庭。⑤ 从奥古斯都时起，他们在十人委员会的主持下开庭，而在那以前是在前任财务官的主持下开庭。⑥ 他们的管辖

---

① Gai. 4.23。其例子是：(1)《富里遗嘱法》（lex Furia testamentaria）规定，对不属于该法律规定的例外情形的人，如通过遗赠或者死因赠与从同一人处获得 1000 阿斯以上的财产的，可实施四倍罚金的拘禁（Epit. Ulp. 12）；(2)《马尔其法》（lex Marcia）规定了非法征收利息的返还。《富里遗嘱法》的颁布年代似乎在公元前 204—前 169 年之间（Girard, Mélanges 1.101；不同的意见，Metteis, RPR 52 n 30）；《马尔其法》的颁布年代不明（根据罗通蒂 [Rotondi] 编辑的《公法》，说是公元前 104 年；萨克尔和库布勒 [Seckel-Kubler] 编辑的盖尤斯法学阶梯的版本 [ad 4.23] 说是公元前 342 年）。

② Gai. 4.25。年代不明。

③ Buckland 622。Mitteis, SZ 22（1901）116，认为加倍偿还只是准判决拘禁的特征，但是参见 Kaser, AJ 121ff.。

④ 按字面意思，即审理案件的十个人。

⑤ Pliny, Ep. 6.33.3；Quint. Inst. Orat. 12.5.6.

⑥ 彭波尼（D. 1.2.2.29）提出，对百人审判团院长的需要是首次创设十人委员会的原因，但是苏维托尼乌斯（Aug. 36）和狄奥·卡修斯（54.26.6）说，这项职责是奥古斯都赋予他们的，因此（除非从十人委员会到前任财务官之间有什么变化），彭波尼可能错了；但是参见 Brassloff, SZ 29（1908）179。

权显然包括关于继承的请求：要求继承之诉[1]和相关的悖伦遗嘱的控告（querela inofficiosi testamenti）[2]（可能在大约共和国末期产生）。其职权的扩展可能要比这范围更广泛，包括土地所有权之诉，监护之诉和恢复自由之诉的主张，尽管这种更大的适用范围还没有令人信服的证据。[3] 无论其确切范围是什么，这种管辖权似乎是排他性的，至少在共和国时期如此。在元首制时期，下述事实产生一个难题，即：作为预备程序的法律审[4]仍是根据誓金法律诉讼，甚至在若干《尤利法》（leges Iuliae）[5] 在其他方面使程式诉讼制度完全取代法律诉讼后还是如此，并且明显还存在一种程式性的要求继承之诉。[6] 其理由可能是，提交给百人审判团的争议事项必须达到某个最低价值。[7] 当然，它是一个法庭，在那里，重大案件得到听审，并且有最伟大的演说家出庭；[8] 它的声誉，至少从演说家的角度来看，在共和国最后一段时期里降低了，[9] 但在帝国初期，由于缺少政治演说的机会，使得向相当多观众讲演的法庭

[1] 下文，第252页。
[2] Buckland 327.
[3] 参见 Pugliese, Proc. 1. 202ff.；不同的意见，参见 Kaser, ZPR 39，以及相关引述；Kunkel, Krim. 119 n 437。没有迹象表明存在对人之诉方面的管辖权。盖尤斯（4.16）说，在法院前树起的长矛是对物的誓金法律诉讼中使用的木棒的起源，虽然这种解释很可能不正确（长矛在古代是公共权力的象征，与那个木棒完全不同；Kunkel, Krim. 117, 追随 Alföldi, AJA 63［1959］1ff. 的观点），但它可能反映了盖尤斯对法庭的职责的看法。
[4] 在内事裁判官或者外事裁判官面前；Gai. 4.31。
[5] 公元前17年；下文，第218页。
[6] 另参见 Quint. Inst. Orat. 5.10.15。
[7] 一个晦涩的文本（PS 5.9.1）可能表明，这个最低价值为100,000塞斯特兹；参见 Lenel, EP 525ff. 以及 Kaser, ZPR 39。如果这个法庭的管辖权是排他性的，那么肯定有关于控告的同样限制，而这一点，凯泽尔（本注引书）认为是如此；但这是推测的，而将控告与百人审判团联系起来的证据很有力。
[8] 在所有案件中，最著名的一个是库里娅案（causa Curiana），在这个案件中，伟大的法学家 Q. 穆奇·谢沃拉（Q. Mucius Scaevola）与伟大的演说家 L. 李其尼·克拉苏（L. Licinius Crassus）作为一个继承问题的相对立的双方出现，前者主张对法律进行严格解释，而后者主张较为公正的解释；Cic. de Or. 1.242ff.；Brut. 144f.。参见 Wieacker, Irish Jurist 2（1967）151ff.。
[9] Tac. Dial. 38.

辩论机会更有价值，它的声誉又提高了。关于管辖权并存的另一种解释可能是，在《尤利法》（lex Iulia）之后，独任承审员被允许审理普通的要求继承之诉，而控告仍是百人审判团的专有职权范围。①

我们知道的在百人审判团面前进行的最早审判仅仅始于大约公元前 145 年，②但产生这个法庭的时间可能早得多。③费斯都斯④说，105 名成员由每个部落选三人组成，由于部落的数量直到公元前 241 年才达到 35 个，就我们所知道的它的形式而言，它不可能比这个时间更早，但百人审判团的名称有力地表明，可能在较早时其成员实际上的确达到 100 人。⑤此外，这个法庭具有的一些特征（其部落成员，适用旧的誓金法律诉讼，作为其标志而树的长矛）⑥更可能产生于公元前 241 年以前而不是以后。

关于十人委员会，⑦目前所知的更少，这部分是因为，当奥古斯都使他们成为百人法院的主持者时，他们不再有任何单独的存在。彭波尼⑧说他们是在创设外事裁判官之后成立的，但是，和百人审判团一样，他们的产生时间可能更早得多。然而，我们所拥有的最早的确凿证据是一块提到某个叫 M. Cornelius Scipio Hispanus 的人的铭文，⑨此人是公元前 139 年的外事裁判官，而

---

① Pugliese, *Proc.* 1. 205ff.
② 对曼其努斯（Hostilius Mancinus）的审判，可能在公元前 146 年后不久进行的；Cic. *de Or.* 1.181；参见 Girard 1038 n 5。
③ Kunkel, *Krim.* 115ff.
④ S.v. *centumviralia*, Bruns 2.5.
⑤ La Rosa, *Labeo* 4（1958）30ff.（但是，他的看法更进一步，将最初的法院等同于王政时期的元老院，因为后者应该总共有 100 人。费斯都斯本人相当没有依据地说，百人审判团的称呼是为了简便起见。
⑥ 上文，第 198 页注释。
⑦ 参见 Franciosi, *Labeo* 9（1963）163ff.。
⑧ D. 1.2.2.29. 他们经常被等同于另一个不为人所知的十人审判委员会，据李维（3.55.7）说，这个委员会包括平民的保民官和平民市政官，他们被一部《瓦勒里和霍拉提法》（公元前 449 年）授予"神圣不可侵犯性"；但是这些明显是平民官员，而贵族和平民都可以是十人争议裁判委员会成员；因此，必须曾经有过一种发展变化（弗郎乔斯，同前注，推测这一点）。反对这种等同的观点，参见 Pugliese, *Proc.* 1.189ff.。
⑨ *CIL* 1.38.

在此前几年是十人委员会成员。至少在共和国末期，他们是在部落会议上选举产生，并被认为是执法官。关于他们的管辖权，我们仅知道他们听审关于奴隶主张自己是自由人的案件，以及自由人声称另一人是自己的奴隶的案件（要求恢复自由之诉，要求返还奴隶之诉）。

## 二、程式诉讼制度

### （一）程式诉讼制度的性质。

关于法律诉讼与程式诉讼制度之间的主要区别，盖尤斯进行了总结，他说，[1]《爱布兹法》和若干《尤利法》[2]是为了引进"按照确定的词句"（per concepta verba）进行诉讼，也就是，通过在每个案件中与双方当事人之间争议的特定事项相对应的言词进行诉讼，这个词语是与"确定话语"——不可变改的形式——相对立使用的，而后者是法律诉讼的特征。[3]在这种新的制度下，争议中的问题以一种语句模式提交给承审员，这种语句模式明确告诉他，如果他发现原告的特定主张是正确的，他有义务处罚被告，而如果他未发现原告的主张正确，则必须开释被告。因此，对于偿还确定金额的请求（以最简单的程式为例），其程式是 "L. Titus iudex esto. Si paret Numerium Negidium Aulo Agerio[4] sestertium decem milia dare oportere, iudex Numerium

---

[1] 4.30.
[2] 下文，第218页。
[3] Gai. 4.29.
[4] 在程式的范例中（下文，第203页），原告（提起诉讼的人）的姓名总是奥卢·阿杰里，被告的姓名则是努梅里·内基迪（进行支付和否认的人）。有时把这些人名与英国法上的"Richard Roe"和"John Doe"相类比是错误的，因为后面的这两个人实际上是被杜撰出来，为特定的目的存在和作为，而罗马人的姓名和我们的判例书中的任何一个姓名一样没有特别的意思。

Negidium Aulo Agerio sestertium decem milia condemnato,①si non paret absolvito"（如果看起来努梅里·内基迪应当向奥卢·阿杰里支付 1 万塞斯特兹，则法官必须判努梅里·内基迪向奥卢·阿杰里支付这笔钱，如果看起来并不如此，则法官必须开释奥卢·阿杰里）。现在，法律审所做的事情是制订程式；而裁判审则和以前一样，实际进行审理并由承审员作出判决。

这一程序的实际步骤如下。传唤仍可以原来的传唤受审形式进行，但这可能被一种出庭保证（vadimonium）②所取代，也就是被告不立即随原告到执法官面前，而（通过要式口约）允诺在某一天出庭。原告在传唤其相对方时，必须明确告知其请求的内容，而这种通知被称为诉讼声明（editio actionis）；③当双方在指定日期来到执法官面前时，进行第二个诉讼声明，其中原告将草拟的程式放在其对手和执法官面前，这个程式无疑通常是在其法律顾问的帮助下起草的，他建议这个案件以此为依据审理。

与此同时，进行请求诉讼（postulatio actionis）——原告请求执法官给予诉权，也就是命令一位承审员根据指明的程式进行审理。毫无疑问，被告通常也是依专家意见行事，他可以宣称对草案表示满意，也可以要求进行修改，尤其是增加一项抗辩（exceptio），而执法官同样有他的法律顾问，他将通过指明允许

---

① 关于这个程式是使用的祈使式的第三人称还是第二人称，有许多争论。参见 G. Jahr, *Litis contestation*（Cologne/Graz, 1960）91ff. 及相关引述。第三人称可能更符合乌拉沙克的观点（上文，第 178 页），即程式是双方当事人的工作，而不是裁判官的工作。但是，各种原始资料中的用法并不一致。关于承审员的指派，只有第三人称形式，而判决程式则两种人称形式都有（Gai. 4.43, 46f., 50f.）。

② 出庭保证有两种形式:（1）如果听审不能在一天内完成，被告必须（通过要式口约）保证再次出庭（Gai. 4.184; Lenel, *EP* 80ff.）;这取代了原先的应诉保证人（上文，第 184 页）;（2）为了避免传唤受审的需要（以及它以财产占取为威胁的立即遵从的要求），双方当事人可能约定一个方便的日期，被告以一个类似的要式口约对此作出保证。后一种形式只在文学原始文献（例如 Cic. *Quinct.* 61）和在赫尔库兰内姆（Herculaneum）发现的铜表中得到证明（Arangio-Ruiz, *BIDR* 62［1959］226ff.）。

③ Lenel, *EP* 59ff.。不知道这种通知必须精确到何种程度；参见 Kaser, *ZPR* 162; Pugliese, *Proc.* 2.1.359ff.。

的言词程式来参加这些程序。①一旦言词程式准备好了，还剩下承审员的问题。通常是在他被选任②和他的姓名被添加到草案以后，才进行证讼③，并且执法官发布告示④允许审判。正是这个告示，赋予承审员权力，并且正是执法官拒绝给予诉权的权力这最后一着，使他保持对诉讼的完全控制权。该告示可以口头作出，也可以正式的话语（我给予诉权，iudicium do），并且，程式可能主要是口头的，⑤尽管实际上它肯定被写成文字。

## （二）告示与程式。

新的制度赋予执法官的地位一种新的重要性。由于没有一个程式是法律规定的，而用于每个案件中的特定程式都需要他的权威使之生效，因此，只要他愿意，他就能同意使用某种程式，即使该程式没有市民法上的依据；另一方面，如果一方当事人试图实现某项市民法权利，他也可以通过拒绝同意所提出的程式，使此项权利无效。他打算在这个事项上遵循的一般指导原则，和他的其他规则一样，规定在永久告示（edictum perpetuum）中。但是，裁判官所做的远不止宣布在某种情况下他会"给予诉权"⑥。他还在其承审员名单中宣布他允许使用的程式的范例，⑦并且，他不仅

---

① 如果原告不接受某些修改，他可能威胁否认其诉权，如果被告拒不接受某种形式的程式，他可能威胁动用其强制权。

② 参见上文，第 178 页。虽然法律上的再一次重新出庭可能是必要的，例如果获得某个承审员的可能性令人怀疑，但是，证讼必须立即进行；Kaser, *ZPR* 215f.；参考 Lenel, *SZ* 43（1922）570。

③ 参见上文，第 184 页。那时，它可能是一种非形式性的行为，要求双方当事人表明接受执法官敕令的意愿（但是这些表述可能向执法官作出，而非向另一方当事人作出，因而严格说来，从契约角度的分析是错误的）；Kaser, *ZPR* 215ff.，及相关引述。

④ Kaser, *ZPR* 217ff.，237.

⑤ Arangio-Ruiz, *Iura* 1（1950）15ff.；Kaser, *ZPR* 237 n 10；最近的反对观点，参见 Biscardi, *St.Biondi* 1. 647ff.。

⑥ 以及偶尔的不给予诉权：D. 12.2.9.5；25.4.1.10 到该文本的结尾（Lenel, *EP* 430, 313）。

⑦ 最初可能是以附录的形式；下文，第 357 页。

在诉讼本身是他自己创造的情况下这样做，而且如果在市民法上已经存在诉讼原因因而需要某种程式，他也这样做。因此，举例来说，如果诉讼原因是一笔金钱贷款，就无须裁判官说他会给予诉权，因为这种贷款产生一种市民法上的债务，所需要的是原告应向他指出要求依市民法应付的一笔确定金额的钱款的程式。[1] 另一方面，如果原告的诉讼原因是被告的欺诈，这一事实本身不产生市民法上的任何请求权，告示写道："如果有人提出存在欺诈，而依这些事实没有可利用的其他救济方法，并且如果在我看来这个诉因是正当的，而且从可以提起诉讼程序的时间起，未超过一年，则我将给予诉权。"[2] 接下来是程式的范例，它差不多采取下述形式："如果看来由于努梅里·内基迪的欺诈，奥卢·阿杰里[3]以要式买卖的形式[4]将本诉讼所涉的财产卖给努梅里·内基迪，并且，如果从可以提出诉讼的时间起未超过一年，则除非根据承审员的指示予以返还，[5]否则承审员应判处努梅里·内基迪向奥卢·阿杰里支付与该财产价值相等的金钱；如果看来不如此，他应开释。"[6]

此外，还宣布被告方在特定情况下可在程式中提出的不同抗辩[7]所使用的言词程式。

很显然，以这些言词程式制定的所要审理事项的确切程式是

---

[1] 关于这种程式，参见下文，第214页注释。

[2] "quea dolo malo facta esse dicentur, si de his rebus alia action non erit et iusta causa esse videbitur, intra annum, cum primum experiundi potestas fuerit, iudicium dabo"; D. 4.3.1.1; Lenel, *EP* 114ff.

[3] 关于原告和被告各自的姓名，参见上文，第200页注释。

[4] 这仅是一个涉及欺诈致损行为的例子。在特定情况下，可能宣布欺诈造成原告损失的特定方法。

[5] 关于这种裁决条款的解释，参见下文，第213页。

[6] "si paret dolo malo Nuerii Negidii factum esse, ut Aulus Agerius Numerio Negidio fundum quo de agitur mancipio daret, neque plus quam annus est, cum experiundi potestas fuit, neque ea res arbitrio iudicis restituetur, quanti ea res erit, tantam pecuniam iudex Numerium Negidium Aulo Agerio condemnato; si non paret absolvito"。必须予以注意的是如何使程式不折不扣地符合告示中规定的给予诉讼的条件。

[7] 下文，第206页。

一件极其重要的事,并且裁判官由于在制定程式方面有最终决定权,因而以这种方式对罗马法的发展发挥巨大的影响。此外还很明显的是,关于罗马法的实体内容,有许多可以通过研究程式得知,因为它以精确的用语准确表明承审员在每种情况下的权利和义务的内容。甚至可以说,这种程序制度既灵活又精确,它的创造不仅是罗马人法律天赋的一个标志,而且在某种程度上也是罗马法学家取得成功的原因。因此,我们在这里必须更详细地论述程式的结构——它的"组成部分",以及那时使用的各种类型的程式。

## (三)程式的"组成部分"。

### 1. 原告请求(intentio)。

除了在每个程式开头出现的指派承审员或者判还官[①](Titius iudex esto; Titus maevius...recuperatores sunto)外,在几乎[②]所有程式中出现的最为重要的组成部分是原告请求。如盖尤斯所说,[③]在这部分,原告系统地提出所主张的权利的内容,因而也正是在

---

① 由几个陪审员组成的法庭。他们明显产生于早期条约中为异邦人提供的救济(上文,第102页),但是他们也出现在程式制度规定的某些普通诉讼中,包括搜刮钱财诉讼(参见下文,第308页;最初是一个民事诉讼而非刑事诉讼),某些涉及暴力的诉讼(Cic. Tull. 7; Caec. 23; Gai. 4.141),以及其他看来具有明显公共利益的共同特征的诉讼。在判还官面前进行的程序比较快,这主要是因为他们能在凶日(dies nefasti)开庭(参考上文,第179页注释)。进一步参见 B. Schmidlin, *Das Rekuperatorenrerfahren* (Fribourg, 1963); Pugliese, *Proc.* 2.1.194ff.; Kaser, *ZPR* 142ff.。

② 在有些时候(尤其是侵辱之诉),程式包含一项请求原因,之后就是"quantum bonum aequum videbitur condemnato"或者类似的话(下文,第213页),因此没有独立于判决程式的原告请求。对于与这些"没有原告请求的程式"相关的问题,参见 Buckland 652; Wenger, 141 n 3, 及其中所引用的文献,尤其是 Audibert, *Mélanges P.F.Girard.Etudes de droit romain dédiés à M.P.F.Girard* (Paris, 1912) 1. 35ff.。De Visscher, *Etudes* 359ff. (=*RHD* 1925, 193ff.),认为原告请求限于涉及权利的程式,而涉及事实的程式的"si paret"(如果看来)从句具有完全不同的性质。但是参见 Lenel, *SZ* 48 (1928) 1ff.; Buckland, *Jurid. Rev.* 48 (1936) 357ff.。

③ 4.41:"原告请求是原告表达他的诉讼要求"。这个定义实际上只适合涉及权利的程式,它可能是从法律诉讼时期承继过来的;Lenel, *SZ* 48 (1928) 13; de Zulueta, *Gaius* 260;参考 Schulz, *Principles* 46。

这一部分，双方当事人之间争议的问题得以定形。因此，在特定贷款之诉（actio certae creditae pecuniae）中，① 原告请求是指"如果看来被告欠原告1万塞斯特兹"的从句，那恰恰是原告所主张的内容，而他是否有这种权利的问题恰恰是承审员必须决定的事。在这种情况下，该请求是针对确定的物，② 因而原告请求也是确定的，也就是说，它准确地描述该请求，但是也有许多时候原告请求是不确定的，这时，我们看到的不是"如果看来……"，而是"无论看来……是什么"——不是"si paret"，而是"quidquid paret"。因此，例如在关于不特定物的要式口约的诉讼中，原告请求写道"无论被告应为此向原告支付多少钱或做什么事"。③ 在少数情况下，只有原告请求，而没有任何更多的内容；这发生于我们可称之为"形成之诉"的情形，即不是寻求救济而只是请求法庭决定某个问题，如甲是否是乙的解放自由人。这些程式被称为预决（praeiudiciales）。④

## 2. 判决程式（condemnatio）。

当然，更经常的是，原告所要的不仅仅是一个宣告而是一个判决，而判决程式是"授权承审员决定判罚或开释"的从句的名称。⑤ 因此，在特定贷款之诉中，该句的内容是"判处被告向原告支付（1万）塞斯特兹；如果看来不是事实，则开释他"。⑥ 在这种情况下，由于原告请求中提到一个确定金额，判决程式中也就提到同一确定金额，因而判决程式也是确定的。承审员只有权判

---

① 参考下文，第215页注释。
② 参考上文，第193页注释。
③ "Quidquid paret Nm. Nm. Ao. Ao. Dare facere oportere"；Gai. 4.41, 131。
④ "pre-judicial"，因为这个决定通常是作为进一步诉讼的准备所必需的。例如，未经执法官特别许可，解放自由人不得传唤他的庇主到法庭。如果甲想要对乙提起诉讼，而乙声称自己是甲的庇主，则必须先对这个问题作出决定，之后才能进行这个案件。
⑤ Gai. 4.43.
⑥ "iudex Nm. Nm. Ao. Ao. Sestertium x milia condemnato; si non paret absolvito"．

处那笔金额或者开释。但是情况通常不是如此。一般说来，承审员自己确定他要判处的金额（如果他作出有利于原告的判决的话），而判决程式仅指示他应如何得出该金额的方法。例如，他可能被告知，按照某物的价值，[1]或者某种价值的倍数，[2]或者仅仅按照"他认为适当和公平的任何金额"。[3]如果原告请求是不特定的，则判决程式仅仅告诉承审员判处"那个数额"，即"任何看来被告应向原告支付或者做的事物"的价值。[4]有时，法官的裁量权受到一个规定他不得超越的最高额的句子（估定限额）的进一步限制。[5]但是，无论如何，法官可以判处的只是一定数额的金钱；他不能判处被告向原告移交一匹马或者一个奴隶，或者为原告提供某种劳务，或者做除了付给他一定金额以外的任何别的事情。[6]不知道这个明显不方便的判罚金钱的规则的理由是什么，也不能确定它可追溯至法律诉讼时期。[7]但是，在整个程式诉讼时期，它一直有效，并且如我们将看到的，[8]虽然可能强制要求某个固执的被告履行其义务，但作为最后一着，所能做的只是命令他支付一笔金额。[9]

---

[1] 或者 quanti ea res est（即在证讼时）或者 quanti ea res erit（即在判决时）的价值，例如，在关于一确定物的请求给付之诉中，整个程式的内容如下："Iudex esto: s.p. Nm. Nm. Ao. Ao. Tritici Africi optimi modios centum dare oportere, quanti ea res est, tantam pecuniam condemnato; s.n.p.a."。关于"quanti ea res erit"，参见下文，第214页注释。

[2] 例如，在非现行盗窃之诉中"quanto ea res fuit cum furtum factum est, tantae pecuniae duplum iudex Nm. Nm. Ao. Ao. c.s.n.p.a"（Lenel, *EP* 328）。

[3] 参见下文，第213页，关于善良公正诉讼。

[4] 参见例如诚信诉讼的程式，下文，第205页，第211页及下页。

[5] 估定限额可能提及一笔具体金额（Gai. 4.51），或者法官可能受到某种其他的限制，例如被限于某种基金，如同在特有产和转化物之诉中那样。

[6] Gai. 4.48.

[7] 参见上文，第186页，Kaser, *ZPR* 287，猜测说，它起源于早期的私犯责任中需要出钱摆脱受害当事人的报复，从而取得一笔确定的赎金。另参见 Santoro, *APal.* 30（1967）81ff. Kelly, *Roman Litigation* 69ff.，将它与共和国后期货币短缺相联系，认为它可能是法律对穷人和弱者不利的一个例证；但是参见 Garnsey, *Social Status* 198ff.。

[8] 下文，第213页及下页。

[9] 英国普通法院也只能给予损害赔偿而不能给予强制实际履行，这似乎不是一种实际的相类似，而是一种巧合，因为这一规则仅仅是由于"对物"诉讼很早就消失了。

## 3. 分配裁判（adiudicatio）。

这是指在分割诉讼[1]的程式中出现的一个从句,它授权承审员将诉讼标的之全部或者一部分分配给一方当事人作为其自己的财产:"让承审员将应判决的财产判给他（也可能是'判给它应被判给的人'）"。[2]

## 4. 请求原因（demonstratio）。

在某些情况下,程式的开头(在指定承审员之后)是一个"quod"（"鉴于","就……而言"）[3]从句,其目的是为了确定原告请求所涉的事项。[4]例如,如果卖方提起销售合同的诉讼（actio venditi）,其程式内容如下:"鉴于原告向被告出卖作为本诉讼的标的的奴隶,这是本诉涉及的事项,无论被告按诚信应为此向原告支付多少钱或者做什么事,那个数额（即奴隶的价值）承审员应判处被告向原告支付;如果事实不是如此,他应当被开释。"[5]在此,"鉴于……事项"这些话构成请求原因,"无论……什么事"构成原告请求,其余的话构成判决程式。请求原因仅在对人诉讼中当原告请求不特定时才有,因而在所有诚信诉讼和依要式口约之诉中都有,而在请求给付之诉或者对物诉讼中则没有。[6]

---

[1] 上文,第156页。
[2] Gai. 4.42 指出"承审员把应判给提兹（Titio）的那些东西判给他",但是"Titi"不可能是正确的；Lenel, *EP* 208。
[3] 参见下文注释。
[4] Gai. 4.40。关于批评意见,参见 Schulz, *Principles*, 46。
[5] "Quod As. As. No. No. Hominem quo de agitur vendidit, qua de re agitur, quidquid ob eam rem Nm. Nm. Ao. Ao. Dare facere oportet ex fide bona, eius iudex Nm. Nm. Ao. Ao. c.s.n.p.a."; Lenel, *EP* 299。所有的诚信审判（参考下文,第211页）都有完全相同的程式。
[6] 包含请求原因的程式存在的问题是,它们的构造似乎不合逻辑。"鉴于条款"（quod-）明显是陈述一个事实,而这个事实的真伪却是承审员必须决定的事项之一；有人可能认为应该是"鉴于原告声称他出卖……"或者类似的表述。Koschaker, *SZ* 41（1920）339,认为"quod"是指"就……而言",如同以官方文体表示的其他地方一样（参考 Schulz, *History* 258）,但即使如此,结尾没有任何"paret"与"si non paret"相平衡。Arangio-Ruiz, *Rariora* 25ff.（参考 Turpin, *CLJ* 23 [1965] 262f.）,提出,请求原因产生于下述情形：双方当事人已经就责任问题达成协议（或者已经通过其他方式将责任问题确定下来）,因而仅关

## 5. 前书（praescriptio）。

最初有两种前书：（1）为原告利益的前书（pro actore），（2）为被告利益的前书（pro reo）。

（1）这种情况下的前书是限制诉讼范围的条款，要不然诉讼范围可能被扩大。因而，如果一个要式口约规定在不同日期进行多次支付，而其中有一次或几次，但并非全部支付都过期了，则受约人若想对这些逾期支付提起诉讼，就增加一个句子，规定"只让那些已到期的支付成为本诉讼的标的"。① 如果他不增加这一句，证讼可能"用尽"他的权利，而当其余的分期支付到期，成为可支付时，他就再也不能为它们提起诉讼。

（2）某些后来通过抗辩（exceptio）提出的辩护，最初是由前书提出的，例如，在有些情况下，如果诉讼的决定会使另一个更为重要的问题的决定受到不利影响，则不得提起此诉讼。最初，如果被告想利用此规则作为辩护，他就增加一个前书部分，其中告诉法官仅当此事项不会使更重要的案件受到不利影响时才处理它。②

请求原因、原告请求、分配裁判和判决程式只是盖尤斯所列举的程式的"组成部分"，③ 但是，如我们已经知道的，它们决不是在每个程式中都出现。另一方面，它们也没有详尽无遗地概括程式的所有可能内容。在任何具体情况下，它可以包括新增内容，据此，将法官的注意力引向被告提出的特殊抗辩，原告对这些抗辩的答复等等。对于这些，我们现在必须来进行论述了。

---

心得到关于被告应支付的金额的估价；当程式还必须包含责任问题时，就会出现不合逻辑的现象。这必须包括假定程式的结尾原来不是判决程式，而是关于作出估价（如承审员估价）的命令。但是，简单地接受下述观点可能更好，即虽然程式不合逻辑，但从原告的角度看，它确实陈述了事实；参见 Daube, *Forms* 35；参考 Turpin, 同上文，第 270 页。反对 Ashton-Cross, *CLJ* 18（1960）81ff. 的观点，参见 Turpin, 同上引文，第 268 页以下。并且进一步参见下文，第 221 页。

① "Ea res agatur cuius rei dies fuit", Gai. 4.131.
② Gai. 4.133.
③ Gai. 4.39；Buckland 649。上文为方便起见，将前书与它们一起提及。

### 6. 抗辩（exceptio）。

抗辩是一个从句，其效力在于，指示法官纵使他认为原告请求属实，如果他认为另外的一系列事实也属实，仍不能判处。因而，它总是一个否定式条件从句，即以"如果不"或者"除非"开头，并且适用于下述情形，即辩护不是否认原告主张的权利，而是主张即使那种权利可能存在，但对被告作出判处仍是不公平的。[①] 比如说，在对于所贷款项的诉请中，被告抗辩说从未收到过钱，或者说已经还了，则他可以保持简单的程式，即"如果看来被告应向原告付1万塞斯特兹"，而不作任何变动，这是因为，如果法官相信他说的话，则会认为他不欠这笔款项；但是，如果被告抗辩说，原告（非正式地）答允不为这笔钱起诉，那么，由于这种不正式的约定对市民法上的债务的存在毫无影响，如果程式仍如同原来那样，则法官一定会判处。因而，被告可以坚持要求增加一种简约抗辩（exceptio pacti），因此，对承审员的指示的内容是："如果看来被告应向原告支付1万塞斯特兹，并且原告与被告之间没有不得为此笔款项起诉的约定，则法官应判处，等等"。[②] 这种程式导致的后果是，如果法官发现实际上订立了这种简约，则必须开释被告。

由于这些抗辩一经证实，就会导致原告败诉，尽管他的权利在市民法上是完全充分的，因此，和给予诉权的权力一样，许可这些抗辩的权力也是裁判官对罗马法发展产生影响的一个来源，并且关于这些抗辩的规则和关于裁判官诉权的规则恰恰同为裁判官法（ius honorarium）的组成部分，但是，不应当认为，所有的抗辩都是裁判官创制的。在相当多的时候，一项法律或者元老院决议引进的规则通过一项抗辩变得有效。例如，针对偿还贷款的请求，想抗辩说此贷款违反《马切多尼安元老院决议》（Sc.

---

① Gai. 4.116.
② Sp. Nm. Nm. Ao. Ao. Sestertius decem milia dare oportere et si inter Am. Am. et Nm. Nm. Ao. Ao. Sestertiumdecem milia c.s.n.p.a.（参见 Gai. 4.119）

Macedonianum）的规定，因为该决议禁止这些向处于支配权下的家子提供的贷款，则必须增加一项抗辩，同样地，若想抗辩说原告据以提出请求的交易违反《琴其亚法》（lex Cincia），① 也必须增加一项抗辩。在这些情形下，抗辩的格式通常是"如果在这个事项上，没有违反任何法令或者元老院决议"，② 很显然，如有必要，由被告负责在裁判审程序讲清楚他所依据的法律或者元老院决议的内容。③ 这些法令规定的规则通过抗辩实施，而不是通过将所禁止的交易视为无效的方式实施，其理由并非总是相同的，④ 但是，这种裁判官方法的使用是裁判官法和市民法如何相互配合的一个很好的例子；认为它们是相互排斥的对抗性制度，是最不符合事实的。⑤

## 7. 答辩（replicatio）。

如盖尤斯所说，可能发生下述情形："一项抗辩表面看来是正当的，但实际上不公平地对抗原告，这时必须增加一项内容以帮助原告"。⑥ 这个新增内容称为答辩，它采取一个从句的形式，告诉承审员纵使抗辩中所提出的事实属实，如果另外的一系列事实也属实，则仍应判处。例如，如果先订立了不起诉的简约，而后来又订立另一个简约，据之，债务人免除债权人前一简约的责任，允许他再起诉，为了他能得到这第二项简约的利益，有必要允许他在程式中写进简约答辩，作为对债务人简约抗辩的应答，因此，这个程式全文如下："如果看来被告应付原告 1 万塞斯特兹，并且没有一项协议规定不得为此笔款项起诉……，或者如果以后有一项协议规定可以为之起诉，则承审员应判处，等等。"⑦

---

① 该法禁止非近亲属之间的赠与超过某一最高限额；参见上文，第 87 页。
② "si in ea re nihil contra legem senatusve consultum factum est"；Lenel, *EP* 513。这种情形可能是指，例如，甲根据乙以要式口约作出向他支付一笔钱的无偿的允诺提起诉讼，而这笔钱的金额超过《琴其亚法》允许的额度。
③ 在有些时候，事实抗辩中指明引用的法律；Lenel, 同前注。
④ 参见 Buckland 653，以及参考上文，第 87 页。
⑤ 参考 Buckland, *Tulane L.R.* 13（1939）163ff.。
⑥ 4.126。
⑦ Gai. 4.126.

答辩并不必然是最后的话；程式可能因再抗辩，再答辩，甚或更多来回而得以扩充[1]。[2]

## （四）程式的分类。

### 1. 市民法诉讼程式和裁判官诉讼程式。

所有程式首先根据它们是用于市民法诉讼还是裁判官法诉讼划分为两种，因为上文已经说过，有些时候裁判官仅仅批准一种程式来实施市民法上已经存在的权利，而其他时候这种权利的存在仅仅是因为裁判官"给予诉权"。但是，裁判官在允许给予市民法范围外的诉权时，做法并不总是完全相同，根据裁判官诉讼种类的不同，我们可以区分三种不同程式。

（1）使用拟制的程式。在有些时候，如果不具备进行市民法诉讼的一个限定条件，而又需要允许一种诉权，裁判官就通过许可一种程式来行使他的权力，在这个程式中，仅仅告诉承审员假定条件具备并作出相应决定。因而，盗窃之诉本身仅存在于市民之间，但是，如果窃贼是个异邦人，也可以对他提起诉讼，其程式类似于市民法诉讼的程式，但包含一种拟制；它不会写明"如果他应（即在市民法上）作为一个窃贼支付损害赔偿"，而是写"假设他是

---

[1] Gai. 4.128f.

[2] 罗马法上的抗辩、答辩等，经常被拿来与英国旧的抗辩制度中的抗辩、答辩、再答辩等相比较，并且确实有这个主要相似点，即两种制度所指向的都是将在当事人之间予以审判的事项的程式，这种程式都是根据当事人的主张。在英国，和罗马程序中的一样，在案件进行之前必须达成程序的一致（Stephen, *Pleading*, 5th ed., 137f., 引自 Holdsworth, *HEL* 3. 627f.）。但是，二者的区别和它们的相似性同样大。从形式上说，英国的抗辩是当事人嘴中说的独立事实主张，而罗马的辩解采取的形式是构成判决条件的从句。其次，在英国制度下，对于原告的申诉，必须总是有一种抗辩，即使它仅是一种直接的否认，而如果罗马的被告的回答是一种否认，他只需接受原告提出的程式。此外，虽然抗辩（exceptio）通常被称为"以承认与否认作出的抗辩（plea）"，但被告并不像英国制度中的那样必然被认为承认原告首次陈述的真实性。在有些方面，英国制度虽然比法律诉讼制度远要发达得多，但二者的可比性更加接近，因为在法律诉讼制度下，争议也是由于当事人的主张与反主张而形成的。

一个罗马市民,如果他应该作为一个窃贼支付损害赔偿"。①

(2)判决程式中出现的人名不同于原告请求中出现的人名的程式。这发生于下述情形:在市民法上属于甲的权利,依裁判官法要为乙的利益而生效,或者相反,在市民法上只能对针对甲起作用的权利,在裁判官法上成为针对乙起诉的理由。例如,甲授权他的儿子乙从丙那里购买某物,则依市民法,只有乙对该合同负责,但是,这是裁判官允许根据儿子的合同对父亲提起诉讼的几种情形之一,因此,其程式将这样写:"鉴于作为本诉讼的标的事实,乙在处于甲的支配权下时经甲授权,从丙那里买受某物,无论根据诚信乙应为此向丙转让或者做什么事,承审员应判处甲做这些事,等等。"②

(3)事实概念上的程式(formulae in factum conceptae)。如果在市民法上没有充分类似的诉讼可用作拟制,而此种诉讼又不能以上述(2)方式应付,则所采用的程式就是事实概念上的程式,即不涉及市民法概念,如"欠"(dare oportere)或者"所有"(alicuius esse ex iure Quiritium),而仅告诉承审员,如果他认为原告请求中或多或少详细说明的事实属实,则应判处,如不属实,则应开释。这样,在盖尤斯所举出的关于对一个未经特别许可起诉其庇主的解放自由人的罚金之诉的例子中,程式如下:"如果看来某个解放自由人违反某个裁判官的告示,将其庇主传唤到法庭,则仲裁人应判处该解放自由人向该庇主支付1万塞斯特兹;如果不是事实,则他们应开释。"③

---

① "quam ob rem eum, si civis Romanus esset, pro fure damnum decidere oporteret"。如果盗窃的受害者是一个异邦人,也允许类似的拟制;Gai. 4.37。"善意占有之诉"是最重要的"拟制"诉讼之一,参见 Gai. 4.36;参考下文,第263页。

② Lenel, *EP* 278。其他的主人或家父责任之诉(actiones adiecticiae qualitatis)的程式在这里所考虑的问题上也是相似的。同样重要的采取相同方式的例子是,代表人所使用的和针对代表人的程式(Gai. 4.86),以及破产者财产的买受人(鲁第里诉讼,Gai. 4.35)。另参见下文,第257页及下页。

③ Gai. 4.46:"Recuperatores sunto. Si paret illum patronum ab illo liberto contra edictum illius praetoris in ius vocatum esse, recuperatores illum libertum illo patrono sestertium decem milia condemnate; si non paret absolvite"。不确知这种罚金的数额;参见 Lenel, *EP* 69。

第十三章 从《十二表法》到共和国衰亡时的私法：程序法

与这些事实概念上的程式相对的是法律概念上的程式（in ius conceptae），① 即下述情形：原告请求不仅提到某些事实的存在，而且提到某些市民法关系的存在，尤其是"所有"和"欠"的关系。例如，在对一笔确定金额的请求给付之诉中，原告请求是"如果看来被告欠……"（dare oportere）；在销售之诉中，它是"无论依诚信被告应转让或做什么事……"（quidiquid dare facere oportet ex fide bona）；在所有权之诉中，它是"如果看来此物是原告依市民法所有的财产"（Ai. Ai. Esse ex iure Quiritium）。因此，法律概念上的程式不仅包括市民法诉讼的程式，而且包括裁判官拟制诉讼或者变换当事人诉讼的程式，因为在这些程式中，原告请求也提到市民法上的"所有"和"欠"的概念，例如，善意占有之诉（actio Publiciana）的程式是"如果争议物由原告占有达一年，则可以依市民法成为原告的财产"（si...anno possedisset tum si eius ex iure Quiritium esse oporteret②）。③

除了市民法诉讼程式和裁判官诉讼程式之间的主要区分，以

---

① Gai. 4.45.
② 关于法律概念上的程式与事实概念上的程式之间的区别，不能简单地以一个提交给法官的是法律问题，而另一个提交的则是事实问题来加以说明。在这两种情况下，法官都必须决定产生的所有问题，无论是法律问题还是事实问题；例如，甲是否欠乙的钱，不仅取决于法律，也取决于事实，类似地，在对未经许可起诉其庇主的解放自由人的诉讼中，例如，无论所申诉的行为是否就是传唤受审，无疑都可能产生法律问题。
③ 事实诉讼（actio in factum）（不同于具有事实概念上的程式的诉讼）的确切含义有争论。一种观点（Lenel, EP 203）认为，它仅仅等于裁判官诉讼，即包括拟制诉讼和变换当事人的诉讼。Wenger（162 n 12, 169 n 26）认为事实诉讼就是指具有事实上程式的诉讼，这些程式可能为特殊案件（所谓的根据法令进行的诉讼）而给予，随后被遗忘，但是它们也可能构成先例，并形成一种新的示范程式被写进告示中；当发生这种情况时，诉讼仍继续被称为事实诉讼。对此，有人可能认为，有些诉讼被称为事实诉讼，但看来可能通过虚拟形成，而不是事实上的，例如 D. 9.2.11.8, 17，在这种情形下，授予善意占有人的由《阿奎利亚法》产生的事实诉讼，可能是通过拟制所有权形成的。扩用诉讼（actio utilis）的表述也经常被看到，它明显包括所有建立在市民法上的类似诉讼基础上的裁判官诉讼，无论它们具有事实上的程式、通过拟制的程式还是任何其他种类的程式。因此，事实诉讼和扩用诉讼这两个术语在某种程度上有重叠。参考 Wesener, SZ 75（1958）220ff.。

及不同种类的裁判官程式之间的区分外，根据原告所主张权利的性质，和市民法或者裁判官法授权他的救济的性质，还有许多不同的种类。当然，程式不是关于承审员应适用法律的完整的指示，但它的确简要地指明原告请求的内容和承审员的职责内容，因此，其形式随请求的性质以及可能给予的救济的性质的变化而变化。以下属于较为重要的区分和种类。

### 2. 对物诉讼程式和对人诉讼程式。

一种诉讼是对物还是对人的，从程式的结构直接可见，因为当一个人对物提出请求时，被告的姓名根本不出现在原告请求中（但特殊情形除外），① 而在对人的请求中，必须有被告的姓名。因此，就典型的所有权之诉来说，② 因为原告仅主张他自己与他所请求的物之间的关系，所以原告请求写着"如果看来此物依市民法属于奥卢·阿杰里所有"；而如果他的请求是对人的，即主张某个人对他负有义务，为了明确其主张的范围，则必须提到他所请求的那个人即被告的姓名。因此，在特定贷款之诉中，原告请求的内容是"如果看来努梅里·内基迪应付给奥卢·阿杰里……"

### 3. 诚信诉讼③ 程式和非诚信诉讼程式。

在许多原告请求不特定（quidquid dare facere oportet）的对人诉讼中，加上了"按诚信"（ex fide bona）的字样，因而法官被明确指示要考虑"诚信"，并且判处一个代表被告根据诚信应当

---

① 排除妨害之诉的原告请求确实提到被告的姓名，但这是为确定所请求物权的范围所必需；Buckland 677。禁止之诉（actio prohibitoria）也同样如此；Lenel, *EP* 190。

② 在判决程式中，被告的姓名必然总是出现，因为如果他不返还，就将被判处向原告支付金钱。

③ 古典法上的表述是"iudicia bonae fidei"。

做的事的金额。例如，所有的诺成合同之诉都属于这种性质。[1]因此，如果甲卖给乙一个奴隶，并想请求其价金或者行使根据该合同产生的任何其他请求权，其程式内容如下："鉴于作为本诉讼标的的事实是，甲向乙出卖所说的奴隶，无论按照诚信乙应为此向甲转让或者做什么，那笔金额法官都应判乙向甲支付；如果不是事实，他应开释。"[2] 增加"按诚信"这些字具有相当大的实际意义。尤其应注意以下两点：[3]

首先，诈欺抗辩的内在性。比如说，如果对关于所卖货物的价金的销售之诉的抗辩是被告因原告欺诈而订立合同，则他不需要在程式中坚持要求加进诈欺抗辩（而在合同是一种要式口约时可能有此需要）。在裁判审阶段，他可以仅仅提出下述观点：在这种情况下对他进行判处是不公平的，而法官如果认为事实正如被告所声称的那样，则必须开释他。对于简约抗辩，可能同样如此。[4]

其次，可以抵销（compensatio）。通常，如果甲对乙提起诉讼，乙原先不能提出甲对他（乙）负有债务作为回答；乙如果想实施那项债务，他必须对甲提起一个另外的独立的诉讼。但是，

---

[1] 盖尤斯（4.62）所列清单包括买卖之诉、租赁之诉、无因管理之诉、委托之诉、寄托之诉、信托之诉、合伙人之诉、监护之诉和妻物之诉，但严格地说，这最后一种诉讼似乎是善良公正意义上的（下文，第 213 页）；参见 Lenel, *EP* 302ff.；Kaser, *RPR* 1.337。（B. Biondi, *Iudicia bonae fidei* [Palermo, 1920] 178ff., 怀疑这一手稿。）另一方面，我们必须在盖尤斯提供的目录中增加使用借贷之诉（Lenel, *EP* 253），可能还要加进质押之诉（前引书，第 255 页，参见 Kaser, *RPR* 1. 537）。就寄托和使用借贷而言，另一种（且更早的）事实程式的存在为 Gai. 4.47 所证实，并且对于质押（Lenel, *EP* 254）和无因管理（前引书，第 102 页），这种事实程式也被认为确实存在。对于更早时的清单，参见 Cic. *Off*. 3.70。在优士丁尼时代，当诚信诉讼这个词语失去其在程式时期所具有的那种确定的含义时，诚信诉讼的清单范围有相当大程度的扩大；参见 J. 4.6.28。

[2] "Quod As. As. No. No. hominem q.d.a. vendidit, q.d.r.a., quidquid ob eam rem Nm. Nm. Ao. Ao. dare facere oportet ex fide bona eius iudex Nm. Nm. Ao. Ao. condemnato, s.n.p.a."

[3] 关于其他方面，参见 Buckland 680；*Manual* 364。

[4] D. 18.5.3。虽然这个文本令人怀疑（例如参见 Schulz, *CRL* 53），但它可能实质上保持了原貌。Biondi, *Iudicia bonae fidei*（参见上文）37ff.，认为胁迫抗辩和已决案抗辩也是"内在的"。

就诚信诉讼而言,早在盖尤斯时代,法官就可以考虑这种反请求,只要它们产生于同一交易。例如,如果甲和乙是合伙人,对于乙因合伙业务取得的利润,甲为取得一份而起诉乙,价值为1万塞斯特兹,而乙想从甲要求3000塞斯特兹,即甲应分担乙因合伙业务而产生的该份花费,则法官可以自由地考虑这一点,并判处乙只支付差价7000塞斯特兹。①

在后来的法律中,对于非诚信诉讼也可以抗辩抵销,但是这个问题太复杂且有争议,不宜在这里讨论。②

在优士丁尼时期的法律中,诚信诉讼的对立面是严法诉讼(或者称严格法审判),③但是古典法不可能有这种包含性的表述。④非诚信诉讼的种类太多,不可能把它们全都包括在一个标题下,而且,人们一直承认,无论如何,这种分类不可能详尽无遗。⑤因此,指明一些主要的非诚信诉讼,而不要试图阐明一个"严法诉讼"的定义,将会更好。

(1)善良和公正的诉讼。这些诉讼与诚信诉讼在性质上联系最为密切,在这些诉讼中,程式里也有告诉承审员考虑公正因素的措辞,但是这一措辞所处的位置有所不同。在这种诉讼中,不是在原告请求中加"按诚信"的字样,而是有一个从句(在请求原因之后)指示承审员凭他的正义感决定他应判处的金额。因而,侵辱之诉(估价之诉)的程式的内容大约如下:"鉴于奥卢·阿杰里被努梅里·内基迪(例如)打了脸……无论仲裁人依正当和公平认为努梅里·内基迪应为此被判向奥卢·阿杰里支付多少金

---

① Gai. 4.61ff.
② J. 4.6.30 ; Buckland 703ff.
③ J. 4.6.28, 30.
④ Pringsheim, *SZ* 42(1921)649ff. ; Biondi, *BIDR* 32(1922)61ff.
⑤ Wenger 165 n 3 ; Buckland 679. 无论如何,这种区分仅适合具有法律程式的对人的非刑事诉讼。因而,请求权之诉(下文,第214页)、依要式口约之诉和依遗嘱之诉,被看作为"严法诉讼",因为原告请求的内容是"si paret dare oportet"或者是"quidquid dare facere oportet",但是没有加进"按诚信"(ex fide bona)这些字眼。

额，该笔金额……他们都应判处努梅里·内基迪向奥卢·阿杰里支付①，等等。"②

（2）仲裁诉讼。判罚金钱的规则③是一种不灵活的规则；有许多时候，损害赔偿的救济方法并不够，原告应该得到的不是一笔金钱，而是他享有权利的那个东西。程式诉讼体制虽然保留法官最终只可以判罚一笔金钱的规则，但是在有些情况下，它懂得一种迂回的方式，据此，在被告败诉时可以对他施加压力，使他履行其主要义务，而不是等待被判处损害赔偿。这是通过在判决程式中加进一个从句实现的，该从句的效力是，使法官判处被告损害赔偿的职责取决于被告不履行其原先的义务。因此，以最重要的诉讼为例，如果奥卢·阿杰里对努梅里·内基迪提起所有权之诉，要求后者返还其财产，在原告请求（"如果看来所说的财产根据市民法属奥卢·阿杰里所有"）之后将出现下述判决程式："并且努梅里·内基迪未根据承审员的指示向奥卢·阿杰里返还，则承审员应判处他支付其价值，等等。"④ 因此，如果法官认为为了原告，他必须宣布事实，并给被告一个遵守其裁决的机会；⑤ 只有在被告未能照做时，他才继续作出判决；否则，他必须开释。

必须引起注意的是，被告受到按照这样做的压力，因为，如果他不这么做，法官将允许原告自己宣誓评估其所主张的财产的

---

① "Quod...Ao. Ao. pugno mala percussa est...q.d.r.a., quantam pecuniam recuperatoribus bonum aequum videbitur ob eam rem Nm. Nm. Ao. Ao. condemnari, tantam pecuniam...recuperatores Nm. Nm. Ao. Ao. c.s.n.p.a."。被告的名字以何种方式出现在请求原因中，是不明确的；Lenel, *EP* 399。

② 具有类似程式的诉讼的清单，参见 Buckland 686 n 8。这种程式尤其可能适用于不仅必须考虑金钱损害而且须考虑情感上的损害的情形；E. Costa, *Profilo storico del processo civile romano*（Rome, 1918）57。关于整个主题的论述，参见 Pringsheim, *SZ* 52（1932）78ff.。

③ 上文，第 204 页。

④ "neque ea res arbitrio iudicis Ao. Ao. restituetur, quanti ea res erit tantam pecuniam iudex Nm. Nm. Ao. Ao. c.d.n.p.a."

⑤ 通常用来表示法官的这种裁决的词是 "pronuntiare"；参见 Heumann-Seckel, s.h.v.。

价值（insiurandum in litem），而原告在评估时不可能很节制。①

仲裁诉讼（即具有提到法官的决定权——仲裁——的句子的诉讼）的清单，除了返还所有物之诉外，还包括所有其他对物诉讼，②以及某些对人诉讼，如诈欺之诉（actio de dolo）和胁迫之诉（actio quod metus causa）。③

（3）请求之诉。在告示中的"请求特定物"（si certum petetur）这个标题之下，有两种④范例程式，一种用于所请求的是特定金额的情形，另一种用于任何其他特定物的请求。⑤ 前者（已经作为例子被引用数次）内容是："如果看来努梅里·内基迪应向奥卢·阿杰里付1万塞斯特兹，法官应判处努梅里·内基迪向奥卢·阿杰里支付1万塞斯特兹；如果不是事实，他应开释。"

后者的内容是："如果看来努梅里·内基迪应向奥卢·阿杰里转让100蒲式耳上等非洲谷物，法官应判处努梅里·内基迪向奥卢·阿杰里支付这些谷物的价值；如果不是事实，他应开释。"⑥

这两种程式的特点是，它们都主张一种市民法债务（dare oportere）而根本未提到诉因。⑦ 事实上，有些时候，它们被用于诉因是一种合同的情形——如甲借给乙一笔钱或者一袋谷物（消费借贷），乙以要式口约允给甲一笔钱或者任何其他特定物，但

---

① 法官不一定接受原告的估计额，但至少，如果被告的拒绝返还看来是不可原谅的，则法官可能会接受。按照 D. 12.3.2 中的规则固然如此，但其他文本与之有抵触；D. Medicus, *Id quod interest*（Cologne/Graz, 1962）205ff., 248f.。

② 可能据以请求地役权的诉讼除外；Lenel, *EP* 193。但是参见 Broggini, *Iudex* 74 n。

③ 对这个清单，存在相当大的怀疑；Buckland 659；Kaser, *ZPR* 257。

④ Lenel, *EP* 232。可能还有一种，是由一个奴隶而非 100 蒲式耳谷物充当关于"种类"请求权而非"物"请求权的模型；Lenel, *EP* 240。

⑤ 上文，第 193 页注释。

⑥ "S. p. Nm. Nm. Ao. Ao. sestertium decem milia dare oportere iudex Nm. Nm. Ao. Ao. sestertium decem milia c.s.n.p.s." 与 "S.p. Nm. Nm. Ao. Ao. tritici Africi optimi modios centum dare oportere quanti ea res est tantam pecuniam Nm. Nm. Ao. Ao. c.s.n.p.a."。虽然在两种情况下原告请求都是确定的，但第二种形式的判决程式是不确定的，因为法官必须自己来计算出谷物的金钱价值。

⑦ 比较"请求给付之法律诉讼"，上文，第 193 页。

第十三章　从《十二表法》到共和国衰亡时的私法：程序法　　279

它们也用于许多非合同的情形。例如，如果甲因错误地以为自己欠乙1万塞斯特兹而向乙支付了那笔钱，他可以通过这种诉讼取回那笔钱，因为他是在不存在债（indebitum）时进行的支付。实际上，许多诉因逐渐得到承认，因为这些程式可适用于下述情形：原告很难说明确定的诉因，而被告保留他已经取得的金钱（或者其他物）被认为是不公平的，① 例如，如果甲将钱给乙作为嫁资，因为乙将与甲的女儿结婚，而这个婚姻事实上没有发生。用于表示提起这种诉讼的词是"请求"（condicere），② 因此，请求给付之诉可能被认为是主张一种市民法债务的诉讼，而不提及任何诉因。③ 从这个意义上说，它不仅不同于裁判官诉讼，而且也不同于具有请求原因的市民法诉讼，无论是"严法"诉讼④（如依要式口约之诉⑤）还是诚信诉讼。⑥

---

① 参考下文，第284页及下页。
② 因此，盖尤斯（3.91）在解释请求错债返还的可能性时说："'如果查明他应当给付'，可以对他提起请求给付之诉"。使用这个词，可能是因为具有这种程式的诉讼取代了旧的请求给付之法律诉讼。
③ 最初只有对特定物的请求才能以这种方式提出。非特定的请求给付之诉（condictio incerti）是否是古典法上的，很令人怀疑；Buckland 583；Lenel, EP 156；Schulz, CRL 614；不同的观点，参见 Kaser, RPR 599。
④ 我们不能够说这种用法在古典时期是很严谨的，其理由如下：（1）请求特定金钱的诉讼的名称为特定贷金之诉，而不是请求给付之诉（Lenel, EP 234）；（2）盖尤斯说（4.5），具有提到"dari fieri oportere"的原告请求的对人诉讼被称为请求给付之诉（除非"fierive"是一个后来夹到文本中去的注释，de Zulueta, Gaius 229；但是那样的话，这个文本中的对比就不均衡）；又说（4.18），请求给付之诉是主张"dare oportere"的原告请求的对人诉讼。这个定义可能包括依要式口约之诉（虽然这种诉讼有请求原因），甚至包括依遗嘱的确定之诉（actio certi ex testamento），尽管这种诉讼肯定含有对诉因的提及（Lenel, EP 367）。但是，这是一个较次要的术语问题——重要的事是认识到这些极其简单的程式所适用的情形。
⑤ 在理解请求给付之诉时的困难，部分产生于实体法与程序法之间在这一点上的密切关联。如果请求给付之诉是某种诉讼的名称，它也是罗马法学家一直知道的一种非常重要的"准合同"的诉因的名称；Schulz, CRL 610ff.；Kaser, RPR 1.592ff.；2.304ff.。
⑥ 这里给出的三个种类决不是穷尽了所有非诚信诉讼种类。非诚信诉讼包括所有对物诉讼、所有事实诉讼、所有请求给付之诉，以及一些虽是"严法诉讼"但说明了提起理由的诉讼。

## （五）审判与执行。

程式诉讼制度似乎在裁判审程序中没有带来任何重大变化。我们所能肯定的是，以前开始审判时对案件的简短陈述，[①] 在当时已经成为不必要的，因为程式本身就足以告诉承审员案件是关于什么的。判决也是同以前一样作出。[②] 但是，当我们谈到执行时，我们确实发现了重大的变化，最重要的创新是引进了对判决债务人财产的执行。并不是废除了对人身的执行；相反，在整个古典时期，它一直是很常见的，[③] 甚至在帝国后期仍很平常，但是在共和国时期的最后一个世纪，它就已不再是唯一的可能。[④] 除了这个变化外，最为重要的改革是不再允许在宽限期后立即进行执行；相反，我们发现一种奇怪的制度，即获得判决的债权人必须先提起另一个诉讼，这次是对该判决的诉讼——已决案之诉（actio iudicati）。和其他所有诉讼一样，必须有传唤和诉讼声明，然而此时的诉因是判决本身。但是，通常不会有证讼和承审员的审判，因为被告要对判决提出质疑通常是没有希望的。一般说来，他如果能够支付的话，就会支付，如果不能支付，就会承认他的责任，随后会开始执行。但是，他可能确实想对该事项提出质疑。当然，他不能对判决本身的是非曲直提出异议，[⑤] 但是他可以抗辩说它无效，例如不具有管辖权或者不具备形式要件，或者说他已经履行了判决。如果他这样做了，则会按照通常那样进行证讼和审判，

---

[①] 上文，第 185 页。
[②] 出处同上。
[③] 《鲁比里法》（lex Rubria）(FIRA 1.169, Bruns 1.97) 允许当地执法官发布监禁的命令（XXI.15），但为裁判官保留了占有（XXII.47）。
[④] 授权占有，接着是财产拍卖，存在于公元前 81 年，这是西塞罗的 Pro Quinctio 所表明的时间，虽然判决实际上未被说成是它可能被授予的理由之一（5.60）。它能进一步回溯到何时不太明确；Kaser, ZPR 301。
[⑤] 上诉是帝国时期的一种创新；参见下文，第 400 页。

## 第十三章　从《十二表法》到共和国衰亡时的私法：程序法

但是有两条规则可能有效地阻止无意义的辩护。首先，除非被告提供担保，否则不承认其抗辩，[①]其次，如果他败诉，他将被判处按原先判决金额的双倍偿还。因此，其结果实际上与"判决拘禁"制度差不多，因为在后者的情形下，除非被告找到一个应诉保证人，否则不能进行审理，而且如果辩护不成，判决同样是双倍偿还。[②]

如果被告对已决案之诉既不清偿又不进行辩护，[③]则执法官就发布许可，让原告把他带走监禁起来（duci iubet），也就是说，他的地位与在拘禁制度取消债权人杀死或出卖其债务人的权利后他可能所处的地位是相同的。[④]

但是，执法官在这个时期也可以允许对债务人的财物进行执行。在这种情况下，他发布一项让判决债权人占有债务人所有财产（missio in bona，财产占取）的敕令；然后，该债权人将这种占有进行公告，以便其他债权人也有机会参加和提出请求；在30日后，债权人召开会议，从他们中选举一位管理人（magister），负责进行售卖。这个管理人在随后几天编造财产清单和债务清单，然后将财产出卖给出价最高者（bonorum venditio，财产拍卖），[⑤]也就是说，愿给债权人他们的债务额最高百分比者。例如，如果买受人出价四分之一，那么，他被授予对债务人的财产的权利，[⑥]作为交换，他必须向每个债权人支付其对该债务人的债权数额的四分之一。

---

① Gai. 4.102。对于贫穷又无亲友的人，即使确有可靠的抗辩，这在有时候无疑也是很困难的。

② 上文，第189页。

③ 其可能的情况有清偿、抗辩、承认责任（confessio）和拒绝抗辩，即未能同意为证讼所必要的步骤。在后两种情况下，裁判官都可以命令拘禁，因为在关于特定金钱的诉讼中，他总是能根据供认或者未能抗辩这样做（Lenel, EP 410），而已决案之诉必然是关于特定金钱的。

④ 上文，第191页以下。

⑤ Gai. 3.77ff.

⑥ 他得到一个令状，据以取得其他人占有的财产（Gai. 4.145），并能对被判决债务人的债务人提起"鲁第里诉讼"，在这个诉讼中，原告请求将包含判决债务人的名字，而判决中将包含他自己的名字（Gai. 4.35）。参考上文，第209页。

可以看出，这个程序实际上是破产程序；当时，在罗马法上，如果债务人不自愿清偿，哪怕是极小的金额，债权人为了强制其清偿，也必须使其破产；他不能仅仅拿走债务人的一件价值足以抵偿其债务的财产并将之出卖。这种方法很不方便，因为，它通常意味着带给债务人的困难的程度，远超出为使债权人实现其权利所必要的难度。但是，从古代的角度看，这没有什么不可以的；其目的不在于，国家应为债权人做债务人所不愿做的事，而在于，如果债务人不清偿其债务，国家应帮助债权人对债务人施加压力并对之进行惩罚，这通常通过将他锁起来得以实现，但是它也可以通过拿走他的所有财产来实现。债权人也得到清偿，是一个次要的考虑因素，而非首要的考虑因素。

这两种执行方式之间的关系，在某种程度上不明朗。我们不知道财产占取是否总是伴有监禁债务人的许可，我们也不知道是否可以对人身执行而不对财产执行；至少，通常这两种方式是可以并行不悖的。但是，看来很明显，债权人可能放弃其拘禁权，而只依靠财产占有。[1]无论如何，可能只是从奥古斯都时起，[2]有一种方法可使债务人在许多情况下避免人身执行。这是通过向其债权人自愿转让其财产（cessio bonorum，财产转让）。这种转让取代了执法官的强制性占有财产，并同样地导致财产的出卖，但是对债务人来说，它有巨大好处。他避免了因强制出卖造成的不名誉（infamia），而且他永远没有因其债务而被监禁的危险。[3]但是，

---

[1] Wenger 232.

[2] 它是指根据《尤利法》进行转让（例如 Gai. 3.78），即可能是公元前 17 年奥古斯都关于程序的法律，虽然 Mommsen（*Röm.Gesch.* 3.536）将它归于恺撒。

[3] 如果债权人没有得到完全清偿，而债务人后来取得足够的财产值得他追偿（J. 4.6.40；D. 42.3.4；6；7），他可以对债务人提起另一个诉讼并进行另一次出卖，但在这种诉讼中，他有所谓的"能力限度照顾"，即在程式的判决程序中有一个句子，将判决限制在债务人能力所及的范围内，即被告所拥有的财产。因此，他总是能支付判决的金额，而不必遭受人身执行。被强制占取财产的债务人同样有"能力限度照顾"，但只有一年期限，而作出转让的债务人永远都有这种照顾（Lenel, *EP* 432）。在优士丁尼时代的法律中，这个照顾是指债务人能够保留生活必需品；Buckland 694。

并非所有人都能利用这种逃避方法；不仅那些由于自己的过错以致无力清偿债务的人，而且那些没有值得一提的财产向其债权人转让的人，可能都不能使用这种方法。①

## （六）程式诉讼制度的由来以及《爱布兹法》（lex Aebutia）的制定时间和效力。

据盖尤斯说，②法律诉讼的废除（除了在百人法院③审理的案件和关于潜在损害的程序外）④及其为程式诉讼制度所取代是由于某项《爱布兹法》和两项《尤利法》。这个简单的陈述使我们对两个基本问题感到疑惑。我们不知道《爱布兹法》的年代，虽然两项《尤利法》明显是公元前17或者16年奥古斯都的程序性的立法；⑤而且，我们不知道这些法律之间的关系，或者说，在根本上说，程式诉讼制度的引进在何种程度上是归因于立法。因为，虽然盖尤斯说得很清楚，法律诉讼的废除是明文规定的，但关于程式诉讼的引进，他仅仅说，这种程序的使用是由于立法。⑥唯一的另一个对《爱布兹法》的提及是在《阿提卡之夜》⑦的一个片段中。219

---

① Woess, SZ 43(1922) 485ff.。虽然这两类例外几乎都没有什么直接证据，但肯定有例外，因为，不然的话，所有无力清偿债务的债务人都可能进行转让，而我们却知道人身执行仍存在。

② Gai. 4.30f.

③ 上文，第197页。在一个案子诉诸这种法院之前，在内事裁判官或者外事裁判官面前进行誓金法律诉讼的手续。

④ 参考下文，第227页。此外，事实上，如果共谋诉讼被用来创设或者转让权利（诉请解放、拟诉弃权），也总是采取法律诉讼的形式。这些例外的理由是，通过对程式的达成一致进行的证讼与单个承审员的指派密切相关；如果不需要这样，这或者是因为如在拟诉弃权中那样，没有要审理的问题，或者对属于百人审判团的事项来说，是因为这种法庭已经设立，那么唯一可能的程序就是以前的程序。

⑤ Girard, SZ 34(1913) 295ff.；进一步参见下文，第225页。

⑥ 4.30："因此，《爱布兹法》以及两项《尤利法》废除了这些法律诉讼，并且相应的结果是(effectumque est)按照确定的词句，即按照程式进行诉讼"。关于和这种使用"effectum est"表示一项法案的间接结果的类似用法，参见 Gai. 2.254。

⑦ Gell. 16.10.8.

在这个片段中，杰流斯（Aulus Gellius）回想他曾向他的一个律师朋友提出关于《十二表法》中"proletarius"的含义的问题。[①] 这个朋友不知道答案，但为自己的无知辩护，辩解说，作为一个律师，他只关心仍然有效的事物，而"proletarii, adsidui, sanates, vades, subvades, 25 asses 和同态复仇，以及 lance et licio 式搜寻已经消失了，并且所有那些出自《十二表法》的古老事物（除了百人审判团案件中的法律诉讼外）都随着《爱布兹法》的通过而沉睡了。"[②] 这里，根本没有提到程式制度，而"消失"和"沉睡"这些词的使用，表明这项法律对"古老事物"的效力是间接的而不是直接的。关于法律诉讼本身，这显然确实是真的，既是因为，不然的话，就没有什么留给那些《尤利法》去做的了，也是因为有充分证据表明法律诉讼在西塞罗时代仍在使用。[③] 因此，至少保险的假设是，这些《尤利法》最终废除了法律诉讼（除已指明的例外以外）。

还有关于《爱布兹法》的时间和适用范围的问题。这两个问题明显内在地相关联——如果我们能够确定其时间，那么我们就能更有把握地推断其可能的适用范围，或者相反——并且存在对一个问题的猜测性答案到对另一个问题的更加具有猜测性的答案的循环论证[④] 的危险。因此，重要的是确定哪些是明确的，然后开始猜测。《爱布兹法》的时间明显在那些《尤利法》之前，还可能在公元前 1 世纪初以前。因为如果这项法律只是在那些《尤利法》之前不久通过的话，它几乎不可能不和它们一起在后来的文献中

---

① Tab. I. 4；上文，第 176 页注释。

② "Cum 'proletarii' et 'adsidui' et 'sanates' et 'vades' et 'subvades' et 'viginti quinque asses' et 'taliones' furtorumque quaestio 'cum lance et licio' evanuerint omnisque illa Duodecim Tabularum antiquitas, nisi in legis actionibus centumviralium causarum lege Aebutia lata consopita sit…"

③ 关于证据，参见 Jobbé-Duval, *Mél. Cornil* 1.542ff.；Marrone, *APal.* 24（1955）539f.。关于请求给付之法律诉讼的问题，参见下文，第 223 页及下页。

④ 参见 Pugliese, *Proc.* 2.1.20ff., 58。

被提到；而如果它在西塞罗时代就已经通过了，那么西塞罗肯定会提到它。能有合理的信心说明的就是这么多，但是，当有人试图确定一个时间上限（terminus post quem）时，他是根据对历史可能性的感觉。假如这项法律在某种程度上与程序改革有关，那么，感觉到这种改革的需要并通过立法满足这种需要，最早可能是在什么时候？不可避免地，观点存在分歧，但是，普遍一致的观点是，它不可能早于公元前2世纪前半期。[1]

说《爱布兹法》创立了程式制度，这不太可能。这样的变化很少一举完成，[2] 更不可能发生在我们所关注的一个相对原始的时期。程式更可能是在裁判官的权限范围内得到发展，并且特别是有两个领域可能感觉到它的需要——一个是可通过诚信审判进行诉讼的诺成合同及其他关系，另一个是与异邦人的商业交往。这两个领域很明显并不相互排斥，因为与外国人的商业交往可能采取的最明显的形式就是买卖。确实，如果认为这种发展产生于公元前242年以后，这两个领域就可能属于不同裁判官的管辖范围，而关于程式的来源应归于内事裁判官还是外事裁判官的问题已有争论。[3] 但是，在一方面，不可能在公元前242年以前没有产生与异邦人交往时进行诉讼的需要，另一方面，没有必要假定程式制度只有一个来源。因此，我们可以考虑在这两个领域的程式制度的某种裁判官来源的可能性，而不着手进行进一步的追问（关于进一步的问题的解决，至少还没有充分的证据）。

---

[1] Girard, *Mélanges* 1.99f.，认为，塞斯图·艾流斯（公元前198年执政官；参见上文，第92页）的三分法提供了一个时间上限，因为它的三个组成部分是《十二表法》、解答和法律诉讼，而没有提到程式；但是，正如《十二表法》肯定包括了后来的立法一样，"法律诉讼"时期也可能包括曾经存在的程式所作的创新；参见 Kaser, *St. Albertario* 2.46ff.。凯泽尔本人大体上倾向于公元前2世纪上半期的某个时间，而 Pugliese（*Proc.* 2.1. 58）则倾向于公元前2世纪最后数十年的某个时间。

[2] 英国根据《1873年司法法》对程序进行重大改革之前，曾有许多件立法，其中最重要的被包括在1852—1860年普通法之程序法中。

[3] 参见 Pugliese, *Proc.* 2.1.36。

有人已经提出，①程式可能是在法律诉讼内作为在法律审程序结束时记载双方当事人之间争议的一种简易的方法而产生的。当然，有些备忘录可能有用，尤其是在请求给付之法律诉讼以及（在《皮那里亚法》以后）誓金法律诉讼中，因为在争议的确定与将它呈交给承审员之间有 30 天的间隔，但有人反对说，②法律诉讼的文体会使人期望一种以第一人称而非第三人称表示的程式。因此，盖尤斯③说，当将请求承审员或仲裁人之法律诉讼用于遗产分割时（当然，如果这个事项不是一个责任问题，而是每个当事人应得到多少遗产的问题时），各方当事人不使用通常的对话，即如我们已经知道的，原告坚持一项请求而被告对之否认，而是只有对诉因的陈述（nominata causa ex qua agebatur）和关于仲裁人的请求。由于通常的对话以第一人称进行，④可以预料这种诉因的陈述（这明显与假定的备忘录有一些相似之处）采取相同的形式。另一方面，阿兰乔·鲁伊兹⑤很久以前在这方面对程式中请求原因的明显奇怪的用词提出了一个吸引人的解释。如我们已经知道的，⑥"quod"这个词（如果以其最明显的"鉴于"的含义来理解）似乎承认原告的请求，因而只留给承审员解决被告应支付多少的问题。阿兰乔·鲁伊兹提出，这恰恰正是请求原因最开始时的真正含义。因为对于法律诉讼中的分割财产诉讼，或者如果被告通过当庭承认对其他请求的责任，在早期只包含请求原因和作出分配裁判或估价的命令的程式中，关于可支付金额的评估被提交给承审员或者

---

① 例如 Luzzatto, *Procedura civile romana* 3（Bologna, 1950）150ff.；G. Jahr, *Litis contestatio*（Cologne/Graz, 1960）24ff., 84ff.。关于这种观点的更早的形式，参见 Pugliese, *Proc.* 2.1.23ff.。

② Pugliese, *Proc.* 2.1.29.

③ Gai. 4. 17a.

④ 上文，第 182 页。

⑤ *St.econ-giur. della Facolta di Giuriprudenza di Cagliari* 4（1912）75ff.（=*Rariora* 25ff.）；并参见 Turpin, *CLJ* 23（1965）260ff.。

⑥ 上文，第 205 页注释。

仲裁人。① 从这个阶段到使用相同方法支付依任何其他约定债权应付的数额（quantum），差距已经不大了，即使这种债权未得到市民法的承认（例如口头买卖）。并且，经过一定时间，随着人们熟悉了就这类"法外"关系争讼的可能性，程式可能扩及于不仅允许考虑数额的问题，而且允许考虑责任问题本身（即是否事实上建立了产生债权的买卖或其他关系）。这可能是诚信审判的由来。

在将诚信审判的起源归因于裁判官时，存在的一个明显困难是，在古典法上，它们明显属于市民法而非裁判官法。原告请求主张的是一种支付（oportere），而这至少在程式的范围内，被认为是市民法之债的标志。② 那么，它如何能是裁判官创造的呢？其理由可能在于③ 记载在"oportere"之后的限制条件，因为这些条件才叫这些诉讼为"诚信诉讼"。原告请求主张的是"无论根据诚信被告应转让或者做什么事"（quidquid dare facere oportet ex fide bona）。④ 在通常的（所谓的严格法的）原告请求中，⑤ 无条件的支付请求（oportet）在来源上涉及一项法律或者解答上的依据，但在这里，其依据是法律之外的诚信标准。毫无疑问，根据公认的诚信标准从事市民法范围外的非正式交易的习惯已经逐渐形成了。如上所述，我们不必问这种习惯最先是形成于市民之间的交易，还是形成于与异邦人有关的交易；⑥ 重要的是，裁判官现在可

---

① 或者是判还官？赞成程式制度起源于对异邦人的管辖权所引用的一个论据是，判还官在法律诉讼中不存在，但确实出现在一些程式诉讼中，而且它们本身产生于跨国交易；参考上文，第 203 页注释。

② 参见上文，第 209 页及下页。Cicero, *Off.* 3.61, 说诚信审判是无法律的（sine lege）。

③ Kunkel, *Fschr. Koschaker* 2.1ff.；Kaser, *SZ* 59（1939）68ff.；61（1941）179ff.。 反对由 Wieacker（*SZ* 80 [1963] 1ff.）提出的不同的理论版本，参见 Turpin, *CLJ* 23（1965）264ff.；Kaser, *ZPR* 110 n 30。

④ Daube, *Forms* 16ff.

⑤ 上文，第 203 页；另参考第 211 页。

⑥ 我们不知道诚信审判在多早的时候就得到承认，但在 D. 19.1.38.1 中，引用了塞斯图·艾流斯对一个关于买卖的裁断的意见，而这肯定涉及法律诉讼制度之外的某种东西。普劳图的证据没有说服力（Ferrini, *Opere* 3.49ff.）。

以指示承审员根据那些同样公认的但在法律之外的标准来决定当事人的义务是什么。在古典法上，这可能被划分到裁判官法中，但在早期，当裁判官的立法权相对不发达，系统性思维处于初期，这一界限①区分得还不是很明显。②此外，在古典法上，当支付请求（oportere）被认为是依据市民法时，则"按诚信"的句子也逐渐限制判决程式，并赋予承审员对评估责任范围的广泛裁量权。③

如果承认程式制度在《爱布兹法》之前就以某种形式存在，那么该项法律的目的何在呢？直到最近以前，能够守住阵地的是乌拉沙克的观点，④他坚持认为，直到那时，在市民法范围内没有程式诉讼，即裁判官只在所有法律诉讼都不能用时才给予诉权。这项法律所作的创新是允许给予程式诉讼，哪怕是对市民法的权利的主张。因此，在这类情况下，在旧程序和新程序之间有一种选择权。那些《尤利法》仅仅废除了这种选择权（除去已经提到

---

① Schulz, *History* 83.

② Magdelain, *Le consensulisme dans l'édit du préteur* (Paris, 1958) 109ff. (参考 Magdelain, *Actions Civiles*)，在接受上面概括的主要观点的同时，在一种告示，尤其是关于协议的告示中寻找诚信审判的起源，在这种告示中，裁判官说协议应当遵守（pacta conventa servabo）。这些合同后来逐渐为市民法所吸收，而这种告示的范围被限制在其古典的范围内，即限于那些仅因为存在法律上的抗辩而有效的协议。但是，这必须包括一定程度的遗忘的假定，而要相信这一点很难。更容易相信的是，在发布关于这类事项的告示的做法出现之前，就产生了诚信审判，因此，它们的起源没有文字记载。

③ 程式的另一个可能的根源是行省的做法，但是西塞罗时代的证据（例如 Cic.Verr. II.2.37—42）太晚以致无意义。Partsch, *Schriftformel*, 也引用公元前2世纪的铭文（最早的出自 Magnesia，可能是大约公元前190年；*FIRA* 3.501），其中表明元老院介入解决自由民之间的争端，并采用一种类似程式诉讼程序的方法，但更可能的是，元老院的程序出自罗马本身，而非行省的做法；Pugliese, *Proc.* 2.1.30ff.。

④ *Prozessgesetze* 1.104, 128ff., 153f.; 2.17ff., 362ff.。有人追随他，尤其是 Girard（*Manuel* 1057; *Mélanges* 1.67ff.），但吉拉尔走得更远，认为直到该法以前，在市民之间根本没有程式诉讼，而裁判官的巨大权力，尤其是否认诉权（denegation actionis）的权力直到那时才存在。他的这种观点的证据来自他看到裁判官活动在公元前大约127年以后突然倍增这样的情形。但是，几乎不能想象，程式诉讼的利益这么晚才延伸到不为法律诉讼承认的权利主张，而且同样难以相信的是，裁判官一下子就从一个机械性的人变成罗马法迅速变化的一个渊源（参见 Lenel, *SZ* 30（1909）329ff.，尤其是第333页）。并且，有关吉拉尔确定的日期的证据不能令人信服（Mitteis, *RPR* 52 n 30）。Kelly, *Irish Jurist* 1（1966）344f.，推测裁判官在这项法律通过之前无权推翻市民法的规定。

的那些例外)。通过这种方法,乌拉沙克可以说明下述明显事实,即在西塞罗时代,程式诉讼和法律诉讼确实并列存在,[1]同时也解释了奥鲁斯·杰流斯关于法律诉讼"沉睡"的说法,因为那些《尤利法》仅仅承认既存事实,即旧程序不能抵挡住新程序的竞争。但是,近年来,观点已经偏离了乌拉沙克而支持凯泽尔提出的一种不那么笼统的理论。[2]凯泽尔对乌拉沙克的主要批评意见是,他以现代的眼光,把《爱布兹法》看作是一项广泛性改革的法律,而我们所知道的关于公元前2世纪及其立法的形式和内容的所有情况可以使我们猜想某种有限的和狭窄的东西。此外,在这一时代,实体与程序不能分割开来,因而,乌拉沙克设想的那种改革在其效力上比现代体系中的相应改革更彻底得多。因此,凯泽尔自己提出该项法律的一个更有限的目的。从下述事实出发,即虽然我们听说在西塞罗时代有所有其他的法律诉讼,但没有人提到请求给付之法律诉讼,他认为,《爱布兹法》所做的是,只对请求给付之诉所适用的请求允许程式诉讼。换言之,仅仅在这个方面,乌拉沙克所假定的选择才是可以作出的,而由于程式诉讼明显更好,它把请求给付之法律诉讼淘汰出去。但是,如我们已经知道的,在共和国后期明显存在其他关于主张市民法上的权利的程式诉讼,因此,凯泽尔猜想,裁判官在请求给付之诉取得成功的激励下,可能最终允许其他程式诉讼作为法律诉讼的替代。但是,由于没有法律根据,这些可能仅是依权审判(iudicia imperio continentia),而不像请求给付诉讼那样是法定审判(iudicia legitima)。[3]其最重大的实际后果可能是,提起程式诉讼不妨碍随后根据法律诉讼以同一诉因提起诉讼,[4]因

---

[1] 关于法律诉讼,参见上文,第198页注释;并且 Cicero, *Rosc.Com.* 24,说"所有关于物的争议都有了程式"。

[2] *St. Albertario* 1.27ff.,重申了艾则勒(Eisele)和其他人以前提出的一种论点(第29页引文)。

[3] 关于这种区分及其后果,参见 Gai. 4.103ff.; Buckland 688;参考 Bonifacio, St. Arangio-Riuz 2.207ff.。

[4] 可能否认诉权的除外;参考紧接的下文。

此，与假定逐渐消失的请求给付之法律诉讼相对比，可以说明其他法律诉讼以及《尤利法》继续存在的理由。

凯泽尔的观点现在得到广泛接受，但仍有怀疑的余地。对其主要假定，即请求给付之法律诉讼在《爱布兹法》后就不存在了，依据的理由没有说明，而对其他法律诉讼提及的数量还没有多到使这一论点令人信服的程度。另外，为什么这项法律要废除法律诉讼中最新的且最不形式化的这个诉讼，其理由并不明显。[1] 并且，很难令人满意地说明奥鲁斯·杰流斯的律师朋友所使用的语言的宽泛度（即使他没有说他所提到的事物的消失是这项法律的直接后果）。对于这些及其他令人犹豫的理由，比尔克（Birks）[2] 还增加了一条。乌拉沙克和凯泽尔都假定，在两种程序模式相互竞争的情况下，好的必然淘汰坏的——因为客观上，从在当事人之间实现公平的角度看，程式诉讼比法律诉讼更好（在它们都是法定审判的条件下），如果可以自由选择，后者必然会逐渐消失。但是，英国法的历史和人性的考虑表明并非如此。诉讼当事人不关心通过最好的方法实现抽象的公平。他们想要赢官司，因而他们，或者是他们的律师，将抓住程序方法提供的任何策略上的有利条件。就罗马而言，这有时会导致法律诉讼的消失，如奥鲁斯·杰流斯所提到的 25 阿斯的情形那样；原告将倾向于选择侵辱估价之诉（actio aestimatoria iniuriarum），因为这种诉讼将给予他更多。但这并非总是如此。从客观的角度看，程式诉讼的一大好处是，通过抗辩等，它允许对争议的界定比以严格的法律诉讼形式可能的界定要精确和公平得多。因此，原告可能在依法律诉讼的程序中，而不是在依可供选择的程式诉讼的程序中找到某种有利条件，只要他能据此剥夺被告提出抗辩的能力。（确实，我们不能确定，

---

[1] Kaser, *St. Albertario* 1.43ff., 认为关于额外给付三分之一的誓约与复约（上文，第194页）在法律诉讼中是强制性的，而在程式诉讼中是可任意选择的。因此，它使不对败诉方罚款的诉讼成为可能，从而有利于处在信用紧张时期的较贫穷的人。但是，无论如何，由于这种选择权是原告的，而较穷的一方可能是被告，因而这似乎不是很有说服力。

[2] *Irish Jurist* 4（1969）356ff.

他能在何种程度上实际这样做；① 盖尤斯② 说，在法律诉讼中没有任何抗辩，这内在地是可能的，但是，裁判官可能能够以否认诉权〔denegatio actionis〕为威胁，迫使原告修改他的主张；但即使如此，原告的境况仍可能比在程式诉讼中的要好，因为对于后者，被告只需请求一项抗辩就可以保证得到它。）毫无疑问，更为经常的是，原告会发现，通过在程式诉讼体制下起诉，他能获得一种在法律诉讼中不能得到的好处，如由诉讼代理人（cognitor）起诉的能力，或者增加一项为原告利益的前书，③ 但是，只要法律诉讼可以带来好处，就不存在它逐渐消亡的问题。因此，比尔克回归到对乌拉沙克观点的一种修改。在《爱布兹法》通过以前，裁判官已经为市民法上的请求创立了程式诉讼，但这些当然是依权审判。诉讼当事人可以利用在程式诉讼与法律诉讼间进行选择带来的各种好处（最明显的是，在程式诉讼中败诉后可以提起法律诉讼），而这可能导致《爱布兹法》的通过以给予程式诉讼法定审判的地位。其结果可能是以牺牲法律诉讼为代价换取程式诉讼使用的增加，但原告们仍可能在法律诉讼中找到充分的利益以确保其继续存在——并最终推动了立法，以确保仅仅客观上更好的制度才应存续。这可能是那些《尤利法》介入的理由。

还有为什么这次改革应被包含在两项《尤利法》中的问题。实际上，我们确实听说了两项《关于审判的尤利法》，但是只有一项是关于私人审判的，另一项相反，涉及公共审判（即刑事审判）。由于后者看来没有理由应该谈到关于废除法律诉讼的任何内容，乌拉沙克④ 推测，总共有三项《尤利法》，一项涉及公共审判，两项涉及私人审判，在这两项中一项是关于罗马本身的，另

---

① 参见 Kaser, *ZPR* 53f.；de Zulueta, *Gaius* 231。
② Gai. 4.108.
③ Cic. *Rosc.Com.* 32；*de orat.*168。在我们所知道的使用程式的那些情况下，有一种特定的好处可以得到；Kaser, *St.Albertario* 2.52f.。
④ *Prozessgesetze* 1.191.

一项则是关于自治市和殖民地的。但是，没有任何迹象表明这种全面涉及在罗马之外的审判的法律，并且通常假定，① 法学家们形成了一种习惯，当他们谈到这两项关于公共审判和私人审判的法律时就好像它们只是一项法律，虽然这里事实上只涉及一项法律。昆克尔② 近来提出另一种解释。如我们将看到的，③ 他认为，对于杀人及其他违法行为，有一个依誓金法律诉讼的程序对违法者作出判决，并且，这种私人性质的死刑程序虽然在共和国晚期可能实际上被刑事法庭的更为正规的刑事管辖权的发展所取代，但可能奥古斯都才正式将它废除。而且，由于它与刑事诉讼的关系比与私人诉讼的关系更为密切，因而其废除可能规定在《关于公共审判的尤利法》（*lex Iulia de iudiciis publicis*）中。

## 226（七）除诉讼以外的裁判官救济。

谈共和国时期的程序法的历史，不得不多少提及那些在诉讼制度之外的，但对裁判官法的发展的贡献几乎和诉讼与程式一样大的裁判官救济。执法官在普通的引致诉讼的程序中的活动是其行使那部分被称为司法管辖权的职能的结果，但是对于我们现在要讨论的那些救济，情况是不同的。这里，我们必须涉及裁判官作为治权的拥有者所发布的命令。④ 不过，这些命令是为了行使审判职权的目的而发布的；裁判官在发布命令时采纳的规则，或者至少这些规则的某些指示，规定在告示中，并且如我们将看到的，裁判官一般避免使用直接的强制遵守的手段，以便关于它们的任何争端在大多数情况下都会诉诸必须以普通方式审理的诉讼。

---

① Girard, *Manuel* 1059；*SZ* 34（1913）341ff.；Pugliese, *Proc*. 2.1.65f.
② *Krim*. 120.
③ 下文，第311页。
④ 参见上文，第47页注释。

在这个标题下我们必须考虑的救济有四种：1. 裁判官要式口约；2. 授权占有；3. 恢复原状；4. 令状。①

## 1. 裁判官要式口约。

在有些情况下，裁判官②通过下述方式弥补他所认为的市民法上的不足，即命令一方以要式口约的形式向另一方作出保证，并给予受约方一种权利，或者至少是一种救济，而这种权利或者救济是他本来不能享有的。因此，如果甲的房屋处于危险状态，可能倒塌而损害乙的土地，则乙能坚持要求甲保证对于可能造成的任何损害支付赔偿（潜在损害保证，cautio damni infecti——即受到损害的威胁——"尚未实际造成的"）。③如果在没有得到这种保证的情况下，房屋倒塌并确实造成了损害，则乙可能对甲提不出什么主张，除非他能证明甲实施了某种故意或者疏忽行为，例

---

① 很明显，在共和国末期，这四种救济全都存在，但是在其他方面，它们的历史提出了许多疑难问题，这些问题的答案部分取决于对执法官在《爱布兹法》之前的权力的看法。有人认为，有些令状可能在那项法律之前就存在，因为，虽然在 Plautus' Stichus（公元前 200 年上演）696 和 750 中提及的"utrubi"非常可疑（参考 Watson, Property 86f.），但我们发现一套话语明显是根据大约公元前 2 世纪中期用于解决两个希腊城市之间的争端的占有使用令状的规定（上文，第 263 页注释）。从后面这个例子看来还可能的是，在那个时候，这个程序越出执法官事必躬亲的阶段之外（下文，第 232 页），因为将决定权提交给第三个城市的民众大会，就好比将私人事务提交给一个法官一样。从 D. 41.2.3.23 中明显可见，Q. 穆齐·谢沃拉（公元前 95 年执政官）知道授权占有，并且，由于在那里引述他对不同种类进行区分的论述，因而在他那个时代它们几乎不可能全部都是新的。据记载（Pliny, HN 36.2.2），早在公元前 123 年就已经要求一种潜在损害的要式口约（参考 Karlowa, 2.1241），并且，在 D. 46.8.18 中给出的相当古老的形式也指向一个较早的日期（Lenel, EP 552 n 1）。关于胁迫的恢复原状肯定存在于公元前 59 年（Cic. Flacc.49），而其他情形肯定更早了。允许因不在国内而恢复原状的令状（Ex quibus causis maiores XXV annis in integrum restituuntur）的标题说明，在当时，这是 25 岁以上的人能取得恢复原状的唯一理由，除了关于不满 25 岁未成年人的恢复原状外，这实际上可能是最早的例子，因为它很可能回溯到《普莱多里法》（下文，第 241 页）之后不久的某个时间。

② 市政官虽未被授予治权，但也利用其强制权要求对于在其管辖范围内的事项作成要式口约。这些要式口约在买卖法的历史上具有重要意义；参见下文，第 293 页及下页。

③ 盖尤斯说（4.31），法律诉讼程序原则上仍是可能的，由此明显可见，存在一种市民法上的责任。这个法律诉讼是什么，我们并不知道（参见 de Zulueta, Gaius 255；Pugliese, Proc. 1.108 n 185）。无论如何，在这里，裁判官法完全取代了市民法。

如依《阿奎利亚法》应负责的行为，而事实当然并不总是如此。另外，假设甲享有某地产所有权，而乙享有该地产的用益权（终身利益），确实，早在市民法上，乙就不得积极损害该财产，例如，砍掉所有树木；但是，在市民法上，他没有任何积极的作为义务使它处于良好的状态；此外，在市民法上，他（或者他的继承人）也没有在用益权终止时将该地产移交给所有人的积极义务，尽管他当然无权留在这块土地上。另一方面，裁判官将坚持要用益权人向所有人保证，他将履行积极义务，将如同一个小心谨慎的人应当做到的那样照看该财产，并在用益权终止时将它返还（cautio usufructuaria，用益权人保证[①]）。[②]

裁判官执行这些要式口约的方法并不总是相同。在用益权的情形中，裁判官可能仅仅拒给未能作出保证的用益权人向所有人请求地产的诉权。[③] 对于潜在损害，如果拒绝作成要式口约，裁判官就发布一项命令，授权其土地受到威胁的人占有那个危险的建筑物（授权占有），[④] 如果对这种占有提出反对致使造成损害，则有一个拟制诉讼，在该诉讼中，法官被告知判处假设作成了要式口约时可能支付的金额。[⑤] 在古典时期，直接的强制方法未出现过，尽管它们可能被采用。[⑥]

无论使用哪种方法，很明显，裁判官坚持要求作成要式口约，这实际上修改并扩充了罗马法，裁判官法的这部分规则，和它的其他规则一样，可以从告示中找到。一个附录规定了在每种情况

---

[①] "他应该以一个谨慎的人认为合适的方法利用物，并且当用益物不再属于他的时候，应该返还物的仍然存在的部分"；D. 7.9.1 pr.。

[②] 有时，只要一个允诺就够了，有时还必须有担保，例如在占用者不是所有人时的潜在损害情形；D. 39.2.7 pr.；13.1。

[③] D. 7.1.13 pr.。如果用益权人占有该物，则所有人可以索要它（所有权之诉），而如果用益权人以其用益权为抗辩理由，则所有人可以有一个答辩，提出没有作成要式口约；D.7.9.7 pr.。

[④] 下文，第228页。

[⑤] Lenel, *EP* 372f.

[⑥] Wenger, 第242页。在 J.1.24.3 中提到扣押，但这个片段可能不是古典时代的。

下应使用的形式,并且,可以发现关于它们的适用的各个告示分散在较早期的规定中。在某种特定情况下是否必须根据这些规则作成要式口约,是裁判官自己决定的问题,如果需要,就在听完辩论后;在这里,没有通过程式提交承审员的余地。①

## 2. 授权占有。

授权占有是指裁判官授权占有某个特定物(如潜在损害的情形),或者授权占有某个人的全部财产(如对于执行)。②有时它仅仅授予被授权的人与财产所有人共同占有,有时它给予完全的占有权利,有权排斥所有人,并最终通过时效取得成为所有人。这种授权的首要目的是对财产所有人施加压力,如对于诉讼中未能"适当地自我辩护"的人,③或者未能执行判决的人,但是,如我们已经看到的,它的次要目标可能是,在这种压力被证明无效时,使债权人能通过让人将财物出卖而获得清偿。它还可能用于没有人能被施加压力的情形,如当一个人死亡又没有继承人时其债权人取得对他的财产的占有并被允许进行财产拍卖。④或者,另一方面,它可能完全是一项临时措施,如怀孕妇女取得对尚未出生的子女的财产的占有,如果子女出生时是活体,则他将继承该财产,而如果子女出生时就死亡的,则该财产将属于别人。⑤虽然在不同情况下这些规则存在非常大的区别,但我们还是可以拿潜在损害作为例子。在拒绝作成裁判官所命令的要式口约的情况下,首先有一种对物的授权占有,授权申诉方占有那个危险的建筑物,但无权排斥所有人。如果这被证明没有用,就会发布第二项敕令,

---

① 关于不同种类的要式口约之间的技术性区别,参见 Buckland 437 和 728。
② 上文,第 217 页。在有些情况下,它可能是一笔遗产,既不是某个物,也不是某个人的全部财产。
③ 上文,第 216 页及下页。
④ Gai. 3.79.
⑤ D. 37.9;Lenel, *EP* 347。这仅适用于该子女是一个自家继承人的情形。

给予完全的占有权，① 而如果另一方仍顽固不化，这种完全的占有权在时效取得期限届满时会成熟为所有权。② 另外，这里和要式口约的情形一样，如果裁判官的命令得不到遵守，他通常不使用直接的强制力。对于潜在损害这种情形，如果对被授权占有人的占有提出反对，如我们已经看到的，③ 有一种拟制诉讼，在这种诉讼中，假定已经作出了所要求的要式口约。④ 在其他情形下则使用了其他的方法。因此，在授权占有是由于某个判决时，以及在相关的情形下，⑤ 任何人，只要阻止被授权人占有构成该财产之一部分的任何物，对之都可提起一种损害赔偿之诉。⑥ 在进行财产拍卖时，买方得到一项令状，从而能取得属于该财产的、没有自愿转让给他的所有财物。⑦ 一个诉讼当然包含提交承审员，如我们将看到的，一项令状也是如此，因此，如果对执法官的命令提出反对，则在对事项作出决定之前实际上通常有一个审判即裁判审。怎么强调授权占有的重要性都不会过分。作为最后一着，一种制度的运转依据它们，因为在这种制度下，只有在被告同时在场时才能进行审理，而判决的执行只能通过出卖被判决的债务人的全部财产。

### 3. 恢复原状。

在有些时候，裁判官对一般法律规则产生不公平的结果的可能性的解决方法是，通过使受害方回复到其原先的状态（in integrum），从而取消他认为是不公平的结果。因此，如果一个人因为在国外服兵役而不在国内，未能采取措施阻止他人占有其土地，致使他人能够实现时效取得，则裁判官将通过下令，宣布这种时效

---

① D. 39.2.7 pr.
② D. 39.2.5 pr.；12.
③ 上文，第 227 页。
④ 还有一种令状，禁止妨碍被授权占有人的占有；Lenel, *EP* 469。
⑤ 即那些被称为"物的保留"（rei servandae）诉因的情形；参见 Buckland 724。
⑥ Lenel, *EP* 424.
⑦ Gai. 4.145.

取得应被视为未发生，从而使他回复到原先的状态；或者，如果一个人因受威胁（metus）将其财产以要式买卖的形式出卖，则裁判官可以下令，宣布这种转让应被视为未发生过。同样，特别重要的是下述规则，即不满 25 岁的未成年人如果因无经验进行一项交易致使对自己不利，即使他不能证明另一方实际上利用了他的年轻，也可以获得恢复原状。① 当然，裁判官在给予这种救济时并非任意行事，并且，像他的其他救济一样，这种救济通过告示中的条款加以规定。但是，由于每次都是由裁判官决定是否给予恢复原状，在有些告示中，他确实给自己相当大的自由；尤其是，关于不满 25 岁的未成年人的告示的内容仅仅是："如果与不满 25 岁未成年人的交易被提出，则我将采取诸如每个特定情况将要求的那些措施。"②

裁判官的实际授予仅仅是一个必要的预备措施，其实现是通过其他程序。在大多数情况下，这些程序包括一种撤销审判（iudicium rescissorium），即恢复原状的受益人被允许提起一种诉讼，这种诉讼是在没有被裁判官取消其效力的那件事时他本可提起的。③ 这样，如果由于不在国内而使他人依时效取得土地，原所有人就提起一种带拟制的所有权之诉，假设这种时效取得没有发生过，因而其程式的内容大致如下："假如所说的土地没有被努梅里·内基迪时效取得，那么，如果该土地依市民法应是奥卢·阿杰里的财产，等等。"④

## 4. 令状。

照字义，令状是指一种禁令，但这个词逐渐被用来表示裁判官

---

① 参考下文，第 241 页及下页。

② "Quod cum minore quam viginti quinque annis natu gestum esse dicetur, uti quaeque res erit, animadvertam"; Lenel, *EP* 116.

③ 关于其他可能性，参见 Buckland 723.

④ 这种拟制的确切形式不清楚；参见 Lenel, *EP* 123. 关于另一个撤销审判的例子，参考 Gai. 3.84.

某种类型的所有命令,无论其形式是肯定的还是否定的。① 这些命令由裁判官发布,不是他自己主动发布的,而是根据某个人的申请,这个人或者认为自己受到侵害,或者认为某种公共利益处于危险中:② 它们采取一种已成陈规的形式,对于每种情形的形式都规定在告示中,③ 并且在有任何反对的时候,它们就引致在承审员或者仲裁人面前进行的审判。例如,假设甲以临时让与(precario)为条件让乙占有一个农场,即只要甲决定要回它,乙就必须予以返还,④ 而当甲真的要它时,乙却拒绝放弃它。甲诉诸裁判官,裁判官便对乙发布如下命令:"你依临时让与从甲处占有的东西,或者由于你自己故意干的坏事而不能再持有下去,以致你应返还给他。"⑤ 现在,这项命令被很小心地加以制定,以便把关于乙是否真的依临时让与从甲处占有那个农场的问题搁置起来暂不解决,因而它等于这样一项命令,即"如果你是依据临时让与占有……,你应返还"。当然,如果乙承认裁判官的命令确实对他适用,从而放弃那个农场,问题就解决了,但是,如果他不这样做,那么此时就必须决定,乙不返还农场时,他是否犯有不遵行裁判官命令的罪。只有当他确实依临时让与从甲处取得这种占有时,他才是有罪的,而这实际上是承审员必须决定的事情。在程序上,可以采取两种方法,一种无疑是较古老的方法,即口约程序,另一种是仲裁程式程序。

---

① Gai. 4.140 说,"命令"(decretum)是当命令做某事时的专用词,而"禁止"(interdictum)是当禁止做某事时的专用词。

② 某些令状是公共的,即可由任何人提起,无论他本人是否受到影响,例如"ne quid in loco publico vel itinere fiat"是为了制止未经许可在公地上建造的行为;参见 D. 43.8.2.2。

③ 在所规定的形式不完全适合时,可能给予一种扩用令状;参考扩用诉讼(actio utilis),上文,第 210 页注释。

④ 临时让与(precarium)由于当事人之间有意不建立合同关系,而不同于使用借贷(commodatum);它也没有由这种关系产生的对另一方的诉权。它可能起源于根据大土地所有者的意思将土地授予他们的"门客"。

⑤ "Quod precario ab illo habes aut dolo malo fecisti ut desineres habere, qua de re agitur, id illi restituas"; Lenel, *EP* 486.

(1) 口约程序 (per sponsionem)。当事人通过要式口约 (誓约) 的形式打一种赌。乙保证,如果他违反了令状,就向甲支付一定金额,①甲也保证,如果乙遵守了令状,就向乙支付相等金额。然后,甲与乙各自为这些金额向对方以普通方式提起诉讼;②在这两个诉讼中所要决定的问题当然是完全相同的,因而它们被呈交同一承审员审理。承审员为了决定是否存在不遵守,必须调查所有案件事实,尤其是必须查明所要求的土地是否是乙依临时让与从甲处占有的,因为如果是的话,乙就未遵守令状,而如果不是的话,虽然他没有理睬令状,但并没有不遵行它。③如果承审员认为乙未遵守令状,那么,他就必须在第一个诉讼中判处乙,而在第二个诉讼中开释甲;如果他认为乙遵守了令状,则他必须在第一个诉讼中开释乙,而在第二个诉讼中判处甲。这样,无论如何,败诉方都要支付一笔罚金,但是,如果乙败诉,仅仅关于要式口约的决定并未将甲的土地还给甲。因此,在这种情况下,有第三个诉讼,也被呈交给同一承审员(但无须进一步审判,因为争论的问题已经作出了决定),在这个诉讼中,承审员被指示判处乙支付土地的价值,除非他将该土地还给甲(附带审判,iudicium secutorium)。④在这里,如我们对于对物诉讼已经知道的那样,⑤也没有具体的返还;作为最后一着,承审员只能判处损害赔偿,

①　不知道在古典时期这一金额有多大。最初,它可能是原告以宣誓估计的对物件所拥有的利益的全部价值。在还没有附带审判(参见下文注释)时,这可能是原告可以获得全部清偿的唯一方法。随着附带审判的产生,这个理由不再有效,全部价值似乎只是裁判官不允许双方当事人超越的最高限额。参考 Lenel, *EP* 471;Buckland 739 n 6。

②　在古典时期,这些诉讼可能是特定贷款之诉;在法律诉讼制度下,可能采取请求给付之诉或者誓金法律诉讼。

③　参考 Bucklank 737。

④　Gai. 4.165, 167。这个程式的确切措词不为人所知,但至少,对于出示令状或者返还令状,它包含一个仲裁条款(参考上文,第 213 页及下页)。对于禁止令状,存在更大的疑难;参见 Lenel, *EP* 450f。附带审判很可能比口约程序要晚,因为它不可能在法律诉讼制度下存在。参考上文注释,以及 Lenel in *Festgabe für R.Sohm* (Munich/Leipzig, 1914) 207。

⑤　上文,第 214 页。

但被告被给予通过返还避免被判罚的机会。

（2）仲裁程式程序（per formulam arbitrariam）。在某些种类的令状中，被告可以通过在离开裁判官之前请求任命仲裁人，从而避免口约程序中包含的风险。于是，一种仲裁程式[①]立即发布，案件将据此进行审理；因而，其结果将与在其他程序下完全相同，只是被告在败诉时不必支付罚金，以及原告在判决对被告有利时同样不付罚金。

简而言之，关于这种非常重要且普通的裁判官救济的程序就是如此。令状适用于各种各样的目的。有些令状仅仅是程序中从属但不可缺的部分，[②] 有些令状的制定是为了保护公共权利；[③] 其他令状是裁判官对市民法非常重要的创新和扩充的工具，尤其是像获得占有令状那样，因为裁判官通过这个令状进行了继承法的大部分改革。[④] 如果我们不仅仅考虑罗马法，而且考虑整个法的历史，则裁判官据以保护占有的那些令状具有更重大的意义。这是在市民法之外的一个问题，但是如我们将看到的，[⑤] 裁判官规定一条规则，即现存的占有，无论合法的还是非法的，不应受到侵扰，除非通过在法院提出适当的请求。如果我占有你的土地，而你从我这里拿走它，则裁判官将通过令状的方式强迫你将它返还给我，完全不考虑你的所有权，而你只有通过适当的诉讼即所有权之诉，才能重新得到它，这个诉讼是对所有人在其物不处于其占有之下时开放的。事实上，这些令状是执法官采取的意义最深远的救济，告示需要有一个非常大的附录以包括所有这些令状；它们还是最清楚地表明执法官不仅是帮助当事人达成和解的中间人，而且还

---

① 在这里，这个程式完全不清楚（参见 Lenel, *EP* 449；Kaser, *ZPR* 329 n 42），但其效力是，被告要么必须使事情恢复正常，要么必须支付赔偿。
② 例如附带令状。Gai. 4.170。
③ 上文，第230页注释。
④ 下文，第253页。
⑤ 下文，第259页以下。

是能发号施令的长官的那种程序。[1] 确实，在历史上，这种命令导致审判，但很有可能，最初，裁判官在发布命令之前亲自调查案件事实，[2] 只是由于一个审判的执法官承担了过度的事务压力，这个制度才不得不停止。在这方面，应予注意的是，令状在某种程度上具有一种"治安"的特征；许多令状是关于公共道路和河流的；许多，例如那些调整占有的令状是临时性的——在争议的问题以合法方式得到解决之前必须维持和平；一个是保护承租人的，因为他的房东禁止他带着他的财物搬离，[3] 而其他的则调整邻居之间的争议。[4] 所有令状还具有程序相对迅速的特点；裁判官可以在凶日发布令状，而且这些令状可以在开庭时间以外进行审理。[5]

---

[1] 盖尤斯在开始讲述令状（4.139）时说："在某些情况下，裁判官或者行省总督直接运用其权力解决争议"（principaliter auctoritatem suam…interponit）。
[2] 在那时，令状自然不会是后来所使用的那种假设形式。
[3] 禁止搬离令状；Lenel, *EP* 490。
[4] 例如关于收获果实的令状；Lenel, *EP* 487。
[5] 参考 Wenger 75，246，254。

# 第十四章

## 从《十二表法》到共和国衰亡时的私法：家庭和继承法

### 一、婚姻

#### （一）订婚。[①]

在罗马，和其他地方一样，结婚之前通常都要订婚。在早期，这采取男方或其家父与女方的家父或者监护人之间相互承诺[②]（婚约，sponsiones）的形式。如果女方处于家父权力下，几乎可以肯定不需要征得她本人同意，[③]甚至可能也不需要征得处于权力之下的家子本人的同意。这个婚约最初似乎是可执行的，因为如果一方解除婚约，另一方就可对之提起损害赔偿之诉，但是，在古典时期，当对当事人自由的所有限制都被视为不适当时，它肯定不能执行，而且它明显在共和国衰亡之前很早就不再能执行了。[④]这一变

---

① Kupiszewski, *SZ* 77（1960）125ff.（关于早期法）和 84（1967）70ff.（关于古典法）；Watson, *Persons* 11ff.。
② D. 23.1.2.
③ 在古典法上则需要；D. 23.1.7.1, 11—13。相反的意见，参见 Solazzi, *Scritti* 3.1ff.（=*BIDR* 34（1925）1ff.）。
④ Gellius, 4.4, 在引用维拉提（Veratius）关于塞尔维·苏尔皮求斯（Servius Sulpicius）所作的一项声明的叙述时说，直到《尤利法》（公元前 90 年），当所有拉丁人都获得公民权之前，婚约在拉丁姆的法律中还是可执行的，这很清楚地表明在那时它们在罗马法上不再是可执行的，但是原先的罗马法几乎不会在一个如此重要的细节上与同源的拉

化可能体现在我们发现的在古典时期婚约被纯粹的口头协议所取代。①关于解除婚约，仅仅一个无固定形式的通知就够了。即便在古典时期，如果女子处于家父权力下，无须她同意，其家父就可以发这个通知，②并且可能对家子来说，也曾经同样如此。

## （二）结婚。

我们已经知道，在《十二表法》时期，结婚通常肯定伴随着夫权。③到共和国末期，虽然夫权仍然存在，但它是例外。因此，普通的已婚妇女不处在她丈夫的权力下，甚至不是他的（宗亲）家族的一个成员。如果她的家父仍在世，她仍处在他的支配权下；如果他死了，她就是一个自权人，就被指定一个监护人，就像她仍是单身时一样。她与她的子女在市民法上没有联系，因为子女处在她丈夫的家父权之下。

如我们已经看到的，缔结婚姻无须任何仪式，所需要的是双方的同意，如果他们处在权力下，就是双方家父的同意，④以及事实上开始同居生活。这通常是通过将新娘带到新郎家的仪式进行，在新郎家里，新娘被抬过门槛，并从新郎那里得到象征性的水与火的礼物。⑤但这在法律上并不必要；任何其他的实际像夫妻一样

---

丁姆的制度不同，尽管很容易理解的是，它应当更早时就形成了这项较为开明的原则。这种协议在古典时期不可执行并不意味着它毫无法律意义；订婚产生一种姻亲关系，它在某些方面与由结婚产生的姻亲关系类似。因此，未来的岳父不能被强迫作证反对其未来的女婿（D. 22.5.5），而依《琴其亚法》在非亲属之间无效的赠与在订了婚的人之间是允许的（FV 302）。关于整个问题，参见 Corbett, Marriage 16f.。

① D. 23.1.4.
② D. 23.1.10.
③ 上文，第 115 页。
④ 对于女自权人来说，不像买卖婚那样需要监护人准可，但是，从后来的立法看来，监护人和亲属对这件事有某种发言权；Corbett, Marriage 60ff.。Solazzi, 前引书，上文注释，试图证明甚至在古典时期，也不需要家女本人的同意，但很难理解，在一个视结婚为一个事实问题的体制下，怎么能够不需要（至少是某种形式的）同意呢，除非这个女子挣扎着被人弄进她丈夫的家。这个问题完全不同于订婚问题。参见 Watson, Persons 41ff.。
⑤ 明显象征着她分享了人类生活最必需的元素；参见 Festus, s.v. aqua et igni, Bruns 2.3。

开始生活就够了。因此，婚姻的缔结可以通过在新郎不在家时将新娘带到他家里，只要他通过信件或者口讯表示同意，① 或者夫妻俩可以一起住进新娘家里。② 当然，建立一个共同的家，不仅仅适合于结婚，而且也适合于姘合，③ 但是，如已经注意到的，④ 它通常很明显不同于打算结婚时的附随情形，⑤ 并且，当双方具有相同的社会地位时，更有可能被推定为是婚姻。⑥

235　　当然，结婚还有一些基本的有效要件：双方必须有通婚权，已达适婚年龄，精神健全，没有禁止结婚的亲等范围内的亲戚关系。关于这最后一点的有关规则逐渐变得越来越宽松，因此，公元前3世纪末时就已经有堂表兄弟姐妹之间的婚姻，而这种结合最初是被禁止的。⑦

像这样的婚姻（即无夫权婚姻）几乎不能被认为能够产生夫妻之间的法律关系。在婚姻可以由任一方随意解除的情况下，对丈夫施加义务，比如扶助妻子的义务是没有什么依据的，而这种义务事实上也不存在。但是，有一些互相无资格做的事。⑧ 例如，只要婚姻存续，任何一方都不能对他方提起刑事诉讼，也不能提起被告败诉时须承担不名誉的诉讼；最为重要的可能还在于，夫妻间的赠与无效。⑨

----

① D. 23.2.5.
② Levy, *Ehescheidung* 69。如果如 D. 23.2.5 中所说的，女子不可能像男子一样在不在时结婚，那是因为女子住进丈夫的家是平常事，而男方在女方不在时住进她的家却不能同样明确地证明开始了婚姻生活。
③ Nicholas, *Introduction* 83f.
④ 上文，第 114 页。
⑤ 结婚前要订婚，搞庆祝活动，尤其是拟订嫁资证书（instrumenta dotalia），即关于嫁资的文书，这些只有在有合法婚姻时才可能存在。
⑥ D. 23.2.24；39.5.31 pr.
⑦ Livy 20（在 *Hermes* 4 [1870] 372 上发表的片段），引自 Karlowa 2.175；参考 Tac. *Ann*.12.6。
⑧ Corbett, *Marriage* 125f.
⑨ 据说，这条规则的目的是，配偶不应因爱情而丧失其财产（D. 24.1.1），并且婚姻生活不应掺杂任何物质因素（D. 24.1.3 pr.）。D. 24.1.1 的文本说，这条规则是由习惯引进的。另一方面，它似乎在《琴其亚法》（公元前 204 年；上文，第 87 页）之后，因为那项法令规

## （三）离婚。

对于无夫权婚姻，双方都有离婚的完全自由。正如婚姻是以像夫妻那样事实上开始生活为开始一样，如果这种生活共同体由于配偶一方的行为被打破，婚姻也就结束了。当然，和仅仅住在一起不构成结婚一样，这也不表示仅仅分居就构成离婚；离婚必须是一方有将分居看作为结束这段婚姻的意思，并且至少在通常情况下，这种意思应向另一方讲清楚。[①] 丈夫可以打发他的妻子离开家，他可能采用传统的形式，[②] 妻子也可以离开家，同时宣布她认为婚姻结束。没有规定任何特定形式，但是，由于这些宣告通常只在双方之间的私人往来已经变得很痛苦时才作出，因而，通常是发出书面或者口信，所以片面离婚（repudium）或者"通知离婚"（nuntium mittere）成为离婚的常用表达。

对于较不常见的有夫权婚姻，夫权仍只能由丈夫通过再卖而解除，[③] 而他无疑是在他乐意进行再卖时才这样做；[④] 在古典法上，带夫权结婚的女子显然也能坚持要求自由；她和无夫权结婚的女子一样抛弃她丈夫，然后可以坚持要求再卖；[⑤] 但是不知道这成为规则有多久。

到共和国末期，离婚变得极其频繁，至少在首都的上层社会

---

定丈夫和妻子是"例外的人"（FV 302），而且，很难理解，仅仅靠习惯怎么能在这么晚时引进这样一条规则（参考下文，第 353 页）。有人认为，D.24.1.1 是被人添加的，这条规则是由奥古斯都的婚姻立法所规定的，但这很难说得通；Watson, Property 229f.。关于另一种说法，参见 Kaser, RPR 1.331；A. Söllner, Actio rei uxoriae（Cologne, 1969）127ff.。

① Levy, Ehescheidung 84。如果配偶一方失踪很长时间，以致没有能与他重建联系的合理的可能，则婚姻看来在事实上结束，因此，另一方可以再婚，而不必发出片面离婚的通知；参见 Levy, Ges.Schr. 2.47ff.（= Gedächtnisschr. E. Seckel, Berlin, 1927, 147ff.）。

② 上文，第 117 页。

③ 即在夫权产生于买卖婚或者时效婚时。关于共食婚的离婚，参见上文，第 117 页。

④ 关于妻子拒不出席再卖仪式时可能产生的困难，参见 Levy, Ehescheidung 41。

⑤ Gai.1.137a。这个文本有缺陷，但是参见 Levy, Ehescheidung 40 n 1。

是如此，因为我们实际上仅仅知道这些，而这是奥古斯都决心纠正的一种情况，可是没有多大成效。①

## （四）嫁资。

嫁资（dos）一直是女方给予丈夫的馈赠，是作为对丈夫承担的婚后生活费用的一种付出。只要带夫权的婚姻是通例，女自权人一结婚，其财产就必然转给她丈夫，就处于权力下的女儿而言，通常由家父通过给女婿一份嫁资来资助他的女儿；对于女儿本人，他当然不可能给予嫁资。除家父以外的与妻子有关系的人也可以同样方式资助她。对于无夫权婚姻，（如果女子是自权人）她完全可以拥有财产，并取得别人给她的财产，但是，通常仍在结婚时给丈夫一份嫁资。如果这是由她的父亲给的，就叫做父予嫁资（dos profecticia），如果是女子本人或者其他任何人给的，就叫做外来嫁资（dos adventicia）。② 无论是有夫权的婚姻，还是无夫权的婚姻，在婚姻结束时，丈夫或者其继承人最初似乎都没有返还嫁资的任何法定义务。在有夫权婚姻的情况下，如果丈夫先死亡，妻子在无遗嘱继承中与子女分享嫁资，也可以由遗嘱提供；如果妻子先于丈夫死亡，嫁资仍属丈夫所有，作为家庭财产的一部分，通常他会将之传给自己的子女。在无夫权婚姻时，情况更令人满意；如果丈夫先于妻子死亡，妻子可能由遗嘱提供资助，而且，给予她返还嫁资的请求权可能意味着剥夺其婚生子女全部的继承希望，因为在当时，女子不能立遗嘱，因而在她死后，其

---

① 关于卡尔维流斯·鲁迦（Sp. Carvilius Ruga）是历史上第一个与妻子离婚的人的传说，参见上文，第118页注释。

② 财产不必立即就转让；它可能是一个允诺。任何人都能以普通的要式口约合同约束自己给予嫁资，但某些人能通过一种正式的口头允诺（嫁资声言）作出保证，即使它不是（像要式口约中必须的那样）以一个问题开头，因此也不必与受约人见面。这条规则所适用的人包括女子本人、她的债务人经她许可行事，以及她的家父或者其他完全男系的男性尊亲属（Epit.Ulp. 6.2）；参见 Daube, Jurid. Rev. 51（1939）11ff.，以及下文第279页注释。

第十四章　从《十二表法》到共和国衰亡时的私法：家庭和继承法　　307

财产不会归于其子女（因为子女属于其父亲的宗亲家族），而会归于她自己的宗亲属。在离婚很少见的情况下（总是经丈夫提议），如我们已经看到的，[①] 习惯上，由丈夫来对妻子作出决定，如果过失较小，则返还她部分嫁资，如果她犯了严重不端行为，则拒绝返还嫁资，但这是一个习惯上的问题，而不是法律问题。[②] 当离婚变得日益频繁时，尤其是妻子无过错时的离婚或者经妻子提出的离婚，肯定有所不同。如果在这些情况下，丈夫决定不返还嫁资，则处于婚龄中的女子可能一无所有，从而很难再缔结新的婚姻。因此，我们在发达的法律中发现一种完全不同的情势。在许多情况下，给予嫁资的人实际上订有要式口约，规定在婚姻解除时必须返还嫁资，[③] 但即使没有这样做，在婚姻因为离婚或者丈夫先死亡而被解除时，妻子还具有一种特殊的诉权（妻物之诉，action rei uxoriae），[④] 以请求将她的全部或者部分嫁资返还给她自己；只有当婚姻因她的死亡而解除时，丈夫才能保留嫁资。[⑤] 几乎可以肯定，这个诉讼是善良与公正诉讼，因而在有些情况下，尤其是，例如由妻子引起离婚时，丈夫可因妻子的不端（伤风败俗）作出扣除，也可以为子女作扣除，对每个子女，可以扣除 1/6，但最多不得超过 3 个子女。

这种诉讼的起源不清楚，但最有可能性的观点似乎是，它来源于关于离婚时返还公平份额嫁资的协议，当日益频繁的离婚使之成为人们必须考虑到的意外情况时，在结婚时订立这种协议成

---

① 上文，第 118 页。
② Gell.10.23 中记载了伽图的演讲："当丈夫与妻子离婚之后，监察官是她的法官，他完全有权根据自己的观点作出判断；如果该妇女做出不端的或者是耻辱的行为，应该受到处罚，如果喝酒，如果与另外的一个男子做出丑事，应该受到处罚"。关于讨论，参见 Volterra, *Riv.it.sci.giur.* (1948) 114ff.。
③ 在这种情况下，据说嫁资是"被取回"（recepticia）；*Epit.Ulp.* 6.5。
④ Watson, *Persons* 67ff.；Söllner, 前引书（上文，第 235 页注释）。
⑤ 甚至在那时，他也不保有它，只要它是父予嫁资，而给予者仍在世；但他有权为每个子女保留嫁资的 1/5；*Epit.Ulp.* 6.4。

了习惯。后来，即使双方没有采取这种预防措施，也会给予诉权。这个协议不可能通过要式口约订立，因为在共和国后期以前，很可能还不能为一个不确定的金额，如"公平份额"来订立要式口约，①而根据我们唯一的权威，②这恰恰是这些协议确实规定的。③但是，有人认为，这个诉讼可能产生于裁判官执行一种为此目的订立的简约。④无论如何，丈夫返还嫁资的责任可以追溯到共和国末期之前的相当长的时期。据说，⑤公元前160年，艾米流斯·保鲁斯(L. Aemilius Paulus)的继承人不得不将嫁资返还给他的妻子，出卖了他的全部动产，也几乎不能凑够钱；而公元前121年，盖约·格拉古的遗孀的请求被Q.穆齐认为是正当的，其理由是，导致格拉古被杀的那场骚乱是由于他自己的过错造成的。⑥这两个案件都涉及在因死亡而解除婚姻时的请求权，而要求在离婚时返还嫁资的规则的产生可能更早了。⑦

## 二、家父权和奴役

共和国晚期温和的风尚没有对家父对其子女的法定的专制权力

---

① 下文，第280页。
② Boethius，下文注释。
③ 此外，在有夫权的婚姻时，要式口约对妻子来说可能没用。
④ Mitteis, *RPR* 53.
⑤ Polyb. 18.35；31.22；Plut. *Aem. Paul.* 4；Livy, *Epit.* 46.
⑥ D. 24.3.66 pr.；参考 Daube, *St. Biondi* 1.199ff.。
⑦ 关于妻物之诉的另一个观点是 Esmein (*RHD* [1893] 145ff.) 提出的，他认为，它作为对无正当理由离婚的丈夫提起的刑事诉讼而产生。对这种观点的主要反对意见似乎是，"曾经更公平"(quod melius aequius erit)，这些词肯定是妻物之诉程式的一部分 (Lenel, *EP* 304)，而贝提乌斯(ad *Cic. Top.* 65)也提到这些词作为妻物保证(cautio rei uxoriae)的一部分，如果这个诉讼与这个保证毫无关联，这会很奇怪。无论如何，这种诉讼的一些特征，尤其是在某些案件中可能保留的固定的片段，似乎是由于可能在奥古斯都时的特定立法；Lenel, *EP* 304 n 5。Kaser (*RPR* 1. 337) 认为，这个诉讼产生于扶助处于夫权下的女子的需要，因为她们一离婚后就身无分文了。

带来任何变化；公元前63年，弗尔维乌斯（A.Fulvius）仍可以被其父亲命令处死，因为他与卡提林的阴谋集团有牵连。① 对子女的要式买卖仍存在，它不仅作为实现自由和收养目的的工具，② 而且在损害赔偿③时作为一个实物，并且它可能还偶然地在父亲本人不能有效雇佣其子女时被用作使子女去工作的一种方法。④ 但是，奴隶的地位可能已经得到相当大的改善，因为盖尤斯记载说，奴隶可以坚持要求通过财产登记取得自由，即使是违背其主人的意愿，⑤ 并且，这条规则几乎不可能在帝国时期出现，因为在帝国时期很少进行财产登记。就所有权关系而言，原来的规则也保持不变，即所有的取得都归家父所有，尽管家子和奴隶一样拥有特有产变得很普遍。随着城市文明的日益发展，家子通常也不再与其家父一起务农，这些可能就更加必要了。在普劳图的戏剧中，它们看来已经是得到广泛承认的法律制度，因此，它们在那时肯定不是新的。在与可以根据奴隶的合同对其主人提起诉讼的相同情形下，也可以根据家子的合同对家父提起诉讼。⑥

## 三、监护

### （一）监护。

《十二表法》只规定了依遗嘱或者亲属权指定的监护人。在

---

① Sallust *Cat.* 39.5.
② 上文，第119页及下页。
③ 上文，第173页。在古典时期它仍存在；Gai. 1.141。
④ S. Cugia, *Profilo del tirocinio industriale* (Naples, 1921)，坚持认为，使用要式买卖是为了让家子做学徒学一门手艺；参见同一作者，*SZ* 47 (1927) 531。
⑤ 在他被进行损害赔偿时，以及以信托的方式再卖给家父的情形除外；Gai. 1.140。在1.141中，盖尤斯说，对于侮辱处于受役状态的人，侵辱之诉可以成立，但是，说不出这条规则可以追溯到何时。
⑥ 下文，第256页以下。

公元前 186 年以前的某个时间，通过了一项《阿梯里亚法》（*lex Atilia*），①该法规定，在无能力的自权人无监护人时，内事裁判官应与多数平民保民官合作选任一个监护人。很可能，裁判官以前就已经有选任权，而《阿梯里亚法》实际上通过将保民官引进这个事情来限制他的权力，②但是，即便如此，对执法官的或者"官选"监护的日益关注表明，把监护作为一种公共义务的观念如何逐步取代了早期认为它是为监护人的利益的观点。但在这方面，更加重要的是引进了监护之诉（actio tutelae），它是一种诚信诉讼，通过它，可以要求监护人说明他因管理被监护人的财产的过错（故意或者，至少在古典法后期，③过失）致使被监护人遭受的任何损失。这个诉讼至少在 Q. 穆齐·谢沃拉的时期就存在，④并且表现出相对早期法的一个重大进步，因为根据早期法，监护人只有在他实际侵吞被监护人财产时才负责任。⑤但是，这种诉讼只在对未成年的男女的监护时才可成立；在对成年女子的监护中，从未形成这种诉讼，因为在这里，监护人的地位完全不同了。他根本不管理这个女子的财产；她亲自管理财产，只在进行某些种类的交易时需要监护人的许可。⑥事实上，虽然对女子的终身监护还存在，但它仅仅是作为早期文明遗留下来的一个累赘的技术性事项。监护人，除作为父母或者庇主的法定监护人以外，⑦在必要时，可能被迫批准妇女想要进行的交易，并且发明了一种让妇女在不喜欢其监护人时能换一个新的监护人代替的方法。为此目的，

---

① Gai. 1.185. 其年代肯定早在公元前 186 年，因为提供情报揭露那年的巴卡那里阴谋的那个女子的监护人是由裁判官和保民官选定的；Livy 39.9. 盖尤斯（本注引）提到，在各行省，一项《尤利和提第法》授予总督们类似的任选权；如果这是一项法律，它可能在公元前 31 年通过，但有两项独立的法律的可能性更大；参见 Kaser, *RPR* 1.357 n 47.
② Mitteis, *RPR* 41 n 4. 直到族人监护被废弃后才经常有必要进行选任。
③ 关于共和国时期的过失责任，参见 Watson, *Persons* 141f.。
④ 它出现在 Cicero, *Off.*3.70 引自斯凯沃拉的诚信诉讼的清单上。
⑤ 即通过侵吞财产之诉；上文，第 172 页。
⑥ Gai. 1.190ff.
⑦ Gai. 1.192.

买卖婚（被称为"信托买卖婚"[①]以区别于结婚时缔结的买卖婚）被使用。妇女与某个男子缔结买卖婚——与谁结这个婚并不重要，从而处在他的夫权之下；然后这个男子将她以要式买卖形式卖给她希望其作为监护人的那个人，接着此人（在这时候该妇女处于他的权力之下）将她解放，从而使自己成为她的监护人，就如同一个人解放其女奴隶后成为这个女解放自由人的监护人一样。[②]确实，最初的买卖婚需要征得监护人的同意，但如我们已经看到的，这通常是可以强行要求的。丈夫在通过遗嘱为处在他夫权之下的妻子指定监护人时，也可以让她挑选一个监护人，甚至可能给予她随时挑选一个新的监护人的权利。[③]在这种情况下，很明显，这个负担根本不被当一回事。

## （二）保佐。

### 1. 精神病人和浪费人。

在这方面，除了《十二表法》承认的宗亲和家族权利外，也有一种执法官选任的发展，不过在有些方面很模糊。对于精神病人和浪费人，在无宗亲时，裁判官都有权进行选任，并且，虽然从来没有严格意义上的遗嘱指定的法定权利，但作为通例，执法官应确认家父在遗嘱中为无能力的人指定的保佐人。[④]此外，看来很清楚，对浪费人的禁止，原先限于继承的财产，并可能只限于无遗嘱继承的财产，[⑤]在后来的法律中，可能扩大到所有财产，不

---

[①]　即"为了一种信托的目的"，这个信托是买卖婚的买方对与其进行要式买卖的相对方所施加的关于解放该妇女的信托；Buckland 120。

[②]　但是，这种监护是信托监护，而庇主的监护是法定监护；Gai. 1.166a。为更换监护人目的而使用买卖婚在盖尤斯（1.115）之前未得到实际证实，但是西塞罗（Mur.27）在涉及无权力的监护人之后立即提到为摆脱祭祀的目的的买卖婚，这表明这在他那时已经为人所知的。

[③]　Gai.1.150ff.

[④]　在古典时期之前未被证实；D. 27.10.16 pr.。

[⑤]　上文，第122页。

管是怎么样取得的，但是在这个问题上，和许多其他问题一样，不可能给出哪怕是大概的时期。① 似乎在任何时候都没有一部法律授予执法官这种选任权，它似乎被认为是治权所固有的。

## 2. 未成年人。

关于监护概念的变化，更有意义的是一种全新的保佐的兴起，即对达到适婚年龄但不满 25 岁的年轻人（未成年人）的保佐。这种监护就是为被监护人的利益而设的一种制度，而且属于这一类型的保佐人只能由执法官选任。很明显，一项《普莱多里法》（*lex Plaetoria*）② 采取了偏离旧制度的第一步，这项法律可能是在公元前大约 200 年通过的。③ 该法规定，对任何人，只要他利用不满 25 岁的年轻人的缺乏经验（circumscriptio adulescentium），都可以提起一个诉讼。该诉讼可能是刑事的和民众的④（即它能够由公众中的任何一员提起），并且该法律明显具有使人们在与未成年人打交道更加小心的效果，因为我们发现，在普劳图的一个戏剧中，一个年轻人抱怨这个关于 25 岁的法律会使他倒霉，因为每个人都害怕借钱给他。⑤ 后来，不仅在他们被人利用的时候，而且，即使在另一方没有任何欺诈时，他们由于缺乏经验而进行不赚钱的交易——例如高价买了某物，裁判官都开始给予他们恢复原状，⑥ 这使得与未成年人的交易变得越发有风险。不过，与未成年人做生意的人由此承担的风险可能减至最少，只要在达成交易之前，未

---

① Valerius Maximus, 3.5.2 证实，公元前 92 年对一个依父亲的遗嘱获得财产的浪费人实行禁止；参见 Collinet 和 de Visscher, 各前引书，上文，第 122 页注释。

② 或者《莱多里法》；Schulz, *CRL* 191。

③ 在 Plautus' *Pseudolus*（公元前 192 年上演）303 中，还可能在他的 *Rudens*（大约同一时间上演）1376 中，明确提到它；参考 Watson, *Persons* 157f.。

④ 主要是根据 *Tab. Heracl.* 112（Bruns 1.108；*FIRA* 1.149），有时有人认为，有两种请求返还所损失的金额或者其倍数的诉讼，一种是刑事诉讼（公共审判），另一种是私人诉讼；但是参见 Duquesne, *Mél.Cornil* 1.217ff.；Schulz, *CRL* 192；Kunkel, *Krim*.53。

⑤ *Pseud.*，本页引。

⑥ 上文，第 229 页。

成年人取得了由裁判官任命的、考虑其交易是否有利的某个有经验的成年人的同意。可能，这个保佐人的同意不排斥《普莱多里法》之诉讼，它肯定也不排斥恢复原状的申请，① 但是它会使这两种诉讼不那么容易成功，因此，任何人如要与一个未成年人做重要的生意，一般都会坚持得到一个保佐人的同意。《普莱多里法》本身是否规定对保佐人的任命不清楚，② 但无论如何，这种做法变得很普遍。

## 四、继承③

### （一）遗嘱继承。

在这方面，主要特征是要式买卖遗嘱的发展和早期形式的最终消失，但还必须说一说所谓的"裁判官遗嘱"，也就是，一些可能不符合市民法上关于有效遗嘱的要件的文件，裁判官法出于某些目的承认其效力的文件。

### 1. 早期遗嘱形式的消失。

到西塞罗时，会前遗嘱和战前遗嘱很明显已经被废弃，但不能给出准确的年代。西塞罗明确说人们不再订立战前遗嘱，④ 并且，

---

① C. 2.24.2.
② 唯一与这项法律相关提到保佐人的文本是 H.A., Vita Marci 10.12："de curatoribus vero, cum ante non nisi ex lege Laetoria, vel propter lasciviam vel propter demeentiam darentur, ita statuit ut omnes adulti curators acciperent non redditis causis"。这可能是指，在马尔库斯（Marcus）之前，保佐人的选任只出于特殊的理由。Schulz（CRL 193）认为，直到那时，他们只在浪费或者精神病的情况下才被选任。由于未成年人是否被欺诈的问题是一个事实问题，因而保佐人的同意仅作为证据，故从逻辑上说，官方选任是不必要的；Buckland 170。
③ 现在参见 Watson, Succession。
④ Nat. deor. 2.9.

据记载，它们的最后一次出现是在公元前143年。① 关于会议遗嘱，我们没有任何证据。②

## 2. 要式买卖遗嘱（称铜式遗嘱）。③

我们从盖尤斯那里得到关于在古典时期这种遗嘱的订立方式的清楚描述，④ 由于这种制度的先前历史几乎完全是猜测，所以不妨从这个描述开始，然后再讨论关于其原来性质的各种理论。据盖尤斯说，遗嘱人先在蜡板上写下遗嘱，在那时，遗嘱必须包含对一个继承人的指定，⑤ 然后他召集进行一项要式买卖通常需要的人，即五个见证人和司秤人以及一个充当家产买受人（"家产的购买人"，familiae emptor）的人。之后，他进行将其遗产以要式买卖的形式卖给家产买受人的正式仪式，这个仪式完全就像任何其他要式买卖一样，只是受让人（家产买受人）不说通常说的那些话，⑥ 而采用更为复杂的程式："我宣称，你的家产和钱财奉你的命令托交给我保管（endo mandatela tua custodelaque mea），我用这块铜买下它们，以便你能根据公法（lex publica）订立遗嘱。"⑦

接下来的程序与普通的要式买卖完全不同。在普通的要式买卖中，转让人保持沉默，⑧ 而在这里，遗嘱人积极参加程序。他将准备好的蜡板拿在手里，并说："我按照这份写好并且封蜡的文书实行给付、进行遗赠并且宣告，我请你们这些市民们为我作

---

① Vell. Pat. 2.5。Cicero, *de Or.* 1.228，所涉及的内容对于确定年代几乎没什么帮助。
② 拉贝奥（引自 Gell. 15.27）是最早提到它的权威作者，而他说起它时使用的是过去时态，但我们可以相当确定，如果它在西塞罗时有的话，某些涉及的内容就会幸存下来。
③ 参考上文，第127页及下页，尤其是参见 de Zulueta, *Gaius* 87ff.。
④ Gai. 2.104.
⑤ 上文，第123页。
⑥ 上文，第144页。
⑦ "Familiam pecuniamque tuam endo mandatela（手稿中是 tuam）custodelaque mea esse aio, eaque（在手稿中没有 esse aio, eaque 这些词）quod tu iure testamentum facere possis secundum legem publicam hoc aere esto mihi empta"。盖尤斯说，有些人在 "hoc aere" 后加上 "aeneaque libra"。并参见下文，第244页注释。
⑧ 参考上文，第148页。

证。"① 盖尤斯说这段话被称为遗嘱附约，通过它，遗嘱人一般地确定蜡板上所作的具体指示。②

在古典时期，整个仪式仅仅是一个法律上必要的形式，而不是真实的转让。家产买受人是谁并不重要，因为他没有因这个交易获得任何权利，也没有因此而承担任何义务。③只有到遗嘱人死亡时才会产生效力，到那时，继承权利和义务的那个人就是遗嘱中指定的继承人，如果有遗赠，他还要对遗赠承担责任。此外，只要遗嘱人活着，就总是能够通过另立一个遗嘱而完全撤销所有程序。

很明显，情况并不总是如此。如要式买卖形式的选择和整个程序的性质所示，此交易最开始是一种转让，从而提供了关于遗嘱形式通常起源于活人之间的双边交易规则的一个例子。④ 盖尤斯本人清楚地辨认出较早的事态，即家产买受人"取代了继承人，为此，遗嘱人对他作出关于他想给每个人的东西的指示"。⑤ 盖尤斯进一步⑥说，要式买卖遗嘱起源于有死亡危险的人在不能等下一个机会以按正常的方式在民众会议面前立遗嘱而采用的一种方法。在这种紧急关头，"遗嘱人"将其财产转让给一个可能比他活得长的朋友，并要这个朋友进行他本人在能订立一个会前遗嘱时本来会进行的那些处分。于是，这个朋友（家产买受人）必须像一个英国法上的遗嘱执行人一样，根据"遗嘱人"的指示处分财产。毫无疑问，这些指示最初是口头上的，且未提及任何继承人，与

---

① "Haec ita ut in his tabulis cerisque scripta sunt, ita do, ital ego, ita testor（手稿中是 testator）, itaque vos, Quirities, testimonium mihi perhibetote"。

② 为了以后鉴定遗嘱的目的，通常由见证人、司秤人和家产买受人盖章，这可能是法律的要求，因为在西塞罗时代，关于根据遗嘱的遗产占有的告示提到印章的"数量不少于法律所要求的数量"（参考下文，第248页注释），但盖尤斯和优士丁尼（Inst. 2.10.2）都没有提到这个要求。

③ Gaius, 2.103, 说，"引进他是在形式上（dicis gratia）模仿早期法。"

④ 参见波洛克在其编辑的梅因《古代法》第六章中的注释。

⑤ 2.103；另参见105。

⑥ 2.102。

继承人最相近似的就是财产买受人本人。

这点是很清楚的,但是存在许多有异议和争论的问题,其中包括以下几个:

(1)家产买受人所说的程式中提到"公法"(lex publica)是何意思?如果如通常所猜测的那样,它指的是《十二表法》,[1]我们所知道的可能是唯一有关的条款是上文已经提到的一句话,[2]基本的话是盖尤斯所说的:[3]"遗赠自己的物是合法的"(uti legassit suae rei, ita ius esto)。其他说法[4]更详尽,并且对于可以继承的东西——家产、钱财、监护存在区别,但是主要的难点在于,理解这句话如何能证明称铜式遗嘱是我们所知道的那样,即一种必须包含指定继承人的行为。如果"legare"是指它的古典含义"遗赠"(make a legacy),也就是要遗嘱继承人给付一个赠与物,那么,这个句子只可能涉及会前遗嘱,并且,由于在那时遗赠的效力可能来源于民众会议的决议,因而很难看出有必要在《十二表法》中作出特别的规定。因此,一种吸引人的猜测是,这个词具有"指派一种义务"或者"委任"的更为广泛的含义。[5]因为,如果有人进一步作出并非罕见的假设,[6]即《十二表法》允许作为这种委托之标的只有特有产(pecunia),也就是家父有权自由让与所有权的那部分财产(而不是他无权让与的家产,[familia]),那么,这句话最初设想的是(因死亡而发生的、并且在委任的条件下)转让这种有限的财产。只是到后来,当家产与特有产之间的区分消失时,一种扩展解释才使这句话能够被用于来说明订立一份正式的遗嘱是正当的。

---

[1] Stein, *Regulae* 12f., 提出,这里的"lex"具有"宣告"的意义,它指的是附约(见紧接下面的正文),是在作为见证人的公众面前作出的。

[2] 上文,第126页注释。

[3] 2.224。

[4] 参见 *FIRA* 1.37f.。

[5] 参见 de Zulueta, *Gaius* 87ff.。

[6] Kaser, *RPR* 1.107f.; 参考上文,第139页注释。

无论这种猜测是否正确，如果我们真要说明从单纯的转让变成遗嘱的原因，就必须假定某种历史发展，因为在遗嘱的情况下，继承人的指定不仅仅是可能的，而且也是必不可少的，并且，家产买受人不再是"遗嘱人"意愿的积极执行者，而只是一个代号而已。①

（2）"托付给我并由我保管"（endo mandatela tua custodelaque mea）这个精心设计的短语的用意是什么？② 它可能被设想用来限制这种要式买卖的效力。如果人们适用后代法的严格的范畴，所有权必然发生转移，因而"立遗嘱人"在作出这种要式买卖后、死亡前的任何期间，都依赖于家产买受人的善意。③ 关于早期法如何理解这一问题，以及家产买受人与"立遗嘱人"之间的确切关系如何，我们不能说明，但我们所考虑的这些词语实质上肯定具有将这种转让的效力延缓至"立遗嘱人"死亡时的效力。④ 要不然，它们可能纯粹是赘词。

同样地，我们不知道"遗赠"的受益人是否有办法强制家产买受人执行指示，或者仅仅只是一个不可强制执行的信托。⑤ 虽然的确没有提到信托（fiducia），如同在一些其他情况下，利用要式买卖赋予除纯粹转让的目的外的其他目的法律效力那样，⑥ 但是，

---

① 但是，证明他原先的地位的法律技术甚至在古典法上还有。因此，处于他的权力下的人、支配他的人以及和他处于同一权力下的人都不能是见证人；Gai. 2.105—108。另一个表现可能在 D.48.18.1.6 中；Mitteis, *RPR* 287。

② Weiss, *SZ* 42（1921）102ff.。David and Nelson, 315ff.，认为省略了 tua [ m ]（参见上文，第 242 页注释），因为 que 表明这两个名词之间的紧密联系；因而，依重言法，其含义可能是"为履行委托的目的而由我照管"。

③ Maine, *Ancient Law* 217："我们还是必须相信，如果立遗嘱人的确康复了，他只能在其继承人的容忍下继续管理其家庭。"

④ Kaser, *AJ* 151，从分割的所有权的角度来理解它。

⑤ Weiss, *SZ* 42（1921）102ff.（尤其是第 112 页）认为，家产买受人的保管仅仅表示他必须使这些财物可以由受遗赠人处理。他认为，遗赠最初全都是直接遗赠（参考下文，第 246 页及下页），因此，受遗赠人一旦当遗赠物在立遗嘱人死亡时变成他们的时候，就能索取这些财物。这种理论的长处在于说明了受遗赠人如何行使其权利，而如果我们不考虑一种纯粹不可执行的信托理论，这个问题是很困难的。

⑥ 如在与朋友的信托和与债权人的信托中那样；Gai. 2.59f.；下文，第 286 页。

这些精心设计的词语表明某种执行方法。

（3）家产买受人（在他变得完全不重要之前）是继承人意义上的概括继承人吗？很可能的是，如果立遗嘱人的指示未包含其全部财产，则家产买受人能保有所余留的财产的受益所有权，而这个事实可能说明盖尤斯将他说成"继承人的地位"（heredis loco）的理由，因为继承人也保有在他分配遗赠物后剩余的财产，但是，要式买卖在早期可以被认为能够转让抽象的"继承权"的说法似乎不可能，原因很简单，就是这个抽象的概念根本不是早期的。关于家产买受人是否对死者的债务负责的关键问题，我们没有任何明显证据。① 我们也不知道对家祭是如何处理的。

（4）关于家产买受人的地位何时发生变化的，我们不能说明。勒内尔说它发生得较晚，大约是公元前2世纪初，② 但毫无疑问，到西塞罗时代，当旧的形式消失时，这种进化就完成了。也是到那时，立遗嘱人的指示通常已经写下来了，并一直保密，直到他死亡，但似乎可以肯定，也存在口头遗嘱的可能性，其仪式完全一样，只是由立遗嘱人口头作出处分，因此见证人必定知道这些处分。③

3. 对设立继承人的限制。

立遗嘱人，无论他有无自家继承人，有权随心所欲地选定一个或几个继承人，④ 但是，如果他有想排除的自家继承人，他不能仅仅是简单地不提到他们。对于家子来说，他必须插入一个条款，明确剥夺他的继承权（点名剥夺，nominatium），否则，遗嘱将

---

① 当然，如果家产买受人不对债务负责，则很难准确地说明到底发生了什么事。可能的是，这些规则并不像所希望的那样明确，而且，需要某个人对那些债务负责，恰恰是使代法学家坚持认为继承人的指定不仅是可能的还是必须的原因之一。但是，很可能，在早期法中，债务无论如何是不可转移的（Kaser, *RIDA*, 1952, 507ff.）。

② *Essays in Legal History*, ed. Vinogradoff 141（=*Labeo* 12［1966］374）。

③ 据 Suetonius（*Vita Horatii, sub fin.*）说，霍拉斯（Horace）立下口头遗嘱支持奥古斯都，因为他病得太严重以致不能遵守通常的形式；参见 Girard 860 n 1。当然，在这种情况下的口头遗嘱的形式可能与盖尤斯所描述的形式有细微差别。

④ 只要所选定的人具有遗嘱继承能力。

完全无效。① 如果他有其他自家继承人（孙子女或者女儿），他至少必须插入一个条款，说明所有未被设立的继承人都被剥夺继承权；否则，被遗漏的人将能够参加进来，与其他被设立的继承人分配遗产。② 这些规则的理由无疑是，自家继承人被认为对其父亲的财产有一种潜在的所有权，甚至在其有生之年也如此，因而在父亲死后，如果他们是继承人，他们无须任何明示接受就可以继承。家父的权力大得足以排除他们，但这种权力的行使必须是明示的，而不能是隐含地。③ 因而，剥夺继承权的规则是对形式的限制；立遗嘱人能够做他想做的，只要他采取适当的步骤。关于继承人的设立，在共和国时期引入的唯一实质限制是《沃科尼法》（lex Voconia）（公元前 169 年）规定的，该法禁止在财产登记中位列最高等级（即最富有的）人设立女子为继承人。④

4. 遗赠。

在《学说汇纂》中⑤ 遗赠被定义为遗产的减少（delibatio），是减少一个或几个继承人本可取得的数额的一种处分。这种"减少"可能采取两种形式——直接遗赠或间接遗赠。⑥

直接遗赠是指立遗嘱人采用"do lego"（"我给，我赠与"）或者类似表述形式的遗赠，其结果是，一旦遗嘱由于继承人的进入而生效，遗赠物的所有权就转移给受遗赠人，后者便可以提起所有权之诉，以便从继承人或任何恰好占有该物的其他人手中取

---

① Gai. 2.123.
② Gai. 2.124。正文中所给的规则是由盖尤斯表述的。对于西塞罗幼时的细节（参见 de Or. 1.175），仍有些怀疑，但是尽管有些争论，似乎很显然，这个一般规则是古老的；Girard 905 n 1；Kaser, RPR 1.703.
③ 参考上文，第 124 页。
④ Gai. 2.274。这部法令的范围最初可能更加广泛；Buckland 290 n 10.
⑤ 30.116 pr.
⑥ 古典法上有两种较次要的形式，即先取遗赠和容受遗赠，参见 Gai. 2.192，但前者是直接遗赠的一种变形，后者是间接遗赠的一种变形，它们的古老性都受到质疑；Buckland 334 n 7.

得它。间接遗赠是根据"heres meus damnas esto dare"（让我的继承人有义务给付）[1]或者类似的话语作出的；它并未赋予受遗赠人以对物的权利，而是对继承人设定一项债务。遗赠物（如果它是立遗嘱人的财产），如同死者的其他财产一样，转移给继承人，但受遗赠人可以对继承人提起诉讼（对人之诉）以迫使其转让该物。甚至可以通过这种方法遗赠不属于立遗嘱人所有的财物，那么，继承人就有义务在他能够得到该物时得到该物并将之转让给受遗赠人，或者，如果他不能够得到该物，则向受遗赠人支付其价值。这种形式对于给予金钱的遗赠特别有用。金钱的直接遗赠只有在立遗嘱人死亡时确实拥有必要金额的钱币时才有效，[2]因为只有这样，他才能转移这些钱币的所有权，但是，无论一个人所拥有的现金是多么少，他都可以对其继承人设定支付一笔钱的义务，而他的继承人可以自己认为合适的方式筹集这笔钱。在这两种主要的遗赠类型中，直接遗赠可能更古老，因为在这种遗赠中采用的"do lego"这些词语恰恰是立遗嘱人在其口头遗嘱（nuncupatio）中使用的词语。[3]

## 5. 对遗赠的限制。

甚至在继承人的设立成为要式买卖遗嘱的一个明确条件后，似乎有一种趋势，只是在形式上通过指定一名继承人来遵守这条规则的要求，而通过遗赠出大量的财产以致很少或者没有什么留给继承人的方式来忽视其实质。这种实践的一个结果是，继承人经常发现不值得接受遗产，并拒绝进入继承，从而导致整个遗嘱

---

[1] 关于"damnas"一词，参见上文，第165页，和Liebs, *SZ* 85（1963）242ff.，及相关引述。

[2] 不可替代物的遗赠不能采取直接遗赠的形式，除非立遗嘱人不仅在立遗嘱时而且在死亡时都对它们有市民法上的所有权。对于可替代物，只要在死亡时有市民法上的所有权就够了；Gai. 2.196。

[3] 参考上文，第243页。关于整个问题，参见 Wlassak, *SZ* 31（1910）196ff.；Kaser, *AJ* 150ff.；*SZ* 67（1950）320ff.；*RPR* 1.110 n 8。

无效，因此不得不通过一系列法令来进行补救。①其中最早的一部法令是《富里法》（关于遗嘱的），其年代不详，②它禁止遗赠财产价值超过 1000 阿斯，但立遗嘱人对某些与之有近亲属关系的人的遗赠除外。它没有产生预期的效果，因为通过给予足够多的遗赠，其中没有一个超过 1000 阿斯，绝大部分的财产也可能被耗尽，而没有什么留给继承人的了。《沃科尼法》关于禁止任何遗赠超过留给继承人的数额的规定，③同样成效不大，因为，如果有足够多的遗赠，尽管单个人没有超过继承人的份额，但继承人的份额还是可能太少以至于不值得他接受。这个问题直到《法尔其第法》（lex Falcidia）（公元前 40 年）的通过才最终解决，因为该法规定，如果遗赠的数额超过遗产的四分之三，则继承人可以按比例地将它们都减少，从而为自己保留四分之一的份额。④

## 6. "裁判官法上的遗嘱"。

裁判官不能制造一个继承人，但他可以赋予遗产占有，这表示他能赋予他所选中的人运用某些救济的权利，从而使他们能够占有死者的财物。关于他们是否能保有他们所得到的东西，这是另一个问题，必须根据不同的情形和时期作出不同的回答，但至少他们首先可以取得占有。⑤关于裁判官对他将赋予遗产占有的人的选择规则，规定于告示中，并同时适用于遗嘱继承和无遗嘱继承。

---

① Gai. 2.224ff.

② 它可能比《琴其亚法》（公元前 204 年）晚，但肯定比《沃科尼法》早；Girard 975 n 7; Mitteis, *RPR* 52 n 30。关于这部法律的运作，参考上文，第 88 页。

③ 这一规定与《沃科尼法》的其他规定（上文，第 246 页）的共同结果是，位列财产登记的第一等级的任何人都不能留给一个女人一半以上的财产。有些学者认为，对女儿有一个例外，但是证据并不令人信服。有关文献资料，参见 Girard 870；Kübler 196。

④ Wesel, *SZ* 81（1964）309ff., 怀疑盖尤斯关于立法不适格的叙述（这肯定是几乎令人难以相信的），并推测，只有《法尔其第法》涉及为继承人保证足够的一份。《富里法》可能只是针对过度遗赠，正如《琴其亚法》针对过度赠与一样；而《沃科尼法》的目的，在这项规定和其他规定（上文，第 246 页）中一样，可能是防止财富集中到妇女手中。

⑤ 参考下文，第 253 页及下页。

不过，目前我们只关心遗嘱继承。就遗嘱继承而言，裁判官将其行动建立在如下观点的基础上：整个要式买卖和口头遗嘱的形式全是无用的仪式。重要的是，立遗嘱人的处分应当被写下来，并且包含它们的文件通过可以证明其真实性的人的印章，应是可辨认的。因而，裁判官承诺，任何人，只要他在盖有法定数量的印章，也就是七个印章的遗嘱中被指定为继承人，则将给予其根据遗嘱的遗产占有，[1] 因为，就裁判官而言，除了市民法对要式买卖所要求的五个见证人以外，家产买受人和司秤正是两个见证人。由于不论是否经历了市民法上的仪式，都会给予这种遗产占有，因此，如果经历了那些仪式，则在遗嘱中被指定的人既是市民法上的继承人，又享有遗产占有的权利；如果没有经历那些仪式，则他只享有遗产占有的权利，而那份文件可以被称为"裁判官法上的遗嘱"。[2]

至于根据遗嘱的遗产占有最初是在何时授予的，我们不知道，但是，在西塞罗时代它已经存在了。[3]

## 7. 裁判官法关于剥夺继承权的规则。

正如市民法上的遗嘱对自家继承人的继承权的剥夺受到某些限制一样，[4] 裁判官法上的遗嘱也受到关于裁判官法上对剥夺与自家继承人相对应的等级——卑亲属（liberi）的类似限制。[5] 在盖尤斯时代，对所有男性卑亲属，如果他们不应继承，则须点名剥夺其继承权；只有女性卑亲属才能概括地（inter ceteros）被排除。

---

[1] 最终形式的告示似乎规定，必须有"不少于七个印章"。但是，我们知道，在西塞罗的时代（*Verr.* II.1.117）的说法是"不少于法律要求的"（参考上文，第 243 页注释），但那是指五个还是七个，我们不清楚；Lenel, *EP* 349；Kaser, *Fschr.Schulz* 2.26f.；Watson, *Succession* 13ff.。

[2] 这个短语不是罗马人使用的，并且在有些方面，这种文件并不取得遗嘱的效力；Buckland 285f.；Voci, *St.Grosso* 1.99ff.。

[3] 上文注释。

[4] 上文，第 246 页。

[5] 下文，第 250 页。

如果违反这些规则，被忽略的人可以请求"违反遗嘱的遗产占有"，也就是指违反遗嘱中的处分。这些规定，或者至少是违反遗嘱的遗产占有，远可以追溯到拉贝奥时，[①]但不可能更久远了，因为卑亲属的等级在西塞罗时代还未被规定。[②]

## （二）无遗嘱继承。

### 1. 市民法。

由《十二表法》所规定的市民法上关于继承的规则，在整个共和国时期保持不变，但有一点[③]除外，就是对女性的宗亲的权利的限制。根据共和国后期的法律，只有姐妹，而不是更远的女宗亲，才能无遗嘱继承，而最初并无这种限制。[④]这一改变很明显不是由于立法，而是由于法学家的解释。在后来的一个文本中，[⑤]它被说成是"根据《沃科尼法》的原则"作出的。这可能是指，它发生在这部法令通过之后，但它可能只是表示，它的产生是由于与产生《沃科尼法》相同的趋势，这个趋势就是通过限制在罗马日益普遍的妇女分享巨大财富的机会，从而限制妇女的权力和奢侈。[⑥]

### 2. 裁判官法。

更为重要的，而且注定具有更加深远的影响的，是由裁判官告示带来的改革，因为正是裁判官首先承认血亲系统的，而不是

---

[①] D. 37.4.8.11；Girard 910 n 4.
[②] 下文，第 250 页注释。
[③] 还可能有从族人的集体继承到单个继承的变化；上文，第 125 页。
[④] 上文，第 125 页。
[⑤] PS 4.8.20(22).
[⑥] 基于男女的完全平等不符合早期制度，现代有些学者认为这个限制可能更古老，但是，所提出的证据不足以推翻罗马的这种一贯传统；Kübler, SZ 41 (1920) 15ff.。反对库布勒的观点：S. Brassloff, Studien zur röm. Rechtsgesch. 1 (Vienna/Leipzig, 1925), 对其评论参见 SZ 47 (1927) 440ff.。

宗亲系统的权利主张，也就是不仅从男子，而且从女子传下来的且独立于支配权的血亲亲属的请求权。在这里，在指出到共和国末期这些改革的程度有多大之前，还是先简要提及众所周知的古典法上的制度比较好。

在古典时期，就一般的对生来自由人的继承情形而言，[①] 裁判官会依次对四类人给予无遗嘱继承的遗产占有：

（1）子女（liberi）。这是扩大了的自家继承人的类型，也就是说，它包括所有自家继承人，以及要不是最小人格减等就可以是自家继承人的那些人，[②] 尤其是脱离家父权的子女。

（2）法定继承人（legitimi），即所有享有市民法上的请求权的人，包括自家继承人和宗亲属，但不包括族人，因为到古典时期，族人的权利已经废弃。

（3）血亲（cognati），即直至第六亲等的有血缘关系的亲属，[③] 不区分父系和母系亲属，近亲等的亲属排斥远亲等的亲属，对于在市民法制度下的宗亲属，情形也是如此。

（4）配偶（vir et uxor）。如果没有上述人员，丈夫可以取得对其死去的妻子的遗产占有，或者，妻子可以取得对其死去的丈夫的遗产占有。这只是指无夫权婚姻，因为，在有夫权的情况下，妇女可能一无所有，而如果她的丈夫先于她死亡，她就会是他的自家继承人。

可以看出，这个制度在两个方面冲破宗亲属而有利于血亲，首先是在子女的类型中，因为在这里，它不考虑支配权的因素；其次是通过给予血亲本身以权利，但是这种偏离不应被夸大。子女的类型，和自家继承人一样，只在家父死亡时才存在；裁判官不给予子女对其母亲的继承权，除非作为血亲，而血亲只排在所

---

[①] 在死者已经脱离家父权的情形下适用特殊规则；Buckland 384。

[②] 除了给人收养的子女，只要他仍在其收养家庭中就不被包括在内，而如果被收养的子女已经脱离了家父权，则也不被包括在内。

[③] 第七亲等有一种情形，即父母的堂表兄弟姐妹的孙子女。

有宗亲属之后,因此,举例来说,最远的宗亲属将排斥母亲一方的兄弟或者堂表兄弟姐妹。

在共和国时期,裁判官法上的类型还没有采取其古典形式。在承诺给予根据遗嘱的遗产占有的话之后,紧接着的是承诺对那些拥有市民法请求权的人,[1] 即法定继承人给予遗产占有的话;子女的类型却明显没有得到承认,而法定继承人仍包括族人。[2] 血亲的权利也似乎不像在告示中明确承认的那样。很可能,那个告示只是说,如果没有遗嘱上的请求权,或者没有依据市民法无遗嘱继承规则的请求权,则裁判官可以向那个提出的权利主张看来最正当的人给予遗产占有。[3] 但是,有给予血亲遗产占有的例子,这些人当然很可能是裁判官最初打算用这样一个告示使其受益的人。[4]

## (三)遗产的取得和遗产占有的取得。

自家继承人在被继承人死亡时,立即取得一个继承人的权利和义务,但如果遗产被移交给一个家外人(extraneus),他只有在表明了接受继承人的身份后才成为继承人。[5] 在古典法上,这种表示可以采取两种方式。[6] 通常,它是通过"以继承人的方式行事"(pro herede gestio)的方式,也就是说,通过做某种行为,如出售财物,或者为奴隶提供食物等,这表明家外人视自己为继承人。[7] 但有时采用一种更加正式得多的方式,它被称为"限期决定继承"

---

[1] Cic. *Verr*. II.1.114.
[2] Cic. *Verr*. II.1.115.
[3] Cic. *Part. or*. 98.
[4] 参见 Cic. *Cluent*. 165;参考 Kübler 190 n 4.
[5] 参考上文,第 124 页。
[6] Gaius, 2.167 的文本还提到"略式承认"(nuda voluntas),即非正式的意思声明,是取得遗产的一种方式,但是,这是否正确地代表了古典法,有相当大的疑问;参见 de Zulueta, *Gaius* 103. 很可能,它代表行省的做法(Arangio-Ruiz, *Istit*. 555)。至少,拉贝奥明显看来不知道它;D. 29.2.62 pr.。
[7] *Epit.Ulp*. 22.26.

(cretio); 表现为说一段正式的套话, 其中主要的话是 "hereditatem adeo cernoque"（我参加并决定继承）。① 在古典时期，这种方式的接受只有在它被规定在遗嘱的一个特殊条款中时才是必须的，② 因此，它只发生于遗嘱继承的情形, 但是，许多学者认为，最初它具有更加广泛得多的适用范围，并且实际上是家外人可以立即取得遗产的唯一方法，不论他是依遗嘱取得它，还是依无遗嘱继承取得它。如果早期罗马法的高度形式化的制度允许像取得遗产这样重要的事项来非正式地进行，那就真的很奇怪了，而且，没有任何其他形式是我们有迹可循的。③ 还可能的是，限期决定继承最初包括的内容不止说那些话，如 "adeo" 一词所显示的，它使实际地占有死者的土地成为必要。④

与遗产不同，遗产占有决非简单地因所涉财产的所有人死亡而取得。它总是必须从裁判官那里请求取得，而裁判官制度的一个主要特征是，必须在一个有限的时间内提出请求。对于每个类型的人，都有一个期限（通常是 100 天，但对子女和尊亲属来说为 1 年），在此期间内，他们有权提出请求，之后，下顺位的人有权提出请求。因此，如果死者未立遗嘱而死亡，留下的仅有的亲属是一个宗亲的堂兄弟和一个舅舅，则那个堂兄弟有第一位请求权；如果他未能在 100 天内请求遗产占有，则那个舅舅可以作为血亲提出请求。确实，堂兄弟也是血亲（他是一个具有血缘关系的亲属），但照此资格，他将排在舅舅之后，因为舅舅是第三亲等亲属，而堂兄弟是第四亲等。那时，只有在舅舅未能提出请求时，堂兄弟才能提出。这种"依顺序和亲等的继承"（即从一

---

① Gai. 2.166。虽然毫无疑问通常有见证人，但他们可能不是必须的；Buckland 313；*TR* 3（1922）241。

② 该条款总是包含一个时限，其目的在于，确保继承人在合理时间内作出是否接受的决定。没有任何市民法上的或者其他方面的限制；Buckland 313。

③ Girard 923f.；Karlowa 2. 896；Buckland, *TR* 3（1922）249。不同的意见，参见 Lenel, *Essays in Legal History*, ed. Vinogradoff 124（= *Labeo* 12［1936］361）。

④ Sohm 567 n 7。

类人到另一类人，在同一类型中在没有较近的亲属时由较远的亲属继承）制度，完全是裁判官法上的，并且是裁判官最重要的革新。在市民法上，例如，如果有一个自家继承人，他不想要遗产，则没有权利被转移给宗亲属；如果有一个宗亲属，而他未能接受继承，则没有权利被转移给族人。同样地，如果有一个较近的宗亲，而他未能接受继承，则远的宗亲也没有任何权利。裁判官的目的是要使继承人成倍地增加，如盖尤斯所说的那样，不让任何人死后没有继承人。[1]

## （四）继承人的救济和遗产占有人的救济。

市民法上的继承人，无论他对遗产享有什么样的权利，都可继承死者的权利和义务，只要这些权利和义务是可转移的。[2]因此，在成为死者曾拥有的财产的所有人之后，如果这些财产不在他占有下，他可以提起所有权之诉以索取这些财产；如果死者是债权人，他便也成为债权人，可以利用和死者本可以采用的相同的诉权（无论在具体情况下它可能是什么）以索回债务。但是，此外，他还以其继承人的资格享有一种诉权——要求继承之诉（hereditatis petitio）——这适合于他在提出了关于是他还是被告有继承权的问题时提起。因此，如果他发现他认为属于死者所有的一匹马为第三方丙所占有，而当他叫丙交出时，丙拒绝了，理由是，这匹马从来不属于死者，或者他在死者生前从死者那里买了这匹马，那么解决这件事的适当的诉讼是通常的所有权之诉；但是，如果丙的回答是，"我同意这匹马在死者死亡时是属于死者的，但事实上，我是他的继承人，而你不是"，则适当的诉讼形式是要求继承之诉。[3]

---

[1] Gai. 3.33.
[2] 参考上文，第123页。
[3] 如果原告坚持要提起所有权之诉，则他会败诉，最初是基于诉求前书，后来是基于预备诉讼抗辩；参见 Gai. 4.133.

因此，如果某第三方在被要求偿还一笔他欠死者的债务时拒绝偿还，并且理由是，他本人就是继承人，因而这笔债务已经被勾销了，那么适当的诉讼还是要求继承之诉。

遗产占有人本身既没有特定的诉权，也没有要求继承之诉；裁判官的授权仅表示，他可以利用裁判官法上的某些救济，其中最早的，可能也是在共和国时期唯一存在的救济是获得占有（quodrum bonorum）令状。① 如果死者的任何财物处在他人的支配下，而此人自认为是作为继承人或作为占有人，即自认为（无论正当与否）是继承人而占有财务，或者知道自己没有权利，但未提出任何与继承无关的占有理由，则这个令状使遗产占有人能够取得对这些财物的占有。② 因此，遗产占有人甚至可以从继承人本人那里取得占有，如果有一个继承人的话。确实，在古典法上，继承人有时，最初时总是，③ 通过要求继承之诉从遗产占有人处收回占有，但是这并不表明获得占有令状毫无用处。首先，它使遗产占有人能够在所提起的任何诉讼中成为被告——他可以取得财产，并迫使声称自己是继承人的人证明自己有理由；其次，如果他保持占有的时间足够长，则他会依取得时效成为财产的所有人，到那时，继承人提出任何请求都晚了；第三，可能根本就没有继承人，这时，他的占有就是不可异议的，并必然依取得时效成熟为所有权。此外，必须记住的是，享有遗产占有权的人在大多数情况下就是继承人本人；如果这时他利用裁判官的授权，则他就有一个好处，即能够运用裁判官法救济（获得占有），而这比要求继承之诉更加方便。④

① 参考上文，第 232 页。西塞罗已经知道它；参见 ad fam. 7.21；Top. 18。关于该令状的措辞，参见 D. 43.2.1 pr.。
② Gai. 4.144.
③ 下文，第 254 页。
④ 在古典法上（并且可能是自拉贝奥时期以后，D. 37.1.3.1；参考 Sen. benef. 6.5.3），遗产占有人通过拟制他是继承人的诉讼，可以起诉死者的债务人，也可以被死者的债权人起诉（Gai. 4.34）。在创设这些诉讼之前，他显然只能根据获得占有令状取得有体物（res corporales）。根据较早的理论（Gai. 2.54），如果他依时效取得它们，他就被认为是时效取得遗产，因此推测他要承担与其通过时效取得的份额相当的债务。

## （五）遗产占有的起源。

遗产占有的主要历史意义在于，它被用作为改革旧的继承法的媒介——补充或者纠正市民法（supplendi or corrigenda iuris civilis gratia），但在起源上，它不可能的是革命性的。如我们所看到的，甚至在西塞罗所处的时代，裁判官法的体制与市民法制度不同，但其差别是非常细微的，唯一的被承认的无遗嘱继承人的类型实际上是法定继承人——那些在市民法上有权利的人。直到后来，裁判官明确打破市民法的子女这一类型才得到承认，而且，虽然血亲可能被允许进行遗产占有，但他们似乎未在告示中明确提及。无论如何，如果遗产占有最终确实被给予某个不是市民法上的继承人的人，很明显，在这一时期，这个市民法上的继承人（如果有一个的话）总能在对该遗产占有人提起的要求继承之诉中胜诉，当然只要他是在遗产占有人尚未时效取得前提起诉讼。事实上，虽然在古典法上，裁判官有时会支持他自己指定的人而反对市民法上的继承人，[1]但在西塞罗的时代，如果遗产占有被授予继承人以外的某个人，它总是无效的（sine re），也就是无对抗继承人的效力。因此，在其起源上，遗产占有的给予几乎可以肯定是为那些已经是市民法继承人的人提供额外的裁判官法上的救济（adiuvandi iuris civilis gratia），但是，关于裁判官这样做的决定性的目的何在，仍是一个悬而未决的问题。

莱斯特（Leist）[2]坚持认为，遗产占有的主要思想可以在裁判官的"依顺序和亲等的继承"制度中找到。依市民法，如果最

---

[1] 这是通过给予遗产占有人一种诈欺抗辩对抗继承人的要求继承之诉而做到的。参见，例如 Gai. 2.120，其中描述了根据遗嘱的遗产占有如何因为安东尼·皮乌斯的批复而成为"有原因的"（cum re），而与宗亲属形成对照。

[2] 载于 Glück's *Erläuterung der Pandekten, Serie der Bücher* 37—38.1. 又出版为 *Der römische Erbrechtsbesitz in seiner ursprünglichen Gestalt*, 1870。

近的宗亲不接受他可以接受的遗产,则没有权利给予更远的宗亲,或者,如果有宗亲属未能接受的,也没有权利给予族人;此外,在市民法上,如果有一个遗嘱指定的继承人,则只有在由于他死亡或者拒绝接受而确定他不会接受时,无遗嘱继承才开始,而且没有什么措施可以强迫他在一个合理时间内作出决定。因此,很容易发生的是,一笔遗产无主,没有人来保护它,这种状态必定很危险,而在罗马尤其如此,因为按罗马的规则,任何人,即使他不是出于善意,也能占有任何无主遗产,并在一年后时效取得它。① 因此,莱斯特推测,裁判官因而反过来给予所有享有市民法上的权利的人占有遗产的机会,即在莱斯特看来,这种遗产不仅包括有形财产,而且包括对继承人身份的占有权,以便他们能够提起所有必要的诉讼,并对债权人的起诉负责。这种程序有利于所有的当事人——包括继承人自己、其他可能的权利人、债权人以及祭司,因为这样祭司就能找到人对家祭负责。如果占有真被授予一个不是继承人的人,总会有一种可能性,即真正的继承人会通过及时提出请求而使它无效(sine re),并且与此同时,遗产得到了保护。②

对莱斯特理论的主要反对意见是,它涉及一种假设,即遗产占有的授予是"继承"本身的授予,而不仅是有形财产的授予。这意味着,遗产占有人(即使不是继承人)肯定能够和继承人一样地起诉和被诉,而莱斯特确实认为,拟制的诉讼始于遗产占有被首先授予一个非继承人时。③ 这是一个非常难于作出的假设,因为获得占有令状可能比那些拟制诉讼更早。西塞罗明显知道获得占有令状,④ 而第一个拟制诉讼开始的痕迹是在拉贝奥时期。⑤ 因

---

① 上文,第153页注释。
② 在莱斯特看来,这种对遗产的临时管理的思想是由裁判官从雅典法中借鉴来的。Sohm 566ff.,朝这个方向走得更远。
③ Glück, *Erläuterung der Pandekten*(同上)102。
④ *Top.* 18 ; *ad fam.* 7.21.
⑤ 上文,第253页注释。

第十四章　从《十二表法》到共和国衰亡时的私法：家庭和继承法　　331

此，最好遵循这样一些学者的意见，他们认为，遗产占有在起源上仅仅是在通过要求继承之诉解决继承问题之前占有死者财物的一种管理制度。① 如果两个人要根据旧的誓金法律诉讼制度通过要求继承之诉争论对某物的所有权，对该物的临时占有可能必须指定给他们中的某一个，正如普通的所有权之诉的情形一样，而裁判官很可能通过将它转给那个表面上看来是市民法上享有权利的人，从而解决这个问题。最开始，可能是在裁判官亲自调查后这样做；后来，如在其他情形下一样，令状的机制可以用于这种情形。毫无疑问地，通常，当事人会满意于这种程序，因而可能永远都不必尝试要求继承之诉。因此，根据这种理论，获得占有令状的起源可能与对现状占有令状（uti possidetis）所表现出的起源非常相似，② 因为裁判官希望给予那个表面上看来享有权利的人占有的利益；还被指出来的是，"如果继承人不明确"（si de hereditate ambigitur）这句话很可能指的是通过基于继承之诉的程序，因为对这些程序来说，首先需要对占有进行临时指定。

---

① Girard 844ff.；Bonfante, *Corso* 6.420；Buckland, *Manual* 235.
② 下文，第 262 页。

## 第十五章

## 从《十二表法》到共和国衰亡时的私法：
## 关于奴隶和解放的法律

以前的市民法承认奴隶的人的属性的方式只有两种：承认奴隶能够为他的主人取得权利，和允许奴隶因被解放而成为一个公民。[①]到共和国末期，裁判官法的规则仅仅朝两个方面改变了这种状况：（1）承认在某些情况下，奴隶不仅可以为其主人取得权利，而且可使他承担某种义务；（2）允许某些不属于市民法上的解放的形式，这虽然不导致市民权的赋予，但可以给予奴隶一种保护权以免受其主人行使其所有权。

（1）在这方面，裁判官进行革新，即授予基于奴隶达成的交易而对其主人具有的诉权。[②]这些诉讼被分为两类，一类是根据授权奴隶缔约的主人必须对该契约负责的思想，另一类是根据授权奴隶为自己管理特有产的主人必须准备好在奴隶管理不善时丧失该特有产的思想。前者包括依令行为之诉、船东之诉和经管人之诉，后者包括特有产和转化物之诉和分配之诉。

---

[①] 上文，第 135 页。

[②] 或者家子；接下来的内容对二者同样适用。这些诉讼通常被赋予"主人或家父责任之诉"的名称，这个名称虽然不是罗马人创造的，但很有用。因为该债务是奴隶或家子的（即使它是不能强制执行的——按后来的术语表示就是一种"自然的"债务；Buckland 552）；主人的责任是额外的或附属的。这在程式诉讼中明显可见；参见下文的例子，第 257 页及下页。

依令行为之诉（actio quod iussu）是指当一个奴隶经其主人授权与他人缔结合同时，他人能够基于该合同起诉主人，要求清偿所欠的全部金额。经管人之诉（actio institoria）涉及指定一个奴隶为某事业的经管人所隐含的一般授权；如果该奴隶与他人缔结与其被指定经营的事业有关的合同，则该他人能够通过这个诉讼起诉主人，要求清偿全部金额。在奴隶被指定为一条商船的负责人的情形下适用几乎完全相同的规则，但这时这个诉讼被称为船东之诉（actio exercitoria）。① 必须加以注意的是，这些诉讼大大增加了奴隶的用处，因为它们使主人能够利用奴隶为代理人，而这个概念在以前的法律中，当奴隶只能为其主人取得权利而不能使他们承担责任时是不可能的。特有产和转化物之诉（actio de peculio et in rem verso）也使主人能够基于他的奴隶的合同而被起诉，但是，这个诉讼具有两个区别于先前的那些诉讼的重要特征。不需要任何授权——实际上，即使主人禁止该交易，这个诉讼也成立；需要的是，奴隶必须拥有一笔特有产。② 但是，另一方面，主人的责任是有限的：他的责任只限于特有产的数额和他据以获利的交易的任何收益，例如在奴隶借了钱并将它用于偿还其主人的一个债权人的情况下。在估计特有产的金额时，主人可以扣除该奴隶欠他的所有债务，③ 但另一方面，也必须包括他自己欠奴隶的所有债务——"债务"在这里不是指可诉之债（因为在主人和他的奴隶之间不可能有诉讼），而是指从奴隶和其主人之间的交易产生的不可执行的债务，因为按习惯做法，特有产被看作为奴隶的财产。例如，他可以"卖"某物给他的主人，其结果是，甚至在主人向奴隶给付该物的价金之前，该价金也必须被计算为特

---

① 来自于"exercitor"，也就是取得商船利润的人，商船的所有人或租船人。"Institoria"源于"Institor"，指一个事业的经管人。这些诉讼在代理人是自家继承人时也适用；Gai. 4.71。

② 参见上文，第83页。

③ 或者，同样地，对家庭的任何其他成员的负债。

有产的一部分，因为他已经"拥有"它。在这方面，分配之诉（actio tributoria）有所不同。如果奴隶在主人知晓的情况下用他的特有产的全部或者一部分从事贸易活动，而所产生的资金无论如何都不足以支付所有债权人，则按债务比例公平分配剩余的特有产是主人该做的事（如果他被要求这样做的话）；在这种情况下，他不能首先扣除"欠"他自己的债务，而必须像他将对所有其他债权人那样对待他自己。如果任何债权人认为自己在这方面没有受到公平对待，则他可以根据这个诉讼起诉主人。

所有这些诉讼提供了关于在市民法范围之外纯粹由裁判官的立法权的那些技巧的一个很好的例子。不少告示规定了允许这些不同诉讼的情形，并且在程式上使用了裁判官法的在原告请求和判决程式之间拟制和人员更换的方法。[1] 例如，对于奴隶根据其主人的授权进行的购买，其程式有点像如下程式："鉴于 A.A. 经 N.N. 许可，向处在 N.N. 的权力之下的斯蒂科（Stichus）出卖一件宽外袍，则无论因此斯蒂科（如果他是自由的）根据善意必须支付 A.A. 什么东西，法官都要判罚 N.N. 支付等等。"[2]

对与这些诉讼有关的法律的大量详尽阐述，当然归于古典法学家们的工作，但似乎很明显，这些诉讼本身到共和国末期或者元首制早期已经是为人所知的。经管人之诉[3]和特有产之诉[4]由塞尔维·苏尔皮求斯[5]提到，船东之诉[6]由奥菲流斯[7]提到，而依令行为之诉[8]和分配之诉[9]由拉贝奥[10]提到。

---

[1] 上文，第209页。并参见 F. H. Lawson, *The Roman Law Reader* (New York, 1969) 134ff.

[2] Lenel, *EP* 278.

[3] D. 14.3.5.1.

[4] D. 15.1.17；参考 15.3.16。

[5] 上文，第93页。

[6] D. 14.1.1.9.

[7] 上文，第94页。

[8] D. 15.4.1.9.

[9] D. 14.4.7.4；9.2.

[10] 下文，第380页。

（2）"非正式的"解放方法。有时候，主人可能由于某种原因①未能利用经承认的解放方法，但他宣布他想解放他的一个奴隶。这在市民法上没有任何效果，但是，如果符合某些条件，就这个主人强迫该奴隶再为他劳动而言，裁判官不会允许主人说话不算数；事实上，他会拒给主人要求返还奴隶之诉。但是，对于所有其他目的，这个奴隶仍是一个奴隶，而一个女奴的孩子是她的所有人的奴隶。并非每个不正式的宣布都有这种效力。只有在主人为奴隶提供某种证明的情况下，裁判官才会这样做，这种证明是这个奴隶能够在后来有人对宣布表示怀疑时提出来的，它或者是主人写给他的一封信，或者是主人当着见证人的面宣布的。因此，据说有两种非正式的解放，即通过书信解放和当着朋友的面进行的解放，因为"朋友"在这里是作为见证人在场的。

---

① 例如，因为他只是"善意"的所有人而不能使用一种市民法上的方法，或者因为他是聋子或者哑巴而同样不具有能力；参见 PS 4.12.2。

## 第十六章

## 从《十二表法》到共和国衰亡时的私法：财产法

### 一、占有令状

在这个时期，出现了所有权与占有之间的明显区别，这是古典罗马法的一个主要特点。①因而，要理解罗马法上的占有的思想，就必须理解据以保护它的那些令状。这些令状的特点在于，它们保护占有作为一种既存事实状态，而不涉及它正当与否，②它们存在的结果是，如果任何人想侵扰现存的占有，他只能通过亲自证明对之具有权利的常规司法程序的方式来做到。

罗马人自己将占有令状分为三种，这是根据占有令状是服务于获得占有、维护占有还是恢复占有的目的（vel adipiscendae vel retinendae vel reciperandae possessionis causa comparata）。③ 第一种令状的例子是获得占有令状（quorum bonorum），它使遗产占有人能够占有死者的财物。④ 这种占有令状是从它只涉及占有的

---

① D. 14.2.12.1："在所有权与占有之间没有类似之处"。
② 除了它不得是通过暴力、欺瞒或者临时让与从另一方当事人那里得到的；下文，第260页。
③ Gai. 4.143。这种分类令人误解，因为，如下面将看出的，那些明显为维护占有的令状，它们的发展了的形态可能有利于恢复占有。
④ 参考上文，第253页。

意义上来说的，被告不能提出更优越的权利的问题，例如，如果他认为他是继承人，从而对那些财物拥有比遗产占有人更优的权利，则他必须交出它们，并且如果他能够做到的话，必须在一个单独的要求继承之诉中实现他的权利。但是，属于第一种类型的令状与当下的讨论无关，因为，如它们的名称所示，它们不保护某种现存的占有，而是取得一种新的占有的方式。剩下的两类是我们必须要考虑的。

（一）各种原因的维护占有令状（Interdicta retinendae possessionis causa comparata）。属于这些令状的有两种，一种是现状占有令状，供所涉财产是不动产时使用，另一种是优者占有令状，供所涉财产是动产时使用。

1. 现状占有（Uti possidetis）令状。理解这种令状的最简单的方法是，以将它用作为所有权之诉的一个预备步骤的情形为例。如果两个人对一块土地的所有权发生争议，通常，一人占有该土地，另一人则没有，这是相当明显的，但是，可能的是，双方都自称实际上占有它；一个可能说自己已经割了草，另一个则说自己已经在收割后的茬地上放牧了牲畜，而且双方都可能主张自己的行为是行使占有权。哪一个正确的问题由令状程序来决定。裁判官发布一项命令，发布给双方当事人，禁止任何对现存的占有状况的干扰；[1] 然后，双方当事人都做某种行为（为了形式上的需要），而这种行为在另一方占有的情形下构成这种干扰，因此，关于他们之中是谁违背了裁判官的命令的问题就根据誓约和复约进行审理。[2] 临时占有将授予出价较高的一方，也就是说，如果他得到它，而后来又被发现不享有权利，则他要支付更高的金额。[3] 如果最终证明，临时占有人是权利人，即确实在程序一开始就占

---

[1] Ulpian, D. 43.17.1 pr.；旧版本，Festus, s.v. *possessio*；参见 Lenel, *EP* 470。

[2] 参考上文，第 230 页及下页。由于令状是"双重的"，因而需要两个赌誓，即（1）甲违反了；（2）乙违反了，因此也需要四个要式口约。

[3] Gai. 4.167.

有，则他当然保持占有，并将成为所有权之诉中的被告；如果另一方被证明是权利人，则占有必须转交给他，并且他将拥有想得到的被告地位。需要注意的有趣事情是，整个程序是"双重的"，如同对物的誓金法律诉讼一样；没有原被告，因而在解决争议问题之前的临时占有必须给予其中一人，但是争议问题现在只是实际占有的问题，并且决不会对通过进一步的程序确定所有权产生不利影响。这种将现状占有令状作为所有权之诉的预备步骤的用法有典型性，但是，当然有可能的是，在令状中败诉的一方当事人满足于那项决定，而再也不提起所有权之诉。一般还认为，在某些情况下，现状占有令状可以被用于恢复已经失去的占有。[①] 在很早的时候，这种令状中就规定，裁判官的保护限于不是通过暴力、欺瞒或者临时让与从诉讼另一方当事人那里取得的占有。因此，如果甲被发现是占有人，但还发现，他的占有是通过暴力赶走乙取得的，则明显可见，乙在行使形式上的强力时并未违反裁判官的命令。虽然甲并不一定就是明确违反了裁判官的命令，但是，看来他被认为是违反了，因此必须向乙交出占有。

2. 优者占有（Utrubi）令状。[②] 就动产而言，裁判官命令的拟订，是为了将占有给予在过去的一年拥有它的时间较多的那个人，而不是交给被认为在程序一开始的时候拥有它的那个人。因此，很明显，这个令状可以被用于重新获得占有——例如，如果甲在最后的五个月里享有占有，而乙在此前的七个月里享有占有，则乙可以从甲那里再得到它。在其他方面，其效力与现状占有令状相似。

（二）各种原因的恢复占有令状（Interdicta reciperandae possessionis causa comparata）。属于这些令状的有两种，或者可能曾经

---

[①] Buckland 734；Schulz, *CRL* 450f.

[②] "优者占有令状是在一年中大部分时间以非暴力、非隐瞒、非临时让与使用方式相对于对方当事人而占有物的人优先，占有较少时间的应该让出占有"（Lenel's reconstruction, *EP* 489，经过 Fraenkel, *SZ* 54（1934）312f. 的修订）；参考 Gai. 4.150ff., 160。

有三种。

1. 制止暴力剥夺（Unde vi）令状。① 如果一个人被他人通过暴力驱逐出他自己的土地，他可以通过这种令状重获对土地的占有。根据被指控的暴力是"武装的"还是"普通的"，这种令状有两种形式。主要的区别在于：如果甲诉乙以普通的暴力将他赶走，则乙证明甲自己以前是通过暴力、欺瞒或临时让与从乙处取得占有的，这是充分的回答；如果甲指控的是武装暴力，则这种抗辩不对乙开放。

2. 针对临时让与（De precario）的令状。② 如果一个人让另一个人临时受让某物，则他可以通过这种令状取回该物。

3. 可能曾经有一种制止欺瞒占有（de clandestine possessione）令状，它使因他人的欺瞒进入而失去占有的人能够收回占有。像另外两种恢复占有令状对应着"无暴力、无欺瞒、无临时让与"条款的两个部分一样，有人认为，肯定有一种恢复占有令状也对应着第三个部分。③

## 二、占有令状的起源

关于占有令状的起源，我们所知道的都不很确定。仍占主导地位的尼布尔（Niebuhr）④的理论认为，它们最初的产生是为了保护对居住者通过占用而取得的公地的权益。这种权益，当然不是所有权，如果占用者被人剥夺其享用，他不能利用所有权之诉；因此，根据这种观点，裁判官通过令状提供保护。

---

① Gai. 4.154；Lenel, *EP* 461ff.
② 参考上文，第230页。
③ 参考 Kaser, *EB* 252。
④ B. G. Niebuhr, *History of Rome*（tr. J. C. Hare and C. Thirlwall, London, 1855）2. 142ff.。追随者如 Savigny, *Possession*（tr. Sir E. Perry, London, 1848）§ 13, 和更近的 Kaser, *EB* 243ff.。

确实，占用公地的人经常被称为占有人（possessores），但是尽管如此，对这种理论存在重大反对意见。如耶林所指出的，[1]关于公地（ager publicus）的争议不会是裁判官管辖的事，而是属于执法官要处理的管理行为，特别是监察官，因为他们的职责是管理国家财产，并且更加重要的是，很难理解最初用来保护对公地的合法权益的一种救济，如何能在后来被用于完全不同的目的，即保护对私人财产的仅仅事实上的占有。耶林自己的观点[2]是，占有令状的最初目的是作为对物诉讼中临时占有裁定（vindicias dicere）程序的一种替代，因此，当时，裁判官不是根据他自己的裁决给予临时占有，而是使谁是真正的占有人的问题通过令状程序得到调查，并且确保在令状程序中胜诉的一方在对该诉讼作出判决之前保持占有。关于现状占有令状和优者占有令状，这与盖尤斯关于这些令状的用途（尽管没有明确说是最初的目的）的说法很一致，[3]并且与关于获得占有令状所提出的起源相符合。[4]

但是，这些论点对关于恢复占有的令状并不同样适用。至少就制止暴力剥夺令状而言，明显表现出，它一开始是作为一种治

---

[1] *Der Besitzwille*（Jena, 1889）124 n 1。耶林还指出《关于利用公共土地的令状》(D. 43.9)的存在，如果裁判官已经通过各种占有令状保护公地的佃户，那么它的存在就是多余的，其存在只有基于这样的假设才能解释，即他后来干涉了曾是监察官职责范围的事，因而他不说占有（possidere）而说享益（frui）。对于这种论点，Kaser（*EB* 271）回答说，裁判官关心这些事情并没有什么特别的，正如他的关于公共道路和河流的那些令状（D. 43.10.12）所表明的，并且受《关于利用公共土地的令状》保护的对公地的明确的租赁与对土地占有权的拥有完全不同。但对此，有人可以回答说，在防止对由人们"混杂"使用的公路和河流的干扰与保护为私人利益拥有一部分国有土地的个人之间还是存在着较大的差别；裁判官对前一种情形的干预即使他能关心另一种反常的情形。

[2] *Über den Grund des Besitzschutzes*（2nd ed., Jena, 1869）76ff.

[3] Gai. 4.148；参考 J. 4.15.4；D. 41.2.35。

[4] 上文，第 255 页。Karlowa（2. 318）反对说，临时占有的指定恰恰是在旧的法律审程序结束时，盖尤斯（4.16）就是这么描述的，并且在这一时点，不可能插进一段可能很长时间的对占有事实的调查。有点类似的观点为乌贝洛德（Ubbelohde）所采用，参见 Glück's *Erläuterung der Pandekten*, Serie der Bücher, 43—44.5.630ff.。参考 Cuq, *RHD*（1894）12ff. 但是，占有可能仅仅在例外情形下才会受到质疑，对此，盖尤斯决无必要在对一种过时的程序的概述中提到。

安措施，照此，它甚至可能在最初被引进时还用来对抗那些侵扰对土地的现存享有的人，而不考虑这种土地能否根据市民法所有的问题。占有的"事实"（de facto）性质通常为法学家们所强调，[①]并且对于原本关系到公共秩序的事，不会有法律上的细节的位置。[②]

关于这些不同的令状被引进的年代，我们几乎没有什么证据。特伦斯（Terence）是在公元前161年写作的作家，[③]他将暴力（vi）、欺瞒（clam）和临时让与（precario）一起使用，这明显说明他的读者可以认识到它们之间的法律联系，尽管我们不知道他指的是哪一个或哪些令状，并且，在公元前2世纪末以前，后来知道的令状很可能都已经被引进了。至少，制止暴力剥夺令状在公元前111年的《土地法》（lex agraria）中得到证实，[④]而现状占有令状明显成为公元前2世纪后半期希腊城邦之间的三个仲裁的一种程式。[⑤]虽然我们不能怀疑，到那时，优者占有令状也为人所知，但是，一种假定的将它回溯到普劳图时代[⑥]（大约公元前200年）的参考资料是很不确定的。

## 三、布布里其诉讼与"善意"所有权的发展

布布里其诉讼（actio Publiciana）是指，当一个人在相应的他本可如期按照时效取得某物的情况下占有该物后，在时效取得所

---

① 例如拉贝奥的著名的推论，D. 41.2.1 pr.；参考 h.t. 1.3, 4；29。
② 另一种观点是，它仅仅是一个关于在一个人的占有受到干扰时需要一种比临时占有更速决化的救济的问题，并且，随着罗马的版图的扩张，关于土地的争议立即变得更普遍，且更难以迅速解决，这种需要也变得明显；Karlowa 2.318。如果这种对更速决化的程序的需要是驱动力量，其情形就与英国占有法令的情形很相似；Holdsworth, HEL 3. 8。
③ Eunuchus 319.
④ § 18. FIRA 1.106.
⑤ Dittenberger, Sylloge Inscriptionum Graecarum（3rd ed.）679，683，685（with Supplementum Epigraphicum Graecum 2.511；参见 Cary, JRS 16[1926] 194ff.）。
⑥ Stichus 696, 750；参考 Watson, Property 86f.。

要求的时间届满之前失去对它的占有时，根据裁判官告示授予给他的诉讼。这个人很明显不可能提起所有权之诉，因为他尚未成为所有人，但是裁判官希望他能够从后来的不享有比他自己更优越权利的占有人手中取回该物，因而允许他提起这个诉讼，其诉讼程式包含一种拟制，① 即时效取得所要求的时间已经届满，也就是说，法官被告知，如果在原告对讼争物的占有时间足够长的情况下该物本会依市民法成为他的财产，那么就要判罚。必须注意的是，这种拟制仅仅适用于时间的届满；至于原告的占有是否达到导致时效取得的程度，法官当然必须调查。

当时，这种诉讼可能有利于两类占有人，他们都未取得占有物的完整的权利，② 一类是由于出让物的那个人不是物的所有人而导致获得物的人也成为不是所有人的占有人；另一类是由于取得物的方式存在某种瑕疵而不是所有人的占有人，尤其是在要式物仅通过交付取得时。但是，这两类占有人的地位并不相同，因为对前一类占有人（我们称为"善意占有人"［bona fide possessors］）的保护只针对不比他们自己享有更优越的权利的人，而对后一类占有人（我们称为"善意所有人"［bonitary owner］）的保护甚至能对抗市民法上的所有人。对于裁判官造成这种效果的方法，我们可以通过例子来充分地揭示。

## 1. 善意占有人。

如果甲向乙出售并交付某物，而该物事实上属于丁，乙基于善意取得它，那么乙（假设不存在盗窃的问题）将在一年或两年后成为所有人（视该物是动产还是不动产而定）。这样，如果在这段时间届满之前，丙取得了该物，则乙可以根据布布里其诉讼取回它；③ 但是，如果它回到丁这个真实所有人的手中，则布布里

---

① Gai. 4.36。关于采用拟制的程式，参考上文，第 209 页。
② 参考上文，第 154 页及下页，关于时效取得的作用。
③ 当然，在有些情况下，可以获得占有令状，但决不是在所有情况下都可获得。

其诉讼不会胜诉，因为确实如果乙持续占有足够长的时间，他会成为所有人，但是，丁可以提出所有权作为抗辩。丁在程式中插入一项正当所有权抗辩（exceptio iusti dominii），即告知法官，即使乙在其连续占有足够长时间的情况下会成为所有人，但如果事实上丁是所有人，则不判罚的条款。①当然，只要乙占有，且取得时效尚未完成，丁还可以随时对乙提起所有权之诉。

## 2. 善意所有人。

如果甲向乙出售并交付（tradit）一个奴隶（要式物），该奴隶是他（甲）的财产，则乙并不立即成为市民法上的所有人，但他将依时效如期成为市民法上的所有人。如果他失去该奴隶，而丙取得它，则他因此可以和纯粹的善意占有人一样利用布布里其诉讼。但是，与纯粹的善意占有人不同，他甚至能够对甲（甲仍是市民法上的所有人）采用布布里其诉讼且胜诉，如果该奴隶碰巧重新为甲所占有的话。确实，甲可以提出正当所有权抗辩，但是乙可以"物已出卖并交付答辩"（a replicatio rei venditae et traditae）相对抗，②也就是说，法官将被告知，即使该物是被告（甲）的财产，如果有进一步证据表明，被告将它出卖并交付给原告（乙），则须判罚。如果甲试图利用其市民法所有权，对乙提起所有权之诉，则乙可以利用物已出卖并交付之抗辩（the exceptio rei venditae et traditae），③也就是说，法官将被告知，即使该物属于原告（甲），如果原告将它出卖并交付给被告，则不判罚。事实上，裁判官把未能以要式买卖的方式出卖要式物看作为一个纯粹技术性问题，

---

① D. 6.2.16；17.
② 这种答辩的存在没有直接的证明，但是可以从物已出卖并交付之抗辩中作出肯定的推断。根据 D. 17.1.57，正当所有权抗辩只在案件审理（causa cognita）阶段给予。
③ D. 21.3。如其名称所示，这种抗辩最初只被用于最普通的案件，即基于出卖的交付的情形，但是，如果存在某种不同的理由，如互易，也提供保护，这明显是通过允许诈欺抗辩（exceptio doli）；D. 44.4.4.31。作为受让人的继承人可以利用这种抗辩对抗作为转让人的继承人；D. 21.3.3。

认为试图依赖它的人是不值得考虑的；对于受让方，他给予了这样的救济，以至于他实际上拥有所有权的全部保障和几乎全部的利益。在这种情况下，乙享有所有权利益，而甲仅拥有名义上的市民法权利，乙被认为出于善意拥有该物，后来，从善意即"in bonis"这个词中，希腊作家创造了"bonitary"一词来表示这种类型的所有权。①

像"裁判官法上的遗嘱"一样，这种"善意"或者说"裁判官法上的"所有权证明了裁判官法制度不喜欢旧的市民法的形式性的要求，通过为那些因为遗漏某种仪式而存在权利瑕疵的人提供救济，它大大削弱了这些要求的重要性。很明显，一旦达到了上述状况，如果买受人在购买要式物时没有坚持要出卖人通过要式买卖或者拟诉弃权转让该物，也就几乎没有什么危险了。

到共和国末期，这种变化肯定还没有完成，虽然一般认为这种变化至少已经开始了。但是，我们不知道，布布里其（Publicius）是谁，谁引进了布布里其诉讼，② 幸存的最早的提到它的文本③，

---

① Theophilus, *Paraphr.* 1.5.4, 最先使用这个词语。就称它为所有权而言，盖尤斯是古典法学家中唯一的一个（Gai. 1.54：双重所有权；参考 1.167：依市民法是你的，但由我享用）；其他法学家说"可以享有"或者"归你享用"（盖尤斯确实也这样说：2.40，41；因此，有些学者认为，其他片段不是盖尤斯的；David-Nelson *ad* 1.54）。盖尤斯只提到通过交付转让的要式物的情形，但是，很明显，其他情形被纳入"可以享用"（例如，当一个人由于潜在损害而获得占有时；上文，第 227 页）；参见 Buckland 195。毫无疑问，在这些情形下，布布里其诉讼的程式不同于 Gai. 4.36 所说的程式，后者涉及因出卖而交付的一般情形；同样地，物已出卖并交付之抗辩可能不得不为诈欺抗辩所修改或取代。虽然莫德斯丁（D. 41.1.52）泛泛地说，"无论如何，只要我们占有某物时我们享有一种抗辩，并且在我们失去占有时我们拥有一种诉权以取回它，则我们就会被认为出于我们的善意（in bonis nostris）拥有该物"，这个术语可能限用于可以获得对抗每个人，包括真实所有人的保护的情形；也就是说，它不适用于将要时效取得的善意（bona fide）占有人的情形；Kaser, *SZ* 78（1961）177ff.。

② J. 4.6.4 记载，这个诉讼被称为"布布里其"，是因为它是被一个名叫布布里其的裁判官最先写进告示的，并且通常认为，这个人可能是库尹特·布布里其（Quintus Publicius），是公元前 67 年的一个裁判官。但是，即使他不因为明显是外事裁判官（Cicero, *Cluent.* 126，也提到他）而被排除在外，没有任何东西将他与这个诉讼联系起来，而且可能有许多其他叫做布布里其的人担任过裁判官；参见 Watson, *Property* 104ff.。还可能的是，优士丁尼错了，这个名字是当时作为顾问向一方当事人提出该程式的一个法学家的名字。

③ D. 6.2.17；参考 h.t. 9.3。

来自内拉蒂（Neratius），他生活在公元 100 年左右。对于上文提到的这个诉讼的两个目的中哪一个是最早的，已经引起争论，但是除了猜测外，没有充分的证据。[①] 实际上，可以认为，第一步不是给予这个诉讼，而是给予物已出卖并交付的抗辩。给予受让人一种针对试图依赖其纯粹技术性权利的转让人的抗辩，比起给予受让人对抗第三方的方法，似乎更明显是一件公平的事，但是这样一种优先的推理不能带我们走很远。

更近些时，伍伯（Wubber）[②] 认为，这个诉讼的最早目的不是迄今为止提到的两个目的中的任何一个。我们已经看到，[③] 根据主要由凯泽尔所主张的观点，对物的誓金法律诉讼只声称一种相对的所有权，而程式性的所有权之诉要求原告证明绝对的所有权。伍伯认为，布布里其诉讼的引进，是为了在程式制度中发挥对物的誓金在法律诉讼制度中所发挥的那种作用。每个原告，当由于取得时效的期限而尚未拥有该物时，都会提起布布里其诉讼，即使他认为自己是市民法上的所有人，因为他只需证明根据正当理由的占有，以便由被告承担证明自己是所有人的责任。[④] 这样，很容易得到承认的是，善意占有人不可能不知道他是一个善意占有人，因此，原告如果没有按照一种原始取得的方式取得该物，并且由于取得时效的期限未享有所有权，则他很可能被建议提起布布里其诉讼，而不是所有权之诉，从而防止他错误地理解其权利的合法有效的性质。没有文本记载说，实际上是这样做的，但是，其策略如此明显，以致几乎肯定会被那时的法学家所想到。但是，

---

① De Visscher, *SDHI* 22（1956）87ff.；23（1957）26ff.；*RIDA*（1958）469ff.，最近坚持主张这样一种观点，即最初的目的是为了保护通过交付取得要式物的人（参考他关于时效取得的最初作用的观点，上文，第 155 页注释）；另参见下一注释中的参考文献。

② *Res aliena pignori data*（Leyden, 1960；荷兰文本，但其概要是德文；对其评论参见 Beinart, *Iura* 12〔1961〕387ff.）；*RIDA*（1961）417ff.。当然，在此不可能来评判伍伯的详尽观点。参见 Kaser, *SZ*（1961）173ff.。

③ 上文，第 142 页。

④ Wubbe, *SZ* 80（1963）175ff.

伍伯坚持认为，这是裁判官首先引进这个诉讼的首要目的，而且很明显的是，对于盖尤斯来说，其范例是针对确实需要时效取得但尚未如此的人。① 此外，伍伯认为，被告必须证明比原告拥有更优的权利，这种观点与我们所知道的该诉讼的程式根本不相符。② 盖尤斯③说，原告请求的内容如下："假设原告占有这个由他买下并已交给他的奴隶达一年，如果因此作为本诉讼标的物的那个奴隶依市民法是他的，在法律上是正确的……"这个拟制只是有关时间的届满，可以看出，被遗留的关于时效取得的其他条件是以通常的方式加以证明的。毫无疑问，如我们已经知道的，④ 原告不可能被指望证明他是出于善意或者该物未被盗窃，但是，很难相信，被告不能试图证明这些条件不具备，除非他还准备证明他拥有更优的权利。

## 四、行省土地所有权

在古典法上，不变的教条是，行省的土地属于国家，不能为任何私人依据市民法所拥有，无论是罗马人还是异邦人。⑤ 只对于少数享受优惠的地方，其土地通过皇帝特别授予意大利权（ius Italicum），为法律上的目的被视为与意大利的土地相同，这才

---

① 伍伯认为，盖尤斯在说到（4.36）对根据正当理由得到某物但尚未时效取得（nondum usucipit）而又丧失对该物的占有的人给予布布里其诉讼的时候，仅仅是指，这个人因为时效取得的期限而尚未取得所有权，而不是指他的权利一定需要通过取得时效来完善。
② Kaser, SZ 78(1961)190ff.
③ 4.36:"Si quem hominem Aulus Agerius emit <et> is ei traditus est anno possedisset, tum si eum hominem de quo agitur eius ex iure Quiritium esse oporteret".关于"oporteret"的翻译，参见 Daube, Forms 15, 19.
④ 上文，第155页。当然，关于举证责任的问题，在古典时期几乎没有什么规定，因而审判员拥有非常广泛的权力，包括不再管该诉讼和发誓"我还不清楚"的权力；参考 Gellius 14.2.25；参见 Pugliese, RIDA (1956)349ff.反对斯特姆（Sturm）关于证明所有权很简单的观点（RIDA[1962]357ff.），参见 Kiefner, SZ 81(1964)212ff.
⑤ Gai. 2.7:"行省的土地……只能归罗马人民或者皇帝所有，我们似乎只拥有占用权或者用益权"；参考 2.21.

可以例外。① 但是，尽管有这条规则，对行省土地，个人事实上还是享有可继承和可转让的权利，这些权利在实际上不同于完全的罗马所有权，这主要是由于要承担附于土地上的某种形式的土地税的责任。对这种准所有权的保护，普通的所有权之诉当然不能适用，但是裁判官告示肯定给予一种类似于所有权之诉的诉讼。②

国家所有权的教条实际上看来没有任何实质性后果，并且琼斯（Jones）③ 认为，这仅仅是某个法学家对实际中的一种变化的解释。在帝国早期，政府不再下这样的结论，即如果公民权被授予一个共同体，其土地就成为罗马的。于是，人们通过交付转移对这种土地的占有，但这决不能依时效取得成熟为所有权。因此，缺掉的所有权（dominium）被说成是属于国家的。

## 五、异邦人所有权

异邦人（Peregrini）（除非他们享有通商权）不能依市民法拥有财产，因此，他们不能利用普通的所有权之诉的形式；也不能利用布布里其诉讼，因为它包含着这样的推定，即如果原告占有足够长时间，就会取得市民法上的所有权。但是，毫无疑问，他们的财产事实上受到保护，可能是通过拟制诉讼，因此，他们对这种财产的关系必须归类为罗马法所知的下等的所有权形式中的一种。④

---

① 下文，第 345 页注释。
② 其程式不确定。Lenel, *EP* 189，猜测为"如果某人看上去有权占有某土地"（Si paret Ao. Ao. fundum quo de agitur habere possidere frui licere），这主要是根据 Gai. 2.7（见上文），以及公元前 111 年《土地法》（Bruns 1.73—89）第 32、40、50、52、82 行中出现的类似词语而重构的。
③ *Studies* 143ff.（=*JRS* 31［1941］26ff.）
④ Buckland 190；Girard 380；Monier 1.366.

## 六、他物权

1. 地役权（praedial servitudes）。到共和国末期，为法律所承认的役权的数量大大增加，但是，在罗马法上，各当事方能够对他们所选定的土地的所有权的任何限制设定为具有某种役权的特征，这并不是而且从来都没有成为一项原则。① 在优士丁尼的清单② 上出现的乡村地役权中（除了原先的通行和导水权利外），汲水权是西塞罗就已经知道充分确立的，③ 饮畜权是特雷巴求斯（Trebatius）所知的，④ 其他类型的地役权可能同样古老。看起来，除通行权和导水权之外，在告示中从来没有一个关于任何乡村役权的特殊的范式程式。⑤ 在每种情况下，其程式都必须特别起草。

城市役权也早已存在。如上所述，⑥ 随着城市生活的发展，以及在地面上的建筑物的增加，至少可以追溯到公元前3世纪末，产生了对这些役权的需要。⑦ 后代法所知的许多城市役权实际上是由共和国时期的作家所证实的。例如，瓦罗（Varro）提到排水役权（让雨水滴到邻居土地上的权利）和流水役权（当水持续不断地流动时），⑧ 西塞罗论及支柱役权、采光役权和排水役权是三种确定的类别。⑨

---

① Schulz, *CRL* 383；Watson, *Property* 176ff.；并参见 Buckland 259ff. 关于任何一种役权都必须遵守的一般原则。
② J.2.3 pr. and 2.
③ *Caec.* 74.
④ D. 43.20.1.18.
⑤ Lenel, *EP* 192.
⑥ 上文，第157页及下页。
⑦ Livy 5.55.
⑧ *L.L.* 5.27.
⑨ *De Or.* 1.173.

2. 用益权和使用权。用益权（Usufructus）①是使用他人财产并取得其孳息的权利（salva rerum substantia②），即没有破坏或者改变该物的特性的权利，并且只在其特性保持不变的条件下才可以持续。③它通常为权利人终身享有，并且不能更长，因此，它基本上相当于我们称为"生活利益"的东西。使用权（Usus）是一种类似的权利，但只是对物的使用的权利，而不包括收取孳息。在优士丁尼时代的法律中，具有这种性质的权利被归类为"人役权"，④因为它们本身为个人的利益而存在，而不考虑任何特定财产的所有权，而地役权为特定土地的当下所有人的利益而生效，但是我们现在知道这种类型最早始于古典时期末。⑤它们可存在于动产上，也可存在于不动产上。

我们并不确知这两类权利何时开始得到承认，但是西塞罗很了解用益权，⑥并且我们听说公元前2世纪中期的法学家们争论过一个有关它的问题。⑦几乎可以肯定的是，它最初是由于遗赠而出现的，并且遗赠一直是"人役权"的主要来源。使用权可能产生得较晚，因为法学家认为它是较普通的用益权的一种变形，并对它类推适用为用益权制定的那些规则。⑧创设这些"人役权"的通常的并且无疑也是最早的方法是遗赠。

3. 佃租权（conductio agri vectigalis）和地上权（superficies）。古典法还知道两种与土地有关的权利，它们都产生于某种租赁，

---

① Pugliese, *Tulane L.R.* 40（1966）523ff.
② J. 2.4 pr.
③ Buckland, *Manual* 162，另参见 *Main Institutions* 145ff.
④ D. 8.1.1。继盖尤斯之后，优士丁尼《法学阶梯》将"役权"与用益权区别开来；J. 2.2.2 和 3；Gai. 2.14。
⑤ Buckland 268；*St. Riccobono* 1.277ff.。它不很恰当；Nicholas, *Introduction* 144f.。
⑥ 例如 *Caec.* 19。
⑦ Cic. *Fin.* 1.12；D. 7.1.68。关于援引普劳图的论述的著述，参见 Watson, *Property* 203ff.。反对普遍的提法，即它是作为在无夫权婚姻的情况下供养寡妇的一种方法而产生的，Watson, *TR* 31（1963）614ff.。
⑧ D. 7.8.1.1；Karlowa 2.540。

并已经通过裁判官法几乎完全具有物权的性质,这一进程在优士丁尼时期完成。佃租权(它在优士丁尼时代变成永佃权［emphyteusis］)产生于国家或者自治市授予某种可继承但可能不可转让的土地租赁,以取得相对少的租金,这些租金可由当时的佃户支付(因而构成一种土地负担)。地上权是为类似于建筑的目的而进行的授予。授予这种租赁的做法明显开始于共和国时期,并且显然在古典时期被扩及于私人土地。①

---

① 参见 Mitteis, *Zur geschichte der Erbpacht* (*Abh. Sächs. Ges.* 20, 1901); F. Lanfranchi, *Studi sull' ager vectigalis* 1(1938); 2(*Ann. Univ. Camerino* 13, 1939); 3(*Ann. Triestini* 11, 1940); Kaser, *SZ* 62(1942)34ff.; L. Bove, *Ricerche sugli agri vectigales* (Naples, 1960); 以及关于后来的发展,参见 Levy, *Property* 43ff., 77ff.。

# 第十七章

# 从《十二表法》到共和国衰亡时的私法：债法

在探究债的历史时，比在罗马法的其他部分更加有必要将理论概念、一般规则和分类的发展，与构成一般性的理论基础的实际的程序上的可能性的发展区别开来。就前者而言，在共和国末期，罗马人仍相对落后。"Obligatio"（债）一词本身还不是一个专门术语，[①] 而且实际上，即使在古典时期，当它成为一个专门术语时，它仍然不与拜占庭的法以及现代法上的概念相一致，因为它仍保存着其最初的字面含义的痕迹。确实，债务口约（nexum）早已不用了，但是，"处于某一债之下"的人如果没有履行其债务，就可能发现他自己受到实实在在的约束，只要针对人身的执行仍是一件平常的事情。而且，在古典时期的主要用法中，"obligation"完全是一个市民法词汇，不包括由于裁判官诉讼的成立而使人负有债务的那些情形。[②] 关于其他类似的词语，情形也相

---

[①] 动词"obligare"是法律上的古老用法，如 Varro（*L.L.* 7.105）引用穆齐的话："根据称铜式所缔结的债"（上文，第164页），但它不限于"债"（obligations）。普劳图将它用于保证方面（*Truc.* 214：aedes obligatae sunt ob amoris praedium），实际上，古典法学家也还这样做（如 D. 20.4.21）。名词"obligation"在盖尤斯之前很少见；西塞罗使用了它（*ad Brut.* 1.18.3），但是没有任何明确的法律意义；参见 Schulz, *CRL* 455。

[②] Buckland 409；参考 S. Perozzi, *Le obligazioni romane*（Bologna, 1903）135ff.（也载于同一作者, *Scritti* 2.422ff.）。这种用法并不严格；G. Segrè , *Scr. vari dir. rom.*( Turin, s.d. )345ff（=*St. Bonfante* 3.571ff.）。尤其是，盖尤斯关于私犯之债的论述中不仅包括裁判官对市民法的发展，而且包括一个完全是裁判官的创造，即抢劫（rapina）（下文，第277页）；参考 Schulz, *CRL* 457。

似。在我们看来,"Contract"(契约)是一个基本的概念,是指基于协议产生的债,这也是拜占庭法上的含义。但是,协议的拉丁文表述是"conventio"或者"pactum",① 并且,决不是每个协议都产生债。无论是否涉及到我们称之为"契约"的那个东西,"contractus"只是从"contrahere"这个动词(字面意思为"系")而形成的动名词,并且,它是"contractus negotii"或者"contractus obligationis"的省略用法。从逻辑上讲,没有理由能够说明对于因私犯而导致的债不应使用它,但是,习惯上将这个词限于"negotia"(交易行为,transactions),与私犯相对。② 实际上,在共和国末期,术语学甚至还没有发展到这一步,虽然西塞罗使用"contrahere"这个动词,但他并不使用名词形式。③ 更不存在将债分为契约之债和私犯之债的分类,以及根据缔约方法的不同对契约作出的分类。

在接下来的讨论中,为方便起见,将保留通常的契约之债和私犯之债的分类,但是必须明确的是,这个术语超越了我们正在讲到的那个时期,并且契约通常逐渐产生于私犯。此外,还必须讨论一些通常归于与契约密切联系的准契约之债。

---

① Bonfante, *Scritti* 3.316ff.

② 前引书,3.107ff.;Mitteis, *RPR* 147;Schulz, *CRL* 465ff.。错债清偿可能和通过贷款的方法支付金钱一样是一笔交易,并且,从 Gai. 3.91 明显可见,这两种情形在传统上一起被视为"以实物达成的契约",虽然盖尤斯本人批评这种安排。在他的《法学阶梯》(3.88)中,盖尤斯只提到两种债,即契约之债和私犯之债,并且,很容易看出,只要"contractus"保留其原先的含义,这种分类就是一种彻底的划分。根据《学说汇纂》(D.44.7.1 pr.),在《金言集》中,盖尤斯又增加了一种混杂的产生于不同种类的原因的债的类型,但是,这个片段疑为添加。对于 D. 44.7.5,其中提到准契约之债和准私犯之债,有更强烈的怀疑。

③ Costa, *Cicerone giureconsulto* 1.202。从 D. 50.16.19 中可见,甚至是拉贝奥的术语与我们所习惯的那个术语之间也有很大的区别。

# 一、私犯

## （一）市民法上的私犯及其扩展。

**1. 侵辱。**

（1）裁判官改革。在此，这些改革具有双重性：（a）对于原先的包含同态复仇或固定罚金的诉讼，裁判官代之以他自己的诉讼，在这种诉讼中，处罚总是金钱性质的，并且总是由法庭根据该非法行为的严重性来斟酌确定（actio aestimatoria）；（b）他使许多根据《十二表法》不受处罚的侵犯行为成为可诉的，从而使侵辱（iniuria）的概念远远超过攻击身体的概念的范围。

（a）在裁判官的布告中，在"侵辱之诉"标题下，首先是"一般告示"，允诺在提起侵辱指控时仲裁人法庭会评估损害赔偿。[①] 很可能，一直可追溯至普劳图时代的这个告示，[②] 其初衷不是为了将赔偿扩大到《十二表法》已经涵盖的那些情形之外，[③] 而是为了使这个程序和这种刑罚适应当时的需要。毫无疑问，货币贬值使得旧的固定罚金变得可笑，如同在路西乌斯·维拉提（L.Veratius）的轶事中所说的那样，据说，此人以打人耳光为乐，然后命令跟随他

---

[①] 原告自己评估损害赔偿，法庭可能判罚所请求的金额或者更少；如果侵辱很凶残（atrox），裁判官实际上确定其金额（Gai. 3.224）。关于这个法庭的组成有相当大的困难。Gellius（20.1.13）明确地说，这个告示允诺仲裁人（recuperatores），但是，盖尤斯只说到一位承审员（iudex），其他人也是如此，例如 *Rhet. ad Herenn.* 2.13.19；参见 Lenel, *EP* 397；Girard, *Mélanges* 2. 385f.( =*Mél. Gérardin* 255ff.）。Schmidlin, *Rekuperatorenverfahren* 29ff.，指出，杰流斯的话的上下文是维拉提的轶事（参见正文，下文），并认为，判还官限于处理对身体的侵辱。

[②] *Asinar.* 371，其中，"pugno malam si tibi percussero"似乎是对示范程式的一种诙谐的引喻；Lenel, *EP* 398。

[③] Daube, *CLJ* 7（1939）45ff.，认为，这个告示最初不包括折断肢体（membrum ruptum）和折骨（os fractum），而只包括原来的侵辱所包括的较小的攻击；参见 Watson, *Obligations* 248ff.。

的拎着一满袋子钱的奴隶付给这些人《十二表法》所规定的25阿斯。①

（b）在一般告示之后，②是两个特别告示，分别涉及特殊的非身体侵犯情形——辱骂（convicium）、③侮辱贞操（adtemptata pudicitia）（例如纠缠某个正派的女子），以及一个更广泛的规定"不得进行导致不名誉的行为"（ne quid infamandi causa fiat④），其针对的是破坏名誉，但显然限制在诸如试图对原告提起不名誉（infamia）⑤之类的行为。⑥还有一个条款是关于对奴隶和受支配的人的侵辱。当然，其罚金总是可以估价的。这些特别告示很可能比一般告示要晚些，但是，早在共和国结束前，侵辱本身（即根据一般告示）的含义已经远远扩大到对身体的侵犯之外，⑦并且在古典法上，它实际上是一个极其广泛的概念，不仅包括我们的关于侵犯身体和破坏名誉的法律，而且包括任何可以被认为是侵犯一个人的名誉或尊严的行为，甚至包括，诸如拒绝允许使用公共澡堂。⑧

（2）《科尔内利法》（lex Cornelia）。苏拉的这个法律（大

---

① Gellius, 20.1.13, 引自拉贝奥。Birks, *TR* 37（1969）175, 怀疑这个故事的真实性，因为25阿斯太多了，即使一个富人也不会扔掉；但是，F. R. Cowell, *Cicero and the Roman Republic*（London, 1948）104ff. 的计算（对此比尔克表示支持）似乎表明，在公元前2世纪初，25阿斯大约为一个自由劳动者年均生活费的1/160。H. F. Hitzig, *Iniuria*（Munich, 1899）60ff., 找到这种裁判官诉讼的希腊模型，但是，它们可能仅仅是类似物而已；G. Pugliese, *Studi sull'iniuria*（Milan, 1941）2.39ff.；Schmidlin, *Rekuperatorenverfahren* 32 n 3。

② 参见 Girard, *Mélanges* 2.385ff.；Watson, *Obligations* 250ff.。

③ D. 47.10.15.2.

④ D. 47.10.15.25.

⑤ 那些被发现犯有某些违法行为的人，或者，在产生于某些关系的诉讼中被发现缺乏所要求的善意的标准，或者，被发现以其他方式作出不名誉的行为的人，是不名誉之人，他们在法律诉讼中不具有某些能力（Gai. 3.182），不能担任某些职务，并且肯定还被剥夺某些社会能力；参见 Kaser, *SZ* 73（1956）220ff.。

⑥ Daube, *Atti Verona* 2. 413ff. 也这样说。他证明，在一个告示中的示范程式（*Coll.* 2.6.5）肯定以因不名誉而不梳头（capillum inmittere infamandi causa）为例，即头发散乱地到处走（哀痛的标志），以表明原告做了不名誉的行为，并将这与 Seneca（*Controv.* 10.1.30）联系起来，后者记载，有一个侵辱之诉的被告就是这样做的，结果那个原告被拒绝担任公职。

⑦ *Rhet. ad Herenn.* 2.26.41 已经（公元前1世纪早期）拒绝如下观点，即它没有扩大到打人和辱骂之外，并且拉贝奥（D. 47.10.15.26）认为"不得进行导致不名誉的行为"的特别告示是多余的。

⑧ D. 47.10.13.7.

约公元前81年）特别规定了三种暴力性质的侵辱——殴打（pulsare）、鞭笞（verberare）（被解释为致人损害的殴打）[1]和强闯民宅（vi domum introire）。依该法令的诉讼就其由一个法庭（quaestio）审判而言[2]，具有某种刑事的性质，但它被认为是私人的，[3]并且只能由受害人提起，而在刑事诉讼中，任何人都可以起诉。其刑罚不能确知，但很可能是金钱性的。[4]有人认为，直到古典时期后期，在该法令所包括的情形下，不能提起任何普通的裁判官法上的侵辱估价之诉，[5]但是，更好的观点似乎是，该法令仅仅为那些情形提供了一种另外可供选择的程序。

## 2. 盗窃。

我们不知道，《十二表法》的这一方面的制度保持不变有多久，但是，它可能持续到我们正在说的时期结束时，因为在拉贝奥之前没有任何关于这个问题的裁判官告示的痕迹。[6]据盖尤斯说，[7]裁判官保留对非现行盗窃的双倍价值的民事诉讼，以及对查获盗窃和转移盗窃的三倍价值的诉讼；对于现行盗窃，他给予四倍价值的诉讼。原来的携盘碟缠布带的搜查仪式明显已经过时了，只有那个简单的形式保存下来，拒不允许搜查的，受到裁判官的拒绝搜查被窃物之诉（actio furti prohibiti）的制裁，处以四倍价值的罚金。[8]优士丁尼还提到一种

---

[1] D. 47.10.5.1.

[2] 这可以从 D. 47.10.5 pr. 保存的有关该法庭的组成的规则的残余记载中看出来。

[3] D. 3.3.42.1；Pugliese, *Studi sull' iniuria*（同上）117ff.。如果昆克尔关于财务官早期历史的叙述（下文，第310页以下）是正确的，那么这种混合的特征就是一个幸存物。

[4] 根据 D. 47.10.37.1, Mommsen, *StrR* 804, 认为，原告确定该金额，法庭必须判罚这一金额或者宣判无罪。

[5] Girard, *Mélanges* 2.406ff.（=*Mél. Gérardin* 278ff.）。但是，这个观点似乎与盖尤斯的论述（Gai. 3.220）不一致，后者把鞭笞看作为一种普通的侵辱，而没有提到《科尔内利亚法》；参见 Lenel, *EP* 397。

[6] P. Huvelin, *Etudes sure le le furtum*（Lyons/Paris, 567）。

[7] Gai. 3.190, 191.

[8] 上文，第169页。

裁判官的拒绝出示被窃物之诉(actio furti non exhibiti)[1]，对拒不"出示"经搜查发现的失窃物的人，可提起此诉。其他文本都没有提到这个诉讼，其处罚也不详。杀死夜间行窃或者白天行窃但是携武器自卫的窃贼的权利肯定仍然存在；实际上，很可能直到后古典时期，它才降为一种纯粹的自卫权。[2]

## 3. 损害财产。[3]

作为关于这个问题的基础性法律的《阿奎利亚法》的年代不详。它肯定比《十二表法》要晚，因为乌尔比安说，[4]它部分地废止了《十二表法》的规定，并且它看来应该在公元前287年之后，因为严格说来它不是一部法律而是一个平民会决议，[5]而平民会决议可能是在那一年通过《霍尔腾西法》后才具有法律效力的。另一方面，它明显早于公元前2世纪中期，因为布鲁图斯(M.Iunius Brutus)对它进行了评论。[6]

我们知道这部法律的三章，但是只有第一章和第三章是关

---

[1] J. 4.1.4。Theophilus (Paraphr. ad h.l.) 将这个诉讼与拒不当场交出窃物相联系，但是，"exhibere"一词（参考"actio ad exhibendum"[出示诉讼]）更表明拒绝在法律上交出它（Kaser, EB 43f.）。但是，除了查获盗窃诉讼和出示诉讼之外，无论在哪种情形下，都不容易看出对这样一种诉讼的有说服力的必要性。关于讨论，参见 Yaron, TR 34 (1966) 519ff。他独出心裁地提出，这个诉讼适用于搜查者未找到窃物，即诬告。但是，这必须包括下述假设，即原文是不同的，而且是很笨拙地模棱两可（qui furtivam rem [apud se] quaestiam [et] inventam non exhibuit [课加罚金于不出示在他处搜查并且找到被盗窃的物的人]），并且，它要求赋予"exhibere"的一个很勉强的含义。

[2] 参考上文，第169页。D. 9.2.5 pr. 是被添加的，这通过与 Coll. 7.3.2-3 的比较可以证明；参见 Lawson, Negligence 82。

[3] Lawson, Negligence.

[4] D. 9.2.1 pr.

[5] D. 9.2.1.1.

[6] D. 9.2.27.22。关于布鲁图斯，参见上文，第92页。根据拜占庭时期的作家的两段话，这个法律通常被确定在公元前287年。Theophilus (Paraphr. 4.3.15) 说"在撒离的时候"，对 B. 60.3.1 (Heimbach 5.263) 的评注说"当平民对元老院进行反抗并从中撒离的时候"。由于最晚的一次撒离是在公元前287年，因此，有人断定就是在这一年。但是，(1)这部法律不具有政治性。反对的意见，Beinart, Butterworth's S. African Law Rev. (1956) 70ff.，他将它的许多规定看作是补救平民的不满；(2)提奥菲鲁斯和上述评注很可能没有独立的证据，在不了解很多早期历史的情况下，就仓促得出结论说，这部法律与政治斗争有关，因为它是一个平民会决议。

第十七章　从《十二表法》到共和国衰亡时的私法：债法　　357

于损害财产的。① 第一章涉及非法杀死他人的奴隶或四足牲畜（pecudes）②，第三章涉及因"焚烧、打破或者粉碎"任何其他财产导致的损失（damnum③）。第三章，至少根据后来的解释，还包括对奴隶和四足牲畜的较小的伤害。根据这两章，这种行为必须是侵辱。④ 这最初指的是非法的意思，即一旦证实，被告（以一定的方式）造成损害，他就要负责，除非他能够提出某种可以被认可的正当理由，如自卫。但是，在共和国末期，这种含义转变为一个要求，即被告在行为时应当出于恶意或者过失（dolo aut culpa）。依据第一章，损害赔偿的估价是被杀死的奴隶或者牲畜在前一年所具有的最高价值；第三章规定的这样的期限不同——为30天，但是，估价显然也是最高价值。但是，"最高"并不出现在第三章的文本中，尽管到公元1世纪中期时它已经被人添加到其中了。⑤

《阿奎利亚法》在历史上特别令人感兴趣，因为它不仅提供了通过解释发展法律的例子，而且提供了通过裁判官诉讼发展法

---

① 关于第二章，参见 Gai. 3.215；参考 Lévy-Bruhl, *RIDA*（1958）507ff.；Daube, *St. Solazzi* 154ff.。

② J. 4.3.1 将它解释为包括所有放牧的四腿兽。

③ 关于"damnum"是指对所有人造成的财产损失，而不是指对物件的有形损害（后者可能没有受到任何损坏：D. 9.2.27.17），参见 Daube, *St. Solazzi* 93ff.；不同的观点，Liebs, *SZ* 85（1968）195ff.。

④ Beinart, *St. Arangio-Ruiz* 1.279ff.；Lawson, *Negligence* 36ff.。

⑤ 第三章显然给予原告物件的全部价值，甚至在较小损害的情况下，这一事实以及该章文本中的某些奇怪规定，如在 D. 9.2.27.5 中保存下来的那样，使乔洛维茨（*LQR* 38［1922］220ff.）推测，这两章最初都限制在全部毁损，第一章是关于有生命的财物，第三章是关于无生命的财物。对各种财物的部分损害是后来（但是仍非常早，因为小布鲁图斯［M. Iunius Brutus, 上文，第92页］允许对殴打一个女奴隶致使她流产的诉讼：D. 9.2.27.22）通过解释纳入第三章的，并且这种扩大导致在损害赔偿估量上的相应变化——从价值变为所遭受的实际损失。这种解释的主要障碍（Lenel, *SZ* 43［1922］577 提出的其他反对意见不那么重要）是：(1)缺乏关于如此大的意思转变的证据（虽然关于公元前3世纪和公元前2世纪的法律的证据非常少）；(2)该法律不可能忽略未达到杀死或者全部毁损的损害（除非假定这类损害是由《十二表法》所包括的；参考上文，第170页）。Daube（*LQR* 52［1936］253ff.；参考 Iliffe, *RIDA*［1958］493ff.）推测第三章从未给予原告全部价值；第三章文本中的"quanti ea res erit"（如在诉讼程式中常见的那样）是指原告的实际损失，30日是指在非法行为后的30日，而不是像古典的解释明显所指的那样是非法行为之前的30日。此外，和第一章

律的例子。

（1）解释。根据该法令的原文，通过损害赔偿的方法只能赔偿财物的实际价值，但是至少早在拉贝奥时，① 解释也允许原告计入随之发生的损害赔偿，例如，如果被毁坏的物原本为一对，因此所遭受的损失就大于单个物的价值。② 此外，第三章的原文写道"si quis...usserit, fregerit, ruperit..."（任何焚烧、打破或者粉碎……），严格说来"rumpere"仅仅指"打破"，但是，共和国时期的法学家已经将它解释为与"corrumpere"（即"损坏"）相同，从而将所有其他损害类型都纳入该法令中。③

（2）裁判官诉讼。除了对"rumpere"的这种扩张解释外，第三章的用词和第一章的"杀死"一词在市民法上作严格的解释。因此，"导致死亡"由于与"杀死"不同，并不能作为市民法诉讼的基础，在与财物没有有形接触时对财物的损害也不给予市民法诉讼的理由。但是，早在拉贝奥的时代，一个人如果给一个奴隶喝毒药致使他死亡，那么他就要对一种裁判官法上的事实诉讼负责，④

---

一样，第三章最初限于有生命的财物，但是涉及比死亡轻的损害，因此30日的推迟有一个目的——使伤害的程度有时间变得明显。后来（但必然在公元前1世纪后期以前，参见 Labeo in D. 9.2.29.3）该章被扩大到无生命的财物，由于对这类财物的损害程度可以即时看出来，因此通过与第一章相类比，30日的期限逐渐被视为指以前。只有在这种新的背景下，才会产生硬加"最高"于其中的问题。对这种非常独特的论点的唯一反对意见是，在像罗马法这样有非常巨大的传统的制度里，所有这些发展被忘记是不可能的。主流观点（Kaser, *RPR* 1.620; D. Medicus, *Id quod interest*［Cologne, 1962］238ff.）仍认为是原告获得全部价值，而不论损害程度。但是，参见 Daube, *Roman Law, Linguistic, Social and Philosophical Aspects*（Edinburgh, 1969）66ff.。没有哪个文本（可能的例外是 D. 9.2.24 含蓄的规定）正面排除这种解释，并且确实，阿奎利亚法诉讼，和其他私犯诉讼（上文，第172页）一样，至少部分是刑事的（Gai. 4.9），但是，很难相信，在整个古典法时期都存在一个如此强烈的不平等的制度。Kelly, *LQR* 80（1964）73ff.，也对该法律的原文作了完全不同的重构，而 Pringsheim, *Ges. Abh.* 2. 410ff.（= *Mél. Lévy-Burhl* 233ff.），在它里面找到连续发展的层次。就所有这些猜测都是基于对幸存下来的文本的细致审查而言，需要注意的是，罗马法学家显然不和现代法学家一样关注引用法律文本的一丝不苟的精确性。

① D. 9.2.23.4.
② Gai. 3.212.
③ Ulpian, D. 9.2.27.13，谈到这样是扩大是先前的法学家（veteres）作出的。
④ D. 9.2.9 pr.

并且，在损害被认为不是直接到足以提起第三章规定的市民法诉讼的程度时，也给予相同的诉讼。① 同样重要的是，裁判官诉讼也给予虽非所有人但对财产享有权益的人（例如给予用益权人），而该法令的用词只提到所有人。② 但是，似乎没有证据表明这一步是在帝国之前迈出的。另外，既然一个人不能被说成是他自己的四肢的所有人，他也不能为人身伤害起诉③（除非是有意造成伤害，在这时，它可能构成侵辱这种私犯）。

## 4. 暴力损害财产和抢劫。

在盖尤斯的《法学阶梯》中论述的四种主要的私犯中，抢劫（rapina）仅仅是伴随着暴力的盗窃。④ 对此，根据告示，在一年内可以提起四倍的损害赔偿诉讼，在一年以后，则只能提起简单的损害赔偿诉讼。这种诉讼的历史很令人疑惑，并且在有些方面很模糊。⑤ 我们知道，在公元前76年，时任裁判官的卢库鲁斯（M.Terentius Lucullus），肯定是因为当时国家的混乱状况，认为有必要在他的告示中允诺一种对于由武装团体暴力（vi hominibus armatis coactisve）造成的损害的诉讼。很可能，这个告示本来想规定的是对财产的暴力损害，而不是强盗，后者似乎已经由一个先前的告示，即大约公元前80年的奥克塔维乌斯（Octavius）的告示所完全包括。⑥ 但是，在拉贝奥时代以前，插入了另一个条款，明确规定了强盗，无论是否为一帮人所犯，其理由可能是奥克塔维乌斯的告示同时受到了限制，以至于不再包括这种情形。在古

---

① Gai. 3.219.
② D. 9.2.11.6, 12.
③ 有一个文本（D. 9.2.13 pr.，是乌尔比安写的）允给他一种裁判官诉讼，但甚至这也可能是添加的。
④ Gai. 3.209.
⑤ 关于下面的描述，参见 Schulz, *SZ* 43（1922）216ff.；参考 Rouvier, *RHD*（1963）443ff.；Balzarini, *St. Grosso* 1.323ff.。
⑥ 参考下文，第278页。

典时期，关于武装团体致损的条款和涉及强盗的条款都规定于告示中，但是，在社会治安比较稳定的情况下，后者在实践中更重要些，并且只有它被认为值得在盖尤斯的入门性质的著作中占有一席之地。

## （二）完全依赖于荣誉法的私犯。

到目前为止，我们仅仅说到诸如裁判官在扩大或修改市民法上既有规定之类的创新；现在，必须说一说在市民法根本不认为属于违法的情况下给予诉讼的那些创新。其中有一些实际上属于程序法，并且是为完善司法机制所必需。这些规定例如，对拒不遵守自治市执法官的命令的人给予损害赔偿之诉的规定，[①] 对强行将已被传唤受审之人带走的人可以提起损害赔偿之诉的规定。[②] 其他的诉讼与程序无关，但较次要，它们是腐蚀奴隶之诉，[③] 和对欺骗性地制作关于田地面积的虚假报告的测地员可提起的诉讼。[④] 但是，最重要的裁判官法上的私犯是胁迫和欺诈，因为在这方面，裁判官引进了新的一般原则，它们将影响罗马法的所有方面。

### 1. 胁迫。

在古典法上，如果一个人受到威胁而被迫作出对自己不利的某种行为，他有三种救济手段——恢复原状、[⑤] 抗辩和诉讼。在这些救济手段中，诉讼似乎是最古老的，可追溯到大约公元前 80 年一个

---

① Lenel, *EP* 51.
② *EP* 73.
③ *EP* 175；Gai. 3.198；Watson, *Obligations* 264f.
④ *EP* 219.
⑤ 上文，第 229 页。

叫奥克塔维乌斯的人担任裁判官的时候。① 就其原先的形式来看，很明显，它仅仅适用于通过暴力或通过威胁实际剥夺财产，② 并且是处以该财产价值的四倍的罚金。后来，不再提到暴力的问题，只要一个人受威胁被迫作出使其自己受损的行为，无论这是一项法律交易行为，比如转让财产，还是一种身体行为如拆毁一所房子，这个诉讼都适用。③

## 2. 欺诈。

最初，根据形式主义原则，对于单纯欺骗的救济和对威胁的救济一样少。如果一个人已经受骗，例如转让了其财产，他还是将它转让了，并且，可能在非常早的时期，欺骗甚至不被视为应在道德上受到指摘的。④ 用西塞罗的话来说，在阿奎利乌斯·盖路斯（Aquilius Gallus）"创造欺诈程式"之前，不存在任何救济手段。⑤ 我们不能确切地说，这是指诉讼还是抗辩，但是，有可能的是，在这方面，如胁迫的情形一样，先产生的是诉讼。和胁迫诉讼一样，它也是仲裁人之讼，但是它只对因欺诈所造成的损失给予简单的损害赔偿，并且只有在原告没有其他救济手段可以采用时，才可适用。⑥

---

① 西塞罗，*Verr.* II.3.152，认为它起源于奥克塔维乌斯程式，但是，它的作者是哪一个奥克塔维乌斯不详；参见 Schulz, *SZ* 43（1922）217。关于抗辩的年代，参见 Watson, *Obligations* 257f.。

② "Quea per vim et metus abstulerant"，西塞罗前引文；参考 *ad Quintum fr.* 1.1.7.21。

③ Schulz, *SZ* 43（1922）220。

④ 参考 Maine, *Ancient Law* 321f.。

⑤ *Off.* 3.60；西塞罗在 *de nat.deor.* 3.74 中说到欺诈审判，这是指诉讼而不是抗辩。阿奎利乌斯（Aquilius）是公元前66年和西塞罗一起的裁判官，因此，这个诉讼通常被确定在那一年。但是，困难在于，我们知道（Cic. *Cluent.* 147），他在担任裁判官时还担任选举舞弊法庭（quaestio ambitus）的主持人。虽然他可能同时担任外事裁判官（Kübler, *SZ* 14[1893] 80f.），更可能的是，正是凭他作为执法官的法律顾问的资格，而不是凭他自己就是执法官的资格，他是这一程式的作者，在这种情况下，其年代可以是他作为法学家进行活动的期间的任一时候；参见 v. Lübtow, *Eranion G. S. Maridakis*（Athens, 1963）185ff.，及相关引述。

⑥ 关于其程式，参见上文，第202页注释。

## 二、契约

### （一）要式契约。

**1. 债务口约的废弃。**

《博埃得里亚法》[①]似乎没有真正废除债务口约，而是导致它不再被使用。[②]如我们已经看到的，它在某种程度上缓解了债务人的命运；并且，如果未经判决强制执行债务口约的做法被废弃了——这是很有可能的，那么相对于将要使用的比较新的缔结债的形式，它就没有任何优势可言了。[③]

**2. 要式口约。**[④]

在发达的法律中，要式口约是一种契约的形式，据此，任何协议通过简单的权宜之法，即将它变成口头问答形式，就能成为可诉的契约。例如，要成为受允诺人的人说"你答应付给我10,000塞斯特兹吗？"或者说"你答应你将根据某某规格建造一所房屋吗？"而另一方回答说："我答应"。不需要任何见证人，也不需要采取书面形式。在古典法上当事人对于所使用的话语是否具有完全的选择自由，存在争论，[⑤]但是最初，似乎很明显，它

---

① 参考上文，第189页及下页。

② Cic. *Rep.* 2.59："所有的市民的债务奴隶被取消，后来这样债务形式被完全废除"；参考 Livy 8.28.8。

③ Kaser, *AJ* 247ff.

④ 有两种相当次要的口头契约——嫁资声言（dictio dotis），即关于一笔嫁资的允诺，和解放宣誓（iusiurandum liberti），即奴隶在被解放时承诺对其先前的庇主提供一定劳役的誓言。这两种契约都不同于要式口约，因为只有允诺者需要讲话——没有受允诺者在先提出的问题；Gai. 3.95f.。通常认为，嫁资声言作为可强制执行的婚姻赠与允诺的一个附属部分，最初是可以强制执行的，但是参见 Watson, *Persons* 60f.。解放宣誓几乎可以肯定是早期的，但是它的执行可能留待自力救济，直到共和国后期；Kaser, *RPR* 1.300；C. Cosentini, *Studi sui liberti* 1 (Catania, 1948) 181ff.。

⑤ 关于只能使用特定话语的观点，参见 Nicholas, *LQR* 69 (1953) 63ff.；反对的观点，

们必须这样说:"Spondesne?"(你答应?)"Spondeo"(我答应),因为这个特殊的词语总是限于市民使用,如果使用其他词语,那么,该要式口约就是万民法上的。[①]

我们说要式口约是一种要式契约,是因为它以双方当事人都要到场,并以口头问答订立他们的协议作为其生效条件,但是,这种形式大概是人们所能想象的最简单的一种。过去人们常常认为,一项如此灵活的制度不可能是早期的。但是,我们现在知道,它在《十二表法》时期就存在,[②] 尽管我们不知道在那之前它已经发展到何种程度。盖尤斯所举的例子是关于一笔确定的金钱的誓约,但是,在《十二表法》时期,还没有货币,这实际上代表的是什么并不确定。很可能,要式口约可适用于任何特定物,但还不能适用于不特定物。[③]

关于要式口约的起源,已经进行了广泛的讨论,但是没有达成任何共识。通常的说法是,[④] "spondee"一词具有宗教的内涵,并且它最初表示经宣誓的允诺,若是违背该允诺,就会遭到所祈求的神的报复,但是有关于此的证据[⑤]很不令人信服。另一方面,"sponsor"这个名词仅仅被用于担保人或者保证,而不具有一般所说的允诺人的更广泛的含义,这被用来证明下述观点[⑥]:要式口约作为一种保证契

---

参见 Winkler, *RIDA*(1958)603ff.; van Oven, *TR* 26(1958)409ff.; *RIDA*(1961)391ff.。由于拉丁文没有关于"是"的用语,因此,例如在普劳图的戏剧中出现"Dabis?""Dabo"并非(对不起,不能同意 Watson, *Obligations* 1 的观点)证明在这时允许这种形式的要式口约。进一步参见下文,第 509 页及下页。

① Gai. 3.93.
② 上文,第 182 页。
③ 在共和国结束以前,出现关于不特定物的要式口约,Varro, *R.R.* 2.2.5;2.5.10(Bruns 2.63),但是甚至在拉贝奥时期,通常对违约规定一种罚金,D. 45.1.137.7。关于特定物与非特定物的含义,参见上文,第 193 页注释。
④ 尤其是参见 Kaser, *AJ* 256ff.; A. Magdelain, *Essai sur les origines de la sponsio*(Paris, 1943)。
⑤ 主要有:(1)通常认为,spondeo 从词源上与"σπένδω"(我带来一份祭酒)有关;(2)Festus 59(Bruns 2.5)给予"coniurator"以共同保证人(consponsor)的含义;(3)Festus 329(Bruns 2.40)引用弗拉库斯(Verrius Flaccus)的观点,认为"sponsus"和"sponsa"源于希腊,"誓约是面对神作出的事情"(但是,这只不过必须是从订婚仪式产生的一个推论,尤其是因为,费斯都斯还说,弗拉库斯在别处将"spondere"与经承诺是"sponte sua"的东西相联系)。
⑥ Mitteis, *Festschr. Für E. I. Bekker*(Weimar, 1907)107ff.; 同一作者,*RPR* 27, 266ff.。

约而产生。根据这一观点，罗马法上的契约的发展与其他法律体制中已经发现的发展过程很可能是相似的。[1] 首先，在甲犯下违法行为时，乙为他提供保证，只有乙，而不是甲要负责；后来，允许甲为自己作保，因此义务和责任落在同一人身上；最后，为自己作保的安排变成了以某种更一般化的方式作出的有约束力的承诺的方法。[2] 但是，有人已经指出，[3] 如我们所知道的，在罗马法中，誓约人（sponsor）只能担保本身就是通过要式口约缔结的债，而这一规则与非契约之债的保证人的起源不符。并且，道贝已经说明，[4] 一个人不能从一个动名词的含义中推论出该动词本身的含义。不是每个承担的人都是作出许诺的人。

凯泽尔[5] 认为上一段中所讨论的两种理论都是正确的。他认为，要式口约具有双重的起源，宗教的和世俗的，分别对应于誓约（sponsio）和要式口约（stipulatio）这两个词语。具有宗教性质的制度当然较早些，通过使用"誓约"与外邦缔结条约，它在历史上保存下来。[6] 另一方面，要式口约完全是一种世俗的制度，其最早的形式是在法庭程序中由保证人（praedes）和应诉保证人（vades）所给予的担保。[7] 最终，当"誓约"失去其宗教的内涵时，这两种制度合起来产生了我们所知道的那种契约。撇开"誓约"的宗教起源的不确定性不论，这一理论和其他从"誓约"和"要式口约"的二分法开始的理论，[8] 遭到阿兰乔·鲁伊兹的严肃

---

[1] 参见 Brunner, in Holtzendorff's *Enzyklopädie der Rechtswissenschaft*, 2nd ed. by J. Kohler, 1（Munich, etc., 1915）1.139；Pollock and Maitland 2.184；Holdsworth, *HEL* 2. 83ff.。

[2] 参考上文，第 159 页以下。

[3] Monier 2.22；参考 Gai. 3.119。

[4] *LQR* 62（1946）266ff.；*Roman Law*（上文，第 276 页注释）2ff.。

[5] *AJ* 256ff. 和 *RPR* 1.168f.。

[6] 如在科乌迪姆峡谷事件中那样，上文，第 41 页注释；参考 Gai. 3.94。

[7] 上文，第 162 页。

[8] F. Pastori, *Appunti in tema di sponsio e stipulatio*（Milan, 1961）猜想，"stipulatio"（而不是宗教性质的"sponsio"）产生于跨境交易中的承保（fidepromissio）；它是万民法上的，且建立在信义（fides）的基础上，那些话语只是对合意的宣告；在它被市民法接受后，它只成为一种要式的口头契约。反对这种观点，参见 Talamanca, *Labeo* 9（1963）96ff.。关于另一种观点，参见 Biondi, *BIDR* 65（1962）105ff.。

反对。① 就我们所拥有的原始文献可回溯的程度而言，所用的术语都不支持这种二分法。盖尤斯从未使用"sponsio"表示完全问答式的口头契约，而且根本很少使用"stipulation"；他通常使用的词语是"verborum obligation"（口头债）。只是在后来的法律中，"stipulation"才在习惯上被用于我们现在所设想的那种含义。通常，"stipulation"和"stipulari"只用于提问，回答由"spondere"或者"promittere"来作出，如同写在文书末尾的传统程式中的那样："发问人是提图斯,回答人是塞尤斯"(stipulatus est L.Titius, spopondit C.Seius)，或者在塞尔维·苏尔皮求斯（Servius Sulpicius）②（约公元前 43 年）把婚约（sponsalia）描述为"通过发问和回答而形成的契约"（contractus stipulationum sponsionumque）中的那样。如果"stipulation"和"sponsio"曾经是两种独立的契约，那么难以理解这种术语如何能得以确定下来。③

## 3. 文字契约。④

关于这种契约，确切了解得很少，因为盖尤斯，⑤差不多是我们所可以诉诸的唯一的权威作者，他描述的与其说是它的用途，

---

① *BIDR* 65(1962)193ff.
② 引自 Aulus Gellius, 4.4。参考上文，第 233 页。
③ 相反，在法律文本中，"sponsor"用来表示保证人（参见上文），"sponsio"似乎从未指保证契约；在已知的最早的用法中（在新的盖尤斯片段 4.17a 中所记载的请求指定审判员的法律诉讼的程式中），它明显是指在言词之债中的债务人一般意义上的承诺，而在从普劳图到公元 2 世纪末的文本中，它一律指程序上的承诺（誓约与复约，sponsiones et restipulationes）。西塞罗的术语（在法律意义上）与这相一致："spondee"在广义上用来指任何口头承诺，而"sponsor"指保证人，"sponsio"指程序性的承诺。参见 Arangio-Ruiz, 前引书。
④ 参见 de Zulueta, *Gaius* 163ff.，被 de Ste Croix 当作为账簿的形式，参见 de Ste Croix in *Studies in the History of Accounting*, ed. A.C.Littleton and B.S.Yamey ( London, 1956 ), 14ff. at 72ff.。
⑤ Gai. 3.128-33。此外，我们还拥有在 Theophilus, *Paraphr.* 3.21 中的一段叙述，但可能没有什么权威性，一个属于公元 1 世纪中期的铭文碎片（Bruns 1.353），两个近年从赫尔库拉努姆发现的铜表碎片（参见下文），以及在法律和非专业性文献中的许多参考书目（由 Watson, *Obligations* 18ff. 作了论述）。

不如说是它的订立形式。然而，看起来，甲可能通过将一笔钱虚构记入乙（债权人）的收支簿（codex accepti et expensi）而成为乙的债务人，并声称乙已经以贷款的形式向他付出这笔钱。盖尤斯告诉我们这种契约的两种可能用途：

（1）记人于人（transscriptio a persona in personam）。如果甲欠乙10000塞斯特兹，而丙代替甲作为乙的债务人是合理的（例如，因为丙欠甲一笔相同数额的钱，因而将甲完全排除掉，可以简化手续），那么，通过在乙的收支簿中记入对丙的一笔虚构贷款就可以了。

（2）记事于人（transscriptio a re in personam）。如果甲欠乙10,000塞斯特兹，例如因为乙向其出售了货物，这笔债可以通过在乙的收支簿中虚构记入乙借给甲10,000塞斯特兹，从而变成一种文字契约之债。这样做的目的可能是，给予债权人一种易于证实的债权，其可执行性是根据请求给付之诉这种简单而有利[①]的救济方法，而不是普通契约所规定的诚信诉讼，并且债务人可能得同意这种做法，因为例如，债权人可以将它作为向其提供更多贷款的条件。

没有证据表明，在两种情况下，乙都必须，或者甚至是习惯性地要记入清账项，记载由文字契约所取代的那笔债的清偿。实际上，在想到这种收支簿时，我们必须牢记，罗马人以简单的叙事方式记录账簿，特别是，没有独立的借记和贷记科目，因此根本没有冲销的记载科目的观念。[②]

盖尤斯没有说到债务人参与订立这种契约。很显然，他肯定必须已经同意债权人进行记载，并且，人们过去常常推测，他在他自己的收支簿上作出相应的虚构记载，但是，从赫尔库拉努姆（Herculaneum）找到的一些破碎的铭文引起其他推测。[③] 这

---

① 上文，第214页及下页、第194页。
② De Ste Croix，同上引书（n 79）74；Joannique, *RHD*（1968）5ff.。
③ Arangio-Ruiz, *RIDA*（1948）15ff.

些铭文（它明显有一系列的内容）中有一块的第一"页"①载有 chir(ographum) L.Comini Primi ex nomine facto 这些字，随后，在一段脱漏的文字后，是债务的金额。另一块铭文除了那个名字外与之相似。在前一个铭文上面粘着一些纸莎草纸碎片，据此，阿兰乔·鲁伊兹推断，债权人保存了债务人的承认（亲笔字据，chirographum）②，以及在他的收支簿中的相应记载的便条。这表明，和要式口约一样，③这种契约的制订形式不同于证明它存在的形式；换言之，记录（虽然是一种必要的形式）本身并不足以证明它是正当作出的。④

盖尤斯将这些虚构的记载（债权誊账）与他所称的支付记账（nomina arcaria）仔细区别开来，后者是指记录真实的以贷款支出的款项的账目，其约束性不在于这个书面的账目（它仅仅是证明），而在于实际支付了金钱（消费借贷）。⑤

我们不能说出债权誊账（nomina transcripticia）制度的历史

---

① 下文，第415页。
② 下文，第415页。
③ 上文，第280页。
④ 反对的意见，参见 Watson, *Obligations* 23f.。Arangio-Ruiz 后来（*Atti Accad. Modern*［1948］131ff.=*St. Redenti* 1.113ff.）推测，粘在亲笔字据上的是债权本身，而如果债权必须记入收支簿中，这必定要求剪账簿，因而他提出，这种契约与账簿之间没有必然联系。债权人关于债的书面说明，甚至写在一张纸上，可能就是充分的形式，这种做法可能是罗马法关于取得权利者用程式表示其权利的原则的另一个例子。在这方面，不能在账簿和其他备忘录之间划出过于鲜明的界限。通常认为，西塞罗的演讲（pro Roscio Comoedo）将文字契约与账目联系起来，但是，所指的账目是否为收支簿本身还是流水账（adversaria），或者日用记载，有不同意见（参见 Watson, *Obligations* 24ff., 38f. 以及 Tumulescu, *Labeo* 15［1969］285ff. 的论述）。但是，由于流水账可能采取任何形式，包括活页的形式（de Ste Croix，同上引书，n 79, 41），它们与其他备忘录之间的区别可能是臆造出来的。关于 Stojcevic, *Iura* 13（1962）53ff. 对出自赫尔库拉努姆铭文所提出的解释，参见 Watson, *Obligations* 23。必须强调的是，关于粘在亲笔书据上的那片纸莎草纸的解释只不过是猜测。
⑤ 他没有说明可以用来区别这两种账目的方法。我们可能有这样一种反论，即它们之间的区别是，关于账目是虚假的证据将证实一种而否定另一种。Arangio-Ruiz, *Mélanges E. Tisserant*（=*Studi e Testi*, Vatican, 1964）9ff.，注意到出自赫拉库努姆的那些铭文中有一些指明支付款项是出纳支出（expensum ex arca），从而推测这些是指的出纳债权；参考 Tumulescu, *Labeo* 15（1969）285ff.。

有多久，可以确定的是，在公元前2世纪初期就有包含贷款与偿还项目的簿记，① 但是，这并不一定表明，虚构的记载已经为人所知。一方面，在西塞罗时代，它们明显被普遍采用，② 因为它们可能在赫尔库拉努姆被毁灭的时期（公元79年）仍然存在，但是，盖尤斯简短的叙述表明，在公元2世纪中期，它们不再是很重要的。另一方面，在西塞罗时代，它们明显被普遍采用，③ 到古典时期，这个制度已经实际废弃了。

## （二）非要式契约。

### 1. 消费借贷和产生请求给付之诉的准契约之债。

在古典法上，如果甲以贷款的意思将钱给乙，乙以相同的意思接收，此交易被叫做消费借贷（mutuum），甲可以提起请求给付之诉以获得该金额的偿还。④ 由此产生的债被认为是要物契约之债，即必须进行金钱的转移，才能产生返还相同金额的债；如果实际上没有任何金钱转移，就不可能有消费借贷。关于这种非正式贷款最早于何时成为可诉的，我们不知道，但它很可能回溯到共和国时期。⑤ 这个问题可能并没有初看起来时那么大的实际意义，因为非正式贷款从来不能给予索取比实际贷款更多的金额的权利，而无息贷款相对少见。如果要收利息，则甚至在古典时期，也必须作出这方面的特别规定。很可能，消费借贷最初成为可诉的，

---

① Plautus, *Truc.* 70ff.
② *Rosc. Com.* 4.13；5.14；*Off.* 3.59.
③ *Off.* 3.58f.（Watson, *Obligations* 29ff.）
④ 此契约也可适用于其他"有形"财产，如谷物；Gai. 3.90。
⑤ 在普劳图的戏剧中诸如"借钱是不光彩的"（*Trin.* 1051）之类的短语实际上仅仅证明贷款作为一种经济事实的存在，但是在西塞罗时代，我们有证据证明，不正式贷款是可诉的：*pro Rosc.com.* 5.14，在其中，西塞罗列举了请求特定金钱的诉讼的可能理由，说："金钱之诉需要的是给予（data）、接受以及约定"。"Data"在此肯定包括贷款，虽然它也可能包括其他财产。参考 Watson, *Obligations* 15 n 1。

不是因为它被特别地承认为一种值得执行的契约，而是因为它被承认为可以适用一项到当时为止还没有被完全明确表达出来的原则，即如果甲无任何正当理由以乙受到损失为代价而获得利益，那么乙应有权通过诉讼要回该获利额。①

在古典法上，许多这样的情形得到了承认，其救济总是请求给付之诉。这样，如果乙错误地以为自己欠甲的钱而付给甲一笔钱，则他有一种请求给付之诉以索回（错债索回之诉，condictio indebiti）。同样地，如果乙给甲钱在一定时间内解放一个奴隶，而甲未能办到，则乙也可通过请求给付之诉要回那些钱（因给付物的请求返还之诉，condictio ob rem dati）。②消费借贷实际上是相似的：如果乙借给甲一笔钱，而甲不返还，则甲不合理地通过使乙受到损害而获利。不合理的获利应当由因此受损的人取回，这一原则实际上早就有人提到了，因为萨宾（Sabinus）③认为它是由前人（veteres），即共和国时期的法学家们创造的，但是，没有必要认为，它直到被表达出来的时候才存在，或者，它最初是伴随着请求给付之法律诉讼的引进而产生的。可通过请求给付之诉取回的债，至少在有些情况下，以前似乎是可以通过誓金法律诉讼取回的，④并且，没有理由认为，在引进请求给付之诉之前，可能支持"我声明，你必须给我"（aio te mihi dare oportere）之

---

① 更准确地说，这一古典原则可能是，如果乙向甲转让（参考前注中的"data"）一笔钱或某物，而甲没有理由保留它（或者，例如，在过期的消费借贷的情况下，不再有理由），则可成立请求给付之诉。关于其概要，参见 Nicholas, *Tulane L.R.* 36（1962）611FF.，关于全面的研究，参见 F. Schwarz, *Die Grunglage der Condictio im klass. röm. Recht*（Münster, 1952），以及 Donatuti, *Studi Parmensi* 1（1951）35ff.。更早些时，这种请求可能是私犯性质的，未能返还的话就与盗窃类似（如 Kaser, *AJ* 284ff.）。

② 优士丁尼（D.12.4 的标题）还给了它"因给付未获回报的请求返还之诉"这个严格说来毫无意义的名称（但它后来由之出名）。

③ D. 12.5.6（Ulpian 18 *ad Sab.*）："萨宾总是说早期的法学家正确的认为如果某物被不法地保持在某人的手中，那么就可以成立请求给付之诉。杰尔苏也持同样的观点"。参考 Watson, *Obligations* 12f.。

④ 参考上文，第 194 页及下页。

主张的一系列事实未被扩大到包括我们正在讨论的这些债的范围。英国的法律史告诉我们，这一进程不可避免是逐渐的。但是，几乎没有疑问的是，请求给付之诉的抽象性质（至少在程式诉讼制度下）[1]有助于扩大涉及到债务情形的诉讼的种类，因为很显然，如果在这些情形下，程式没有免除请求方准确地说明诉因的义务，由于请求的一方自己来界定诉因不是那么容易，相比之下，审判员更容易承认那些表达为"应当被支付"的请求。如拉贝尔所说，[2]"请求给付之诉，由于是一种没有提到诉因的程式，它能非常适合包括那些情形，即允许一种返还的请求权是合理的，这不是因为原告提出请求有特殊的理由，而是因为被告没有充分的理由保留他所得到的东西。"

当"契约（contract）"开始具有协议（agreement）的意思时，[3]消费借贷当然可被归类为一种契约；而由错债清偿产生的债，由于没有协议，不得不被称为准契约之债。[4]但是，这两种债的起源在于相同的思想，现代作者在准契约的标题下与错债清偿放在一起的其他非契约的请求给付之诉的起源也一样。

## 2. 信托和除消费借贷之外的"要物"契约。

信托，[5]或者信托简约，不是一项独立的契约，而是从属于通过要式买卖或拟诉弃权的转让的协议，它对受让人施加有关转让物的信托，最常见的是关于在特定情况下归还该物的信托。[6]这样，如果某人出于某种原因认为他的财产在一个朋友手中比在自己手中可能更安全，他可以（通过要式买卖或者拟诉弃权）向该朋友

---

[1] 上文，第214页及下页。
[2] Rabel 470.
[3] 参考上文，第271页。
[4] J. 3.27.7.
[5] 参见 W. Erbe, *Die Fiduzia im röm. Recht* (Weimar, 1940).
[6] 这种信托还可能是关于解放一个被要式买卖的人，无论是自由民（例如参见上文，第240页注释），还是奴隶，也可以是关于将财产进一步转让给第三方；参见例如 D. 39.6.42。

转让它，并附信托，于要求时，或者当他所想到的某种危险过去时归还（与朋友建立的信托，fiducia cum amico）。[1] 与此同时，这个朋友从技术上说会是所有人，并能行使一个所有人的全部权利，例如在物脱离其占有时通过所有权之诉取得该物。但是，更重要的是与债权人的信托（fiducia cum creditore）———一种形式的担保。例如，某债务人为担保其债务，将他的某件财产转让给其债权人，并附信托，如果清偿债务，并且在清偿债务后归还。关于这种安排，后文在"物的担保"标题下将详细展开，[2] 但是在现在，关键的是信托。这总是一种纯粹的非要式协议，不仅"fiducia"（fides，信任）这个词，而且它的非形式性都表明有一个时期它是不可强制执行的，转让人不得不依赖其朋友或债权人的信义。[3] 但是，在共和国的一定的时期之后就已经不再是这样了，对于违反信托的受让人，可提起信托之诉（actio fiduciae）。对这种诉讼的首次提及见于西塞罗引自 Q. 穆齐所列举的诚信审判的清单，[4] 但是很可能，这种诉讼比穆齐生活的时代更早，因为西塞罗引自这种诉讼程式中的一些话具有一种独特的古代风格。[5] 它可能是对只赋予要式交易以效力的古老原则的第一次偏离，并且可能是诚信诉讼的原型。[6]

寄托（depositum），使用借贷（commodatum）和质押（pignus）。优士丁尼将这三种契约与消费借贷一起归类在"要物契约之债"下。[7]

---

[1] Gai. 2.60.

[2] 下文，第 301 页。

[3] 有人，例如 Watson（Obligations 172ff.）根据《十二表法》（第六表第 1 条）的用语，认为信托已经可以依法律诉讼起诉：采用债务口约和要式买卖进行交易的，他们说的话就是他们的法律（上文，第 145 页注释），但是参见 Kaser, TR 34（1966）416；在贝提卡（Baetica）程式中，这一规定被称为"协议简约"（Bruns 1.332；FIRA 3.296）。

[4] Off. 3.70. 保罗使用这个词，但是（对不起，不能同意 Watson, Obligations 172ff. 的观点），不能得出关于存在一种诉讼的确定的推断。

[5] "必须犹如在诚实的人们之间诚实地进行的那样"，Top. 66；Off. 3:61, 70；ad fam. 7.12。

[6] 关于这种程式的性质，以及有两种诉讼还是一种诉讼的问题，参见 Kaser, TR 34（1966）417f.，和 RPR 1.461f.。

[7] J. 3.14.

说它们都是"要物"的,这是因为,它们的成立(加上当事方的协议)只需要将契约标的物从一方交给另一方,并且这种契约所产生的主要义务是接受方返还该物的义务。① 这样,后来的② 分析将它们与消费借贷放在一起,但是,优士丁尼仔细地指出了差异:消费借贷的借用人成为所借物的所有人,并只需返还相同数量的种类物;而使用借贷的借用人、受寄人和质权人并不成为所有人,且必须返还所接受的原物。现在,很明显,从经济的角度看,质押和寄托包括与债权人的信托和与朋友的信托相同的基础,并且,与朋友的信托还可能被用于实现使用借贷的目的。从技术角度看,它们的法律差异很大,因为信托的受托人成为所有人,而在其他情况下接受方不是,但是,从外行的角度看,质押和与债权人的信托都是通过担保筹资的方式,寄托和与朋友的信托都是让某人照看财产的方式。还很明显的是,这些"要物"契约比较简单,一旦得到承认,可能会逐渐取代信托。因此,人们有时说,它们是信托的简化形式,但是,这种说法是否准确地表达了历史的发展过程,很有疑问。信托只能附属于要式买卖和拟诉弃权,因此不适合于略式物,而事实上,在得到特殊诉讼发展的保护之前,人们肯定通过贷款、寄托或质押的方式交付略式物,而不转让其所有权。即使在那时,他们不会完全没有保护,因为出借或寄存其财产的所有人可以通过所有权之诉取回它,并还可能受到关于盗窃的法律的保护。③ 对于出质人来

---

① 被担保的物只是在清偿债务并且只要在清偿债务后返还。

② 不清楚是在多么晚的时候。盖尤斯在其《法学阶梯》中,在"要物契约之债"标题(3.90f.)下没有提到这三种契约,对他来说,它显然限于可通过请求给付之诉索回的债(上文,第284页及下页),因而必须转移财产。另一方面,在 D. 44.7.1 引自他的 Res cottidianae 的内容与优士丁尼的《法学阶梯》极为相似,将它们都提到了。关于这后一片段的真实程度,以及如果不真实,它又是何时的,存在争议。有关盖尤斯对这些契约的叙述,参见 de Zulueta, *Gaius* 150f.; Nicholas, *Introduction* 168f.; Honoré, *Gaius* 63ff., 97f.; Wubbe *TR* 35(1967)500ff.

③ Girard 558ff.。关于这种保护,参考 Pollock and Maitland 2.186:"如果抵押品未被归还,对它的请求就会采取如下形式:'你不正当地扣留了属于我的东西'"。关于寄托,还有《十二表法》规定的旧的诉讼;上文,第164、172页。

说，如果清偿了债务，其地位会相同，但是，我们不知道如果他试图在此之前提起所有权之诉会怎样。

如上文已经指出的，对这些"要物契约"的首次特别承认是通过裁判官法上的事实诉讼，其时间在共和国末期之前。只是到后来，也可以使用权利诉讼（actiones in ius）。任何更为准确的时间确定都只是在猜测。①

## 3. 合意契约和无因管理与监护的准契约关系。

在古典法上，有四种契约被认为是通过合意缔结的，也就是说，它们的成立只需要当事人的合意，不论其表达方式如何，除此之外，不再需要更多的条件。② 它们是买卖（emptio venditio）、租赁（locatio conductio）、合伙（societas）和委托（mandatum）。在共和国末期以前，它们很可能就都已经存在，并且全都出现在西塞罗引自 Q. 穆齐所列举的诚信审判的清单上，③ 尽管这并不一定证明，它们已经被承认为合意契约。但是，只要在《爱布兹法》以前的程序法的历史仍和现在一样模糊，我们就不能详细地了解合意契约如何逐渐被承认的各个阶段，并且它们在 Q. 穆齐的时代以前的历史肯定几乎完全是猜测的。

毫无疑问，和其他的制度中的分类一样，这四种契约的类型是始于帝国初期理论法学的成果，并且我们可以发现，在历史上，它们属于两种不同的类别，一类包括买卖和租赁，它们是商业关系，另一类包括合伙和委托，它们似乎起源于家庭。在买卖和租赁中，当事人的利益是对立的，各方试图讨价还价以对自己有利，④ 而合伙和委托都具有信托的性质，要求当事人相互特别信任，⑤ 合伙人

---

① 关于详细的讨论，参见 Watson, *Obligations* 157ff., 167ff.; Burillo, *SDHI* 28（1962）233ff.。

② Gai. 3.135ff.

③ *Off.* 3.70.

④ 用英文的短语来表达，这种契约是"独立竞争当事人间的"（at arm's length）。

⑤ 参考 Cic. *Rosc. Amer.* 112："没有一个委托不是带着朋友关系的"。

之诉或委托之诉的判罚导致不名誉的规则清楚地说明了这一点。[1]一个合伙人试图欺骗另一合伙人，比一个卖方试图欺骗一个买方，更加不光彩。

（1）买卖和租赁。（a）买卖。第一，关于起源的理论。[2]毫无疑问，和其他地方一样，在罗马，买卖开始于一种交换，各方同时履行他们各自的交易部分，不留下任何其余的义务，但是，除了这一点之外，关于这种契约的起源，或者它最初成为合意契约的时间，没有一致意见。人们提出了许多解释，它们可能都有某种真实的成分，但是，困难并未得到解决，因为其历史很可能是漫长而复杂的，如果没有年鉴的证据，就不可能重构早期英国法上的契约史，同样地，如果没有关于法庭的实际判决的某种证据，也决不可能再现这段历史。主要的假设如下：

产生于城邦契约的假设。[3]根据这种观点，买卖和租赁的起源都是私人模仿自远古以来在城邦实践中就存在的安排。典型的公卖是财务官代表城邦出卖战利品。在这些情况下，执法官口头或者以公告的形式公布买卖的条件，当一个私人买方的出价被执法官接受时，交易即达成，无须任何进一步的手续。如果出现问题，执法官依据公平亲自作出决定，这种程序成为后来关于私人契约的诚信审判的范式。

当然，很可能，这些公共契约确实影响了私人契约的非要式性的发展，但是关于知道私方当事人采用什么诉讼的实际问题并未触及，并且，在没有证据的情况下，很难接受这种观点，即执法官在处理公共契约时所运用的行政程序能够成为全然不同的在

---

[1] Gai. 4.182；D. 3.2.1.但是只有在"直接的"诉讼，而不是"对应的"诉讼中的判罚。关于不名誉，参见上文，第273页注释。

[2] 关于讨论，参见 Arangio-Ruiz, *Compravendita* 45ff.。

[3] Mommsen, *Ges.Schr.* 3.132ff. ( = *SZ* 6 ( 1885 ) 260ff.)；F. Cancelli, *L' origine del contratto consensuale di compravendita nel dir. rom.* ( Milan, 1963 ), 受到 Mayer-Maly, *Iura* 15 ( 1964 ) 357ff. 的批评；Gallo, *SDHI* 30 ( 1964 ) 299ff., 推测，早期的赊销是通过要式口约（参考紧接的下文），但是向合意买卖的过渡是通过私人拍卖的形式。

一个审判员面前进行的私人程序的模型。

**双重要式口约的假设。**① 根据贝克尔（Beker）和许多其他作家的观点，最早的缔结一项不是立即执行的买卖契约的方式是诉诸据以使任一义务都能成为可诉的通用方式——要式口约。据推测，买方约定交付标的物，而卖方约定支付价金。

可以确定，要式口约对于买卖的产生起了一定作用，②但是，假设这些双重要式口约是这种契约的起源则存在重大问题。如果它们真是买卖契约的起源，那么，我们就应当期望这些诉讼和关于要式口约的其他诉讼一样是严法意义上的，而不是诚信诉讼，而且最重要的是，根据这种假设，令人奇怪的是，在伽图所说的买卖的形式中，③没有迹象表明，整个契约是由要式口约确认的，尽管他建议对于某些特殊问题要有要式口约。④

**在买卖的发展中存在一个"要物"阶段的假设。** 另一种观点尤其为贝尔尼切（Pernice）所倡议，⑤此观点认为，在买卖成为合意契约以前，有一个时期它是"要物"契约，也就是说，卖方如果已经交付，但只有在那时，才可以提起请求价金的诉讼，并且没有买方可据以要求交付的诉讼。与其他法律体制的比较似乎证实这种观点，⑥但是支持它的正面论点并不像曾经所认为的那样

---

① E.I.Bekker, *Die Aktionen des röm.Privatrechts* 1（Berlin, 1871）156ff.; Girard 570; Jhering, Geist 3.202; Arangiio-Ruiz, Compravendita, 57ff.

② 下文，第 292 页以下。

③ 尤其是参见 *de agr. cult.* 146（Bruns 2.49）; von Lübtow, *Symb. Taubenschlag* 3.366ff.。

④ Watson, *TR* 32（1964）245ff.，猜测，合意契约最初简单地填补这些要式口约留下的空白，也就是说，虽然要式口约是可以独立诉讼的，但诚信诉讼（最初）只在有一个或一个以上要式口约时才能提起。他认为，这可能说明了罗马契约的两个特征：要式口约在合意契约确立之后仍然保留，以及明显未能承认发展出不在场的人（inter absentes）之间订立契约的优势。但是，第一个特征的理由可能是要式口约具有施加严格义务的优点，而合意契约的义务可能须建立在缺乏诚信的基础上；而对于第二个特征，根据这种假设，和根据任何其他假设一样，不容易解释（而且，应当记住的是，关于从事商业活动有多远的距离，我们几乎什么也不知道）。此外，人们可能期望应该有法学家对无要式口约的合意契约的法律效力进行讨论的某种痕迹。

⑤ Labeo 1.456ff.

⑥ 关于英国法，参见 Glanvil X 14，引自 Holdsworth, *HEL* 3.414 n 2。

强有力。①

起源于通过支付定金（arra）的假设。②在古典法上，定金（arra），或者保证金（earnest）的作用纯粹是证明性的，③也就是说，它标志着各方当事人已经停止讨价还价，并确定达成了一项交易的时刻。但是，在其他法律体制中，并且特别是在希腊法中，它服务于不同的目的，一种保证会履行交易的目的。至少，在希腊的一些制度中，这项规则是，如果给付定金的一方未能履行契约，他丧失其定金，而如果是另一方未能履行的，则他必须返还两倍的定金。④那时的形势是，虽然不能通过诉讼强制执行，但未能履行的一方当事人失去与定金相同的金额。有可能，在罗马早期存在某种类似的规则，并且在这类情况下取得的实际约束力最后导致这样的规则，即仅仅合意，即使没有定金，就足以构成双方的义务。

---

① （1）贝尔尼切为证明其观点引用的两条规则，即契约订立时风险转移，和对于买卖的时效取得、诚信在订约时和交付时都是必要的，这很可能同样是交货和付款同时进行的时代的遗迹。

（2）标的物未交付的抗辩（Gai. 4.126a）并不证明，卖方必须交付后才能提起价金诉讼，因为盖尤斯正在说的是由钱庄主提起的诉讼，不是依买卖，而是根据关于拍卖货物的价金的要式口约；Girard, 567 n 3；Lenel, *EP* 503。

（3）Varro, *RR* 2.2.6（Bruns 2.63），在说明绵羊的买方对它们的强健应当要求的要式口约的形式之后，说："这样之后，如果不付款［adumeratum］，羊群的所有权不变化；如果不交付羊群，取得人可以根据买卖的行为要求处罚出卖人，即使没有支付价款也如此，就如同取得人如果不支付价款也会被出卖人要求处罚一样"。据此，贝尔尼切认为，卖方必须先交付，而且，这是卖方在交付前不存在债务的时代的一种残余。但是，这些话同样很可能表示，买方可以坚持要求交付，甚至在他付款之前，只要他准备好并且愿意支付。的确，瓦罗实际上没有说卖方可以在未交付时取得支付（quamvis non tradiderit），但是，这似乎隐含在他对买卖双方的地位进行的比较中；如果他真的要比较他们的地位，他会说"卖方在没有进行交付之前不能要求依买卖处罚卖方"。

如果关于物的所有权只有在付款后才转移的规则是后古典时期的观点被接受（参考上文，第145页注释），那么根据这一规则得出的论点就不成立。因此，在引自瓦罗的片段中，Pringsheim（*Der Kauf mit fremdem Geld*［Leipzig, 1916］73）认为"adnumeratum"不是指支付价金，而是指数交付的绵羊数。

② v. Mayr II.2.II. 59ff.；Pringsheim, *Greek Law of Sale* 333ff.，415ff.；参考 Watson, *Obligations* 46ff.。

③ Gai. 3.139.

④ 相当多的文献；Kaser *RPR* 1.547f.。

这种说法虽然本身不是不可能的，但是没有让人接受它的充分证据。无论如何，问题的关键可能在当事人据以执行其权利的诉讼上。如我们已经知道的，诚信诉讼至少有一个根源可能是为涉及异邦人的案件提供诉讼的可能性，从那以后，它们可能和程式诉讼制度一起，被扩大到市民之间的法。可能在最开始，援引诚信，与其说是控制损害赔偿的额度，不如说是控制可诉讼性问题本身。因此，就买卖来说，当承审员被告知"根据诚信应当给付或做必要之事"（quidquid dare facere oporter ex f.b.）进行判罚的时候，他的职能可能包括决定（即使已经有后来相当于合意契约的东西）善意是否要求支付任何款项。直到后来，人们才承认，一旦这样一种买卖被证实，根据诚信来评估的唯一问题就是可支付的损害赔偿额问题。根据这种观点，关键步骤是承认诚信是原先的市民法之外的一种责任的基础。①

第二，卖方对权利瑕疵的责任。卖方的首要义务是移交出卖物的占有（vacuam possessionem tradere）；他不像现代制度中通常规定的那样负有转让标的物所有权的义务，②也就是说，买方不能仅仅因为他发现他在交付后没有成为所有人而抱怨什么。③但是，如果发生了追夺，④或者，如果在没有实际的追夺的情况下，买方丧失其交易的利益，则他可以对卖方提出请求。这种无追夺的损失可能发生的情形是，例如，买方保留标的物，但仅仅是因为他花钱应付了真正所有人的请求，因此不得不为同一物付两次钱。⑤

在古典法和后代的法律上，卖方的这种责任是契约所固有的，

---

① 参考 Pringsheim, *Ges.Abh.* 2.179ff.（= *RHD*（1954）475ff.）; Meylan, *TR* 21（1953）129ff.；同一作者，in *Aequitas u.Bona Fides—Festgabe für A. Simonius*（Basle, 1955）247ff.。
② Sale of Goods Act 1893, ss. 1, 12（1）; German Civil Code, §433; Swiss Law of Obligations, §184.
③ 除非卖方为恶信；D. 19.1.30.1。
④ 关于"eviction"（追夺）的含义，参见上文，第146页。
⑤ D. 19.1.13.15; 21.2.9; 21.2.56.2; *PS* 2.17.8; Girard 593ff.

但是，它是从通常伴随着买卖的要式口约发展而来的。① 我们知道，在买方以要式买卖取得某物的情况下，如果后来被追夺，他可以提起合法性之诉（actio auctoritatis），请求双倍的买价，只要他已经警告卖方这种威胁性的诉讼。这只在要式买卖的情况下才可以，但是，如果由于某种原因，标的物不是以要式买卖的形式转让的，② 那么，通常的做法是规定卖方的责任，要求他以要式口约作出允诺，一旦发生追夺，他将支付双倍的买价（加倍赔偿要式口约，stipulation duplae），③ 即仿照事实上由要式买卖产生的责任。还有一种要式口约，即卖方允诺，买方"应被允许拥有"标的物（habere licere）。在此，卖方的责任不是一个确定的金额，而是无论买方遭受多大损失，都要负责。在古典时期，习惯上似乎只在要式物的买卖（如上所述）和价值相当大的略式物的买卖中采取加倍赔偿要式口约。④

随着诚信概念的发展，不作出这些通常的允诺逐渐被认为不符合善意，并且如果在某种情况下没有作出这些允诺，买方可以提起一种买物之诉，以要求卖方作出这些允诺。无论如何，到内拉蒂的时期⑤（公元1世纪末和2世纪初），已经达到这个阶段。最终，人们承认，即使根本没有作出要式口约，买方仍可以利用买物之诉，以得到他在有这些要式口约时本可得到的东西，这正是古典法上的状况。⑥

---

① Girard 589；Monier 2. 153；de Zulueta, Sale 43.

② 例如，因为它不是要式物，或者因为当事人中有一方是异邦人。即使有要式买卖，如果债务是由保证人担保的，则还必须有一个要式口约，"satisdatio secundum mancipium"［根据要式口约保证］这个短语（Cic. ad Att. 5.1.2；tab. Baetica, Bruns 1.334）可能正是指这种担保；Lenel, EP 546f.；Kaser, RPR 1.130. 关于另一种解释，参见 Sargenti, BIDR 65（1962）151ff.。

③ 或者，如果当事人愿意，仅仅支付买价（简单数额赔偿要式口约）；Varro, RR 2.10.5（Bruns 2.64）；de Zulueta, Sale 63。

④ D. 21.2.37.1。参考 h.t. 6（地方习惯）。就关于合法拥有的要式口约（stipulatio habere licere）而言，对追夺的要求不作那么严格的解释；D. 19.1.13.15；21.2.9；21.2.56.2；PS 2.17.8；Girard 593ff. 有人认为，关于合法拥有的要式口约只包括卖方或其继承人的追夺，但是参见 Lévy, RHD（1954）345f.；Watson, Obligations 86。

⑤ D. 19.1.11.8.

⑥ de Zulueta, Sale 44.

卖方没有转让所有权的义务的规则，不可能具有重大的实际意义，因为未能转让所有权通常表现为剥夺买方的占有，这样，买方就可以基于不受追夺的担保来起诉。但是，从原则上说，这条规则乍看起来是令人惊奇的。可能的解释是，① 难以准确地界定要转移的是什么所有权。要式买卖是为转让市民法所有权所必要的，但是，即使卖方有义务进行要式买卖（而这是很不确定的），② 如果任何一方当事人是异邦人，这也不可能。另外，对行省的土地不能有通常意义上的所有权。在这些情况下，让这个问题没有得到明确的规定，很可能更好，因而，所出现的是追夺担保而不是所有权担保也就不令人奇怪了。③

第三，卖方对隐蔽瑕疵的责任。④ 和其他制度一样，罗马法最初奉行这一原则，即卖方对出卖物的瑕疵不负任何责任，无论它们在出卖时是否明显。在古典法上，人们确实承认，如果卖方知道瑕疵而没有披露它，则（在买物诉讼中）他负有责任，但是，看起来，在西塞罗时代，⑤ 这种责任限于土地的买卖和法律上的瑕疵（如存在地役权）而不是物理瑕疵。⑥ 当然，可以用要式口约规定，如果出卖物被证明有某种瑕疵或者某些瑕疵，则卖方负有责任，从瓦罗所说的形式明显可见，经常是这样做的。因此，例如，他说，如果卖牛，买方用要式口约规定，这些牛"健壮且没有侵害责任"。⑦

---

① 参见 de Zulueta, *Sale* 36f.。

② Arangio-Ruiz, *Compravendita* 167ff.，否认这一点。

③ 另一种说法是，如果大家公认，早期罗马法没有所有权的概念，而只有一个相对的权利的概念，那么，因为一种次佳的占有是法律所能设想的权利，故卖方不作所有权保证。参考上文，第 142 页。另参见 Meylan, *Festschr. O. Riese*（Karlsruhe, 1964）423ff.。

④ de Zulueta, *Sale* 46ff.；R. Monier, *La garantie contre les vices caches*（Paris, 1930）；参考 Crook, *Law and Life* 180ff.。

⑤ *Off.* 3.65ff.

⑥ 关于讨论，参见 P. Stein, *Fault in the Formation of Contract*（Edinburg, 1958）5ff.；Watson, *Obligations* 86ff.。斯坦因认为，甚至在古典法上，未披露土地的物理瑕疵也无责任；参考 Daube, *LQR* 73（1957）379ff.。D. 21.1.38.7 似乎表明，对于奥菲流斯这个与西塞罗同时代却更年轻的人来说，这种责任已经扩及于奴隶的身体瑕疵。

⑦ *R.R.* 2.5.10, 11（Bruns 2.63）.

进一步的发展通过贵族市政官规定的诉讼得以实现，这些市政官管理市场，能够制定关于在市场上发生的买卖的规则。① 我们知道涉及这个问题的两个告示，其中一个是关于奴隶的买卖，另一个是关于牲畜②的买卖。关于奴隶的告示肯定是在共和国时期，并且实际上似乎在公元前2世纪前半期就已经存在了；③ 关于牲畜的告示较晚，但是也似乎在共和国末期以前就存在。④ 毫无疑问，市政官的目的是为了惩罚欺骗人的卖方，⑤ 并且，他们的告示所涉及的两种交易商很明显尤为可疑。但是，市政官规定的诉讼的结果却是对属于其管辖范围内的买卖输入了全新的法律规则，很显然是治安法规的规范，成为私法的重要渊源。尤其是，卖方变得要对知道所出卖的奴隶或牲畜的瑕疵负责。就我们所知道的形式来说，⑥ 这个告示要求卖方声明任何物理瑕疵（疾病或者受伤）。⑦ 此外，对于奴隶来说，要声明他是否负有侵害责任，是否是逃亡的奴隶，是否是流浪者。如果出现了卖方未声明的某种瑕疵，则买方可以请求解除契约（通过解除买卖契约之诉 [action redhibitoria]，这必须在六个月内提起），或者根据这个瑕疵给出卖物价值造成的差异请求减少价金（通过在一年内提起减价之诉，actio quanti minoris⑧）。⑨

---

① 上文，第49页及下页。
② "Iumenta"，字面意思为驮畜，但是，一项特别条款宣布包括所有的"pecora"（牲畜）；D. 21.1.38.5。
③ 关于morbus（病）的含义，在D. 21.1.10.1中引用了伽图（时间为公元前152年）。Daube, *Forms* 91ff.，猜测，这个告示最初是在公元前199年伽图作为（平民）市政官的推动下作出的，但是参见Nicholas, *Class. Rev.* 71（1957）251。西塞罗提到该告示，*Off.* 3.71。
④ 关于猪，Gellius, 4.2.8引用了拉贝奥，关于骡子，在D. 21.1.38.7中引用了奥菲流斯。
⑤ D. 21.1.1.2；在D. 21.1.23.4中，市政官的诉讼确实被称为"刑事的"（penal）。
⑥ D. 21.1.1.1, 38 pr.。Gellius, 4.2.1，保存了一个更早的版本的一部分。
⑦ 但是这被解释为包括，例如，一头骡子易受惊的脾性。
⑧ 在关于这个告示的文本中，没有提到这种诉讼，而Monier, 前引书（上文，第293页注释）170ff.，认为它不是古典法上的；但是参见Arangio-Ruiz, *Compravendita* 383ff.。
⑨ 关于要求卖方作出对追夺的加倍损害赔偿要式口约并（在程式上）保证没有告示规定的瑕疵的规定（由相同的诉讼认可，但是有2个月和6个月的时效期限），参见de Zulueta, *Sale* 50f.；Lenel, *EP* 562。

在古典法上，看来很明显的是，市政官告示的原则被适用于甚至在市场之外的奴隶和牲畜的买卖，但是，这种延伸更进一步的发展是非常不可能的。在《学说汇纂》中确实有一个被归于拉贝奥的片段说，这些规则同样地适用于所有财物的买卖，不论是动产还是不动产，但是，这肯定是添加的，因而明显只是优士丁尼时代的法律。①②

（b）租赁。③现代对罗马法的评注通常区分三种不同的协议：物件租赁（l.c.rei），即物的租赁，包括动产和不动产；雇佣租赁（l.c.operarum），即劳务租赁；和承揽租赁（l.c.operis），即指定某项工作去做，如建一栋房屋，补一件衣服，运送商品。④但是，这个术语不是罗马法上的，甚至这种三分法本身也只是隐含在文本中。⑤罗马人似乎从未对这种契约的分析给予很多考虑，也从未对它规范的社会需要给予很多考虑。但是，对我们来说，必须认识到，对待土地和住房的租赁原则与动产租赁没什么不同，因此，在物的租赁的标题下有与英国的地主与佃户法相对应的内容。

关于租赁的起源的证据比关于买卖的起源的证据更少，但是这二者无疑是密切联系的，并且在这方面，关键可能还是在于诚信诉讼的发展。如我们已经知道的，⑥蒙森认为两种契约都起源于私人模仿执法官代表城邦缔结的非要式契约，典型的公法的雇佣租赁是执法官雇用侍从官及其他自由的随从的劳务的契约，而监

---

① D. 21.1.1pr.；参考 h.t. 63.《学说汇纂》保存了法学家们关于什么构成奴隶或牲畜的疾病或伤害的详细讨论，但是没有涉及任何其他方面。

② 市政官在实行其告示的时候，适用裁判官告示的一些部分（如特有产之诉和船东之诉）；Kaser, *Mél. Meylan* 1. 173ff.

③ T. Mayer-Maly, *Locatio conductio*（Vienna, Munich, 1956）；Watson, *Obligations* 100ff.；Crook, *Law and Life* 152ff., 192ff., 221ff.

④ 这个相当迷惑人的术语的起源可能在这些词语的字面意义中找到。"Locare"是指将某物"放在"另一个人那里，不论这个人是使用它，还是对它进行加工；同样地，雇员将自己"放在"随身带着他"的雇主那儿。参考 Nicholas, *Introduction* 182f.。

⑤ Schulz, *CRL* 542ff., 甚至认为连这样的隐含也没有。

⑥ 上文，第 289 页。

察官的契约构成物件租赁和承揽租赁两者的模型，因为他们是主要涉及公地租赁（由城邦收钱）和发出公共工程契约（由城邦付钱）的执法官。同样在这方面，一些人认为，最初是使用彼此相反的要式口约，而另一些人则设想在一个时期这种契约是"要物"契约，因为它直到有一方执行了，才具有约束力，特别是对于物件租赁来说是如此。①

（2）合伙和委托。（a）合伙。② 罗马法上的合伙（societas）比英国法上的"合伙"（partnership）具有更广泛的含义，因为它包括任何为某一共同目的共同使用资金或劳动的协议，无论是否出于牟利的目的。在发达的法律中，其范围可能包括从概括合伙（societas omnium bonorum），即各方同意共同拥有他们现有的全部财产并分享未来收益，到个物合伙（societas unius rei），即只针对某一次交易。在这两个极端之间的是特业合伙（societas unius negotiationis，针对某一种事业的合伙）以及概括的商业合伙（societas universorum quae ex quaestu veniunt，各方分享任一种业务活动所取得的全部收益的合伙）。

盖尤斯著作的新片段的发现，③增加了我们对这种契约的历史的了解。我们现在可以有点把握地说，概括合伙产生于一种更为原始的安排，有时（尽管不是盖尤斯说的）它被称为共同体（consortium），④根据它，继承父亲财产的子女，不是分割遗产，

---

① Pernice, *Labeo* 1.466ff.。一种根源可能在于庇主与其门客间的关系（参见例如 Kaser, *RPL* 183；*RPR* 1.564f.；反对的意见，参见 Mayer-Maly, *SZ* 82 [1965] 408）。关于 H.Kaufmann, *Die altröm. Miete*（Cologne, 1964），参见 Mayer-Maly, 同上引书, 406ff.；关于 Amirante, *BIDR* 62 (1959) 9ff.，参见 Kaser, *Iura* 11 (1960) 229ff.，以及 Alzon, *RHD* (1963) 558ff.。

② V. Arangio-Ruiz, *La società in dir. rom.*（Naples, 1950），关于此，参见 Wieacker, *SZ* 69 (1952) 302ff.；Watson, *Obligations* 125ff.；Crook, *Law and Life* 229ff.。

③ 3.154-154b；参见 de Zulueta, *Gaius, ad h.l.*；同一作者, *JRS* 24 (1934) 168ff., 25 (1935) 19ff.；Bretone, *Labeo* 6 (1960) 163ff.。

④ Gellius, 1.9.12，说到"古代的那个共同体就是罗马人所说的'不分割的遗产'"。盖尤斯也使用了最后一个短语，并将它解释为是指"未分割的所有权"。参见 Festus, s.vv. *erctum citumque and sors*, Bruns 2.8 and 40。这个词源仍是一个未解之谜；de Zulueta, *JRS* 25 (1935) 21。

而是继续共同享有它。例如对于一个小农场来说，这通常可能是人们采取的最实际的做法。我们还得知，一种类似的集中财产的安排可以在不是共同继承人的人们之间通过某种法律诉讼形式人为地建立，因而曾经一度有一种市民法上的合伙，仅对罗马市民开放，不是通过单纯的合意建立的，它不同于古典时期的合意契约，后者是万民法的。这种形式还有一种特性，即单个成员以要式买卖解放某个奴隶或者转让某物，就能有效地处分共同财产，虽然可能的是，其他人如果及时否决这种处分，就可以阻止它的发生。我们不知道建立人为的共同体使用的是哪种法律诉讼，我们也不知道，要建立一种"自然的"共同体，除了仅仅不采取为分割遗产所必需的措施外，是否还需要什么其他的措施。① 更加不能确定的是，除了概括合伙之外的合伙形式是否具有相同的起源；在古典法上，它们被视为与概括合伙属于同一种类；它们同样具有兄弟友爱（fraternitas）的特征；② 判罚导致社会的唾弃，③ 但是对合伙人判罚额不得超过其财产所允许的限度（能力限度照顾，beneficium competentiae）。④ 另一方面，有人极力主张，商业合伙的目的与概括合伙的目的是如此不同，以致其起源肯定也不相同，尽管概括合伙后来可能影响了商业合伙的规则。⑤ 很可能，其实在早期法上有许多种安排，每种安排都有其自身的规则，是法学理论的抽象使它们属于同一标题，正如法学理论的抽象使所有提供货物和服务以换取金钱的不同安排都属于两种经过仔细区别的类型，即买卖和租赁。

有一种特业合伙需要特别提及，它是由包税人（publicani），

---

① 盖尤斯认为共同体（consortium）已废弃，但是 Kunkel, *Annales de la Faculté de Droit d'Istanbul* 4—5 (1955) 56ff., 根据 Pliny, *Ep.* 8.18, 及其他文本论证说，原先的"自然的"共同体保持着某种生命，这实际上不是由于上述的特殊事件，而是由于继承父亲的子女们的关系不被视为合意的关系，因此不可以通过合伙人之诉起诉。

② D. 17.2.63 pr. （它在形式上被进行了添加，但实质上没有被改动，Lenel, *EP* 298）。

③ Gai. 4.182.

④ D. 42.1.22.1; Lenel, *EP* 298.

⑤ Pernice, *Labeo* 1. 443ff.

即税款包收人和其他向国家缴钱以换取许可开发公共资源（如国家的盐场）的人缔结的。① 这些包税人在共和国晚期形成一个强有力的资产者阶层，他们的契约明显不同于普通的合伙，这不仅是由于它们的复杂组织，它们的任务之大，及其与国家的关系，而且还在于这些合伙人相互之间的法律关系。② 此外，看起来，除了这些本来意义上的合伙人以外，还有一些人出资并分享利润，而不参与管理，且以其出资额为限承担风险。没有明显证据表明，这些"份额"（partes）是可以转让的，③ 但是，它们明显提供了投资的机会。依据一个文本，④ 人们有时坚持这样的观点，即与普通的合伙不同，包税人合伙可能具有某种集体性质的人格，但是，很难理解，为什么一个为履行某种有期限的契约（通常为五年）而建立的团体需要组建为公司。⑤

（b）委托。⑥ 委托（Mandatum）是指一方无偿地同意为另一方提供某种服务的契约。委托人（mandator）通过委托之诉（actio mandati directa），可以在此种承诺未被适当履行时取得损害赔偿，并且可以要求受托人移交由于履行委托而获得的任何利益；另一方面，受托人有一种对应之诉（actio contraria）以取得其垫支费用的偿还。

不知道能够提起关于委托的诉讼最开始是在什么时候，那肯定是在通过《阿奎利亚法》之后，⑦ 在公元前123年之前，因为在那一年，据说作为裁判官的塞斯都斯·尤流斯（Sextus Iulius）拒绝给予对代理人的继承人的诉权，而几年后另一位裁判官李维尤

---

① D. 39.4.12.3；13 pr.
② 参见，例如，Buckland 513。
③ Mitteis, *RPR* 413.
④ D. 3.4.1 pr.
⑤ 关于讨论，参见 P. W. Duff, *Personality in Roman Private Law*（Cambridge, 1938）141ff.。
⑥ V. Arangiio-Ruiz, *Il mandato in dir. rom.*（Naples, 1949）；A. Watson, *Contract of Mandate in Roman Law*（Oxford, 1961）；同一作者，*Obligations* 147ff.。
⑦ 因为第二章给予主债权人对欺诈性免除债务人债务的副缔约人一种诉权；如果委托之诉早已存在的话，那么这种诉权就是不必要的，因为副缔约人必然是主债权人的代理人，如果他造成其委托人的损失，就可以根据委托对他起诉；Gai. 3.215f.。

斯·德鲁苏斯（Livius Drusus）在这些情形下允给了一种诉权。[1]

（3）无因管理[2]和监护（准契约）。与委托在性质上密切联系的是无因管理和监护的准契约关系。在这两种情况下，都有一个受托人为委托人的利益行事，但是，由于没有合意，因而不存在契约（根据后来的观念）[3]，因为无因管理人准确地说是指在没有任何指示的情况下为另外的一个人"管理事务"的人，而监护人虽然为被监护人的利益行事，但他不是依据与被监护人的协议，而是依据法律被指定的。但是，这些受托人有义务适当地处理其委托人的事务，并且可以在限度内取得他们垫支费用的偿还。和委托一样，这里的被管理人和被监护人提起的诉讼是直接的诉讼（actio directa），管理人和监护人提起的诉讼是对应之诉。[4]

但是，现在非常普遍的观点是，委托和无因管理各自的范围，最初，或者说甚至在较早的古典法上，[5]与它们在《民法大全》所规定的制度下被确定的那些范围并不一样。在《民法大全》中，一个有任何授权的受托人（agent）就是一个受托者（mandatary），而无因管理人则是未经要求插手他人事务的人。另一方面，在较早期的法律中，看起来，只有在对所做的行为有特别授权时才可成立委托之诉，任何人如果是根据一般授权行事（尤其是"一般受托人"意义上的代理人），[6]那他就是一个无因管理人。无论如何，代理人（procurator）通常被认为，甚至也被古典的法学家认为，是一个无因管理人，并且无因管理之诉是保佐人（curator）

---

[1] Auct. Ad Herenn. 2.13.19.
[2] 这种抽象名词不是罗马的。
[3] 上文，第 271 页及下页。
[4] 看来不仅有一种诚信审判，而且还有一种事实诉讼；关于它们之间的关系，参见 Arangio-Ruiz, Il mandato in dir. rom.（同上引书）34ff.。
[5] 对这种过渡的时间有争议；参见 A. Watson, Contract of Mandate in Roman Law（Oxford, 1961）36ff., 及相关引述。
[6] 它还包括诉讼代理人（cognitor）和诉讼代理人（procurator ad litem）（虽然后者的起源时间不确定），并且，由于在告示中，它紧跟在关于这种代理的规定之后，这可能是其根源之一；Kaser, RPR 1.587。但是参见 Watson, Obligations 193ff.。

可用的唯一诉讼，也是可针对保佐人的唯一诉讼，[1]而保佐人当然不是自发地插手他人事务的人。

## （三）担保。

债法由担保法加以补充，担保法就是债权人据以试图保护自己免于受到债务人可能无清偿能力的影响的各种方法的法律。根据债权人是取得对某个第三人的权利还是取得对某项财产的权利，担保可以是人的担保，也可以是物的担保。前者中的第三人是除了债务人本人之外将对债务负责的人，后者中的财物是债权人在债务人不能清偿债务时可以某种方式用之来满足自己的债权的财物。这两种体制极为不同，但它们的起源并非如此的不同。如我们已经知道的那样，[2]最早的（人的）保证是人质，即不是除了我们称之为"主债务人"的那个人之外"负责"的人，而是代其"负责"的人；如果主债务人清偿了债务，则保证人就可以免除责任。在最早时候，物的担保也是如此；债务人有权通过清偿债务来解除担保物，但是，如果他没有清偿，则担保物就要"负责"，也就是债权人将保留它。[3]人的担保在罗马法历史上的发展阶段似乎比物的担保早一些；为自己的亲戚和朋友作保是一种社会职责，并且，我们早已注意到这种实践在程序方面的意义。[4]甚至在古典时期和后来的法律中，当担保是为程序的目的所需要时，它几乎是所要求采取的唯一的担保形式。[5]

### 1. 人的担保。

在历史上，保证的原始性质只能在保证人（praedes）中见到，

---

[1] 有一些文本将它说成是"utilis"（扩用的诉讼），但是它们可能是被添加的；Buckland 538 n 20；Lenel, SZ 32 (1914) 203ff.。

[2] 上文，第159页。

[3] 参见下文，第301页及下页。

[4] 上文，第193页。

[5] 参考 Nicholas, Introduction 149ff.。

如我们已经知道的，他们可能是取代"主债务人"，而不是附带于"主债务人"约束自身。① 但是，在历史上，保证人仅出现在必须为国家提供担保的情形或者在誓金法律诉讼时，② 对于大部分程序事项以及私事来说，所使用的保证形式是相当不同的，它是由保证人通过要式口约作出允诺，据此，除了那个现在完全可以适当地被称之为"主债务人"的那个人外，他也对债权人负有债务。盖尤斯描述了三种这样的要式口约，③ 即誓约（sponsio）、承保（fidepromissio）和保证（fideiussio），其中最后一种产生得比前两种晚得多，并且直到共和国结束后才被使用。誓约可能是最古老的形式，在这里，保证人被问道："你答应对此给付？"（idem dari spondes？）保证人答曰："我答应"（spondeo），和普通的要式口约一样，这个词限于罗马市民使用。承保人被问道："你答应对此承保？"（idem fidepromittis？），以这种形式形成的契约也对异邦人开放。除此之外，这两种形式的效力没有任何差别；④ 二者都使债权人能够决定是对主债务人起诉还是对保证人起诉；⑤ 二者都只能用于担保本身是以要式口约创设的债务；在这两种情况下，原保证人的继承人都不负责，并且两种形式都受到限制性立法的制约，这些立法开始于大约共和国结束前两个世纪。第一部法令是《阿普雷亚法》（lex Apuleia），该法规定，在有数

---

① 上文，第187页及下页。

② 一些权威（例如 Kaser, ZPR 302, Girard 797）认为，除非对于与国家订立的契约，并且是为程序的目的，应诉保证人（vades）和保证人（praedes）都从未被使用。这种观点的表面证据是 Festus, s.v. praes（Bruns 2.46）；"保证人是被法官询问是否担保，而声称担保的人"。但是参见 Mitteis, Festschr. Für E. I. Bekker（Weimar, 1907）121。

③ 3.115ff.

④ 除了只有誓约人才有保证人追偿之诉外；上文，第196页。

⑤ 但是，对于一方的证讼程序将使对另一方提起诉讼成为不可能，因此，债权人如果对主债务人的清偿能力有任何怀疑，总是起诉保证人。在这个意义上，保证人与连带债务人的地位相同，并且有人（Levy, Sponsio 79ff.）已经主张，最初这二者之间没有法律区别，虽然事实上，成为与自己无关的债的一方的连带债务人是一个保证人；列维认为，法律上的区别随着《西塞雷法》而产生。但是，普遍的观点是反对他。参见 W. Flume, Studien zur Akzessorietät der Bürgschaftsstipulationen（Weimar, 1932）11ff.; Kaser, RPR 1.662 n 21。

个誓约人或者承保人的情况下，其中之一如果清偿债务超过相应的份额，可以从其他共同保证人那里追偿超额部分。稍后，《富里法》（lex Furia）①进一步规定，就在意大利作出的保证而言，债务按在到期日存在的誓约人或者承保人的数量进行分割，任何人被要求清偿超过他的份额的，可以通过诉讼向债权人追回，这种诉讼可以拘禁方式执行。它还规定，在债务到期的两年后，誓约人和承保人可解除责任。在有数个保证人将责任限制在份额上，这使得每个保证人知道还有多少其他保证人变得很重要，而《西塞雷法》（lex Cicereia）完成了这项制度，该法要求债权人公开声明债务额和保证人的数量，假如他没有这样做，保证人就可以得到豁免。进一步的限制是通过《科尔内利法》（lex Cornelia）引进的，该法禁止任何人在同一年度为另一人提供担保的数额超过 2 万塞斯特兹，但在某些特殊的情况下不受此限。②

所有这种限制性立法的目的可能是为了减轻保证人的负担，从而使需要信用的人们更容易获得必要的担保，但是，很明显，它过于降低了保证人对于债权人的意义，因而做得太过分，这导致一种新的保证人，即偿还担保人（fideiussor）的引进，除了《科尔内利法》的限制外，它不受任何限制。和那些先前的保证人一样，偿还担保人也通过要式口约缔结其债务，他被问道："你对此提供担保？"（id③

---

① 这部法令限于在意大利作出的保证，而《阿布勒伊法》也适用于各行省。
② 关于这些法令的年代，没有直接的证据，但是，从盖尤斯那里可以知道，其顺序为《阿布勒伊法》、《富里法》、《西塞雷法》、《科尔内利亚法》。《西塞雷法》的制订者可能是公元前 173 年的执政官 C. 西塞雷（Livy 42.1），而采用预备审（Gai. 3.123），在这种诉讼中，人们可能预期某种抗辩，这说明当时程式诉讼至少尚未发展。另一方面，既然《阿布勒伊法》的规定扩展到行省，它完全不可能是在公元前 241 年第一个行省建立（上文，第 68 页）之前通过的。《科尔内利亚法》很可能应归于苏拉（大约是公元前 81 年），但是，没有证据可以证明这一点。
③ 盖尤斯的手稿有点使人产生疑问地写着"idem"，但其他权威作者写的是"id"，例如，D. 45.1.75.6；CIL 3.934（Bruns 1.352）："id fide sua esse iussit Titius Primitius"。保证人（fideiussor）的 id 与先前的保证人的 idem 之间的区别是否说明在这种更新的制度下的一种根本差别，如贝尔尼切所认为的那样（SZ 19[1898]182；参见 Schulz, CRL 499ff. 的评注），是不能确定的。盖尤斯的完全沉默与贝尔尼切的观点矛盾；Levy, Sponsio 79ff.。Buckland, Jurid. Rev. 53（1941）281ff.，认为，对保证人（可能还有对其他副缔约人）的争讼程序不解除主债务人的责任；但是参见 Levy, Seminar 2（1944）6ff.。

fide tua esse iubes?)但是，这种方法可以用于担保任一种债，不论它是以要式口约还是以任何其他方式创设的。但是，在西塞罗时代没有偿还担保人的迹象，因而有可能，它直到拉贝奥时期才有。①

除了这三种要式口约式的保证外，在古典法上，还有两种不受形式规则约束的保证，即放债委托（mandatum pecuniae credendae）②和协议保证（constitutum）。二者的起源都可追溯到共和国时期，但是它们都直到帝国时期才发展起来。放债委托是利用委托实现保证的目的。如果甲委托乙贷款给丙，甲实际上是为丙作保，因为如果丙未能偿还，则乙将能够因执行甲的指示而受损为依据，向甲提起委托的对应之诉以求偿还。这种方法明显在共和国结束前被尝试过，因为塞尔维·苏尔皮求斯（Servius Sulpicius）否认其效力，理由是委托人本身对委托的履行没有任何利益；但是，萨宾有不同的看法，因而在古典时期，它极为普遍。③

协议保证是偿付一笔已经存在的债务的一种非要式承诺，可通过一种裁判官诉讼来执行。④与也可以使现存债务得以执行的特定贷款之诉（actio certae creditae pecuniae）相比，这种诉讼具有两个优点：它给予原告的不仅仅是债务金额，而且包括迟延支付的损害赔偿（即利息）；并且，它有关于额外支付争议金额的一半而不是三分之一的誓约和复约。⑤在古典时期，债务可能是承诺人或者某个第三人所欠，在后一种情况下，明显是一种保证。但是，在共和国时期，似乎只有对承诺人的债务的协议保证被证明是存在的。⑥

---

① Levy, *Sponsio* 123；Flume, *Studien*（同上引书）41 n 2。
② 特定委托（mandatum qualificatum）这个词不是罗马的。
③ Gai. 3.156.
④ 参见 Schulz, *CRL* 560ff.。
⑤ Gai. 4.171；参考上文，第 194 页。
⑥ Cic. *pro Quinct.* 5.18。钱庄承保是银行承诺偿付其客户的债务，（与协约保证）极为相似，因而被优士丁尼并入协约保证。看来没有可靠的证据证明它在共和国时期存在。

## 2. 物的担保。

我们已经考虑过[①]两种基本的实物担保的契约性质。在信托中，物的所有权通过要式买卖或者拟诉弃权转让给债权人，因此，债务人丧失对该物的全部物权，他唯一保留的是，当债权人在债务到期前转让该物或者以任何其他方式违反协议时对债权人的对人诉权。在质押中，债务人仅仅放弃物的占有，[②]因此，他不仅对债权人非法转让或者其他违约行为享有对债权人的对人诉权，而且对于债权人非法转让质物还受到所有权之诉的保护。在古典时期，很明显，通常在协议中有一个允许出卖的特殊条款，[③]如果质物的卖价超过债务额，超额部分必须还给债务人。[④]此外，很可能债权人在未获清偿时不能只是简单地把物据为己有，除非有一个特别条款（流质约款，lex commissoria）允许他这样做，这就如同他如果想要保留某个质物也必须有一个这样的条款一样。但是这些规则无疑是相对晚期的发展；甚至在西塞罗时代，其规则可能很简单：如果债务已届清偿期而未受偿，则债权人不负归还的义务。[⑤]实际上，很可能，在更早些的时期，这种质押（pledge）和人的保证一样，其提供首先是为了清偿债务，而不是作为一种从属担保，因此，债务人所保留的只是在某个日期之前用债务额赎回的权利；在那个日期之后债权人就留下

---

[①] 上文，第 285 页以下。"fiducia"（信托）一词出现在普劳图的戏剧（如 *Trin.* 117, 142）中，但是这种制度可能更古老；参见 Manigk, *PW* 6. 2290。关于与英国的抵押法的比较，参见 Hazeltine, Preface to R. W. Turner, *The Equity of Redemption*（Cambridge, 1930）。

[②] 因此，根据通常的观点，债权人最初只有通过某种占有令状保护自己不受第三人侵犯，而在引入这些令状之前，他可能根本没有任何保护。换言之，他可能只有一种事实上的担保。Kaser, *RPR* 1. 457f., 471ff., 与他关于早期的所有权只是一种相对权的观点（上文，第 142 页）一致，认为债权人受到对物的誓金法律诉讼的保护，而塞尔维诉讼（下文，第 303 页）仅仅取代了这种救济（对一种特殊诉讼的需要可归因于一个事实，即程式性质的所有权之诉要求有绝对所有权的证据）。

[③] *Formula Baetica*（Bruns 1.334；FIRA 3.295）。

[④] *PS* 2.13.1.

[⑤] Manigk, *PW* 6.2299；Cic. *Flacc.* 51（但是关于一种不同的解释，参见 Watson, *Obligations* 179 n 2）。

该物了。①无论如何，这是其他早期法律制度，尤其是希腊和日耳曼法律的相似性使我们去猜想的东西，②但是，早期罗马法上的质押的历史是一个有争论的问题。③

　　质押的最后发展形式是人们所称的质押协议或抵押，④这后者就是仅仅通过协议对某物设押，既不转移其所有权也不转移其占有。很明显，关于信托和质押，都存在严重的不方便之处。首先，这二者都意味着债务人被剥夺对其物的使用，除非如有时发生的那样，通过临时让与或出租将物还给他；其次，一次质押就必然用尽了担保物的增获信用的价值，因为一个物不可能连续转让或交付给两个债权人，即使先前债务的数额远远小于担保物的价值。第一个（在私人间）可以仅仅通过协议对某物设押的例子明显是佃农，因为佃农希望他带到土地上的财物（随带物，invecta et illata）可用作向地主支付地租的担保。很显然，他不能被剥夺对它们的占有，因为它们可能是他所拥有的一切，而如果他没有奴隶、牲畜和农具，就不可能对土地进行耕种。这样，如果他同意将它们设押，则允许地主有一种令状（萨尔维令状，interdictum Salvianum），使他在租金到期未付时能够取得对它们的占有。⑤这可能只能针对佃农适用，⑥但是，后来授予了一种裁判官诉讼（塞尔维诉讼，actio Serviana），据此，即使设押物由第三人占有，

---

① Manigk, *PW* 9.295, 355; Rabel 494.

② 关于早期希腊法，参见 Manigk, *PW* 17.355；关于英国法，Pollock and Maitland 2.184："就担保物而言，很可能在最开始，一旦债务人提供了担保物，……他提交的东西的价值足以负担债务或者比之更大，他就没有未清偿的义务了；债务得到了清偿；唯一未尽的义务是接受担保物一方的义务，因为如果其提供方在适当的时期内来赎回它，接受方就必须将它归还。"

③ 参见 Watson, *Obligations* 180 所引用的文献。原先的概念似乎体现于古典时期仍存在的一种实践中，即插入一项特别条款，保留债权人向债务人要求任何差额的权利；如彭波尼所说，D. 20.5.9.1，债权人无论如何（根据古典的原则）都享有完全相同的权利。

④ M. Fehr, *Beiträge zur Lehre vom r. Pfandrecht*（Upsala, 1910）认为有关抵押的内容全部都是被添加的观点，现在遭到普遍反对。

⑤ Gai. 4.147.

⑥ C. 8.9.1，但是可能是被添加的；参见 Kreller, *SZ* 64（1944）306ff.；Kaser, *RPR* 1.472。

如从佃农那里买的,地主也可以从他们手中取得占有。后来这种诉讼被普遍化,因此,它适用于任何债务人同意将他所有的某物作为其债务担保的情形,这样,债权人在债务到期而未获偿付时,就可以索要该物,而不论它在何人手中。① 一旦他得到设押物,他的地位就和从一开始就将该物通过移交占有的方式质押给他时完全相同。由于在《民法大全》中,这个制度通常出现在"抵押"(hypotheca)这个标题下,而这是个希腊文名称,故一度曾经普遍认为,它的引进是由于受到希腊的影响,但是,现在一般认为它是在罗马本土发展出来的。质押和抵押自始至终被视为一回事;② 在有些时候,占有是立即转移的,在其他时候则不是,但仅此而已。"质押"(pignus)一词对于这两种情形都是自由使用的,并且实际上也出现在那个使不转移占有的抵押(pledge without possession)成为可能的诉讼的程式中。③ 也很明显的是,产生抵押的那种特定情形只不过是对最初的原则的一种细微扩展。佃农带其财物所到的那块土地是地主占有的,尽管这些财物本身不为地主所占有,因而,可以肯定,正是它们在某种程度上受地主的控制的那种感觉,引起这个对最初需要占有的制度的偏离。

到目前为止,已经证实,在伽图的时代(公元前234—149年)就存在不转移占有的抵押,其依据是他关于出卖树上的橄榄的契约格式中的一个条款,该条款规定,买方带入橄榄园的所有东西都要作为支付的担保,④ 以及在出卖牧场的契约格式中一个关于奴隶和家畜的类似条款,在后一种情形下,还有一个条款,规定关

---

① 优士丁尼(Inst. 4.6.7)区别地主可用的塞尔维诉讼和普通的抵押权人所使用的准塞尔维诉讼或抵押之诉,但是这种区分是否是古典法上的存在怀疑;Lenel, *EP* 493;关于另一种解释,参见 Watson, *Obligations* 180。

② D. 13.7.1 pr.(Ulpian):"质押合同不仅是通过交付而且也可以通过纯粹的合意在没有交付的时候成立";D. 20.1.5.1(Marcian):"在质押与抵押之间只有名称上的不同"。

③ *Actio Serviana*;Lenel, *EP* 494。

④ 146.5(Bruns 2.49)。

## 第十七章 从《十二表法》到共和国衰亡时的私法:债法

于此事项的任何讼争应在罗马进行。[1]但是,没有任何迹象表明,抵押权人可以对谁起诉,以及依据什么救济手段。[2]但是,有一件事可以确定:虽然塞尔维诉讼肯定是一种裁判官诉讼,但是没有承诺它的任何告示的证据。在经尤里安修改后的告示中,示范程式紧跟在萨尔维令状之后。[3]有些作者[4]认为这证明了它具有如此早的起源,以至于它早于发布告示的实践,因此也可能先于《爱布兹法》。相反,其他作者[5]则认为,这个诉讼是尤里安的创新之一,由于他在确定整个告示,因而不需要插进一个承诺他所创造的新程式的特别条款。如果萨尔维令状在早期时就已经受到不能用来对抗第三人的限制,那么这种观点就难以支撑,因为债权人会坚持要求更好的保护。但是,如果这种限制是添加的,那么很可能,塞尔维诉讼仅仅始于尤里安时代,并且他引进它,与其说是作为程序上的一种技术改进,倒不如说是一种重大的实体修改。但是,更加可能的是,[6]这个诉讼是共和国后期的(它的创始人可能是塞尔维·苏尔皮求斯·鲁佛[Servius Sulpicius Rufus]),[7]并且,由于它实质上与萨尔维令状服务于相同的目的,因此一个告示将两种程式都包括了。

---

[1] 149.7–8(Bruns 2.50)。

[2] 关于讨论,参见 Watson, *Obligations* 180ff., 及相关引述。Kaser, *RPR* 1.457f., 471f., 根据他关于早期的所有权是相对的观点(上文,第 142、154 页),认为抵押权人可能有一种普通的所有权之诉,只是随着所有权变成绝对的,才产生了对于特殊救济的需要。

[3] Lenel, *EP* 493.

[4] 例如,Manigk, *PW* 9.353。

[5] 例如,Siber, 2.124。

[6] Kreller, *SZ* 64(1944)334ff.; Kaser, *RPR* 1.472.

[7] 上文,第 93 页。

# 第十八章

## 共和国时期的刑法

### 一、从《十二表法》直到苏拉的立法

我们已经知道,与其他早期法律体制一样,在早期罗马法中,现代刑法所涵盖的范围主要属于普通的关于私犯的市民法的范围。因此,依现代法属于典型的犯罪行为的盗窃和殴打,在那时仅仅导致由受害方提起的私人诉讼,尽管这个诉讼的结果可能是对犯法者施加某种肉体上的惩罚。此外,即使看来不被认为是私犯的,它通常也被看作是一个宗教问题。① 犯罪和亵渎最初并不是截然不同的范畴。甚至对于敌对行为(perduellio)可能也是如此,但是至少到共和国初期,这明显看来是一种世俗的罪行。除此之外,对于直到公元前 2 世纪后期刑事法庭的出现的这段时期,说得更具体些,就是直到苏拉的改革的这段时期,关于应如何解释那些稀少的证据,几乎没有什么一致意见。但是,需要注意的是,所争论的问题主要是程序问题,而不是实体法问题。拿最明显的例子来说,谋杀在法律上是可以惩罚的,这是没有疑问的。所争论的是,据以执行刑罚的程序是私人性质的,如同盗窃那样,还是在某种意义上是一种公权力的行使。

---

① 例如,Tab. Ⅷ.9,上文,第 170 页注释;参考上文,第 118 页注释。

## （一）蒙森的叙述。

直到接近本世纪的中期以前，蒙森的辉煌的理论建构①是不被怀疑的。他认为，早期刑法的根源在于强制权（coercitio），它是高级执法官执行命令和强制服从其命令的一般性的权力。只要这种治安限制的权力仍是无限的和不受规范的，即使犯罪行为在实际上受到惩罚，但是，仍然没有什么可以被称为刑法的。从强制权到审判权（iudicatio）②的关键的一步是由于引进了一项权利，这首先归因③于公元前509年关于申诉（provocatio）的《瓦勒里法》306（lex Valeria），这项权利就是每个在城内（即在罗马或者在距离市区的一千步的范围内）被判死刑的人都可以向人民申诉。④从这一权利发展出在百人团民众会议前进行的审判，它分两个阶段进行，即审判本身和申诉。⑤第一个阶段是执法官在诉诸强制权之前在任何案件中通常都要进行的调查程序；但是，如果有申诉的可能，那么，这种调查程序（anquisitio）就是（在传唤被告在某个日期出庭后——日期声明［diei dictio］）在人民的一个非正式集会（contio）⑥前进行，以便人民可以获得一旦发生申诉后他们将需要的那些信息。调查程序至少必须中止两次，在每次听证之间至

---

① 在他81岁时（1899年）出版的他的最后一本巨著《罗马刑法》对此进行了总结，但是，他在很早以前就进行了这种重构，并体现在他的《罗马公法》中。
② 但是蒙森并不总是很明确地坚持这二者之间的区别；Strachan-Davidson 1. 103ff.。
③ 几乎不可靠（参见上文，第12页以下，以及下文，第309页）；但是，通常认为，申诉可能在《十二表法》时就存在，因为它们规定（Tab. IX .2），只有百人团民众会议才能决定市民的死刑。但是参见下文，第309页。
④ 长期以来，对某个独裁官的行为不能提起申诉，并且，在革命期间，如苏拉的时期，特殊的执法官明确被豁免申诉。
⑤ 我们大部分资料来自于Cicero（Dom. 45）以及M. Sergius, commentaries vetus anquisitionis（下文，第310页）。
⑥ 关于这个程序，几乎一无所知，但是，执法官无疑可以非常自由地行事。和在其他会议上一样，他可以允许挑选出来的人发言，而这意味着被告通常有辩护人的帮助；Mommsen, StrR 163ff.。

少有一天的时间间隔。然后，执法官作出决定。如果是一个无罪的决定，这件事就结束了，但是，如果是一个有罪的决定，并且被告提出申诉，则第二阶段开始。这是民众会议的开庭，它在为决议所要求的 24 天的通告期之后举行。可能没有讨论，也没有证据；和立法一样，人民只可以要么接受，要么否决执法官提出判决的建议。在这种撤销执法官的判决的权力中，蒙森发现一个事实，即我们所知的民众会议的审判全都不是由一个拥有强制权的执法官进行的，这与他所主张的解释明显完全不一致。他主张，执政官（或者后来的裁判官）的判决被民众会议撤销，这与他们的尊严不符，因此，在涉及到死刑案件的情况下，他们必然将其职责，尤其是召集民众会议的权力委托给他们的助手即财务官，①或者对于叛国罪，就委托给敌对行为两人审委会（duoviri perduellionis）。②

相同的管辖权逐渐也为保民官所行使，但只是对政治罪行。因为他们在这方面的权能最初来源于他们作为平民共同体的首领：他们运用实际上是革命的权力来惩罚任何人，尤其是任何侵犯了平民的权利的贵族执法官。在不同阶层之间的斗争结束后，保民官现在虽然在法律上③仍不是整个城邦的执法官，但继续行使类似的权力，特别是针对那些受委托行使公共权力却滥用这些公共权力的执法官以及其他人。在共和国后期，在这方面，他们完全取代了敌对行为两人审委会。

申诉以及相伴随的民众会议审判，在几个方面得到扩展。根据传统叙述，早在《十二表法》之前，执法官的罚款有一个限额

---

① 参见上文，第 50 页及下页，以及下文，第 310 页。
② 这个名称可能应该是 "duoviri perduellioni iudicandae"（Mommsen, *StR* 2.617）。我们只在三种场合听说过它们：传说的对霍拉提（Horatius）的审判（Livy 1.26；Bleicken, *SZ* 76［1959］333ff.），对曼流斯（M.Manlius）的审判（公元前 384 年），Livy, 6.20.12 说，据某些人的观点，这是由敌对行为两人审委会进行的，以及公元前 63 年对拉比里乌斯（Rabirius）的审判，此人是由西塞罗进行辩护的；但是，这最后一个例子是人为的复活，因为这个两人审委会的职责早已被平民保民官所接替。
③ 因此，保民官如想将一个判死刑的市民提交给人民，就必须向某个拥有治权的执法官"请求一个召开民众会议的日子"；参见，例如 Livy 26.3.9。

的限制（最终明确为 3020 阿斯），①因此，超过此限额的判决可能被申诉。这是市政官（同时包括贵族市政官和平民市政官）在部落民众会议上的刑事管辖权的依据，这种管辖权特别是关于在市场（包括高利贷和囤积居奇）和交通方面的犯罪行为。祭司长以相同方式处理隶属于他的祭司们的不端行为。执法官关于鞭笞的判决也受制于申诉，这明显是依据公元前 198 年或者 195 年老伽图提议的《波尔其亚法》（lex Porcia）。可能是另一个大约在同时颁布的《波尔其亚法》，采取了一个重大的步骤，即允许在城市范围之外（处于军事治权下的领域，militiae）的申诉。②这样，市民在罗马疆域的任何地方都受到保护。

　　罗马的实践上的一个显著特征是，实际上几乎从未真正执行死刑。毫无疑问，发起程序的执法官可以动用他的强制权以监禁被告，③以便在人民不原谅他时可以执行判决；但是，由于任何保民官可以动用他的帮助权（auxilium）释放这个犯人，很明显，重要人物总是可以依赖这种方式获释。从公元前 2 世纪起，似乎形成了一种惯例，即被告在人民实际上作出了对他不利的判决之前应保持自由，因而他应当能逃亡。④在他离开之后，民众会议通常通过一项对他"禁绝水火"的法令。对这一法令的确切效力存在争论，⑤但是它肯定具有这样的效果，即他不能再回来，如果回来就要被处死。

　　根据蒙森的叙述，刑事审判的紧接着的发展阶段是出现了常设性质的法庭，人称常设刑事法庭（quaestiones perpetuae），在

---

① 最初是 30 头牛和 2 只绵羊；参见 Bleicken, PW 23.2.2450f.。

② 进一步参见 Brunt, TR 32（1964）447f.。Mommsen（StrR 143）认为，妇女无权对死刑判决进行申诉（罚款判决则不同）；关于反对这种内在不可能的观点的理由，参见 Strachan-Davidson 1. 141ff.。

③ 监禁本身从来不被罗马人认为是一种通常的惩罚方式；参考 D. 48.19.8.9："监禁应该看作是对人进行管制而不是对人进行处罚"。

④ Sall（Cat. 51.22，40）把这归因于系列波尔其亚法律和其他法律中的一部；参考 Cic. Dom. 78；但对这一点的意义存在争论；Bleicken, PW 23.2.2449。G. Crifò, Ricerche sull' exilium 1（Milan, 1961）认为流放一直是一项权利，但是，参见 Fuhrmann, SZ 80（1963）451。

⑤ Strachan-Davidson 2.23ff.。

共和国后期大多数案件由它们审理。这些刑事法庭是根据许多不同的法令建立的，我们所知的第一部法律是公元前 149 年的《卡尔布尼亚法》(lex Calpurnia)，该法规定了对（任期结束后）被指控搜刮钱财罪(res repetundae)的行省总督的审判。随后是其他法律，而苏拉，通过整个系列的科尔内利法律，将这种惯例变成一种体制，并且此后为更多的法令所完善。在苏拉时期，这些刑事法庭的形式是由一位执法官或其代表主持的陪审团法庭。从技术上说，可能它们不违背这样一个原则，即由执法官来调查犯罪并宣布适当的刑罚，但是实质上，它们与民众会议法庭有根本不同。现在，诉讼程序是指控式的，而不是纠问式的：指控不再由执法官提起，而是由一个私人提起，并且由他来举证，虽然他可能在收集证据时得到官方援助。另外，虽然陪审团也被称作"consilium"，并且在形式上与执法官选择的为自己作出重大决定提出建议的"consilium"相似，但它们有根本区别。普通的顾问会是由执法官自由选择的，并且他在法律上有权不理会它的意见；而对于一个常设刑事法庭，评议会的组成及其表决方式是由法律规定的，并且它的表决是决定性的。主持法庭的执法官或者官员甚至不进行总结，总的说来，他在审判中所发挥的作用远不如一个英国的法官在审判中发挥的作用那么重要。

## （二）昆克尔提出的不同理论。

直到 1962 年，才由昆克尔提出一种对蒙森的理论体系的系统的替代方案。[①] 他从以前的批评家已经指出的蒙森叙述中的某些缺陷开始。

---

① W. Kunkel, *Untersuchungen zur Entwicklung des röm. Kriminalverfahrens in vorsullanischer Zeit* (Bayer. Akad. d. Wissenschaften, phil. - hist. Kl. 56)，以下简称为"Krim."。他对自己的观点的修改或详述，参见 *SZ* 83（1966）219ff.；*SZ* 84（1967）218ff.；*SZ* 85（1968）253ff.；*Symbolae M. David*（Leiden, 1968）1.111ff.；*PW* 24.1.720ff.

## 1. 申诉和民众会议审判。

布莱西特（Brecht）[1]已经表明，在有记载的民众会议审判中，除了那些关于祭司长作出的罚款外，没有蒙森提出的审判和申诉的划分的证据。第一个阶段不是以判决告终的审判，而是一种预备性听证，它导致执法官提出某项建议，第二个阶段是基于该建议作出决定。根据这种观点，不需要求助于蒙森关于某种权力委托的未经证实的假设，以便为所涉执法官没有强制权的事实进行辩解：他们不是在行使这种权力，而仅仅是建议民众会议作出某项判决。但是，布莱西特退一步承认，蒙森说的两阶段审判确实出现在祭司长所施加的罚款的情形，而布莱肯（Bleicken）[2]则论证说，甚至在这一点上，蒙森的说法也没有根据。他指出，祭司长不是一个真正意义上的执法官，没有证据表明他可以召集部落民众会议，并且，无论如何，我们所知道的那些决定，并非如根据蒙森的理论它们本应当的仅仅是确认或者撤销由这个祭司长施加的判决：它们不仅撤销罚款，而且要求被告服从祭司长。布莱肯认为，这种妥协决定更可能是由一个确实有权召集民众会议的调解性的第三方，可能是贵族市政官，所建议的（因而诉讼程序也由它进行）。

还有，虽然我们听说了许多法律引进或者确认申诉权，但是没有关于用它来反对死刑判决的可靠证据；并且，虽然共和国后期的罗马人显然视之为他们的公民自由的一个基础，[3]但是在这一点上，没有政治上对苏拉引进的刑事法庭的任何反应的迹象，而申诉明显不能适用于这些刑事法庭。[4]

---

[1] *SZ* 59（1939）261ff.

[2] *SZ* 76（1959）333ff.

[3] Cic. *de Or.* 2.199：“保护城邦以及维护自由的基础”；Livy, 3.45.8，说申诉和保名官的帮助（auxilium tribunicium）是"维护自由的两块基石"；参考 Cic. *Rep.* 2.53ff.；*Rab. Perd.* 11ff.；Livy 3.55.4。

[4] 在苏拉以前的几百年里，也时常设立豁免申诉的特别法庭，这或者是依据法律，或者是依据元老院决议。在它们是依法律设立的情况下，蒙森可以争辩说，人民所给予的东西，人民就可以拿走；在它们是依元老院决议，尤其是关于酒神崇拜的元老院决议（下文，第313页）建立的情况下，他推测，如果申诉确实被排除，那就是在紧急情况下不合宪的做法；*StR* 2.110ff.；*StrR* 153 n 1；172 n 2；257 n 2；Strachan-Davidson 1.229ff.。

因此，赫斯（Heuss）和布莱肯认为，申诉是一种政治制度，它和保民官一样产生于各阶层之间的斗争，并且只是依据公元前300年最后一个《瓦勒里法》取得法律的认可。[①] 直到那时，它在本质上是一种革命手段，仅仅以平民的政治力量为支持，所针对的是反对贵族执法官滥用他们的合法的无限制的强制权。（根据这种观点，《十二表法》的那条著名的规定[②]，即"未经最高的民众会议不得处死市民"，所涉及的不是通过申诉来限制执法官的权力，而是阻止平民会实施私刑。）申诉的政治起源可能还表明，它不是有关普通犯罪的，因为无论如何普通犯罪都不属于强制权的范围：执法官可能只关心对具有某种公共性质的犯罪采取处罚措施。

## 2. 民众会议审判的"政治"性质。

保民官在民众会议前提起的案件具有政治性，这一点得到蒙森的承认。昆克尔认为，所有这类审判都是如此。对于市政官所进行的审判，这包含相当大范围的可以被认为是政治性的因素，以便包括有损于公共利益的行为，以及影响到市政官的治安职责的行为。但是，排除严重犯罪，因为市政官只能处以罚款，因此，关键问题是对那些甚至在这种扩大的意义上都不具政治性的严重罪行，尤其是杀人罪的管辖权问题。如我们所知的，蒙森认为这种管辖权属于作为执政官的助手的那些财务官。这种归属的主要理由是，在《十二表法》时期存在"杀人罪审判官"（quaestores parricidii），而他认为这种杀人罪审判官就是普通的金库财政官（quaestores aerarii）。关于实际审判的证据是无说服力的。我们的资料来源只提及四个案件，[③]其中，两个产生于《十二表法》之前，因而几乎不能据以寻求法律细节，第三个是公元前391年对卡米卢斯（Camillus）的指控，即使认为它是可信的，它也只是因为贪

---

[①] 李维说（10.9.5），甚至在那时，违反仅仅被宣布为"恶劣行为"（improbe factum）。
[②] 参考上文，第305页注释。
[③] Kunkel, *Krim.* 34ff.

污公款的罪行（peculatus），而贪污罪在这里的上下文中可以被归结为政治性的。唯一明显可依靠的证据是瓦罗①对一篇《调查程序评注》的引用，这篇评论是由一位财务官塞尔宄斯（M.Sergius）所写，明显是有关某个死刑罪的指控的审判，但是没有任何东西表明有关的罪行是什么。以这样稀少的证据，缺乏关于普通犯罪的审判的例子，很明显什么也不能证明，特别是因为历史作家们对这些事情不感兴趣，但是昆克尔认为，更实际的支持可以是民众会议审判的程序要花费大量时间。这对于国事审判来说可能有理，但是对于处罚普通罪行来说则很麻烦，令人无法容忍。

### 3. 关于普通犯罪的论述。

如果接受前面的批评，那么在蒙森提出的理论体系中明显有一个漏洞：没有对非政治性的犯罪的惩罚规定，但有一个小小的例外，即它们被纳入市政官的管辖范围。此外，蒙森对执法官的强制权与其审判权②的区分是根据他关于申诉的观点；如果那个观点遭到否定，就只剩下他的强制权了。昆克尔的目的就是要填补这些漏洞，同时弥补他在蒙森的理论体系中发现的另两个相关的不足。蒙森的制度通过对民众会议审判的排他性的强调，总的说来忽略了在早期法上很普遍的私人复仇的因素，③并且，蒙森的制度不能令人满意地说明刑事法庭制度如何能够出现，因为这种刑事法庭制度确实包含某种私的因素，而且如我们已知的，它如何通过其他方法完全摆脱了民众会议程序。昆克尔认为：（1）在早期法上，非政治性的死罪根本不是公诉的对象，而是通过誓金法律诉讼留给私人诉讼惩罚；（2）在苏拉的刑事法庭之前，不仅在公元前2世纪甚至

---

① *LL* 6.90（Bruns 2.59）。该评论可能属于公元前2世纪初期，并且肯定是在公元前243年以后。

② 二者都不是专门的法律术语；Kunkel, *Krim.* 140 n 479。

③ Kunkel, *Krim.* 37ff., 124ff.

更早就有特别刑事法庭，它由执法官运用其也许是法律赋予的权力的执法官的权力来运作，[1] 据此，执法官与顾问会或者陪审团一起审理普通犯罪，并要受后者的裁决的约束；而且，由于这些审判行为不是强制行为，从来都不能进行申诉。

（1.）在死刑问题上的誓金法律诉讼。从这样的前提出发，即没有关于早期法上对普通犯罪的刑事诉讼程序的证据，并且那时复仇的成分仍很浓，昆克尔试图寻找私人性质的死刑诉讼的证据。既然我们知道，在最早的常设刑事法庭（公元前149年设立的搜刮钱财罪刑事法庭）上，[2] 诉讼程序是通过誓金法律诉讼，就有某种可能性表明这种诉讼形式被使用过，并且昆克尔在一个属于普罗布斯（Probus）的片段和另一个属于费斯都斯（Festus）的片段中找到这方面的证据。[3]

在普罗布斯所保存的关于法律诉讼的缩略语中，[4] 有一个缩略语迄今为止都没有找到令人满意的解释：S.N.S.Q.（si negat sacramento quaerito）。昆克尔推测，这来自于对法律诉讼的某个评论，并且，"quaerere" 在这里的意思是主持一个刑事法庭。这样，这句话可能是指："如果他（即被告）否认，则让他（即裁判官）主持一个刑事法庭"，前面一句话（它未被保存下来）的意思可能是，"如果他承认，则让裁判官作出判付"。因此，这可能指的是誓金法律诉讼。但是，它不同于普通的法律诉讼之处在于，它没有分为两个阶段，因为，很明显是裁判官来指挥刑事法庭。[5] 昆克尔进一步援引后

---

[1] Kunkel, *Krim.* 68.

[2] 上文，第308页。该铭文通常被确定为《阿其里法》（上文，第80页注释），并被认为属于公元前123年或公元前122年，它规定，誓金法律诉讼由债权人的"指名控告"（nominis delatio）程序所取代,后者将成为所有刑事法庭的标准程序（下文，第318页及下页）；并且被告的责任被提高到所搜刮金额的两倍。

[3] 在后来的注释（*SZ* 84 [1967] 382ff.）中，他也论证说，Livy 3.13.3 的证据，更为特别的是 Dionysius 10.7.2, 5 的证据表明，对凯索·昆提乌斯（Caeso Quinctius）杀人的审判是私人诉讼的结果。

[4] *Notae iuris* 4.5 (*FIRA* 2.456).

[5] 不可能是一个承审员，因为在发赌誓的时候，还没有指定任何承审员；而且，在其他地方也没有使用"quaerere"这个词来表示审判员的职责。

来对"quaerere"和"quaestio"的使用方法来支持关于裁判官与顾问会一起开庭的推测。这可能产生于罗马的一种人所共晓的习惯，即在作出任何重大决定之前向一个顾问会咨询意见，但在这里，可能有一种独特性，就是顾问会的裁决对执法官有约束力。昆克尔认为，这个特征是执法官行使审判权而非行使强制权所特有的。百人审判团由于同样具有这个特征，并且也审理法律诉讼，因而可能提供了一种非常相似的例子，在这方面，苏拉的刑事法庭的陪审团可能仅仅是保持一种古代的做法。①

　　从普罗布斯的"如否认"（si negat）明显可见，原告肯定是主张什么，昆克尔推测，那是一种原告自己提出的主张（例如，所有权主张，如同在对物的誓金法律诉讼中一样，只是没有一种对应的主张），并且他在费斯都斯的片段中找到这一点的证据，②该片段来自于老伽图的一次演讲。它保存得不完整，但是昆克尔建议这样来修复："selera nefaria fie〔bant, de quibus ut sacrame〕nto traderetur lege est caturum"。这就可以证明，在这一法律诉讼中，如果被告败诉，就将被交给原告惩罚，③对现行盗窃的判付提供了一个非常相似的例子，只不过在那种情况下可能没有审判。④

―――――――

　　①　如果在早期法上独任承审员的地位为一个陪审团所取代，这是可能的（上文，第178页），那么，与普通程序的对照（形成的差别）可能就不那么明显了。

　　②　S.v. *sacramento*（Bruns 2.34）.

　　③　昆克尔认为，在我们（所说）的情况下，如果罪行明显，或者被告"服罪"（参考普通法制度），也会没有审判（认罪取代审判）；*Symbolae David*（同上引书）118ff.。

　　④　费斯都斯将这句话解释为"赌誓来源于它所包含的誓言"。但是，在其他地方，（例如 Gai. 4.13f.），赌誓被用来表示在一场赌博中的赌注（上文，第181页）。关于这种差别的解释通常是假设费斯都斯在这里回溯到原始含义，但是，既然他是在评论像伽图这样的作者说的话，那么他更可能是要涉及一种现行的制度。这样，肯定有某种场景，使誓约仍和通常的赌博一起存活下来，而 Kunkel（*Krim.* 106ff.）认为它就是死刑性质的法律诉讼的场景。在通常的情况下，赌注的金额随争议价值的不同而变化，但是，由于一个人的价值不能予以衡量，他就可以作出自我诅咒的誓约。但是，有人可能反说，对于要求恢复自由之诉或者要求返还奴隶之诉中的可能是自由的人，有一个赌注（Gai. 4.14），并且，很有可能，甚至在普通的以赌誓进行的诉讼程序也包括某种誓言，因为赌注被存放在那些祭司那里，败诉方的赌注被用作一种祭品；Pugliese, *BIDR* 66（1963）173f.。

因此，昆克尔断定，普通犯罪从早期时不是如蒙森所猜想的那样是公诉的对象，而仅仅是通过赌誓进行的私人诉讼的对象，并且，我们所听说的在《十二表法》时期的其他处死的犯罪[①]可能也是以相同的方式处理。其他犯罪也可能被包括在内，如通奸和强奸，人们本可期望这些犯罪在一种基于私人复仇的制度下是可起诉的，但是，现在通常认为它们只是由于奥古斯都的立法而成为可惩罚的。[②]

如我们将看到的，昆克尔还猜想，私人诉讼实际上从公元前3世纪起以后在很大程度上被取代，但是他猜测，它在奥古斯都立法前保持一种形式上的存在。这可以解释盖尤斯说法律诉讼最终被两部尤利法所废弃的理由。[③]我们知道，一部是关于私人审判的，因此，另一部可能是关于公共审判的，不过仍很难理解后者可能有什么东西与法律诉讼有关。根据昆克尔的观点，它之所以这么叫，是因为，虽然它所废除的法律诉讼是私人的，但是取代它的常设刑事法庭是公共的。[④]

（2）苏拉的刑事法庭的种种先例。如我们已知的，昆克尔发现蒙森的论述存在的一个不足是，它不能令人满意地解释刑事法庭的发展。他本人认为，它们在公元前2世纪初，甚至可能更早就有先例了，不仅存在于与民众会议审判相适应的政治犯罪领域，而且也存在于通过法律诉讼审判的普通犯罪领域。随着政治问题变得日益复杂，民众会议审判越来越不令人满意了，并且，民众会议越易受煽动的影响，元老院贵族阶层就越不愿意让其成员遭遇公共审判的可能性。这可以说明这样一个事实，即从公元前2世纪起，非常刑事法庭[⑤]时

---

① 上文，第305页。
② 下文，第355、401页。
③ 上文，第218页。
④ 但是，这样的话，Gaius, 4.30，只说它们以程式诉讼制度取代法律诉讼，这是令人奇怪的；Pugliese, BIDR 66 (1963) 170。
⑤ 关于处理在罗马之外且涉及同盟者的事务的这类刑事法庭，有更早的例子：Livy 9.26.6（公元前314年）；10.1.13, 10.1.3（公元前302年）；28.10.4f.（公元前206年）；29.36.10ff.（公元前204年）。

常是依据元老院决议设立。① 这些特别法庭也不限于政治犯罪。普通犯罪也以这种方式处理，但是似乎只涉及到耸人听闻且所涉人员众多的案件。在这些重大案件中最有名的是公元前186年的"酒神崇拜阴谋"。② 元老院对新的酒神崇拜所导致的许多的罪行和败坏感到震惊，指示执政官进行调查，并规定参加该教派是应被处死的犯罪。许多人，包括男人和女人、市民和其他人被处死。

对于蒙森来说，在这些审判仅仅是经元老院决议许可的时候，它们只不过是执法官通常的司法职能的行使，但例外地排除了申诉权。在昆克尔看来，如我们已经知道的，执法官只能与一个评议会一起进行审判，后者的裁决对他具有约束力，它的存在从司法方面证明没有申诉是合理的。如果执法官独自行动，或者违背评议会的裁决，他行使的只是强制权；被告被判罪时可以申诉。③ 因此，一个特别成立的法庭是必要的。

对于日常犯罪，这些特别法庭的机制明显不适合，但是，昆克尔找到了某种常规管辖权的痕迹。在共和国后期及此后，关于杀人罪的法律被视为是根据苏拉的《关于杀人和投毒的科尔内利亚法》（lex Cornelia de sicariis et veneficis），不过，该法本身仅是直接针对以犯罪为目的携带武器的行为以及持有并买卖毒药的行为。昆克尔认为，这部法律的实质内容比苏拉早得多，并且，它没有规定杀人罪本身的理由是，这种犯罪已经由死刑性质的法律诉讼所规定。关于公元前2世纪初存在携带武器的犯罪的证据，

---

① 并且在后来（可能早在公元前187年；Livy 38.54f.；参考 Kunkel, *Krim.* 58 n 217）依据平民会决议；在《关于判处市民死刑的森普罗尼亚法》以后可能只能依据平民会决议，参见下文，第315页；蒙森认为在这些情况下也有一个陪审团法庭。

② Strachan-Davidson 1.232ff.；Kunkel, *Krim.* 68 n 256。其主要依据是 Livy 39.8—19 以及被称为"关于酒神崇拜的元老院决议"的铭文（*FIRA* 1.240；Bruns 1.164）。参考公元前184年（Livy 39.41.5）；公元前180年（Livy 40.37.4, 43.2f.）；公元前152年（Livy *per.* 48）的投毒案件审判。

③ 参考 Cic. *Verr.* II.5.12, 18；Gell. 13.25.12；Festus, s.v. *parricidii quaestores*（Bruns 2.21）。

昆克尔指出普劳图戏剧的一个片段,[1] 在这个片段中,一个人威胁要举报(deferre nomen)另一个人——一个厨师,携带刀子四处走动。这个举报将向三人行刑官提出。[2] 这些执法官没有治权,通常被认为只对奴隶和异邦人有管辖权,但是昆克尔推测说,尽管他们没有治权,但他们事实上可以审判地位较低贱的那一类市民。无论可能是怎样的(并且对宪政原则如此重大的违背是很难接受的),设想这种携带武器的行为在当时是犯罪行为,都是合理的,并且,既然我们听说在公元前142年一个裁判官主持了一个指控杀人罪的刑事法庭,[3] 很可能,至少对于地位较高的市民,他拥有管辖权。[4] 可以肯定,在《科尔内利亚法》以前,关于投毒的犯罪也由一个刑事法庭处理,因为一段铭文记载(可能是公元前98年)有一个主持投毒刑事法庭的审判员(iudex quaestionis veneficis)。[5]

因此,似乎可以合理地猜测刑事法庭早在苏拉以前就产生了,而他仅仅是将已经存在的东西体系化并加以扩展而已。如果死刑性质的法律诉讼确实存在,很可能的是,随着刑事法庭的发展,前者实际上是被后者所取代了。因为很自然地,在法律诉讼中可以作为原告的那些亲属也会提起控诉,至少在杀人罪的审判中是如此,而且,新的程序具有以下优点:证人可以用传票传唤,而

---

[1] *Aul.* 415ff.
[2] 上文,第56页。
[3] Cic. *Fin.* 2.54.
[4] 我们听说(Ascon. *Mil.* 32),卡修斯·隆吉努斯(L.Cassius Longinus)(大约公元前127年)是许多杀人审判的刑事审判官。可能,如在苏拉的制度中那样(下文,第318页),可以指定一个非执法官的主持人。《阿其里法》(上文,第311页注释)将搜刮钱财罪的刑事法庭的主席职位给予外事裁判官。另一方面,Cicero(*Leg.* 3.8)只说"审理私人案件"是裁判官的职责,但是,由于在他那个时代,裁判官主持刑事法庭,因而这对任何叙述都提出难点;Kunkel, *Krim.* 50。
[5] *Inscriptiones Latinae Selectae*, ed. H. Dessau(Berlin, 1882—1916)45;并且,在 *Rhetorica ad Herennium*(即在苏拉改革以前)中,有许多地方很明显是在刑事意义上涉及审判员;昆克尔:《刑事诉讼》,第46页。

且如果指控成立，就会获得某种回报。①

（3）盖约·格拉古（C.Gracchus）的立法。刑事法庭在苏拉以前的发展，给盖约·格拉古通过的两部法律提供了一个令人信服的语境。我们得知，一部法律规定，"未经人民审判，不得判处罗马市民死刑"，②在以前，这被视为仅仅是加强已经存在的申诉权（蒙森就是这样理解的）。但是，昆克尔认为，其目的在于，禁止单凭元老院的许可创设死刑性质的法庭（这种做法在不久前的公元前132年就被采取以对付他的兄弟提比略·格拉古的支持者们）。这种解释被下列事实所证实：我们没有听说过在这之后由元老院决议设立的刑事法庭。

另一部法律是格拉古赋予骑士作为陪审员进行审判的权利。③以前，这是元老们的特权，它不仅意味着政治审判的裁决掌握在一个由少数特权人物控制的集团手中，而且还意味着由于缺乏陪审员，建立一个更广泛的刑事法庭制度几乎不可能。因此，刑事法庭制度的实质性发展是在格拉古之后，并且，虽然苏拉恢复了元老们担任陪审员的权利，但他只能通过采取一项措施，这项措施是格拉古本人（在他之前还有他的兄弟）曾经提议过，但没被采用，它就是将元老院的规模增加到600人。

## （三）对昆克尔的理论的反对意见。④

虽然证据是如此零散以至于人们只能推测各种可能性，但是，

---

① 另一方面，如我们所知道的那样，在苏拉的制度中，刑事法庭可能在某个方面比以前更接近法律诉讼。因为，如我们所看到的，虽然苏拉的刑事法庭是指控制的，但被告据说是被告发的人（nomen deferre）（在普劳图的戏剧中也是如此，参见上文，第314页注释）。从这一点，昆克尔认为，这个程序最初是纠问式的，但是，由于没有官方的调查人员，不可避免地要由告发人做大部分的工作；Krim. 92, 121, 134。

② Cic. Rab. perd. 12（iniussu vestro）；它通常被认为是指《关于申诉的森布罗尼法》。

③ 上文，第80页。

④ 参见附注，下文，第320页。

下列说法似乎合理的：（1）昆克尔关于苏拉的刑事法庭的种种先例的论述是很令人信服的；（2）关于从民众会议审判中排除普通犯罪的直接证据相当没有说服力，但是，他关于一种如此烦琐的程序不适合这些犯罪的理由有点分量；（3）他的最大的困难在于，说明关于那个争论不休的申诉问题的所有证据。关于这个问题，以及昆克尔的推测的法律诉讼，必须再多说些内容，并且，我们还必须考虑一个关键问题，即评议会裁决的性质。

## 1. 申诉。

昆克尔的叙述的主要障碍是西塞罗的证据。[①]有人可能很乐意承认，当他把申诉的起源归于王政时代，并说在《十二表法》中它被允许针对任何刑事审判（ab omni iudicio poenaque），[②]他是在夸大其辞，但是，如果根本从来都没有对任何审判的申诉，那么我们不得不认为他基本上是无知的。还有，他显然确实认为申诉是与民众会议审判相联系的，也就是说，如果一个执法官试图施加死刑，就可能导致向人民申诉。[③]在昆克尔看来，这肯定只是对强制权的申诉，并且，市民没有由人民听审的法定权利——他的"向人民申诉"实际上仅仅是请求保民官的"干预"。[④]此外，由于强制权和一种审判行为之间的区别在于一个评议会的存在，而这个评议会是由执法官选定的，因此很容易通过选择一个驯服的评议会而完全排除申诉。一项具有这样一种柏拉图的理念式

---

[①] Pugliese, *BIDR* 66 (1963) 159。并且，完全怀疑关于祭司的罚款的情形（上文，第309页），是不容易的。因为它们确实包含了那三个要素，即判罚、申诉和一项判决（尽管不是一项简单的撤销或者确认判决）。此外，Pomponius, D. 1.2.2.23, 确实宣称执政官没有宣告死刑判决的能力，并且确实将先前存在的关于杀人罪的审判官的设立与此联系在一起，这种执法官被称为杀人罪审判官，并在《十二表法》中被提及；参考上文，第50页注释。

[②] *Rep.* 2.54.

[③] *Leg.* 3.6, 10, 27.

[④] 不过，李维认为申诉和帮助不是自由的一个而是两个基石；上文，第309页注释。不顾申诉的执法官在他的任期结束后还可能冒弹劾的风险。

特征的权利（昆克尔是这样描述它的）① 会不会被视为市民自由的保障呢？

当然，仍有一个困难，即公元前 2 世纪及以后的刑事法庭明显不受制于申诉。在这方面，蒙森的解释仍可能是正确的。② 对于由元老院决议设立的刑事法庭，如在"酒神崇拜阴谋"的情况下那样，貌似有理的整个城邦的紧急状态的理由很可能胜出。③ 对于那些由平民会决议所设立的刑事法庭，可能明确排除申诉，并且，如果在苏拉以前的常设刑事法庭是依据未被记载的法律设立的（这是昆克尔所反对的一种推测，④ 但它不是不可能的），相同的解释也可以对它们适用，这种解释可以与昆克尔对《关于判处市民死刑的森普罗尼亚法》（lex Sempronia de capite civis）的解释并行不悖。

317

## 2. 死刑性质的法律诉讼。

在昆克尔同时利用来自普罗布斯和费斯都斯的文献的方法上存在问题。⑤ 他对 "S.N.S.Q."（si negat sacramento quaerito）的解释，要求它是摘自某个关于进行法律诉讼的程序的评注，而普罗布斯在这方面保存的所有其他缩略语都属于各方当事人所采用的程式；⑥ 并且，即使有这样一个评注，它在提到裁判官时会使用祈使语气吗？另外，昆克尔对费斯都斯的片段的修复包含了一项要求，即被定罪的被告由裁判官移交给原告（ut...traderetur），但是，由于这个程序是私人的，因而裁判官肯定

---

① Krim. 131.
② StR 2.110ff.；Strachan-Davidson 1.225ff.；参考 Brunt, TR 32（1964）447。
③ 在战时发生的案件 Liversidge v. Anderson [1942] A.C.206 中，允许不顾及英国宪法上的一项同样重要的原则。
④ Krim. 46；参考 25。
⑤ Pugliese, BIDR 66（1963）170ff.
⑥ Sacconi, SDHI 29（1963）310ff.

不会对被告进行羁押。人们可以期望一个判付（addictio），而不是移交（traditio）。

### 3. 评议会的裁决。

我们已经知道，强制权与司法权之间的区别对于昆克尔关于申诉的观点是十分重要的，并且，这种区别依赖于一个评议会的存在，这个评议会的裁决对执法官具有约束力，正如普通法制度上，陪审团的裁决对法官具有约束力一样。由于苏拉的刑事法庭遵守这个原则，并且早期有一个与之相似的百人审判团法庭，因而不能说这不可能，但是几乎没有什么直接的证据。执法官通常会接受这个裁决，这几乎不用怀疑：习惯的压力和他所在阶层的意见会保证这一点。问题是他是否在法律上有义务接受它。可以肯定，维雷斯（Verres）在审判异邦人时，他的行为看起来似乎他有某种义务一样，[①] 而奥古斯都的第一个昔兰尼告示表明，在一个相似的语境中，评议会不是一个松散的顾问团体，而是经过认真的选择和组建。[②] 但是，最有说服力的证据是公元前138年由执政官主持的关于在希拉森林中发生的谋杀显赫人物的刑事法庭。[③] 西塞罗记载，执政官们依照评议会的决定两次命令审判延期（ampliatio）。这肯定与十五年后《阿其里法》（lex Aclia）为搜刮钱财罪的常设刑事法庭规定的程序是相同的，据之，如果陪审团三分之一的人不能得出判断，则必须命令审判延期，然后是完全的重新听审。昆克尔问，如果执政官可以不顾评议会来采取行动，那么，为什么他们要费如此大的劲获得它的一项裁决呢？因此，在这里，各种可能性的权衡似乎有利于昆克尔的观点。[④]

---

① Cic. Verr. II.1.71ff.；2.68ff.；5.114；Kunkel, Krim. 79ff.；SZ 84（1967）233ff.
② Krim. 83. 昆克尔解释说，在第四个告示中，总督本人审理案件与他将案件交给顾问委员会审理的区别就是他亲自与顾问委员会一起开庭和他将它全部交给他们之间的区别；SZ 84（1967）231。
③ Cic. Brut. 85；Kunkel, Krim. 84；SZ 84（1967）224ff.
④ 另见下文，第340页。昆克尔甚至主张（SZ 83［1966］219ff.），家父在其家事审判中受到评议会裁决的约束，但这更加难以置信；Guarino, Labeo 13（1967）214。

## 二、苏拉以后的常设刑事法庭[1]

虽然，如我们已经知道的，常设刑事法庭的主要特征在苏拉以前就是相对清楚的，但是，正是他通过一系列的科尔内利亚法律完善了这个制度，以致后来的立法，包括奥古斯都的立法在内，仅仅是对之进行修改而已。

这个体制的要点是，对于每个犯罪或者每类犯罪，都有一个法庭，由一个执法官和许多陪审员组成，并且，设立这个法庭的法令或多或少详细地规定了它要适用的法律以及要施加的处罚。主持每个刑事法庭的执法官原则上是一名裁判官，苏拉将裁判官的数量增加到八个，其目的在于，除了主要涉及民事问题的内事裁判官和外事裁判官外再提供六个这样的主持者。由于可能只有六个常设刑事法庭，[2]因此，如果在一个法庭可以应付的事项之外再没有更多的事——至少对于有些刑事法庭来说是如此——那么这项措施可能就够了。这样，在公元前66年审判克伦提乌斯（Cluentius）的时候，很明显有三个指控杀人罪的法庭同时开庭。[3]对更多的法庭主持人的需要是通过任命更多的具有执法官地位的官员（iudices quaestiones）来满足的。[4]主持人任职当然是一年。陪审员从一个名单中抽签决定，这个名单自盖约·格拉古开始撤换元老之后，其组成随元老院和骑士阶层之间的政治力量的消长而变化。[5]关于陪审团的规模，根据个别案件中的记载，

---

[1] 参考 Kunkel, *Intro.* 63ff.。
[2] 下文，第 320 页。
[3] Cic. *Cluent.* 147.
[4] 这个职位是一年一任，通常介于市政官和裁判官之间（Kunkel, *Krim.* 48）。在某些情况下（可能是因为通常的主持人不能或者不愿意担任），甚至可以指派一个可能是从陪审团成员中特别挑选的人担任主持人。
[5] 上文，第 80 页注释。关于不同时期可能采取的抽签挑选的方法的详情，参见 Kunkel, *PW* 24.1.751ff.。

从 32 人到 75 人不等，这不仅可以反映在不同时期根据从中选取的那个名单的人数而有所变化，而且也可以反映随法庭的不同而不同。①

任何声誉良好的市民都可以提起指控，②并且，案件的进行由他负责，虽然他（而不是被告）可以用传票传唤证人并且占有文书证据。因而，这个程序是指控式的，而不是像现代大陆法国家那样是纠问式的，就此而言，它明显与普通法的陪审团审判相类似。③但是，二者有明显区别。这里的法庭主持人不是（或者不一定是）一位法律家，而是一个使自己爬上政治台阶的能干的人，而且他的角色，即使不是完全被动的，④也远不如一位普通法中的法官的地位重要。实际上没有任何关于证据的法律，因而没有由我们的法官实施的连续性的控制的余地：法庭倾听各方当事人或其辩护人选择提交给它的无论什么样的证据（而且，就他们的选择权而言，由于没有任何类似规范英国律师界的那套规则，所以不受到阻碍）。此外，法庭的主持人不向陪审团进行总结，因此，没有我们区分法律与事实的机会：每个陪审员根据他所听到的整个案件的情况自己作出决定。

这样一种制度没有给精确的法律规则和定义的发展提供任何机会，因此，共和国时期的法学家们似乎对刑事法律或者刑事程序不感兴趣，这毫不令人奇怪。直到哈德良时期及以后，我们才听说关于这个主题的一些实质性的论述，而且甚至到那时，与对

---

① Cic. *Cluent.* 74；*Pis.* 96；*Flacc.* 4。Kunkel（*PW* 24.1.755）提出，在《阿其里法》以后（参见上文，第 80 页），指控杀人罪的刑事法庭和关于暴力罪的刑事法庭有 51 位陪审员，而指控搜刮钱财罪的刑事法庭和叛逆罪的刑事法庭则有 75 位陪审员。

② 这样一种制度明显可能被滥用，因而《雷米尼法》（不晚于公元前 80 年，并且可能与苏拉的改革同时代）规定，如果一个人被判定有意向一个刑事法庭作出虚假的指控（诬告），他就会被宣告为不名誉（上文，第 273 页注释），并在他的前额上烙"K"的印记；Mommsen, *StR* 491ff.。

③ Strachan-Davidson 2.112ff.

④ 蒙森这样认为（*StR* 421f.；参考 Strachan-Davidson 2.125）；反对的意见，Kunkel, *PW* 24.1.761，引用 *Rhet. ad Herenn.* 4.35.7；Ascon. *in Mil.* 32.45；Cic. *Verr.* I.29，32。

市民法的热切关注相比，对它的关注是很肤浅的。①

我们对后来的古典法学家的依赖，使得对苏拉的立法的任何详细的重构工作都变得很困难。②因为法学家之所以对它感兴趣，只是由于它经过奥古斯都的改革保存了下来，而且甚至到那时，他们并不仔细区别原来的法律和后来的增加与修改。③在刑事问题上，在《科尔内利亚法》中最为有名的是《关于杀人和投毒的科尔内利亚法》。④我们已经知道，⑤关于这两种犯罪的刑事法庭早已存在；这部法律的效果显然是要将这两个法庭合二为一，并把一些不相容的犯罪增加到它的管辖范围内。《关于遗嘱和钱币的科尔内利亚法》（lex testamentaria nummaria）⑥建立了一个法庭以惩处伪造遗嘱和钱币的行为，最终，它至少成为包括各种各样的其他造假行为，因此，优士丁尼⑦称它为《关于伪造的科尔内利亚法》。《关于叛逆罪的科尔内利亚法》建立了一个法庭惩处叛国罪和煽动罪（crimen imminutae maiestatis，违逆大尊罪，即任何导致降低罗马人民的伟大或者削弱罗马人民的权威的行为）。⑧关于叛国罪的定义很少是准确的，但是，罗马人在这个问题上似乎没有达到哪怕是一种有限的准确性，对叛逆罪的审判主要是基于政治上的考虑来决定的（实际上这个法庭的性质会使人们这样

---

① Schulz, History 140, 256.
② 关于概括的研究，参见 Kunkel, PW 24.1.741ff.。虽然从西塞罗的演讲中可以搜集很多资料，但是，它必然是零碎而杂乱的，而且它更主要的是揭示程序如何进行而不是揭示苏拉立法的准确内容。
③ 甚至当他们看来好像引用原文本身，通常也都有各种歧义的版本，这表明他们不大重视措辞的准确。
④ Coll. 1.3（Ulpian）；D. 48.8.1, 3；PS 5.23.1；Cic. Cluent. 148；参考 D. 29.5.25。
⑤ 上文，第 314 页。
⑥ Cic. Verr. II. 1.108.
⑦ J. 4.18.7 以及 D. 48.10 的标题；参考 PS 5.25。
⑧ 叛逆罪的概念不是新的；由《阿布勒伊法》（可能是公元前 103 年）建立的一个刑事法庭至少涉及其某些方面，但是，不清楚这是不是一个常设刑事法庭。关于这个犯罪，参见 Kübler, PW 14.1.544ff.；Bleicken, Senatsgericht 27ff.。那个更古老的犯罪即敌对行为最终为叛逆罪所吸收。

期望)。

《关于搜刮钱财罪的科尔内利亚法》大概是规定那个现存的刑事法庭,并且,由于至少在苏拉以后,还有关于选举舞弊罪和贪污罪的常设刑事法庭,这些可能也是特别法律要规范的对象。由于《关于侵辱罪的科尔内利亚法》[①]看来没有建立一个常设法庭,因此,可能有六个苏拉建立的常设刑事法庭,并且,虽然在共和国结束之前有一定数量的关于刑事问题的立法,[②]这对它们的范围或者数量没有造成任何重大的变化。

民众会议审判没有被废除,但是随着刑事法庭的范围的扩张,它已废而不用了。当然,不是罗马市民的人仍然要受不受管制的强制权的管辖以及三人行刑官的即时的惩罚。[③]

---

① 上文,第274页。
② 尤其是,《关于杀亲罪的庞培法》(关于谋杀一个近亲属或者家父)、《关于暴力罪的普劳第法》(关于暴力反对公共当局),以及几乎可以肯定来自这一时期的《关于拐带人口罪的法比法》。Mommsen (*StrR* 203) 认为最后两部法律建立了常设刑事法庭,参见 Kunkel, *PW* 24.1.746f.。
③ 上文,第314页。

附注。当这些内容正校对清样时,琼斯(A. H. M. Jones)的遗著 *The Criminal Courts of the Roman Republic and Principate*(Oxford, 1972)出版了。该书的第一章是关于民众会议审判。虽然琼斯明显打算在这里反击昆克尔的论点(上文,第308页以下),但是,他仅仅是通过评价与昆克尔的证据不一致的证据的方式(按照实际上是蒙森的思路)进行的,这是他的一贯做法。受篇幅限制,在这里不能作详细考查,但是,我们可以注意到,他发现,甚至在西塞罗有生之年,就有两次对于普通犯罪的民众会议审判(琼斯书,第5页以下),但是为了鉴定它们本身,他依赖奥鲁苏斯(Orosus)和瓦勒里·马克西姆斯(Valerius Maxumus)所使用的表述"庭期决定"(diem dicere);但是,参见 Kunkel, *Krim.* 47 n 179。一般说来,昆克尔的论据中最为不足的一点是他对西塞罗的证据的论述(上文,第316页),以及对祭司团审判的记载的论述(上文,第316页注释)。关于昆克尔对蒙森的批评,琼斯当然没有论述,但对于民众会议审判对镇压普通犯罪来说可能太麻烦的观点(上文,第310页)除外。对此,琼斯回答说(第19页):(1)没有证据表明,它被有效地压制(并且他说,英格兰长期以来一直容忍一种未能镇压伦敦的暴力犯罪的司法体制;但是这种失败不是由于审判程序有缺陷,而是由于警力不充足);(2)最普通的犯罪(盗窃罪和侵辱罪)是民事性质的私犯;(3)我们只涉及由罗马市民进行的犯罪。但是,即使只考虑杀人罪的审判,昆克尔的论据仍然具有说服力。

# 第十九章

## 元首制时期的政制

### 一、元首制的开始[1]

在奥古斯都最终取得至上地位之前的一百年里,共和国体制完全不能平稳运转。罗马已经习惯了将专制性的权力交给某些个别的人。民众会议的主权使这一切成为可能,作为一项规则,要取得人民的投票表决来给予这类权力以法律依据,但是,事实上,这样一种表决差不多只是一种形式,对那些统帅一支强大的军队的那个人或者那些人来说,不存在任何困难。最具有深远意义的是授予苏拉和恺撒的权力,这两个人都有"独裁者"的称号,尽管他们的职位名义上差不多与共和国时期那些临时的、符合宪法的独裁官一样。在恺撒被暗杀(公元前44年)后,安东尼设法通过了一项法令,永远废除独裁制,迎合共和派的好感,从此再也没有一个罗马人拥有过这个头衔。然而,如西塞罗所说,恺撒之死废除的仅仅是"国王",而不是"王权"。[2] 反对派的领袖们不可能被限制在共和国宪法的范围内,当公元前43年,三个最有权力的人——安东尼、屋大维(那时仅二十岁)和雷比多之间达成一项协议时,他们很容易从人民那里获得一项决议,任命他们为"整

---

[1] 文献资料非常多。参考文献,参见 M. Hammond, *The Augustan Principate* (Cambridge, Mass. 1933); *PW* 22.1998ff. (1955)。

[2] *Ad fam.* 12.1.1.

治共和国的三人执政"，期限为五年。实际上，他们的权力比最初规定的五年时间持续得更久，这种延期也可能是再次由民众表决而合法化了的。在公元前33年末之后，看上去给予三人执政的第二任期限已经届满的时候，它的法律地位就很模糊了。但是，法律几乎无关紧要；屋大维是西方的主人，而他于公元前31年在阿克济乌姆对安东尼和克娄帕特拉的胜利，使他也成为东方的主人。在那一年，他确实是执政官，但是单单这个职位不能从法律上说明他所处的地位；实际上，虽然不是在名称上，他是一个违反宪法的独裁者。

当他的权威不再受到挑战并且在整个帝国都恢复了和平之后，屋大维希望结束这种违宪状况，重新开始。公元前28年，先前的三人执政时期的所有的非法的法令都被撤销。在公元前27年初，用屋大维自己的话说，他"将国家从他的权力下转交给元老院和罗马人民管理"。[①]在向元老院发表的一次演讲中，他放弃了他的特殊权力，普通的共和国的体制在事实上复活。但是，这种对共和政体的有意识的重建一直被认为是帝国的开始。[②]事实上，即使屋大维想要退休，他也不可能这样做。罗马世界的安宁依赖于他的巨大的威望，而旧的共和体制在他出生之前实际上就已经瓦解了。必须建立某种体制来取代它，而这种制度只有在保留他在国家中的最高权力的情况下才能存活。所采取的解决办法尽可能不去违背共和制的传统。民众会议、元老院和执法官的权力保持不变，但是，屋大维手上集中了充足的权力，以使他能控制整个国家的管理。这些权力就个别而言，都是在共和国体制下已经为人所知的那些权力，或者至少与它们有关联，每种权力本身与共和制下

---

① *Res Gestae Divi Augusti* 34：在结束内战后，任第六和第七次执政官时，根据全体的同意，将处于我的权力之下的共和国转交给元老院和人民管理。*Res Gestae* 是关于奥古斯都的成就的叙述，由他本人所写并在其死后发表，是我们了解其生涯的最重要的资料来源之一。其拉丁文本和一种希腊版本得以保存（不完整），见于现保存于安卡拉的一块铭文（*Monumentum Ancyranum*）以及其他两处片段；J.Gage 的批评性质的版本（2nd ed. Paris, 1950）；P. A. Brunt and J. M. Moore 的带有翻译和评论的拉丁文本版（Oxford, 1967）。

② Dio Cassius 52.1 说，从这一刻起，罗马人"重新开始由一个君主统治"。

的运作也没有很大的偏离。但是，不同的是，这些权力集中于一个人的手中，而且在事实上没有任何时间限制。因为，毫无疑问，这种安排注定就是永久性的。人们不可能知道屋大维在那时对于他为自己创造的地位如何进行继承的想法，但是，他后来的王朝的计划表明，他的确没有考虑过真正地回复共和体制的可能性。

在外表上这种变化的最显著的迹象也许是，屋大维在元老院的请求下接受了"奥古斯都"的称号，他以这一称号为人所知。杰出人物使用荣誉性质的姓，并且甚至是由元老院来授予这些姓，这在共和国时期也有，但是这个头衔本身是史无前例的。它是个少见的词语，而且带有一种强烈的宗教味道，它的含义差不多等于"神圣的"；在希腊文中它被翻译成"崇高的"，这个词可以向普通民众传达比那个拉丁词更多的意义。① 奥古斯都最初明显打算将他的实际权力主要建立在执政官的职位的基础上，他担任这个职位一直到公元前 23 年。但是，执政官职位如它在共和国晚期存在过的那样，没有给予他所需要的一切，因为，自苏拉时期以后，它一直是一个被限制在罗马和意大利范围的职位，不享有任何军事权力，军队全都受行省总督的指挥。缺乏对权力最终来源的控制，通过让他分配到（首次的任期为十年）那些驻扎了大部分军队的边境行省而得到补救，② 这些行省的实际管理权掌握在他指派的使节的手中。其他行省留给了元老院，并且此后由那些属于共和制类型的地方总督来管理。

公元前 23 年，奥古斯都就他在意大利的权力基础而言，通过放弃执政官而改变了他的地位，后来，他允许他自己被选举为执政官只有两次，即公元前 5 年和公元前 2 年。对于先前的体制不满意的一个原因可能是执政官太少（即曾经担任过执政官职位的

---

① Mommsen, *StR* 2.771.

② 这通常被认为是授予治权，关于这种治权是执政官治权还是行省总督治权，存在很多争论。但是，奥古斯都拥有执政官的治权，因此很可能授予他的权力是一种由这些边境行省所组成的行省治权；Jones, *Studies* 5f.；de Martino 4.133ff.。

那些人），而这是元首每年都要充当两个可得职位中的一个的必然结果，① 但是也可能是在政治上不满意于无止境地继任执政官职位这样一种公然违反共和国体制的做法。他在各行省的地位已经牢固地建立在他作为行省总督的治权的基础上，② 但是，在罗马本身，他需要某种不同的权力基础。这是在通过授予终生的"保民官权力"中得到的。③ 这种保民官权力明显地非常适合奥古斯都的目的。它摆脱了同僚制的不便，因为普通的保民官实际上决不能被认为是元首的同僚，而元首作为一个贵族，实际上本来不可能被选举为保民官。这一职位提供了召集元老院和人民所必需的权力，而且，否决权使元首能够废除其他任何执法官的法令。此外，保民官人身所具有的古老的神圣不可侵犯性，意味着在行动或者言词上对他的任何冒犯都可以被认为是一种犯罪。④ 不那么直观，但可能在政治上同样重要的是，普通民众心中对保民官职位的感情上的认同。⑤

行省总督的治权⑥和保民官权力是奥古斯都权力的两个主要基

---

① 甚至在公元前23年以后，如果没有采取担任执政官职位少于一整年期限的做法——尽管这种做法直到公元前5年才成为通常做法——就不会有充足的人来填补为执政官保留的职位。对于在皇帝行政部门中对担任过执政官职位的人不断增加的需要，导致奥古斯都对选举进行越来越多的干预，因而也导致对整个元老院统治的干预；F. B. Marsh, *The Foundation of the Roman Empire*（2nd ed. Oxford, 1927）ch. 9；特别参见公元前22—前13年和公元前12年—公元3年这两个时期担任过执政官职位的在皇帝行政部门任职的人的名单（第246表）。

② 但是，它在三个方面得以发展（Cassius Dio 53.32.5）：它是终身的；无论他什么时候返回城市，它都不会过期（因此不需要后来的恢复）；并且它高于所有其他行省总督的治权。这种最高治权（imperium maius）（如果那就是它的话）的范围有很多争论。

③ 他以前有保民官的某些方面的权力。确实，Appian, *BC* 5.132, 和 Orosius, 6.18.34, 说他在公元前36年自己被授予这种权力。但是，Dio Cassius, 49.15.5—6，只说到赋予其神圣不可侵犯性，并且，由于奥古斯都在其 *Res Gestae*, 4.4 中写明他的保民官权力的年代是从公元前23年起，因而这种叙述可能更可取。Dio Cassius, 51.19.6, 20.4, 还说，当公元前30年经投票表决将保民官权力授予奥古斯都时，他接受了，但是很可能，他仅接受了帮助权（ius auxilii）（Last, *Rend. Ist. Lomb.* 84［1951］93ff.）。

④ 一个普通的保民官的权力被限制在罗马城的范围之内，但是这种限制不适用于皇帝。确切的原因不清楚；参见 Mommsen, *StR* 2.880。

⑤ Jones, *Studies* 11.

⑥ Jones（*Studies* 12ff.）认为，从公元前19年起，治权是执政官的，因为单这种权力就可以证明他的许多行为，如指挥驻扎在意大利的军队以及行使司法权。

础。根据共和体制的标准，也难以说它们是合宪的，因为它们脱离了作为其来源的执法官体制，但是它们至少提供了一种合宪性的色彩。这些权力还被许多次要的权力所补充。[1] 这样，奥古斯都拥有以前为人民保留的权利，即宣战和议和的权力，[2] 以及缔结条约的权力。对于元老院，除了他的保民官权力所隐含的那些权利外，他还有特殊的权利，包括以信件向它提出建议的权利，而且，他还对元老院的组成行使相当大的控制权，这部分地通过他的"推荐"执法官候选人的权力，因为执法官的任职总导致拥有一个元老席位的权利；部分地是通过其他方式。[3] 但是，对于这些最后的权力，我们已经涉及到"准可"（auctoritas）的领域，它是一种影响力或者超凡魅力的因素，其本身不可能具有法律依据或者定义，但它却是奥古斯都体制中的一个极其重要的因素。[4]

## 二、元首制的发展

### （一）元首的权力。

在整个元首制持续期间，元首的权力的法律依据，与曾经为

---

[1] 元首的较次要的权力的主要证据来自于所谓的 Lex de imperio Vespasiani（Bruns 1.202，FIRA 1.154），这是一个包含某个元老院决议的一部分的铜铭的残片，这个元老院决议是在公元 69 年维斯帕西安就职时通过的，并且很明显得到人民的批准。在不少地方，这个文件说，和某些被指名的前任们，如同神圣的奥古斯都、提图·尤利·恺撒·奥古斯都、提比略·克劳迪·恺撒·奥古斯都·日耳曼尼库斯一样，维斯帕西安行使这些权力也是合法的。这些声明不一定必须涉及具体的权力授予的授予；早期的皇帝可能根据他们的一般性的准可权来僭取这些权力，而维斯帕西安，作为一个新皇朝的创立者，更愿意让人民具体地授予这些权力；Last, CAH 11.407。

[2] Mommsen, StR 2.954.

[3] 下文，第 327 页。

[4] 下文，第 343 页及下页。关于"做他认为是出于国家利益的所有事情"的一般权力（Lex de imp.Vesp. 16—20），参见下文，第 365 页。关于皇帝的资格，参见 Syme, Historia 7（1958）72ff.。

奥古斯都所确立的那样，几乎没有变化。尽管保留了共和国的形式，但奥古斯都本人享有最高权力，因而他的继任者中，即使是最专制的人为了贯彻其意志也几乎不需要任何不曾为奥古斯都所拥有的权力。根据严格的共和体制的理论，最重大的变化可能是公元84年或85年多米提安担任永久监察官职位，① 其主要好处在于给予他对元老院完全的控制。奥古斯都曾三次拒绝被授予一种绝对的"对法律与道德的监护"（cura legum et morum）的权力的提议，② 其中可能就包括监察官的权力，这无疑是因为他认为这样一种职位实际上等于一个独裁者，会使元老院的独立性过于明显的不真实。但是，多米提安没有这些顾虑，因为他憎恨元老院。在他被杀害后，监察官的头衔再也没有被授予过任何皇帝，哪怕是暂时性的，不过这个职位的必要职责继续由皇帝本人来执行。③

比任何技术上的变化都更重要得多的是，在无须僭取新的法定权力的情况下，皇帝权力逐渐渗透到所有政府部门，并且承认新的制度为正常和必要，这甚至导致在一个皇帝死后，只有一些空想家才认为复兴共和是一种真实的可能。这个过程本身也影响了法学家们对帝国的属性所采取的观点。最初，毫无疑问，元首被认为是一个公民，像其他所有公民一样，受到法律的约束，尽管元老院可以，并且确实也偶尔使他免于某些规则的约束，例如对未结婚且无子女的人规定无能力的规则。多米提安及其继任者经常篡夺元老院的这种豁免的特权，最后它被承认为是皇帝的一种权利。从此以后，如果皇帝的行动违反某项规则，而此规则可以得到豁免，则他被认为给了他自己必要的豁免。正是在这种意义上，也只是在这种意义上，古典晚期的法学家们说皇帝"免受法律的约束"（legibus

---

① Dio Cassius 67.4.
② *Res Gestae* 6.1）。Suetonius, *Aug.* 27, 和 Dio Cassius, 54.10.5, 30.1, 似乎反对这一点。其理由可能在于奥古斯都说，他不会接受与先人习俗不相一致的任何职位：他可能接受暂时授予的监察官权力，但拒绝接受"对法律与道德监护的最高权力"；Jones, *Studies* 21ff.。
③ Mommsen, *StR* 2.945.

solutus），①尽管这个词语在君主制时期具有更多的意义，并且对欧洲历史上以罗马法为基础的专制制度的发展起到一种重要的作用。②比豁免权还要重要的是皇帝的立法权。如我们将看到的，这也是习惯法的一种发展，并且经在哈德良时期就已经得到承认。③

## （二）政制的古代因素。

在构成共和国政制的三个因素，即人民、元老院和执法官中，是第一个因素在元首制建立时遭受最明显的权力剥夺。确实，在形式上，甚至在这方面奥古斯都也没有作出任何改变，而且，人民主权的教条甚至在帝国后期在法律理论上仍起着一定作用，④但是，从一开始，人民的立法仅仅是对皇帝意愿的批准，并且，虽然在奥古斯都治下民众立法并非不普遍，但它逐渐减少，直到公元1世纪末民众立法完全停止了。⑤在同一时期，执法官的选举（就他们实际上不是由皇帝指定而言）⑥也传给元老院，⑦在公元1世

---

① D. 1.3.31；参考 *Lex de imp. Vesp.* 20ff.。相关的讨论，参见 Mommsen, *StR* 2.750ff.；de Martino 4.444ff.。
② Esmein, *Essays in Legal History* ed. Vinogradoff 201ff.；Jolowicz, *Tulane L.R.* 22（1947）62ff.
③ 下文，第365页。
④ 下文，第423页。
⑤ 已知的最后一个例子是在内尔瓦统治时期的一部不重要的《土地法》；D. 47.21.3.1。
⑥ 这可能采取的形式是推荐单个候选人，推荐（commendatio）可能是书面的，而推选（suffragatio）则是口头的，或者以各种方式提出预选名单，这被不确切地称为提名（nominatio）；参考 Tacitus, *Ann.* 1.81。到维斯帕西安的时候（*lex de imp. Vesp.* 10ff.），这种提名被认为具有约束力；它们在更早时可能依赖于"准可"；Levick, *Historia* 16（1967）207ff.。
⑦ 由赫巴铭文（上文，第23页）所表明的选举（destinatio）程序显然是一种过渡方法，它赋予一个由元老和骑士组成的混合机构在（执政官和裁判官）选举中的压倒性的影响力（不过，后者占绝大多数；Jones, *Studies* 27ff.）。Tacitus（*Ann.* 1.15）说，这些选举已经在公元14年转移给元老院，而赫巴铭文表明选举在公元19年进行。关于其冲突，以及引进选举的政治目的，参见 Jones, 本注引书；R. Syme, *Tacitus*（Oxford, 1958）756ff.；Brunt, *JRS* 51（1961）71；de Martino 4.1.535ff.。

纪后仍保存的人民的唯一职能是对一个新皇帝授予保民官权力。[1]如我们已经看到的，奥古斯都通过接受议和与宣战的权力，从而剥夺了人民很古老的一种特权，而且在共和国结束之前已经废而不用的民众大会的审判职能未得以恢复。

　　与人民不同，随着元首制的开始，元老院的地位得到相当大的提升。先在公元前29—28年，又在公元前18年，奥古斯都清除了元老院中他不喜欢的成员——他们是在恺撒和三人执政的时期进入元老院的——并将其数量永久性地确定为600人。和以前一样，成员资格通常在担任财务官之后才能取得，但是，获得元老阶层的资格的条件有了相当大的变化。在共和国时期，元老院已经事实上主要是世袭的，因为古老家族的成员一般被选为执法官，[2]而在元首制时期，这种世袭因素为一项规则所强调，即除了元老的儿子外，任何人都不能竞选二十人委员会成员职位，这个职位通常[3]是获得财务官职位的必要的前提，除非他有特别的豁免。[4]但是，随着古老家族渐渐消失，总有新的家族持续不断地汇入。[5]到哈德良统治结束时，似乎没有一个共和国时期的贵族家庭保存下来，而元首制早期的新兴的家族同样也很快消失了。来自各行省的人逐渐填补了这些空缺，到公元3世纪初，这些人可能占有大多数。由此导致的罗马居民人数的下降，加重了元老院作为一个政治机构的作用的衰落，而仅将它视同为一个阶级。

　　皇帝能够对元老院的组成实施控制，这不仅通过他对执法官

---

[1] 但是，这只是一种形式上确认元老院已经决议的法令；Mommsen, *StR* 2.875f.。甚至在公元3世纪初，也仍然召开形式上的会议听取元老院所进行的选举结果的宣布（renuntiatio）；Dio Cassius 37.28.3, 58.20.4。

[2] 上文，第17页。

[3] 参见 McAlindon, *JRS* 47（1957）191ff.。

[4] 这种豁免（至少从公元1世纪晚期开始；Jones, *Studies* 30ff.）通过允许在外衣上佩戴阔条带来表示，因而，阔条带成为元老阶层的标志。

[5] 关于随后的事，参见 Hammond, *Antonine Monarchy* 249ff.。

选举的影响力，而且还通过他的监察官或准监察官的权力。由于这些，他不仅能够撤免其成员，而且还能直接授予成员资格，通过推举（adlectio）给予他所想给的任何官衔（如保民官、裁判官），尽管直到公元3世纪才有执政官的推举。①奥古斯都还规定了一个财产资格，可能是100万塞斯提兹，以及对成员名单的每年一次的审查，在这个名单上，不仅那些已经去世的人，还包括那些不再拥有必要的财产的人（除非皇帝决定通过赠与补足其财产），以及犯有不名誉的行为的人都要被除名。

伴随着元老院组成上的这些变化，它在国家中的地位也完全改变了，而且这种变化不能仅仅通过指出元首的压倒性权力来进行描述。所发生的事情是，以民众会议为代价，元老院成为元首制政制中共和因素的代表。事实上，民众会议在共和制结束前已经成为荒谬的事，而元首制通过将不由皇帝实施的那些权力，包括最终实际的立法权转给元老院的方式，来得出这种必要的论断。此外，就帝国管理所允许的限度来说，元老院继续实施它在共和国时期就拥有的那些一般的监督权力，但它的作用在现在肯定只是次要的。它完全丧失了对外交政策的控制，虽然皇帝可能要求或者允许它接受外国的使节；仍受它管辖的行省是那些可能不会出现任何重大政策问题的行省，并且它失去了曾经拥有过的那种对军队的控制权。共和国原来的国库，即金库（aerarium），仍由元老院控制，尽管皇帝在任命主管该库的官员时也有其权力。②但是，由于出现一种新的帝国的国库（fiscus），它供应整个帝国为公共目的所需要的大部分的钱款，因此金库的作用逐渐被削弱。国库接受帝国行省所缴纳的税收，最后还接受相当多的其他收入。但是，几乎不可能准确地界定或者界定某个时期这两种国库的界限，以及皇帝本人的财产

---

① Mommsen, *StR* 2.942.
② 这些（官员）经常变化；Mommsen, *StR* 2.557f., 1012f.。

(patrimonium)的范围。[1]当戴克里先取消元老院行省与皇帝行省之间的区别时，就失去了保留金库与国库的区别的所有正当理由，并且，虽然金库存续到君主制时期，它差不多只是罗马的市政财产。

共和制下的执法官等级制度几乎由元首制完整地予以保留，但是，与共和政体中的其他机制一样，它当时主要在政府的非政治方面起作用，并且，在一些最为重要的管理领域，它被新的皇帝的行政机构所取代。

然而，执政官仍然是国家最高衔的职位，人们把它作为一个目标去追求；而且，如果在元首缺位，政府的责任在这一时候还是取决于执政官。甚至在正常的时候，他们也肯定有足够的实际事务要处理，因为，除了作为元老院的主持人的那些通常的和审判的职能外，他们还拥有一些他们自身的审判职能。此外，皇帝的行政机构的最高官职，如军队统帅和市政长官，几乎排他地限于前任执政官。这样，执政官职位可能带来的后果，及其所赋予的地位，在某种意义上比执政官职位本身更重要。这体现于这一事实，即每一对执政官在那时仅执政几个月的时间，在年初选举的那些执政官（在任执政官，consules ordinarii），不同于他们的继任者，后者被称为继任执政官（consules suffecti），前者被认为具有很高荣誉，并且以他们的姓名作为全年的年号。

被任命的裁判官的数量从10个到18个不等，并且，和共和国后期一样，他们现在几乎完全限于司法或者准司法性的工作。内事裁判官仍是市民之间民事诉讼的主要执法官，只要程

---

[1] 关于一个尝试性的概述，参见 de Martino 4.810，及相关引述。关于国库和皇帝本人的财产的发展历程，甚至在它们之间进行区别的有效性，存在争论；参见 Last, *JRS* 34 (1944) 51ff.; Jones, *Studies* 99ff.; Millar, *JRS* 53 (1963) 29ff.; Brunt, *JRS* 56 (1966) 75。其原因主要是，在非法律文本中（在时间上包括公元后的两个世纪），"fiscus"一词具有多种意义（Jones，同上引书），在最广义上包括皇帝的整个财政，但通常与"patrimonium"同义（Millar，同上引书）。二者的区别看来直到克劳迪统治时期才变得明朗（Last，同上引书），毫无疑问，它最终取决于各个皇帝的需要及其对自我的感觉。在法律文本中（不比安东尼·庇乌时期更早），"fiscus"明显是一种公共国库。Ulpian（D. 43.8.2.4）当他希望从令状中排除国库的土地时，他只不过论证说，它们是元首的准私有和私人的财产，而这所处的时

式诉讼制度继续存在；而外事裁判官可能持续到《卡拉卡拉敕令》（constitutio Antoniana）几乎授予所有帝国居民市民籍的时候。[①] 裁判官仍然主持常设刑事法庭，直到这些法庭也被取代；有一位裁判官主持百人审判团的工作，[②] 而其他裁判官拥有特殊的管辖范围。[③]

财务官的人数曾经由恺撒增加到 40 人，奥古斯都又将其减少到 20 人。和以前一样，两个带有城市财务官的头衔，但是，除了一段很短的时期外，他们不再控制金库，他们的确切职能也不明确。剩余的财务官中有两名直接为皇帝服务（奥古斯都的财务官），皇帝可能给予他们行省执政官的称号，并主要将他们用于与元老院的沟通。和共和国时期一样，其余的财务官是执政官的助手，或者是元老院行省总督的助手，在行省的那些财务官现在拥有行省裁判官的头衔。[④] 他们在行省的职责包括实行与罗马的贵族市政官类似的管辖权，并发布相应的告示。在皇帝的行省中没有财务官（在那里，他们的财政职责由皇帝的代理人履行，[⑤] 这些代理人通常属于骑士阶层），并且盖尤斯告诉我们，在那里不发布市政官告示。[⑥] 没有说明采取了什么措施，如果有的话，来代替它们。甚至在元首制的初期，市政官的重要性就已经大大减小。恺撒曾经为了监督粮食供应而增加两个平民粮食市政官，从而将其数量

---

期是皇帝的绝对权力公开得到认可的时候。在同一时期，明显对国库财产与皇帝的其他财产进行区别（D. 49.14.3.10, 6.1）。认为国库具有法律人格可能与时代不合（P. W. Duff, *Personality in Roman Law*[Cambridge, 1938] 51ff.），但是我们对王室财产与君王的财产的区分是相似的。但是，国库的起源体现于这样一个事实，即它原则上受到私法的制约（而金库受到公法的制约），尽管随着国库吸收金库，并且设立了特别的官员处理由它提出的和针对它提出的请求，这个原则日益遭侵蚀（下文，第 337 页）。进一步参见下文，第 427 页。

① 下文，第 345 页及下页；Mommsen, *StR* 2.226。
② 上文，第 197 页以下。
③ 下文，第 395 页及下页。从大约公元前 23 年起，对金库的掌管交给两个金库司库员。克劳迪以自己指定的财务官取代了他们，但是尼禄创设金库行政长官，他们也是皇帝的官员，是从具有裁判官职位的人中挑选出来的。
④ Mommsen, *StR* 2.247。
⑤ 下文，第 336 页。
⑥ Gai. 1.6。

提高到6人。但是，这项职责早在奥古斯都统治下就被一个特别的皇帝的行政长官所接替，① 而与罗马的治安有关的大部分实际工作是由城市的行政长官来做的。② 由市政官在人民面前主持的审判在共和国结束前就已经非常少，③ 在帝国时期则完全消失，但是，一种较次要的刑事管辖权还存在，因而，在尼禄（Nero）时期仍有必要发布一项新的法规，限制他们可以课加的罚金数额。④ 贵族市政官的民事管辖权继续存在，而且从盖尤斯的用语⑤，看来他们在公元2世纪中期还在发布告示，但是，和裁判官告示一样，这种告示在那时已经标准化了，不再给予发布告示的执法官任何发展法律的机会。⑥

对于保民官来说，它在帝国时期的用处比市政官更少，因为他们全部的实际权力为皇帝本人更高的保民官权力所湮没。然而，仍然进行保民官的选举，并且，对于一个平民来说，在担任财务官和裁判官之间成为市政官或者保民官，是他的任职序列中的一个必要过程。⑦ 否决权在法律上仍是可能的，但仅仅在非常少的场合并在很次要的管理问题上运用。⑧ 保民官的一种较小的刑事管辖权也保存下来。⑨ 奥古斯都废除了城市清洁二人官（Ⅱ viri viis extra urbem purgandis）和卡普与库玛城四人司法官，（praefecti Capuam Cumas），因为随着市政管理的重组，它们的管辖权成为

---

① 下文，第335页。
② 下文，第334页。
③ Mommsen, *StR* 2.496.
④ Tac. *Ann.* 13.28；Mommsen, *StR* 2.496.
⑤ 1.6.
⑥ 下文，第358页。
⑦ Dio Cassius 52.20.
⑧ Tac. *Hist.* 4.9. 在 Juvenal, 7.228 中，学校校长如果不诉诸一个保民官，就几乎不能得到他的学费。关于这类费用的普通诉讼都不能成立，这可能表明，保民官在这类事项上拥有一种非审判权；参见下文，第396页注释。如果所指的是保民官的否决权(Mommsen, *StR* 2.291 n 1；参考 Kaser, *ZPR* 357 n 42 and 365)，则 Juvenal 肯定是指，校长取得对其学生的判决，而随后由于学生恳求保民官帮助，又被剥夺该判决；但是这种解释很牵强。
⑨ 并且受到限制，和尼禄时期的市政官的情形一样，参见 Tac. *Ann.* 13.28.3。

多余的。① 这样,共和国时期的 26 人低级执法官变成了 20 人。十人司法官丧失了对有关自由的事项的管辖权,变成百人审判团各分团的主席,② 但是,其余的低级执法官仍然履行这些官职以前所拥有的至少某些职责。如我们已经知道的,占有这二十人委员会中所包含的某一职位,是财务官职位和一个元老生涯的通常的预备步骤。在元首制末期,仍然保留了一定的实际职权的共和国时期的官职只有执政官、裁判官和财务官,甚至这些官员的职权也因皇帝们自己的或者他们的官员的侵占而不断被削弱。在拥有职位者的心目中显得更重要的当选的实际后果可能是,在准备公共游乐及其他庆祝活动时他们必定要承担开支。保民官和市政官事实上似乎不再存在,尽管仍可能授予这些头衔,并给予在元老院里的一个相应的席位。在公元 3 世纪初仍可以找到二十人低级执法官,但是,它是在戴克里先之前废而不用的,还是仅仅由戴克里先或者君士坦丁的改革所废除的,不得而知。

## (三)皇帝的民政机构。

罗马共和国未能令人满意地治理它所统治的辽阔疆域的一个原因是,没有充足的永久编制人员用以帮助和指导那些不断变化的执法官。元首制弥补了这个缺陷,在罗马历史上首次引进了一个训练有素的、付薪的并且是常设的行政机构,该机构对元首本人负责,它能够将混乱变得有序,但是最终它也产生了所有最坏的官僚主义恶习,并成为促使帝国灭亡的原因之一。了解这个机构很重要,③ 这不仅是为了理解帝国是如何治理的,而且从法律的角度来看,因为许多官员开始拥有管辖权,并且随着皇帝自己的

---

① Mommsen, *StR* 2.610.
② 参见上文,第 199 页。
③ 关于"办事员和次办事员的等级",参见 Jones, *Studies* 153ff.。

管辖权力的增加,和在其他事情上一样,拥有一班官员和顾问在这方面提供帮助,这对他就变得很有必要了。

这个民政机构的特点来源于元首作为一个执法官的地位。他根本不是一个拥有大臣的君王,而这些大臣必定也是国家的大臣;他是一个执法官,并且被期待着和其他执法官一样亲自履行职责。但是,由于他的活动范围很大,他比其他执法官需要更多的帮助。这种帮助部分是由一些他的代表们提供的,这些代表本身处于准执法官的地位,类似于共和国时期一些执法官的代表所担任的职位;他的行政官员可以与卡普与库玛城司法官相比,因为后者是由裁判官授权行使某种管辖权,① 通过他的使节,皇帝管理处于他控制之下的那些行省。② 在共和国时期,执法官和行省执法官对于文秘工作和行政方面的帮助的需要,在很大程度上依赖于他们自己的私人家庭的成员。因此,元首的大部分助手开始时仅仅作为其家庭的成员。只是逐渐地,人们才开始承认,由于元首的事在很大的程度上就是国家的事,而且他承担公共责任的期限实际上是永久的,因而这些助手事实上也就是政府官员。元首对这些官员的自由选择权从未受到法律的限制,并且这个机构仍完全独立于共和国官职的等级制,对于后者,我们知道它仍然存在;但是,关于可以被任命去担任不同职位的那些人所属的阶层的规则由皇帝制定,或者依习惯逐渐形成,且得到严格遵守。在这方面,我们可以注意三个特别之处。

**1. 对解放自由人的使用。**

在一个富裕的罗马人家庭中,解放自由人乃至奴隶通常担任要职,如商业代理、地产管理人、会计和秘书。皇帝们最初在他们自己的家庭中继续这种做法,其结果是,这类人有时占据极端

---

① 上文,第 57 页。但是,皇帝的长官总是由皇帝亲自选定,而卡普与库玛的行政长官则是选举产生的。

② 下文,第 333 页注释,保佐人的地位是相似的。

重要的职位，并且有机会集聚大量财富。在克劳迪时期这种现象达到高潮，在他统治时期，或者至少在他统治的后期，帝国的解放自由人几乎成为帝国的实际统治者。随着人们逐渐认识到皇帝的行政机构就是国家的行政机构，这种制度不能继续下去，因而具有较大影响力的职位通过几位皇帝，尤其是哈德良皇帝的改革，被保留给骑士阶层的成员。①

## 2.元老职位和骑士职位之间的区别。

由于某些原因，甚至在帝国的行政机构中，元老们总是被雇佣，因此，获得这些职位可能是元老生涯的一部分，这与他们占据共和国时普通执法官的职位的情形相符。但是，可以感觉到，一个元老的忠诚可以是分割的，因为在某种程度上，他是作为皇帝在统治国家方面的一个竞争对手的团体的一个成员，因此，从一开始就有一些非常重要的职位将元老排除在外，这些职位与皇帝的整个行政机构的大部分要职都掌握在骑士手中。因而，这个阶层对于帝国的统治发挥一种核心的作用。奥古斯都对它进行了重新组织和扩大，强调其荣誉的和礼仪的方面。② 与共和国时期一样，③ 骑士这个术语似乎是不固定的，但是，似乎应当区分广义上的罗马骑士（equites Romani），即那些仅仅是具有财产资格（仍然是40万塞斯提兹）的骑士和骑官马的骑士精英（equites equo publico）。④ 现在，后

---

① *H.A.Hadr.* 22.8.

② 特别是紫红色阔边长袍和金戒指（上文，第82页）。奥古斯都恢复了7月15日的年度游行，这作为一种节日。在元首制后期，金戒指可以自由授予，仅仅表示生来自由，无论是真的授予还是拟制地授予；Kübler, *PW* 6.1.286.

③ 上文，第79页以下。

④ 参见 Henderson, *JRS* 53 (1963) 61ff.。Nicolet (*L'ordre équestre* 177ff.) 断定，相反，罗马骑士是真正受尊敬的头衔，但其理由相当难以自圆其说，就是他受到小人物的很大影响。还有一类审判员。这实际上可能自《奥勒留法》（上文，第80页注释）以后就存在，该法仅仅包括在陪审团名单上的少数骑士。在奥古斯都时期这一类人的存在由《瓦勒里和科尔内利法》（上文，第23页）所证实，因为该法从那些担任审判员的骑士中选取其"指定的"百人团。

者的数量已经超过 5000 人，并且按六个骑兵中队组织起来（但可以看出，仅仅是为仪式的目的）。① 进入这种狭义上的骑士阶层的许可，现在掌握在皇帝手中（但是元老的儿子有当然的权利获得官马）。② 这样的控制由一个特别机构即罗马骑士核查署（censibus equitum Romanorum）来实施，并且允许进入这一阶层实际上是允许开始担任公职。

### 3. 文职部门和军事部门之间的关系。

在共和国的公共生活中，对于文职和军职从来没有任何明确的区分。和在别处一样，最高的执法官的治权也包括在战场上的指挥权；军团长官算是较小的执法官之一，而且，一个人在担任公职期间，大多会在某个将军的部队里担任某种军职，即使他从未拥有属于他自己的独立的指挥权。元首制初期继续实行这种制度；元老阶层的年轻人在被选为执法官之前通常担任一名军官，而在皇帝麾下担任职务的骑士们通常也是在军队服过役的人，并且可能也有军事职责要履行。但是，和在其他方面一样，在这方面哈德良也进行了革新，将文职与军职相分离。在他那个时代及其以后，可以不当兵就给皇帝当差，最初担任的职务通常是国库律师（advocatus fisci）。③ 从某种意义上说，塞普提米斯·塞维鲁斯（Septimius Severus）通过增加对骑士而不是元老开放的职务的数量，以及他给予军队的普通士兵们升职的可能性，确实重新导致行政机构一定程度的军事化。实际上，在他的统治下，地方财政长官通常是长期服军役的回报。然而，他的官员决不都是士兵，正如在他的统治下帕比尼安担任军政长官所表明的那样。④

---

① Dionysius of Halicarnassus, 6.13.4, 说 5000 名骑兵可能参加 7 月 15 日的游行。

② 一般认为，骑士职位本身并非世袭；Mommsen, StR 3.500；不同的观点，Kübler, PW 6.1.286 and SZ 48 ( 1928 ) 651ff.。

③ O. Hirschfeld, Die kaiserliche Verwaltungsbeamten ( Berlin, 1877 ) 51.

④ 下文，第 391 页。

## （四）皇帝的官员的种类。[1]

已经提过皇帝的官员中的一种重要类型，即皇帝行省的使节裁判官（legati Caesaris pro praetore），他们是主要的皇帝行省的总督。这些使节在元首制早期一律属于元老阶层，但是在公元3世纪的后半期，他们在许多情况下为属于骑士阶层的总督所取代。[2]

除了使节外，皇帝的主要官员是行政长官、地方财政长官（代理人）、秘书和皇帝顾问会议成员。[3]

## 1. 行政长官。

（1）市政长官（Praefectus urbi）。[4]罗马城的长官最初仅仅是在皇帝临时不在的时候指派的一个代表，但是由于提比略在其统治的后期长期远离罗马居住，这个职位成为一个常设职务，并且在随后的皇帝统治时期，甚至在皇帝在罗马的时候，这种长官仍在职。他的职责一般包括，维持罗马城的秩序，并且他指挥着四个城市步兵队，这实际上是一支2000人的警察部队。他很早的时候就承担刑事管辖权，[5]到最后演变为罗马及其方圆100里地区的主要刑事法庭。[6]他还受理与其刑事管辖权有关的民事案件。对

---

[1] Hammond, *Antonine Monarchy* 444ff.
[2] Petersen, *JRS* 45（1955）47ff.。我们得知（Aur. Vict., *Caes.* 33.33–4），加列努（Gallienus）将元老排除在所有军事统帅之外，但是，在他死后，军团驻扎的一些行省仍受元老院行省总督的统治。可能，这条规则没有得到严格的执行，或者，总督被限于民政问题——这是戴克里先改革的前兆；参见下文，第425页。
[3] 较不那么重要的官员是元老级别的保佐人，通常由皇帝和元老院合作指派，例如负责意大利的公共建筑工程和台伯河的管护；Greenidge 413；de Martino 4.1.585。
[4] Sachers, *PW* 22.2 2502ff.；Schiller, *RIDA*（1949）319ff.
[5] 上文，第329页。
[6] 在方圆100里之外，军政长官拥有管辖权；Ulpian, D. 1.12.1.4。可能直到马可·奥勒留的时候，市政长官的管辖范围覆盖整个意大利。

于罗马民众，这个职务很清楚地表明，他们现在有一个主人，因而起初似乎不受欢迎。① 但是，它的古老的名称，② 以及总是委派元老阶层的人，并且任职者几乎毫不例外地都担任过执政官职位，这些事实使它的不得人心的程度得到一定的缓和。

（2）军政长官（Praefectus praetorio）。③ 作为共和国体制的发展，著名的禁卫军卫队得以产生，它后来对决定谁当皇帝发挥如此大的影响，并且对不少皇帝的倒台负责。长期以来有一种惯例，每个将军都有一支警卫队，即指挥官的卫队（cohors praetoria），它是由享有较高报酬及其他特权的士兵所组成，而奥古斯都，他作为常任的将军，将这个卫队变成一支常备军，它由九个卫队组成，每队有 500 人。④ 起初，他自己保留指挥权，但是在公元前 2 年，他将指挥权委托给两名长官，由此创立的职位成为帝国中仅次于元首本人的最高职位。遵循着奥古斯都创下的先例，它通常但并非总是由两个人同时担任，因而通常的同僚制的原则明显适用。

军政长官决非纯粹的士兵；他是皇帝的属员的首领，由于皇帝作为行省执政官的权力既是民事的又是军事的，他也就成为这两个方面的主要顾问和执行官员。军政长官的真正影响在很大程度上依赖于他自己和他的上司的人格，对于作为皇帝的属员的首领来说也总是如此。但是其影响可能，而且通常是非常大的，这只是因为他是做皇帝自己没有做的一切事情的当然人选。在公元 2 世纪期间，军政长官获得大量的审判工作，最初是作为皇帝的代表。塞维鲁斯时代有三个伟大的法学家，即帕比尼安、保罗和乌尔比安⑤担任此职。

---

① Mommsen, *StR* 2.1063.
② 它在王政时就存在了，并在共和国时保持一种模糊的存在；Pomponius, D. 1.2.2.33。
③ Ensslin, *PW* 22.2.2391ff.
④ 从多米提安的时候起，有十个卫队，而塞维鲁斯将每个卫队的人数增加到 1000 人。
⑤ 下文，第 391 页以下；并参考第 400 页。这种长官在最开始时拥有的管辖权的范围是不清楚的。

军政长官所占据的重要地位，使他成为皇帝本人的一个可能的竞争对手，因而皇帝嫉妒其强有力的下属，不是毫无缘由的。正是这一事实说明了一条规则，即军政长官不得是一个元老而必须是一个骑士，这一规则一直遵循到亚历山大·塞维鲁斯的时代，只有极少例外。

（3）粮食长官。[1]罗马的粮食供应一直是罗马政府的负担之一，粮食供应的困难有时导致了特殊执法官的设立，著名的是公元前67年由庞培担任的那些职位。当时他被委以扫荡海盗的权力，因为海盗截断了罗马所依赖的海上供应；另外在公元前57年，他被任命为粮食负责人（curator annonae）。奥古斯都在公元前22年粮食短缺时承担的负责粮食的任务实际上也是这样的职务。起初，他指派具有元老职位的负责人作为他在这件事上的代表，但是，到他统治末期，任命了一位官员，这个职务成为常设的。[2]它的主要职责是确保罗马市场上以合理价格供应充足的粮食，为此，粮食长官在意大利和各行省拥有许多下属；对于给城市民众实际分发粮食救济，他明显与此没有任何联系。粮食长官是一种骑士担任的职务，并且和皇帝的其他官职一样，获得了与其职能相关的事项的刑事和民事管辖权。

（4）宵警长官。[3]根据共和国的制度，主要涉及处理罗马消防职责的官员是三人行刑官，但是他们并非唯一的，蒙森[4]认为，在发生火灾时，有24个人有权发布命令，这是一种不利于灭火效率的状况。奥古斯都于公元6年着手处理此事，创建一支消防队，由七个队组成，每队人数为1000到1200人，由一个具有骑士身份的长官指挥。这个职位成为一个重要的职位，其担当者成为仅次于市政长官的高级治安官。他审理一些次要的刑事案件，并且

---

[1] Ensslin, *PW* 22.2.1262ff.
[2] Mommsen, *StR* 2.1041.
[3] Ensslin, *PW* 22.2.1340ff.
[4] *StR* 2.1055.

看来最终取得了与他处理的刑事案件相联系的事项的民事管辖权。

（5）行省长官。[1] 如我们已经知道的，主要的皇帝行省是由具有元老衔的使节来管理，但是，对于一些小行省，如犹太行省，奥古斯都任命来自骑士阶层的总督，给予长官的头衔。在这方面，他模仿了共和国的做法，据之，行省总督可以将其有些职能授权给其属员，这些人同样带有这个头衔。这些行省长官明显行使行省总督的所有的正常职能，因此，他们肯定拥有治权和司法权；头衔的差异仅仅表明他们较低的社会地位和他们的行省的次要性。

只对较小的皇帝行省任命行省长官的规则，有一大例外。埃及在阿克济乌姆战争之后处于奥古斯都的统治下，此后是罗马帝国的一部分，但是，由于其重大的战略和经济意义，以及没有地方政府，它不被看作为一个普通的行省。皇帝自己继承了以前埃及国王们担任的职务，并且，他没有任命一个元老阶层的使节，而是通过一位具有来自骑士阶层的总督，即埃及长官（praefectus Aegypti），对这个国家实行更严密的控制。未经特别许可，元老甚至不被允许踏上埃及的土地。[2] 行省长官职位成为骑士生涯的最大目标之一，在级别上仅次于禁卫军长官。从克劳迪的统治起，这些行省长官，除埃及长官外，被称为"代理人"[3]，因而在称谓上与皇帝的其他代理人相同。对于后者，下文就涉及到。[4]

## 2. 代理人。

"代理人"（Procurator）一词来自于私法，是指受本人委托

---

[1] Jones, *Studies* 115ff.; A. N. Sherrwin-White, *Roman Society and Roman Law in the New Testament* (Oxford, 1963) 5ff.; Brunt, *Latomus* 25 (1966) 461ff.

[2] Tac. *Hist.* 1.11; *Ann.* 2.59.

[3] Tacitus, *Ann.* 15.44.4，使用他自己那个时代的这个词语，称彼拉特（Pontius Pilate）为代理人（procurator），但是，在同时代的一个铭文中，他被记为"长官"（praefectus）（*Année Epigraphique* [1963] 104）。关于埃及长官的权力，参见 Last, *JEA* 40 (1954) 68ff.。

[4] 在这里，没有涉及纯粹的军事官员，也没有涉及许多较不重要的民事官员；参见 Ensslin, *PW* 22.2.1257ff.。

管理财产的代理人。①一个富裕的罗马人可能有几个这样的代理人，比如说，他有许多财产，对每份财产都委托一个代理人，而且代理人几乎总是解放自由人。解放自由人尽管依附于他人，但是自己享有自由，因而拥有为履行其职责所必要的能力，如诉讼代理人资格。皇帝代理人最初就是这样的一个代理人，被委派管理皇帝的某些财产，收取欠款和进行类似目的的活动。但是，由于皇帝拥有的财富范围巨大，而且实际上当作国家财产使用，完全撇开这些人还代表皇帝处理大笔公款的事实不说，这些代理人职务变得如此重要，以致在元首制早期，这些代理人中的较高的级别就已被骑士阶层的人所填补。最终，这些官员形成了一整套等级制度，他们根据其所获得的报酬排列等级，②并根据相当一致的原则从一个职位晋升至另一个职位。这些人有些是在罗马雇佣的，在那里，中心机构的负责人是一个担任会计官的代理人（procurator a rationibus③），他实际上是皇帝的财政大臣。当然，在行省有更多，在那里，代理人收税并照管皇帝的财产。在共和国时期用过的很不经济的包税制度，虽然没有立即被放弃，但逐渐代之以直接征收，或者如果不是严格的直接征收，也是在代理人的严密监督下征收。④甚至在税收，如关税，仍然被包给包税人的那些情况下，制止欺诈和勒索的机制也有很大的改进。代理人不仅被派往皇帝行省，而且也被派往由元老院管理的那些行省。在皇帝行省，首席代理人所担任的职务与元老院行省的一个财务官相似，而在元老院行省，行省执政官拥有他自己的财务官和代表，皇帝的代理人处在政府的主要工作之外，而仅代表国库的利益。在这两类行省中，还有具有特殊职能的代理人，特别是管理大地产的代理人，

---

① 它还具有"诉讼代理人"的特殊含义；Gai. 4.82ff.。
② 有四个等级，trecenarii（30万HS），他们的数量极少，ducenarii（20万HS），centenarii（10万HS）和sexagenarii（6万HS）。
③ 后来被称为"会计官"（rationalis）。
④ Last, *CAH* 11.428.

这些大地产是皇帝取得的,数量越来越多,并构成皇帝财产①的一部分。后来,在塞普提米斯·塞维鲁斯时期,② 可能是因为皇帝财产取得了王室财产的资格,而不是皇帝的私人财产,又建立了一个部门,皇帝私产(res, ratio privata),主要由被没收的土地构成。皇帝私产最终吸收了皇帝财产。③

根据罗马通常的司法权随行政管理的原则,克劳迪给予这些代理人中的一些人有关皇帝财务事项的司法管辖权。④ 后来的皇帝的政策有所变化。比如说,内尔瓦(Nerva)将这些事项委托给一个特别的裁判官,⑤ 但是这项革新明显没有持续下去。司法中所采用的程序当然是著名的"非常审判"程序,⑥ 因为代理人不是执法官,因而无权根据程式诉讼制度授权承审员进行审判。判决结果可以向皇帝上诉,无论是直接地还是间接地。⑦

### 3. 秘书。⑧

随着皇帝的首席会计——会计官(rationibus)发展成财务大臣,带领他的一大帮官员,皇帝的秘书也发展成各方面的国务大臣。从哈德良时期以后,他们几乎毫无例外是骑士阶层的成员。但是,必须记住的是,罗马的皇帝大多不仅统治,而且作出裁决,并亲自处理各种各样的数量惊人的事情,因此,这些秘书除了其人员规模外,与其说像现代的国务大臣,不如说像英国都铎王的那些大臣。

两个主要的部门是信函部(ab epistulis)和申诉部(a libellis)。⑨

---

① 上文,第 328 页。
② 或者可能是在安东尼·庇乌时期;Nesselhauf, *Historia Augusta Colloquium 1963*, ed. J. Straub(Bonn, 1964)73ff.
③ 下文,第 427 页;现在也可参考 A. Masi, *Ricerche sulla res private*(Milan, 1971)。
④ Tac. *Ann.* 12.60;Stockton, *Historia* 10(1961)116ff.;Brunt, *Latomus* 25(1966)461ff.
⑤ D. 1.2.2.32.
⑥ 下文,第 397 页。
⑦ 参考下文,第 400 页。
⑧ Millar, *JRS* 57(1967)9ff.
⑨ 关于这些官员的职责的证据很贫乏;Millar, *JRS* 57(1967)14ff.。

其中，前者处理皇帝的大量信件，它还是涉及任命帝国官员的主要部门。在公元 2 世纪，其工作如此繁重，以至于有两个秘书，一个是拉丁信函秘书，另一个是希腊信函秘书,但前者更为重要。①

申诉机构是关于请愿的，大量请愿当然是向皇帝提出的。这些请愿包括关于法律问题的意见的那些请求，由此在公元 2 世纪产生了以皇帝批复解决案件的习惯做法。②因此，该部门的头头（并且无疑还有他的一些下属）必须具有法律知识，实际上，曾经有几个杰出的法学家担任该职位，包括帕比尼安和乌尔比安，③这二人后来都成为军政长官。④

涉及皇帝的司法工作的另一个官员是庭长（cognitionibus）。不清楚他的权力与申诉秘书有何区别，⑤在公元 4 世纪，只有后者保留下来。

记录官（memoria）是一类官员的头衔，起初属于次要地位，原先的职责可能是将皇帝的讲话和口头决定写成文字，并为它们准备必要的材料。但是，这个职位的作用后来变大了，其任职者的职责最终包括起草任命帝国官员的特许状，以及发布利用皇帝驿马的许可，因为利用皇帝的驿马是一种受到严格限制的特权。

## 4. 皇帝的顾问会议。

皇帝们沿用了古罗马在做任何重大决定之前向一个顾问委员会咨询的习惯，当然，皇帝可以为此目的而召集他们选定的任何人，

---

① 参见 Townend, *Historia* 10（1961）375ff.，他将这种职责的实际分工确定在大约 166 年。

② 下文，第 369 页及下页。

③ 下文，第 391、393 页。

④ Honoré, *SDHI* 29（1962）162ff.，试图通过对那时的各个法学家的著作和皇帝敕令的文体的分析，更详细地确定担任此职的法学家。

⑤ 可能，他处理的是有关个人的请求，而不是书面请求（Bleicken, *Senatsgericht* 110），也可能，他负责组织法庭，准备案件清单等（Premerstein, *PW* 4.221）。

这和英格兰的安格温（Angevin）国王的情形差不多。① 这几乎是明确的，但是，蒙森② 坚持认为，除了这种不正式的群体外，还有一个更稳定的法律上的顾问会议，它源于共和国的先例，在哈德良时期成为一个常设性的付薪的机构。但是，克洛克（Crook）③认为，这种严格的区分是不能持续的，并且，虽然皇帝可能决定为司法的目的召集与其政治事务的顾问不同的人，但甚至在哈德良时期也没有明确的区别和组织体制。④ 在某种程度上，这是一个重要问题，因为当一个不固定的团体和一个正式机构的组成都仅仅依赖于一个人的意志时，二者之间当然不可能有什么明确的分工，但是《奥古斯都的历史》⑤中说，当哈德良"审判"时，"他的顾问委员会中不仅有他的朋友或同事，还有法学家，特别是杰尔苏、尤里安、内拉蒂和其他人，他们都是整个元老院批准的"，这段话似乎隐含着某种程度的常设性和某种程度的职责分工。元老院的批准（无论它精确到什么程度）似乎暗示，为司法目的的顾问委员会的组成在那时不完全是皇帝一时兴起决定的事。⑥ 此外，很明显，在法院开庭（甚至在公元2世纪时它通常是公开的，且必须允许旁听）和政治讨论之间有区别。因此，昆克尔认为，⑦ 鉴于皇帝就政治问题咨询的那些朋友实际上可以说是一群不固定的

---

① Stockton, *Iura* 7（1956）210.

② *StR* 2.902ff.，988ff.

③ *Consilium Principis*；参见 Hammond, *Antonine Monarchy* 370ff.。

④ 实际上，奥古斯都确实创设了一个六月期的顾问委员会（Dio 53.21.4；参考昔兰尼的第五个告示中的卡尔维西安元老院决议，*FIRA* 1.410），其成员包括两名执政官、一名裁判官、一名市政官、一名财务官，可能还有一名保民官，以及每六个月抽签决定的15名元老。这个机构不仅起草法律，而且我们得知，它偶尔还作为一个法庭（可能是处理用不着整个元老院来处理的案件；Kunkel, *SZ* 85［1968］271ff.）。公元13年，它经历一次变革，对这次变革的性质有争议，在公元26年提比略最终离开罗马时，它不再行使职责，并可能从未复活过；反对的意见，参见 Kunkel, *SZ* 85（1968）270，他认为，克劳迪使它复活（Dio 60.4.3），此后它一直作为法定的顾问委员会而存在。

⑤ *Vita Had.* 18.1. 另参见 D. 37.14.17 pr；D. 28.4.3。

⑥ 只是在皇帝在行省巡视时，他的顾问委员会必定由朋友和侍卫组成。

⑦ *SZ* 85（1968）253ff.；另参见 *PW* 24.783ff.。

朝臣，顾问委员会就其法律形式而言，如蒙森所认为的，是由共和国的法定的评议会（consilia）派生的，后者由公共生活中的头面人物组成，①而且，正如共和国时没有评议会参与的审判（根据昆克尔的观点）②根本不是审判一样，皇帝认为自己也必须向一个适当组建的顾问委员会咨询。当然，带领犹太使节从亚历山大到卡里古拉的菲罗（Philo）说，③他讨厌被皇帝单独接见，并认为，建立一个正当的法庭的三个不言而喻的条件是应当有一个根据声望的大小为基础而选择的顾问委员会，④应当倾听双方的意见，以及在作出决定前应向顾问委员会咨询。昆克尔更进一步认为，正如（根据他的观点）共和国时期进行刑事审判的执法官受其评议会裁决的约束一样，皇帝在对刑事案件作出判决时也受其顾问委员会意见的约束。⑤在这方面，证据根本不充分。确实，有进行表决的证据，⑥但是，除此之外的东西，肯定是从共和国的做法所得出的各种结论中推断出来的。

如果我们要涉及到哈德良在顾问委员会的发展中所起的作用，⑦我们必须谨防将在 2 世纪末之前的所有发展都归结为他的创造。因为，我们知道，在那时，行政长官和部门首脑是固定成员，那些占议席的人中有些是付薪金的，并按其薪金的数额被分成不同等级。（最后的这些人可能是"文职人员"成分，为顾问会议的工作进行准备；他们不可能与我们知道姓名的那些伟大人物平

---

① Cic. *Quinct.* 5；Val. Max. 8.2.3.
② 上文，第 311 页及下页、第 317 页。
③ *Leg. ad Gai.* 349f.
④ ἀριστίνδην.
⑤ 狄奥（Dio）本身是塞普提姆·塞维鲁斯的顾问委员会的一名成员，他使得梅其那（Maecenas）建议奥古斯都（52.33.3）只与最杰出的元老和骑士一起作出判决。就奥古斯都的时代而言，这不符合年代顺序，但是 Kunkel（*SZ* 85 [1968] 286ff.）认为它反映了狄奥自己那个时代的做法，骑士是军政长官和其他部门的首脑；Crook, *Consilium Principis* 88, 认为它纯粹是捏造。
⑥ 下文，第 402 页注释。
⑦ Kunkel, *Herkunft* 296ff.；Crook, *Consilium Principis* 56ff., 135ff.

起平坐。）当然，哈德良经常以法官的身份开庭，在他的顾问委员会中包括骑士，① 但是，我们不知道这是否是一种创新。哈德良统治的意义可能是，他为吸引有才干的人像骑士那样，而不是通过以前共和国的官职序列的进程那样进入皇帝的行政机构，注入了新的动力，因而，他是新的职业化的根源，这种职业化是元首制后期的统治的一般特征，特别是其法律制度和君主顾问委员会的特征。

### （五）元首制的继承问题。②

这种政体的性质。③ 元首制在开始时，至少在某些方面是一种特殊的执法官制度，而且它从未完全失去其执法官的特征。因此，在任何时候都没有一个被认可的关于元首的继承的法律制度，甚至在这种体制是一种永久体制已经明显可见的时候也是如此。因而，我们必须问的是："人们是如何占据这样一种地位，以至授予其元首的通常权力呢？"大体来说，这根本不是一个法律问题。

我们可以说，有四个主要因素在起作用：世袭，前任选定，军队选定和元老院选定。这四个因素全都紧密相连，它们的相对重要性在不同的继承情形下也大为不同。

前两个因素尤其紧密相连，因为一般说来，如果皇帝有儿子的话，皇帝的选择会落到他的一个儿子身上，如果他没有儿子，则他的决定通常是通过收养来表示。但是，整个情况并非如此简单。决定继承人通常表现为授予所选定的人一部分皇帝的权力，在这里，我们可以区分两个不同时期。在前期，共同执政者的地位，甚至在形式上，肯定处于元首本人之下，在后期，有两个皇帝，

---

① *H.A.*, *Vita Had.* 8.9.
② Wickert, *PW* 22. 2137ff.
③ De Martino 4.1.234ff.；Kunkel, *SZ* 75（1958）302ff.

尽管年长的那个可能掌握最大的统治权，但他们在法律上是平等的。这种变化产生于马可·奥勒留（Marcus Aurelius）一上任就要求元老院授予他的养兄弟维鲁斯（L. Verus）和他自己所获得的完全相同的荣誉和头衔，在此之后，有许多由两个奥古斯都统治帝国的情形。在这个时候，例如，立法机关制定的法律带有两个皇帝的姓名，①而以前，那个皇帝的"小同事"，可以这么叫他，根本不参与立法。两个奥古斯都的存在当然使继承问题大为简单；其中一个死后，另一个继续执政，他可以也可以不自己来任命一个共同执政者。

选定和世袭的相互作用还可见于军队的干预。因为军队，特别是禁卫军，在整个混乱的继承历史中发挥了相当大的作用，不止一次，甚至在3世纪的长期恐怖——那时，来自帝国不同部分的各个军队都希望将自己的领袖推上王位——之前，他们已经用武力解决这个问题。当武装部队愿意为这样一种事业而奋斗时，他们自然能够将他们的意志强加给手无寸铁的没有组织的人民。但是，这种武力因素本身与世袭因素有关，因为后者对于士兵来说和对于人民大众一样，构成一种符合正统的权利。②当对继承有怀疑时，士兵出于忠诚，愿意为他的将军而战，这种忠心在将军当上皇帝后会延伸到将军家庭的完全不是军人的成员，而罗马最坏的皇帝中有些实际上是以这种方式被强加给罗马的。

但是，即使军队能够，通常也确实经常将其提名的人强加给不情愿的元老院，但是在有些时候，元老院也能够实施一种真正的选择权，这在内尔瓦（Nerva）和后来（公元275年）塔西佗的时候就发生过。在这里，原则是不同的。元老院拥有许多共和体制的正统，而元首，作为第一公民，应根据其业绩来选择，即使他不是

---

① 这样，许多法令带有塞维鲁和安东尼（也就是卡拉卡拉）的姓名。
② Jones 1.1ff.

由他们而是由统治的皇帝来选定的,他也必须出自他们的成员。①

考虑到关于继承的这些事实,记住已经讨论过的皇帝的权力,我们应当如何从法律的观点解释这种体制的性质呢?

蒙森②认为,从法律的角度来看,元首根本不是被授予的,而是由单个皇帝担任的,这或者是应元老院的邀请,或者是应军队的邀请,后者更为常见。他认为,军队的邀请在法律上与在胜利后以欢呼某个将军为"胜利者"(imperator)完全相同,这是共和国时众所周知的习惯,它给予那个将军此后正式使用那个称号的权利。蒙森甚至走到更远的地步,他认为:"任何有武装的人都有权使其他任何人,如果不是他自己的话,成为皇帝。"③当然,"武装人员"的数量和实力可能对他们提名的人真正掌权的可能性有很大的影响,但是对他们的行为的法律性质没有影响,并且,如果有几个被提名者,每个都是合法的,直到被另一个所推翻。根据这种观点,不难理解,蒙森为什么会接着说元首制是"被合法的持续的革命所塑造的专制制度",④并说,"从来没有一种政治体制像奥古斯都的元首制那样如此完全地丧失合法性的概念"。⑤

由最伟大的罗马宪法史大师得出的这个惊人的结论,也受到一些质疑。为使元首制符合某种明确的政体类型,已经作过许多尝试——比如说它是共和政体的延续,因为主权属于作为罗马人民代表的元老院;或者说共和国的形式掩盖了它实际上是一种君主政体的法律地位;或者,遵循蒙森的另一个著名的说法,⑥它是一种"两头政治",主权在元首和元老院之间进行分配。

---

① B. Parsi, *Désignation et investiture de l'empereur romain* (Paris, 1963) 78ff., 把重点放在《关于治权的法律》上(参考下文,第365页),这部法律被认为是皇帝权力的宪法依据(Gai. 1.5; J. 1.2.6)。

② *StR* 2.842.

③ 前引书,2.844。

④ 前引书,2.1133。

⑤ 前引书,2.844。

⑥ 前引书,2.748。

这些解释中没有一个能够真正说出这个问题的全部真相，[1] 因为，它们都不能令人满意地区分法律与事实。和英国宪法一样，罗马宪法也是不成文的，并随着事实上的行使管理权力的方法固定成为惯例而发生微妙的变化，这些惯例无论是否被称为法律，都与法律因素不可分。正是这样，元老院成为共和国的统治机构，也正是这样，帝国的公法得以形成。属于皇帝所有的权力参照共和制中已经广为人知的职责来界定；一个法学家可能说，这些权力集中于一个人的手中是偶然的，但实际上，它是至关重要的，并成为宪法的一种惯例，并且从这一惯例中又得到进一步的发展。如我们已经知道的，这个有多重职权的执法官的财产成为国家财产，他的奴仆取得法定的权力，这两种发展都不是他的执法官地位的逻辑推论，而是他个人的至高无上性的逻辑推论。甚至他的立法权也得到承认，但是获得立法权的过程是如此渐进的一个过程，以致没有人能够说出一个确定的日期。对于这种习惯性质的宪法的形成，很不相同的因素发挥了作用，如传统上对共和体制的尊敬，军队的蛮力，王朝的情感，东方的统治者崇拜，以及许多其他因素。最后的结果就是戴克里先的公开的独裁，但是到达这一步的过程是持续的，因而，元首制从不能与现成的"君主制"、"贵族政治"或者甚至"两头政治"相配。实际上，认为元首仅仅是一个执法官，甚至在最早时期也是不够充分的。[2] 奥古斯都所塑造的那样的元首制也无法界定，这是因为它实质上具有二元性。[3] 共和国体制仍然保留着，但是除此之外，还有一种君主制的成分推动它，指导它，并在紧急时控制它。因为就其大部分来说，它被披上了共和体制的外衣，这种君主制成分未能被准确识别，但是，奥古斯都的称号很清楚地表明了它的存在，并且元首的至高无上地位超过了他在共和国时的权力，这个称号根本不意味着任何执

---

[1] 特别是参见 Schönbauer, *SZ* 47（1927）264ff.。
[2] 参考 R. Syme, *The Roman Revolution*（Oxford, 1939）313ff.。
[3] Arangio-Ruiz, *Storia* 215ff.；Kunkel, *Intro.* 47f.，*Gymnasium* 68（1961）353ff.

法官的权力,而是元首所具有的最高称号。超宪法性的方面同样表现于准可(auctoritas)一词,虽然它有不少共和国时代的对应物。①在《君主行述》(Res Gestae)②中,奥古斯都说,虽然他不比他的执法官同事拥有更多的法定权力(potestas),但由于"准可",他超过了他们所有的人。这无疑是奥古斯都所希望的那样,但是,这忽视了他的地位的独特性——即这种无形的权力是以各种持续的权力的结合(和对财政资源的控制)为支持的,这种结合和控制超过了他的任何一个暂时的同事。这种法律的力量与超法律的力量的结合,就是元首制的力量之所在。

---

① 在共和国时期的语言中,"准可"尤其属于元老院,它也属于各个年长元老或头面人物(principes viri)。

② 34.3。参见 P. A. Brunt and J. M. Moore, *Res Gestae Divi Augusti* ( Oxford, 1967 ) 78ff., 83f.。

## 第二十章

## 元首制时期的居民的等级和城市管理

## 一、市民籍的扩展[1]

在共和国结束之前，市民籍已经扩展至整个意大利，从元首制开始，又实行向各行省逐渐扩展市民籍的政策，这不仅通过建立殖民地的方式，而且更经常地是通过直接授予已经存在的共同体。[2]这种授权，无论是给一个共同体还是给个人，并不总是由皇帝作出，尽管皇帝也经常将拉丁权授予被认为还没有完全符合授予市民籍条件的西方共同体。在东方，城市生活已经很发达，没有这样做。拉丁权也从未授予给个人，但有一种反常的情形除外，那就是"尤尼亚"拉丁人，即解放形式存在缺陷的被解放奴隶，《尤尼亚法》（大约在公元前17年）授予他们一种变化了的身份。[3]后来的立法利用市民籍本身，促使这些人及其他拉丁人从事各种

---

[1] Sherwin-White 167ff.

[2] 市民籍扩延至意大利一直被认为是指，这些新公民根据罗马法拥有土地，当然，它也表示其他任何罗马人能够同样如此。在意大利之外的共同体取得市民籍并不被认为会产生这种后果。在这里（上文，第267页），有一条原则是通行的，即土地是罗马人民或者皇帝的财产，因此应当纳税。免除纳税义务是通过授予意大利权（ius Italicum），意大利权使该土地与意大利的土地相同，因而还使它成为要式物。关于已知的拥有意大利权的共同体的清单，参见 Mommsen, *StR* 3. 807f., 并参考 Sherwin-White 216ff。关于可能的对个人授予意大利权，参见 Triantaphyllopoulos, *Iura* 14 (1963) 109ff. 所讨论的铭文。

[3] Gai. 1.16，22，23；3.56。参见 Buckland 78, 93f.；并参考上文，第61页及下页。

公益活动①（如在罗马消防队供职，在城市建造房屋，用船运粮食，生养子女）。市民籍通常还是对那些在辅助部队服役并光荣退伍的人的回报；而且，它通常作为一种皇帝的恩惠给予个人。大约公元212年（此年代存在疑问），②卡拉卡拉皇帝大大扩展了市民籍。著名的《卡拉卡拉敕令》的确切范围存在疑问。③乌尔比安、狄奥·卡修斯（Dio Cassius）和其他人④说的是，它使帝国的所有居民都变成市民，但是，由于很显然，甚至在这个敕令之后还有些人没有市民籍，因此，通常推测它有某种限制。但是，很可能这种授权实际上是普遍性的，而在这个敕令之后的非市民是那些在那个日期以后被解放的奴隶，这些人未能取得市民籍是因为《尤尼亚法》或者《艾里亚和森迪亚法》，⑤要不然就是外来的蛮族人。⑥有一份纸莎文献被认为包含了该敕令的一个副本，⑦但它是如此零碎，以致它的发现增加了而不是减少了

---

① Gai. 1.28ff.。许多拉丁人还因在其自己的城市中担任官职或者成为地方议会议员而成为罗马市民。Gaius, 1.96, 告诉我们，在他那个时代，在这方面有两种拉丁权，一种是大拉丁权（maius Latium），根据它，所有地方议会议员都成为罗马市民，另一种是小拉丁权（minus Latium），根据它，只有执法官可以成为罗马市民。

② 尽管这个年代一直被认为是公元212年，但是Millar, *JEA* 48（1962）124ff.，表明，作为这一推测的依据（狄奥·卡休斯是采用的一种编年史结构，以及 *P. Giess.*40［下文］中的那些法令是按照年月顺序）是不充分的。纸莎文献好像将这个敕令与卡拉卡拉皇帝的感恩联系起来；米拉推测，这是为他在公元214年达达尼尔海峡船只失事中幸免于难。在表明这一时期取奥勒留的名字的纸莎文献中有关于这的某些证据。（新的市民必须取一个罗马族名，因此他们取皇帝的名字，而这一皇帝的正式的名字是"M.Aurelius Antoninus"，卡拉卡拉只是一个教名。）相反的意见，参见Gilliam, *Historia* 14（1965）90ff.。Seston, *Mélanges J.Carcopino*（Paris, 1966）877ff.，倾向于将它与皇帝在公元213年从一场疾病中获救联系起来（*H.A. Car.* 5.2，3）。

③ 其文献资料非常多。参见C. Sasse, *Die Constitutio Antoniniana*（Wiesbaden, 1958）附文献目录。关于后来的著作（其中特别是参见Jones, *Studies* 127ff.），参见同一作者，*JJP* 14（1962）109ff.；15（1965）329ff.。

④ Ulpian in D. 1.5.17；Dio Cassius 77.9；*H.A. Sept. Sev.* 1；St. Augustine, *de civ.dei* 5.17；*Nov.* 78.5.

⑤ 仍向退伍军人颁发市民籍证书；Mommsen, *Ges. Schr.* 5.402ff.，419ffl；Meyer, *SZ* 46（1926）264ff.。关于对异邦妇女给予结婚资格，参见Volterra, *Iura* 3（1952）217。

⑥ 下文。只是到优士丁尼时，尤尼亚拉丁人和自由归降人的类型才被明确废除；J. 1.5.3；C. 7.5 and 6。

⑦ Jones, *Studies* 133f.

## 第二十章　元首制时期的居民的等级和城市管理　　447

关于该敕令的不确定性。① 在它的关键部分清楚表明的是，有一种市民籍的授予，但存在一定的保留（其细节已遗失），以及归降人（dediticii）例外。② 有三个问题。谁是归降人？他们是授予市民籍的例外，还是那个保留的例外？那个保留是什么？

盖尤斯③将"归降人"定义为那些曾经武力反抗罗马并被迫投降的人。除非罗马给他们市民籍，或者使他们成为一个同盟的共同体，否则，他们仍是自由人，但除此之外，没有任何更多的身份。从这个意义上说，这个词包含所有那些未组织为城市的人，即大部分农业人口。如果这些人是所指的归降人，那么，他们就不可能是授予市民籍的例外，因为，例如，埃及本土的农民很明显是市民。④ 但是，从较狭义上说，归降人或者是指来自帝国之外的自行投降的蛮族人，或者是指依《艾里亚和森迪亚法》不能取得市民籍的被解放的奴隶，因为他们曾经受到过导致减等的处罚。⑤ 如果这些人是纸莎文献上所说的归降人，例外可能就是针对授予市民籍而言的。由于所涉及的人数较少，所以我们的原始文献未能提到它，这并不令人奇怪。另一方面，从语法上看，例外更可能与那个保留有关，那么，归降人很自然地可以从较广义上来理解。关于这个保留的范围，作过许多推测，最为吸引人的推测是假定它涉及那些被给与市民权的人的当地市民籍：只有归降人被排除在当地市民籍之外。⑥

从政治的角度看，这个敕令并不像它可能看起来的那么重要。

---

① *P. Giess.* 40.1；Mitteis, *Chrest.* No. 337；*FIRA* 1.445。Sherwin-White, 226ff.，怀疑这个纸莎文献是否包含这个敕令的实际文本。

② 其文本如下：δίδωμι τοι [ ν ] υν απα [约 28 个字母] νοίκουμένην π[ολιτ]είαν 'Ρωμαίων[μ]ενοντος[约 28 个字母]' ατων χωρ[ί ζ]τώ ν[δε]δειτικίων。一般同意，第一处脱漏包含对罗马世界的所有外邦居民授予市民籍；争论的是关于第二处脱漏（即保留）应如何填补，及其与 χωρίζ 的关系。

③ 1.14；并参考上文，第 64 页及下页。

④ E. Bickermann, *Das Edikt des Kaisers Caracalla in P. Giess. 40*（diss., Berlin, 1926）32.

⑤ Gai. 4.13.

⑥ 尤其参见"tabula Banasitana"（Seston and Euzennat, *C. R. Acad. Inscr. et Belles Lettres* [1961] 317ff.，预计全部文本的公开，前引书，1971；参考 Schönbauer, *Iura* 14 [1963] 71ff.）。这记载了公元 2 世纪后期在毛里塔里亚授予市民籍，但是保留万民法（salvo iure gentis）。

市民籍不再意味着实际的政治权力，也不再意味着免除税收。实际上，当狄奥说卡拉卡拉的真实动机是使更多的人应该缴付以前仅由市民支付的那些税收，他可能是对的。① 甚至在向皇帝申诉的问题上，其区别在那时也不是在市民和非市民之间的，而是在上等人（honestior）和下等人（humilior）之间的。② 但是，从私法的观点看，它更加重要，尽管与其说是因为它对新市民的直接影响，不如说是因为它对私法本身的性质所产生的间接影响。因为，虽然根据普遍接受的观点，③ 以前按照自己的法律生活的许多行省，在这以后将进行调整以适应罗马法，但是，如我们将看到的，其直接的后果通常只是采取罗马法的形式作为保持实质上没有变化的当地法律的掩饰。这样，更重要的后果是，最终将许多源于希腊的制度，以及更广泛的但更有争议的，希腊思想的广泛影响吸纳进罗马帝国的法律中。④

## 二、地方管理⑤

意大利所有居民都成为罗马市民，其逻辑结果是，各地方政体以前是各个拥有自己的法律、仅仅与罗马结盟的独立城邦国的政体，应当将它们重建为只是作为当时整个更大的共同体的组成部分的地方统治工具。这种重建实际上是逐渐完成的，但是，它实现的过程很模糊。个别的官定法律（leges datae）⑥ 完成了一些工作，并且，很可能恺撒通过或者想通过一部法令，规定各自治市

---

① Dio Cassius 77.9.
② 下文，第351页。
③ 参考下文，第470页。
④ 下文，第414页以下、第469页以下、第509页。
⑤ Abbott and Johnson, *Municipal Administration*; G. H. Stevenson, *Roman Provincial Administration*(Oxford, 1949); de Martino, vol. 4.2.
⑥ 参考上文，第69页。一个例子是 *lex municipi Tarentini*; Bruns 1.120; *FIRA* 1.166; Abbott and Johnson, *Municipal Administration* no. 20. 但是参见 Frederiksen，下一注释中引用。

第二十章　元首制时期的居民的等级和城市管理　　449

的一种样板政体。[①]至少，在帝国早期，已经实现了相当大的一致化，所采用的政体形式也运用于那些取得市民籍的行省共同体。实际上，总是存在许多地方差异，这或者是由于各地情况不同，或者是由于所涉共同体的古代传统——有时和罗马自己的传统一样古老，但是，一般体制是相同的。殖民地和自治市之间的区别，以前是很重要的，到2世纪时只是一种名称上的差别，[②]甚至对西方的"拉丁"城市也按照与那些市民籍共同体足够相似的方法进行组织，这使得它们在关于这个很模糊的主题的简短叙述中被放在一起处理。[③]

　　这些政制就如同可以预料的那样，是罗马政体的微型的模型，有一个民众大会，一个地方议会（decuriones），它相当于罗马的元老院，以及年度执法官。执法官通常有四名，两名司法官（iure dicundo），相当于罗马的执政官，和两名市政官，其级别一般低于前者，所履行的职责类似于罗马的市政官。但是，有时候有六或八名执法官。在早期，他们由人民投票选举产生，但是这种做法似乎在元首制结束以前几乎在所有城市都不再进行。在那时，自治市的官职通常被认为是一种负担，那些符合当选条件

---

[①] 问题转向"Tabula Heracleensis"的性质（Bruns 1.102；FIRA 1.140；Abbott and Johnson, *Municipal Administration* no. 24；E. G. Hardy, *Six Roman Laws*［Oxford, 1911］136ff.）。Savigny, *Verm. Schr.* 3.279ff.，认为这是恺撒于公元前45年通过的一项法律（参考 Cic. *ad fam.* 6.18.1），并认为它是某一《关于自治市的尤利法》，这一法律的名称（仅此而已）保存在 *CIL* 5.1.2864 中。但是，其内容的毫无联系性引起困难，因而，Premerstein（*SZ* 43［1923］45ff.）认为它包括恺撒起草的草案，并由安东尼实施，恺撒被暗杀后，对恺撒其余的法律没有进行必要的修改。关于其他猜测和参考文献，参见 Wenger, *Quellen* 375ff.；de Martino 3.306ff.。Schönbauer（*RIDA*［1954］373ff.）将它的年代确定得早25年，并认为它与恺撒毫无关系，也没有任何普遍意义。后一观点可能是对的。看来可能的是，这些官定法律是地方上从各种罗马的法律中汇编的，对它们或多或少自由地修改以适应当地需要。因此，"Tabula Heracleensis"可能是这样一种汇编，但没有经过修改；参见 Frederiksen, *JRS* 55（1965）183ff.。

[②] 参见 Nörr, *TR* 31（1963）566ff.。Aulus Gellius, 16.13, 说，甚至这些居民也很少知道其区别。C. Saumagne, *Le droit latin et les cites romaines sous l' empire*（Paris, 1965），主张，在意大利之外的自治市只享有拉丁权；但是，参见 Sherwin-White, *JRS* 58（1968）269ff.。

[③] 有两个铭文很清楚地说明了自治市的体制，它们包含了两个西班牙城市的官定法律的部分内容，这两个城市是在维斯帕西安给予整个西班牙小拉丁权时成为自治市的（*lex Salpensana*, *lex Malacitana*, Bruns 1.142ff.；*FIRA* 1.202ff.）。

的人只要有可能，都试图避开，乌尔比安[1]似乎说，通常是地方议会成员阶层（ordo decurionum）进行选举。这样，在一段时期后，自治市也发生了罗马曾经发生过的变化。每五年，两名司法官必须进行本市的财产调查，在那时，他们被称为"五年一期的官"（quinquennales）。和罗马的监察官一样，他们必须编制一个元老院的名单，人数通常是100人。他们必须首先选择前任执法官，再从其他合格人选中填补其余的空缺。虽然私法的制定在理论上有可能，[2]但除了在相当次要的问题上，没有制定私法，但是，可以发布行政管理方面的命令，并且在财务问题上有相当大的独立性。一般性地征收地方税的权力事实上似乎不存在，但是，这些城市的收入来自于他们所拥有的土地及其他财产，来自于专营，来自于罚款和其他来源。[3]管理是地方议会的工作，而不是民众会议的事情。两个司法官主持地方议会，但是，如其名称所示，他们的主要职责是司法性质的。他们，或者说由他们主持的法庭，在共和国时期行使过颇为重要的刑事管辖权，[4]但是，在元首制时期，这种权力不再由他们享有，而转由帝国的机构行使，留给自治市的执法官的只不过是较小的治安权力。[5]他们的民事管辖权更为重要，尽管限制在所涉金额较小的案件，[6]而且还受到一项原则的限制，即自治市的执法官不能行使依赖于治权的权力，如财产占取的权利或者恢复原状的权利。[7]对于自愿管辖的行为——诉请解放、收养和拟诉弃权，由于它们全都要采用法律诉讼，因而通常不在他们的权力范围内，但是在特殊情况下可能给予其运用法

---

[1] D. 49.4.1.3。在4世纪，非洲的一些城市显然仍在民众大会上选举他们的执法官；*CTh.* 12.5.1。

[2] 蒙森在原则上排除影响罗马市民的地方立法，但他承认，有时，原先的自治市成立特许状可能允许较小的变动；*StR* 3.811f.。

[3] 关于自治市财政的概述，参见 Abbott and Johnson, *Municipal Administration* 138ff.。

[4] *Lex municipi Tarentini* 1.4ff.

[5] Mommsen, *StR* 225ff.

[6] Kaser, *ZPR* 436f.

[7] D. 50.1.26.

律诉讼的权利,①拉丁城市的执法官当然能够允许解放奴隶,其前提是通过一种与罗马的法律诉讼类似的地方法律程序,这导致依此程序被解放的奴隶变成一个拉丁人。②

除了拥有罗马或者拉丁权利的殖民地和自治市外,当然还有许多城市,特别是在东方,③它们的城市生活很古老,在卡拉卡拉敕令之前,它们仍完全是异邦。希腊的城市具有极其不同的政体,罗马的影响起初限于较小的变化,或者说向寡头政治制度而非民主制度的改变,但是从2世纪初以后,④皇帝的干预增加,这在很大程度上是由于地方当局的无能所引起的。皇帝派保佐人处理这些城市的混乱的财政,于是,任命这些官员变得很普遍。起初,他们属于元老或者骑士级别,但是在3世纪的时候,当地的元老院任命属于他们自己阶层的成员,因而,城邦保佐人变成一种自治市的官职,超过了以前的执法官。⑤

随着卡拉卡拉扩展市民籍,地方主权再也没有存在理由,在元首制结束之前很久就明显可见,在所有地方,城市政制都只是为了地方管理,各地方当局完全依赖于中央政府。

## 三、居民等级⑥

我们已经知道,市民、拉丁人和异邦人之间的原有区别,虽

---

① *PS* 2.25.4.

② *Lex Salpensana* 28.

③ A. H. M. Jones, *The Greek City from Alexander to Justinian* ( Oxford, 1940 ); D. Nörr, *Imperium und Polis* ( Münch. Beitr. 50, 1966 ).

④ 最早的例子是图拉真派一名官员去重建希腊的自由城市。Pliny, *Ep.* 8.24,力劝他善待它们,因为它们具有光荣的过去。参见 A. N. Sherwin-White, *Letters of Pliny* ( Oxford, 1966 );关于后来的保佐人,参见 Abbott and Johnson, *Municipal Administration* 90ff., 189ff.

⑤ 参考下文,第430页。

⑥ J. Gagé, *Les classes socials dans l'empire romain* ( Paris, 1964 ); Rostovtzeff, *Economic History*, esp. ch.5.

然仍存在，但越来越不重要了。另一方面，原来纯粹是社会性的区别，取得法律意义，以致甚至当所有人，或者几乎所有的人都成为市民时，仍没有平等。元老和骑士等级形成一种较高级的和一种较低级的帝国贵族，①尽管二者的新成员越来越多地来自行省。在这方面，和在其他方面一样，在元首制时，各行省和意大利是平等的。在这些帝国阶层之后是自治市的地方统治阶级，因为如我们已经知道的，地方统治的发展趋势是贵族统治。获得地方元老院的成员资格不仅须具备一个财产条件，②而且，在元首制结束前，当官在非常大的程度上已经成为一种世袭的权利和义务的事情。市政会议员（curiales），即官员家庭的成员，在自治市所处的地位，实际上与元老阶级在整个帝国所处的地位相似，并且在法律上，二者都是有特权的人，也就是上等人。③其余的人是下等人或者说平民，因而，后一词的含义与共和国时期完全不同。保罗说，"平民不能担任保留给地方议会成员的执法官的职位。"④

在行省的上层社会中——在卡拉卡拉的敕令之前——罗马市民成为一个拥有特权的阶层，但是在东方，很显然的是，希腊城市的市民也被视为有特权。⑤如果他们取得市民籍，他们并不丧失其自己城市的市民籍，⑥实际上，在埃及，一个人只有在成为亚历山大的市民之后才能成为罗马市民。⑦在下层社会中也存在等级，但

---

① 贵族（nobilitas），即在共和国时期有人担任过执政官的家庭的后代，在2世纪时消亡；M. Gelzer, *The Roman Nobility*（Oxford, 1969）141ff.。
② 在科莫，是10万塞斯提兹；Pliny, *Ep.* 1.19。
③ 上等人和下等人之间的区别是一种社会性的区别，而不是法律的区别，因此，从未准确地界定过，但是，在元首制时，它取得法律上的后果，特别是在刑事问题上；参考下文，第403页，并参见 Cardascia, *RHD*（1950）305ff., 461ff.；P. Garnsey, *Social Status*。
④ D. 50.2.7.2.——项明确的法律，即公元24年的《维塞里法》（*lex Visellia*），排除了解放自由人，但是，他们，还有演员、巡行街道大声宣读公告的人及其他排除他们从事的职业的从业者，（如果足够富裕）就可以成为皇帝崇拜的祭司，进入"崇敬者"（Augustales）的阶层，这是一种较次要的自治市中的阶层。
⑤ 例如，参见 Schönbauer, *SZ* 49（1929）396ff.。
⑥ 对于元首制，这条规则甚至为 Mommsen, *StR* 3.699 所承认；参考上文，第71页以下。
⑦ Pliny, *Ep.* 10.6（22）。

是，最大的分裂处实际上是在富裕的城市居民和其他人之间。培育城市生活似乎耗尽了政府的努力，因为其臣民的生活和农业人口的状况经常是很悲惨的。至少在埃及，由于纸莎文献的缘故，我们的了解很全面，强迫劳动和沉重的税负是罗马时代农民的命运，在他们剩下的历史时期里也是这样。但是，不仅在埃及是如此，随着财富和繁荣的衰退，强制的特征成为主导的。在元首制结束之前，我们可以看到隶民制的开始，在帝国后期，这种制度会将大量农民以中世纪农奴的形式固定在土地上。①

如果说下层社会注定辛苦地做他们世代相传的工作，那么，市政会议员的命运有时也不那么称心如意。富裕的公民必须捐献大量的钱用于他们城市的公共开支，当官的须承担如此大的财政责任，以致在元首制后期，那些可以当选的人必须被强制着担任执法官。如果他们试图逃脱，可以强迫他们任职，②虽然形势还没有变得像后来那样糟糕，因为在后来，当官本身被用作一种惩罚。③

和自治市的官职一样，军人的职业也逐渐变成世袭的，某些行会的会员资格也一样，例如运输工人的行会，这些人必须在国家的服务机构工作。在帝国后期实行的铁一般严酷的制度下，所有重要的职业都是强制的和世袭的，这种制度实际上在戴克里先之前的那个世纪就已经有了开端。

---

① 下文，第435页以下。
② D. 50.4.9.
③ CTh 12.1.16；下文，第434页。

# 第二十一章

# 元首制时期的法律渊源

## 一、原先的渊源

### (一) 习惯。[①]

在一个著名的片段中,优士丁尼继乌尔比安之后,将法律划分为成文法和不成文法。[②] 不成文法仅仅是指习惯法;所有其他法律,包括来源于法学家解答和执法官告示的法律,和以法律、平民会决议、元老院决议和皇帝敕令的形式颁布的法律,都属于成文法。[③] 因此,明显可见,"成文法"(written law)一词是在完全的字面意义上使用的,而不是现代的含义,在现代,它等同于制定法(enacted or statute law)。[④] 法学家的解释不是制定法,

---

[①] 在最近三十年里,对此已经有很多论述。例如,参见 Thomas, *TR* 31(1963)39ff.,以及同一作者, *RIDA*(1965)469ff.; Schiller, *Virginia Law Review* 24(1938)268ff.; Schulz, *Principles* 14f.; Gaudemet, *Formation* 106ff.; G. Stühff, *Vulgarrecht im Kaiserrecht*(Weimar, 1966)37ff.; B. Schmiedel, *Consuetudo im Klass. u. nachklass. röm. Recht*(Cologne, 1966),关于该著作,参见 Nörr, *SZ* 84(1967)454ff.。

[②] J. 1.2.3; D. 1.1.6.1(来自乌尔比安的《法学阶梯》)。普遍认为受到过添加(Schulz, *History* 73f.; Kaser, *RPR* 2.35),但是作为它的来源(尽管并不完全相同)亚里士多德对"成文的法"和"不成文的法"的区分可能是法学家们所熟悉的,并很可能在一部基础性著作中已经得到运用。

[③] Pomponius, D.1.2.2.5,将产生于法庭的讨论(disputatio fori)的法律归类为不成文法;这也被普遍认为是添加的。

[④] Blackstone, *Commentaries* 1.63.

但是它们是以书面形式存在，因此法学家所创造的法律属于成文法。另一方面，习惯法是不成文的，因为它不是通过依靠阅读文本，而仅仅是通过参考人们实际上所做的来发现。

很明显，早期罗马法中有很多来源于习惯法，尽管只有很少的制度明显地表现出这一点。[1]但是，一般认为，习惯直到古典时期结束以后才被认为是一种法律渊源。按照这种观点，据古典法学家所说，习惯仅仅通过解释的媒介，间接地创造法律。而且，可以肯定，它不在盖尤斯和帕比尼安所给出的法律渊源的清单上，[2]它首次出现在一部可能是古典时期之后的汇编中。[3]另一方面，被认为属于尤里安的一个文本[4]说，它被当做法律（pro lege）而得到遵守，并且，以人民的默许作为其理论依据："因为，人民是通过投票表达自己的意愿，还是以实际行动表达自己的意愿，这有什么要紧的呢？"这个文本普遍被认为是经过了添加，[5]但不是基于任何有说服力的内在原因，而且，由于这种思想已经出现在西塞罗及其他非法学家的著作中，[6]尤里安肯定熟悉它。当然，这句话由一个生活在至高无上的权力已经从人民转到皇帝手中的时代的法学家说出来，无疑很不真实，但是，我们必须记住，人民主权的理论在他生活的时代之后很长的时期里仍存在，甚至在元首制结束之后仍存在。当然，即便如此，这个解释很勉强，因为实际上有机会遵循某种习惯的人的数量几乎从来不能达到有表决权

---

[1] 例如，关于浪费人的令状（*PS* 3.4.7；D. 27.10.1 pr.）；未成年人的替代（D. 28.6.2 pr.）；禁止通婚的亲等（D. 23.2.8；39.1）；家父权（D. 1.6.8 pr.）；关于夫妻之间禁止赠与（D. 24.1.1），参见上文，第235页。

[2] Gai. 1.2；D. 1.1.7。G. 3.82 的文本有很多脱漏，但是，在通常的复原中（来源于 J. 3.10 pr. 中相对应的段落），它说到"根据同意被接受的法"。但是，有人认为这是一个注解；参考 Lombardi，*SDHI* 18(1952)38。

[3] *Epit. Ulp.* 1.4；参考下文，第458页。

[4] D. 1.3.32.1.

[5] 参见 Steinwenter，*St. Bonfante* 2.419ff.，以及上文第353页注释[1]的参考文献。

[6] Cic. *de inv.* 2.67；Varro, quoted by Servius, *ad Aen.* 7.601；Quint. *Inst. Orat.* 5.10.13；Gell. 11.18.4，12.13.5.

的公民的大多数，但是，这一解释很勉强并不能排除这一文本的真实性。

事实可能是，我们对习惯是一种直接渊源还是一种间接渊源的精细区分，并且实际上关于习惯的理论根据的整个问题，对罗马法学家们来说，是不大重要的。因为，除了地方习惯，它肯定被承认为一种补充渊源（而且我们的文献中大多数在其原来的上下文中可能指的就是这种习惯），[1] 在私法领域，习惯作为一种积极的渊源，其作用可以忽略不计。（而且在宪法领域，皇帝的很多权力，以及实际上元老院的部分权力，不能严格地归于任何法令，或者说是适用共和国的规则，在这种情况下，罗马人也没有援引习惯的观念。）此外，我们翻译为"习惯"的不同表述（mos [maiorum]，mores，usus，consuetudo）包含了太多不同的东西，对它们所作的区分太小，使我们没有把握来形成确定的规则。有时，所指的是某项制度构成原始罗马法的一个组成部分（在这方面，通常使用 mos 或者 mores [先人习俗]）；[2] 有时指的是法庭的习惯做法，或者一系列先例，因为，罗马人不将先例与现代法学家所称的习惯相区别。[3] 另外，对习惯与惯例（usage）[4] 没有作明确区分，也没有区分一般习惯与特殊习惯。

---

[1] Lombardi, *SDHI* 18(1952)21ff.

[2] 例如，关于家父权，参考上文注释；Allen, *Law in the Making*, 7th ed. 82；关于综述，参见 Kaser, *SZ* 59(1939)52ff.。

[3] D. 1.3.38："事实上，我们的皇帝塞维鲁回复说，对来自于法律导致的模糊，习惯或者始终以相同的方式判决的事物的权威应该具有法律的效力"。D. 47.11.9 提到行省总督的法庭在处罚行省特有的犯罪上的习惯。参考 D. 50.1.25。先例虽然在法学家们所列举的渊源中未被承认，但它作为范例或者已决案，是演说家们十分了解的（例如，Quint. *Inst. Orat.* 5.2.1；参考 Pugliese, *Recueils de la société Jean Bodin* 16[1965]340ff.），并且无疑对法律的发展起了作用；Jolowicz, *BIDR* 46(1939)394ff.；同一作者，*Journal of the Society of Public Teachers of Law*(1937)1ff.。优士丁尼在 C. 7.45.13 中明确禁止使用先例——"法律判决不得被作为先例"——但是，参见下文，第 461 页。

[4] 即本身并不具有法律约束力，但除非契约当事人明确排除，否则就被认为隐含于契约中的那些惯例；参见 Allen, *Law in the Making*, 7th ed. 130。Salmond, *Jurisprudence*, 12th ed. 193ff.，就在这个意义上使用"交易习惯"（conventional custom）。关于用来解释遗嘱条款的惯例，参见 D. 32.65.7。

无论古典法学家是什么样的看法，在优士丁尼的法律中，习惯被明确承认为一种法律渊源，① 现代法律体系所发展出来的检验一个被看作习惯的有效性那些规则，部分是来自于罗马法的文本。② 但是，罗马法的这些规则本身从未得到任何准确的公式化。一种习惯必须有多老，在任何时候都没有规定，虽然君士坦丁的一项敕令③ 说，习惯不能胜过理性，但没有对这作进一步的解释。最大的困难往往在于习惯与制定法之间的关系。④ 如果，如那个被认为是尤里安的片段所说的那样，习惯本身是制定法的一种，那么必然的结果是——该文本也明确说⑤——一项制定法可以被另一项制定法所废止，它也可以一样容易地被一种惯常的相反的习惯的发展所废止。另一方面，那项否认习惯的效力能够胜过理性的敕令说，它不能胜过制定法，尽管在优士丁尼《法学阶梯》中出现了相反的学说，⑥ 但这更可能表达出君主制时期的实际观念。在古典时期的做法是否不同，这很难说。我们得知许多废而不用的制定法规则，⑦ 但是，所使用的语言可以解释为，它们仅仅是事实上未被遵守，这种不遵守并不影响它们的形式上的效力。

## （二）民众会议的立法。

在罗马法后来的历史上，许多非常重要的法律是通过在奥古斯都统治下的民众会议或者平民会获得通过的。这些包括关于

---

① J.1.2.9；D.1.3；C.8.52.

② 参见 H. F. Jolowicz, *Roman Foundations of Modern Law* ( Oxford, 1957 ) 21ff.。

③ C. 8.52.2："长期确立的习惯的权威和遵守不应该被轻视，但是对其遵守也不得超越理性和法律"（公元 319 年）。

④ 参考 Thomas, *RIDA* ( 1965 ) 469ff., 及相关引述。

⑤ 另参见 J. 1.2.11；Gell. 11.18.4，12.13.5。

⑥ J.1.2.11.

⑦ Ch. 2 of the *lex Aquilia*（D. 9.2.27.4）；《十二表法》规定的对侵辱的各种处罚（J. 4.4.7）；关于高利贷的 *lex Genucia*（Appian, *Bell. Civ.* 1.54；Val. Max. 9.7.4）。

结婚和离婚的法律，①关于解放的法律②以及关于法律程序的法律③。虽然在有些情况下，它们带有实际上将它们提交给民众大会的那些执政官的名字，但它们都是皇帝的政策的一部分，并且是按照他的意愿通过的。实际上，公元9年《巴比·波培法》(lex Papia Poppaea)规定未婚娶的人和无子女的人无能力，它几乎不可能受到提议的执法官的欢迎，因为两个执法官都未婚。一些法律是在随后的统治时期获得通过的，特别是在克劳迪时期，④克劳迪在这方面，和在其他方面一样，表现出对古代的共和体制的热爱，但是，虽然盖尤斯仍然说法律和平民会决议是现有的法律渊源，但是，到公元1世纪末时，民众立法的实践事实上已经消失了。⑤

## （三）执法官告示。

帝制没有立即带来执法官法律地位的变化，他们的告示仍创造荣誉法(ius honorarium)，但是，他们的独立性，和所有其他国家机构的独立性一样，受到元首的新的无所不包的权力的影响。他们偶尔仍对告示进行修改，但是，很少插进附加条款，除非为了执行其他立法机构的规定，特别是元老院决议，⑥有时甚

---

① 《关于嫁娶的尤利法》；《关于惩治通奸罪的尤利法》；《巴比·波培法》。
② 《艾里亚和森迪亚法》；《富菲亚和卡尼尼法》。
③ 有关的尤利法，参见上文，第218、313页。
④ 例如Gai. 1.157.
⑤ 上文，第326页。
⑥ 下文，第363页。卡西作为裁判官的独立行动被提及，但是这似乎没有导致对文本的永久的修改。在D. 4.6.26.7中，据说，他发布了一项告示，承诺恢复原状，只要法庭因某日被宣布为公共假日而不能开庭，但是，这似乎没有收编到永久告示里，因为该段落接着说，杰尔苏赞成这个原则，而如果有一个条款明确体现这一原则，他就不太可能这样做。D. 29.2.99提到一个特殊的情形。关于D. 42.8.11，参见Lenel, EP 500 n 2；关于D. 44.4.4.33，参见Watson, Obligations 257f.。Pliny, Ep. 5.9.3，提到一个主持某个特别法庭的裁判官发布的一项简短告示，在这个告示中，他宣布了执行一项关于向律师赠与的元老院决议的意思。它可能是一项未被遵守的旧的元老院决议，因为普林尼很激动地说的这件事清楚地表明，如果这个裁判官不想发布这个告示，他就不必发布，并且，百人审判庭的裁判官休庭以考虑他是否应该遵循这个例子。

# 第二十一章 元首制时期的法律渊源 459

至是法律。① 但是，甚至是理论上的修改荣誉法的权力最终也与皇帝的至高无上性不符，看起来，在这里，和在其他地方一样，② 是哈德良采取了决定性的步骤，使共和国的体制与新的现实情况相符。

但是，我们所拥有的关于这次改革的叙述很少，也很晚，③ 而且即使这些叙述可靠，④ 它们仍留下很多模糊的地方。看来好像是哈德良授权伟大的法学家萨尔维·尤里安（Salvius Iulianus）以某种方式修订或者汇编裁判官告示，而且最终的工作成果，根据的皇帝意愿，由一项元老院决议予以某种确认。⑤ 很难说出尤里安实际上做了些什么。我们知道，他引进了一条新的实体法规则⑥（关于遗产占有的一个特殊情形），但是，这一规则被称为尤里安新条款的事实本身就表明，无论如何，没有很多其他的类似条款。⑦ 他明显没有试图使得告示的排列合理化。因为，可以从《学说汇

357

---

① 《巴比·波培法》在有些情况下给予遗产占有（而不是遗产），例如 Gai. 3.50，并且，无论一项法律有什么要求，裁判官都在告示中规定一个条款，给予遗产占有（Lenel, *EP* 360）；参见 Buckland 9。没有根据皇帝的意愿写进一个条款的确定例子，可能除了 D. 43.4.3.3 之外（Lenel, *EP* 348），但是在不少地方（例如 D. 3.1.1.8；4.6.1.1），告示将君主裁决置于与法律相等的地位，等等。

② Pringsheim, *Ges. Abh.* 1. 91ff. ( = *JRS* 24 [1934] 141ff.).

③ *C. Tanta* § 18；C. 4.5.10.1（公元 530 年）；Eutrop. 8.17 和 Aurelius Victor, *de Caes.* 19.2（二者都是公元 4 世纪后期的文献，但可能来自于公元 4 世纪早期的同一个文献）；Epitome Legum（Zachariae, *Ius Graeco-Rom.* 2.280，认为属于 10 世纪）。这次修订的时间可能是在公元 130 年和哈德良逝世的 138 年之间；Krüger 94 n 9；Girard, *Mélanges* 1.214ff., *Manuel* 57 n 3。St. Jerome（*Chron. a Abr.* 2147）说是在公元 131 年，但是我们不知道他的这个时间从何而来。

④ 它们的可信性受到瓜里诺的强烈质疑。参见 Guarino, *Ordinamento* 396ff., 425ff. ( = *St. Albertario* 1.623ff. 和 *Atti Verona* 2.167ff.)。肯定令人奇怪的是，盖尤斯没有提到这次改革，其他古典法学家们也大致同样没有提及，因为如果有一个参考文献，那么优士丁尼的法典编纂者们肯定会摘录它；参考 Honoré，*Gaius* 46ff., 54f.。此外，*C. Tanta* 的拉丁文和希腊文版本的叙述不完全相同；参见紧接的下文。但是，很难相信，我们所知道的东西根本没有任何依据。另参见下文，第 384 页及下页。

⑤ *C. Tanta* § 18.

⑥ D. 37.8.3。Cosentini, *St. Solazzi* 219，宣称这个文本是添加的，但是他的论证不令人信服。

⑦ 他可能在"在确定地点给付"（de eo quod certo loco dari oportet）告示中作了某种纠正；Lenel, *EP* 243。

纂》中保存的一些著名的《告示评注》的片段中重建标题的顺序，它明显是由于逐渐增多而导致的一种安排。① 从缺乏统一的文体这一事实中也可以明确得出这一结论。② 有人推测，③ 鉴于以前的示范程式在一个附录中整个完全消失，所以尤里安将每个程式放在告示的正文中适当的条款之后，或者放在其他某个合适的位置，但是，这一推测的证据是不足信的。也不清楚裁判官保留了什么权力。盖尤斯④说"告示权"（ius edicendi）使用的是现在时，而且，告示仍在每个任职年的年初公布，因此，市民法和裁判官法之间的区别继续存在，但是，告示明显不再算作为产生新法律的渊源。⑤ 因为，虽然盖尤斯⑥说到一项批复修改了遗产占有（裁判官法上的一种制度）的规则，但是他没有说告示正文的任何修改，也没有什么可以证明那些根据法学家的权威而授予的大量扩用之诉（actiones utiles）被提到了。因此，裁判官法上的改革的工具仍存在，但它们掌握在皇帝和法学家们手中。⑦

我们的叙述仅仅说到一种告示，但是，如果关于这次修订的目的的上述说法是正确的，那么，它不仅包含内事裁判官告示，而且也包含外事裁判官和贵族市政官的告示，因为这些执法官不可能被允许继续保留内事裁判官的已经被剥夺的权力。有人提出，

---

① 得到普遍接受的重构是 Lenel, *EP* 的重构。另参见 Schulz, *History* 148ff.。

② 关于告示的文体，参见 Kaser, *Fschr. Schulz* 2.21ff.；Daube, *Forms*；邓伯格试图利用文体上的差异探究告示的发展，但不成功（Festgaben A. W. Heffter［Berlin, 1873］91ff.）。

③ 是 Wlassak, *Edict u. Klageform*（Jena, 1882）作出的推测。Girard, *Mélanges* 1.300ff.，为支持他，引用瓦勒里·普罗布的《法学摘录》（写于公元 1 世纪的后半期）中的一个片段，该片段列举了在告示的开始的部分所使用的缩略语，但没有关于程式的缩略语（*FIRA* 2.456）。不过，普罗布很可能将该书的一个单独部分专门用来写关于诉讼的问题。

④ 1.6.

⑤ 因此，就永久告示而言，它的永久性是在一种新的意义上说的，尽管根据 Pringsheim, *Ges. Abh.*1.102ff.（=*Symb. Frib.* 1ff.）所说，这个词直到大约公元 300 年才获得"不可改变"的含义。

⑥ 2.120.

⑦ *C. Tanta* §18. 似乎说所有漏洞都应由皇帝来填补（并将这归于一项元老院决议），但是在该敕令的希腊文版本中，将这个工作留给执法官（并说哈德良在向人民的一次演讲中将这规定下来）。

内事裁判官告示和外事裁判官告示是混合在一起的，①但盖尤斯说它们是独立的，②我们的少数权威作者的沉默很容易得到解释，这是因为以下事实：它们都存续到卡拉卡拉扩展市民籍后很久。盖尤斯还说市政官告示是一个独立的文本，并且，有很多关于它的评注。在优士丁尼时代，这些评注明显只被看作他们的作者关于裁判官告示的评注的附录，③但是，我们不能因此就说尤里安本人将一个告示看作为另一个告示的附录。④

行省告示带来了一个难题。盖尤斯说得好像每个总督仍发布他自己的告示，人们也可以想象，各地情况不同可能需要保留规范上的差别。另一方面，盖尤斯写了一本关于行省告示的评注，这表明只有过一种告示，而且，《学说汇纂》中关于这部著作的片段表明，他所评论的文本与内事裁判官告示的文本大部分是一样的。⑤其理由可能是，所说的文本不是涉及所有行省居民，而仅涉及生活在行省的罗马市民，对于他们，每个行省的总督都扩展给予裁判官法的保护。如果不这样做，那么他们只能完全依赖于古旧的市民法。⑥

行省总督除了在任期之初发布几乎全部是关于从前任接管过来的事项的告示外，还可以发布涉及特别事项的告示。埃及的行

---

① Ruforff, *Zeitschr. f. Rechtsgesch* 3（1864）21，引自 Krüger 95。但是，它们可能大部分是一样的；Lenel, *EP* 3.

② 1.6.

③ Theophilus, 1.2.8,说市政官告示是两个裁判官的（单个）告示的附录,弗罗伦丁的《权威索引》（*Index auctorum*）对这些评注持相同看法，因为该索引认为保罗写了 80 本书而不是 78 本书，乌尔比安写了 83 本书而不是 81 本书，并且，在这两种情况下都没有提到关于市政官告示的那两本书；但是，个别片段的出处保留了原来的区别。

④ 勒内尔是这样说的，参见 *EP* 48；不同的意见，Krüger 95 n 15；Volterra, *Scritti U.Borsi*（Padua, 1955）；*Iura* 7（1956）141ff.。

⑤ 勒内尔认为（*EP* 5），后来整个帝国实现法律的统一，这必然意味着，法典编纂者们将不需要这个评注中涉及行省告示特有的规则的那些内容。但是，参见下一个注释。从纸莎文献证据看来，不难以证明存在一种一般的行省告示；Katzoff, *TR* 37（1969）415ff.；反对的观点，参见 Wilcken, *SZ* 42（1921）135，以及 Wenger, *Quellen* 411。

⑥ Buckland, *RHD*（1934）81ff.。尤里安可以很容易地修改这样一个告示。对于各个行省特有的其他告示，他可能会有很大的困难，因而它们可能与他的特别性质的工作无关。

政长官就发布了许多这类告示,并得以保存下来,[1] 有些,尤其是公元 68 年的亚历山大(Ti. Iulius Alexander)的告示[2](它禁止因债务而监禁),很有意思。至少,埃及的告示似乎甚至在其制定者不再担任总督以后仍然有效。[3]

除了皇帝行省的总督外,新的帝国官员在开始就任时不遵循共和国时期的发布一般告示的做法,[4] 但是,只要他们认为必要,他们自然能够在其权限范围内发布一般指示,而且,公元 235 年的一项敕令[5]规定禁卫队长官发布的一般指示应当加以遵守,只要它们不违背法律或者皇帝敕令。通过这一敕令承认了禁卫队长官有一种从属性的立法权。这种做法可能比这个敕令要早些。

## (四)法学家的解答和解答权。

法学家的解答在元首制时期仍是一种日益重要的法律渊源,但是,就此而言,和告示一样,明显可感受到,法学家的完全的独立性与新体制不符。因为奥古斯都已经采取行动,要将法学家置于皇帝的影响下,并且,哈德良可能采取了某种进一步的措施。但是,很多地方很模糊,因为我们的原始文献来自于彭波尼的一个非常不完整的文本,以及盖尤斯《法学阶梯》的一个简短的论述,因此导致许多争论。彭波尼[6]说,鉴于以前任何对自己的学识有充

---

[1] 参见 Wilcken, SZ 42(1921)137—139。

[2] Bruns 1.243; FIRA 1.318.

[3] Wilcken, SZ 42(1921)139ff.

[4] 还值得注意的是,涉及非常管辖权(如信托,下文,第 395 页及下页)的执政官和裁判官根本不这样做。

[5] C. 1.26.2.

[6] Pomponius, D. 1.2.2.48—50:"马苏里·萨宾属于骑士阶层,并且是 [此阶层中] 第一个公开作出解答的人,后来这样的恩惠开始被授予,虽然他的这一特权是由提比略皇帝授予的。并且,在奥古斯都皇帝之前,没有元首们授予的公开解答权,因此那些对自己的研究有信心的人都对向其进行咨询的人作出解答。不是在每个案件中给出书面解答,更多地是法学家给法官写信或者是进行咨询的人证明这样的解答。奥古斯都皇帝为了使得这样的法具有更大的权威,首先规定,法学家的解答必须建立在他的权威的基础上,从那以

分自信的人都作出解释，而且没有任何特定形式，奥古斯都决定，为了赋予这种法更大的权威，解答应"经他授权"并加盖印章。从此以后，给予这种解答的权利——（公开）解答权——被作为一种特权（恩惠）而被追求。另一方面，在上述文本中，彭波尼还说，是萨宾首先作出"公开"解答，这样做的权利是由提比略皇帝授予他的。这些显然相互矛盾的说法在某种程度上[①]可以根据下述假定[②]来协调，即须经奥古斯都授权作出的解答仅仅涉及少数特别重要的意见，这些意见需要他的明确批准（和他的玺印）。换句话说，奥古斯都的授权是给予解答的，而不是给予那个法学家的，只有当这种制度在不太活跃的提比略的统治下变得难以实行的时候，作为对单个法学家的一种恩惠的解答权才产生，第一个拥有这个权利的人是萨宾。但是，这一假设很难接受。因为，所假设的创新，会导致公然干涉所有法学家说出或写出他所想的东西的权力，这与奥古斯都通常采取的慎重的迂回的态度不一致。更加可能的是，他表面上所做的是为了明确表示某些比较杰出的法学家取得他的信任。这些被授权的法学家的解答可能对法庭不具有法律上的约束力[③]——这可能需要立法，而奥古斯都从未行使一个立法者的权力——但是，很显然，在那个时期的形势下，承审员如果敢于不理会一位蒙皇帝许可的法学家的解答，他可必须是一个大胆的人。

---

后开始请求授予这样的解答权，就如同请求一个恩惠一样。因此，最贤明的哈德良皇帝，在一些属于裁判官阶层的向他请求获得进行合法的解答权的时候，回复说，这不是请求来的，而是自己获得的，所以如果某人对自己充满信心而准备对人民进行解答，那么他会感到很高兴。因此，提比略皇帝授予萨宾解答权。他在进入骑士阶层的时候已经年老了，先前已经过去了 50 年。" Schulz, *History* 112ff., 认为这个文本经过了四个人的不同的处理。

① 仍存在的困难是，彭波尼也说，从奥古斯都时起，这种权利被作为一种恩惠而被追求。

② De Visscher and Nicolau, *RHD*（1936）615ff.

③ Schulz, *History* 112ff.。J. 1.2.8 认为，它们具有约束力，但这只不过是优士丁尼对 Gai.1.7 的解释，关于 Gai.1.7，参见下文，第 316 页及下页；参考 Magdelain, *RHD*（1950）1ff., 157ff.。Kunkel, *Herkunft* 281ff. 和 *SZ* 66（1948）423ff., 推测，只有经授权的法学家的解释才能在法庭上被引用。有可能；参考现在不使用的一条规则，它规定，只有逝世了的作者的著作才能在一个英国法庭上被引作典据，而不是被收进律师的论据。

盖章的要求可能既是为了保障解答的真实性，也是为了强调其重要性。还有一个彭波尼关于萨宾论述的问题要解决。在这里，昆克尔①有一个吸引人的解释。彭波尼强调，萨宾是一个骑士，但是在上述文本中，这并没有特别的意义。但是，昆克尔接受了蒙森作出的一个校勘，②这个勘误使彭波尼不是说的萨宾是第一个拥有解答权的人，而是说他是第一个取得这个荣誉的骑士，并且，昆克尔将这与他对法学家的社会地位的研究联系起来，他的那些研究表明，鉴于在共和国的最后几十年里，最主要的法学家越来越多地来自于骑士阶层，元首制使这一趋势明显扭转：在公元2世纪中期以前，绝大多数法学家来自于元老家庭。因此，奥古斯都创设解答权的目的是要将最主要的家庭的成员重新吸引到法学家的活动上，从而，如彭波尼所说的，增强法律的权威。

还有一个难题。如果解答权是一种很高荣誉的标志，可以预计它被援引作为一个法学家权威的证据来与另一个法学家相对比，但这从未发生过，并且，除了一个让人怀疑的对一个不知名的可能是戴克里先时代叫伊诺钦提（Innocentius）的人的提及外，③萨宾是唯一一个有记载的拥有解答权的法学家。通常的推测是，它已经被授予大多数伟大的法学家，④但是没有明确的证据，并且令人奇怪的是，记载他们中最伟大者之一即尤里安⑤的生活与成就的铭文居然没有提到它。但是，其理由可能是，到那时，它已经不再存在了。这就引出了哈德良做了什么改变的问题。

哈德良的两个批复被提及。彭波尼⑥说，当一些属于裁判官阶

---

① 前注引书。
② 遗漏了"属于这一阶层的"（fuit et）这样的一个短语。
③ Schulz, *History* 114 n 6.
④ Magdelain, *RHD*（1950）20 n 4, 列举了大约30个，但是所采用的标准（即法律顾问必然是指拥有解答权的人，而且只有这些拥有解答权的人给出的意见才能被称为解答）没有一个得到普遍的接受；参见 Schulz, *History* 338, note R, and 224 n 1, 以及 Kunkel, *Herkunft* 284 n 601。
⑤ 下文，第384页。
⑥ 上文，第359页注释。

层的人（viri praetorii）请求皇帝允许解答（respondere）时，他的回复是"这不是请求来的，而是获取的"，并说，如果有人相信自己的能力并准备好作出解答，他会很高兴。这很含糊。① 比较自然的含义是，人们并不申请解答权，而等待着皇帝根据其意愿来授予。对此，提出了各种背景和解释，② 但是其中没有一个能够解释这个批复在解答权的历史上具有足够的意义，以至于彭波尼要不厌其烦地记载它。因此，很可能，"获得"（praestare）是作为更具技术性的含义来看待的，即履行或解除某种职责。那么，这个批复的意思就是作出解答不需要许可；③ 就是这么回事，所需要的只是充分的学问。换言之，哈德良可能是说，他放弃授予解答权。对于这种解释，不能因为他明显采取将权力集中在自己手中的政策，就先验地认为不可能，但是，这是不是一种可能的解释还取决于盖尤斯在他的《法学阶梯》中所说的话的含义。因为这通常被认为证明了解答权在他那个时代仍然存在。

盖尤斯④在他列举的法律渊源中包括了法学家的解答，但随后赋予这个术语的含义比我们迄今为止一直使用的那种严格的法律上的含义要广泛得多。他说，法学家的解答是"被允许建构法律的那些人（quibus permissum est iure condere）的决定和意见（sententiae et opiniones）"。这很自然地被认为包括所有法学家的活动，并且是对于在别处被称为法学家准可或者法学家解释（auctoritas or interpretatio prudentium）的概念⑤的一种准确描述，即法学的内在的创制法律的权力。同样地，建构法律权（iura

---

① 例如参见 Honoré, *Gaius* 82ff.。
② 参见 Daube, *SZ* 67（1950）511ff.，及相关论著；Honoré，前注引书。
③ 反对这种观点，参见 Magdelain, *RHD*（1950）16 n 6。对于任何解释来说都很困难的是说明"而是获取的"（et ideo）。实际上，整个文本充满矛盾、重复和不准确，以致一种彻底的批评态度如苏尔茨那种态度（上文，第359页注释）有吸引人之处。
④ Gai. 1.2,7。关于接下来的内容，参见 de Zulueta, *Gaius* 21ff.，和 *Tulane L.R.* 22（1947）173ff.。
⑤ D. 1.1.7，1.2.2.12；Cic. *Top.* 5.28。

condere）更适合于描述法学的广泛的内在的创制法律的权力，而不是解答权。简言之，如果解答权在他那个时代仍存在（这是通说），我们必须承认，盖尤斯对于区别一种法律上的解答与一般意义上的法学家观点之间的困难视而不见，尽管由于很难在一个如此简短的论述中向初学者说清楚这种区别，这种忽略是可原谅的。但是，如果解答权已经废弃，那么，除了过于宽泛地使用法学家解答这个术语[1]外，就没有什么需要原谅的了。

然后，盖尤斯接着说，如果所有那些被允许建构法律的人的意见一致，则他们所持有的意见具有法律的效力，但是，如果他们观点不一致，法官愿意遵照哪一个，就可以遵照哪一个；而这一点，他归因于哈德良的一个批复。通常认为，在这里，盖尤斯还是指的那个关于被授权的法学家的解答的批复，[2]并且有很多猜想。哈德良是不是利用他有而奥古斯都没有的立法权，使解答具有法律约束力，而以前它们只具有"劝导性效力"呢？[3] 如果是这样，是否一个不矛盾的解答就够了，还是必须咨询当时所有的经授权的法学家呢？或者，更广泛地说，这个批复是否不仅适用于为某个案件所作的解答，而且还适用于所有解答，不论它们是在什么时候作出的？后者会废除所有可能存在的有约束力的解答的制度，因为只有共同意见才具有约束力，而任何一个法学家都可以通过给出一个相反的解答而破坏它。但是，比较可能的是，盖尤斯是在说一般的法学家的意见，而不是说严格的法律意义上的解答，并且这个批复只不过是"总体上解除了过分谨慎的承审员的种种顾虑"。[4]

---

[1] De Zulueta（同上引书）猜测，这种用法（存在于4世纪）可能已经在学校里通用。

[2] 这是优士丁尼《法学阶梯》对它的看法，但是，认为在6世纪时，所有建构法律权（iura condere）的许可都必须由皇帝给予，这是很自然的。Wieacker, *Freiburger Rechtsgeschichtliche Abhandlungen* 5(1935)45ff., 认为，这个文本反映了《引证法》时期（下文，第452页）的思想，因此可能是后来的添加；参考 Schulz, *History* 115；Buckland 25；Solazzi, *St. Riccobono* 1.95ff.。但是，拉丁文本身是无瑕疵的，并且盖尤斯在别处（Gai. 4.30）对法学家的立法权使用了"建构法律权"（iura condere）这样的表达。

[3] Pringsheim, *Ges. Abh.* 1.96f. ( =*JRS*[1934]150ff.)

[4] De Zulueta, *Gaius* 21ff.

无论解答权是否在整个古典时期都存在，也无论解答的准确的法律价值可能是什么，很显然，法学家是整个元首制时期法律发展的主要工具。关于主要的法学家，以及他们的著作，下一章将有所说明，但是写作并不是他们唯一的，甚至也不是他们主要的活动。在日常的法律生活中，他们是当事人、承审员和执法官的必不可少的顾问，他们还积极参与皇帝自己的顾问会议。[①] 当元首制结束时，程式诉讼制度也不再使用，法学家能够施加的特殊影响也随之消失。从此以后，完全专制的政体不允许任何不是直接来自于皇帝的立法，并且，虽然帝国的立法当然实际上是职业法学家的工作成果，但是，他们的姓名不再出现在他们所起草的法律中。

## 二、新的渊源

### （一）元老院决议。[②]

我们已经知道，在共和国时期，虽然元老院对立法产生重大影响，但是它不能像具有主权的民众会议一样通过一般性的法律。在元首制后期，它无疑能够这样做，而且，盖尤斯在法律和平民会决议之后将元老院决议作为法律渊源。[③] 但是，他补充说，对此存在过怀疑，而且肯定没有任何授予其立法权的具体的法律，无论是皇帝的还是人民的。这种变化可以说是由于两种趋势的联合作用而发生的，一种趋势是，元老院日益担负着指导执法官行使告示权的工作，另一个更普遍的趋势是，它开始取代民众会议成

---

[①] 当然，在罗马（更不用说行省），肯定有许多没写任何著作的较次要的法学家。由于偶然保存的悼念碑文，我们知道他们中的少数人；参考 Kunkel, *Herkunft* 323ff., 346ff.。

[②] Volterra, *NNDI* s.v. *Senatus consulta* 提供了一份关于主要的元老院决议的清单，并附概括说明，以及对法学和文学文献的引用。

[③] Gai. 1.4；参考 D. 1.2.2.9（Pomponius）和 D. 1.3.9（Ulpian）。

为政体中的共和制因素。对执法官提出建议当然一直是元老院的职能,当建议是向享有管辖权的执法官提出时,就可能导致裁判官法的变化。从帝国初期开始,我们发现了这样间接地改变法律的元老院决议,已知的第一个是《斯拉尼安元老院决议》(公元10年),它是通过告示中的一个条款来实施的。[1] 同样地,公元1世纪中期的《韦勒雅元老院决议》[2] 禁止妇女为他人的债务负责任,其实施的方法是,如果妇女被人诉以这样一种债务,则赋予她们一种抗辩。[3] 根据维斯帕西安统治时期的《马切多尼安元老院决议》,向家子出借钱款是不可追索的,也是使用了同样的方法。我们可以相当肯定地说,第一个不经裁判官的介入直接对法律产生影响的元老院决议是哈德良统治时期的《德尔图良元老院决议》,它规定,子女未留遗嘱而死亡的,其母亲在某些情况下拥有市民法上的继承权。但是,很可能,甚至更早的元老院决议,如《尼禄元老院决议》[4] 和《特雷贝里安元老院决议》[5] 也具有市民法上的效力。[6] 其部分理由似乎是,市民法与裁判官法之间的区别,可能从来没有像一些现代作家所认为的那样严格,[7] 在帝国早期已经日益宽松。我们已经知道,法律(leges)当然能够制定市民法,但甚至它们有时也通过裁判官的机制[8] 来实施,并且,将元老院决议用作直接的立法,并不必然表示以前的方法立即被抛弃了。

---

[1] D. 29.5;Lenel, *EP* 364.

[2] 关于其年代,参见 H. Vogt, *Studien zum Sc. Velleianum*(Bonn, 1952)4ff.。

[3] 并且,如果债权人由于该妇女的无效担保而失去对原债务人的诉权,则恢复债权人的这种诉权;Lenel, *EP* 287. 这个元老院决议的形式很清楚地表明元老院与裁判官之间的关系。D. 16.1.2.1.

[4] Krüger 90,参考 Gai. 2.198.

[5] Volterra, *NNDI* s.v. *Senatus consulta*;并参见 Magdelain, *Actions Civiles* 82ff., 他证实,在原始文献中提到的根据元老院决议的诉讼是市民法之诉;并参见 Gai. 4.110。

[6] 并且,值得注意的是,这一时期的大部分元老院决议涉及行政管理的事项,而这些事项,无论在市民法的范围内,还是在裁判官法的范围内,都不能合适地得到安置;Schiller, *Tulane L.R.* 33(1959)505ff.。

[7] Segrè, *Scr. Ferrini*(Pavia)731ff.

[8] 上文,第 356 页。

帝国的许多元老院决议与法律是如此相似，以致它们带有其提议者的姓名，但是这种相似有点误导人，因为这个名称从不是官方的。许多元老院决议根本没有名称；有一个决议，就是《马切多尼安元老院决议》，是以引起其制定的犯罪人的名字命名的，① 而且，无论如何，提议者的姓名的出现形式与法律中对提议者使用的形式是不同的。② 元老院曾经发挥很大的立法积极性是不可能的。确实，有些时候，法案（measure）的制定是交给它的，③ 但是一般认为，皇帝是真正的制定者，④ 这个法案的正文本身可能提到，是他希望执政官采取元老院的意见。⑤ 他当然能亲自提出元老院决议，但是，他也能做其他元老所不能做的，即自己不出面而让（一位财务官）宣读一项提案，并且习惯上，即使他在场，这种宣读也进行。后来，元老院所做的只是确认皇帝的"演说"（oratio），后来的法学家提到这种演说本身就好像它是权威的根据，而不是那个起确认作用的元老院决议。⑥ 保存下来的一个这种演说的例子确定了这就是真实情况，因为皇帝用了"我将禁止"这些词语。⑦ 实际上，在紧接下来的时期，演说并入告示，作为皇帝直接表达意愿的一种形式，可以向元老院发布，也可以向其他人发布。最后一次提到由元老院确认的情形，来自于普鲁布（Probus）统治时期（公元 276—282 年），据说，他允许元老院以它自己的决议确认他所颁布的法律。⑧

---

① Daube, *SZ* 65 (1947) 261ff.
② 所使用的形式是以-anum 结尾的名甚至姓的一种延长的形容词形式；Krüger 91。
③ 对于公元 129 年的《尤文第元老院决议》来说，似乎是如此；D. 5.3.20.6。
④ Mommsen, *StR* 2.899，指出，除了皇帝之外，从来没有人被称为元老院决议的制定者（auctor senatusconsulti）。
⑤ 参见在昔兰尼（Cyrene）发现的奥古斯都的第五个告示中引用的元老院决议（*FIRA* 1.409ff.）。关于这些告示的文献，参见 de Visscher, *Les édits d'Auguste*；参见 Wenger, *SZ* 62 (1942) 425ff.。
⑥ *Or. Severi*, D. 24.1.23；*Or. d. Marci*, D. 2.15.8 pr.；D. 40.15.1.3。
⑦ D. 27.9.1.2。
⑧ *H.A. Prob.* 13.1.

## （二）元首敕令。

我们已经知道，奥古斯都本人没有僭取立法权，他甚至直接拒绝了曾经向他提出的"对法律与道德的监护"之职的提议。[1] 然而，皇帝对法律发展的影响从一开始就非常大，而且，到公元2世纪中期，法学家们已经认为，他实际上能够制定法律。

不这样说，就会公然违抗事实，但是很难找到皇帝这一权力的一个令人满意的理论根据。盖尤斯说，皇帝所制定的实际上等于法令（statute），因为他自己的治权得自于一部法律（lex），这是从来没有任何怀疑的。[2] 乌尔比安更为直接一点。他说，"皇帝所决定的每件事都具有法的效力，因为人民通过制定关于其治权的王权法，将自身的全部治权和权力都转给了他。"[3] 所谈到的法律可能是那项授予保民官权力的法律，但是，我们在其中无法找到任何包含了这样一种至高无上权力的授权条款。"他应该拥有做所有事情的权利和权力……只要他认为是为了国家的利益"这段话[4] 不可能有这个含义，至少最初没有，因为这个文本说，奥古斯都有相同的权力，如果奥古斯都以稍微不同的形式接受了相同的东西，那他对监护法律之权的拒绝就很荒谬。实际上，如果所指的是全面的法定的最高权力，那么，这个法律的其余部分就毫无意义了。但是，完全有可能，盖尤斯和乌尔比安所想到的正是这个条款。当然，盖尤斯所说的话严格说来根本没法解释。因为，一个人依法取得权力，他不一定就有权自己制定法律。而且

---

① 上文，第325页。
② Gai. 1.5："君主敕令是由皇帝通过裁决、告示和信函制定的。毫无疑问，它具有法律的效力，因为皇帝本人根据法律获得治权。"
③ D.1.4.1 pr. and 1："君主所决定之事也具有法的效力，因为通过与治权有关的王权法，人民已经把所有的治权和权力授予给他。"参见Pomponius, D.1.2.2.11："建立元首制后，就把法交给了他，使得他可以来批准授已经规定的东西"。
④ *Lex de imperio Vespasiant*, 参见上文，第324页注释。

说对这件事从来没有任何怀疑，这也令人奇怪，[1]尽管我们完全可以相信，这种怀疑没有公开表示出来过。事实上，发展是逐渐的。从一开始，皇帝有许多表达其意愿的方式，并能够解释法律。随着他的地位的巩固，他对现行法的干涉越来越公开，由于没有人能够对这些干涉的根据表示质疑，它们逐渐被认为具有约束力。当法学家把皇帝颁布的法律作为一种法律渊源时，他们只不过是承认一种宪法惯例是这个政体的法律的一部分。

但是，在整个元首制时期，元首原来的地位的痕迹还存在。他不仅有时继续通过元老院采取行动，而且他甚至不管元老院，以他被承认为一个立法者之前存在过的那些形式继续制定法律。因为皇帝制定的法律并不都是同一种形式，甚至用来描述皇帝立法的各种形式的那个最普通的词语——敕令（constitutio）——也不是一个严格的法律术语。[2]

盖尤斯提到三种敕令：告示（edicta）、裁决（decreta）和信函（epistulae）。为了讨论的目的，我们可以采取这种分类，但是，在信函的标题下，我们必须说到批复（rescripta）和批示（subscriptiones），盖尤斯无疑想以更一般的措辞来包括它们。我们还必须对训示（mandata）有所说明，虽然训示实际上从未被一个罗马作家称为敕令，但是它们也是据以可能引进新的法律规则的指示。[3]

---

[1] 如同盖尤斯说对元老院决议有过怀疑一样，参见上文，第363页。Honoré, *Gaius* 118ff.，认为这是反话，"具有法的效力"（legis vicem obtinere）具有第二个含义"是法的一种替代"，即一种次佳的法。但是，盖尤斯可能只认为，在这里，自由裁量（discertion）因素是较好的部分。

[2] 乌尔比安说（上文，第365页注释）"我们通常称为 constitutiones 的那个词语"。但是，这句话可能是一个注解。

[3] 在皇帝立法的种类中，还可能包括官定法律（参考上文，第69页），即成立自治市的特许状，现在皇帝独自就可以颁布。《萨尔本萨法》（*lex Salpensana*）和《马拉其塔法》（*lex Malacitana*）就属于此类（Bruns 1.142 and 147；*FIRA* 1.202 and 208），二者都涉及在西班牙的自治市，属于多米提安统治时期。与官定法律不同，"宣示法"（lex dicta）是一个人为管理他的财产而发布的规章（"处理其物的宣示法"[lex rei suae dicta]），它可以包括买卖、租赁等（契约法）中的一个条款，也可以包括要式买卖中的附约；Tibiletti, *Studi A. Passerini*

## 1. 告示。

由于皇帝是一个执法官,他可以和其他执法官一样,公布他的命令和意图,但是,其他执法官的领域有限,而他的领域包括国家的所有事务,因而他的告示可以涉及极为不同的事项。例如,保存于一个铭文中的克劳迪的一个告示,授予阿纳乌人(Anauni)市民籍,这些人此前已经事实上享有市民籍有一段时间了,从而将他们的地位确定下来。[1] 我们知道不少其他更一般的告示,如奥古斯都和克劳迪关于禁止妇女为其丈夫的债务负责的那些告示,[2] 以及克劳迪的另一个告示,它规定,一个奴隶如果因疾病而被其主人抛弃,则他应成为一个优尼亚拉丁人。[3] 著名的《卡拉卡拉敕令》是一个告示。[4]

最初,告示是一种口头宣告,并且皇帝仍可以口头宣布告示。[5] 但是,这大概是一种非常罕见的做法,通常的做法是将告示以书面形式公布。这样,首先是日期、皇帝的名字和称号以及"皇帝说"(dicit)这个词,然后是皇帝说的话,使用现在时,[6] 这种形式可能与原先的口头宣告有关。

普通执法官的告示仅在其任期内有效,因此,从逻辑上说,由于皇帝的任职是终身的,皇帝的告示应一直有效,直到他驾崩。但好像不是这个结果,[7] 尽管这个问题在元首制早期有过争论。确实,有一些例子,提到后来的皇帝关于先前的皇帝已经涉及过的

---

(Milan, 1955)179ff.。皇帝为作为其产业一部分的矿山或土地发布的这些规章,具有公共意义,因此在某种意义上也是皇帝立法。保存在一个铭文中的一个主要的例子是《维帕西矿场法》(*lex metalli Vipascensis*);Bruns 1.289;*FIRA* 1.502。

[1] Bruns 1.253;*FIRA* 1.417。

[2] D. 16.1.2 pr.。这条规则后来被《韦勒雅元老院决议》扩用于所有债务担保,无论是为丈夫提供,还是为其他人提供的。

[3] D. 40.8.2。

[4] 上文,第346页。

[5] 从技术上说,马可·奥勒留致军队的演说,引自 *FV* 195,是一种口头告示。

[6] 与"皇帝说"(dixit)的形式不同的形式,参见关于"裁决"的叙述,下文,第368页。

[7] Orestano, *BIDR* 44(1937)219ff.。

同一事项的告示，①但是这并不必然意味着，它们除非被重复，否则就无效，因为我们不能肯定地说，后来的法律没有包含某些新的规定。当然，皇帝的告示在他们死后很长时期内被引用，而没有一点迹象表明它们被更新过，②甚至在元老院正式谴责已逝皇帝的时候，也似乎是如此。③无论如何，一般认为，在元首制后期，当皇帝实际上成为唯一的立法者时，没有更新的必要。

## 2. 裁决。

皇帝有很大的司法权力，不仅在上诉方面，而且只要他认为合适，还可以作为一审法官。④在审理某个案件时，他总是运用审判（cognitio），即亲自调查此事，而不将它发给一个承审员，他在审判后作出的决定，和其他执法官的决定一样，被称为裁决。⑤他还可以在诉讼期间作出中间决定。⑥和其他法官一样，他首先关心的是适用现行法，但是，作为国家的最高权威，他自然允许自己有相当大的解释的自由，有时甚至达到明确引进新的原则的程度。⑦虽然罗马人没有关于先例的约束力的一般理论，但它与这些皇帝的决定不同。如我们应该说的那样，后者是对法律的权威解释，⑧这样，即使它们超越了狭义上的解释的范围，也不能对它们提出疑问。因此，它们和据以表达皇帝意志的其他方法一起被认

---

① D. 16.1.2pr.；参考上文，第367页注释；D. 40.15.4。

② 关于这的最显著的例子引自 Wilcken, *SZ* 42（1921）134，它来自于普林尼与图拉真的通信（*Ep.* 10.79（83）ff.）。威尔肯还依据其与长官告示的相似；参考上文，第359页。

③ Krüger 115，引用 D. 48.3.2.1 和 Gai. 1.33。

④ 下文，第395页。

⑤ 裁决还有一种较广泛的含义，包括皇帝制定的所有法律，例如 D. 1.1.7 pr.，并且通常在裁判官告示中，例如，D. 4.6.1.1；43.8.2 pr.；Kipp 70。

⑥ D. 1.4.1.1："在没有特定的程序的时候作出的决定"。"De plano"，按字义为"从平面"，与"pro tribunali"（在他的审判席上）相对，它是指这个决定是在普通的司法程序之外作出的，甚至是根据单方面的申请，例如，D. 38.15.2.1。

⑦ 例如，著名的马可兄弟皇帝的裁决，D. 4.2.13 和 D. 48.7.7。

⑧ 也就是说，来自于与那个要解释的法律的渊源相同的渊源的解释。

为是有效的法律声明，适用于今后发生的所有情形，①而且，法学家们可以自由地引用它们。②一般说来，只提供一个关于案件事实和决定的概要，但有时皇帝的原话被援引，并以"皇帝说"这个词开头。偶尔，甚至顾问会议的观点或者皇帝附带说的话③也可能被引用，因此，整个裁决读起来像一篇很简短的英国判决书。

### 3. 信函，批复和批示。

信函（Epistula）最普通的意思仅仅指一封信，批复是指皇帝对向他提出的书面问题或请愿所作的书面答复。因此，它也是一般意义上的信函。在皇帝批复中，有两种主要类型，即信函（狭义上的）和批示。④

（1）信函（狭义上的）。这些是针对官员或者公共机构，例如自治市，为某个争议的解决，也可能是为某种恩惠而向皇帝请求指示时所作的答复。它们的表达方式是通常的信函，开头是发信人（皇帝）和收信人的姓名和一句问候语（salutem, salutem dicit），结尾是通常的"再会"（vale, valete）。它们由信函部起草，并且，正如现代的一个人在他的秘书代他写的一封信上签名一样，这个"再会"由皇帝亲自写，因为古代的签名不像我们的那样只有姓名，而包含一个句子，在这个句子之后，名字是可加可不加的。⑤然后，原信被发送给收信人，对于官员来说，通常是通过皇帝的驿站。共同体可能派了一个特别代表团来提交它们原先的请求，这样，答复就可以交给这些代表们。⑥

（2）批示。私人一般不被允许发信给皇帝。他们必须亲自，

---

① Fronto, *ad Marcum imp.* 1.6："公布的皇帝的信函具有永久的效力"，等等。
② 保罗整理了两个关于它们的汇编；参考下文，第392页。
③ 例如，D. 28.4.3；32.97。
④ 这里所作的这种明确区分来自于威尔肯的杰作，载于 *Hermes* 55（1920）1ff.
⑤ Steinacker, *Die antiken Grundlagen* 112.
⑥ 维斯帕西安给萨波仁塞（Saborenses）的信函，Bruns 1.255；*FIRA* 1.422.

或者由一个代表，将其申诉状（libelli）交给皇帝。① 然后，申诉部草拟好答复，置于那些请愿的下面。由于收信人在场，故其形式与信函的形式不同，因为后者的收信人不在场。虽然写了皇帝和收信人的姓名，但没有问候语，并且皇帝仅仅写"scripsi"（我已经写了）或者"subscripsi"（我批示）。② 经过这样批示的原本不给申诉者——它留在皇帝的档案馆——但是，他可以得到一个经证明的副本。

信函和批示都可以根据所答复的申诉或者请愿的性质，处理各种不同的事情，而许多对法律的发展不会有任何影响，这或者是由于它们是纯粹行政性的，或者由于某种其他原因。例如，安东尼·庇乌（Antonius Pius）有一项批示，允许一个叫阿库提安（Acutianus）的人复制他所感兴趣的由哈德良所作的一份判决，③ 这项批示几乎不可能对整个法律界有影响。但是，许多批复涉及非常重要的事情，例如，在那份著名的信函中，图拉真答复了普林尼提出的关于对待基督徒的指示的请求。④ 最重要的是，从哈德良时期起，争讼人向皇帝提出申诉，求得皇帝对该案件所涉的一个法律问题的决定，成为通常的做法。当然，他必须陈述事实，并且，只有在后来审理该案的法官认为所述事实属实的时候，皇帝的答复才会适用。但是，就法律而言，皇帝的决定解决事情，这几乎和一位法学家的解释一样，尽管它具有更大的权威。但是，这个程序只能适用于以非常审判方式审理案件的情形。

法官（也仅仅是运用非常审判程序的官员）⑤ 还可以向皇帝

---

① 在埃及，可以将申诉状交埃及长官转交皇帝；Wilcken, *Hermes* 55(1920)21ff.。其他行省可能有类似的安排。

② 在他这样做之前，一位官员证实，放在皇帝面前的正文符合他的指示。根据在此所采纳的观点，这解释了 recognovi（"我已经证实"）一词，例如在哥尔丹（Gordian）写给斯卡普托帕仁尼（Skaptopareni）的批复中有这个词；Bruns 1.263f.。参见 Wilcken, *Hermes* 55(1920)6。

③ Bruns 1.257；*FIRA* 1.435.

④ *Ep.* 10.97(98).

⑤ 还可能只是指从他那里可以直接向皇帝上诉的法官；Kipp 73 n 36。

征求关于他所面临的某个法律问题的指示（consultatio, relatio）。然后，他说明他所知道的事实（尽管各当事方必须查看这个说明并可以增加他们自己的说法），①皇帝对法律作出决定。但是，大部分批复针对私人，其中有许多保存在优士丁尼的《法典》中。在这些批复中，和在裁决中一样，皇帝通常适用现行法，实际上，有时候令人惊奇地发现它们涉及的只是一些很简单的法律问题。但是，通常他不得不决定的那个问题是一个不能确定的问题，因而他可以通过批复制定相当多的新规则，就如同通过法令制定法律规范一样。我们知道许多因此对法律的发展具有重要意义的批复。②

## 4. 训示。

对于下级官员③，尤其是行省总督，④不仅包括皇帝自己在皇帝行省的使节，而且包括元老院行省的总督，⑤皇帝都可以作出指示，这些指示就是训示。和私法上的普通委托的情形一样，这些指示随着本人或代理人的消失而失去其效力，因而当皇帝死亡或者总督被替换时，它们需要更新。渐渐地，通过连续的更新，建立了一个永久指示的体系，⑥就如同裁判官的告示通过继任的裁判官重复相同的规则而得到发展一样，并且，涉及不同行省的训示也会经常包含相同的规定。根据它们实际上不被归类为敕令这一事实，得出的结论是，⑦它们不是法律渊源。但是，虽然它们大部

---

① C. 7.61.1.2.
② 例如，J. 1.8.2；Gai. 2.120；C. 8.41.3 pr.。
③ 形式的例子，D. 47.11.6。
④ 对一个水源保佐人的训示也被提及；参见 Krüger 110 n 73。
⑤ 他们虽不是皇帝的代表，但是因皇帝有最高行省执政官的治权而从属于他。
⑥ 《关于皇帝私产的训示录》部分保存于一份纸莎文献（FIRA 1.469；由 S. Riccobono, Jr., Palermo, 1950 年翻译并附评注），它是一种类似的永久指示的汇编，部分是依据训示，涉及皇帝在埃及的财务官的职责。它还揭示了一些私法的问题。
⑦ A. Dell'Oro, Mandata e litterae（Bologna, 1960）；但是，参见 Orestano, Iura 12（1961）451ff.

分无疑是对现行规则的重述，并且主要与行政管理有关，但仍然存在的事实是，正是通过训示，许多重要的一般原则得以引进，主要是士兵和行政管理者方面的。并且，它们不仅仅被视为皇帝与其下属之间的事，而且还被视为私人可以依赖的规则。在所有这样的规则中，很著名的规则可能是，允许士兵不必遵守对市民所要求的任何形式而订立遗嘱。① 从这一点和法学家引用训示的方式中明显可以看出，它们实际上是皇帝对其意志的有效声明，因而"具有法的效力"。

## 5. 敕令的公布。②

和其他执法官的告示一样，皇帝的告示首先在其住所地，即通常在罗马，通过张贴（proposita）在布告（in albo）上进行公布，但是，它们只保留一段很短的时间。如果有需要，它们可以在别处同样进行公布。因此，克劳迪的一个关于犹太人的告示被命令由地方当局在整个意大利和各行省张贴三十天。③ 裁决通常会立即向双方当事人公布，它们被记录在皇帝法庭的文案（commentarii）中，私人当事人可以获得它们的副本。④ 对于批复，根据它们是信函还是批示而不同。前者的原件被发送给收信人，毫无疑问在信函部的档案中保留了一份副本，但是，如果涉及的问题很重要，皇帝可以命令将其指示予以公布。⑤ 对于批示，通常的做法是，申诉状原件及其下面所写的答复，应公开张贴，而申诉者或其代理

---

① D. 29.1.1。关于其他例子，参见例如，D. 1.16.6（禁止向总督赠与），D. 23.2.65（禁止官员或者士兵与其服役地所在行省的妇女结婚）。违反训示的婚姻无效。

② Schwind, *Publikation* 128ff.

③ Joseph, *Antiq.* 19. 291.

④ 参考上文，第 369 页注释。像 *CIL* 9.5420（Bruns 1.2555；*FIRA* 1.423）中那样发送副本可能是例外。

⑤ *BGU* 140（Mitteis, *Chrest.* No. 373；*FIRA* 1.428）是关于哈德良的一份信函的希腊译本，该信函给予士兵的子女（由于士兵不能结婚，所以他们的子女非婚生的）主张血亲属的遗产占有的权利。最后，皇帝说，他希望他的特许向士兵们公布。

人应取得它的一份经证明的副本。① 很可能，这些批复中有一些已经一起粘在一卷记录卷上，它们隔几天就一起张贴出来，而且随后，这些小的记录卷被人按照年月顺序一起放起来，并保存在档案馆中。当申诉书原件是由一位行省总督提交的时候，这个过程就在该行省进行，在罗马仅保存一份副本的卷本。② 训示，作为对官员的指示，通常根本不公布，但是，我们知道，安东尼·庇乌在担任亚洲的总督时，认为应该将向他发布的训示中的一章公布，③ 毫无疑问，其他总督有时也这样做。

因此，有某种规定，要求向公众告知某些种类的皇帝立法，但它至多是暂时性的，而且，没有采取任何正式措施以使法律界了解它们。法律界必须通过法学家的著作来获得必要的知识，因为在许多情况下，这些法学家作为官员或者皇帝顾问会议的成员参加了法律的起草。有地位的人也可能被允许查阅这些档案。我们所知的最早的确切的汇编是帕比里·尤斯特（Papirius Iustus）的汇编，它包括神圣的兄弟皇帝和马可·奥勒留皇帝一个人的敕令，并且我们还知道，保罗结集了两部裁决的汇编。作为一项规则，两个汇编者都没有提供法律的全部正文。直到戴克里先时期，这些文本的汇编才在《格雷哥里安法典》和《赫尔莫杰尼安法典》中找到。④

---

① 这种制度由斯卡普托帕拉（Skaptopara）的铭文（Bruns 1.263）很清楚地表现出来。Wilcken（*Hermes* 55 [1920] 14ff.；参考 *Arch. Für Papyrusforsch.* 9 [1930] 15ff.）证明，信函不公布，除非出于某种特别的原因，但是，所有批示都公布，即使像斯卡普托帕拉的铭文的情形那样，它们不管怎么样，都不具有一般意义。*P. Columbia* 123, published by W. L. Westermann and A. A. Schiller, *Apokrimata*（New York, 1954），包含对塞普提·塞维鲁在公元199/200年在亚历山大所作的决定，可能是所有的批示的摘录。

② Wilcken, *Hermes* 55 (1920) 26, 35ff.

③ D. 48.3.6.1.

④ 下文，第463页。我们的主要来源是《优士丁尼法典》（下文，第493页），但是，大量资料可以从法学家的著作（参见 G. Gualandi, *Legislazione imperiale e giurisprudenza*, Milan, 1963）中找到，某些资料也可以从纸莎文献和铭文中找到（参见 Gaudemet, *Institutions* 580 n 3 中的引述）。关于帕比里·尤斯特，参见 Volterra, *Symb.David* 1.215ff.。

## 6. 敕令作为先例的适用。

皇帝们据以立法的所有方法都不是专有的立法方法。实际上，他们制定新法的权力产生于这一事实，即他们以各种非立法的方式制定的东西逐渐被当作国家最高权力的表达。裁决和程序性的批复主要是司法决定，训示是行政指示，甚至告示有时也涉及极少重要性的事情。因此，在一项敕令的形式中，没有什么明确地表明了皇帝是否想要制定一项一般规则。据说，图拉真由于担心本打算作为一种个人恩惠的特许被用作不同情况下的一种先例，因而拒绝回答申诉。① 在古典时代以后，有法律限制君主敕令在它们所针对的那种情形之外适用，② 但是，在古典时代，唯一的规则似乎是，有些敕令是个人性质的，并且，这些因其功绩而给予某人的特许不应给予他人。③ 换句话说，敕令是不是一般性的，必须根据其本身的说法来判断。在有些情况下，这从其措辞中直接可见，④ 而且一般说来，在一项批复中所包含的法律声明，无论是新的还是旧的，会具有权威性。在其他情况下，非一般性可能是明显的，例如，对某个人或某个共同体授予市民籍，不可能意味着其他人，即使他们能够证明他们的情况相似，也同样有要求它的权利。人们很容易相信，在古典时期，一个训练有素的法学家对于知道如何对待任何特定的敕令，通常都不会有什么困难。

---

① *H.A. Macrin.* 13，引自 Kipp 74。

② 下文，第 461 页。

③ Ulpian, D. 1.4.1.2：''当然，在它们之中有些是个人性的，不应该作为范例被使用；事实上，元首因为某人的功绩对其宽宥，或者对某人施加处罚或者对某人进行帮助而不想作为一个范例，这些都不超出该个人之外''。

④ 例如，D. 4.2.13；27.1.6.2；42.1.31。

# 第二十二章
# 元首制时期的法学

## 一、法学家的著作①

罗马法的名声及其对后代的影响，应该归功于元首制时期的法学家们。这个过程实际上在共和国期间准备好了，并且，恺撒的同时代人和他们在奥古斯都统治下的后继者的工作没有间断过，但是，对法律问题的兴趣有了发展，所创作的法律作品的数量也增加了。在某种程度上，这可能是由于引进了解答权，因为它赋予一些法学家一种官方的地位，这是他们在此前从未享有过的，并且，如果昆克尔说的是对的，②它有助于将元老阶层的人吸引回法律上；但是，在更大的程度上，它是由于帝国所带来的更为稳定的条件，以及兴趣从政治学向行政管理的转变。那时，演说术作为在公共事务上赢得荣誉的一种手段，不再是足够的，而唯一替代军役的选择就是法学。和在共和国最好的时期里一样，法学家通常积极参与公共生活，他们中的许多人不仅担任旧式的执法官，而且还在皇帝的机构里担任高级官职。但是，有一些似乎只当老师和作家，或者像萨宾一样，将这些活动与一个"解答者"的工作结合起来。无论如何，与法律的实际运作的紧密联系，赋

---

① 参见 Schulz, *History*, Part III。
② 上文，第360页。

予了罗马法学家特殊的才能。人们经常说，他们对法律理论没什么兴趣，除了在基础著作中，他们也很少关心其材料的安排。他们的定义，虽然经常说明了问题的要旨，但通常没有进行精细的琢磨，他们也不注意去阐述一些一般概念。① 由于他们受过教育，他们当然了解流行的哲学思想，在一些个别的情况下，一个区别或者一个决定可能被认为受到这个或那个学派的某个确定的学说的影响。② 还有一个事实是，任何建设性的法学家都不可能将他的社会和道德的价值观念排除在他的法律著作之外，即使他想这样做，而且，人们可以发现同时代哲学中的个人主义与法律制度之间的一种联系。如同已经说过的那样，那个法律制度不认可国家与作为某个个人的张三之间有什么联系。但是，没有人尝试去阐述一种法哲学，罗马法学家的名声应归功于他们成功地解决了实际问题。虽然他们可能不能够界定那些为法学所必需的概念，但是这些概念出现在他们的头脑中，它们的数量足够，也比较明确，使得法学家能够将它们用于实用的目的，而且，这些概念中的大多数已经传进现代法中，在现代法中，它们受到了罗马人没有进行过的那种分析——不过，罗马不进行这种分析也能够用它们。与英国法过去和现在的发展所依赖的实务律师之间的比较，马上可以说明这一点。在这两种制度下，需要直接回答的那个具体问题是法律依据的问题，而要作出回答的人总是想到他们日常接触到的那些法院的程序。在罗马，和废除诉讼程式之前的英格兰一样，问题的程序方面经常主导着实体方面。③ 但是，实践者施加其影响的方法在两种制度下截然不同。在英国，除了"撰写转让契据的律师的实践"外，真正有效的是决定案件的法官的判决，而在罗

---

① Schulz, *Principles* 40ff.
② D. 18.1.9.2；41.3.30；并参见下文，第 379 页注释。
③ 虽然这在程式诉讼制度下比在法律诉讼制度下更不真实，程式本身逐渐被看作为技术陷阱；参见 C. 2.57.1："法律程式由于其用语难以捉摸，危害所有的诉讼请求，应该被完全废除。"

马，法学家有许多坚持自己的主张的方法。确实，有时他实际上是一个法官，特别是在元首制后期，在那时，高级的行政长官已经取得广泛的司法权，并且由杰出的法学家担任；而且，如果有解答权的法学家的解答实际上对承审员有约束力，① 那么，他在这方面的地位就与英国法官差不多了。但是，法学家在其他方面的影响至少是同样重要的。和在共和国时期一样，他们继续就告示的制定对执法官提出建议（尽管这种职能的意义明显减小了），而且他们相当多的解答是给执法官的。② 几乎可以肯定，作为执法官的顾问会议成员的法学家是真正的决定者，通常由他来决定是应当接受一种新的程式，还是允许对一种旧的程式进行新的运用，就如同是法学家首先为当事人起草了要提交的程式一般。我们也知道，皇帝的很多立法，无论是司法的还是直接的，实际上是作为其顾问会成员的法学家的成果。梅因在提到法学家的解答时说，"这部分罗马法学得以阐述的权威不是法官，而是律师"，③ 但是，这种说法不完全对，这不仅是因为法学家不是"律师"，而且他们通常还非常接近"法官"，虽然他们不是实际坐在法官席上的。

　　法学家的兴趣主要表现在实际问题上，这在他们的著作中表现得非常清楚。除了完全是为初学者编写的著作外，他们的著作全部都建立在个案决疑的原则之上，也就是说，对案例的讨论，包括现实的案例和假设的案例，比起对法律原则的抽象说明更为频繁得多，甚至在该著作的目的明显是说明性的时候也是如此。在排列上，还是除了基础著作外，法学家更愿意按照传统的萨宾的或者告示的顺序，为他们自己创造一个较具逻辑性的结构。统一的传统无疑使这些著作易于被实践者参考，而这是所考虑的目的。英国的按字母顺序排列的"节略本"也是为了类似目的。

---

① 上文，第362页。
② Wlassack, *Prozessformel* 42 中的清单。
③ *Ancient Law* 39.

要准确划分不同种类的法律文献,是不可能的,因为自然地,作者的论述在每种情况下都不同,带有类似标题的书常常在内容上有很大的不同,但是,非常粗略地,我们可以区分下列主要类型。

(一)为初学者写的教科书,即《法学阶梯》或者《手册》。这些教科书的每一个标题下,都同时涉及市民法和裁判官法。我们知道的这类著作没有 2 世纪之前的,但是,那个时代的手册可能是根据更早的著作。

(二)与《法学阶梯》几乎没什么区别①的是被称为《规则》、《定义》或《判决》的著作,它们也包含对法律的简短说明,但它们不仅是为学生编写的,而且至少部分这类著作也是为实践者编写的。

(三)关于市民法的一般著作。这些著作中有些被叫做《萨宾评注》或者《根据萨宾论著》,因为它们以马苏里·萨宾(Massurius Sabinus)的《市民法三卷书》为基础。另一些更早,是根据穆齐(Q. Mucius)的关于市民法的十八卷书,穆齐的体例与后来萨宾所采用的体例在有些方面是不同的。②关于《十二表法》的评注也可算作市民法著作。

(四)告示评注。这些论著不仅是关于裁判官法的,而且还是关于很多市民法的,对后者的论述与其所涉告示的段落有关。在这一时期,告示是法学家的主要文本,而单独的市民法著作往往从属于这些评注。

(五)《学说汇纂》,即关于整个法律的论述。首先是告示评注中所处理的问题,然后是纯粹的市民法。刑法(关于公共审判的)也包括在内。

(六)《解答集》、《问题集》,等等。收集解答的做法在罗马无疑是很古老的。西塞罗曾经指责律师说,他们记录了每个

---

① 关于一种尝试,参见 Stein, *Regulae* 74ff.。
② 上文,第 92 页。并参见 Schulz, *History* 156ff.; Arangio-Ruiz, *Storia* 419f.。

被答复的男人或女人的名字，而不是仅仅关注原则。① 但是，一部古典时期的著作被叫作《解答集》的事实，几乎不能说明它对作者的实践活动的依赖的紧密程度。无论标题是解答、问题、争议还是信函，作者都以一种一般性的个案决疑的方式涵盖法律领域。但是，根据他个人的方法，或多或少地从最初使他想到这一点的原案件、问题或讨论中进行抽象。

（七）对个别法律或者元老院决议的评注及各种其他专题著作。

就我们所能够说出的，盖尤斯的《法学阶梯》是唯一的多少以其原型保存下来的著作。我们对其他著作的了解主要来源于优士丁尼《学说汇纂》中保存的摘录，每个摘录的前面都指出作者的姓名和所摘录的那部著作，以及多卷本的著作的卷次。这些说明（现在被称为"标识"），加上一个法学家对另一个法学家的引用，使学者们能够将来自每一著作的节录都集中起来，并根据其所引用的卷号排列它们。② 这样，在许多情况下可以对原著作的性质和体系有很好的了解。古典文献资料可能是非常多的。优士丁尼说，在《学说汇纂》中，所摘录的著作已经缩减到其原作长度的 1/20。③ 最常采用的现代版的《学说汇纂》是一本将近有 1000 页的大双栏的书，因此，在这个基础上，原先的著作可能有 20 本这样的书。但是，事实上，可能有更多。优士丁尼仅提到他的编纂者所使用的著作，而到他那个时代，许多已经消失了，或者只知道节略本。④

---

① *De Or.* 2.142.

② 到目前为止，属于这一种类的最重要的著作是 Lenel, *Palingenesia Iuris Civilis* (Liepzig, 1889; reprinted Graz, 1960，补充了在纸莎文献中找到的片段, ed. L.E.Seierl )。

③ *C. Tanta* §1；下文，第 482 页。

④ 优士丁尼, *C.Tanta* §1，提到 2000 本书，包含 300 万行，但是，据说拉贝奥留下 400 本书；彭波尼可能写了大约 300 本，保罗和乌尔比安各自可能也写了接近这么多，因此，所有作者加起来可能留下超过 2000 本。就散文著作而言，纸莎书卷或卷册平均每卷包含 1500 行到 2500 行，每行大约 35 个字母。如果一部著作包含几卷书，通常试图使主题的区分与书的物理区分相一致，但并不总是可以这样做；参见 Krüger 150；Wenger, *Quellen* 90ff.。

各部著作的写作年代及其作者的年代在很大程度上必须从这些片段本身所提供的内部证据来推断，如对皇帝的提及，[1]对其他法学家的提及，或者对我们恰巧知道年代的法令的提及。偶尔，我们发现一个关于作者本人情况的细节，例如乌尔比安提到他的出生地。[2]也正是在《学说汇纂》中，保存了彭波尼的《手册》的片段，这个片段已经频繁被引用。一些零碎的资料有时可能得自于优士丁尼的法典编纂的其余部分。除了盖尤斯《法学阶梯》外，流传下来的不依赖优士丁尼的一点资料几乎完全是古典时期以后的摘要和简短的汇编。对这些，将在以后有所论述。[3]对于其他，偶尔在历史作家和其他作家的著作中有提及，还有一些重要的碑铭中涉及到。

## 二、两大学派

在叙述各个法学家及其著作之前，必须对帝国初期他们所划分的两种"学派"——普罗库勒学派和萨宾学派有所说明。虽然这些学派很著名，但它们提出一个问题，从未得到满意的解决。[4]我们可以非常简短地概括一下对它们所确切了解的情况。彭波尼说，拉贝奥和卡比多（在奥古斯都时期）"首先创立了可以被称为两派的学派"，并且说，拉贝奥是一个非常能干的人，精通许多门科学，是法律的革新者，而卡比多则坚守传统学说。[5]接着，

---

[1] 在称一个皇帝为"神圣的"(divus)的时候，他肯定已经去世。"我们的皇帝"(Imperator noster, princeps noster)是指在位的皇帝，他有时也被简称为"皇帝"(imperator)。
[2] 下文，第393页注释。
[3] 下文，第455页以下。
[4] 关于一个概述，参见 Wenger, *Quellen* 498ff.。
[5] D. 1.2.2.47："这两个法学家第一次形成了不同的追随者的圈子：卡比多严格遵循他从前人那里所接受到的东西，拉贝奥由于非常能干，也研究其他许多知识领域，对许多事物做出了革新"。

他说，他们各自的接班人，内尔瓦（父亲）和马苏里·萨宾，"增加了意见上的分歧"，进而列举后来各派的领袖，因此，我们得到以下名单：

| 普罗库勒学派 | 萨宾学派 |
| --- | --- |
| 拉贝奥 | 卡比多 |
| 内尔瓦（父亲） | 马苏里·萨宾 |
| 普罗库勒，内尔瓦（儿子），隆琴 | 卡西 |
| 贝加苏 | 切流斯·萨宾 |
| 杰尔苏（父亲） | 雅沃伦 |
| 杰尔苏（儿子），内拉蒂 | 瓦伦，图西安，尤里安 |

彭波尼还说，拉贝奥和卡比多发起的这些学派分别被叫做普罗库勒学派和卡西学派。[1] 除了从彭波尼那里知道的情况外，我们还知道（主要是通过盖尤斯，他自称是萨宾派）两个学派的成员持不同观点的许多单个问题。在盖尤斯之后，我们不知道任何一个法学家是属于哪个学派的，因此，可以断定，它们在此后不久就消失了。[2] 除法律文献之外，有关的主要参考资料是普林尼的一个片段，在这个片段中，他将卡西称为"卡西学派领袖和创始人"，[3] 还有塔西佗的著作中对拉贝奥和卡比多的一种修辞上的比较，其中，拉贝奥似乎是一个正直的拥护共和政体者，而卡比多则支持新的帝制。[4]

这两个奠基者之间的这种政治分歧没有被他们的追随者永久延续下去，这一点似乎很清楚。在有记载的争论中，没有它的痕迹，[5] 而且，卡比多的一个继承者在尼禄统治时期遭流放，因为他

---

[1] D. 1.2.2.52；据 Schulz, *History* 123 所说，这是经过添加的，但是参见 Mayer-Maly, *PW* 23.1.1238.

[2] 参考 Honoré, *Gaius* 35f.

[3] *Ep.* 7.24。据此，Schulz, *History* 120, 推断，卡西是这个学派的真正建立者（参考 Honoré, *Gaius* 19f.）。但是，这过于高估了普林尼的话的分量；A. N. Sherwin-White, *Letters of Pliny*（Oxford, 1966）*ad h.l.*

[4] *Ann.* 3.75. 为卡比多辩护：Rogers, *Synteleia Arangio-Ruiz* 123f.

[5] 关于一份清单，参见 Bonfanted, *Storia* 2.242ff.。Lambert, *St. Betti* 3.279, 做了补充。

被认为坚持共和政体的原则。①也没有任何实际的证据表明，拉贝奥的追随者和他一样比他们的对手更加不受传统的束缚。②有人提出，差别主要是哲学上的，普罗库勒派是逍遥派（亚里士多德派）体系的拥护者，而萨宾派则拥护斯多葛的体系。③在这方面，可能是有这么回事，但是，它只说明了这些争论的一小部分，并且，如果它是问题的关键，几乎就不会留给现代人来发现它。因此，看来有必要断定，这两个学派之间的差异是个人的，而非教义的，并且，那些有记载的争论是由两个不同派别的老师传给他们的学生的。彭波尼说在每个学派一个法学家"接替"④另一个法学家时所采取的方式，表明了存在某种组织机制，但是这种组织可能具有什么样的性质仍然很模糊。学校不可能只是法律教育的地方，这一点似乎很明显。在帝国早期，随着日益增长的对一种能够使年轻人开始地方长官生涯的教育的需要，确实产生了这种机构，并且，在2世纪，根据杰流斯（Gellius）所说，罗马有许多公共教授或解答的法律机构⑤。但是，这些是私人机构，无疑像修辞学校一样，由老师们为获利而组建，并且，那些被提到是萨宾和普罗库斯"学派"的领袖人物，他们中有许多具有执政官头衔，总是忙于公务，难以想象他们有时间或者愿意在这类机构中教书。

---

① 卡西；参考下文，第382页。

② 不同的意见，参见Honoré, *Gaius* 37f.。

③ 这一点在加工（specificatio）的问题上（Gai. 2.79）可以得到很明确的支持，在这个问题上，普罗库勒派将物的所有权给予进行加工的那个人，这可以看作为运用了亚里士多德的"形式"学说，而萨宾派则将它给予原料所有人，运用的是斯多葛的"质料"学说；P.Sokolowski, *Die Philosophie im Privatrecht* 1（Halle, 1902）69ff.。但是，这有关的哲学根据并未得到一致认可（A. Hägerström, *Der röm Obligationsbegriff* 1 [Uppsala, 1927] 246ff.），甚至于也有人怀疑这里存在着某种重要的哲学根据（Thomas, *Current Legal Problems* 21 [1966] 145ff.）。

④ 而在论述更早期的法学家时，他只说"在他之后生活的是"（post hos fuit）或者"从他又产生了"（ab his profecti sunt）。Schulz, *History* 121f.，比较了希腊哲学学院领袖的延续，并从平行主义和其他一些论点（如盖尤斯提到"我们的老师"[praeceptores nostri]）中断定，它们是教育机构（参考Honoré, *Gaius* 28f.）。但是，他承认，具有卡西、贝加苏、雅沃伦、杰尔苏和尤里安的地位的人不可能被假定为经常教书，或者收费。

⑤ 13.13.

萨宾从未升到比骑士头衔更高的职位,他靠他的学生提供的费用维持生计,这是彭波尼作为某种例外而提到的。最令人满意的猜测①可能是,著名的"学派"更有点儿具有为讨论法律问题而建立的、以一个杰出的法学家为中心的贵族俱乐部的性质。其成员可能是这个法学家的学生,因为他们以从共和国时期传下来的那种传统方式参加他的幕僚。他们可能作出一些捐助,但是不可能是给老师发工资。

很奇怪的是,两个学派都不是以被假定的那个奠基者的名字命名,并且实际上,萨宾派更早时的名字似乎是卡西派。②因此,有人推测,它们中的一个或者两个事实上都建立得比后来的传说——如彭波尼的记载——所提到的要晚。另一方面,有人曾试图③将这两派的历史回溯到更久远,使萨宾派被看作是塞尔维·苏尔皮求斯(Servius Sulpicius)的继承人,而普罗库勒派则是穆齐(Q. Mucius)的追随者。这个观点不能说已经得到证实,而且就其起源来说,和其性质一样,这些学派仍然还是一个谜。

## 三、主要的单个的法学家④

拉贝奥(M.Antistius Labeo)⑤是帝国早期最杰出的法学家。他的父亲也是一个法学家,在听到共和党在菲利比失败(公元前41年)的消息时自杀了,而如我们所知道的,他的儿子仍坚持其父亲的政治观点。偶尔这表现在,尽管环境变化了,仍有点迂腐

---

① 参考 Kunkel, *Herkunft* 341。
② 上文,第378页。
③ C. Arno, in *AG* 87(1922)35ff.; *Studi A. Albertoni* 1(Padua, 1933)53ff. 及其他页;参见 Krüger 叙述, *SZ* 46(1926)392ff.; 60(1940)286ff.。
④ 关于生平的资料,参见 Kunkel, *Herkunft*;关于他们的著作的资料,参见 Schulz, *History*(要注意后来的修改的范围)。
⑤ Guarino, *Labeo* 1(1955)49ff.

地坚持古代共和政体的规则。① 拉贝奥担任过裁判官，但是拒绝当执政官，尽管这是由奥古斯都让他当的。② 他活得很长，长到足以在其著作中讨论《巴比·波培法》（公元9年），但是他肯定是在公元22年以前逝世的。③ 在他的青年时期，他是特雷巴求斯（Trebatius）的学生，但"聆听过"许多其他法学家，他不仅精通法学，而且还精通其他门类的学科。彭波尼提到，他的独创思想不仅表现于他的那些保存下来的片段的高质量方面，而且表现于后来的作家对他的不可计数的引用。据说他将他的时间进行划分，这样，每年有六个月的时间在罗马与他的学生在一起，另六个月隐居写书。在他死后，他留下了400卷书。④ 他的作品包括一部关于祭司法的著作，一部对《十二表法》的评注，对内事裁判官告示和外事裁判官告示的评注集，《解答集》（至少15卷），书信和论断集（pithana）（对特殊问题的意见），最后一类作品由保罗作了摘要和评论。在他死后发表了《遗作》（posteriores），这些后来由雅沃伦作了摘要。《学说汇纂》中包含了许多对他的间接引用，但是直接的摘录只来自于对论断集和遗作的摘要。⑤

卡比多（C.Ateius Capito）⑥，尽管显然被他的同时代人认为是拉贝奥的竞争对手，但他对后世的影响根本不可同日而语，可能是因为在法律方面，如我们已经知道的，⑦ 他是向后看的，并且，他的作品似乎主要涉及神法和宪法，因而很快就过时了。我们至

---

① 根据 Gellius（13.12）所说，卡比多说他"过分而且不加考虑地像一个自由的人那样做事情"，并说他在被传唤时拒绝出现在保民官面前，理由是，尽管保民官有权在亲自到场时拘捕人，但他们无权传唤人。

② Pomponius, D. 1.2.2.47. 关于 Tac. *Ann.* 3.75，参见 R.Syme, *Tacitus*（Oxford, 1958）761。

③ 因为在上文注释中引用的杰流斯的片段中，在那一年去世的卡比多谈论他的时候，显然表明他已经死了；参考 Pernice, *Labeo* 1.12ff.。

④ D. 1.2.2.47.

⑤ 参见 Schulz, *History* 207ff.。

⑥ 参见 L. Strzelecki, *C. Atei Capitonis Fragmenta*（Wroclaw, 1960；Leipzig, 1967），以及讨论。

⑦ 上文，第378页。

少知道9卷本的《笔记》（*coniectanea*）①（收集了许多主要是有关公法的问题），一本《关于元老的职责》的书（可能是《笔记》的一部分），至少六卷本的《论祭司法》的书，以及其他关于神法的著作，明显还有一些书信。

萨宾（Massurius Sabinus），是萨宾"学派"得名的由来，他在法律历史上占有一个独一无二的地位。他不属于贵族，仅仅在晚年升至骑士阶层。他没有任何公职，主要依靠学生的学费过活。然而，他被提比略授予解答权。②在尼禄统治时期，他仍然活着，因为他关于《尼禄元老院决议》的意见还被得到引用。③他的主要著作包括三卷本的关于市民法的书。其规模相对小，这似乎表明，它比穆齐就同一主题的18卷书更具一般性。《学说汇纂》没有直接引用这本书，但是，其排列的结构据说来自后来以其为基础而写的一些书。④其他的著作有《论维特流》（*libri ad Vitellium*）⑤，一部关于内事裁判官告示的评注，解答，论盗窃，顾问集（adsessorium）（可能是一本判例书，收集了他在担任执法官的顾问时引起他注意的案例），可能还有一部对《关于私诉的尤利法》的评注。⑥

内尔瓦（M.Cocceius Nerva）（父亲），普罗库勒学派的领袖，在公元24年之前当过执政官，后来为供水保佐人（curator aquarum）。他是提比略的密友，但（在33年）自杀了，因为，据塔西佗说，⑦他的地位让他深刻洞察了当时的罪恶，这使他想在自己堕落之前了结生命。我们不知道他的任何著作的标题，但是，他

---

① Strzelecki, *Hermes* 86（1958）246ff.

② 上文，第360页。

③ Gai. 2.218.

④ Schulz, *History* 156ff.; Arangio-Ruiz, *Ann. Fac. de droit d'Istanbul* 2（1953）136ff.

⑤ 可能是奥古斯都时代的一位法学家；Kunkel, *Herkunft* 117。关于这里（及另一些情况下）的"ad"表示献给维特流的书，而不是根据后者某本书而写的书的观点，参见最近的 Guarino, *Synteleia Arangio-Ruiz* 768ff.。

⑥ Gell. 14.2.1.

⑦ *Ann.* 6.26.

经常被后来的作者引用。内尔瓦皇帝是他的孙子。

内尔瓦（Nerva）（儿子），几乎不为人所知。他写了一本关于时效取得的书。乌尔比安提到一段历史，说该内尔瓦在17岁时就为别人作出解答。[1]

普罗库勒（Proculus）。[2] 关于他的生活没有任何记载，[3] 只知道他"接替"老内尔瓦当了那个最后以他的名字命名的学派的领袖，并且有很大的权力（plurimum potuit）。[4] 但是，昆克尔[5]认为，彭波尼用了多次的这个短语，不止是模糊地表示成功，还表示，普罗库勒和用它表示过的其他人一样，当过执政官。他的《书信集》在《学说汇纂》中被利用了，并且，一些作家引用他关于拉贝奥的注释，但是，这些可能从未作为一部独立的著作发表过。[6]

卡西·隆琴（C.Cassius Longinus），却很出名。他出身名门，是塞尔维·苏尔皮求斯的曾外孙。除了是萨宾学派的领袖外，他还当过内事裁判官[7]和执政官（公元30年），并且是亚洲总督（40—41年）和叙利亚总督（45—49年）。在尼禄统治下，公元65年，他被流放，因为在他保留的祖先画像中，有一张是那个曾与暗杀恺撒有牵连的卡西的画像。[8] 他被维斯帕西安召回，并在维斯帕西安统治时期去世。仁慈不是他的一个优点，[9] 但是他的法律学识的名声可能是无与伦比的。他的主要著作是一本关于市民法的书，对它的了解一部分来自其他作者的引用，一部分来自《学说汇纂》中对雅沃伦的《卡西评注》一书的摘录。在重要的具体问题上，

---

[1] D. 3.1.1.3.
[2] Mayer-Maly, *PW* 23.1.1234ff.
[3] 关于可以得出的推论，参见 Honoré, *TR* 30（1962）472ff.。
[4] Pomponius, D.1.2.2.52.
[5] Kunkel, *Herkunft* 123f.；另参见 Honoré, *TR* 30（1962）490。
[6] Berger, *BIDR* 44（1937）127ff.
[7] 关于他作为裁判官的活动，参见上文，第356页注释。他是萨宾的学生；D.4.8.19.2。
[8] D. 1.2.2.52；Tac. *Ann.* 16.9；Suet. *Nero* 37.
[9] Tac. *Ann.* 14.43f.

该著作的体例安排与萨宾的市民法著作不同。①

切流斯·萨宾（Cn.Arulenus Caelius Sabinus）接替卡西当了萨宾派的领袖。他是公元 69 年的执政官，并且彭波尼还说，他在维斯帕西安时期非常有影响力。② 他写了一篇有关市政官告示的论著，③ 可能还有其他著作。

贝加苏（Pegasus）接替普罗库勒，在维斯帕西安时期，成为市政长官。④ 他经常被人引用，但是，我们对他的著作的标题一无所知。他是如此博学，以至于被说成是"一本书，而不是一个人"。⑤ 他是否与贝加苏和普布奥内任执政官期间（Pegaso et Pusione consulibus）通过的那两个元老院决议有关，⑥ 我们不得而知。

普劳提（Plautius），应该是贝加苏的同时代人，他写了一本书，是后世的几本书的基础。这本书可能收集了早期法学家的解答。

雅沃伦·普里斯科（Iavolenus Priscus），⑦ 是继切流斯·萨宾之后的萨宾学派的领袖，公元 86 年的执政官，几个军团的指挥官，大不列颠的法官，并依次担任上日耳曼总督（公元 90 年），叙利亚总督和非洲总督。⑧ 普林尼在 106 年或 107 年写信时说，人们对他的精神健康状况有疑虑，但是，与这有关的事情似乎完全只是证明他心不在焉，甚至可能是作为一个玩笑的。普林尼承认，他经商，被召参加皇帝顾问会议，还给予解答。⑨ 无论如何，他是

---

① Krüger 169。关于《对维特流的评注》（*Notae ad Vitellium*），参见 Schulz, *History* 210。
② D. 1.2.2.53；关于"有很多的权力"（plurimum potuit），参考上文，第 382 页注释。
③ Gell. 4.2.3；D. 21.1.14.3。
④ D. 1.2.2.53。
⑤ 对 Juvenal 4.77 的旁注。
⑥ Gai. 1.31 和 2.254。
⑦ 他的全名为 "C. Octavius Tidius Tossianus L. Iavolenus Priscus"；Kunkel, *Herkunft* 138。
⑧ Jones, *Phoenix* 22（1968）119f。
⑨ *Ep.* 6.15。他参加保罗（Passienus Paullus）举行的一次诗歌朗诵会，当保罗说"古人规定……"（Prisce iubes...），他突然插入说"我真的没有规定"（Ego vero non iubeo）。可能他睡着了，又被惊醒。[这里有一个巧合，因为雅沃伦叫"Priscu"，而这个词也具有"前人，先前"的意思。所以雅沃伦在没有听到上下文的情况下，以为说的"雅沃伦规定……"——译者注]

最具影响力的法学家之一。在《学说汇纂》中有对他的作品的节录，它们包括14卷的《书信集》、15卷的《卡西评注》、5卷本的《普劳提评注》，以及对拉贝奥的《遗作》①的摘要，但是，他很少被其他法学家所引用。他以是尤里安的老师而著名。②

提图·阿里斯多（Titius Aristo），他的朋友普林尼在大约公元97年写的一封信中对他的学识和性格都大加称赞，③他是图拉真的顾问会议的成员，他不仅当顾问，而且还当律师。《学说汇纂》没有直接摘录他的作品，但是，他经常被其他法学家引用。所引的著作的标题只是偶尔被提到，但是，有提到他的《学说汇纂》，以及他对拉贝奥、卡西和萨宾的著作的评注。还引用了题为《涉案裁决》（decreta Frontiana）的著作，该著作可能汇集了依非常审判程序作出的判决。

内拉蒂·普里斯科（Neratius Priscus）是公元97年执政官，④可能是图拉真时期的顾问会议成员，但肯定是哈德良时期的顾问会议成员。他是普罗库勒学派的领袖。他的《规则集》（15卷）、《解答集》（3卷）和《羊皮纸书》⑤（7卷）在《学说汇纂》中被引用，还有其他著作也被引用。

小杰尔苏（P.Iuventius Celsus）⑥是一个法学家的儿子，关于他的父亲，除了知道是普罗库勒学派的领袖外，几乎一无所知。彭波尼将小杰尔苏和老杰尔苏一起提到，并且小杰尔苏接替他父亲的领袖地位。⑦小杰尔苏是公元106年或107年的裁判官，两次

---

① 它可能有两个版本保存下来；Schulz, History 207ff.。
② D. 40.2.5.
③ Ep. 1.22。他还在105年收到普林尼的一封信；Ep. 8.14。
④ Syme, Hermes 85（1957）480ff.
⑤ 即写在羊皮纸上的。
⑥ 他的全名为 P.Iuventius Celsus Titus Aufidius Hoenius Severianus；D. 5.3.20.6，参考 Kunkel, Herkunft 146。
⑦ D. 1.2.2.53。彭波尼可能是指，他们是共同领袖；如果一个接替另一个，那么，内拉蒂年龄较大，应该首先出现，但是彭波尼将他放在第二个；参见 Kunkel, Herkunft 144n。

担任执政官（第二次是在 129 年）①，是哈德良皇帝的顾问会议成员。他的风格是率直，并且他似乎有点性情暴躁。②他的主要著作是 39 卷本的《学说汇纂》，在优士丁尼的《学说汇纂》中有许多对它的摘录。他还写了《书信集》、《评注》和《问题集》。

尤里安（Salvius Iulianus），所知的萨宾学派的最后一个领袖，在告示的改革方面已经提过他。可能由于出生地非洲的靠近哈德鲁梅图姆（Hadrumetum）的地方，他的经历，如在突尼斯附近发现的一段铭文上所记载的，是一段极负盛名的经历。③他是哈德良皇帝的财务官，由于他的学识，哈德良付给他正常工资的双倍，他后来当过保民官、裁判官、公共金库（aerarium Saturni）官员和军事金库（aerarium militare）官员、执政官（148）、祭司长、下日耳曼总督（庇乌统治时期）、近西班牙总督（在兄弟皇帝统治时期），最后是非洲总督。他可能死于兄弟皇帝统治时期。作为一个法学家，他是雅沃伦的学生。他的主要著作，即 90 卷本《学说汇纂》写于告示改革后，可能是在他担任执政官以后的期间写的。④后代的作家对它大量引用，并且在优士丁尼的《学

---

① 第一次可能是在 117 年；当亚洲总督可能是在 130 或 131 年；Syme, *Revue des études anciennes* 67(1965)352.

② Pliny, *Ep.* 6.5, 描述了他与某个叫内波斯（Nepos）的人在元老院发生的一次争论，在争论中，二人都使用了相当不文雅的言辞；并且，他的一个回答（D. 28.1.27）开头是"要么我不明白你在问什么，要么你的问题很愚蠢"。关于这位"小杰尔苏的讨人喜欢之处"（amoenitates Iuventianae），参见 Wieacker, *Iura* 13(1962)1ff.；参考 Bretone, *Labeo* 9(1963)331ff.。

③ CIL 8.24094；*Inscriptiones Latinae Selectae*, ed. H. Dessau(Berlin, 1882—1916)8973。A. Guarino, *Salvius Iulianus*(Catania, 1946; repr. *Labeo* 10[1964]364ff.；另参见 *Labeo* 5[1959]67ff.)认为，这段铭文可能说的是一个法学家的儿子，这主要是因为，*Historia Augusta, Vita Did. Iul.* 1, 说，这个法学家是迪第·尤里安（Didius Iulianus）皇帝的曾祖父，他生于 133 年或 137 年，并且，在铭文中的这个人的姓是"Lucius"，而 148 年执政官的姓通常认为是"Publius"。但是，参见 Kunkel, *Iura* 1(1950)192ff.；*Herkunft* 160ff.（参考 Honoré, *Gaius* 46ff.），他举出理由说这个法学家是皇帝的祖父或者叔叔（Eutropius, *Brev.* 8.17, 这是一个公认不可靠的来源，说是孙子或侄子 [nepos]），而且他有两个姓。从尤里安本人那里（D. 40.2.5）我们可以发现的只是，他担任裁判官和执政官，是雅沃伦·普里斯科的学生；D. 4.2.18 中所引用的一段批复表明，他的《学说汇纂》第 64 卷写于安东尼·庇乌统治时期；并参见上文，第 356 页注释。

④ 关于试图确定更准确的时间，参见 Honoré, *Gaius* 47ff.。

说汇纂》中也广泛引用它。其他著作包括《关于争议的问题的单卷书》、《论 Urseium Ferocem》（4 卷本），和《米尼丘评注》（ad Minicium）。通过阿富里坎（Africanus）的《问题集》也可以了解他的一些决定和观点。①

尤里安和杰尔苏可以被看作是以哈德良的统治为开端的古典早期的主要的法学家。他们是相互竞争的学派的领袖，并且，某种个人之间的竞争可以从以下事实推断出来：在已经保存下来的所有片段中，他们从来不相互引用对方的作品。二人中，尤里安可能更伟大，一些现代的权威学者将他看作为甚至包括帕比尼安在内的所有罗马法学家中最伟大的。

彭波尼（Sextus Pomponius）的出名仅仅是由于他的作品和其他法学家对他的引用。就我们所知，他没有担任任何职务，并且，由于他的解答没有一个被人引用过，②故认为他没有解答权。他可能是一名教师，当然也是一位有很多著作的作家。他的《单卷本手册》③早就经常被人引用，可能写于 129 年以后，④但仍在哈德良统治时期，很可能在尤里安进行告示改革之前，因为若不然，他绝口不提这次改革，是很奇怪的。他写了两大市民法著作，35 卷或 36 卷本《萨宾评注》（哈德良统治时期）和 39 卷本《穆齐评注》（庇乌统治时期），⑤对裁判官告示和市政官告示的评注，这可能累积达大约 150 卷，以及其他几部著作。⑥他的目标似乎是要将到他那个时代所完成的私法领域的成果汇编成一部全面的综

---

① 下文，第 386 页。
② 在他的书信（如 D. 4.4.50）中，他有时回答法学家提出的问题，但是这些人可能是他的学生；Krüger 193。
③ Bretone, *Labeo* 11（1965）7ff.
④ 因为他提到杰尔苏第二次当执政官（D. 1.2.2.53）。
⑤ D. 7.8.22（摘自该著作的第 5 卷）说哈德良皇帝是"神圣的"。关于这部著作的讨论，参见 S. di Marzo, *Saggi critici sui libri di Pomponio 'ad Quintum Mucium'*（Palermo, 1899；repr. *Labeo* 7［1961］218ff.，352ff.）。
⑥ 关于更具猜测性的年代排列，参见 Honoré, *Gaius* 55ff.；另参见，Liebs, *St. Volterra*。

述，因而他不是一个具有很多创造力的人。①

阿富里坎（Sextus Caecilius Africanus）显然是尤里安的一个学生。②他写的《问题集》（9卷本）所包含的几乎全部都是尤里安的决定（尽管只是偶尔提到尤里安的名字）以及一些批评意见。在《学说汇纂》中的对他的摘录是出了名的特别难以理解。我们关于《十二表法》的有些证据来自于杰流斯所记述的阿富里坎坚持其优越性的一次讨论。③

梅其安（L.Volusius Maecianus），可能是尤里安的学生，他是庇乌皇帝和兄弟皇帝时期的顾问会议的成员，并担任过一些骑士阶层的官职，其中最高的职位是在大约161年担任埃及长官。他写了《信托的问题》（16卷）、《论公诉》（14卷），还写了一本关于"阿斯（as）的组成部分"的小书，也就是用于标明一笔遗产的各组成部分，④或者其他目的的重量单位。这最后一本几乎不是一本法律书，是写给奥勒留（M. Aurelius）的，后者年轻时跟梅其安学习法律。它得以完整保存下来。⑤

萨图尔尼诺（Venuleius Saturninus）写了《论要式口约》（19卷）、《论令状》（6卷）及其他几部著作。他的大部分著作至少是在哈德良死后完成的。有人认为他是一个萨宾派。⑥

---

① 他有时被说成是一个萨宾派，但关于这的唯一证据是，在 D.45.3.39 中，引用他说我们的盖尤斯（Gaius noster），这可能是指"C. Cassius"。但是，这个片段一般认为是被添加过的，编纂者们指的是他们自己最喜爱的盖尤斯；不同的观点，Honoré, *Gaius* 1ff.（参考下文，第387页注释），他认为（前引书，第21页以下），彭波尼是普罗库勒学派的学生，但又是萨宾派的老师。

② D. 25.3.3.4；Honoré, *TR* 33（1964）9ff.

③ Gell. 20.1。由于杰流斯说到他时，用的是过去时态，在《阿提卡之夜》（*Noctes Atticae*）出版（169年或175年），他可能已经去世了。他可能来自非洲的小土布尔博（Thuburbo）；Kunkel, *Herkunft* 172f.。

④ 参考 J. 2.14.5。

⑤ 有一个片段（D. 14.2.9）是属于一部《论罗得法》的著作，但是它的真实性非常可疑；Schulz, *History* 255。关于梅其安的著作的可能的年代排列，参见 Honoré, *TR* 33（1964）38ff.。

⑥ 在 D. 45.1.138 pr. 中他强调的"虽然我同意普罗库勒学派的意见"，被认为表明，他同意普罗库勒学派的观点有点不同寻常。关于克劳迪·萨图尔尼诺（Claudius Saturninus），参见下文，第482页注释。

第二十二章　元首制时期的法学　　　497

盖尤斯（Gaius）。我们对盖尤斯的了解比对其他任何古典法学家的了解都更多，同时也更少。他的《法学阶梯》是完全以原样流传至今的唯一古典时期的著作，但是我们对他的一生根本一无所知，除了从他的著作中可以推断的那一点点信息，[①] 甚至他的名字也是一个谜，因为我们知道的那个名字只是一个姓而已。他肯定至少是在哈德良统治时期出生的，[②] 可能是在 161 年写的《法学阶梯》。[③] 他至少活到公元 178 年，因为他写了一部有关那一年的《奥尔菲梯安元老院决议》的评注。[④] 据他自己说，他是萨宾学派的拥护者。就我们所知，他没有担任公职，并且，除了一个可能的例外，[⑤] 他没有被任何同时代的或者后来的古典法学家引用过。没有任何他作出的解答，以及 426 年的《引证法》[⑥] 提到他的方式，由此几乎可以确定，他不享有解答权。他可能是一个教师，并且，在古典时期以后，通过《引证法》，他的著作被置于与塞尔维时代的那些伟大作家的著作同等地位，因而它们明显非常受欢迎。在优士丁尼的编纂者看来，他是一个受欢迎的作者，可能是因为

---

[①] 参见 Honoré, *Gaius*。

[②] 他回忆说（D. 34.5.7 pr.），"在我们的时代，事实上，一个叫做 Serapias 的亚历山大的妇女由于产下五胞胎，被带到哈德良皇帝的面前。但是，即使一次生下三个这样的事件已经是很罕见了"。

[③] 或者是对原先在大约 20 年或者更久之前写的一系列演讲笔记作最后的修订？参见 Honoré, *Gaius* 58ff.（关于他的《法学阶梯》是演讲笔记的假设，最早参见 Dernburg, *Die Institutionen des Gaius, ein Kollegienheft aus dem Jahre 161 n. Chr. Geb.* Halle, 1869, *Fschr. v. Wächter*）；以及 Schulz, *History* 160ff.。盖尤斯实际上是在公元 161 年写的《法学阶梯》的观点是根据以下事实：在较前面的部分（1.53, 74, 102；2.120, 126, 151a），安东尼·庇乌被称为安东尼皇帝，只是到后面才说他是神圣的安东尼皇帝（2.195）。但是，可能是抄写者的错误，或者可能是曲解；参见 de Zulueta, *Gaius* 5。一个更为可靠的证明是这一事实：盖尤斯没有提到马可·奥勒留的一项敕令（*Epit. Ulp.* 22.34），该敕令修改了 2.177—178 段所说的法律。

[④] D. 38.17.9.

[⑤] D. 45.3.39（参考上文，第 385 页注释），这个片段说，出现我们的盖尤斯（Gaius noster）提法的整个最后一句话（而不仅仅是"我们的"[noster]，如 Honoré, *Gaius* 1 所认为的那样），普遍认为受过添加（特别是根据实质的理由）；但是，参见 Honoré, 本注引书；Mayer-Maly, *Roczniki Teologiczno-Kanoniczne* 10（1963）55ff.（*Mél. S. Plodzien*）。

[⑥] 下文，第 452 页。

他的明晰的文风和极好的叙述方法，还因为他的《法学阶梯》几个世纪以来被用作一年级学生的教科书。

为了解释盖尤斯的姓名和身世之谜，有人假定他是一个行省人，生活在东方的一个说希腊语的行省，并在那里教书，那里的地方习惯可能说明他只使用一个名字的原因。① 为支持这种观点而提出的理由是，他写了关于行省告示的著作，偶尔他提及外国的法律制度，② 并且熟悉梭伦的法律。③ 但是，所有这些理由都很缺乏证据，④ 并且必须将下述事实与它们相对比：盖尤斯尽管有某种任何受过教育的罗马人都可能犯的希腊化的风格，但他被公认用极出色的拉丁文写作，几乎可以肯定他是个罗马市民，⑤ 并且，如果他不自认也出身于罗马，他就几乎不可能像他已经说的那样，说到罗马法与外国法之间的悬殊差别。看来更不可能的是，一个行省的法学家会和盖尤斯一样明确地拥护一个学派，因为没有任何证据表明它们的组织延伸到首都之外。⑥ 另一种理论是，我们所知的以盖尤斯的名义写的著作原先由卡西（C. Cassius）所写，大约在 161 年经另一位法学家重新编辑。⑦ 卡西（Cassius）确实偶尔被称为"盖尤斯"（Gaius），⑧ 但是，他的学派的另一个名称是卡西学派（Cassiani），而不是盖尤斯学派（Gaiani）。⑨ 在盖

---

① Mommsen, *Ges. Schr.* 2.26ff.；追随他的有许多人，包括 F. Kniep, *Der Rechtsgelehrte Gaius*（Jena, 1910）。蒙森猜这个行省是亚洲，而克奈普则说是比提尼亚（Bithynia）。

② Gai. 1.55, 193；3.134.

③ D. 10.1.13；47.22.4.

④ 关于全面的讨论，参见 Kunkel, *Herkunft* 190ff.。另参见 de Zulueta, *Gaius* 3ff.。

⑤ 他总是将罗马人说成"我们"，例如，1.55, 4.37。

⑥ 关于赞成其罗马出身的其他理由，参见 Honoré, *Gaius* 75ff.。但是，霍诺雷根据内在的证据认为，盖尤斯年轻时离开了罗马，他的大部分著作，如果不是全部的话，是在东方，在都拉斯城、特洛伊城和贝鲁特城写的（参考 D. 50.15.7）。但是，证据非常不足。反对霍诺雷猜想的年代排列，参见 Liebs, *Gai. Sympos.* 64f.。

⑦ Kalb, *Jahresber. f. Altertumswiss.* 89（1896）231f.；109（1901）40。Honoré, *Gaius* 12ff.，猜测我们的盖尤斯实际上也叫卡西（C. Cassius）。

⑧ D. 24.3.59；35.1.54 pr.；46.3.78；参考 Roby, *Intro. to the Study of Justinian's Digest* CLXXV.

⑨ 上文，第 378 页。

尤斯的著作中，他也被称为"卡西"（Cassius），如果他是它们的原作者的话，这就很奇怪了。① 因此，我们必须满足于还是让这个谜不解开的好。②

除了《法学阶梯》以外，盖尤斯还写了《关于 Q. 穆齐的书的论述》，③ 已经提过的关于行省告示的评注，共 30 卷，以及两卷关于市政官告示的书，④ 关于内事裁判官告示的评注的书，优士丁尼的编纂者们只能找到 10 卷，⑤《论信托》（2 卷），《论默示的信托》的单卷本，《论解放》（3 卷），《论口头债务》（3 卷），各个单卷本，分别涉及关于嫁资、德尔图里安元老院决议、奥尔菲梯安元老院决议、格里提安法（Legem Glitiam）、抵押程式、判例，15 卷本的《论尤里和帕比亚法》，6 卷本的对《十二表法》的评注（已知的最后一个这方面的评注）。通常归于他的名下的 3 卷本的《规则集》和单行本的《规则集》⑥，以及《日常事物》，很可能是后古典时期对他的《法学阶梯》的改编本。⑦,⑧

---

① Kipp 128.

② 本书前几版中提出，只保存了盖尤斯这个姓可能是由于手写本传统的一个意外，反对这种说法，参见 Honoré, *Gaius* 13。

③ 仅得知于盖尤斯自己的叙述，Gai. 1.188。

④ 在《学说汇纂》佛罗伦萨文本的索引中（20.1），提到了 32 卷书，最后两卷无疑和其他情况下（上文，第 358 页注释）一样是关于市政官告示的，但是，如果所谈的是行省，人们会认为它该被称为财务官告示；参考 Schulz, *History* 191。

⑤ Florentine Index 20.3；Schulz, 前引书。

⑥ Honoré, *RIDA*（1965）301ff.，认为，《规则集》是 "fragmentum Dositheanum" 的渊源（关于此，参见 Schulz, *History* 175）。

⑦ 《日常事物》在"基本"事物的意义上是"日常的"。它们也被称为"aurea"，即"金玉良言"。它们与《法学阶梯》之间的关系有争论。关于正文中的观点，参见 Arangio-Ruiz, *St. Bonfante* 1. 493ff.。一般性的论述，参见 Schulz, *History* 167；关于全部的参考文献，参见 Fuhrmann, *SZ* 73（1956）341ff.，342n。沃尔夫（Wolff）将 Gai. 2.65–79 与 D. 41.1.1, 3, 5, 7, 9 和 J. 2.1.12ff. 进行比较后认为，它们都来源于同一原型（并且，《日常事物》是较优的版本）；另参见 Flume, *SZ* 79（1962）1ff.（Fuhrmann, 同上引书，坚持认为 Gai. 2.65–79 是后来从《日常事物》文本借来的）。反对的意见，参见 David-Nelson, *ad Gai.* 2.72；Liebs, *Gai. Sympos.* 63f。

⑧ 当盖尤斯提到关于遗产占有（3.33）和对解放自由人的继承（3.54）的评注时，他可能分别是指关于告示和关于尤利和巴比法的相关书籍（Krüger 203）。

盖尤斯的《法学阶梯》（4卷）占有一个独特的位置。在《维斯哥罗马法》中，包含了它们的两卷本的缩略本；① 在优士丁尼《学说汇纂》中有许多对它们的摘录，并且，大家知道它们构成优士丁尼《法学阶梯》的基础，但是，直到1816年，尼布尔（Niebuhr）才在维罗纳主教堂的图书馆里找到一份手稿，萨维尼马上认出它包含了原著。这个手稿可能属于5世纪，是一种刮过重写的羊皮纸手稿，在原文的上面写了圣杰罗姆（Jerome）的一些著作，并且，由于抄写者的许多错误和自由使用缩写，它特别难以辨认。② 一个多世纪以后，又出土了其他材料。1927年，公布了大约是公元250年的一个纸莎文献的一些片段，1933年，公布了自从发现第一个文本以来有关罗马法律史的最著名的发现——属于公元4世纪晚期或者5世纪初期的一个极好的羊皮纸《法典》中的两张纸和另外一张纸的一些残片，③ 虽然在许多地方非常零碎，但它使维罗纳文本摆脱了困境；而更为重要的是，这给予我们两段迄今不知的关于合伙和请求审判员仲裁的片段。尼布尔的发现的意义事实上被这些新的发现强化了，对它几乎怎么强调也不为过。因此，我们拥有了一个古典法学家的一部著作，它基本上保留了原作者所写的形式。④ 只有大约五分之一的内容遗失，所保存下来的内容非常多，特别是关于程序方面的，这一方面的问题，后来的编纂活动，无论是在东方进行的还是在西方进行的，都忽略了，

---

① 下文，第466页。

② 关于文本，参见 Schulz, *History* 165f.。Lowe, *Atti Verona* 1.1ff.，将这份手稿确定为5世纪后半期的。另参见 Nelson, *Symb. David* 1.135ff.。

③ 参见 de Zulueta, *JRS* 24（1934）168ff.；25（1935）19ff.；26（1936）174ff.。有些古文书学家更倾向于将其确定在6世纪的某个时间（Wenger, *Scr. Ferrini*［Milano］4.268ff.）。

④ 有人坚持认为，特别是索拉兹（参见 Schulz, *History* 161n, 347 的相关引述；近来对这一争论的贡献：Pescani, *Gai. Sympos.* 82ff.；Robbe, 同引书，第111页以下）。索拉兹认为这个文本包含许多注解，但是，尽管主张一个注解也没有是很愚蠢的，但很多批评出自对盖尤斯的文本之完美性的夸大了的预期，将对文体和逻辑的最高标准的任何偏离都视为怀疑的根据。此外，这个文本如果剥掉假定的增加部分，它就会变得非常不同，而我们所拥有的文本给人一种强烈的整体印象；de Zulueta, *Gaius* 6；Arangio-Ruiz, *Storia* 302ff.。

因为它们不再具有实际意义。它还使我们能够详细了解著名的对法律材料的三分法，这是根据它涉及"人"、"物"还是"诉讼"而定的。①盖尤斯不太可能发明这种分类。他自己似乎认为它是理所当然的。确实，有人认为，②盖尤斯不止借用了这个，而且，可以说，他的书是某部假定的早期著作的一个新版本。该书遗漏了使用借贷、寄托和质押，这个事实使得这个理论似乎很有理，但是，对此可作另外的解释。③

关于盖尤斯的成就的评价，存在不同的意见。一些人④说他无独创性且肤浅，因而对他评价不高，但是，他的思维清晰并有极大天赋，他还有很好的均衡感，这使他能够在一本现代人看来非常简短的书中生动描绘具有巨大影响的罗马法。此外，就我们能够说的而言，他比其他罗马法学家对分类和体系更感兴趣，无论这样的结果现在看来是多么不完美，这都使他值得我们特别加以注意。⑤

尤斯图（Papirius Iustus）已经被提过，他是我们所知的第一

---

① 关于其制度编排，参见 M. Fuhrmaan, *Das systematische Lehrbuch*（Göttingen, 1960）104ff.。关于它在希腊语法、修辞学和哲学方面的来源，参见 J. Stroux, *Röm. Rechtswissenschaft u. Rhetorik*（Potsdam, 1949）94ff. = *Atti Roma* 1.111ff.，121ff.；Wieacker, *SZ* 70（1953）93ff.；Fuhrmann, 前引书，183ff.。

② 由 F. Kniep 提出，参见他编辑的著名的 Gaius（books 1—3 only），Jena, 1911—1917, 以及更早的 *Der Rechtsgelehrte Gaius*（Jena, 1910）。阿尔诺坚持认为（参考上文，第380页注释），这部著作起源于塞尔维时期的学校；*SZ* 46（1926）395。

③ 参见 Honoré, *Gaius* 63ff.，97f.；参考 Nicholas, *Introduction* 168f.。

④ 例如，Liebs, *Gai. Symp.* 65ff.；不同的观点，Honoré, *Gaius* xviii, 97ff.。

⑤ 对于如 Kaser, *SZ* 70（1953）127ff.（经修改，*Gai. Sympos.* 42ff.）提出的观点，认为盖尤斯预示了后古典时期的趋势，因而不能算作为一个古典的法学家，这种兴趣是其主要根据。这引起相当大的争论（例如 Guarino, *Scritti giuridici per il centenario della casa editrice Jovene*［Naples, 1954］227ff.；van Oven, *TR* 23［1955］240ff.），但是（除了一个逻辑难题外，即如果盖尤斯不是古典法学家，我们就没有"古典"的标准，因为《学说汇纂》从这个角度来看是一种拼凑的原始资料），这个观点包含一个假设，就是"古典的"法学家必然不关心系统地说明诸如有体物和无体物之间那样的区别，或者说明双重所有权的概念（Gai. 1.54；2.12ff., 40）。但是，除了以小的片段的缺漏外，盖尤斯的《法学阶梯》是幸存的唯一系统的或者说"教科书式"的著作（《学说汇纂》绝大部分来源于决疑性著作，这些著作不可能详细说明这类区别），因此，我们没有办法知道它是多么独特。

部皇帝敕令的汇编的作者。①

佛罗伦汀（Florentinus）写了《法学阶梯》（12卷），其中有些部分被用于优士丁尼的《法学阶梯》。他预先作出现代书籍的编排，将继承法放在最后。他可能活到庇乌去世以后，因为他称庇乌皇帝为"神圣的"，②但是我们找不到关于他的生平的其他情况。和盖尤斯一样，提到他时也只是用的他的姓（这本身很普遍）。

马尔切勒（Ulpius Marcellus）是庇乌③和M.奥勒留④统治时期的顾问会议成员。他的主要著作是31卷本的《学说汇纂》，它被后来的作家大量引用，尤其是乌尔比安，并且有许多在优士丁尼《学说汇纂》中采用。⑤

切尔维丢·谢沃拉（Q. Cervidius Scaevola）是公元175年的治安长官、马可·奥勒留的首席法律顾问。⑥他的著作包括20卷《问题集》和两部关于他的解答的汇集（40卷《学说汇纂》和6卷《解答集》），二者显然都是在他死后出版的。它们之间的关系是一个难题。⑦他所处理的案件经常来自于行省，案件事实有时是以希腊原文写出。但是，这不表示他本人是一个希腊人；它仅仅证明他作为一个顾问声名远播。⑧他的回答特别简短，而且没有说明决定的理由。莫德斯丁（Modestinus）说他和乌尔比安、保罗一起是法学家们的领袖。⑨

帕比尼安（Aemilius Papinianus）。这是整个罗马法学史上最

---

① 上文，第372页。
② D. 41.1.16.
③ *H.A. Pius* 12.1.
④ D. 28.4.3 pr.
⑤ 猜想的年代排列，参见 Honoré，*TR* 32(1964)24ff.。
⑥ *H.A. Marc. Aur.* 11.10.
⑦ 参见 Schulz，*History* 232f.。Alliot，*RHD*（1953）559ff.，将这个《学说汇纂》的年代确定在179年。
⑧ Krüger 217.
⑨ "最杰出和最博学"。D. 27.1.13.2.

有名的名字。有许多人提到帕比尼安的杰出学识,[1]并且,根据《引证法》,如果意见分歧双方的权威的人数相等,则他的意见起决定性作用。[2] 他是军政长官的顾问,这可能是在 M. 奥勒留皇帝时期;[3] 在塞普提·塞维鲁(Septimius Severus)时期,他是申诉部的负责人,接着,可能是从 203 年起,他自己担任军政长官,[4] 以此身份陪皇帝去了不列颠(公元 208 年)。公元 212 年,他被卡拉卡拉命令处决,因为据说,他拒绝为卡拉卡拉编造一个杀死他的兄弟和共同执政者杰塔(Geta)[5] 的正当理由。[6]

他的最重要的著作包括 37 卷《问题集》(倒不如将其叫做《学说汇纂》,因为它们所包含的内容几乎没有什么是"争论"的产物)和 19 卷《解答集》,它们不同于许多法学家的《解答集》,因为没有采取问与答的形式。它们不仅包括解答(不仅有他自己的,还有较早的法学家的),还包括皇帝和官员在听审中作出的决定。[7]

克劳迪·特莱弗尼(Claudius Tryphoninus)写了对谢沃拉的《学说汇纂》的评注和 21 卷《争论集》。他是塞维鲁的顾问会议成员之一。[8]

---

[1] CTh. 4.4.3.3:"最具有权威的法学家";C. Omnem §1:"最高尚的";C. Deo auctore §6:"至高的天才"。

[2] 下文,第 452 页。

[3] D. 22.1.3.3。

[4] 至少在 205 年,他与马可·莱图(Marcus Laetus)共同担任此职;CIL 6.228。但是,不知道他在 212 年是否仍是军政长官;Krüger 221。

[5] H. A. Carac. 8。他的回答很有名,尽管可能是虚构的,即"杀人容易,但要证明杀得有对则不那么容易"。布里(J. B. Bury)在他编辑的 Gibbon, Decline and Fall(3rd ed. London, 1901/2, vol. 1.135)的一个注释中说,帕比尼安的真实死因可能是,他不受士兵们的欢迎,而卡拉卡拉总是动辄迁就他们的意愿。

[6] H. A. Carac. 8 还说,他因再婚而与塞维鲁是亲戚,由于塞维鲁的第二任妻子是赫梅萨(Hemesa)人,通常说帕比尼安是叙利亚人。但是,这个文本同样很可能是说的帕比尼安的第二任妻子。关于这,以及推测的帕比尼安的非罗马人的特点,参见 Kunkel, Herkunft 225ff.。

[7] 这部著作不是在公元 206 年前完成的;D. 24.1.32.16。他的著作的年代排列的推测,参见 Honoré, SDHI, 28(1962)205。

[8] D. 49.14.50。关于特莱弗尼和卡里斯特拉托的学术方法,参见 Seidl, Eranion Maridakis 1.231ff.。

卡里斯特拉托（Callistratus）是一个希腊人，这一点可以从他的姓名及其蹩脚的拉丁文看出来。在塞维鲁和卡拉卡拉时期，他写了6卷《论审判》，[①] 这是第一部专门论述非常审判的著作。他还写了几篇其他的专题著作。

德尔图良（Tertullianus）写了《军役特有产》（单行本）和《问题集》（8卷本）。前者在乌尔比安的《萨宾评注》第8卷中提到，写于卡拉卡拉时期。[②] 他与也叫这个名字的著名的神学家是否为同一人，存在争论。[③]

保罗（Iulius Paulus）是谢沃拉的学生，[④] 帕比尼安当军政长官时的助手，[⑤] 记录部的负责人，[⑥] 和帕比尼安同期的皇帝顾问会议的成员，[⑦] 他自己也是亚历山大·塞维鲁时期的军政长官。[⑧] 他的作品非常多，包括80卷的告示评注（最后两卷是关于市政官告示的）、《萨宾评注》（16卷）、《解答集》（23卷）、《问题集》（26卷）、对许多法律和元老院决议的评注、关于各种官员（如论市政长官的职责）的职责的著作、以更早的作品为基础的著作、[⑨] 对尤里安、谢沃拉和帕比尼安的注释、两部《裁决》集、[⑩] 和一些基础性著作——两卷本《法学阶梯》、七卷本《规则集》和《单卷本规则》。[⑪] 通行的归于保罗名下的五卷本的《判决集》，现在

---

[①] R. Bonini, *I 'libri de cognitionibus' di Callistrato* (Milan, 1964).

[②] D. 29.2.30.6.

[③] 支持这一点的主要理由是 Eusebius (*Hist. Eccl.* 2.2.4) 说，这个神学家"熟知罗马法"。关于文学文献，参见 Kübler 279；以及 A. Beck, *Röm. Recht bei Tertullian u. Cyprian* (Konigsberg, 1930) 39ff. 也赞同二人是同一人，但是，这个神学家几乎没有表现出具有什么法律学识；Kunkel, *Herkunft* 236ff.

[④] 这一点似乎出自 D. 40.12.23 pr. 和 D. 28.2.19。

[⑤] D. 12.1.40.

[⑥] *H.A. Pescenn.* 7.4.

[⑦] D. 29.2.97.

[⑧] 没有证据表明，他和乌尔比安是同一时期的行政长官；Kunkel, *Herkunft* 244n。

[⑨] 参考上文，第381页。

[⑩] 上文，第372页。

[⑪] Röhle, *Labeo* 12 (1966) 218ff。关于三本手册，参见 Stein, *RIDA* (1960) 479ff。关于年代排列的推测，参见 Honoré, *SDHI*, 28 (1962) 216ff。

一般认为是后古典时期对他的不同著作的片段进行汇编而形成的一套集子。① 关于其作品的价值，人们的观点非常不同。耶林认为他是一个教条主义者，如果与他的理论相互冲突，他就去否认现实，② 而其他作者则高度赞扬他。③ 无论如何，他在后来的名声和他的影响非常大。《学说汇纂》大约有六分之一来自于他的著作；《判决集》特别受欢迎，并被纳入《维斯哥罗马法》，这表明，它们是西方的民族从中吸取罗马法知识的主要渊源之一。

乌尔比安（Domitius Ulpianus）来自泰尔（Tyer）。④ 他一度担任一个裁判官的顾问委员会的委员，⑤ 在帕比尼安当军政长官时他和保罗一起做他的助手。⑥ 据说他在申诉部任过职，⑦ 但具体时间不明。有人说，赫留加巴（Heliogabalus）在 222 年将他流放，⑧ 但如果是这样，肯定也是亚历山大·塞维鲁一登基后就将他召回了，因为在 222 年 3 月 31 日的一项敕令中提到他是粮食长官，⑨ 同年 12 月 1 日的一项敕令中提到他是军政长官。⑩ 但是，在 223 年，⑪ 他被叛变的禁卫军杀害了。他的作品几乎全部是卡拉卡拉统治时期的，⑫ 可能是因为在他的晚年，他公务太过繁忙以致不能写书了。

---

① 下文，第 457 页。
② *Der Besitzwille*（Jena, 1889）281ff.
③ 例如，Seckel, 引自 A. Berger, *Zur Entwicklungsgeschichte der Teilungsklagen*（Weimar, 1912）45 n 2。
④ 在 D. 50.15.1 pr.，他说"菲尼基的著名的殖民地泰尔，我就出生在那里"。很可能，他使用"origo"一词是从到他那个时期这个词作为某个地方共同体的成员的专门含义上说的；参见 Nörr, *PW Supp.* 10. 433ff.；参考同一作者，*Imperium u. Polis*（Mönch. Beit. 50, 1966）。如果是这样，他就不一定在那儿出生，但是，由于他继续以非常热情的话说它，他与该地的联系可能很密切；参考 Kunkel, *Herkunft* 247ff.. Frezza, *SDHI* 34（1968）363ff.，还引用 D.50.16.192 这个相当无力的证据，并在他的作品中寻找该地区的新柏拉图流派的影响的痕迹。
⑤ D. 4.2.9.3.
⑥ *H.A.Pescenn.* 7.4.
⑦ 同上。
⑧ *H.A.Heliogab.* 16.4.
⑨ C. 8.37.4.
⑩ C. 4.65.4.
⑪ 这个年代（而不是 228 年）被 *P. Oxy.* 2565 所证实；Modrzejewski, *RHD*（1967）565ff.。
⑫ 关于年代排列的推测，参见 Honoré, *SDHI*, 28（1962）207。

尽管如此，他的著作还是很多，几乎与保罗的相等。主要著作有83卷关于告示的书（最后两卷是关于市政官告示的）和《萨宾评注》（51卷），后者可能未写完。其他著作包括《论上诉》（4卷）、《争议集》（10卷）、《论信托》（6卷）、《论各种审理》（10卷）、《解答集》（2卷）、关于特别职务的著作（如关于监护裁判官职务的单卷本），以及为初学者写的《法学阶梯》（2卷）和《规则集》（7卷）。① 在他的著作中，一般看来，乌尔比安想包揽整个法律领域，并且使得直接提到以前的权威成为不必要的时期。② 他自己对他人的引用不可计数，并且通常认为他缺乏原创性，但是，如果考虑到他的目的，这种指责似乎不太公平，毕竟他是莫德斯丁所认为的与谢沃拉和帕比尼安同侪的领袖人物，③ 也是《引证法》中所说的主要权威之一。无论如何，由于乌尔比安的成果全面且清晰，优士丁尼《学说汇纂》的编纂者们对他的引用比对任何其他作家的引用都多，因为整部著作的大约三分之一都是对他的作品的摘录。

马尔其安（Aelius Marcianus）与保罗和乌尔比安同时代，但更年轻。他的主要著作是16卷《法学阶梯》和5卷《规则集》。④ 他引用了198—211年的许多批复，因此，据推测，他那时是档案馆的一位官员。

莫德斯丁（Herennius Modestinus）是乌尔比安的学生，⑤ 在226年和244年之间担任宵警官。⑥ 在239年的一个批复中提到他

---

① 《单卷本规则集》可能不是真的；6卷本的《观点集》也不是真的；关于这些，以及《乌尔比安摘要》（*Epitome Ulpiani*），参见下文，第455、458页。关于对《法学阶梯》的怀疑，参见 Schulz, *History* 171.

② Krüger 250.

③ D. 27.1.13.2；参考上文，第391页注释。

④ 参见 Buckland, *St. Riccobono* 1.275ff.；关于年代顺序，参见 Honoré，*SDHI*, 28（1962）212.

⑤ D. 47.2.52.20.

⑥ *Lis fullonum*, Bruns 1.406, 在这个诉讼中，他好像是在某个延期诉讼中作出判决的长官之一；关于年代先后，参见 Honoré，*SDHI*, 28（1962）213.

第二十二章　元首制时期的法学　　507

给出一个解答。① 他的著作包括《区别集》9 卷、《规则集》（10卷）、《潘德克吞》（12 卷）、《解答集》（19 卷）和《辨析集》（6卷）。这最后一部是希腊文的，② 根据这一事实，有人推测希腊语是他的母语。更可能的是，它是为了向那些通过卡拉卡拉的法令刚成为市民不久的人介绍这部分家庭法③ 而写的。莫德斯丁是《引证法》中的主要权威之一，但是，他取得这个伟大的名声，应当归功于一个事实，即他是真正的古典法学家中的最后一个，而不应归功于他本人的学术成就。④

---

① C. 3.42.5.
② Altmann, *SDHI* 21（1955）1ff.，研究这部著作的用语以驳斥 Krüger, *St. Bonfante* 2.315ff. 提出的它是用拉丁语写的、由一个拜占庭人翻译成希腊文的观点。
③ 也就是拒绝监护的正当理由。
④ 其著作在《学说汇纂》中被引用的最晚的法学家是赫尔莫杰尼和阿卡迪·卡里西奥（Arcadius Charisius），两人都是戴克里先统治时期的人。参见 D. Liebs, *Hermogenians Iuris Epitomae*（Göttingen, 1964）和（关于阿卡迪·卡里西奥）Dell'Oro, *St. Betti* 2.333ff.。关于《赫尔莫杰尼法典》，参见下文，第 463 页及下页。

# 第二十三章

# 元首制时期的司法与诉讼程序

## 一、概述

元首制时期的法院和司法程序的历史与整个政体的历史非常近似。共和国的体制没有被废除，但新的帝国体制在其旁边逐渐形成，导致前者逐渐萎缩，最终消失。但是，这个过程直到元首制被君主制取代后才完成，并且，在这方面，和在公共生活的其他部门一样，是行省领先，而罗马本身保留共和制的残余的时间比帝国的其他任何地方都长久。

主要的新的因素是皇帝的无处不在的权力。和在其他领域一样，在司法领域，这必须被看作为一个事实，尽管很难为他实际上行使的那种司法权找到任何确定的宪法依据。他拥有治权，因而拥有司法权，但是，从一开始，他所处的地位就完全不同于任何其他执法官。对帝国范围内发生的任何事项，无论是民事的还是刑事的，他可以由自己首先来行使管辖，这或者由他自己主动接管，或者，更常见的，根据一方的请求。他可以听取上诉，而且，我们知道，他可以不经听审整个案件，就以批复形式决定法律问题。虽然有些皇帝设法亲自处理多得惊人的司法事务，但必然要将上诉限制在狭小的范围内，并且通过委派代表来进一步负担。一个代表可以是专门为某个案件指派的，这确实看起来很常见，但是也有关于委托管辖某些类型的案件的稳定的规则。例如，奥古斯都早已指令，来自罗马的上诉提交给市政官，来自行省的上诉提交给为每个行省所指定的一个执政官级别的人。① 高级长官所行使的司法权，② 最初主要是刑事的，但在元首制后期也包括民事的，从宪法的角度看，也完全是根据皇帝委托给他们的权力，并且，这种司法在君主制时期注定成为最重要的。一种很不相同的委托是将绝不导致普通审判的事项的有关特殊职责委托给共和体制中的执法官，即执政官和裁判官。因此，奥古斯都命令执政官务必使某些信托得以执行，这后来成为对所有信托都适用的一个长期有效的指示。③ 因而，迄今未得到法律认可的这种性质的信任变得具有约束力，尽管永远不能依"普通"诉讼程序提起诉讼以对它们进行强制执行。④ 克劳迪增设了两名特别裁判官，以减轻执政官承担的大部分这种工作⑤，但后来提图（Titus）撤免了一名。⑥ 有点相似的是对监护问题的处理。在罗马，对监护人的指定，根据较早的法律是由内事裁判官和保民官指定，⑦ 但是，克劳迪将监护人的指定和监督归并到执政官的职能中，⑧ 并且，马可·奥勒留任命了一名特别的裁判官。⑨ 通常，这些职能不涉及当事人之间的争讼，但是，这个问题可能表现为另外一种争议的局面，在这种情形下，被指定的人试图摆脱监护责任给他声称更合适的另一个人（择优推荐，potioris nominatio）。⑩ 此外，执政官还处理关于扶

---

① Suet. *Aug.* 33.3；Kaser, *ZPR* 399 n 15.
② Schiller, *Mél. de Visscher* 2.319ff., *BIDR* 57/8（1953）60ff.
③ J. 2.23.1.
④ Gai. 2.278. 参见 Genzmer, *RHD*（1962）319ff.。
⑤ Jörs, *Festgabe für R. von Ihering*（Leipzig, 1892）40ff.
⑥ D. 1.2.2.32.
⑦ 上文，第239页。
⑧ Suet. *Claud.* 23.
⑨ H. A. *Marc.Aur.* 10, 11.
⑩ *FV* 161ff. 因此，在被指定的监护人与指定他的人之间也可能有争执；前引书，第156页。

养的请求，它们是帝国的一个创新，只能通过非常审判来救济，①他们还处理身份问题，尽管在这方面也可以利用普通的诉讼程序。②还有一位关于自由权诉讼的裁判官，尽管原始文献中很少说到他。③对于提供了"自由"职业服务的人关于酬谢的支付请求，也可能由一位裁判官④来处理。⑤

在所有这些情况下，尽管所说的执法官具有属于共和国官职等级制度的称谓，他们所行使的却是他们在共和国时期所没有的那些职责，并且他们的权力的真正依据是皇帝的命令。

因此，在这些"特别的"问题上，皇帝的司法权和立法权并存，这明显地说明其权力的范围和无限权威的性质。

## 二、民事诉讼程序的创新

### （一）非常审判。

主要的创新在于与以前的诉讼程序相并列，引进了一种新制度，通常被称为非常审判（cognitio extra ordinem）。

在罗马的政体结构中，司法权从未与行政权完全分离；法律意义上的司法权本身是由治权派生出来的，有时甚至内事裁判官

---

① D. 34.1.3 sub fin.；参考 Jörs，同上文（前页注释⑤）引文，25ff.；我们知道，这种父母和子女在贫困时向对方请求供养的权利直到庇乌的时候才存在，他发布了关于它的敕令；D. 25.3.5.5，7；Sachers, Fschr. Schulz 1.310ff.。

② Jörs，同上文（前页注释⑤）引文，11ff.；L. Franciosi, Il processo diliberà（Naples, 1961）126ff.。

③ Jörs，同上文（前页注释⑤）引文，43ff.；C. 4.56.1；CIL 10.5398。

④ 例如，律师、医生和教师的服务不可能是劳动力租赁的标的，因此，不可能以通常方式提起诉讼以获得报酬。大多数相关文本说到一个行省总督进行的非常审判。只有一个文本（D. 50.13.1.14）提到一个裁判官。这可能是指，在罗马，有一个为这些事项指定的特别裁判官，也可能是指，内事裁判官或者外事裁判官都处理它们。还有一种观点认为，最初涉及的是保民官，他们可能与教师的工资请求有某种关联；参考上文，第 330 页注释。

⑤ 关于可能有一种"特别的"对"悖伦遗嘱的调查"，参见 Kaser, ZPR 359f.。关于内尔瓦为国库问题指定的裁判官，参见上文，第 337 页。

直接动用他的发布命令的权力以解决实际上属于法律争端的问题。就其起源而言，非常审判就是这种方法的一种延伸。虽然罗马的裁判官继续运用，甚至发展了原先的诉讼制度，但是从一开始，皇帝及其代表就摆脱其束缚，不必等待双方当事人之间的合意，也不必按照原来的做法将审判分为两个阶段。通常说非常审判是一种行政性质的程序，并且，这种描述揭示了相当大部分的真相，因为官员利用他的调查和强制权力决定私方当事人之间的诉讼，如同他对在其履行行政职责过程中产生的问题所做的一样。但是，这个程序是一种司法程序，原先的诉讼程序的许多规则适用于它。判决仍必须根据法律作出，并且新的上诉制度有助于确保不同法院作出的判决的统一性。确实，皇帝本人只要他愿意，就可以超越现行法之外，但是，他也首先关心执行现行法的规定。① 然而，新的诉讼程序确实隐含着国家对诉讼程序的一种不同的态度。官员监督和控制诉讼的所有阶段，这些阶段与其说具有倾听两造间的争论的特征，不如说具有纠问的特征。当然，这种态度是现代欧洲国家中我们所习惯的，并且，我们将看到，它产生了两种制度，这两种制度是我们熟悉，但以前的体制却不知道，即上诉和缺席判决。

  调查一个案件的拉丁词是"cognoscere"，而 cognitio extra ordinem 或者 extra ordinem（"非常审判"）这些术语在原始文献中有些依据，② 它们是很合适的，只要将它们理解为具有一种完全相对意义上的——即与程式诉讼制度的"普通"程序③ 相区别。而且很明显，当旧制度消失时，新制度本身也变成"普通的"。④ 但是，直到元首制结束后才如此；在整个古典时期，罗马的普通民

---

  ① 参考上文，第 368 页。
  ② Kaser, *ZPR* 339f. n 4 and n 5.
  ③ 在原始资料中没有那个通常的表达方式"ordo iudiciorum privatorum"（普通私人审判）。
  ④ 然而，优士丁尼仍可能使用旧的术语：J. 3.12 pr.；4.15.8。

事诉讼程序是使用程式诉讼的诉讼程序,并且,古典文献的大部分正是关于这种程序的。

## (二)非常审判程序的不同的程序。

非常审判程序的运用不一定表示,行使权力的那个官员自己审理整个案件。不仅皇帝,而且还有皇帝的一些代表(除了那些为特定案件指定的代表外),都可以将其权力委托给他人行使,在这类情形下,为了确定那个代表将要审理的问题,使用某种程式诉讼仍可能很方便。如果发生这样的情况,那么从表面上看,这种程序与那个普通程序没有很大区别。但是,仍有区别,即法官是一个代表,他是由那个官员在没有双方当事人的合作的情况下指定的,尽管毫无疑问,那个官员可以在进行指定时考虑当事人双方的意见,如果他们有这样的意见的话。此外,虽然可以说非常审判是一种单一的体系,但不应该认为它具有一种细节上的一致性,因为它并没有。可以区别三个主要的领域[1]:元首本人的司法权,受托处理"新法律"的问题(如信托)[2]的执法官的司法权,以及行省总督的司法权。[3] 在元老院行省,普通的诉讼制度是已经确定了的,因此,首先,非常程序只可适用于"新法律"的问题,但是,在皇帝行省,即使不是全部,也有大部分从未适用普通的诉讼制度,因而非常审判本身就是通常的制度。此外,我们不应夸大行省的这两种程序之间的区别。确实,在程式诉讼制度下,诉讼的划分是强制性的,而且,双方当事人对于承审员的选定有一定的发言权,但是,在非常审判中,总督实际上通常会将听审委托给一名受委托的承审员(pedaneus iudex),并且无疑会尽量考虑双方当事人

---

[1] Kaser, *ZPR* 344ff.
[2] 上文,第 395 页及下页。
[3] Kaser, *ZPR* 122ff.;Pugliese, *Proc.* 2.1.100f.

的意愿。而另一方面，在程式诉讼中，双方当事人很可能在主张其对选择承审员的意见的权利时犹豫不决，特别是因为，在行省中，很可能缺乏合适的人选。实际上，非常审判的根源之一可能在于，行省的特殊环境导致了程式诉讼制度的某种变形。

## （三）传唤方式的改变。

缺席判决。在普通程序中，我们知道，原告必须将被告弄到执法官面前；① 而在非常审判中，国家的官员不仅参加审理，而且也开始参与传唤。似乎有三种主要传唤的形式——书信（litterae）、告示（edictum）和通知（denuntiatio）。② 如果被告的住所离法庭所在地很远，就采用书信的形式。③ 原告必须从法庭取得一封授权信，然后将它带给当地执法官，后者传唤被告，并在这封信上注明已经传唤了被告，然后再将信还给原告。④ 告示，即公开张贴的一种书面通告，无疑只适用于不能找到被告的情形。⑤ 通知本来看起来是在被告居住于开始进行诉讼的法院的管辖范围内时通常采用的方式，但它提出更多的疑问。我们知道，它是对被告进行的通知，但是，原告自己发挥什么作用是不明确的。有些权威学者认为它是由原告发出的一种私人传唤，或者是一种纯私人的行为，或者有某个官员的某种支持（因此是"依准可而发出的通知"），而其他权威学者则认为，它总是由一位官员发出的，尽管当然是应原告的请求才发出。⑥

如果后一种观点是正确的，那么，所有这三种传唤都只是执

---

① 上文，第 175、200 页。
② D. 5.3.20.6d；40.5.26.9。关于稍微不同的分析，参见 Kaser, *ZPR* 371f.。
③ T. Kipp, *Die Litisdenuntiation*（Leipzig, 1887）126.
④ *FV* 162f.。关于这个程序的一个例子，参见 *P. Giess.* 1.34（Mitteis, *Chrest.* no. 75）。
⑤ Kipp, *Die Litisdenuntiation*（同上），124。但是，如果被告知道这个告示，那么，根据拒不出庭（下文），只能作出缺席判决；Steinwenter, *Versäumnisverfahren* 40。
⑥ 参见 Kaser, *ZPR* 372，及相关引述。

法官传唤所采取的不同形式，这种执法官传唤或者说是执法官的权利，是高级执法官一直拥有的命令一个私人当事人出现在他们面前的权利。① 其变化在于，这种权利是应另一个私人的请求，用来作为开始一个私人诉讼的方法。

这种观点还清楚地说明了不服从通知及其他传唤形式会导致缺席判决的原因。这在普通程序下是不可能的，因为未经被告的同意，不能进行审判。但是，不服从传唤是一种违法行为，而处理这种特殊违法行为（拒不出庭）的最有效的方法是在没有被告的情况下继续审理案件。通常，必须按规定的时间间隔下三道告示或者传唤，最后一道告示是"绝对的"，指明一个期限，此期限届满则诉讼将继续，但是在特殊情况下，这样的过程可能被缩短。② 被告的缺席不一定就导致对他不利的裁决。法官仍必须调查案情，并可能作出不利于原告的裁决，③ 但是，这种情况自然不会经常发生。

## （四）上诉。④

在共和国时期，就我们所认为的，不存在上诉。对某项判决的质疑可以通过为某个已决案之诉进行辩护，⑤ 并且，对于执法官在诉讼初期或为准备执行死刑而作出的裁决，他的某个同事或者某个保民官可以行使否决权来宣告其无效。⑥ 但是，一个承审员的

---

① Gell. 13.12；参考上文，第 380 页注释。
② D. 5.1.70—2.
③ C. 7.43.1.
④ Kaser, *ZPR* 397f.；R. Orestano, *L'appello civile in dir. rom.*（2nd ed., Turin, 1953）；Litewski, *RIDA*（1965）347ff.；（1966）231ff.；（1967）301ff.；（1968）143ff.
⑤ 当然不涉及其法律依据问题；参考上文，第 216 页。还有一种很难解的程序，叫"加倍撤销"（revocatio in duplum），这不是一个罗马法上的术语，可能适用于被告在已经履行判决后又想对该判决的有效性提出质疑的情形；Kaser, *ZPR* 290。
⑥ Cicero（*Verr.* II. 1.119）说，在维勒斯担任内事裁判官期间，一群人围在他的同事比索（L. Piso）的座位周围，请他说情以否决维勒斯的行为。Jones（*Studies* 77）提出，行使否决权的执法官可能代之以他自己的决定，但没有关于这一点的证据。

判决不是执法官的行为，因而不受否决权的制约。不过，在帝国早期，甚至就这类判决向皇帝上诉似乎也得到允许。① 另一方面，在非常审判中，承审员只是指定他的那个官员的代表，因此，原则上不会反对向那个官员上诉。② 当然，它很快就变成一种常规的制度，高级法庭不仅可以撤销低级法庭的决定，并且可以代之以它自己的决定。并且可以进一步地上诉，直至向皇帝上诉。如我们所知道的，皇帝通常以一项持续性的命令，将上诉的听审委托给其他官员，但在元首制时期，这并不一定阻止进一步向皇帝本人的上诉。因此，保罗叙述了一个案例，在这个案例中，"恢复原状"遭到裁判官和市政长官的拒绝，但最终由皇帝给予。③ 但是，在君主制时期，军政长官的判决被宣告为不可上诉的。④ 作出上诉的消息必须交给作出那项被质疑的判决的法院，并且，它可以口头上立即作出，也可以书面形式在很短的几天之内作出。⑤ 对于向皇帝作出的上诉，所争议的金额必须超过一定的最低额，⑥ 败诉的上诉方将承担经济损失。⑦ 不允许对缺席判决上诉。⑧

请示（relatio）与批复（rescript）程序⑨不同于上诉，但是它们都有助于证明皇帝在其整个疆域具有最高司法权力，并有助于统一司法管理。

---

① Wenger, 211n；Kaser, *ZPR* 399f.；奥古斯都似乎接受对执法官在法律审阶段的决定的上诉，但是，直到克劳迪时期才有对一个承审员的上诉的记载，因为克劳迪给予一个因为"过分请求"而败诉的原告恢复原状；Suet. *Claud.* 14。Jones, *Studies* 81ff.，虽然承认西塞罗的只字未提充分证明了在他那个时代罗马没有上诉，但他坚持认为，在各行省，情形可能不同，并猜测，可能有依权审判方面的上诉，但没有法定审判方面的上诉（但是在罗马，并非所有的审判都是法定审判）。关于皇帝司法权的根据，参见下文，第402页注释。

② D. 49.3.3；49.1.21.1.
③ D.4.4.38。可能是一种特殊情形。
④ D. 4.4.17；1.11.1.1.
⑤ D. 49.1.5.4.
⑥ D. 49.1.10.1.
⑦ Tac. *Ann.* 14.28.
⑧ D. 49.1.23.3.
⑨ 上文，第369页及下页。

## （五）执行。

和传唤一样，执行也成为执法官可以动用其命令权和强制权的事项。判决不一定是金钱性质的——在普通程序下则必然是金钱的判罚，并且，在通过非常审判处理的一些事项上，执法官实际上可以通过直接的强制来执行其决定。[1]但是，当判决是关于金钱的时候，执行的开始仍通过已决案之诉，但这个诉讼也可以根据新的诉讼程序提起。[2]

对人身的执行仍然可能，但是，似乎还有一种更切合实际的对财物的执行方法。[3]获得有利判决的债权人不必占有债务人的全部财产。相反，法院官员可以被允许扣押足够的财产，并在两个月的延迟期后，为债权人的利益将其出售。[4]在这方面，国家所做的也是以前的制度下应当由原告做的事。

## 三、刑事管辖权

在共和国的最后一个世纪里，设立了常设刑事法庭（quaestiones perpetuae）审理罗马市民所犯的严重罪行，这些法庭在元首制早期仍存在。奥古斯都本人通过他的一项关于诉讼的法律调整了它们的程序，并且，创设了一个通奸罪刑事法庭以处理他首先规定应受处罚的性犯罪，从而增加了这些法庭的数量。他还引进了，

---

[1] 例如，当他根据《贝加西安元老院决议》的规定，迫使一个继承人占有一笔负担过多遗产信托的遗产；D.36.1.4。对于信托解放，可以强迫负有义务的人做出解放行为（D.40.5.26.6）；如果他未能出庭，且判决对他不利，则奴隶不经他解放就成为自由人（前引文献，7）。

[2] D.5.1.75.

[3] 已知的最早的提及出现在庞乌的一个批复中，引自 D.42.1.31。

[4] 首先扣押的是动产，然后是土地，再后来，如果有必要，是无形资产：D.42.1.15.2。

第二十三章　元首制时期的司法与诉讼程序　　517

至少在一些行省里引进了，一种相似的由陪审团法庭审理的方法，[1]但是这些法庭不享有对罗马市民的管辖权。[2] 不过，尽管有这些创新，这种制度仍不能充分满足帝国的需要。它不灵便，因为法庭的设立，根据罪行的不同而不同，而且它不完整，因为一个文明国家必须承担施以惩罚的许多罪行根本没有包括在内。例如，盗窃、财产损害和欺诈通常只会引起民事诉讼。只有在特殊情况下，例如在使用暴力的时候，它们才被纳入某一个刑事法庭的管辖范围。在许多情况下，可以实施的最严厉的惩罚太轻了，随着罗马市民籍的延伸，将所有被控犯有严重罪行的市民都送去罗马审判变得不切实际了。这样，必须通过其他法庭的工作来补充常设刑事法庭的工作，这些其他法庭是非常法庭，不仅处理常设法庭所包括的罪行，还处理它们所不包括的罪行。这些法庭中有一个是元老院，它发展了一种对那些可以从广义上称为政治案件的管辖权，这些案件通常但并不必然涉及元老。[3] 这种管辖权的宪法根据受到怀疑，[4] 并且，因为它的适用范围有限，它对刑事法的发展的

----

[1]　参见第一个昔兰尼告示（*FIRA* 1.404）；Premerstein, *SZ* 48（1928）419ff., 特别是442ff.。

[2]　前引文，第 444 页。

[3]　关于一种正规司法权的第一个明显证据是公元前 4 年的《卡尔维西安元老院决议》（在昔兰尼的第五个告示中，*FIRA* 1.410），它规定，对于不是应处死的搜刮钱财案件（可能是那些只敲诈勒索但没有应处死的罪行的案件），在整个元老院预审后，通过抽签决定 5 名元老组成一个法庭进行审理。人们怀疑，在奥古斯都时期，通常意义上的那些为数不多的政治案件（包括尤里亚的情人的那个案件）到底在多大程度上构成一种司法管辖。它们可能仅仅表明"奥古斯都以一种特别的形式处理特别的政治事件"（Sherwin-White, *JRS* 53 [1963] 203）。但是，在后来的皇帝的统治下，元老院成为一个法庭，审理涉及重要人物的公共或者丑闻案件。参见 Garnsey, *Social Status* 17ff.。

[4]　它不可能来源于元老院在共和国时期偶尔的一种做法，即通过一个元老院最高决议后，元老院宣布危及公共安全的"公敌"（hostes publici），因为在这些情况下，没有任何审判的味道（Kunkel, *SZ* 81 [1964] 360ff.）。F. de Marini Avonzo, *La funzione giurisdizionale del Senato romano*（Milan, 1957），认为它来源于皇帝的授权，但是，《卡尔维西安元老院决议》（上文）没有诉诸于这种想法，而仅仅从元老院本身的权力出发。Jones, *Studies* 86ff.（=*Historia* 3 [1955] 478ff.），认为元老院是皇帝的顾问委员会，其司法权仅仅是皇帝司法权的一方面（参见下文）。较为可能的是，这种司法权是由于元老院不适当地作为公法的解释者而造成的（Sherwin-White, *JRS* 53 [1963] 203）。另参见 de Martino 4.1.503ff.。

影响无足轻重。具有更重要的意义的是,皇帝①及其代表,特别是行政长官的法庭,以及行省总督的法庭。后者所享有的针对市民的处罚权力的范围是一个有点困难的问题。蒙森②认为,总督的治权不包括对受到死刑指控的市民的审理的权利,但是这种权利,以剑罚权(ius gladii)的名义,越来越频繁地被授予各个总督,到公元3世纪,所有属元老级别的人都享有这种权利,尽管有时须经皇帝确认。根据这种观点,很难令人信服地解释所有记载下来的案例,而且,近来有人提出,③自共和国晚期以后,总督享有对市民的死刑案由的案件的管辖权(不同于单凭行使强制权处死市民的权利),尽管他们可能在任何情况下都决定不行使它。我们在《学说汇纂》④中发现一种学说,认为总督的权力由皇帝授予,它可能是塞维鲁法学家们所创立的,这些法学家想使所有权力都服从皇帝的权力。

从一开始,惩罚的规定变得更加严厉。的确,甚至到那时,很少因一个刑事法庭的裁决而实际处以死刑,⑤但是从提比略时起,禁绝水火(acqua et igni interdictio)的判决伴随着市民籍的丧失,⑥并且通常为流放(exilium)所取代,后者就其较严厉的形式"放逐"

---

① 皇帝管辖权的范围及其依据都存在争论,并且,证据太少,太含糊,以至于只能够猜测。迪奥·卡修斯说的是,公元前30年授予奥古斯都的荣誉中包括了"裁决者"的权力。Jones,前引书(上注),认为皇帝刑事管辖权的依据是这种权力和《关于公共暴力的尤利法》中的一条未经证实的规定。J. M. Kelly, *Princeps Iudex*(Weimar, 1957),认为,除了对于叛逆罪,奥古斯都的行为没有任何法律依据外,他的刑事管辖权都在那些常设刑事法庭的范围内,在那些法庭中,迪奥所引用的规定给予他在双方票数相等时投决定性的一票。但是,表明奥古斯都参加刑事法庭的唯一证据是Suet. *Aug.* 33(这同样可能指一种特别管辖权),并且,很难相信,奥古斯都会经常参加刑事法庭。可能更合适的说法是,其依据恰恰是奥古斯都由于史无前例地将多种权力集于一身而享有的最高治权。另参见de Martino 4.1.446ff.;Jones, *TR* 32(1964)107ff.;Kunkel, *SZ* 81(1964)360ff.关于皇帝的顾问委员会所发挥的作用,参见上文,第339页及下页。
② *StrR* 229ff.关于一种修改的观点,参见Jones, *Studies* 58ff.;A. N. Sherwin-White, *Roman Society and Roman Law in the New Testament*(Oxford, 1963)9ff.。
③ Garnsey, *JRS* 58(1968)51ff.
④ D. 1.21.1;1.16.6 pr.(参考50.17.70)。
⑤ 尽管这不是不可能;Mommsen, *StrR* 220。
⑥ Dio 57.22;Mommsen, *StrR* 957。

(deportatio)[①]来说,不仅指罪犯变成一个异邦人,而且还指他被限制在一个孤岛或者一片绿洲上,除了可能作为某种恩惠留给他的任何财物外,他失去其全部财产。较温和的"遣送"(relegatio)则不影响市民籍,可能也不影响财产。[②]在新的法庭里,重新引进死刑,并且,历史上有足够多的对政治案件处以死刑的例子。在普通案件中,死刑是对较低等级加处的,但是在前两个世纪里,上等人通常似乎得到豁免,但杀死父母的情形除外。[③]

在新的法庭中,尽管执法官能够以纠问方式处理犯罪,也就是自己主动调查,并利用自己的一切手段——通常也的确是这样做的,但是,曾为常设刑事法庭引进的抗辩制的诉讼程序仍存在。相反,它一直是通常的程序,[④]并且,指控人有奖励,同时他们也因无理控告或与被告共谋而被处罚。

我们将看到,在整个刑事制度中,国家的最高权力,即皇帝和元老院,为了维持秩序,承担起补充法律和程序的不足的任务,它们不是靠制定新的法律,而是靠直接干预。司法权与立法权没有完全分离,虽然常设刑事法庭是朝着"法治"迈出了一步,但"法治"从未被确定下来。当必须以非常审判方式审理相同的犯罪时,也确实适用了由设立刑事法庭的法律所创立的实体规则,[⑤]并且,皇帝的裁决,偶尔还有元老院决议,提供了某种准法律的帮助,但是,要排除任意裁决,这远远是不够的。[⑥]因此,这种刑事法制度从未超过一个严格法阶段,在这个阶段,必须有准确的区别和定义,并且,尽管法学家成功地阐述了一些重要原则,但在后来的历史上,它的示范作用远没有市民法作为典范那么重要。[⑦]

---

① D. 48.13.3。直到公元 2 世纪才明显成为一个专门术语;Garnsey, *Social Status* 113。
② 前引书,.第 116 页及下页。
③ D. 48.19.9.11。参见 Garnsey, *Social Status* 122ff.,并参考上文,第 351 页。
④ 除了市政长官或宵警官处理的案件;Kunkel, *Symb. David.* 1.127。
⑤ D. 48.1.8。
⑥ D. 48.19.13。参考 Levy, *BIDR* 45(1938)137, 396ff.。
⑦ 关于元首制时期的刑事法庭,现在可参见 A. H. M. Jones, *The Criminal Courts of the Roman Republic and Principate*(Oxford, 1972)91ff.。

# 第二十四章

# 古典法的一般特征

## 一、引言

本章的目的不是要说明，哪怕是概括性地说明古典法的各种规则，而仅仅是为了说一说它所蕴含的精神实质，并指明它区别于以前的和后来的法律的那些特点。但是首先必须认识到，要确定古典法的真正的性质有很大的困难。除了盖尤斯《法学阶梯》外，我们的重要的原始文献是通过优士丁尼的《学说汇纂》和《法典》的中介得来的。为了使这些规则能够适用于很久以后的时代，并且适应于一种大为不同的文化，它们被节选，有些时候（可能是许多时候）还被改动。[①] 此外，还有一种可能，就是在这些文本中，有一些文本在优士丁尼的编纂者得到时，其实已经在古典时期一结束后就被人作过某种改动。

无疑，和从纯粹立法的角度来看，优士丁尼的编纂者所作的改动并不总是如应该做到的那样全面，但是，大量的古典法规则、制度和区别到优士丁尼时代已经过时，因而对它们的叙述被略去或者被改动。特别是程式诉讼程序，因为古典法的大部分内容与它有密切关系，而它已经消失很长时间，因此古典时代的著作中涉及它的大多数内容对优士丁尼的编纂者来说毫无用处。因此，

---

[①] 参见下文，第 486 页以下。

直到发现盖尤斯的《法学阶梯》，现代学者才对该制度的性质有一些清楚的认识，甚至到今天，它的许多内容仍不清楚。

还有一个困难。古典时期的文献资料大多是从罗马的角度来写的，并且预先假定在两个罗马市民之间的诉讼。甚至在首都的伟大法学家想到行省的案例的时候，他们仍然代表着官方观点，一种保守的罗马人的观点。但是，在帝国的偏远地区，他们所详述的那种制度甚至在《卡拉卡拉敕令》之后也不总是有效的，因为在这些地区，罗马法是一种外来的制度，官员和诉讼当事人都不可能获得和可以在罗马获得的同一水准的专业意见。研究这个问题的材料很少，即使是现在埃及发现了相当多的纸莎法律文献，但是，可以肯定，在帝国的东半部分，实际有效的法律与官方制度有非常大的区别，而且，事实上，许多当地的法律保存下来。① 这些区别并非全部归因于对这种外来法的误解，或者不喜欢。埃及的土地登记制度可能得到过罗马政府的批准，不过，在关于官方罗马法的现存文本中没有一个提到它。② 但是，最重要的是法学家的法律，因为是他们的工作使罗马法具有独特的优点，而且，本章接下来的大部分内容是关于官方法律制度的。

## 二、影响和方法

元首制时期对法律的发展起作用的那些影响，大体上与共和国晚期起作用的那些因素相同。那时，罗马早已经与意大利以外的世界联系了，特别是与更古老的具有更发达文明的古希腊东方联系了；③

---

① 官方的罗马法与行省习惯的相互作用是 Mitteis, *Reichsrecht*（1891）的主题。另参见上文，第347页。
② Rabel 431.
③ 关于希腊思想在方法问题上的影响，参见上文，第93页，以及广泛详尽的论述，参见 Schulz, *History* 38ff.，在那里面，共和国的最后两个世纪被称为"希腊化的时代"；另参见 Coing, *St. Arangio-Ruiz* 1.365ff.；Pringsheim, *BIDR* 63（1960）1ff.。

罗马的法学家已经接受了希腊哲学的一些学说,而她的法律也接受了来自希腊资料的许多补充。因此,如我们所知道的,万民法(ius gentium)的概念带有希腊哲学思想的色彩,① 而且,只提一个实际的例子,市政官告示,以及它对买卖法的显著创新,至少部分是来自于希腊城邦的法律中的类似规定。②

在最初开始接触的时候,更加成熟的希腊制度已经远比罗马制度更大地摆脱了形式主义,并且,它们的影响促进了罗马法朝这个方向的自然的发展。罗马帝国的普世主义性质,贸易的发展,同样有助于瓦解民族的特性,有助于引进新的概念,有助于产生那种作为罗马法的显著特征的个人主义。但是,罗马人的方法仍具特色。一些创新当然是立法的产物,这种立法当时一直是皇帝公开或暗中进行的,但是,据以改变法律的主要手段是将法学家的解释与裁判官制度相结合。到共和国末期,主要的告示的类型无疑已经确定下来,但是,其作用的巨大扩张则是元首制时期的成果,而且,这种重要性的一种表现是,上文已经提过,在古典晚期的一般性论著中,市民法部分差不多是作为论述告示的那一部分的一个附录。③ 但是,市民法不是因此不再存在;它仍存在,尽管其原则可能实际上不再得到适用。④ 我们知道,裁判官的救济,事实上对实际的继承法作了非常大的修改,但是,要说明由此产生的制度而不提到市民法,这完全是不可能的。用梅特兰(Maitland)的话说,正如衡平法是对普通法的一个注解一样,⑤ 裁判官法也是对市民法的一个注解,但是,罗马的"衡平法"的范围比英国的衡平法大得多。不过,实际的告示只代表着裁判官法的一部分;是法学家使它完整,如同他们对市民法原始资料

---

① 上文,第104页以下。
② F. Pringsheim, *The Greek Law of Sale* (Weimar, 1950) 478f.; Ferrini, *Opere* 3.77ff.
③ 上文,第376页。
④ 即使如此,市民法仍保持一种理论上的优越性,市民法之诉仍优先于裁判官法之诉; Mitteis, *RPR* 59。
⑤ *Lectures on Equity* (2nd ed., Cambridge, 1936) 18.

所做的那样。因此，尽管告示有一种关于"诈欺抗辩"（exceptio doli）的形式，但是，是法学家发展了关于什么是欺诈的规则；告示承诺"处理声称与一个未成年人达成了交易的案件"，但是，是法学家制订出较为明确的给予"恢复原状"的规则。[①] 同样地，正是根据法学家的权威，在市民法和告示都没有提供救济的情况下给予了"事实诉讼"（actiones in factum），并且这些诉讼，特别是自尤里安以后，看来是最富有成效的发展方法之一。

当然，法学家们的工作不仅仅是关于裁判官法。他们的"解释"同样运用于市民法，因此，这两者成为一个连贯的整体的组成部分。但是，在整个古典时期，这个制度仍带有紧密联系实际的痕迹，因而缺乏广泛的对一般理论的探讨。这样，没有关于法律上的行为的无效的一般理论，甚至也没有明确区分无效合同与可撤销合同。[②] 对损害赔偿问题也没有形成一般的模式，尽管法学家们对每个诉讼都讨论了"它所涉及的问题"（quid veniat in iudicium）。事实上，就我们来说，进步主要是个案的，而恰恰是判例法（当然是一种不同于英国的判例法）的丰富和其中所蕴含的实践智慧，使古典法具有独特的价值。

以下部分将更具体地说明所发生的变化的性质。形式主义的减弱和逐渐抽象的思维方法，是将古典法区别于以前的法律的最鲜明的特征。更经常地使用书面形式，说明了希腊的影响，但是在古典时期，罗马法还没有吸引这种因素，它的态度仍然非常不同于它在帝国晚期所采取的态度。

## 三、逐渐减少的形式主义和刚性

我们说一种制度是形式主义的，特别是关于它对法律上的行

---

[①] 上文，第229页。
[②] Mitteis, *RPR* 236.

为的态度，即根据有关当事人的意图为了产生一种法律上的后果而进行的行为，如契约、转让或者遗嘱。在这方面，形式有双面性，即"外部的"和"内在的"。①"外部的"形式是指法律上的行为必须严格按照规定的形式，用固定的套语、手势或者附属物，如果没有这些，意思的表达无论多么明确，都是没有法律效力的。"内在的"形式是指规定形式的完成产生法律所规定的典型的后果，即使明显没有产生那种后果的意思。它还意味着，意思的表达只能产生特定的非常有限的效果，例如不可能这样来改变某种转让的效力，即财产只应在某个将来的日期，或者满足某个条件时转让。必须注意到，甚至是现代的法律制度仍然部分上是形式主义的，特别是在"外部的"意义上，例如，人们仍然只能按照规定的形式行使其遗嘱权。因此，在英国，无论一份文件多么清楚地表明死者的遗愿，除非有两名见证人证实，它仍然不能作为他的有效遗嘱。

但是，罗马的古典法保留的早期形式主义比现代法多得多。要式买卖，带有复杂的仪式，仍是转移要式物的完全的所有权所必需的；要式买卖和要式附约仍是遗嘱具有市民法上的效力所要求的；役权只能在通过生前行为以拟诉弃权的方式设立；②收养和脱离父权需要三次要式买卖和解放的介入，自权人收养仍按照旧的仪式在模仿的库里亚民众会议面前进行。但是，在许多情况下，这种规则的效力已经被裁判官法减弱。事实上，未经要式买卖而取得要式物的占有，即使在它依时效取得成就为完全所有权之前，由于它得到告示的如此充分的保护，以至于也可以说它是一种类型的所有权；③并且，如我们指出的，关于遗嘱继承的裁判官法所要求的形式更简单，更适合于防止干扰遗嘱人的指示的目的。④但

---

① 前引书，第255页。
② 至少具有市民法效力；Buckland 265。关于文献资料，参见 Kaser, *RPR* 1.444。
③ 参见上文，第265页注释。
④ 上文，第248页。

是"裁判官法上的遗嘱"并不和依据市民法的形式订立的遗嘱一样完全有效,并且在其他情况下,如在收养的问题上,没有类似的对形式性的缓和。遗赠的发展可以看作为这种缓慢而谨慎的进步的典型。上文已经提过,① 有四种不同的遗赠,尽管为这里讨论的目的,我们可以将范围限于两种较重要的形式——直接遗赠和间接遗赠。很清楚,最初,每种遗赠都有其特有的形式,无疑也是唯一有效的形式,前者的法定话语是"我遗赠"(do lego),后者的套话则是"我的继承人有义务给付"(heres meus damnas esto dare)。到盖尤斯时代,② 已经允许某些变化,但只是非常少的变化。只需说"do"或者"lego"一个词就够了,并且实际上,如果说受遗赠人将"取得"物(sumito, sibi habeto, capito),效果是一样的,尽管这明显被认为是进一步的放宽。间接遗赠的作出可以说"我的继承人给付"(heres meus dato),至少,在盖尤斯时代之后,允许一些其他的作出指令的形式。③ 但是,我们仍然远未达到那个只要是明确表示出来,任何形式都是可以的原则;每个特定的短语都值得探讨,而且它的允许被认为是一种成就。

但是,如果我们停留在这里,那么,整个历史是不完整的,因为,在同时,当法学家们还在讨论关于遗赠的这些细节时,遗产信托已经得到认可。④ 它们完全不受任何形式规则的约束,甚至不需要用拉丁语或者以书面形式。确实,它们不能做到直接遗赠所能做到的事,即将物权直接转让给受益人,但是,实际上,它们和遗赠一样有效,并且的确能够取得旧法上完全不被认可的效果。这两种制度并存,每个都有其自己的规则,代表着法律发展的不同阶段,并且由于它们的共存,大大增加了法律的复杂性。只有一

---

① 上文,第 246 页及注释。
② Gai. 2.193, 201.
③ *Epit. Ulp.* 24.4.
④ Gai. 2.246ff.

种制度，就像优士丁尼时代的那个制度，能够将它们完全融合，因为它完全忽略了引起这种区分的程序上的差异。

如果法律逐渐变得不那么具有形式性，那么它也渐渐变得不那么刚性。这两个方面密切联系，但又不完全一样。说一个制度是刚性的，是指一旦确定了一项规则，就不容许任何例外，因此，尽管这个规则很好，但是在特定情况下，它也会产生粗暴地伤害普通的正义感的后果。而一种灵活的制度，通过一般性的压倒一切的原则，能够防止这样一些后果的发生。因此，虽然一个人必须遵守自己订立的契约，这是一条规则，而且是一条好的规则，但是，无论是发达的罗马法，还是发达的英国法，都不会对因受威胁或者欺诈而订立的契约适用这条规则。但是，并非所有的疑难案件都可以成功应对，在所有法律体制下，永远都存在着刚性原则与灵活性原则之间的斗争，前者有利于确定性，而后者则有利于个案的公正。这种斗争很明显表现为，在对成文法作出解释时字面含义与精神实质之间的竞争，但是，这一问题还存在于适用不成文规则时，以及对非法律文本，如对遗嘱和契约进行解释时。

这种区别的形式被总结为文字（scriptum）与意图（voluntas）之间的区别，有时就是法（ius）与公平（aequitas）之间的区别，罗马人在共和国结束之前非常清楚地知道它的存在。① 亚里士多德对它作过较为细致的研究，② 在罗马具有相当大影响的那些希腊修辞学家的著作中对它进行了展开。在共和国结束之前，古代的刚性在实践中就已经受到一些显著的挫败。③ 但是，西塞罗所有的高谈阔论，甚至像塞尔维·苏尔皮求斯（Servius Sulpicius）这样伟

---

① J.Stroux, *Summum ius summa iniuria*（Leipzig, 1926）; Schulz, *History* 76ff.; 关于近来的研究，参见 U.Wesel, *Rhetorische Statuslehre u. Gesetzesauslegung der röm. Juristen*（Cologne etc., 1967）; B.Vonglis, *La lettre et l'esprit de la loi dans la jurisprudence classique et la rhetorique*（Paris, 1968）; Stein, *SDHI* 34（1968）446ff. 作了评论。

② 关于亚里士多德的影响，特别参见 Coing, *SZ* 69（1952）24ff.; Villey, *Leçons d'histoire de la philosophie du droit*（Paris, 1957）161ff.（= *RHD*［1951］309ff.）。

③ 尤其是著名的庭审案，参见上文，第 198 页注释。

大的法学家致力于对"公平"（aequitas）的研究，自然不足以一下子就改变古代法制度的这种特性。要成功地进行这样一种改变，需要精心设计一种法的技术，这只能通过好几代人才能够实现，而古典法学家的工作恰恰就是这种精细的法律技术。古典法学家优越于拜占庭法学家的正是对这种法律技术的娴熟，后者希望在每种情况下都产生一种公平的结果，但由于没有一种类似的专业理解能力，通常都以高调的空话告终，透过这些话看不出任何能够一般适用的原则。

古典法对由于自权人收养而产生的最小人格减等（capitis deminutio minima）的一些效力的规定，是这种法渐渐变得灵活，但决非完全灵活的一个例证。以前的市民法规则是，被收养人的权利（除了一些已经丧失的权利外）转移给收养人，但收养人不对其债务负责。但是，关于这条规则的后半部分，市民法已经设立了一个例外。被收养人作为某个死者的继承人欠下的债务确实转移给收养人，据说其理由是，收养人取代被收养人成为继承人。几乎可以肯定，允许这条例外，仅仅是因为这个规则本身实际上很不方便和不公平，但是市民法没有比这更进一步的规定。但是，裁判官法防止不公平的方法是允许对被收养人的一种诉权，拟制他没有承受人格减等，并且（除非这个诉讼得到那个养父的辩护）允许针对被收养人带来的财物进行执行。① 但是，应当认识到，不是所有的人格减等所产生的不希望得到的结果都这样令人满意地得以处理。用益权作为一种高度人身性的权利，仍然因为这种"市民法上的死亡"而丧失，尽管很明显，这条规则引起不便，并且立遗嘱人在努力通过某些起草遗嘱的方法预防这种意外情况。②

我们随便就可以举出很多这类例子，说明古典法成功地摆脱古代规则的使人失望的结果的不同程度，但至少同样重要的是，

---

① Gai. 3.83f.
② Buckland 272.

必须认识到，这些多多少少的灵活性的获得，与其说是通过规则的运用不如说是标准的运用。然后，从这些标准中可以推断出新规则，而不必削弱它们解决将来的困难的用处。在这些标准中，诚信（bona fides）是最显著的例子。没有人能够穷尽"诚信"的含义，并且，接受一条规则，如卖方的如此这般的行为不符诚信的标准，这并不表示，可以放肆地进行其他不诚实行为而不受惩罚。当然，在共和国结束之前，就有诚信诉讼，但是，这个概念所提供的巨大空间直到后来才得以认识。例如，在买卖中的一贯做法是，卖方应通过明示的要式口约，使其承担追夺的担保责任，但是直到古典时期，才发展到规定即使没有任何明示的承诺，他也要负责，其理由无疑是，如果他试图逃脱这种普通的责任，这就会违背诚信。[1]

欺诈（dolus）得到同样广泛的适用，它可以包括任何不符诚信要求的行为。因此，具有私犯性质的欺诈之诉（actio de dolo）的授予，不仅在实际发生欺骗的时候——如最初时那样，而且，更为通常的是在被告拒绝给出要他给的东西的行为违反诚信，且导致原告损失的时候。这样，如果被告先允许原告在他的土地上挖一块石头，而在原告为此支出了费用后却又不允许搬走那块石头，乌尔比安[2]允许欺诈之诉。[3]

较早期的制度可能不知如何处理这样一种情况。土地和石头属于被告，不存在一种契约创设他对原告的一种义务。

## 四、日益增强的向抽象思维方式发展的趋势

与早期法律制度的形式主义和刚性相联系的自然是一种具体

---

[1] 上文，第292页。
[2] D. 4.3.34.
[3] Mitteis, *RPR* 317ff.

思维方式，在这方面，和在其他方面一样，古典法决非完全地摆脱了早期的束缚。因此，它的分类建立在外在的特征上，并且，虽然现代法律制度进行很重要的区分的根据是一个人可能拥有的抽象权利的不同,古典法上的区分根据则是更具体的救济方法的不同。例如，它清楚地知道对物诉讼（actio in rem）和对人诉讼（actio in personam）的区别，但却留给后代从这中间推导出对物权和对人权的区别。[1] 这种明显的落后，是由于仍然很普遍适用的复杂的程序制度，它一直存在于法学家们的头脑中，因此，在任何情况下，他们问自己的不是一个人拥有什么样的权利，而是可以采用什么样的程序。仍然存在几种不同的程序——令状、恢复原状、市民法诉讼和裁判官法诉讼，以及非常审判的萌芽形式，每种程序都有自己的特点。只有在后古典时期，当在每种情况下都可以采用相同的程序时，才可能先抽象地指出一个人的权利，之后再考虑实现这些权利的程序。

但是，在盖尤斯的《法学阶梯》第二卷开头关于"物"的分类中可以看出向权利的分类迈进了一步。他说，主要的区别是财产物和非财产物之间的区别，后者是指因为是"神圣的"或者"公有的"而不能为个人所拥有的物。这样，已经有一种根据物上可以存在的权利而对物进行的划分。但是，盖尤斯继续区别有体物和无体物。[2] 他解释说，有体物是指可触摸到实体的物，无体物是指在法律上存在的物，如继承权、用益权或者债，并且不久以后，好像役权也是"无体物"。现在，严格地说，这种区分是不合逻辑的，因为在这一系列权利中它完全漏掉了所有权，而将它等同于所拥有的物。更为全面的分析可能是,所有权利本身都是无形的，尽管它们全都具有有形的客体。我享有用益权的一头奶牛和我所有的一头奶牛有一样的形体；区别在于，在后一种情形中，我的权利更大。但是，即使罗马人的分析不能令现代人满意，仍然必

---

[1] 反对的意见，Scherillo, *St. Betti* 4.81ff.。
[2] Gai. 2.12.

须认识到，其中已经隐含着对所有权与所有其他权利的明确区分，并且如上所述，所有权作为一种绝对权的概念是古典法的一个非常伟大的成就。古典法还向役权作为绝对权利的观念前进了很多，在这方面也很明显有一种向更为抽象的思维发展的趋势。现代的分析将役权看作为一种他物权（iura in re aliena），[①]也就是在某种情况下可以从所有权所含的一组权能中分离出来，给予所有人之外的某个人的某些权利，并且这些他物权是物权，即它们不仅可以对抗所有人，而且可以对抗其他任何人。最初，最古老的乡村役权是以一种非常具体的方式想象出来的，早期人类看到的不是一种抽象的"通行权"，而是一条具体的路，因此，最古老的乡村役权被划入要式物中。[②]而古典法将所有役权都看作为无体物，并发展出"任何人都不能对自己所有的物享有役权"（nulli res sua servit）的格言（maxim），[③]这非常符合现代的概念，因为如果将役权界定为对他人的财产的一种权利，必然会是这个结果。

然而，以前的概念的痕迹仍存在。不仅乡村役权是要式物的规则仍保留下来，而且，似乎役权在放弃供役地的所有权后可以继续存在。这不符合役权是对他人所有的财产的一种权利的定义，并可能被解释为以下具体观点的残余：如果甲享有在乙的土地上的通行权，乙放弃了其土地，由于那条路仍在那儿，因此，甲的役权继续存在。[④]另一方面，如果人役权的范畴在古典时代结束之前已经得到承认，这是可能的，[⑤]这种承认表明，他物权的概念已经形成，因为人役权与地役权除了（从现代的观点看）都是他物权之外，它们之间几乎没有什么共同之处。

在债的方面，有一种相同的向更抽象发展的趋势。债最初被认

---

① 这不是罗马法上的表达方式。
② 参考上文，第137页。
③ D. 8.2.26.
④ Buckland, *LQR* 44(1928)426ff.
⑤ Buckland, *St. Riccobono* 1.277ff.

为是非常具体的一个人受到另外一个人的约束，①就像当然只能是由于市民法而产生的那样。而且，这样的一种约束必然具有高度的人身性；如果甲对乙负有义务，乙就不能以自己的行为让甲对丙而不是他自己负有义务。在古典法上，这个观念仍大量存在。几乎直到古典时期末，似乎债(obligatio)这个词仍限于指市民法上的关系，而且，严格地说，债仍是不可转让的。但是，债已经被划为一种物。这表示，从债权人的角度，它已经被承认为一种资产，伴随着这种承认，自然就产生了使它像有形资产一样能够转让的要求。对有体物适用的那些方法当然不能适用，但是设计了一种间接的通过转让诉权来转让这种资产的方法，这样，"诉权转让"成为一种众所周知的程序。②当保罗把债说成是"约束我们转让某物或做某事或提供某物"时，③他明确地表达了这一观点，即债的本质在于债务人必须履行的义务，并且很可能在古典时期结束之前，人们就承认，这种不那么具有实物性的约束不仅在市民法上，而且在裁判官法上也存在，因此，债这个词可以延伸到荣誉法所承认的关系。④

这个概念确实仍然与诉讼的程序性概念紧密相连，⑤但是，在程式诉讼制度中已经有一些方法，根据这些方法，依某个债所产生的一个义务可以与其他义务相分离，适于此债的诉讼也可以为执行这单个义务而提起。⑥实体概念与程序概念之间的分离就这样有了准备，通向一种更为抽象的债的概念的道路就这样打开了。

---

① 上文，第161页。
② 它是指，委任受让人作为代理人代表转让人起诉，并免除他返还因诉讼而获得的利益；Gai. 2.39。
③ D. 44.7.3 pr.
④ 这个问题有争论，但是，尽管"荣誉法上的债"(obligatio honoraria)这个词可能是添加的（参见 S.Perozzi, *Le obbligazione romane* [Bologna, 1903] 135ff.；也见于同一作者，*Scritti* 2.422ff.），也很难认定债从未被用于只为荣誉法所承认的关系；Kaser, *RPR* 1.480。
⑤ 甚至《学说汇纂》(44.7) 和《法典》(4.10) 也有"关于债和诉讼"的标题。Buckland (*Main Institutions* 234) 认为，对此的正确翻译是"关于市民法上的和裁判官法上的债"。
⑥ 上文，第206页。

## 五、更多地使用书面形式

早期罗马法很少使用书面形式,但是,很明显,受希腊的影响,在共和国结束之前,法律文书已经很普遍了。遗嘱几乎总是书面的;要式口约已经被西塞罗归入要作出书面记载的物的类型,① 并且,尽管很少有关于合意契约的证据,几乎不容置疑,在重要的时候,它们通常也被写成文字,或者至少,它们由一个写下来的要式口约予以确认。②

所使用的那种书面形式在大多数情况下是"双重文件",即有两个文本,其中一个被密封起来,以便防止任何更改,而另一个则是公开的,以便让人知道其内容。这种形式在古时候很普遍。在古代的巴比伦及其他东方文明古国,人们知道它,③ 并且在古希腊时代的埃及,它也很常见。不能肯定在东方的形式与埃及的形式之间有什么历史联系,④ 但是,可以推测,罗马人对这类文书的使用来源于希腊文化中的民族。埃及在被罗马征服之前及以后,几乎统一使用的书写材料是纸莎草纸(papyrus),但是,在罗马帝国的其他地方,为法律目的使用得很普遍的是用蜡板做的可折合的双连或三连书写板。从已经保存下来的材料,特别是在庞贝(Pompeii)⑤ 和维雷斯帕塔克(Verespatak)⑥ 发现的那些文本,以及尼禄时代的一份元老院决议,⑦ 我们很清楚地知道这种文书是

---

① *Top.* 26.
② 例如,D. 17.2.71。
③ 参见 Jeremiah 32.11 and 14。
④ Mitteis, *RPR* 300;Wenger, *Quellen* 81n.
⑤ Bruns 1.354ff.;*FIRA* 3.403.
⑥ 在特兰斯瓦尼亚(Transylvania);Bruns 1.328ff.;*FIRA* 3.283。
⑦ *PS* 5.25.6:"元老院规定,无论是载有公共还是私人契约的书板都应该由召集的证人签名,书板已经从首页到中间被穿孔的书板用三股绳扎紧,蜡封应该印在绳子上,以确保书板里面包含的文件能够不被修改地保存。如果一个书板制作时以其他方式密封,则没有法律效力"。参考 Suet. *Nero* 17。这份元老院决议的确切效力是可疑的。它可能只是指,如果当事人选择要有一份文书,那么它必须采取规定的形式,而不是指他们必须有一份文书。其条款不适合遗嘱,因为遗嘱当然没有什么外部文本。参见 Wenger, *Quellen* 77。

什么样的。长方形书板是通过将同一块木板劈开得来，因此它们彼此完全相合，并且用一根线将边沿上的洞穿起来，就可以将它们连在一起，成为一本小书。如果有三块板（三连书写板），因而有六"页"，大多数时候是使用这种，那么，第 1 和 6 "页"保持原样，但是里面的页（即第一块板的一面，第二块板的双面和第三块板的一面）被掏空，留下一个凸边，并涂上黑蜡，然后用一种尖尖的工具在上面写字。第 2 和 3 页写的是"内部"文本，与书板较长的边平行；第 4 和 5 页写的是"外部"文本。然后，用一根线穿过前两个书板边上的洞，将它们绑在一起；再将这根线绕着它们系起来，其末端由见证人用封泥封进第 4 页上专门为此做的一个槽子里。这样就将内部文本隐藏起来，以免人看见，直到封泥被弄破，而外部文本可以随时读到。

这两个文本不一定总是一模一样；特别是，可能内部文件是以"客观"形式写的，即以第三人称叙述所做的事（例如"说他接受"，dixit se accepisse），而外部文件则是"主观"的，即用第一人称（例如"写我接受"，scripsi me accepisse）。在一份文书可以采取的这两种形式中，"客观"形式肯定更早些，并且，罗马人的用法，像它之前的希腊人的用法一样，表明一种在发展中的越来越喜欢主观形式的趋势。以第一人称叙述的表示文件的常用词语是亲笔字据（chirographum），这个词本身就表明了希腊的影响。在庞贝人的一些收据中，内部文本和外部文本都已经是这个意义上的亲笔字据，并且，可能在整个帝国有一个一般趋势，就像肯定在埃及曾经有过的那样，内部文本逐渐退缩为仅仅概括外部文本内容的大意，最终消失。至少，似乎还没有帝国在 3 世纪以后的双重文件的例子。①

没有一般规则规定什么构成一份文件的制作。特别是，应当明白，像我们所理解的签名，那时的人们是不知道的。也就是说，

---

① Wenger, *Quellen* 81f.

没有这样一条原则，即一个人亲笔署名构成他对所署名文件的接受。但是，如果一份文件全部或者部分是由它规定负责的那个人所写，比起完全由另一个人写，可以更好地证明它的可靠性。因此，出现了一种做法，即增加一小段话表明遵守由另一个人所写的文件，这样的例子我们在讨论皇帝的批复时已经看到过。① 这些话构成了古代的签名，它们采用的是第一人称的形式，因而也是亲笔字据，因此，在一个短的亲笔收据和一个长的签名之间实际上没有什么严格的区别。②

当事人封口也是制作一份文件的一种方法；例如，许多庞贝人的收据就是这样，③ 但是，就我们所知，它不是一份文件生效的必要条件，并且它的意义逐渐被签名所取代。④

当然，不应将见证人的封口与这种作为当事人的一种制作方法的封口相混淆，因为见证人封口是为了使他们能够应邀承认他们的封印，并证明所涉文件是他们亲眼目睹制作的那个。不承认自己的封印是违法的。⑤ 为了识别的目的，每个见证人的姓名都（用所有格）写在其封印的反面。据乌尔比安说，对于遗嘱，这必须由证人亲自来做，⑥ 但是，就我们所知，对于其他文件来说，这不是必需的。⑦

在法律行为方面，书面形式的目的各种各样。它可能仅被用来证明某种行为，因为这种行为无论是要式还是不要式，其本身的完成不需要任何书面的东西，或者另一方面，它可能是"决定性的"；也就是说，它可能以永久的形式体现一种意思表示，而这种意思只能通过这种载体生效。这种决定性效力的存在，或者

---

① 上文，第 369 页。
② 甚至亲笔字据绝非总是由作出声明的那方当事人写的；Mitteis, *RPR* 293。
③ Mitteis, *RPR* 302。
④ Steinacker, *Die antiken Grundlagen* 111。
⑤ D. 48.10.27.1；Wenger, *Quellen* 142。
⑥ D. 28.1.22.4，30。
⑦ Mitteis, *RPR* 304。

是因为法律要求这种意思表示采取书面形式，或者是因为，法律没有规定，是当事人选择了这种表示方法。这样，在英国法上，普通的收据仅仅证明支付，但是，一张本票则是一个决定性文件，因为出票人由于写下承诺而受到约束，而且在这种情况下，这是法律规定的这种行为的生效要件。

在法律史上，通常认为，早期使用书面形式纯粹是作证据用的，① 罗马法也不例外。典型的市民法的行为生效所要求的程式不是书面形式；在使用书面形式的时候，它是为了记录这些程式的完成，并且，我们已经知道，选择了客观的文书形式。只有在两种情况下，市民法发展了一种书面形式，它在某种程度上是决定性的。一种是非常特殊的"文书契约"，另一种是要式买卖遗嘱，因为这些书写板上不仅仅记录立嘱人明确表示的意愿；它们体现这些意愿，并且实际上是其唯一表达方式。但是，在这两种情况下，其行为生效所要求的不止书面形式；对于文书契约，必须有债务人的同意，尽管我们不知道这种同意如何表示；② 对于遗嘱，必须有要式买卖和要式附约。

万民法对这种决定性文件所提供的空间明显更广泛，因为合意契约的双方当事人当然可以书面表示其同意，只要他们想这样做。因此，以希腊形式使用文件决不是不可能的，因为一般说来，这些可以被解释为构成罗马法中叫做万民法的那部分法所规定的一种交易。③ 对于市民法上的交易，罗马人必须发展他们自己的形式，但是，对于万民法上的交易来说，则不必如此，而且我们知道，生活在埃及的罗马人使用希腊式的决定性文件，甚至用于他们相互之间的交易。④

仍然要考虑的是，希腊的影响是否到此为止。在希腊法上，

---

① 即使在书面形式从一个较先进的，将书面作为决定性的形式的法律体制中借鉴过来后可能仍然如此。参见 Hazeltine, Preface to D. Whitelock, *Anglo-Saxon Wills*（Cambridge, 1930）IX。

② 上文，第 282 页及下页。

③ 毫无疑问，万民法的一部分是罗马法接受外国制度的而形成的体制。

④ Mitteis, *RPR* 295 n 15；参考 Steinacker, *Die antiken Grundlagen* 72, 121。

书面形式通常不仅仅是决定性的,而且还是抽象的,即其本身就是一种有约束力的形式,就像罗马的要式口约一样,因此,如果一个人在一份文件中承认他欠债,则他必须偿付,无论另一方能否证明该债务有一个实质性根据。这样,特别是,似乎在还没有实际收到钱时通常就承认了贷款,但是,必须在双方当事人之间存在一种债,就好像一笔贷款之债;或者,承认比所收到的更多的金额,多余部分是利息。① 此外,在希腊法上,肯定还倾向于认为协议是不可强制执行的,除非是书面的,而(除了文书契约外)罗马法根本不认为书面形式是必需的。②

在考虑罗马法在这两点上屈从于希腊的影响的程度,必须分别论述两个问题:(一)书面的要式口约;(二)承认债务的文件。

## (一)书面的要式口约。

从西塞罗时代起,在要式口约约定比较重要时通常有一份书面文件。根据罗马人的理论,这仅仅是作证据用的,但是,希腊人会有不同的看法。当卡拉卡拉敕令将罗马法扩展适用于此前一直根据希腊制度生活的许多人时,这些人当然很多,并不理解罗马的原则,而且,尽管他们经常在其书面契约中增加声称某种要式口约的条款,③ 他们仍认为这个债的约束力在于他们以前所认为的地方,即在书面形式上,而不在于所声称的要式口约,因为这种约定很可能从未发生过。这当然违反了罗马的原则,但是,在实践中,甚至在罗马,从一份记载要式口约的文件,可以有力地推断,事实上做过了要式口约,这种推断几乎无法反驳,除非证明在这些情形下不可能有要式口约,或者因为双方当事人不可能

---

① Mitteis, *Reichsr.* 468ff.
② Mitteis, *Reichsr.* 515—517, 提供了一系列批复(例如 C. 2.3.17),在这些批复中,罗马皇帝费尽心思纠正请愿人在这一点上的错误看法。
③ 参见上文,第 281 页。

碰面交互问答，或者因为当事人中有一个或者两个都是聋子或哑巴。① 甚至明显不需要完整地声称一项要式口约，因为公元200年的一项敕令②规定，如果仅声称某人做了承诺，那么，它将被解释成就如同作出了一个完整的要式口约。因此，这个要式口约在实际上成为一种书面契约，只是它能够通过证明当事人不可能交互进行口头问答而被推翻。③

## （二）对债务的书面承认。

对于严格的罗马法来说，这样一种承认当然只是证据，但是，罗马人非常了解希腊人的观点。因此，盖尤斯说"文书债务的产生还似乎依据亲笔字据（chirographa）和书契（syngraphae），也就是，一个人写明他欠债或者他将支付，而没有任何关于这件事的约定"，尽管他补充说，这种契约是异邦人，即希腊文明的人们所特有的。④ 这两种观点之间的区别在理论上非常清楚，但是，实际上，这种区分并不总是这么明显，并且，可能在帝国的边远地区的法院，它并未总是得到遵守。至少，我们知道，为了一种奇怪的制度的目的，即"未付款抗辩"（exceptio non numeratae pecuniae），形成于古典时代末期，只有承认债务的亲笔字据，和声称要式口约的文件，受到类似的对待。⑤ 采用这种制度的理由，举一个简单的欺诈的例子就可以很容易地解释，即贷款人假装要出借一笔钱，从想借钱的借款人那里索要一个文件，而后未能出借这笔钱。如果，像通常那样，达成了偿还的要式口约，且文件

---

① Nicholas, *LQR* 69（1953）235ff.
② C. 8.37.1；参考 D. 45.1.134.2；Nicholas, *LQR* 69（1953）242ff.。
③ 在保罗的时代，书面约定被认为是决定性的，这一点为 D. 24.1.57 中使用了现在时的"spondee"所证实。
④ 3.134。亲笔字据与书契的区别在于，前者是主观的，后者客观的。
⑤ 在这方面，没有做过对关于这个问题的法律进行充分论述的尝试。关于一般性的解释，参见 Buckland, 442f.；Girard 534ff.。

上记载了这个要式口约，那么，在盖尤斯那个时代，情形就是，这笔债务是假定的借款人在市民法上欠下的，因为他通过要式口约作出了正式的承诺；但是，如果他被起诉，他可以提出欺诈抗辩。在这种抗辩中，举证责任当然由他承担。但是，同样很可能，没有任何要式口约，也没有人声称有某种要式口约，而只有一份承认债务的文件。那么，从法律技术上说，情形就完全不同了，因为贷款人诉讼理由不会是要式口约，而是消费借贷，被告则不需要任何抗辩；他的辩护只是否认该债务，因为消费借贷是一种要物契约，如果没有支付，就不可能有消费借贷。但是，在实践中，这种情形与上面说的另一种情形非常相似，因为该文件可能从表面上证明已经付了钱，因而该由被告反驳这种证据，只要他能够。对这两种情形的改革是，允许被告在一段有限的时期内（最开始是一年），仅仅通过否认（而无需举证）收到了钱，从而使这个文件完全无效。因此，如果他能够，他就会以其他一些方法将举证责任转给原告，要原告来证明钱已实际支付，并且，只有当原告成功地履行这项责任时，他才会受到判处。另一方面，如果过了规定期限，公元228年的一项敕令规定，被告"无论如何都必须付款"。这表明，这个文件在这个时候是不可辩驳的债务凭证。[①]

关于引进未付款抗辩的确切年代不详，但是，它最初出现在公元215年的一项敕令中，[②] 并且，有人认为，它与大约公元212年的卡拉卡拉敕令有联系。[③] 既然只有一种法律体制适用于帝国的几乎

---

[①] C. 4.30.8.2。可以推测仍可以利用欺诈抗辩（Buckland 443），尽管举证责任当然由被告承担；反对的观点，Levy, *SZ* 70（1953）230f.。当然，当原告的诉因是消费借贷，因而提出抗辩是不必要的（参见正文，上文），在这种情况下，很难理解怎么能够仅仅因为禁止未付款抗辩而不让被告甚至为这个诉讼进行辩护。可能，这个敕令轻易地混淆了被告事实上不能反驳的假定（因为提出一个反证很难，特别是在期限过后）与被告在法律上不能反驳的假定。在 J. 3.21 中可能有同样的混淆；参见下文，第 511 页。

[②] C. 4.30.3。公元 197 年的 C. 4.30.1 被同一敕令的另一种版本 C. 8.32.1 证明它受到过修改。

[③] Steinacker, *Die antiken Grundlagen* 87.

所有的居民，那么希腊人认为这些文件本身具有约束力（抽象）的这种观点就可能占主导地位，规定未付款抗辩就是为了阻止这种危险。

在古典时期之后，希腊人关于书面形式的效力的思想的影响要大得多，特别是在文件登记和书面转让形式方面。实际上，登记的做法似乎萌芽于古典时期，[1]但是，它起初是由于希腊的影响，还是罗马执法官的自愿管辖（拟诉弃权）的一种独立的发展，还是一个有争论的问题。[2]

---

[1] *FV* 266a.
[2] Mitteis, *RPR* 306；*Reichsr.* 551；Steinacker, *Die antiken Grundlagen* 77.

# 第二十五章

# 君主制时期的宪政

## 一、君主的权力

从亚历山大·塞维鲁（Alexander Severus）被刺杀（公元235年）到戴克里先（Diocletian）即位（公元284年）之间的半个世纪，是帝国的混乱和灾难时期。瘟疫和战争，包括外部的和内部的，给人民带来巨大的痛苦；皇位频频更替，这是由不同的军队及其不同的胜利的突变决定的，并且，几乎所有的短命的统治者都不免有横死的下场。实际上，一位皇帝蒙受了被外敌活捉的耻辱。[①] 在戴克里先的直接前任者们的统治下，帝国的声望确实得以恢复，但是，重建内部秩序和至少减少持续篡位的罪恶的任务是由他来完成的。他不能被认为完全实现了他的目标，因为任何继承原则都没有能够稳固地确定下来，而且，仍然没有明确的方法来区别一个合法的皇帝和一个成功的篡位者。但是，他自己一直掌权到公元305年退位，此后，帝国大多是由许多相对稳定的朝代统治的。

为了实现稳定所采取的方法主要有三个——将皇帝的权力转变成一种东方式的君主专制，在共同统治者之间进行区域的划分，以及重组行政管理机构。这些思想都不是全新的，并且在许多方面，戴克里先的制度是由君士坦丁大帝来完成的，后者是前者的接班

---

① 瓦勒里（Valerian），公元260年为波斯人活捉。

第二十五章　君主制时期的宪政　　541

人，接掌了对整个帝国的全部权力。然而，帝国在未开化的游牧民族的越来越大的压力下继续生存，这在很大程度上归功于戴克里先。

虽然前代的统治者事实上是最高的，但是，现在为了防止篡位，在皇帝尊严周围环绕这样一层神的保护网，以致它看起来不是任何常人所能得到的。根据这种新体制，皇帝在正式场合戴着王冠，或者珍珠头带，穿着镶有金子和宝石的袍子；他很少公开露面，而当他露面时，就会带着整套礼仪；与他有关的每件事，从他的法令到他的寝宫，都是"神圣的"，并且被召见的人必须跪拜；高级官员及其他特别受优待的人可以吻皇帝的袍子（adorare purpuram）。① 君士坦丁及其继任者向基督徒的转变也没有影响这种神的保护网。因为，尽管皇帝礼拜那时的确开始消失，但直到公元425年才正式禁止，② 并且，新的宗教本身同样强有力地支持了这样一种学说，即皇帝是为了人民利益的神的代言人。③

共同统治者之间的区域划分的目的主要是应付在不同边境发生的特殊危险，但是，通过在帝国的所有地区范围内设置一个君主权力的代表，它还使篡位更加困难。公元286年，戴克里先将马西米安（Maximian）提升到奥古斯都的地位，公元293年，两个奥古斯都各指定一名恺撒作为助手。很明显，他们希望这种安排是永久性的，并且，当一个奥古斯都死亡或退位后，一名恺撒就会取代他，并指定一个新的恺撒。④ 如果这一切顺利，那么在继

---

① 在波斯的君主国里也有许多这些特征，但是，罗马早在戴克里先之前很久就有这些特征，它们可能不是由他直接从波斯那里引入的：Alföldi, *Mitteilungen des deutschen archaeologischen Instituts, röm. Abt.*（1934）1ff.；Avery, *Memoirs of the American Academy at Rome* 17（1940）66ff.；de Martino, 5. 207ff.。

② *CTh.* 15.4.1.

③ Gaudemet, *Institutions* 667ff.；同一作者，*L'église dans l'empire romain*（Paris, 1958）487ff.

④ 将"恺撒"用作一种资格据以指定一位接班人，这种用法当然不是新的，但是，这样的恺撒本身以前不参与任何统治。

承方面就不会有缺口。每个奥古斯都拥有帝国的一半作为其区域范围,其中一部分由他直接管理,而另一部分受他的恺撒的直接控制。这样,在第一次划分中,戴克里先自己保留了东半部分,并将尼科美地亚(Nicomedia)作为其经常居住地,而他的恺撒伽勒留(Galerius)管理伊利里亚。[①]马西米安从共同摄政初起,一直负责西半部分,米兰是他的经常居住地,而他的恺撒君士坦丁则统治高卢,后来他打败了英国的篡位者,英国也属于他的统治范围。

虽然戴克里先的制度没有按他所设计的样子完整地保留下来,但同僚制度和分治仍很普通,并且,从公元395年狄奥多西(Theodosius)大帝去世时起,帝国的东半部分和西半部分一直是分离的,直到公元476年西罗马帝国灭亡。但是,尽管如此——并且,尽管这两个部分之间的关系有时是敌对的——从理论上说,实际上不止是在理论上,帝国仍是一个整体,皇帝们是它的共同统治者。这种观念上的统一表现在每个奥古斯都为整个帝国行使立法权,因为,虽然法律通常都带着所有奥古斯都的姓名,但是,它们实际上不是同事之间磋商的结果,而是由一个皇帝颁布,然后送到帝国其他地方公布。[②]一种形式上的统一还表现在对执政官的任命安排上,因为通常还是只有两个,每个皇帝在那一年年初指定其中一个。

我们知道,戴克里先的体制的意图是为了不间断地或者不发生革命地继承王位。在通常情况下,一个皇帝死后,他的一个儿子,不论是亲生的还是收养的,如已经被指定获得皇位,就可以准备好坐上他的位置。但是,甚至到那时,人民主权的理论仍未完全被放弃,因而从理论上说,帝国仍是选举的。和以前一样,必须

---

[①] 即多瑙河以南、从黑海到因河(Inn)和卡拉尼克(Carnic)和尤里安阿尔卑斯山(Julian Alps)的地区。

[②] Bethmann-Hollweg 3. 216;参考下文,第463页。

由军队（或它的一部分）和元老院①合作选举一个新皇帝，并且，直到人民以欢呼声拥戴他，他的就职仪式才算完成。但是，东方主义给这些就职仪式又增加了一个因素。从大约5世纪中期开始，皇帝们几乎总是由君士坦丁堡的最高主教加冕，但是，看起来，这主要是为了避免由一个世俗的臣民加冕所可能造成的困难的一种方式，而不是要承认皇帝的地位在某种程度上归功于教会，并且，它看来不被认为是法律上必需的。

## 二、行政机构

在元首制晚期，意大利和帝国的其余地方之间在地位上的差别已经逐渐消失；在君主制时期，它们之间的差别完全消除，整个帝国的管理，除罗马和君士坦丁堡这个新首都外，是根据统一的规划进行的，它在一些重要的方面与较早时期的不同。元老院行省和皇帝行省之间的区别完全消失，官员等级制度现在完全由皇帝决定，大小官员对每个地方都实行严厉统治。②地方差别存在，在一些不重要的方面，帝国东部和帝国西部有不同的组织方式，但是，基本上，官员等级是统一的，对臣民的残酷剥削是一致的。

一个重要的变化表现在军政长官地位的变化上。他们不再是军队统领，后者的职责是帮助皇帝；他们原则上不是和皇帝一起做事，而是代他做事（vice sacra），③在他们下面设立一个机构，该机构独立于中央政府，有时甚至与中央政府相竞争。为此目的，

---

① 关于对元老院的选举权的正式承认，参见 Nov. Maiorian. 1。

② 关于这个问题以及有关帝国组织的许多其他方面，我们的主要资料来源是 Notitia Dignitatum（ed. O.Seeck, Berlin, 1876），这是一份官员名单的抄录，按照地位的先后次序排列，并说明了他们的官衔，在4世纪早期这是由西罗马帝国的"primicerius notariorum"（首席大臣）掌管的。东罗马帝国的名单严格地说与他无关，但是送去供作参考。一般性的论述，参见 Jones 3.347ff.。

③ 下文，第445页。

整个帝国被划分为四个大区，东帝国两个，西帝国两个，当然，后两个大区在西帝国灭亡后不再存在。然后再将大区划分为管区（dioceses），每个管区由一个代理官（vicarius）管理，管区又由许多行省组成。但是，最后的这些行省比起以前的行省要小得多，且数量多得多，因为在大多数情况下，以前的行省被细分，意大利也被规划到这种行省制度中。[1] 东部的两个大区是东方（Oriens）大区和伊利里亚大区。东方大区所辖管区有东方（叙利亚和巴勒斯坦）、亚细亚、本多（Pontus）、特拉契（Thrace）和埃及管区；[2] 伊利里亚所辖管区是马其顿和达契（Dacia）。西部的两个大区是高卢和意大利。高卢所辖管区有英国、高卢、维纳（Viennensis）（南高卢）和西班牙；意大利所辖管区包括意大利、伊利里亚和非洲。但是，尽管意大利在行政区划上享有尊贵地位，因而作为一个独立的管区，它却有两个代理官，一个管北方各行省（意大利农区），其驻地在米兰，另一个管南方各行省。南方的代理官居住在罗马，因此被称为罗马城代理官（vicarius in urbe, urbis），但是，罗马及其方圆100里的地区由市政长官管理，后者独立于军政长官。[3] 由于皇帝的法院很少在罗马（而是在这样一些城市，如特里尔 [Trier]、阿勒斯 [Arles]、米兰和后来的拉文纳），因而，市政长官具有比以前更大的独立性，并且实际上是以前的官员中唯一一个在新制度下重要性增加而不是丧失的官员。粮食长官、宵警官及其他城市官员从属于他，并且他成为古代元老院贵族的首

---

[1] 最后，有120多个行省；Stein, *Histoire* 1.70。关于大区，参见 Stein, *Rheinisches Museum f. Phil. N.F.* 74（1925）364ff. 和 O. Seeck, *Regesten der Kaiser u. Päpste*（Stuttgart, 1919），141—149。

[2] 但是，东方管区的统治者被称为 "comes"（侍从官），而不是代理官，而埃及总督的头衔仍是 "长官"（praefectus）；直到大约370年，埃及成为东方管区的一部分；Jones 1.47，141。

[3] 在戴克里先统治下，市政长官有一个他自己的代理官，但是，关于其职务的性质（日常助手还是临时代理），他与罗马城代理官的关系，以及他的职责最终是在什么时候转给后者的，存在争议；参见 Chastagnol, *Revue historique* 219（1958）28ff.；de Martino 5.302 n 40；Jones, 3.4 n 16。

席代表。因此，在帝国所有高官中，只有他仍穿着宽外袍作为官服。

对于君士坦丁堡来说，由于它是按照罗马的模式建立的，并与罗马紧密联系，因而它也有一个拥有相同职责的市政长官。

甚至在这两个首都之外，整个帝国也不是毫无例外地贯彻这种大区、管区和行省的制度。有两个行省，即非洲和亚洲，免于军政长官和代理官的权力统治，并且它们的总督保留古时的行省总督（proconsul）的头衔。阿凯亚（Achaea）的总督也用"proconsul"的头衔；他从属于伊利里亚大区长官，但不从属于马其顿管区的代理官。其他总督有时是"consulares"（但是，这个头衔不再表示拥有它的人实际上担任过执政官）或者"correctors"（通常，但不必然是元老），但是通常仅仅是骑士阶层用的"praesides"（总管）。

甚至除了特殊情况外，管区和行省总督也不总是服从于军政长官。代理官不是由他指定，而是由皇帝指定的，并且，虽然行省总督是按照他的推荐的指定，并可能被他停职，①但是皇帝仍可以直接与代理官和行省总督交流，军政长官也可以直接与行省总督交流。中央政府的两个重要的财务官员的代理人仍被派到各管区和各行省，皇帝还可以通过后勤部门（agentes in rebus）进行某种监督，因为后勤部门虽主要负责帝国的邮政，但也获得许多监察的职能。②

在新的君主制度下，一个主要的创新是军事权力和民事权力相互分离。禁卫队最终被解散，在君士坦丁时期由圣殿卫队（scholae Palatinae）所取代，这是一支紧密依附于皇帝的人身的部队。因此，军政长官失去所有的军队指挥权（虽然他仍负责为军队供应必需品），而成为普通的民政的最高长官。他的职责是规定一般性法律和命令，为此，他保留了一种从属性的立法权。③

---

① CTh. 1.5.9；C. 1.50.2.

② 在君士坦丁二世统治下（337—361年在位），一些后勤部门担任政府间谍，他们通常被认为是一个常规性质的秘密警察；反对的观点，Jones 2. 581.

③ 参考 Jones 1. 473.

帝国的重要法令通常交给他适用和公布。由于根据罗马的原则，司法权随行政权，因而他还拥有很大的司法权力，特别是关于上诉。他还是一个非常重要的财务官员，特别是由于他控制着年赋（annona）。自戴克里先时期以来，这是所有税收中最为重要的。公元3世纪的暴政和灾难导致货币的逐步贬值，由于以前的税收是以金钱规定的，结果所收到的税收只有其原来价值的一小部分，而贸易和财富的减少也大大削减了来自像关税和遗产税这类税的收入。因此，政府被迫采取混乱的实物征收的权宜之计，以便满足其紧迫需求，其中首要的当然是军队的供给。和有时为供应首都必须进行的实物给付一样，这些征用取得了"annona"的称谓，这一称呼也被用于每个官兵所获得的给养。实际上，在这方面，和在其他方面一样，部分地向自然经济体制退化。虽然戴克里先采取了一些步骤改革货币，并发布了著名的（但没什么效果的）告示规定商品和劳务的价格，但他不想完全回到货币经济。相反，他将年赋制度化。为了征收年赋，采用了一种名义上的单位即尤古（iugum），它的面积随土地生产力的不同而变化，例如，在叙利亚，5亩葡萄园等于20亩最好的可耕地、40亩较好的可耕地，等等。在一些地区，这种尤古与一种人头税，或者说按照劳动力单位（人头）征税结合在一起。这个单位也是名义上的、可变动的，在一些地方妇女明显算作半个人，牲畜按其他比例征税。①

这样一种制度要求对征税名单不断进行修订。这种修订本打算每五年进行一次，但是最终3个五年期被放在一起，每15年为一周期，叫做"评断"（indictio），它最后被用作确定年代的目的，第一个"评断"开始于公元312年。皇帝每年根据政府的需要规定每个应税单位的纳税额。如果最初的税源调查和定期修订得以

---

① Jones 1.62ff.；同一作者，*JRS* 47（1957）90ff.；A. Déléage, *La capitation du bas-empire*（Mâcon, 1945）。人头税被用来表示税基和这种税本身，它有时还包括了"iugatio"（赋税田亩）。

适当执行，那么在这种制度里就没有什么可以反对的，① 然而实际上，当时的资金和行政机构资源不能胜任所涉的巨大工程，而且税收的征集方法不利于税负的公平分担。

和元首制晚期是军政长官负责为军队供应必需品一样，也是他们强制进行作为"年赋"之开端的那种特别征收，并继续监督其征收。实际上，他们所控制的资源比中央财务官员所控制的要多，并且确实因侵占了本应流进中央国库的税收而日渐增多。② 随着君士坦丁改革后货币状况的改善，用钱款代替实物税收和发给官兵的津贴（adaeratio）变得普遍，这种做法后来几乎成为全国性的。③

和军政长官一样，代理官和行省总督在那时完全是负责行政和司法的民事官员，帝国主要的军事长官是军事长官（magistri militum），而在每个行省的那些部队都由一个统帅（dux）指挥。④

在帝国的两个部分的中央行政，有四个民事官员，他们和军政长官与市政长官一样，拥有最高级别，也就是有"杰出的"（illustris）称号的级别。他们是圣殿执法官（quaestor sacri palatii）、宫廷事务官（magister officiorum）和两个国库的负责人（帝国财政官和私人管家）。

圣殿执法官首先是一个司法大臣。⑤ 他的职责是起草法律草案和给请愿者答复，为此目的，他不仅必须是一个渊博的法学家，而且，根据那时的观点，他还必须是一个能够区别皇帝所有的意思表示的文风优美的大师。他自己没有一班官员，但利用宫廷官

---

① 但是，Rostovtzeff（*Economic History* 518）说"每个士兵都能够明白它，尽管傻瓜都可以看出，在这种情况下，简单的东西是不公正的"。
② Stein, *Histoire* 1.221f.
③ C. 1.52.1；de Martino 5.367ff.
④ 在优士丁尼时期，民事和军事职能相结合又变得普遍；Jones 1. 279ff.
⑤ 只有这个名称将这个职位与奥古斯都的执法官（上文，第329页）相连。它最晚由君士坦丁创设，可能是由于对军政长官的职位进行改革导致的结果；Stein, *Histoire* 1.111f.

署（scrinia）的那些官员，在这一时期这一官署的官长不再直接与皇帝接触，也不再是我们本该称为的国务大臣。

宫廷事务官，[①]如这个头衔所表明的那样，是宫廷官署头头们之上的真正的行政首脑，但是他还有许多极其不同的其他职责，这使他在事务中心处于一种具有重要影响的地位。特别是，他对圣殿和卫队后勤部门有行政控制权，后一职责使他成为皇帝监督军政长官行政的主要工具。由于引见外国使节是他的职责，他在某种程度上还是一位外交大臣。

中央政府的两个主要财务官员位列圣殿执法官和宫廷事务官之后，他们是帝国财政官和私人管家，分别是国库和皇帝私产的首脑。[②]虽然皇帝私产也服务于公共目的，但是，某些王室土地，特别是东方的卡帕多齐亚（Cappadocia）和西方的非洲的那些土地，被保留下来为帝国法院和皇帝私人费用的开支作准备。卡帕多齐亚的土地为此置于"圣室长官"（praepositus sacri cubiculi）的控制之下。[③]"捐赠"（largitiones）一词现在被用来表示国库，它可能来源于一个事实，即最大的开支是向军队提供捐赠，[④]但是，一般也认为它标志着君主的专制地位，因为它意味着所有公务开支都来自他的自由捐赠。帝国财政官控制铸币厂、金矿和（可能还控制）银矿，并获得所有货币税收。

圣室长官所享有的地位也具有专制主义的特征。他通常是一个太监，因而在出身上几乎必然（因为阉割在帝国境内受到禁止）是一个来自蛮族的奴隶，但是，由于他这个职务控制着面见皇帝本人，因而具有重大影响，公元422年，他甚至与军政长官和市

---

① A. E. R. Boak, *The Master of the Offices in the later Roman and Byzantine Empires* (New York, 1919).

② 参考上文，第337页。仿效对皇帝私产（res privata）和财产（patrimonium）的区分的做法保留下来，但是只有一个职位，直到阿纳塔修（Anastasius）设立一个"皇产侍从官"（comes sacri patrimonii），只将没收留给私产；de Martino 5.380ff.

③ 在公元390年到公元414年间；Jones 1.425f.

④ Stein, *Histoire* 115.

政长官以及军事长官处于平等地位。①

政体的变化还表现于皇帝的顾问班子，它后来被称为神圣枢密院（sacrum consistorium），可能是因为其成员都站着，只有皇帝一个人坐着。其成员的组成范围不明。四个主要的文官（圣殿执法官、宫廷事务官、帝国财政官和私人管家）是当然的成员。鉴于军政长官职能的变化，他们明显不是，但是帝国每个部分通常有一位军政长官在宫廷（in comitatu），毫无疑问，他会被召唤。其他高级官员，包括文职和军职的，在任和退休的，很明显在某个时候也出席，但是，没有充分的证据表明存在一种通常的模式。总人数肯定有变化，但是据说在公元444年有20人。② 枢密院的职责没有严格的定义，但是至少在4世纪它是一个有效的资政院，向皇帝提出政策和行政管理问题的建议，参与立法，并参加接见外国使节和来自帝国境内的代表们；并且，当皇帝作为法官开庭时，它构成他的顾问会议。在公元5世纪和6世纪，这最后一种职能可能是其主要的实质性的职能，其他职能看来已经流于形式。③

文官，④从整体上而言，在那时肯定已经独立于军队，但是，有一件怪事，它本身的组织形式是军事化的，⑤而且"军事"（militia）是表示一个官职的常用词，而真正的军役用"武装军队"（militia armata）一词与它相区别。许多属于不同级别的名称来自军队的用法；官员身着带有官衔标记的军装，戴着军用皮带（cingulum），这个词实际上逐渐被用作为官员的同义词。和士兵一样，受家父权支配的文职人员保留对其薪水（准军役特有产）的控制权。

根据任命形式的不同，所有职位分为两类：对于高级职位

---

① *CTh.* 6.8.1.
② *Nov. Val.* 6.3.1.
③ Jones 1.333ff.；Crook, *Consilium Principis* 97ff.
④ Jones 1.366ff.，2.563ff.；de Martino 5.327ff.
⑤ 这最终应归因于塞普提·塞维鲁利用大量的士兵担任所有官职。

(dignitates），由皇帝亲自签署公文（codicilli）；对于普通官职（militiae），由一位宫廷官署人员或者某个较小的官员颁发证书（probatoria）。担任高职的官员经常变动，通常每年或每两年一变，但是较低的官员通常在一段很长的服务期内经历各级职位，因而他们拥有其上司通常缺乏的经验。这无疑是在帝国体制下，一位高官的下属成员违法时通常可能受到比高官本人违法更严重的惩罚的原因。实际的责任由他们来承担，并且这一事实解释了为什么能够将毫无经验的年轻人提升到高级行政职位的原因。

进入行政部门的通常方式是通过"文秘"（exceptores）阶层。这些人最初仅仅是职业秘书，官员们按照其需要利用他们的服务；但是，他们后来组建成会社（Scholae），最终被划作为一类官员，尽管他们通常只有升职后才享有高级别的准军事特权。整个行政机构的升职几乎完全凭资历，但是在规定的限度内可以买得。[①]肯定是由于涉及到这些特权，对其他必要的职位执行的世袭原则对文职人员不适用，但普通的行省总督的职员（侍从 cohortales, cohortalini）除外。在这里，强制的原因很明显，他们一旦退休，就必须承担某些沉重的义务。[②]

官僚体制的特点是非常重视地位的确切高低、官职标志和头衔。高级职位根据其所附随的"杰出的"（illustris）、"显要的"（spectablilis）和"著名的"（clarissimus）三种级别被划分为三类。早在元首制初期，"著名的人"（vir clarissimus）通常是元老的代称；而且，较高等级的成员严格说是"著名且杰出的人"或者"著名且显要"的人。接下来的头衔是"优秀的"（perfectissimus），它被授予越来越多的下级官员，或者在他们的任期内，或者在他们卸任时，到公元4世纪，随着这些级别逐渐降低，它便消失了。官衔还可能仅仅作为一种荣誉称号给予根本不在行政部门的人；

---

① C. 12.19.7, 11.
② Jones 2.594ff.

这些人被称为荣誉官员，既不同于那些实际上拥有职位（现任职）的人，也不同于那些被记入一种后备名单（vacantes）的人。特别是"侍从官"（comes）的头衔经常被作为一种称号而给予。这个词在元首制时期被用来指皇帝挑选的在其旅途上陪伴左右的顾问，但它后来越来越明确地成为一种头衔，并与其他描述性短语合在一起被用来指代各种官员（东方长官［comes］，帝国财政官［comes sacrarum largitionum］等等）。君士坦丁将"侍从官"划分为三类（一级［primi］、二级［secundi］和三级普通［tertii ordinis］）。列入第一级和第二级的总是官员，但医生、律师及其他杰出人士可以获得"三级普通侍从官"的称号。

也是由于君士坦丁，"贵族"（patricius）一词重新具有一种与它以前完全不同的含义。它最初只是一个称号，尽管仅仅授予那些拥有最高职位的人，但是在西罗马帝国，在狄奥多西之后，它开始被用来指特别是在软弱的皇帝统治时期那些行使实权的伟大的将军（magistri utriusque militiae）。它从来不是世袭的，并且，选择它似乎不是因为想到其古代含义，而是因为"pater"是皇帝有时对最高的官员使用的一种礼貌称呼。①

自治市的主要官员与帝国的行政人员不同。由于行省总督的严密监视，这些城市几乎不再有真正的自治，但是，地方元老院仍是帝国组织的一个必不可少的组成部分。特别是，他们负责征收，包括大区的税和帝国的税，并且，执法官保留一些司法权。政治体制在表面上没有什么变化，但是，既然强制是任职所必要的，它们就不再具有任何生命力，而且，地方元老（decurionate）的职位变成一种令人憎恨的负担，负有责任的人尽最大努力摆脱它。② 此外，如我们已经知道的，③ 普通的执法官处于城邦保

---

① 例如，J. 1.12.4.一般性的论述，参见 W.Heil, *Die Konstantinische Patriziat*（Basle, 1966）。
② 下文，第434页。
③ 上文，第350页。

佐人的控制之下，而且那时增设了城市保护人（defensor civitatis, plebis）。① 他原来是我们应称为自治市的"常务顾问"，但也行使较小的管辖权。公元 365 年，瓦伦提尼一世（Valentinian I）让其专门负责保护贫穷阶级（plebs）免受征税者和大土地主（potentiores）的非法剥削。② 为此目的，有地位的人，无论是当过总督还是担任过其他高级职位，都会被军政长官任命担任这一职位。这种创新没有取得什么成效。这项任务是吃力不讨好的，而且被指定的人如果没有充分的地位和声望，他们就成为本打算让他们去斗争的对象的工具。他们获得警察职责和一种治安管辖权，并且向穷人征税的事交给了他们。③ 此外，公元 387 年，他们的选举留给市政会，只是须经军政长官的批准，公元 409 年，对这个事项的投票权延伸到当地主教和教士。④ 结果，这个职位渐渐变得只不过是另一种自治市官员而已，它附带有一堆杂七杂八的权利和义务，并且，这种变化的完成是在优士丁尼规定，所有富裕的城市居民（上等人）有义务轮流担任此职两年时。⑤ 城邦保佐人的历史被重复了。

在基督教成为帝国的宗教后，贫穷阶级实际上可以从主教那里获得更好的保护，因为主教能够运用逐出教会的武器，而且其世俗权力不断增加，直到在优士丁尼时期，他们实际上成为自治市组织的首领。⑥

---

① de Martino 5.452ff.

② *CTh*. 1.29.1，针对伊利里亚。关于其年代，参见 Hoepffner, *Revue historique* 182（1938）225。

③ *CTh*. 11.8.3；1.29.8；9.2.5；11.7.12.

④ 选举方式的变迁有不止一种解释。*CTh*. 1.29.6（387）规定城邦裁决（decretis civitatum）；这可能是指民众大会（并且这是《维息哥罗马法》中的解释来理解它的方式），在这种情况下，公元 409 年的改革（C. 1.55.8）可能是从民主向寡头统治的一个倒退；但是有疑问的是，公元 387 年民众大会是否在形式上还存在（Jones 2.722ff.），更加可能的是，*CTh*. 1.29.6 所涉及的仅仅是库里亚的一种行为。

⑤ Nov. 15.

⑥ Stein, *Histoire* 1.225.

## 三、元老院和保留下来的共和国体制下的执法官

尽管帝国晚期存在公认的专制主义，元老院仍然继续存在，并且实际上在有些方面获得比它在元首制末期时更大的权力。但是，那时有两个元老院，一个在罗马，一个在君士坦丁堡。君士坦丁大帝在创建新罗马时已经设了一个元老院，类似于其他东方大城市的元老院，但是，他的儿子君士坦兹（Constantius）将这个机构提升到帝国一级。不过，它的影响没有罗马元老院——实际上总是一个代表拥有土地的贵族阶层的贵族大会——仍能够发挥的影响那样大。

和以前一样，元老头衔是世袭的，而且世袭成员的数量通过引进帝国的被提名者来保持。元老的儿子[①]，和从前一样，通过担任执法官[②]而进入这个机构，但是必须提供的游乐开支使这不再是一种特权而是一种负担，只有经皇帝许可才能放弃它。[③] 非成员被皇帝指定一个带有元老级别的职位——这种职位越来越多，不仅包括实际的还包括荣誉的——或者被皇帝明确授予元老级别后，他们必须请求选举。这种授予可能是对地方元老，或者对杰出的城市官员，或者在帝国官员退休时授予他们，并且，由于这些人通常不富裕，他们可能部分或者全部免除元老阶级的通常负担。

随着元老数量的增加，实际出席会议的比例变小。可能只有最高等级，即"杰出的"（illustres）级别，通常积极参与，[④] 并

---

[①] 在公元364年以后，只有在其父亲当上元老后出生的儿子才有此资格；CTh. 12.1.58，74。

[②] 财务官，只有它存在（至少在公元5世纪初以前），此后是裁判官。据说公元371年保民官是皇帝授予的一个头衔（CTh. 12.1.74.3），但是我们不知道任何职责。市政官只被Ausonius（de feriis Rom.31）提到过。参见Jones 2.532。

[③] 对裁判官的任命提前10年作出，这明显是为了做好充分的准备，必要时采取节约措施；CTh. 6.4.13.2。

[④] 公元356年，有规定50名成员形成法定人数（CTh. 6.4.9），尽管元老的数量可能超过2000人；Kübler 333。

且早在公元 5 世纪中期以前，那两个较低等级被免除住在首都的义务。① 由此逐渐形成的区别固定成法律，因此，在优士丁尼时期，很明显，只有"杰出的"级别的元老才有表决权。② 元老院所行使的职能不是非常多或者非常明确，但是，有些作者说它只是首都的城市参议会，这是使人误解的。一方面，罗马和君士坦丁堡的实际管理掌握在市政长官及其下属手中，另一方面，元老院拥有帝制的某些职能，这些职能确实主要是作装饰用的，但有时具有政治意义。因此，如我们已经知道的，它对于一个新皇帝的就职仪式起一定作用，③ 并且，在特殊情况下，它的选择，至少在西罗马帝国，可能具有实际意义。④ 它有时被请教立法方面的意见，⑤ 并且可能作为皇帝在审理重要案件时的顾问班子。⑥ 在西罗马帝国，它是异教徒贵族的大本营，而且不完全是从属性的，它与皇帝关于将胜利祭坛从元老院里撤走的著名辩论就是明证。⑦ 实际上，在 4 世纪，罗马元老院不仅能够维护，而且能够增加其阶层的特权，甚至东罗马的元老院，最初只不过是建立它的那个政权的工具，也能够表现某种独立性。⑧

执政官现在完全成为一个荣誉性质的职位，除了提供游乐外，没有任何职责。它由皇帝任命，并且我们知道，在帝国一分为二后，通常东罗马有一个，西罗马有一个。⑨ 和以前一样，执政官是皇帝

---

① C. 12.1.15。公元 450 年，免除那些居住在行省的人担任裁判官职位的负担；C. 12.2.1。
② D. 1.9.12.1（受到添加）；Nov. 62.2；Jones 2.529；de Martino 5.322 n 41。
③ 上文，第 423 页。
④ 如公元 467 年安特米（Anthemius）的案件。
⑤ C. 1.14.8；Jones 1.329ff.
⑥ Jones 1.506f.
⑦ Gibbon, *Decline and Fall*, ch.28（Bury's edition 3.190）.
⑧ Stein, *Histoire* 1.224，298。
⑨ 上文，第 422 页及下页。在 4 世纪，西罗马帝国至少有时任命过"代理执政官"（Consules suffecti），但是他们的地位变了。他们只是取代任职一整年的普通执政官，而不是后者的继任人；Chastagnol, *Revue historique* 219（1958）231ff.。在 5 世纪，出现荣誉执政官；Jones 2.533。

自己屈尊担任的唯一职位，并且，它仍是帝国最高的尊荣。但是，游乐的开支是一个严重缺陷，因而，在持续存在一千多年后，公元541年，优士丁尼决定将它废除。①

433

## 四、社会等级

罗马帝国后期的社会结构的特点是严格的等级制度，在这种制度下，每个等级都有为国家的利益而必须履行的确定义务。文明世界的物质资源不再能够胜任保护帝国的辽阔领域免受外敌日益增加的压力的任务。人口与财富减少了，这一部分是因为内部争斗和管理不善，一部分是因为，帝国的那些经济和文化很发达的地区试图同化因被征服而迅速进入相同政治体制内的许多半文明民族，已经筋疲力尽了。②如果有现代的科学和机器的发展，那么就可以非常迅速地增加财富和人口以经受这种严峻考验，③但是，照当时的情况，强制是政府可以求助的唯一手段，因此，它必定将这样的负担通过税收或者劳务施加于它的臣民身上，以至于个人似乎只是维持国家的一种工具，而且，强制性的社会组织所达到的强度可能是空前绝后的。

最高等级是元老院贵族阶层。我们知道，这在那时是一个高贵的职位，与帝国行政管理的那些高级职位紧密相连。但是，它不止如此；因为它还包括了最大的土地所有者，这些人本身就是独立的有权势的人。④元老的最重要的特权是免除地方自治市的负担，⑤但是，他们有他们自己的特殊的税收负担，即土地或财产核

---

① 但是，皇帝在其统治的头几年里仍带有这个头衔。
② M. Rostovtzeff, *Studien zur Geschichte des r. Kolonates*（Leipzig, 1910）388ff.
③ 参考 A. H. M. Jones, *Ancient Economic History*（London, 1948）。
④ 他们最终将发展为封建地主。
⑤ D. 50.1.22.5.

算（collatio glebalis or follis），它是一种土地税，[①] 以及贡赋，它名义上是在节日场合向皇帝无偿赠送的黄金。此外，他们还必须承担裁判官职位的昂贵费用。关于他们在司法方面的特权地位，将在下一章有所涉及。

在元首制时期存在的第二个高贵的等级，即骑士阶层，没有存续很长时间。早在君士坦丁时期，元老原则上被允许担任以前为骑士保留的职位，并且"优秀的人"（vir perfectissimus）的头衔一度是骑士阶层官员中的较高级别者所特有的，也被授予越来越多的下级官员。公元364年的一项敕令中仍然提到骑士，[②] 但是，到那时，这个头衔除了在罗马城外，已经失去所有意义，并且，《优士丁尼法典》中保存的这项敕令似乎是一种复古的倾向。[③]

元首制时期的第三等级，即市政会议员（curiales），从理论上说仍是一个特权阶级，为刑法的目的，他们属于上等人，通常在皇帝的敕令中被尊敬地提到。但是，实际上，他们的地位通常不值得羡慕。早在元首制结束之前，为了填充执法官的职位，就已经必须对具备资格的人使用强制手段。[④] 此时，甚至还发生将当选作为一种惩罚的情形，尽管皇帝禁止这种做法，[⑤] 他们自己也不总是遵守这项禁令。[⑥] 市政会议员的财富和社会地位在不同地方有很大差别，最低的财产条件无疑也各有不同。[⑦] 其地位是父系世袭的，承担义务的责任从18岁开始，[⑧] 父亲死时必须留给儿子或孙子一部分财产，以使他们能够偿付其职位的开销。如果他由不承

---

① 大约在公元450年被取消；C. 12.2.2。
② CTh. 6.37.1（C. 12.31.1）.
③ 其原因可能是，骑士阶层的特权由于刑法的原因仍被认为有效；Kübler, PW 6.1.311f。
④ 上文，第351页及下页。
⑤ C. 10.32.38。
⑥ CTh. 16.2.39。
⑦ Jones 2.737ff。
⑧ CTh. 12.1.7, 19, 58。

担市政会职责的人来继承，则四分之一的财产归市政会。① 如果是女儿继承了，她的丈夫必须承担这些义务。② 姘合所生的私生子如果成为唯一继承人，就可以合法化，并且，如果是儿子的话，让他们当市政会成员，如果是女儿的话，与她们结婚就成为市政会成员。③ 为了确保他们的财产不被挥霍，未经行省总督的特别许可，市政会议员不能转让土地，④ 甚至他们的人身自由也受到严格限制；如果他们试图通过从事其他某种职业来逃避责任，可以强制他们回到本业。⑤ 他们必须承受的最沉重的负担是征税；对于要征收的数额，征收人要亲自负责，如果他拖欠，则由任命他的那些执法官负责。⑥

行政人员，包括文职的和军队的，元老以及在刚才说到的内容的限度内，市政会议员，构成了特权阶级。其余的人不参与管理，其自由通常受到税收要求和强制性的社会组织体制的限制。在城镇，特别是在首都，许多人由于世袭的义务，必须要成为贸易行会的成员，而且不能逃脱国家施加于他们的这项义务。⑦ 这些行会包括船东（navicularii），特别是承担运送罗马和君士坦丁堡的供应品的义务，面包行，屠宰行和搬运工人（saccarii）。这些行会，至少其中一些，起初是依契约为国家工作的自愿性社团，其成员可能由于所提供的服务而享受某些特权。例如，在元首制时期，那些将其大部分资本用于航运贸易的人免除5年的公共负担。⑧ 这类豁免有利于一个阶级的发展，毫无疑问，儿子通常继承他父亲的职业和资本。后来，这些阶级的存在使官员们有了可乘之机，因为官员们受到沉重的压力，要找到人来从事必要的服务。戴克

---

① C. 10.35。在 Nov. 38 中，优士丁尼扩大了市政会的权力。
② *CTh.* 12.1.124.
③ C. 5.27.3；J. 1.10.13.
④ C. 10.34.1.
⑤ 例如，*CTh.* 12.1.181.
⑥ C. 10.72.2.
⑦ 但是，产生这种后果的立法是在西罗马帝国颁布的；在东罗马帝国，行会的世袭性可能仍是自愿的；Jones 2.861；参考 762。
⑧ D. 50.4.5.

里先随意地使用强制，从此以后，这些行会固定成为世袭的等级。不仅儿子必须从事父亲的行业，而且这种负担，如船东行会那样，可能落在行会人的财产上。城邦保护人和自治市的执法官的特殊职责是防止行会成员逃避他们的工作，并在他们逃避时召回他们。[①] 在国家军需工场的工人们，无疑还有国家毛纺工场和亚麻布工场的工人们，境况甚至更坏：他们像奴隶一样被打上烙印。[②] 城镇里的商人（negotiatores）也组建成社团，当局利用他们征税[③]和强迫提供各种各样的服务。

如果对城镇居民使用了强制，那么对农村人口的强制就更多了。虽然一些土地由小土地所有者耕种，但大部分土地一般是大庄园。在共和国后期和帝国初期，这些庄园上的许多农活是由奴隶做的，[④] 但是，随着帝国不再扩张，奴隶的供应减少，日益倾向于以自由农奴来代替。表示农奴的词语是"colonus"，在关于私法的著作中，"农奴"仅仅是一个与土地所有者缔结租赁的合意契约的自由人。但是，事实并不完全如此；实际上，特别是在行省，他是一个处于依附地位的人，无疑通常拖欠地租，因此，除非失去地主享有留置权的那份财产，否则他不能离开。他实际上已经是土地的一个附属品，并且至少在有些时候，可以和土地一起被遗赠。[⑤] 帝国后期，他的依附性成为严格法上的事实，虽然这不是同时在每一个地方以相同方式实现的，但是它是政府出于其需要而实行的强制政策的一部分。看来在册农奴（adscripticius）[⑥] 特

---

① *CTh.* 12.19.3.

② *CTh.* 10.22.4.

③ 特别是压迫性的五年一次的金银贡税（collatio lustralis），甚至从事最不体面的工作的人也不能逃脱它；它被阿纳斯塔修（Anastasius）废除（C. 11.1.1）。

④ 但是，在埃及，奴隶从来不很多。

⑤ Marcian, D. 30.112 pr.，引用了马可·奥勒留和科莫多的一项批复。其正文说到"inquilini"（客民），他们可能是已经在帝国定居的日耳曼俘虏；Seeck, *PW* 4.1.496。

⑥ 关于帝国后期的农奴，参见 de Martino 5.63ff.；Jones 2.795ff.；M. Pallasse, *Orient et Occident à propos du colonat romain*（Paris, 1950）。必须强调的是，农奴的情况在不同地区和不同时期是不同的。此外，不是所有的农奴都是在册农奴（adscripticii）；参见下文，第 437 页。

别像中世纪的佃农，因为他被约束在他所耕种的土地上，如果他逃走，土地所有者可以追讨回来，而另一方面，土地所有者不能只转让他而不转让土地，或者只转让土地而不转让他。① 优士丁尼将他的地位看作为与奴隶相似。② 虽然他能够结婚，但未经地主的许可，他不能转让其财产，③ 他受到体罚，并且他不能起诉地主，除非地主犯有严重罪行或者试图勒索比习惯上应支付的更多的地租。④

这种地位通常根据出生而获得，根据适用于奴隶制的原则，如果一个人的母亲是农奴，他也是一个农奴。⑤ 如果母亲是自由的，而父亲是一个农奴，早先的规则是，与原则相反，孩子随父，但是优士丁尼规定，在这种情况下，孩子应是自由的。但是，地主可以通过禁止或者拆散这种婚姻，来防止失去未来的农奴。⑥ 如果父母都是农奴，但隶属于不同的地主，则根据优士丁尼的法令，应将孩子们平分，如果是一个奇数，则母亲的地主得多数。⑦ 如果某人以农奴的身份在别人的土地上干活达30年，他也可以由于时效而成为农奴，⑧ 并且，强壮的乞丐可能被分配给该地区的土地所有者当农奴。⑨ 与奴隶制不同，这种身份还可以依契约取得，但必须在档案馆登记在册。⑩

地主只有在允许农奴也取得土地的时候才能解放农奴。对于一个男人来说，30年事实上的自由，对于一个女人来说则为20年，就足以打破这种约束，⑪ 但是，至少在西罗马帝国，农奴只有在从

---

① C. 11.51.1；11.48.15；11.48.2；21.1.
② C. 11.48.21.
③ C. 11.50.2.3。他的财产被称为"特有产"（peculium）。
④ C. 11.50.2.4.
⑤ C. 11.48.16；11.68.4.
⑥ C. 11.48.24.
⑦ Nov. 162.3.
⑧ C. 11.48.19；23.1。关于因时效而取得农奴，参见 CTh. 5.18.1；Nov. Val. 27.6。
⑨ CTh. 14.18.1.
⑩ C. 11.48.22.
⑪ CTh. 5.18.1.

437 事某种城市职业时才能获得自由；如果他仅仅是搬到另一块土地上，他还是要受新地主的约束。①

　　农奴是如何产生的，这是一个未解决的问题。② 毫无疑问，③ 一种根源在于，在古希腊君主制度下农民对土地的使用，他们在希腊城邦之外，直接依附于国王，是国王的农奴。许多土地被皇帝获得，人民的地位几乎没什么改变。但是，我们已经特别提到的那些特征的直接来源可能是，政府需要保证土地的耕种，因而保证税收的缴付。之所以称为"在册"（adscripticii），是因为他们是财产登记的记录事项，并且，有可能④，在戴克里先的人口登记中可以找到地主的法定权力的萌芽，因为据推测，戴克里先为了便利征税，将所有的农村人口（包括自由的土地所有者和农奴）与土地联系在一起。我们所知的关于地主的权力的第一项立法是公元332年的一项敕令，⑤ 随后还有其他立法。完全有可能的是，行省的官员阶级，他们也是地主，对于将皇帝的限制强加给自由的土地所有者不感兴趣，但是他们抓住了增加对其农奴的控制的机会。⑥ 因此，只要大人物支付了他们负责收集的税收，政府对压迫小人物就假装看不见了。⑦

　　这些变化的后果是，帝国后期的社会结构表现出与封建主义有些相似之处。不仅耕作者被约束在土地上，而且他们的地主对他们有司法的权力，并成为一种甚至皇权也不得不认真加以对付的力量。有些地主甚至雇用有武装力量，被称为家丁队（bucellarii）。

---

① Jones 2.799f.；Kaser, *RPR* 2.102。参见 *Nov. Val.* 31。优士丁尼拒绝允许有利于儿子的时效经过，只要他的父亲仍在土地上；C. 11.48.22。

② 参见 de Martino 5.63ff.，及相关引述。

③ M. Rostovtzeff, *Studien zur Geschichte des r. Kolonates*（Leipzig, 1910）.

④ 关于接下来的内容，参见 Jones, *Past and Present* 27（1958）1ff.。

⑤ *CTh.* 5.15.1，命令逃跑的农奴回到原来的土地上，并允许给他们上镣铐，以防止他们逃跑。

⑥ "Adscriptio"（登记）可能只适用于以其地主的名字登记的农奴（及其后代们）；那些以自己的名字登记的人可能被豁免；参见 *CTh.* 11.1.14。

⑦ Rostovtzeff, *Studien zur Geschichte des r. Kolonates*（同上）397。

公元 468 年,这种做法被禁止,但是这些高级军官的这些部队由私人雇佣,它们成为拜占庭军队的一个公认的特征。一种"庇护人"制度逐渐形成,在这种制度下,农村地区的居民将自己置于某个有权力的人的保护之下,[①] 这种保护对于防止帝国政府本身的苛捐杂税特别有用,并且,尽管政府试图与这种制度斗争,但正是禁止形成这种关系的那些敕令不得不承认它是一个现存的事实。

由上述内容明显可见,新的社会阶级的划分取代了原先的市民、拉丁人与异邦人之间的区别。市民法和万民法之间的区别已经消失,对所有人适用的法律,就其不受他们的社会地位影响而言,都是相同的。无论卡拉卡拉敕令可能作出了什么限制,都被忽略了,并且,不论真伪,每个自由人都算作一个市民。优士丁尼告诉我们,自由归降人的身份渐被忘记,并且拉丁人(他指的是优尼亚拉丁人)很少见。他完全取消这两个阶级,并且,他有点夸大地说,恢复古罗马的规则,那就是只应有一种自由。[②] 因此,如果真的有效,解放奴隶也给予市民籍。在帝国境内唯一的异邦人是定居在边境的蛮族人。[③]

---

① De Zulueta, 'De Patrociniis Vicorum' (*Oxford Studies in Social and Legal History*, ed. Vinogradoff, 1 [Oxford, 1909]); L. Harmand, *Le patronage sur les collectivités* (Paris, 1957).
② J. 1.5.3; C. 7.5; 7.6.
③ Buckland 99。优士丁尼避免使用"异邦人"一词。

# 第二十六章

## 君主制时期的诉讼程序和司法

　　如君主专制制度所应有的那样，这一时期的法庭完全依赖于皇权本身，民事诉讼程序和刑事诉讼程度都不再与典型的共和国制度有关联，尽管这些制度在元首制过渡时期内或多或少地得以保留。由于帝国官僚机构始终是最高的，刑事法庭与民事法庭之间的区别甚至比元首制时期的还要少，关于刑事诉讼程序，几乎没有什么需要在这里说的，需要提一下的就是常设刑事法庭完全消失了，并且执法官的双重地位，即既在控诉程序中充当法官，又为了维持秩序充当调查人而无须私人控诉方，仍然和以前一样存在。① 关于犯罪的帝国立法比元首制时期更为普遍，在法官以前有裁量权的情况下通常规定有确定的刑罚。② 但是，这些刑罚通常很残酷，专断的恶习也没有真正根除。但是，关于民事诉讼程序，有许多必须说的，然后才能理解这种法律的一般发展，因此在对司法结构作一般讨论之前加上了一节关于这个问题的内容。

---

① 参考上文，第 403 页。
② Levy, *BIDR* 45（1938）57ff.，396ff.

## 一、民事程序

### （一）程式诉讼制度的消失。

早在这一时期开始，程式诉讼制度本身，以及它的自愿性和强制划分的两个阶段一起，已在各行省和罗马本身被废弃不用。公元294年的一项敕令规定，除非是由于公务繁忙，行省总督不得委托助审员（iudex pedaneus）听审案件，[①]有时认为该项敕令实际上在行省废除了程式诉讼制度，但是，事实上，没有提到程式诉讼制度中的承审员倒可以推测这种变化早已经发生了。[②] 在罗马，根据改革后的体制，市政长官是主要的司法官，而内事裁判官不再有任何司法职能，尽管他的法庭可能是古代的诉讼程序最后的庇护场所。但是，程式诉讼程序本身的消失并不必然表示在司法上完全不再使用程式。我们已经知道，[③]在非常审判（cognitio）程序中可以委托一名助审员听审，这抹杀了这两种制度之间的区别，并且，很可能，当作出这种委托时，为方便起见或者出于保守，有时利用程式来界定交托给助审员的争端。这可能就解释了君士坦丁的儿子们为什么到公元342年那么晚时还有必要发布一项敕令，命令完全废除"法律程式及其通过细到每个音节都要遵守所设置的那些圈套"。[④]

---

[①] C. 3.3.2.
[②] Girard 1140。关于它在多久之前就不再存在，尚有疑问。对于罗马来说，它在塞维鲁时代的存在得到铭文的证实；Wlassak, *Provinzialprozess* 29。Girard 1139 n 2，认为，C. 3.8.2和7.53.2表明在那个时期它也在行省存在，C. 3.36.7表明它甚至在哥尔丹统治时期也存在；参考Kaser, *ZPR* 124。Wlassak（同上引书，第25、29页）将这些看作为授权审判的例子。但是，参见Boyé, *Denuntiatio* 295。这种疑问是由于很难确定程序分为两部分是任意的还是强制的。
[③] 上文，第398页。
[④] C. 2.57.1."法律程式由于其用语难以捉摸，危害所有的诉讼请求，应该完全被废除"。

无论如何，看起来，在随后的一个半世纪（所谓的世俗法时期）①，古典法时代的诉讼知识大部分被遗忘了，至少，以前的区别变得模糊了。②诉讼的名称很少用到，而且，当时的法学家似乎只从实体法角度思考问题。甚至"对物之诉"与"对人之诉"之间的基本区分也不见了，更确切地说，它变成旨在保证物的归还的诉讼和意图金钱支付的诉讼之间的一种区分。但是，在优士丁尼的法律中，回归到古典法的用语（在大多数情况下），③即使这些名称在那时只表示诉讼原因。在这种程式的古典主义性质的复兴中，和我们自己的诉讼形式一样，可以将其理解为"来自坟墓的统治"（rule from the grave）。④

随着将诉讼程序分开的制度的最终消失，"普通"与"特殊"事项之间的区别也消失了。在当时，任何人，只要他认为对另一个人有某种合法请求，他都可以相同的方式提起诉讼，并且，根据相同的原则在执法官本人或其代表面前进行审判，无论他据以请求的实体法的历史起源是什么。在法律体制（ordo）自身内部存在的差异，尤其是诉讼和令状之间的差异，同样不再存在，尽管当然通过令状所形成的法律没有受到影响。⑤但是，这仍有需要说明的。在古典时期，令状在某种程度上带有简易程序的性质，而这个特点被取代它们的那些诉讼保留下来。确实，从来没有一种非常明确的简易程序，但是，某些种类的案件免除了通常要求的诉讼通知中的三个月的间隔、书面诉讼请求及其他手续的条件，这其中就包括令状诉讼。⑥

---

① 下文，第473页。其证据受在那里讨论时进行评估的困难的限制。另参见下文，第441页及下页。

② Levy, *Property* 202ff. Kaser, *RPR* 2.42ff.

③ 有某些新造的词，例如"actio condicticia"（请求给付之诉）。关于优士丁尼法律中的诉讼地点，通常参见 P. Collinet, *La nature des actions, des interdits et des exceptions dans l'oeuvre de Justinian*（*Etudes historiques* 5 [Paris, 1947]但实质上大约是1928年）。

④ F. W. Mailand, *The Forms of Action at Common Law*（Cambridge, 1909, 1936）296.

⑤ J. 4.15 pr., 8.

⑥ C. 8.1.4。这个敕令（*CTh*. 2.4.6）的适用范围最初要广泛得多；参考 Wenger 327。

## （二）传唤。

和程式诉讼制度一起，传唤受审（在其原来的意义上）与出庭保证也消失了。将被告带到法庭前不再是无助的原告要做的事情。但是，在这里，我们必须区分两个时期。在前期，以狄奥多西法典为代表，诉讼由一种诉讼通知开始；在优士丁尼时期，这种方式被控告程序所取代。

和以前一样，[①]诉讼通知是应原告请求向被告送达的一个通知，但它要经一名执法官许可，并且通常在他的帮助下进行。通常的做法——至少在罗马是这样——是一度由原告自己送达这个通知，并起草一份经见证人证实的文件来证明已经送达（私人证明）。但是，这导致滥用，公元322年的一项敕令将这种做法废除，该敕令要求，除了执法官的初步许可外，原告的实际送达还须获得一位有权保管公共案卷（ius actorum conficiendorum）的官员的合作。[②]我们不知道在诉讼通知中必须说明的确切内容，但是，看来它要求被告出现在法庭面前，并一直留在那里，直到对他指控的事项得以解决，[③]并且，可以肯定，从那时起4个月后，双方当事人都必须出现在法庭面前，然后开始审判。[④]如果被告未能出庭，则可以开始因拒不出庭而缺席判决的程序；如果原告不到庭，他就败诉，但他能重新向法庭提出诉求（reparatio temporum），只是这种重新的诉求不得超过两次。

关于优士丁尼时代的诉讼程序，我们所知道的相当多。[⑤]它发

---

① 上文，第399页及下页。
② CTh. 2.4.2.
③ 这是埃及的"控告"的通常形式；参见Mitteis, Chrest. nos. 55ff.。
④ CTh. 2.6.1；2.18.1.
⑤ Collinet, La procédure par libelle, de Zulueta, LQR 49（1933）275ff. 对之作了评论。在东罗马，它的第一个证据是在公元427年（P. Oxy. 16.1881），在西罗马，是在公元452年（Nov. Val. 35.14f.）；Kaser, ZPR 460 n 1。

442 展了以前的程序，主要区别是取消了 4 个月的期限，因为它被认为是不方便的。① 原告开始时向对案件有管辖权的法庭递呈一份诉状（libellus conventionis），我们可以将这种诉状与我们的"起诉书"相比，但它还为了获得令状的目的。在这个诉状中，他必须写明其请求的性质，但是，甚至在优士丁尼的法律中，他必须说出的他的诉讼的范围是不确定的。② 过分请求和其他错误，如提到一个错误的诉讼根据，仍有可能，但是，后果不再像以前那样严重，③ 而且，在审判过程中允许修改的自由肯定经常使被告方为难。④ 原告必须在诉状上签名，并须提供担保，保证在两个月内将案件提交证讼程序（如果未能做到，他必须加倍偿还被告因这种不作为而产生的费用）⑤，以把这个案件进行到底，并支付诉讼金额的 1/10，以防判决对他不利。⑥ 执法官审查诉状，如果他认为诉状表面上看来有理，则命令一名法庭职员，即送达员（exsecutor），将它送达被告。被告在收到该诉状时，必须向送达员支付某些费用，并保证（通常提供担保），他将出庭，并一直留在法庭直到审判结束。⑦ 如果没有担保，他可能被拘押。⑧ 他还必须确认收到诉状，并以答辩状⑨对它作出回答，不过看来这个回答只需包含对该诉求的承认或否认，⑩ 及其收到日期，其目的是确保至少 20 天后再开始听审。⑪

---

① 不同的观点，参见 Collinet, *La procédure par libelle* 451ff.，他认为执法官不参与诉讼通知。

② Kaser, *ZPR* 468 n 16；Wenger 276n。在纸莎文献中，除了 *P. Lips.* 33（Mitteis, Chrest. no. 55）之外，似乎不需要说出这个诉讼的名称，但是，在优士丁尼时期可能有一种不同的趋势；Kaser, *ZPR* 468 n 17。

③ Buckland 703.

④ J. 4.6.35. 但是，相应地，在诉讼的任何时候，被告都有提出抗辩的权利，只有延期的抗辩外；C. 7.50.2；8.35.8.

⑤ Nov. 96.1.

⑥ Nov. 112.2 pr.

⑦ J. 4.11.2.

⑧ C. 9.4.6.3. 但是如果这样的话，案件将在 30 天内审理。

⑨ 答辩状，Nov. 53.3.2。

⑩ Wenger 278 n 26；Kaser, *ZPR* 463.

⑪ Nov. 53.3.1 and 2.

由于这个限制，是原告来确定这个日子。如果被告未能出庭，可以开始拒不出庭的程序，如果他还不出庭，最终对他作出不利判决。①

除了这种通常的发起诉讼的方法外，还可以运用批复程序。②原告从帝国官员那里获得其批复后，必须雇用一名送达员将它交给执法官，然后执法官保证使一份副本送达给被告。③优士丁尼限制这种程序，但没有废除它。④

## （三）审判。

在指定日期，如果被告出庭，并承认原告的请求合理，则判决他败诉；如果他不承认它有理，则审判开始，先由双方陈述诉讼请求（narratio）和答辩（responsio），然后，双方都要宣誓，表明他们并非寻衅好讼，律师也要宣誓，声明他们认为其当事人的主张是合理的，而不是根据虚假陈述，以及如果他们知道有这种事，他们就会不代理诉讼了。⑤这个程序表面上与以前的证讼程序有几分相似，因此，就以前的关于证讼程序得以保存下来的规则而言，这个程序被选择为适用它们的关键时刻的标志。⑥但是，甚至优士丁尼的好古热情也不能使它们完全适合新的程序，因为新的程序事实上是根据完全不同的概念。

抗辩的历史进程与诉讼相同。⑦以前的抗辩的实质内容大部分还存在，在优士丁尼的法律中，甚至还有它们的名称，但是，它

---

① 这个程序可能很长；Steinwenter, *Versäumnisverfahren* 193ff.。
② E. Andt, *La procédure par rescrit*（Paris, 1920）.
③ Wenger 319.
④ Nov. 113.1.
⑤ C. 2.58.2 pr.；3.1.14.4.
⑥ C. 3.9.1（添加过的）；3.1.14.4.参考 Steinwenter, *SZ* 50（1930）184ff.；*Fschr. Wenger* 1.184ff.；反对的观点，参见 Collinet, *La procédure par libelle* 215ff.。
⑦ 参见 Kaser, *RPR* 2.45f.；*ZPR* 472ff.。

们不一定与证讼那一时刻有关。既然没有必要用一个诉讼程式将所有的问题都交给承审员,先决问题,例如管辖权抗辩(关于法院地的诉求前书)① 可以作为单独问题来处理;另一方面,永久的抗辩,即一旦证实就最终击败原告请求的那些抗辩,可以在诉讼的任何时候提出。但是,延期的抗辩(例如,抗辩说有关于在一定时期内不起诉的契约且该时期尚未过)必须在证讼程序之前提出。

因此,很明显,这个程序的灵活性有很大提高,但是,另一方面,法官不再有评估证据价值的自由,而这种自由是以前的体制的特征。② 他是一个官僚制政府的官员,这个政府总是用新的规则来约束他,如果他不遵守这些规则,就以惩罚威胁他。其中一些规则清楚地表明了社会所发生的那些变化。在有书面证据时,口头证言不予采纳,③ 关于不同种类的书证的价值,制定了细致的规则。④ 单个证人的证据根本不足为证。⑤ 证人的可靠性由其社会地位来决定;⑥ 社会地位低下的那些证人,如果有点儿可疑,就可能受到拷打。⑦ 在一方当事人是正统信徒的情况下,异教徒和犹太人不能当证人。⑧ 引进了关于法律推定的规则,也就是说,法官必须根据某些事实推断出另一些事实,这或者是在没有相反证据的时候(可予反驳的推定),或者甚至尽管有相反证据的时候(决定性的推定),而不论他自己对案件的可能性的看法。⑨

如果说此时的法官是国家的仆人,但他是当事人的主人,这种地位的改变表现在几个方面。不再完全由当事人提供证人,如

---

① C. 8.35.13.
② 参见 Kaser, *ZPR* 484ff., 及相关引述。
③ C. 4.20.1; 18.
④ Nov. 73.
⑤ C. 4.20.9; 参考 Deuteronomy 19.15。
⑥ C. 4.20.9.
⑦ Nov. 90.1.
⑧ C. 1.5.21 pr.
⑨ D. 34.3.28.3(添加过的)。其他例子,参见 H.-S. s.v. *Praesumptio*。

他们能够说服出庭的那些人；法庭发出传唤令，除了有"杰出的"（illustres）的身份的人之外，所有人一旦被传唤，都必须宣誓作证。① 询问不再由当事人或者他们的律师来进行，而是由法官进行，尽管律师有可能向法官建议向证人提出的问题。② 为证明的目的，当事人经常要宣誓，这一要求是根据一种复杂的制度，或者由对方当事人提出，或者由法官提出，③ 并且，法官被明确指示要向当事人提问。④ 这样，甚至在民事案件中也运用纠问原则。看起来，在完成举证之后，律师不作总结性发言，他们的职责反而似乎是应付在审判过程中出现的个别性的问题。⑤

## （四）判决。

那时的判决肯定总是书面的，但是，必须由法官亲自在法庭宣读，并须将副本交给当事人。⑥ 金钱判罚（condemnatio pecuniaria）规则不再有效，发出强制履行的命令很常见。⑦ 那时，所有的判决通常都可上诉，⑧ 尽管毫无意义的上诉受到罚款的限制，⑨ 并且，优士丁尼禁止就同一事项上诉两次以上。⑩ 上诉总是采取重新听审的方式，并可以出示新的证据。⑪

---

① C. 4.20.16 pr.；19 pr.
② Bethmann-Hollweg 3.278.
③ C. 4.1.12.
④ C. 3.1.9.
⑤ Bethmann-Hollweg 3.291.
⑥ C. 7.44 passim.
⑦ 不清楚在何种程度上命令债的强制履行，是做某事（facere），而不是给（dare）或交付（tradere）；相矛盾的是 C. 7.4.17 例如，D. 42.1.13.1（被添加过的）。
⑧ Nov. 82.12.
⑨ C. 7.62.6.4；Nov. 49.1 pr.。君士坦丁（CTh. 1.5.3）对提出上诉而败诉的人进行惩罚，如果是富人，罚两年流放，并没收其一半财产，如果是穷人，罚在矿场服两年劳役。
⑩ C. 7.70.
⑪ C. 7.62.6.1，2.

## (五) 执行。

就其主要特征而言，执行延续了非常审判程序的相关规则。它的开始程序在优士丁尼法中也被称为"已决案之诉"，[1]但它与先前的不同，因为如果被告未能成功地否认责任，他不必支付双倍的原判决金额。如果判决是交付某特定物，法庭的官员就依法占有它，并将它交给原告。[2]对于支付钱款的判决，对人身的执行似乎仍然是合法的，尽管根据法律，债权人不再能够私自拘禁债务人。[3]事实上，很明显，对于有权势的债权人实行私人拘禁的恶行，尽管国家三令五申，但还不足以将它根除。[4]

财产拍卖（bonorum venditio）是事实上与以前的程序紧密相连的制度，它完全不再存在，[5]对物的执行通常采取扣押并出售债务人足够多的财产（司法质押）。[6]只有当债务人实际上破产的时候，才出卖他的全部财产，并且那时不再趸卖取得偿金，而是零卖（distractio bonorum）。[7]

## 二、法院与司法权[8]

讲述元首制时期的司法制度时，曾经必须区别罗马、意大利和行省。在君主制时期，意大利已经失去其特殊地位，甚至在罗马，

---

[1] Liebman, *St. Bonfante* 3. 397ff.。关于这究竟是不是真的是一种诉讼的疑问，参见 Buckland, *Main Institutions* 395。
[2] D. 6.1.68（被添加过的）。
[3] Woess, *SZ* 43（1922）490.
[4] Mitteis, *Reichsr.* 452f.
[5] J.3.12 pr.
[6] 参考上文，第 401 页。
[7] 这是以前适用于元老阶层的人的一种程序的一般化；D. 27.10.5。
[8] Kaser, *ZPR* 418ff.；Bethmann-Hollweg 3.35ff.；Jones 1.470ff.

共和体制下的执法官的司法权力也几乎完全消失了。因此,除了较小的自治市的司法外,司法权力,包括民事和刑事的,此时由帝国官员所拥有,为了这些,和为其他目的一样,这些官员被分为三级,即"杰出的"(illustris)、"显要的"(spectablilis)和"著名的"(clarissimus)。这种区分的主要意义在于,两个较高等级代表皇帝(vice sacra)行事,也就是说,他们持续地掌管帝国的司法权,主要是上诉,这种权力形成于元首制时期,并且那时已经普遍委托给某些官员,尤其是市政长官和军政长官。但是,这种明显的简化被许多其他因素所抵消,特别是特殊等级特许司法的发展、上诉制度的复杂性和宗教法庭的建立。根据罗马以前的原则,司法权仍伴随于行政权,因此,审理普通案件的普通法院是行省总督的那些法院,这些行省总督也承担一般行政管理职责,而上诉可向他们的行政上级、代理官和军政长官提出。但是,在两个首都,情况有所不同。在这里,不仅行政机构而且司法机构的首脑也是市政长官。[1] 在他之下有粮食长官、宵警官及其他官员,对这些官员的上诉向他提出。[2] 粮食长官拥有粮食供应方面的民事和刑事管辖权,宵警官仍几乎专门是处理较轻微案件的刑事执法官。[3] 城市代理官(和其他代理官一样,属于"显要的"级别)行使的司法权与市政长官的有部分重合,但是,在有争议时,后者作为"杰出的"级别,具有优先性。市政长官本身的司法权不仅仅是上诉审,而且还有一审。元老享有由他来审理的特权,[4] 并且宵警官必须将严重的刑事案件保留给他审理。[5] 他不仅听取从他

---

[1] A. Chastagnol, *La préfecture urbaine à Rome sous le Bas-Empire* (Paris, 1960) 84ff.

[2] Not. Dign. Occid. 4.1.

[3] 上文,第335页。在君士坦丁堡,这个职位声名扫地,直到优士丁尼以平民裁判官的名称重建它(Nov. 13),不久以后又增补一名审判员(quaesitor)来补充他(Nov. 80)。

[4] *CTh.* 2.1.4;1.6.11. 对于刑事案件,他必须召集一个由五位元老组成的顾问会;*CTh.* 9.1.13;2.1.12;C. H. Coster, *Judicium Quinquevirale* (Cambridge, Mass., 1935);Chastagnol, *La préfecture urbaine* (同上) 124ff.。

[5] C. 1.43.

自己的下级那里提起的上诉，而且经特别授权，在有些时候，还接受从意大利甚至海外的行省总督，在罗马的帝国国库的代表，[①] 以及在有些情况下从城市代理官那里提起的上诉，尽管从城市代理官那里，和从其他代理官那里一样，也可以直接向皇帝提起上诉。从市政长官本身，也可以向皇帝提起上诉。[②] 有几位裁判官，他们的司法权力非常小。我们知道，有一位保留了有关监护[③]和自由权诉讼的一些职权；在优士丁尼的《法典》中保存的君士坦丁的一项敕令提到他们对恢复原状和自愿管辖的管辖权。[④]

在首都以外，行省总督和从前一样是司法系统的核心，但是他的地位变得极为不同，因为他不再有军事职权，而且行省相对更小。他通常被称为"普通审判员"（iudex ordinarius）[⑤]，并且，他的司法工作肯定在实际上占据了他一大部分时间，尽管他在公务压力下有权任命助审员。他的司法权集中于行省省会，并且他不再巡回审判（conventus），[⑥] 尽管他仍有义务进行巡视。[⑦] 除了有特权的人外，他对民事和刑事案件拥有无限制的权力，并且对自治市执法官和城市保护人不服的，可上诉于他。[⑧] 这些城市保护人和执法官都不行使任何重要的刑事管辖权，[⑨] 但是他们都拥有较小的警察权，并且必须将违法者交给总督进行审判。[⑩] 优士丁尼增加了城市保护人的民事权限，允许他们受理价值最高为 300 金币的诉讼；[⑪] 我们不知道普通的自治市执法官有权受理的最高金额，

---

[①] *CTh.* 11.30.49.
[②] Kaser, *ZPR* 429.
[③] C. 5.35.2.4.
[④] C. 1.39.1.
[⑤] 例如，C. 1.3.32 pr.。
[⑥] Theoph. *Paraphr.* 1.6.4；3.12 pr.
[⑦] *CTh.* 1.16.12；C. 1.40.15.
[⑧] Nov. 15.5.
[⑨] C. 1.55.5.
[⑩] C. 1.55.7；D. 48.3.10.
[⑪] Nov. 15.3.2.

但是，可能不是很高，尽管根据双方当事人的协议，可以将涉及任何金额案件的管辖权授予他们。①

从总督那里，通常可以向军政长官或者代理官提起上诉，视哪一个距离更近来决定。②在有疑问的时候，军政长官如果愿意处理该案件，则优先。从代理官那里，上诉不是向军政长官提起，因为代理官本身代表皇帝行事，而是向皇帝提起；根据军政长官的职责就是代替皇帝具体行事的原则，从军政长官那里，不能再上诉。③从亚洲和非洲行省，由于它们的总督带有行省执政官的称号，且属于"显要的"级别，因而既不能向代理官上诉，也不能向军政长官上诉；行省执政官本身代替皇帝接受上诉，不仅有从他们自己的下级那里的上诉，而且有从其他一些行省的总督那里的上诉。从他们那里，可向皇帝上诉。④通常，军政长官和代理官不担任一审法官，但是，基于特别的理由，例如某个有权势的当事人贿赂或者恫吓普通的法官，他们也可以进行一审。⑤

皇帝自己仍对所有案件享有管辖权，但是，实际上，他亲自处理的司法工作比以前少得多。经常参与司法与君主的神圣不可及几乎是不相容的，因而他通常通过代表行事。虽然有时为某个特定的案件指派这些代表，但大部分工作是由常设委员会做的。因此，狄奥多西二世规定，所有从"显要的"级别的审判员那里提起的上诉，都必须由驻宫廷的（即东方的）军政长官和圣殿执法官决定。⑥鉴于代理官和行省执政官是"显要的"级别的人士，并且主要的"杰出的"级别的审判官，即军政长官的判决不可上诉，这种安排肯定规定了大部分的上诉，它在优士丁尼时代仍然存在。⑦甚至当一个案

---

① D. 50.1.28.
② Nov. *Marcian* 1.2.
③ *CTh.* 11.30.16："只有代替皇帝审判者作出的判决才是终局的"。另参见 D. 1.11.1.1。
④ *CTh.* 11.30.16, 29, 61.
⑤ *CTh.* 1.16.7；1.15.1.
⑥ C. 7.62.32.
⑦ Nov. 126 pr.

件是由皇帝的法院，即枢密院审理时，似乎皇帝本人并不总是出席；如果他不出席，在作出任何决定之前必须向他提交一份报告。① 圣殿执法官可能主持审判。有时，如果要审判重要案件，也召集不是理事会成员的元老出席，优士丁尼还将这规定为一般原则。② 与普通的代表不同，代表皇帝行使司法权的那些人自己可以指定代表，为此，优士丁尼建立了一个由著名人士组成的专门小组，不仅他自己，而且审判席在君士坦丁堡的那些官员可以从中选择他们的代表。③ 他还规定，这些人必须一直待命，因此，他们肯定有许多事务。④

在众多特殊管辖权中，无论是针对特定案件的，还是针对有特权的人的，可以说到的只有一些。一些财政案件由代表管区或其他行省联合体的国库的会计官管辖，⑤ 上诉向帝国财政官提起；关于皇帝私产的案件，向私人管家提起。"杰出的"级别的人只能由皇帝或其特别指定的法官进行刑事审判。⑥ 对于元老阶层的普通成员，规则是不同的：住在罗马的元老只能由市政长官进行刑事审判；⑦ 住在其他地方的元老一般由行省总督进行刑事审判。⑧ 官员一般只受他们所服务的那个高级官员的管辖，包括民事和刑事管辖；⑨ 皇帝家庭的成员受宫廷事务官管辖；士兵受其指挥官的管辖，或者是统帅（duces）或者是军事长官。⑩ 通常，这种特权意味着，有特权的人只能成为他自己的那个法庭的被告，但是，在一些情况下，这种特权是如此大，以致这些人能够作为原告强

---

① Nov. 62.1.
② Nov. 62.
③ Nov. 82.
④ Nov. 82, cap.3.
⑤ 参见 Jones 1.485ff.。实践明显是不稳定的，并且证据很混乱；更加严格的论述，参见 Kaser, *ZPR* 435。
⑥ C. 3.24.3.
⑦ 上文，第 334 页。
⑧ C. 3.24.1。关于变化，参见 Jones 1.491。
⑨ C. 1.29.2；12.23.12.
⑩ C. 3.13.6；Bethmann-Hollweg 3.84f.

第二十六章 君主制时期的诉讼程序和司法　　575

迫其他人出现在这个法庭面前。因此，在皇家（domus divina）土地上的佃户，无论是作为原告还是被告，受圣室长官和侍卫长官（comes domorum）的专属民事管辖，① 罗马的一些贸易行会的成员同样可以将其他人告上罗马城的法庭。② 很明显，当原告是一个士兵时，也曾试图将市民告上军事法庭，但这是被禁止的。③

在这一时期获得承认的一种新的管辖权是宗教法庭的管辖权。甚至在基督教成为帝国宗教之前，根据基督教《圣经》的命令，④ 基督教徒通常将他们之间的争议提交给信仰同一宗教的仲裁员，尤其是主教，那时主教的决定可能受适用于仲裁裁判的一般规则的规范。教会法庭还处理纯内部的事务，例如撤免行为不端的牧师，开除俗人的教籍，以及宗教管理的事务。但是，随着第一个基督教皇帝登基，发生了一种转变，因为君士坦丁不仅承认主教的决定具有约束力，而且，如果我们的记载可靠的话，他还允许诉讼的一方当事人将诉讼提交主教裁决，即使该案已经在一个世俗法庭开始了诉讼，并且即使是违背另一方诉讼当事人的意愿。⑤ 尽管如此，公元398年以后，同意肯定是赋予该管辖的必要条件，⑥ 但是，虽有这个限制，主教有权处理所有民事案件；他的裁决可以像世俗法院的裁决一样执行，且不得上诉。⑦ 实际上，尽管严格说来，他的地位与一个普通的仲裁员没什么不同，但由于他的法庭的审判比别的地方更便宜、更便捷，因而他的法庭变得很忙且很受欢迎，到后来，主教取得了对其管区内司法的一般监督权力。⑧ 关于

---

① C. 3.26.11.
② C. 11.17.2.
③ C. 1.46.2.
④ 1 Cor. 6.1—8.
⑤ *Const. Sirm.* 1。整个问题，包括 Sirmondian 敕令（参考下文，第465页）的可靠性问题，都存在争议；参见 J. Gaudemet, *L'église dans l' empire romain*（Paris, 1958）231f.。
⑥ C. 1.4.7.
⑦ C. 1.4.8。但是，作出的仲裁裁决一般也是如此。
⑧ Nov. 86.1.2, 3.

对牧师的管辖上的特权，帝国立法有变化。优士丁尼规定，对他们的民事诉讼只能在宗教法庭提起，但是，对于犯罪，他明确规定，他们受世俗法庭的管辖。①

　　承审员（iudex）这个词不再具有其以前的含义，以及司法（除了宗教法庭外）集中于国家官员手中，这并不必然表明，法官总是一种职业法学家，如同现代社会里一样。技术援助，如法学家曾经提供的那种，仍然需要，并由陪审员（adsessores）或者顾问（consiliarii）提供。②陪审员最初只是执法官顾问委员会的一员，在元首制时期，其职能已经非常明确，保罗还对此作了专题论述。在君主制时期，似乎每个官员通常都有一名陪审员，并且，对戴克里先的一次抱怨是，他派无知的士兵去当法官而没有这样的助手。③他们通常从律师中选出，尽管一个人不可能同时既是律师又是陪审员，但他在当陪审员之后肯定可以重返律师业。④陪审员由其所服务的执法官指定，但是，他们的工资由国家发，并且，看起来，他们自己要对所提出的建议负责。⑤他们的职责扩大到各种各样的帮助，包括起草判决；并且有时，要说服执法官不按他们的建议办还很难，尽管他在法律上是有权这样做的。⑥在优士丁尼时代，他们实际上看起来与助审员（iudices pedanei）没什么分别，因为他规定，官员不得将整个案件委托给他们。但是，优士丁尼只坚持要求证讼程序在法官本人面前进行，而且法官还要再次处理这个案件并亲自作出判决。对于其他方面，陪审员能够处理。⑦

　　那时的律师不再只是演说家，而是在某所法律大学里学习过

---

① Nov. 83。关于这个问题，一般性的论述，参见 Gaudemet, *L'église dans l' empire romain*（同上）229ff.。

② Jones 1.500f.

③ Lactantius, *De mortibus persecutorum* 22.5.

④ C. 1.51.14.

⑤ D. 2.2.2.

⑥ Kaser, *ZPR* 441 n 28.

⑦ Nov. 60.2.

的人。每个法院都附有一定数量的律师，他们组成一种具有相当大特权的团体。他们的费用不仅得到承认，而且，法律还规定了一个尺度，并且他们要遵守职业纪律。[1] 在这方面，和其他方面一样，帝国后期的法院比共和国或者元首制时期的法院更像现代的法院。这种相似主要表现在完全由国家授权的人行使司法权；但是，也有许多次要的相似之处——诉讼程序从露天转移到建筑物里，证人把手搁在《圣经》上发誓，书面记录所有的程序和支付法院费用，尽管这些费用不是归国家，而是归官员。

但是，与其说这与英国诉讼程序相似，不如说它与大陆国家的程序相似。虽然口头听审的原则未被抛弃，但经常使用书面形式，并且很明显，我们现在所知道的"出庭日"，以及在以前的制度下曾经有的，至少对于裁判审程序来说有的"出庭日"，那时不一定有。审判可能被分解为许多独立的调查，并且我们知道，这些不一定自始至终都由同一个人进行。

---

[1] Kaser, *ZPR* 453；Jones 1.507ff.；Schulz, *History* 268ff.

# 第二十七章

# 从古典时期结束到优士丁尼继位时的法律渊源

## 一、法学

随着古典时期的结束,法学家的解答不再是一种有效的法律渊源。解答权不再被授予,[①]并且开始进入一个衰落的时期,其原因之一无疑是帝国的局势动荡不安,纯粹是军人的统治者对法学漠不关心——有时甚至是敌视的态度。更持久的理由是,文化中心转移到东方,而那里没有罗马的传统,以及基督教的神学开始对有才能的人提供了相竞争的吸引力。那一时代的法学家中的这种地位的降低,对早期著作的权威有影响,尽管这些著作逐渐被认为是一个已经最终确定的法学(ius)理论体系,只需要加以适用。这种发展,如人们认为必然会发生的那样,留给了皇帝敕令(leges)。[②]当政治上最动荡的时期过去后,在东方,法学确实有某种程度上的复兴,但它是一种学术运动,并且,虽然其结果并非不重要,[③]但它所产生的建设性成果绝对比不上古典时期。

---

[①] 上文,第361页以下。

[②] Gaudemet, *Fschr. Rabel* 2.163ff.。法学家的著作是法(ius),皇帝敕令是法律(leges),二者之间的区分在古代的渊源中几乎没有什么根据(参见 Gaudemet, *Iura* 1 [1950] 223ff.),但这种区分是传统的,且约定俗成。

[③] 参考下文,第476页。

法学家的作品，包括教育的和实践的，依赖于那些古典文本，对这些作品，人们试图通过节录和汇编使之明白易懂，甚至帝国政府试图通过立法减轻法官的负担，因为他们不再能单独地理解古典时代的权威作品。因此，接下来，首先要谈一谈这种立法，其次要谈谈法律学校，这些学校在这一时期的重要性比以前大得多，最后要说的是已经保存下来的后古典时期的作品。

## （一）关于使用古典时期作品的立法。

在对待古典作品时，后古典时期的实践者们面临两个困难。首先，由于现在已经有了一个权威的标准了，因而必须确切地知道什么著作构成它的组成部分；其次，由于独立的批评似乎不再可能，因此，如果所有的古典时代的权威说得都不一样，他就需要某种指导来帮助。这两个困难都为皇帝立法所涉及。公元321年，[452]君士坦丁引进了某种简化，"废除"乌尔比安和保罗对帕比尼安的注解，[①]公元327年，他"批准"保罗的著作，并对《论判决》特别加以推崇。[②]但是，直到公元426年，才就这个问题制定一部全面性法令，即狄奥多西二世的著名的《引证法》。[③]据此，帕比尼安、保罗、乌尔比安、莫德斯丁和盖尤斯的著作被指定为首要的权威学说，并特别提到盖尤斯的著作与其他四人的著作具有相同的地位。此外，还可以引用被这五个首要权威引用的那些人的著作，但是，这些引用必须"经过手稿的比较加以证实"。之所以有这种区分，可能是因为，有许多帕比尼安、保罗、乌尔比安和莫德斯汀的保存完好的手稿，因为他们是最晚近的伟大法学家，

---

[①] *CTh.* 1.4.1；Schulz, *History* 220f.；Santalucia, *BIDR* 68（1965）49ff.。到优士丁尼时期，这项禁令明显被延伸到马尔其安的注解；C. *Deo Auctore* 6。

[②] *CTh.* 1.4.2。对《论判决》的提及可能是由于对它们的可靠性的怀疑；但是这些怀疑是有根据的；参见下文，第457页。

[③] *CTh.* 1.4.3。

也有许多盖尤斯的手稿,虽然他更早,但却非常受欢迎。因此,他们的著作的文本是可靠的,而更久远的法学家的文本很难弄到,他们的文本更加可疑。如果不同权威的意见存在不一致,则按照大多数的意见办;如果人数相等,则以帕比尼安支持的那一方意见为准,只有在二对二而他又没有表态时,才由法官自由裁量作出决定。① 对法律权威这样机械的对待,清楚地表明法学的水准降低到很低的程度,并且,如果是这样的规定是必需的,它也证明了狄奥多西在其《法典》的引言中对他那个时代的法学家的责难是有道理的。② 这样一个规则至少在理论上到优士丁尼时期一直有效。

## (二) 法律学校。③

无论古典时期法律学校的准确的性质是什么,④ 法律教育直到君主制时期才具有一种官方性。在西方,我们确切地知道只有一

---

① Gradenwitz, *SZ* 34(1913)274ff. (参考 Wieacker, *Textstufen* 156ff.),注意到该法主要的前后不一致的规定:把五个主要法学家作为准据表明限制权威学说数量的实际目的,但是,在求诸原本的条件下允许引入次要权威又代表了一种学术上或者理论上的理想,它可能使那个实际目的毫无意义。因此,他推定,这种学术因素最初是很独立的,被打算用以指导狄奥多西规划的法学家作品汇编的编纂者,并且,只有当那个规划必须被放弃时,才将它用作对法官的一种指导。当然,如果提到的次要的法学家仅仅涉及可以在主要法学家的著作中找到的那些引用,则这种冲突就会消失,这就是《西哥特罗马法》中的解释对它的理解:"谢沃拉、萨宾、尤里安和马切勒的作品没有效力,除非在最完美的(即具有首要的法学家的著作)中被引用"。这明显也是 Dominicis(*Synteleia Arangio-Ruiz* 552ff.)的观点,他指出该法起源于西罗马(它是给罗马元老院的),并认为它只是反映了西罗马所使用的法学作品的范围,在 *Fragmenta Vaticana* 和 *Collatio* 中也是这样认为的。但是,要求比较手稿的但书条款使这样解决这种冲突成为不可能,除非如同 Pringsheim(*SDHI* 27[1961]235ff.)那样认为,假定这个但书本身是后来添加的,代表着那种学术趋势。当然,这个但书条款在东方语境下比在西方语境下更容易理解;并且,甚至在东方,在一些中心如君士坦丁堡和贝鲁特以外,可能很少有实践者拥有使自己遵守这一规定的学识和藏书(参考关于埃及, Seidl, *Fschr. Rabel* 235ff.)。另参见下文,第 456 页注释。

② *Nov. Th.* 1.

③ Schulz, *History* 272ff.

④ 参见上文,第 378 页。

第二十七章　从古典时期结束到优士丁尼继位时的法律渊源　　581

个学校在罗马,[①] 而且,没有什么证据可以表明,那里的水准很高。在东方,情形则不同。最著名的法律学校在贝鲁特,[②] 在公元239年的时候就已经提到它是一个法律学府。[③] 从那以后,这个学校越来越重要,它的全盛时期是在公元5世纪,那一时期的老师被优士丁尼时代的法学家们尊称为"世界性大师"。[④] 肯定主要是他们导致了埃及的法学的复兴。[⑤] 从公元425年起[⑥] 以后,在君士坦丁堡也有一所重要的学校。我们还听说了其他学校,分别在亚历山大、巴勒斯坦的凯萨利亚[⑦] 和雅典,[⑧] 但是优士丁尼认为它们如此不够格,以致他在进行法律教育改革时,[⑨] 只允许贝鲁特和君士坦丁堡的学校继续存在。这两个学校共同享有提供编纂《民法大全》的委员会的职业成员的荣誉。[⑩]

　　教学所使用的语言最初是拉丁语,甚至在东方也是如此,但是,在贝鲁特,希腊语似乎到4世纪末或5世纪初才被取代,在君士坦丁堡,可能大约在同时也发生了类似的变化。[⑪] 关于教育方法,《西奈注解》(*Scholia Sinaitica*)[⑫] 和《〈巴西尔法律全书〉注解》[⑬]

454

---

① Wieacker, *IRMAE* I.2.a.(1963)40, 42ff.。不同的意见,参见 Volterra, *CLJ* 10(1949)196ff.; *Ann. stor. dir.* 1(1957)51ff.。在修辞或语法学校无疑也可以学习到法律基础知识;参考 Riche, *IRMAE* I.5.b.bb.4f.。Autun Gaius(下文,第458页,甚至假定它是一个法律学校的产物,他并未证明在安屯(Autun)有过这样一所学校,因为它是一张羊皮卷的底本;Cannata, *SDHI* 29(1963)238ff.。反对从 Apul. *Flor.* 4.20 得出在迦太基有一所法律学校的推论,参见 Schulz, *History* 123。

② 尤其参见 Collinet, *Ecole de Beyrouth*。

③ St. Gregory Thaumaturgus, *Panegyr. ad Originem*, cap. 5.

④ Collimet, 前引书, 第125页以下。但是, 公元551年, 一场地震毁灭了这个城市, 这个学校也迁至斯东(Sidon)(前引书, 第54页以下)。

⑤ 下文, 第476页。

⑥ *CTh.* 14.9.3.

⑦ *C. Omnem* §7.

⑧ 要知道一个机构是一所法律学校或仅仅是一所修辞学校,并不总是很容易的。在安提奥克(Antioch)的那所学校可能是一所修辞学校;Collinet, *Ecole de Beyrouth* 35, 81。

⑨ *C. Omnem* §7. 雅典在公元529年已经被禁止;Malalas, *Chronogr.* 451。

⑩ 下文, 第480、492、494页。

⑪ Collinet, *Ecole de Beyrouth* 211ff.

⑫ 下文, 第459页。

⑬ 下文, 第503页。

提供了一些说明。以一部古典著作为依据，讲授者增加他自己的解释，包括引用相关联的片段或皇帝敕令，推导出一般原则，说明并解决难题，以及用实例说明。① 它实际上是对修辞学校所运用的古老方法的一种发展，② 它与古典时期的方法极为不同，因为在古典时期，当学生掌握基础知识后，他的进一步的教育主要在于案例讨论。学程通常持续四年，尽管一些学生呆了五年时间，③ 至少在公元 5 世纪，它遵照一项严格的学制。但是，把这一点与优士丁尼为了适应他的编纂而引进的改革联系起来论述，将更加合适。④

早在公元 370 年，就已经为纪律的目的将罗马的学生交给监察长官（magiste census）管理，监察长官是市政长官的下级，⑤ 但是，直到公元 425 年，狄奥多西二世规定，在君士坦丁堡，在其他老师中必须有两位法律教授，这才第一次提到官方任命的教授，他们由国家发给工资。⑥ 在优士丁尼时代，在君士坦丁堡和贝鲁特一共有八位，⑦ 可能各有四位。我们不知道在罗马有多少位教授，但是，那里的那个学校甚至在西罗马帝国灭亡之后仍继续存在，并且，在重新征服意大利之后，优士丁尼下令继续支付教授们的工资。⑧

我们得知，在公元 460 年，在一所法律学校上学的证书和充分的知识是允许在军政长官法庭执业的必要条件。⑨ 这个证书必须由一位或多位教授发誓提供，但是，没有证据表明他们通过考试测试其学生们的成绩。

---

① Pringsheim, *Fschr. O. Lenel*（Leipzig, 1923）204ff.，将贝鲁特的老师们的教育方法与注释法学家的教育方法进行了比较。
② Collinet, *Ecole de Beyrouth* 245.
③ 前引书，第 234 页。
④ 下文，第 498 页。
⑤ *CTh.* 14.9.1.
⑥ *CTh.* 14.9.3（= C.11.19.1）。一种官方的教授资格可能已经存在有一些年了；Krüger 392。
⑦ *C. Omnem* 谈到有八位。
⑧ *Pro petitione Vigilii* § 22.
⑨ C. 2.7.11；2.7.24.4—5.

## （三）保存下来的作品。[1]

保存下来的后古典时期的作品的显著特征是，全部都是匿名的，且几乎完全不具有原创性。它完全依赖于古典资料，其典型形式是节录和选集。此外，它几乎全都是在西罗马发现的，而且肯定或者可能起源于西罗马，有些实际上只是通过它在蛮族法典中的使用才为人所知。东方的著作，除了在《巴西尔法律全书》中的片段和重现之外，已经消失，这肯定主要是因为优士丁尼的汇编使它们湮灭了。

如我们将看到的，保存下来的最重要的摘要和选集似乎起源于后古典时期的早些时候，大约在公元300年左右，并且在这一时期似乎有相当多的编辑活动。肯定还有别的摘要和选集未能保存下来，我们只是通过《学说汇纂》才知道的一些基础性著作，如被认为是乌尔比安写的《观点集》，[2] 似乎应被纳入这一类。但是，编辑活动不限于创造"新的"著作。提供《学说汇纂》的实质内容的主要古典著作明显经过某种编辑，尽管关于其范围和重要性有不同的意见。[3] 当然，在公元300年左右的几十年里有这种

---

[1] 这些文本可以在下列著作中找到：*FIRA* 2；P. F. Girard and F. Senn, *Textes de droit romain*, 7th ed., vol. 1 (Paris, 1967)，以及 P. E. Huschke, *Iurisprudentiae Anteiustinianae Reliquiae*, ed. E.Seckel and B. Kübler (6th ed., Teubner, Leipzig, 1908—1927)。

[2] 与乌尔比安通常的风格有明显区别；Schulz, *History* 182。

[3] 关于一种激进观点的系统说明，参见 Schulz, *History* 141—261, 300—329。参考 Wolff, *Seminar* 7 (1949) 76ff.；*Fschr. Schulz* 2.145ff.；尤其是 Wieacker, *Textstufen*，他利用对保存了一种以上版本的文本（通常在《学说汇纂》和下面所讨论的一部著作中）的所有情形的穷尽的研究，证明存在与逐次编辑相应的层次。在这种微观研究中，明显有一种只观察自己正在寻找的东西的危险，并且在单个情况下有很大的争论空间，但是，存在某种编辑似乎是确定的。当然，在创作一部"新的"作品与编辑一部旧作品之间不可能划出明确的界线。《学说汇纂》认为是盖尤斯所写的《日常事物》（res cottidianae 或者 aurea）的性质就是一个例子。这部作品明显与盖尤斯的《法学阶梯》有联系，也有区别，它可能是后来对后者的一个编辑版本，可能增加了盖尤斯其他著作的内容；参见 Schulz, *History* 167f. 及相关引述，尤其是 Arangio-Ruiz, *St. Bonfante* 1.493ff.；以及 Wolff, *St. Arangio-Ruiz* 4. 171ff.；和 Fuhrmann, *SZ* 73 (1956) 341ff.。

编辑的机会,是由于书籍的物质形式从卷轴变成了典籍(codex)或者我们所知的书本(codex)。这包括了各种各样的作品从一种形式整体地转变成另一种形式,①就法律作品而言,由于它服务于一种实用的目的,这种转变明显会伴随着某种程度的修改。但是,这是关于《民法大全》中的添加这个更大的问题的一个方面,我们将在下文对此进行讨论。②

西罗马保存下来的主要作品如下:

《梵蒂冈片段》(*Fragmenta Vaticana*)。它是一部包含法学和法律的大规模汇编的残篇(可能只是一小部分),由安杰罗·马伊(Angelo Mai)于1821年在梵蒂冈图书馆中发现。它按照主题分标题编排,其中七个标题以不同程度的完整性保存下来。法学主要体现为对帕比尼安、保罗和乌尔比安著作的节录,③和后来优士丁尼的《学说汇纂》一样,在每个摘录的前面是作者的姓名、作品的名称和卷次。敕令(全都是批复)可能来源于《格雷哥里法典》和《赫尔莫杰尼法典》,④并有点揭示了一些关于汇编的时代的信息。它肯定是在公元438年以前编的,因为一些在《狄奥多西法典》中被删减的敕令以其原来的形式出现。⑤另一方面,所包括的67项敕令除了3项外都是公元205—318年间的,因此,这部作品可能开始于公元318年之后不久,其余的那3项是后来增加的。⑥其中包括了马西米安的几项敕令,表明

---

① 参见 L. D. Reynolds and N. G. Wilson, *Scribes and Scholars* (Oxford, 1968) 29ff.;关于法律作品,参见 Wieacker, *Textstufen* 93ff.。
② 486ff., 495.
③ 四段摘录出自一位不知名作者的一本关于令状的著作。它们可能摘自众多告示评注中的某一本中关于令状的那部分,很有可能是乌尔比安写的;Schulz, *History* 310 n 3。
④ 下文,第463页。在有些情况下,这个起源在手稿中指明了,不过是后来的。
⑤ *FV* 35, 37, 249.
⑥ 这3项是:第35项(公元337年)、第37项(公元369—372年)、第248项(公元330年)。关于支持这个年代的更多的理由,参见 Raber, *PW Supp.* 10.231ff. 及相关引述。法学家的摘录中有一些也可能是后来增加的;Schulz, *History* 310。手稿还包含概括性附注,它们可能属于大约公元400年;Cosentini, *St. de Francisci* 3.493ff.。

它源于西罗马。

《摩西法与罗马法合编》（*Collatio legume Mosaicarum et Romanarum*）。① 这是一部著作的现代名称，其手稿中的标题为《依据摩西的君主的律令的摘录》（*Lex dei quam praecepit dominus ad Moysen*）。它和《梵蒂冈片段》相似，是一部关于法学和法律的汇集，同样是根据主题以标题编排，但是每个标题的开始以拉丁译文形式写了出自《希伯来语圣经前五卷》的几行字。有16个标题保存下来，涉及犯罪、私犯和继承。所使用的法学家是《引证法》的五个主要权威。② 作者明显希望证明，罗马法在本质上与摩西律令是一致的（并且有可能罗马法来源于摩西律令）。③ 有人认为，作者是一个基督徒，④ 急切想协调新法和旧法，但是，没有提到《新约》，因而他更加可能是一个犹太护教者。这部作品的年代与《梵蒂冈片段》相似。敕令也是来自于《格雷哥里法典》和《赫尔莫杰尼法典》，只有一项敕令是公元390年的，⑤ 因此，这部汇编可能起源于公元4世纪初，但后来又有所增加。⑥ 甚至可能是，编纂者拿一本现存的与《梵蒂冈片段》相似的汇集，然后将圣经的文本增加进去；因为这些文本很少，它们与那些罗马法的材料的关

---

① 关于各种手稿和版本，参见 Schulz, *BIDR* 55/56 'Post Bellum'（1951）50ff.。M. Hyamson 的版本（Oxford, 1913），包含了对最完整的手稿的一份摹真本和抄本，英译本和一些有用的索引。

② 这进一步表明，特别是考虑到《梵蒂冈片段》更为有限的选择，《引证法》仅仅确认了长期以来的习惯做法。

③ 在7.1中，他说"法学家们所知道的，摩西早就已经规定了"。

④ 甚至认为他是圣·安布罗斯（St. Ambrose）（参见 Hohenlohe, *SDHI* 5 [1939] 486ff. 及相关引述，但是参见 Kübler, *SZ* 56 [1936] 361f.），或者是圣·耶罗姆（St. Jerome）（但是对《圣经》的引用出自一个前世俗拉丁文的《圣经》版本；Schulz, *SDHI* 2 [1936] 20ff.）。

⑤ 5.3。

⑥ A. de Dominicis, *Riflessioni di costituzioni imperiali del Basso Impero nelle opera della giurisprudenza postclassica*（n.p., 1955）53ff., 也表明在 *Coll.* 4.12.8 中的《保罗论判决》的文本间接提及 *CTh.* 9.7.4（公元385年）。这个汇编的最后的时间可能是在公元438年之前，因为 *Coll.* 5.3 中的敕令在 *CTh.* 9.7.6 中以一种修订了的版本重现。关于在最后版本之前的修订的问题，参见 de Dominicis, *BIDR* 69（1966）337ff. 及相关引述。

《保罗论判决》。② 这部著作本身并没有保存下来，但是，一段节选，可能占整个作品的大约六分之一，构成《西哥特罗马法》的一部分，其他的片段可以在《学说汇纂》、《梵蒂冈片段》、《摩西法与罗马法合编》及其他地方找到。③ 我们不知道保罗是否曾写过一本带有这个标题的书，④ 但是，无论如何，现在通常认为，我们所拥有的是一部简要观点或规则的汇编，没有权威的论点或引用，它最初可能是在戴克里先统治时期西罗马的一个行省里⑤ 汇集而成。⑥ 它们很受欢迎，这表现在君士坦丁很推崇它们，并且《引证法》中也重申了这一点，⑦ 而且它们还在其他汇编中得到广泛采用，这也表明它们很普及，并且，它们明显在不同时期进行过相当多次的编订。

　　《乌尔比安摘录》。这部著作的手稿叫《来自乌尔比安著作的论述》（tituli ex corpore Ulpiani），它先前被认为是公元320年以后对乌尔比安的《论规则》的单卷本的节录本。但是，乌尔比安不可能曾经写过这么一本书，这部摘录的编纂者所使用的原书本身可能是一部根据盖尤斯《法学阶梯》及其他一些古典作品

---

① Schulz, *History* 313f.

② 现代人对《保罗论判决》的了解主要来自于列维（E. Levy）的著作。尤其是参见他的 *Gesammelte Schriften* 1.99ff.（=*SZ* 50［1930］272ff.）和 2.220ff.（=*BIDR* 55/56 'Post Bellum'［1951］220ff.=*Medievalia et Humanistica* 1［1943］14ff.），以及他的 *Pauli Sententiae, A Palingenesia of the Opening Titles*（Ithaca, N.Y., 1945）。关于 4 世纪的敕令可能的反响，另参考 de Dominicis, *Riflessioni di costituzioni imperiali*（同上）。

③ 在埃及发现的一个简短的羊皮纸片段于 1956 年公布：*Pauli Sententiarum Fragmentum Leidense*, ed. G. G. Archi ed al.（Leiden）。

④ 《西哥特罗马法》的一些手稿给予它们的标题是《保罗论判决致子女》（*Pauli Sententiae ad filium*），这可能表明他写过。

⑤ Levy, *Ges. Schr.* 1.123, 229f.

⑥ 公元 327 年，君士坦丁称赞它们（上文，第 452 页），那时它们明显已经成型。对于近年发现的那个片段（上文注释），根据古文字学（参见上文注释引用的版本，57）和实质的内容（F. Serrao, *Il fragmentum Leidense di Paolo*［Milan, 1956］134），其年代被确定为大约公元 300 年。

⑦ 上文，第 452 页。参考 Schulz, *History* 177。

的后古典时期的汇编。①

《安屯盖尤斯手稿》。1898 年在安屯（Autun）发现了一部对盖尤斯《法学阶梯》的评论的相当多的片段。② 这部作品包含冗长的释义，并有一些显而易见的例证。它很明显只是为了教育目的而写，并且，其论述如此肤浅，如此缺乏对法律的了解，以致可以推测，其作者是对一个文本写例行评语的语法学家。③

《咨询》（Consultatio）。这部作品最初由居亚斯（Cujas）于 1577 年以《前辈法学家咨询》（Veteris cuiusdam iurisconsulti consultatio）为标题编辑的，它出自一部手稿，该手稿现已遗失。④ 尽管它是一部很单调的作品，但它是所有作品中最有独创性的。主体部分在形式上是一位法学家给予一个向他咨询的律师的答复，但是，在答复的中心总包含一节重要的理论论述。⑤ 在所有的案例中，作者都举出他的意见所依据的权威，但是，它们的范围限于《保罗论判决》和出自《格雷哥里法典》、《赫尔莫杰尼法典》和《狄奥多西法典》的敕令。建议的形式非常精心地得到阐述，但其目的明显是教学性的，因此，这种形式可能是一个老师的教学方式。⑥

---

① F. Schulz, *Die Epitome Ulpiani des Cod. Vat. Reg. 1128*（Bonn, 1926），和 *History* 180ff.。反对其真实性的也有 Arangio-Ruiz, *BIDR* 30（1920）178ff.；持怀疑态度的有 Buckland, *LQR* 40（1924）199；53（1937）508ff.。Schönbauer, *St. de Francisci* 3.305ff.，认为它是对乌尔比安在公元 3 世纪初在高卢写的作品的一个选集。支持其真实性的有 B. Santalucia, *I 'libri opinionum' di Ulpiano*（Milan, 1971）。

② 它构成一张羊皮纸的较近的文本，根据古文字学判断，其年代为公元 5 世纪；E. A. Lowe, *Codices Latini Antiquiores* 6（Oxford, 1953）726。

③ Wieacker, *IRMAE* I.2.a.45ff.。但是，卡纳塔认为，我们得到的是一个法学院学生听课笔记的副本；*SDHI* 29（1963）245ff.。

④ 参考 Volterra, *Atti Roma* 2.399ff.。

⑤ 标题 4、5、6。（最后的标题 9 是一个无关的敕令附录）。这两部分最初不在一起（参见 Conrat and Kantorowicz, *SZ* 34 [1914] 46ff.），但它们却是同时代的（参见 Schindle, *Labeo* 8 [1962] 16ff.）。

⑥ Schulz, *History* 323；Schindler, *Labeo* 8（1962）59f.；反对的意见，参见 Wieacker, *IRMAE* I.2.a.50f.，理由是不必精心设计这种方式；但是这可能是由于过高的艺术热情，而一个职业人员向另一个人提出建议时，经常重现的学校校长般的语气是很难相信的。

这部作品可能属于 5 世纪晚期，①并且存在的证据表明，它是在高卢写的。②

来自东方的主要保存下来的作品是：③

《西奈注解》。④这些是一部希腊作品的简短片段，包含了对乌尔比安的《萨宾评注》的注解（scholia），于 1880 年在西奈山的寺院中发现。由于它们引用了《狄奥多西法典》以及《格雷哥里法典》和《赫尔莫杰尼法典》，它们可能写于公元 438 年之后，但是在公元 529 年以前，因为那一年优士丁尼禁止使用这三部旧法典。它们肯定是一个法律学校的作品，可能是贝鲁特的法律学校，并且，它对于表明在东方学校的知识状况来说很有价值，甚至在这些为数不多的片段中，引用就超出《引证法》所规定的主要法学家的范围，包括了佛罗伦丁和马尔其安。

"锡罗—罗马法学课本"。⑤这部作品具有完全不同于任何其他古代法律作品的特征。虽然它原来是以希腊文写的，但它只以一些不同的东方语言的版本为人所知，⑥这些版本的年代不同，且内容有很大出入。它主要论述家庭、奴隶和继承，但是条理不很

---

① 反对将年代确定在阿拉里克（Alaric）的《要览》（*Breviary*）出现之后的某个时期，参见 Schindler, *Labeo* 8（1962）16ff.。

② 来自夏尔特（Chartres）的伊沃（Ivo）引用了它，并且唯一的手稿是在法国发现的；Krüger 347。

③ 还有一个小册子，标题为 *De Actionibus*, ed. by Zachariae v. Lingenthal, *SZ* 14（1893）88ff.，但是用希腊文写的。就其现存形式来说，它正好属于优士丁尼之后，但是核心内容更早；参见 Collinet, *La Procédure par libelle* 502ff.。另参见由 Schulz, *JRS* 31（1941）63ff. 所探讨的一部法律格言汇编的片段，以及 *P. Antinoop.* 3.152, 153 中的正好在优士丁尼之前的关于嫁资法和人法的作品的片段，其性质引起了悬而未决的问题。

④ Schulz, *History* 325f.

⑤ *Syrisch-römisches Rechtsbuch aus dem fünften Jahrhundert*, ed. by C. G. Bruns and E. Sachau（德译本和注释，Leipzig, 1880）。后来发现的三个手稿由 Sachau 编辑（Berlin, 1907），分别题为君士坦丁法律、狄奥多西法律和列奥的法律。费里尼的拉丁译本，经富尔拉尼（Furlani）修订，载于 *FIRA* 2.753ff.。关于全面的研究，参见 W. Selb, *Zur Bedeutung des syrisch-römischen Rechtsbuches*（Münch. Beitr. 49 [1964]）。参考 Volterra, *Accad. Naz. dei Lincei*, *Quaderni*（1964）297ff.。

⑥ 关于手稿，参见 Selb, *Labeo* 11（1965）329ff.（*Festheft Schönbauer*）。

明晰。它引用了皇帝的署名的敕令，但是没有说明接受对象或年代，虽然它明显利用法学家的作品，但它从未引用作者或书。它从前被认为包含非罗马的因素，并且被用来证明，尽管有《卡拉卡拉敕令》，但东方的行省在实践中保存了希腊和东方法律。[1]但是，拿里诺（Nallino）[2]令人信服地说明，它完全是一本教材，所包含的非罗马因素一点也不比可以在帝国后期的敕令中找到的非罗马因素多，并且希腊原本写于公元476—477年，可能是在君士坦丁堡。确实，实事求是地说，作者详细论述了古代的罗马市民法，虽然它早已不再适用，以及关于皇帝敕令的法律，但几乎遗漏了荣誉法，[3]尽管他可能想在一本单独的教科书中论述它。这本书被彻底忘却了大约三个世纪，直到8世纪中期左右，叙利亚、小亚细亚或美索不达米亚的教士偶然发现它的用处，才将它翻译出来，因为根据穆罕默德的规则，他们必须对他们自己的共同体内产生的争议作出决定，这就需要有一本基督教的法学课本。罗马法的传统在他们中间完全消失了，因此，他们也没有认识到这部著作的真正性质。

## 二、皇帝立法

### （一）立法形式。[4]

早在元首制时期就已经承认，皇帝所规定的东西具有法律效

---

[1] Mitteis, *Reichsr.*, esp. ch. 10.
[2] C. A. Nallino, *Raccolta di scritti* 4 ( Rome, 1942 ) 513ff. ( =St. Bonfante 1.201ff. )。他的结论基本上被 Selb, *Zur Bedeutung*（同上）所证实。
[3] Selb，前引书，第70页、第263页及下页，指出，他讲述了血亲继承，但他似乎不知道遗产占有。翟尔贝推测，这部作品与对《维息哥罗马法》的解释相似，是对一部按照年代顺序编写的敕令汇集的评论，从而自行解释了它的特点，尤其是明显缺乏条理和存在过时的制度。
[4] Gaudemet, *Formation* 9ff.

力，但是，他为表达其意愿所采用的形式没有一种直接是或者完全是立法性的。① 而在君主制时期，非常明确地承认，皇帝是一个立法者，而且他很频繁地以立法形式直接制定新的规则，这些规则逐步成为一般法（leges generales），不同于行政或司法行为。但是，仍然没有采用一种制定这种一般法的固定形式。大多数情况下，它们包含于写给某个官员（通常是军政长官）的文件，比如一封信中，然后这个官员有义务对这一文件做进一步的公布；不过，这种文件也可以是写给人民或一部分人的，例如写给某个城市的居民，② 或者写给元老院。写给人民的文件非常像元首制时期的告示，但是，告示（edictum）或告示法（lex edictalis）这个词也用于写给官员的文件，如果一项法令被称为"告示"，这足以表明它将成为"一般法"。③ 但是，由于一个专制君主的意愿肯定胜过一切，而不论它是怎么表示的，因此，皇帝不受这些或其他任何形式的约束。仍有许多种形式，而且它们之间的区别从来不是很精确的。④ 皇帝仍是一个管理者，在某种程度上也是一个法官，只要他想，他也可以这些身份制定一般原则。但是，既然他可以直接立法，他就没有什么理由这样做，而且还可以感觉到有将某些特殊的决定作为先例不加区分地适用于后来发生的案件的危险。例如，尽管实际上不想有任何变化，但通过无知的官员或者贪官仍可以得到一项违背现行法的批复，从而导致以后的麻烦。但是，关于这个问题的立法很模糊，且自相矛盾。公元315年，君士坦丁规定，"违反法律"的批复无效，⑤ 但是很明显，只要批

---

① 上文，第366页。
② 例如，C. 1.1.1：致君士坦丁堡的居民。
③ C. 1.14.3。一项敕令是写给某个官员的事实并不表示，它只能在后者的领域适用。其他副本可能送给其他官员；Gaudemet, *Formation* 13f.。
④ 因此，优士丁尼在他的《法学阶梯》（1.2.6）中仍可以使用古典时期的用语，并且和盖尤斯一样，把告示、批复和裁决称为皇帝敕令的种类，尽管这几乎没有说明他那个时代是什么样的。裁决是很少的，因为向皇帝的上诉可以通过"判决后的咨询"，也就是，法官在作出判决之后，应一方的意愿将该案及文件呈交皇帝，由皇帝以批复对它作出决定。
⑤ *CTh*. 1.2.2；参考 1.2.3。

复还被承认为一种法律渊源，这样一条规则就不可能实施，因此，它的颁布仅仅表明，立法者虽然认识到这是个问题，但他们缺乏提供救济所必要的技能。公元398年，阿卡迪（Arcadius）明确禁止将批复用作它们所针对的案件之外的依据，① 但是，这明显被认为不方便，或者与皇帝的至高无上不相符，因为公元426年，狄奥多西二世和瓦伦丁尼安三世虽然重新确认这一原则，但又削弱它，因为他们允许某些决定可以用作为先例，只要明确说明皇帝希望它们得到普遍适用。② 这项敕令的措辞不仅包括批复，而且还包括了裁决。优士丁尼明确规定，皇帝当着当事人的面作出的判决作为先例对相同案件有效，但他坚持一种一般解释权，从而也使这个问题进一步模糊。③ 如果这有意义，看来批复也可以作为先例引用，因此，又回复到那项规则，即只要它们不违反法律，它们本身就是有效的，而留给法官的是一项不可能的任务，也即来决定皇帝仅仅是解释现行法，还是超越了现行法。

关于批复，有时提到的一种敕令是批示（adnotatio）。它被用于和批复相同的目的，有时这两个词语似乎是同义词。④ 但是，在其他情况下，它们是相对照，⑤ 虽然区别是什么并不清楚。很可能，区别仅仅是外在形式上的，批示是在一份请愿书的边沿上写下的决定。

另一种敕令是国事诏书（sanctio pragmatica），⑥ 但是在这里，同样也很难发现这个词语的确切含义。很显然，这种敕令通常是对个人或团体请愿的答复，这些请愿所包含的问题具有某种普遍性。例如，优士丁尼依维吉里（Vigilius）教皇的请求，用以解决

---

① *CTh*. 1.2.11.
② C. 1.14.3。关于一个例子，参见 *Nov.Val*. 8.1。
③ C. 1.14.12。但是在 *Nov*. 113.1 中，他严厉反对使用"一般法"以外的法律。
④ *CTh*. 4.14.1.1；*Coll*. 1.10.
⑤ *CTh*. 5.13（14）.30；9.21.10.
⑥ Renier, *RHD*（1943）209ff.；Dell'Oro, *SDHI* 11（1945）314ff.

从奥斯特罗哥特族（Ostrogoths）收复意大利后产生的许多问题的国事诏书就是这种。①但是，它们不总是具有这种普遍性，并且优士丁尼在赋予其《法典》法律效力时规定，由国事诏书赐予的特殊特权不应受到影响，尽管一般规则只有在不违反编入《法典》中的敕令的时候才有效。②

这一时期的训示很少，③但是，对官职级别的说明仍表明不同级别的官员中存在《训示集》。但是，直到优士丁尼有意地复兴古代体制，为所有中等级别和低等级别的官员的审判准备了一本一般性的训示集，发布它的做法就废而不用了。④

和元首制时期一样，所有书面敕令都由皇帝亲自签名，⑤为此目的所使用的短语根据情况的不同而不同。对于想直接公布的告示，会下令公布。⑥如果敕令是写给元老院或者某个官员的，会有某种形式的致辞。⑦皇帝用一种特别的紫色墨水签名，这种墨水是其他任何人都不能使用的，违者处死，⑧并且，优士丁尼进一步命令，为了保证真实性，所有法令都要有圣殿执法官的附署。⑨和从前一样，所有敕令都被记载到皇帝档案中，写给官员的敕令也记入他们的档案，并注明制订（data）与公布（proposita）日期，在后一种情况下还要注明收到（accepta）的日期。

在文风上，帝国后期的法令不如元首制时期的那些法令。古

---

① 作为肖尔（Schoell）和克罗勒（Kroll）编辑的《新律》的附录七而出版。
② *C. Summa* §4.
③ 一个例子是 C.1.50.2。
④ 即显要级的人和行省总督；Nov. 17。
⑤ 关于签名的形式和这些敕令的外在特征，参见 O. Seeck, *Regesten der Kaiser u. Päpste für die Jahre 311 bis 476*（Stuttgart, 1919）1ff.。
⑥ 例如，在 *Nov. Val.* 9.1 中，在结尾保存下来的话是："皇帝的签字：向我们最忠诚的罗马人民公布"。
⑦ 例如，*Nov. Val.* 1.3："皇帝的签字：愿你们的幸福和对我们的忠诚恒久长存，最尊敬的属于当选元老阶层的人"。
⑧ C. 1.23.6.
⑨ Nov. 114.

典法学家一般摆脱了在他们那个时代已经很时兴的浮夸与修饰，在戴克里先统治时期的批复中仍保持着直截了当的说话方式的传统。自那以后，敕令变得华而不实，完全是描述和歌颂皇帝自己的英明，而且经常喜欢争辩。① 这种浮夸的文风有意被选择来作为表达皇帝命令的一种艺术散文形式，② 但是它通常使立法者的意图很难发现。直到公元 534 年，拉丁语一直是通用的语言，甚至在东方也是如此，尽管在那以前，一些敕令是以希腊文颁布的，或者同时以两种语言颁布。优士丁尼的《新律》几乎全部是希腊文。

当有几位皇帝时，虽然敕令是由一位皇帝提出的，但是，我们知道，③ 这些敕令是以所有皇帝的名义发布，并且至少从理论上说，在整个帝国境内有效。④ 可以设想，这个理论导致麻烦，公元 429 年，狄奥多西二世规定，一位皇帝的敕令除非通知另一位皇帝并经后者批准，否则在后者的领土内无效。⑤ 然而，使用所有皇帝的姓名的做法几乎一直延续到西罗马帝国灭亡。

## （二）敕令汇编。

在元首制时期，让法律公众及时了解皇帝立法是法学家的职责，因此，当法学家不再写作时，就必须寻找其他的对越来越多

---

① 这种差别一部分可能仅仅是在官署的不同部门的文体上的差别，因为流传下来的戴克里先的敕令几乎全都是批复，而君士坦丁的敕令主要是告示（Vernay, *Etudes P. F. Girard* [Paris, 1913] 2.263ff.）。但是，有一种更基础性的变化，从戴克里先的官署的保守本质，试图维持古典原则，到君士坦丁官署的可以自由修改的更冒险（或者说，有人认为是更马虎）的态度；M. Amelotti, *Per l' interpretazione della legislazione privatistica di Diocleziano*（Milan, 1960）18ff.；同一作者，*SDHI* 27（1961）241ff.。关于因此被承认的"世俗"因素，参见下文，第 474 页。关于任何敕令，还必须予以记住的是，我们拥有的可能是一个缩略本（Volterra, *Mél. Lévy-Bruhl* 325ff.），但是这种巨大差别仍存在。
② 参考上文，第 427 页。
③ 上文，第 422 页。
④ Gaudemet, *St. de Francisci* 2. 319ff.
⑤ *C. de Th.cod.auct.*（Nov.Th. 1）§ 5。这种通知确实发生过，但就我们所知，只是从东方向西方通知；Krüger 331。

的敕令的指示方法。首先满足这种需要的是两个敕令汇编（它们几乎全都是批复），即《格雷高里法典》和《赫尔莫杰尼法典》，① 在这方面，"法典"（codex）这个词是指作品的外在形式。② 它们像我们所知的唯一一部古典时代的汇编一样③，因为它们都是非官方的。④ 这两个汇编都没有保存下来，但是，在后代的汇编中引用了它们所收集的敕令，⑤ 而且我们也知道，优士丁尼的《法典》的编纂者们正是从它们中选取在《狄奥多西安法典》中最早的敕令之前的敕令。⑥《格雷哥里法典》要大些，分为卷和题，主题的编排主要是古典法学家的《学说汇纂》的传统编排体系。《赫尔莫杰尼法典》只分为题，但是它可能也相当大，因为我们听说第69题的第120项敕令。⑦ 但是，最显著的区别在于它们的年代范围。《格雷哥里法典》中已知的敕令的年代从公元196年到戴克里先统治时期，而《赫尔莫杰尼法典》集中于公元293—294年。⑧ 因此，它的优点可能是它的时事性。⑨《格雷哥里法典》可能公布于公元291年，《赫尔莫杰尼法典》公布于公元295年，⑩ 由于它们

---

① 关于后者，参见 D. Liebs, *Hermogenians Iuris Epitomae* ( *Abh. d. Akad. d. Wissenshc.* in Göttingen, Phil.-hist.Kl., 57, 1964 ); A. Cenderelli, *Ricerche sul C. Herm.* ( Milan, 1965 )。钱德雷里尝试重构这一法典。

② 上文，第455页。

③ 帕比里·尤斯图的汇编，参见上文，第372页。可能有其他汇编；Wolff, *SZ* 69 ( 1952 ) 128。

④ 这是指它们不是通过皇帝的法令制定或承认的。很有可能，特别是对于《赫尔莫杰尼法典》来说，因为它集中于较近的批复，作者是一位随时可得到官署的文档的官员；参见 Liebs, *Hermogenians Iuris Epitomae* （同上）25f.; Cenderelli, *Ricerche* 15ff.; 进一步参见下文注释。至少有一些敕令被缩短；Volterra, *Rend. Acc. Lincei* 13 ( 1958 ) 61ff.; *Mél. Lévy-Bruhl* 325ff.。

⑤ *FV*; *Coll.*; *Consult.*; *L. R. Burg.*; *L. R.Visig.* 及其附录。

⑥ *C. Haec. pr.*; *C. Summa* §1.

⑦ *Sch. Sin.* 5. 确实，120这个数字如果是正确的话，那它肯定很罕见，或者说，考虑到这部作品的明显的范围，它可能大得不可思议。

⑧ 公元364—365年的七个敕令被认为是属于它的（*Consult.* 9.1—7），但这些肯定是后来加上去的。

⑨ Liebs, *Hermogenians Iuris Epitomae*（同上）24f.; 怀疑的观点，参见 Cenderelli, *Ricerche*（同上）12ff.。

⑩ Rotondi, *Scr. giur.* 1.131ff., 118ff.

只包含少数来自马西米安的办公部门的敕令,因而,有可能,它们是在东罗马制订的。我们对两部汇编的作者都一无所知,但是,一个合理的推测是,《赫尔莫杰尼法典》是赫尔莫杰尼的作品,①在《学说汇纂》中有对他的《法学摘要》的摘录,反过来,他可能与公元304年在马西米安统治下担任军政长官一职的也叫这个名字的人是同一人。②

与这些法典相比,《狄奥多西法典》③是一部官方作品。公元429年,狄奥多西二世任命一个九人委员会,指令他们编纂自君士坦丁以后制定的所有一般法的一部汇编。不仅要包括仍然有效的敕令,而且还要包括过时的敕令,因为这部作品的目的部分是历史性的。当它完成后,又打算从它里面,以及从以前的法典和法学家的作品中摘录仍有价值的部分,并单独赋予这部新的汇编以法律效力。④但是,这项计划明显过于野心勃勃。最终,它未能完成,公元435年,又任命一个新的十六人委员会,这次的使命不同。放弃将法学家作品编入的计划,而且,该委员会被授予为这次新的编排的目的而修改敕令的更大的权力。⑤

这部汇编只用了两年多时间就完成了,并于公元438年2月15日公布,从公元439年1月1日起实施。⑥早在它完成之前,它已经得到瓦伦丁尼安三世的批准,并且,公元438年12月25日,

---

① 上文,第394页注释。

② Liebs, *Hermogenians Iuris Epitomae*(同上)23ff.,他指出这两部作品在编排上的相似之处;并且赫尔莫杰尼不是一个常用名。如果这个赫尔莫杰尼就是作者,那么,他以前可能在东罗马戴克里先的官署里任职,但是,这没有什么特别的。无论如何,两个作者的姓名可能是格雷哥里(Gregorius),而不是格雷哥里安(Gregorianus)和赫尔莫杰尼安(Hermogenianus),参见 Mommsen, *SZ* 10(1889)347f.。

③ Gaudemet, *Formation* 44ff.

④ *CTh.* 1.1.5.

⑤ 关于由现代的批评者提出来的这些修改的清单,参见 de Dominicis, *BIDR* 57/8(1953)383ff.,和同一作者,*Iura* 15(1964)117ff.。

⑥ *C. de Th.cod.auct.*(Nov.Th.1)。此后,对于自君士坦丁时期以后颁布的任何敕令(军事命令及一些其他命令除外),都不能援引,除非被收录在这个新法典中。

一份副本呈交到罗马元老院面前，罗马元老院以欢呼声接受它，并下令制作副本存档和向公众发布。①

《狄奥多西法典》没有完全保存下来。在东罗马，它被优士丁尼的立法所取代，但是，在西罗马，它仍在使用，并且，有许多西罗马的手稿包含它的部分内容，还有许多敕令保存在其他著作，尤其是《维息哥罗马法》中。②它被分为16卷，每卷再细分为题，在每个题中，按年代顺序排列各项敕令。和以前的法典一样，这些题的排列主要是按照《学说汇纂》的体系。

后来的敕令的汇编是在马杰里安（Majorian）统治时期进行的。它包含狄奥多西二世呈给瓦伦丁尼安三世、并由后者于公元448年在西罗马帝国公布的一些敕令，一些瓦伦丁尼安的敕令以及马杰里安自己的一些敕令。《维息哥罗马法》包含了对它的节选，还有一些后来的敕令，包括来自一部东方的汇编的五个马尔其安的敕令。

在保存下来的其他法令中，最重要的是西蒙迪敕令，之所以这样称呼，是因为这一事实，即它们最初由西蒙迪（J. Sirmondus）于公元1631年出版。它们共有16项敕令，几乎全部都是关于宗教事务，其中最晚的一项是公元425年的。这部汇编可能是在那一年和公元438年之间进行的，因为到公元438年，《狄奥多西法典》成为这一时期敕令的唯一权威渊源。

---

① 关于这次会议的叙述由出版者放在他们制作的副本的前面，并印有现代版本。

② 关于这些版本的历史，参见 Kübler, 384ff.。唯一完整的现代版本见于 *Theodosiani Libri XVI cum Constitutionibus Sirmondianis et Leges Novellae ad Theodosianum Pertinentes*, ed. by Mommsen and P. M. Meyer（Berlin, 1905）；第1卷第1部分是蒙森的前言，第1卷第2部分是《狄奥多西法典》和西蒙迪的敕令，第2卷是《狄奥多西以后的新律》；C. Pharr 的英译本（Princeton, 1952）。关于克吕格的较近的《狄奥多西法典》的版本，只出版了两卷，第1—6卷（Berlin, 1923）和第7—8卷（1926）。其中包括许多敕令，虽然我们只是从优士丁尼《法典》中知道它们，但它们肯定是来自于《狄奥多西法典》。苟德弗雷多（Gothofredus）（1587—1652）的版本，经里特（Ritter）重新编辑（Leipzig, 1736—1745），由于其出色的评注，仍很有价值。鉴于在敕令的年代确定中的许多错误，最有用的是 Seeck, *Regesten*（上文，第424页注释）。

## 三、蛮族法典

严格说来，这些法典不构成罗马帝国法律渊源的组成部分，因为它们是根据在西罗马帝国的土地上建立王国的日耳曼国王们的命令颁布的，并且在颁布时不受帝国控制。但是，它们对于罗马法的历史来说仍然很重要，并且在近些年吸引了越来越多的关注，因为它们是我们了解"世俗法"[1]的主要来源之一，这还因为，无论它们采取一种多么粗糙的形式，它们包含了其他地方没有保存的罗马法著作的片段。日耳曼部族在帝国境内的定居，带来了属人法原则的重新引进，因为他们在某种程度上保留了他们自己的组织和法律，而他们所定居的行省的居民仍受罗马法支配。当国王们独立后，他们没有改变这种形势，并且在有些情况下，实际上为他们的罗马臣民发行单独的以罗马法的材料为依据编写的法学课本。在三部保存下来的法典中，有两部具有这种性质。

《维息哥罗马法》。[2] 这通常是指维息哥特族国王阿拉里克二世（Alaric II）在公元506年颁布的对其罗马臣民适用的那个法典。[3] 它包含法律和法学学说，[4] 代表前者的是《狄奥多西法典》和《狄奥多西以后的新律》的节录，代表后者的是两卷本的《盖尤斯法

---

[1] 下文，第473页。

[2] Gaudemet, *IRMAE* I.2.b.aa.β（1965）；P. Vinogradoff, *Roman Law in Mediaeval Europe*（2nd ed., Oxford, 1929）15ff.。最晚近的完整版本是 Hänel 的版本（Leipzig, 1849；repr. Aalen, 1962），但是，各个部分可见于各个《狄奥多西法典》的版本中，以及上文第455页注释中提到的各部汇编中，但《保罗论判决》的注解除外，因为它已经凯泽尔（M.Kaser）和施瓦茨（F.Schwarz）编辑（Cologne/Graz, 1956）。M. Cornat, *Breviarium Alaricianum*（Leipzig, 1903）提供了一个德译本，经过重新系统编排，并将原文放在脚注中。

[3] 它还被称为《阿拉里克要览》，它有几个手稿的依据，但只包含一个摘录。这些手稿通常将它称为罗马法，而且还之称为法律集或法律大全、法学课本、等等；Hänel，前注引书，第 vi 页注释 6。

[4] 在一些手稿中找到的前书（Mommsen, Preface to *CTh.* xxxii）称之为《狄奥多西的法律和各种学说节选》。

学阶梯》摘要、①一本《帕比尼安的解答》、一本对《保罗论判决》的节选，和对《格雷哥里法典》和《赫尔莫杰尼法典》的摘要。②除对盖尤斯的摘要外，所有内容都附有一个解释，其形式有时仅仅是一个释义，有时是一个说明性注释或一段简短的专题论述，各不相同。③和那个摘要一样，这些解释可能是阿拉里克的编纂者从现存法律材料中摘取的。④

这部汇编要取代所有以前的法律渊源，⑤从这个意义上说，它与 25 年以后优士丁尼的法律编纂具有相同的目标，但是，它是一项要节制得多的事业，而且与优士丁尼的《学说汇纂》相比，其法学的贫乏尤其表明了这一时期西罗马的知识水平是何等低下。⑥

公元 654 年，它被雷切斯温德（Recceswind）废除，因为他颁布了一部新法典，对哥特族和罗马人一样适用，此后它在西班牙被遗忘。但是，在其他国家，尤其是法国，尽管它没有正式效力，它仍被适用，⑦并且是 11 世纪重新开始真正研究优士丁尼的法典编纂之前，西方得以保存罗马法知识的主要文献。

---

① 参见 G. G. Archi, L'*Epitome Gai*（Milan, 1937）; Schulz, *History* 302ff.。它可能是在 5 世纪后半期在高卢写的。《法学阶梯》的第 4 卷（由于涉及程序，已经过时）被忽略。

② 这样处理《格雷哥里法典》和《赫尔莫杰尼法典》的理由可能是，从它们中选取的敕令是批复，因而，与其说像《狄奥多西法典》的一般法律，不如说更像是从法学家的摘录。

③ Wieacker,'*Lateinische Kommentare zum CTh.*' in Symb. Frib. ; H. Schellenberg, *Die Interpretation zu den Paulussentenzen*（*Abh. Akad. Wissensch. Göttingen*, vol.64, 1965）.

④ Gaudemet, *Institutions* 748f.。除了编纂者几乎没什么时间完成这部作品的事实外，很明显，许多段落的评论只有"无评论"（interpretatione non eget），或者说，某个相似的片语；由于这些段落决不总是不解自明的，看来有可能，编纂者依赖于现存的材料（尤其像其他有些片段其实非常清楚，但是却有解释）；参见 Schellenberg, 同上引书，第 25 页以下；不同的观点，参见 Franciosi, *Labeo* 16（1970）392ff.。

⑤ 阿拉里克告示；Mommsen, Preface to *CTh*.xxxiii。

⑥ 它的一个前身是《埃乌里克法典》（参见 D'Ors, *El Codigo de Eurico*, 下文第 468 页注释引）。埃乌里克于公元 467 年继承其父特奥多里克二世的王位，成为维息哥特族国王；这部作品尽管有法典之名，但并非一部法律汇编，而是一项原创的立法，但是，由于它只涉及一些问题，在其他方面罗马法仍有效；参考下文，《特奥多里克告示》。

⑦ 尤其参见 Wretschko 的文章，载于 Mommsen 编 *CTh*. vol.1, pp. cccvii–ccclxxvii。

## 第二十七章 从古典时期结束到优士丁尼继位时的法律渊源 599

《布尔共特罗马法》（*Lex Romana Burgundionum*）。[①] 到 5 世纪末，[②] 甘多巴德国王（474—516 年）在为其布尔共特的臣民颁布一部法典时，许诺也为罗马人颁布一部法典，我们的文本可能就表现为这个承诺的兑现。这部法律与阿拉里克法典不同，因为它所包含的不是各种著作的摘要，而是以 47 个标题系统编排的关于法律规则的独立说明。其渊源只是偶尔被提到，它们是三部法典、《狄奥多西以后的新律》、《保罗论判决》和一部盖尤斯的著作，[③] 可能是《法学阶梯》，更确切地说是它的节略本。它看来没有受到《维息哥罗马法》的影响，但是包含某些布尔共特因素。

《狄奥多里克告示》（*Edictum Theoderici*）。[④] 直到近代以前，通常将它归因于奥斯特罗哥特国王特奥多里克大帝，并认为它是在公元 500 年左右在意大利颁布的，但是，在关于狄奥多里克统治的史料中没有它的痕迹，而且，在它与特奥多里克时代的法律状况之间存在不一致，这反映在卡西多罗（Cassiodorus）的《变化》中。更为可能的是，它是经维息哥国王狄奥多里克二世（453—467 年）许可，在高卢编纂的。[⑤] 它有 154 个部分，其内容是对法

---

[①] 参见 Chevrier and Pieri, *IRMAE* I.2.b.aa. δ（1969）; W. Roels, *Onderzoek naar het gebruik Recht in de L.R.B.*（Antwerp, 1958），附法文摘要。文本见 *FIRA* 2.713ff.，它从前被称为"帕比安"（Papian），这明显是由于某个抄写人的错误，他发现这个文本紧跟在《维息哥罗马法》后面，而后者的结尾是帕比尼安的一个解答，便误将这个解答的存在错误的标题当作这部新作品的开头。

[②] 这个问题还不清楚。在《布尔共特罗马法》的所谓的《首要敕令》中包含这个许诺，它有两个版本，其中一个认为它是甘多巴德（Gundobad）的儿子斯吉姆德（Sigismund）作出的。那样的话，其年代可能在公元 517 年以后（但无论如何，应该是在公元 534 年布尔共特王国灭亡之前）。Roels（同上引书）采纳了这个较晚的年代。

[③] 被称为 *regula*（5.1；10.1）。

[④] Vismara, *IRMAE* I.2.b.aa. α（1967）。其文本见 *FIRA* 2.683ff.。

[⑤] Rasi, *AG* 145（1953）105ff.；Vismara, *Cuadernos del Instituto Juridico Español* 5（1956）49ff.。详细论述见上注引用的他的专题著作；不同的意见，参见 Paradisi, *BIDR* 68（1965）1ff.。作者可能是纳尔波内（Narbonne）的马略（Magnus），是高卢的军政长官；A.D'Ors, *El Codigo de Eurico in Cuadernos*（同上）12（1960）8；Levy, *SZ* 79（1962）479。其他猜测：Rasi, *Ann. stor. dir.* 5—6（1961/2）113ff.。关于论述的顺序，参见 Lauria, *Boll. Della Bibl. Degli Ist. Giur. dell'Univ. di Napoli* 5（1959）164ff.（关于研究结果的表格，载于 *Iura* 11［1960］338ff.）。

律规则的独立说明，其渊源（它没有提到）是三部法典、新律中的大部分内容、《保罗论判决》，可能还有其他一些著作。[1] 它与另两部法典都不同，因为它的目的不仅是要适用于罗马人，而且还要适用于蛮族人。它也不想取代其他渊源，而是想使现行法的执行更为确定。[2]

---

[1] 有时使用解释。
[2] 这已在导言中明确地说明。

# 第二十八章

# 从古典时期结束到优士丁尼继位时的法律的性质

我们知道,在公元 3 世纪中期有序生活的普遍瓦解中,原创性法学创作结束了,古典时期也随之结束,接下来的 250 年里,我们所获得的作品几乎完全限于戴克里先或君士坦丁时期作出的汇编和节录,来自帝国办公机构的敕令,以及蛮族的法典。① 这些渊源所揭示的法律的性质是什么呢?直到最近,人们还想当然地认为,它们几乎没有什么意义要让我们认识,并且,可以将这一时期的罗马法的历史说成是从古典法到优士丁尼法律的一条直线(而且是下斜的)。两个因素共同证明这种观点完全太简单了。首先是承认东方各行省的"民众法"对罗马"帝国法"所产生的影响,其次是认识到罗马法本身已经降格的程度(这种现象被称为"世俗法")。早在 1891 年,米泰斯(Mitteis)② 就指出这两个因素,但是,他自己只关心论述"民众法"的影响。揭示"世俗法"的主要是恩斯特·列维(Ernst Levy)的作品,③ 这种揭示

---

① 上文,第 455 页。
② *Reichsrecht u. Volksrecht.*
③ 参见现在收进他的 *Gesammelte Schriften* 1.163ff. 的文章,尤其是 *West Roman Vulgar Law, The Law of Property* ( Philadelphia, Pa., 1951 ),和 *Weströmisches Vulgarrecht, Das Obligationenrecht* ( Weimar, 1956 );以及 *Pauli Sententiae, A Palingenesia of the Opening Titles as a Specimen of Research in West Roman Vulgar Law* ( Ithaca, N.Y., 1945 )。

直到 1928 年才开始，并且，至少在随后的 20 年里没有影响罗马法研究的一般方向。即使到现在，不仅对它的重要性，甚至还对于是否可以富有意义地说"世俗法"而不说"世俗主义"或"世俗化趋势"，存在很多分歧。①

## 一、对希腊制度的接受

我们知道，②在古典时期，希腊思想在方法问题上影响很大，但是关于希腊法对实际法律制度的影响，几乎没有什么迹象，最重要的是使用书面文件，而反对罗马传统上对言辞的依赖。③这一影响的一个原因无疑是，在被征服的行省，罗马人完全让当地法保持原状，因此，几乎没有什么相互作用，但是，卡拉卡拉敕令改变了一切。④因为，如我们所知，⑤市民籍扩及帝国的全部自由人，或者说几乎全部的自由人，在米泰斯看来，这必然要求大量行省居民靠罗马法生活（更重要的无疑是，要求行省的法学家改变其习惯做法，以适应一种他们不很了解或者根本不了解的体制）。米泰斯说，由此产生罗马因素和地方因素之间的"斗争"，并提出证据证明，尽管有官方的理论，后者有相当的部分保存了下来，甚至部分地融入到罗马法体制中。我们还知道，⑥德·威西尔（de Visscher）和其他人一样，⑦攻击这种观念，认为帝国后期所发生

---

① 参见下文，第 474 页及下页。
② 上文，第 406 页。
③ 上文，第 414 页；并参考下文，第 509 页。
④ 上文，第 346 页。
⑤ 上文，第 73 页以下、第 347 页。
⑥ 上文，第 73 页以下。
⑦ 特别是熊鲍尔（Schönbauer）在许多文章中；全部的文章的清单，见 *Labeo* 11（1965）402；另参见 Taubenschlag, *Law* 41ff.；Wenger, *Atti IV Congr. Int. Papirol., Firenze,* 1935（Milan, 1936）159ff.；*Actes Congrès Papyrol., Oxford,* 1937（Brussels, 1938）；*Mél. de Visscher* 2.521ff.；*JJP* 3（1949）11。

的事与其说是罗马法的地方化，不如说是行省的罗马化。但是，如阿兰乔·鲁伊兹所表明的，①米泰斯的一般论点有充分根据。在这方面，他无疑错误地使用了一些词语，如"斗争"。②虽然没有斗争，甚至是骚乱，但很少涉及私法的地方有，除非与宗教或家庭密切相关。另一方面，埃及的证据确实表明，由于卡拉卡拉敕令，发生了明显的变化。在该敕令颁布后的几年（实际上是从220年到221年），所有种类的文书都开始有声称有要式口约的条款③，这个条款除非与罗马法相联系，否则毫无意义。有时，甚至在一些完全不适合的文书中也增加这个条款，如遗嘱，这明显是因为人们认为它是罗马法上的赋予任何文书以法律效力的方法。我们还有戴克里先的文书部门发布的相当多批复的证据，④这些批复坚持罗马法的非常基本的规定，这既表明甚至在卡拉卡拉敕令颁布的70年甚至更久以后，它们的接受者对"帝国法"的了解是多么少，还表明皇帝是多么坚定地决心维持罗马法的纯洁而反对建立在地方制度和习惯基础上的错误观念的侵蚀。⑤

但是，由于君士坦丁，帝国的态度发生了变化。他对东方的观念表现出更多的认同，当帝国均衡的中心从罗马转移到君士坦丁堡时，这种认同实际上既是自然的，也是政治的。虽然在他之后的皇帝的立法经常变动，但是有充分证据表明地方习惯的压力仍然存在。

---

① *Bull. de l'Inst. d'Egypte* 29（1946/7）83ff.；*Storia* 310f.，424ff.；参见 *Ann. sem. giur. Catania* 1（1046/7）28ff.

② 阿兰乔·鲁伊兹引用德·佐雷塔（de Zulueta）的一段话（*JEA* 18［1932］95），说熊鲍尔成功地清除了米泰斯的夸张，但是没有驳倒他的法学理论。

③ 参考 Pringsheim, *Ges. Abh.* 2.220ff.；D. Simon, *Studien zur Praxis der Stipulationsklausel*（*Münch. Beitr.* 48, 1964）。

④ R.Taubenschlag, *Das röm. Privatrecht zur Zeit Diokletians*（*Bull. Acad. Cracovie*, 1919/20, 141ff.），重印于他的 *Opera Minora*（Warsaw, 1958）vol.1；Albertario, *Introd.* 96ff.；M. Amelotti, *Per l'interpretazione della legislazione privatistica di Diocleziano*（Milan, 1960）。

⑤ 实践中的证据来自于在埃及发现的纸莎文献，但是，有理由推断，在古希腊世界的其他地方也是一样的模式。关于西方各行省的做法，我们所知甚少，但是，比起东方的古代方明，那里的当地法肯定更不发达，因而也更不可能保存下来。

通常，家庭法是非常抵制外来的变革的，因而在这个领域，东方的影响表现得非常明显，并导致将许多明显源于希腊的制度引入到帝国法中。在大多数情况下，这种接受的过程只是到优士丁尼时才得以完成，但是，由于采取决定性的步骤要早得多，因此在这里我们可以考虑一些例子。①

罗马法的原则是，受家父权支配的人不能享有所有权，但是，东方的制度并不是这样。君士坦丁为民众法与官方法之间的融合采取了一个重大步骤，他规定，母亲遗留给受家父权支配的子女的财产，不能根据罗马法归于父亲，而应由子女独立所有，他们的父亲只享有一种生活利益而无权转让。②如米泰斯所说，这条规定符合希腊的一种观念，它可以一直追溯到格尔蒂（Gortyn）法，就是父亲不能剥夺子女来自母亲的财产。③在君士坦丁之后，这条规定被扩大适用，还包括了从所有母系祖先处取得的财产，④优士丁尼规定，受家父权支配的子女所取得的所有财产，除了来源于其父亲本人的以外，都处于同样的地位，从而完成了这一改革。⑤实际上，整个家父权的概念是罗马特定的，在东方从不流行。有纸莎文献表明，在埃及，人们不了解收养在转让家父权方面的作用，优士丁尼无疑满足了他的臣民的意愿，他规定，收养一般不再影响家父权，而只是给予被收养人在收养人家庭里的继承权，被收养人仍然处在其生父的支配权之下。⑥在允许妇女在有些情况下被指定为其子女或孙子女的监护人的问题上，皇帝们也明显对东方的实践让步。⑦

---

① 另参见 E. Volterra, *Diritto romano e diritti orientali*（Bologna, 1937）241ff.。
② C. 6.60.1.
③ *Reichsr.* 238.
④ C.6.60.2（公元 395 年）.
⑤ C. 6.61.6.
⑥ Mitteis, *Grundzüge* 274f.
⑦ C.5.35.2 和 3; Novv. 94 和 118.5。在古典时期，可能指定妇女管理，而不是监护本身，但这可能也是由于东方的影响；La Pira, *BIDR* 38（1930）53ff.。

### 第二十八章　从古典时期结束到优士丁尼继位时的法律的性质　　605

　　关于嫁资，希腊法和罗马法的规定完全不同。在罗马法上，它是丈夫的财产，当婚姻因妻子死亡而解除后丈夫保留它，除非它是父予嫁资，也就是她的父亲或其他父系祖先给的，并且给予嫁资的人在她死时还在世。另一方面，在希腊法上，虽然嫁资在婚姻存续期间由丈夫管理，但它是妻子的财产，如果婚姻因她死亡而结束，她又留有子女时，就归她的子女所有；在有子女时丈夫或父亲，从不拿走它。我们只是通过《锡罗－罗马法学课本》知道，① 狄奥多西二世的立法接受了大部分希腊的规定，并且这一改革也是由优士丁尼来完成的。② 根据他的立法，婚姻解除时，丈夫绝对不能③ 保留嫁资；如果婚姻由于丈夫死亡或者离婚而解除，和古典法上一样，它归妻子本人所有；如果婚姻由于妻子死亡而解除，它归她的继承人所有，只有一条规则的限制，即父予嫁资归父亲所有，无论如何，只要他在她死时仍对她享有支配权。④

　　因此，丈夫的权利实际上变成了相当于婚姻存续期间持续享有的一种用益权，并且，如优士丁尼自己所说，虽然从技术上说，他享有所有权，但是，嫁资财产"原来是妻子的财产，而且实际上（当然地）仍然是她的财产"。⑤

　　比后古典时的嫁资更加确定属于东方的，是其相对应的婚前赠予（donatio ante nuptias）。⑥ 和其他民族一样，在罗马人中，新郎通常给新娘赠送礼物，但是，在本地法中，这些赠与从来不具有任何特殊意义，大多数被看作为和其他礼物一样。实际上，甚至在西方的后古典法中也是如此。⑦

　　另一方面，在东方行省，普遍有一种习惯，就是新郎必须给

---

① Mitteis, *Reichsr.* 248ff.
② C.5.13.
③ 除非有特别协议。可能的例外，Corbett, *Marriage* 202。
④ 相关的文献，参见 Corbett, *Marriage* 183。
⑤ C.5.12.30 pr.
⑥ 优士丁尼重新命名为"婚姻赠与"（propter nuptias）；J.2.7.3。
⑦ Mitteis, *Reichsr.* 306.

予新娘一件贵重礼物，其主要目的在于，一旦她成了寡妇，可以靠它维持生活，以及在丈夫主动提出离婚时作为一种惩罚[①]。因为在婚姻存续期间，丈夫保持控制权，实际上，非常普遍的做法是，根本没有真的交出礼物，而仅仅是划拨出特定财产以服务于上述目的。这种制度不仅仅被帝国法所认可，而且成为许多立法的主题，这些立法的效果是，使这种赠予成为丈夫一方的赠予，而与妻子一方的嫁资相对应。这种立法本身似乎是基督教观点的产物，因为基督教认为，男人和女人是同一个众生，因此必须同等对待，[②]但是，对赠予本身的承认肯定是接受了东方的观点。优士丁尼自己说，它是古代法学家所不知的一种制度，是由后来的皇帝引进的。[③]

## 二、"世俗法"

在所有先进的法律制度下，肯定有一种普遍现象，就是实际适用的法律，无论是由律师在处理其客户的事务中运用的，还是由管理者或法官在履行职责过程中运用的，有时会偏离"官方"法。这种偏离通常是无意识的，并且是由于未能理解更灵活的头脑所发展的更精细的区分所致；但是，它们也可能是由于受不了那些被视为不必要的复杂规定，或者使个人的合理愿望落空的形式。此外，这些偏离可能在远离大都市的边远地区很普遍，这既是由于那里的法律能力水平较低，也是由于中央权力的控制较弱。在古典时期的行省，甚至罗马本身就有这些偏离，这一点从我们在铭文和文件中偶然见到的词语中明显可见。[④] 特别是，悼念的铭文揭示出实际做法与我们所知的"官方"法上的规定根本

---

① 前引书，第 301 页。
② 前引书，第 308、311 页。
③ J. 2.7.3.
④ 关于例子，参见 Gaudemet, *St. Betti* 1.284ff.；参考 Kunkel, *Herkunft* 371f.。

不同。① 在这种"实际的法"与似乎是从《卡拉卡拉敕令》时起就有的地方实质和罗马形式的混淆之间明显有某种共同的东西，② 但是，后者是一种混合物，而我们现正在考虑的现象是罗马的，尽管大都市的法学家肯定会认为它是降格了的。

虽然这种现象可能在所有时期都有一定的存在，但列维认为③（并得到广泛的追随④），在我们正说到的这一时期，它不再是特殊的或者边缘的，实际上，它不再是非官方的，而成为许多适用于所有地方的法律的一个特征。这种"世俗法"的显著特征是概念模糊，表现在变动不一的用语和某些术语的实际消失中。⑤ 这样，我们知道，⑥ 对物诉讼和对人诉讼之间的区别似乎被遗忘，同时，"诉求"（vindicare）一词不再与诉讼有任何必然的联系，而具有一种不确定的含义，甚至包括一种法律之外的扣押。⑦ 古典法曾那么着重强调的所有权和占有之间的区别变得模糊不清，所有权与他物权之间的区别也模糊了。⑧ 同样地，在债法上，故意和过失的问题变得模糊，⑨ 同样变得模糊的还有各种不同契约之间的区别，⑩ 作为契约的买卖与作为转让的买卖之间的区别，⑪ 或者行为与行为的证

---

① 例如，参见 Fraser and Nicholas, *JRS* 48（1958）129。在这些铭文中出现"iurisconsultus abesto"（不同于法学家的见解）这一短语，这表明，至少在这方面，偏离不是无意的，而是因为受不了限制性的规则。

② 上文，第 470 页。

③ 上文，第 469 页注释。

④ 尤其是得到凯泽尔的追随，凯泽尔在其《罗马私法》第 2 卷中写进列维的成果，并扩充了这种研究，因此，世俗法成为该书的一个中心主题。另参见他在 *St. Betti* 2. 539ff. 和 *PW* 9A. 1283ff.（1967）中的概括研究。另参见 Wieacker, *Vulgarismus*, 主要研究更难以理解的文体特征的问题。意大利学者的观点不那么让人信服，例如 Pugliese, *AG* 141（1951）119ff.；152（1957）149ff.；*Iura* 11（1960）302ff.。

⑤ 例如，役权；Levy, *Property* 55ff.。

⑥ 上文，第 440 页。

⑦ Levy, *Property* 210ff.。

⑧ 前引书，第 19 页以下。

⑨ Levy, *Obligations* 99ff.。

⑩ 前引书，第 158 页以下。

⑪ Levy, *Property* 148ff.。

明之间的区别等。①

概括地说，这些是表明通常被称为"世俗法"的那种法律特有的特征（并且还有许多其他同样的特征）。但是明显有相当多的定义上的困难。②这个词语最初由布鲁纳（Brunner）于1880年在其关于西罗马帝国晚期及其以后的法律文件的历史研究中使用，③他是在仿效"世俗拉丁语"一词。但是，正如那个词以存在一种更为纯粹的书面拉丁语为先决条件一样，"世俗法"也以一种更纯粹的古典法为先决条件。从这个意义上说，古典时期的实际的法可以被称为"世俗的"，而与"官方"法相对。但是，我们不能简单地说我们当下所关注的世俗法也是如此。因为，我们所说的世俗法由于本身存在于皇帝敕令中，所以不能被界定为与"官方"法相对的实际中的法；因为，它的最早表现形式是在君士坦丁的敕令中。④我们的世俗法实际上也不是我们从关于实践者（律师）的活动的文件或其他表现形式中所了解到的那种意义上的世俗法。因为，除了埃及纸莎文献以外，这种证据在这一时期几乎完全缺乏。同样，影响帝国法的发展的所有因素也不能被划为世俗法。一些创新，如结婚和离婚法中的那些，来源于基督教义，而其他的创新，如我们所知，是来自希腊法。因此，我们不能说，"世俗法"是4世纪和5世纪的法律的同义词。

简言之，世俗法的认定不能通过查找其渊源，就像对荣誉法那样，也不能通过诉诸其适用范围，就像万民法（从"实际的"意义上说的），⑤也不能援引其起源，就像上文已经提到的希腊法制度那样。因此，如有些人所说，⑥可能更合适的说法是"世俗主义"

---

① Levy, *Obligations* 48ff., 158ff.
② 已经有很多争议。参见 *Labeo* 6（1960）和7（1961）中的论文；另参见 Pugliese, *Ann. stor. dir.* 5/6（1961/2）71ff.；Gaudemet, *St. Betti* 1.271ff.。
③ H. Brunner, *Zur Rechtsgesch. der röm. u. german. Urkunde*（Berlin, 1880）。这个词是由 Mitteis（Reichsr. 3）从布鲁纳那里沿用过来。
④ 参考 G. Stühff, *Vulgarrecht im Kaiserrecht*（Weimar, 1966）。
⑤ 上文，第103页及下页。
⑥ 参见上文第474页注释引用的 *Labeo* 中的争论；以及 Wieacker, *Vulgarismus*。

## 第二十八章 从古典时期结束到优士丁尼继位时的法律的性质

或者"世俗性趋势",但是,这仍然没有解决根据何种标准来认定"世俗"的标准的问题。实际上,人们被迫回到文体或学术水准的判断上。"世俗的"是退化的。如凯泽尔①(他更喜欢说"世俗法")所说,世俗法是退化的罗马法;它是抛弃了古典法上的精细的定义和精确的思维方法,并且"降到一种原始的非科学的水平"的罗马法。但是,在这方面,有两个危险。并非在传统罗马法内部的所有发展变化都属于世俗化的。有些,例如市民法和荣誉法的融合,或者不使用以前的程式行为以及非要式性和注重实质而非形式的一般发展,被视为"持续的有机的发展"的成果。但是,在有机发展与堕落之间,在变革与腐朽之间的界线是难以捉摸且主观的。因此,以前在不同契约之间的区分变得模糊,可能一般人会认为这本身是一种倒退,但是,如有时看起来的那样,如果它伴随着对简单协议的约束效力的承认,这很有可能算作一种进步。同样,所有权与用益权之间的区分逐步模糊,也是问题的一个方面,这个问题的另一方面是出现了可分割的所有权,②这本身同样能够实现预期的经济和社会结果。我们这里不是说,可分割的所有权本身是"世俗的",而是这种概念变化的意义还没有被分析出来——一种仔细的区分被一种混淆取代了。几乎可以肯定确实如此,但是,这使我们面临另一个危险。证据非常少且很散乱。我们可能同意,罗马帝国西方的后期原始资料揭示了一种非常原始的理解,但是,更加难以评估在皇帝敕令的公认古典的用语的背后存在多大程度的思维混乱。简言之,没有人会怀疑,法律的学识水平下降了,但是,对于某些特定的证据的解释,甚至更多地,对于将某些发展归类为世俗的或退化的,仍有推敲的余地。

这种学识的退化,或者世俗化趋势,在我们关于这一时期的所有资料中,在帝国的两个部分都存在。但是,在公元396年这

---

① *RPR* 2.4.
② Levy, *Property* 34ff.

两个部分最终分离以后,发展进程有所不同。在西罗马,退化的进程加快,如上所述,在西罗马的资料中,例如在《维息哥罗马法》中发现的解释,或《盖尤斯摘录》,明显表现出来,[1] 而在东罗马,其进展较小,因为那里的智力水平更高,法律传统也更强。最终,在 5 世纪的后期,在东方的法律学校出现古典化的复兴。[2] 但是,在谈到这种复兴时,我们应当认识到,与其说它是一个可考证的事实,不如说它是一个科学家的假设。毫无疑问,优士丁尼时代的法律思想水平比 5 世纪早期的高得多。优士丁尼官署的用语虽然仍很夸大和啰唆,但比起前两个世纪的通常用语来说,还是要精确得多,而且,很明显,除了编纂或使用前几个世纪流传下来的作品的那些人外,编纂《民法大全》[3]的人,以及能够处理在《学说汇纂》中有节录的繁复的人是核心和支柱。这很多是明显的,并且,是解释优士丁尼法学家的品质的需要,而不是为了说明大量的具体证据的需要,导致人们推测东方的法律学校在优士丁尼之前的几十年里呈现出一种古典化的复兴。当然,有一些独立的证据。我们知道,[4] 在公元 460 年,很明显首先提出了准许从业的资格要求,并且,大约在同时,可以更明显看出敕令的文体的改进。除此之外,我们当然还知道,法律学校享有一种很高的声誉,[5] 尽管关于在优士丁尼之前在这些学校里的教授们的著作,我们所获得的唯一的直接证据是在《巴西尔法律全书》[6]中保存的被认为是他们写的一小部分注解,以及《西奈注解》[7],它可能是这些学校的一个成果。还有一些详细的证据证明,《民法大全》反映了

---

[1] 上文,第 466 页注释。

[2] 参见 Wieacker, *Vulgarismus* 50ff.; Kaser, *RPR* 2. 19ff.。

[3] 下文,第 479 页以下。

[4] 上文,第 454 页。

[5] 上文,第 453 页。

[6] 下文,第 503 页。这些注解被收进 *Iurisprudentiae Anteiustinianae Reliquiae*, ed. P. E. Huschke, E. Seckel and B. Kübler, 2.1.515ff.（6th ed., Teubner, Leipzig, 1908—1927）。

[7] 上文,第 459 页。

他们的思想。在两种情况下，拜占庭的作家指出，《法典》的编纂者接受了贝鲁特的一位教授的观点，而不是其他教授的观点。①《西奈注解》提出关于丈夫在嫁资方面所花费用的一项一般原则，这个原则肯定不是古典的，但它符合《学说汇纂》中的一个片段。②看起来，依诉求前书之诉( actio praescriptis verbis )一词的普及——即使不是其发明——也应归于这些学校。③

因此，这样一个假设很合理，就是在优士丁尼之前的时代里，古典知识有相当大的复兴；并且优士丁尼的编纂者显然很试图保持，并尽可能恢复罗马法的伟大。但是，不可能简单地回复，并且，《民法大全》的法律是古典法和后代发展的混合物，将它们收集在一起的人的思维方法是6世纪拜占庭主义的那些思维方法。但是，在考虑那种法律的性质之前，我们必须仔细考查将它体现于其中的立法。

---

① B. 8.2.79, sch.; B. 11.2.35, sch.。参见 Collinet, *Byzantion* 3.1 ( 1926 )；Levy, *Die röm. Kapitalstrafe* ( *Sitzungsber. Heidelberg*, 1931 )67f.。

② §18=D. 25.1.3.1；参见 Schulz, *SZ* 34 ( 1913 )102；Lenel, 前引书，第 379 页；Albertario, *Studi* 5.234ff.。

③ Kaser, *RPR* 1.583 n 19。关于其他可能的证据，参见 Kübler, *SZ* 55 ( 1935 )446；J. Partsch, *Aus nachgelassenen und kleineren Schriften* ( Berlin, 1931 )31, 89；Boháček, *St. Riccobono* 1. 337ff.。

# 第二十九章

# 优士丁尼的立法 [①]

优士丁尼出生于陶乌雷斯（Tauresium）（即今天的塞尔维亚的陶尔［Taor］）的一个农民家庭，他的地位的提升应归功于他的叔叔同时也是他的养父优士丁对他的兴趣。优士丁是行伍出身，公元518年，他被拥戴为皇帝，但那时他已经年迈，并且似乎从一开始就受他的侄儿的影响。公元527年，优士丁尼成为共同执政王，当他的叔叔在同一年晚些时候去世后，他成为唯一的皇帝。那时，他大约45岁左右，他一直统治到公元565年他去世，他的统治是罗马帝国历史上最值得注意的统治之一。尽管他性格冷淡且不引人注意，但他有超乎常人的才能，特别是擅长选择和平和战争的工具。从一开始，他似乎就怀有恢复罗马帝国的古代辉煌的抱负，并且在这方面，取得了显著的成就，因为他的将军们能够把汪达尔人赶出非洲，能够在长期斗争后从哥特人手中夺取意大利，甚至能够在西班牙再一次建立一个罗马行省。但是，这些成功被证明是短暂的；优士丁尼对其臣民的要求使他们耗尽了资源，而且东方和西方之间的分裂实在太深了，不可能通过一个坐在拜占庭的王位上说拉丁语的皇帝的努力来愈合。在后来的统治中，西方的大部分土地失去了，帝国的性质最终变成东方的。除了征服外，优士丁尼的

---

[①] 关于十分详尽的概括研究（尽管现在不可避免地已经过时了），参见 Wenger, *Quellen* 562ff.。

主要兴趣在于宗教和法律方面，他的统治留给后代深刻印象的两个业绩是建立圣·索菲亚城和伟大的法典编纂。在后一项工作中，他的主要助手，可能也是创意者，是特里波尼安，这个人有很大能耐，且多才多艺，尽管据说他很贪婪，但他对国教的公开冷淡态度是皇帝明显能够不计较的。公元530年，他担任司法大臣一职，但在公元532年，由于在尼卡（Nika）暴动中民众对他表示敌意而被撤免，在公布《学说汇纂》和《法典》时他是宫廷事务官。但是，后来，他又当上司法大臣。他死于公元542年左右。①

优士丁尼对法律进行重述和改革的计划可能早在他当上皇帝之前就在他的头脑中形成，因为在当上皇帝后他几乎立即就开始了这个计划，到公元534年已经完成了法典编纂。这包括《法学阶梯》、《学说汇纂》和《法典》，它们加上《新律》或者说公元534年后颁布的敕令，构成《民法大全》，6世纪以来人们对优士丁尼的整个立法就是这样称呼的。

## 一、立法进程

（一）第一部法典。

优士丁尼的第一步是要把狄奥多西二世的工作延续到当代。在公元528年2月13日颁布的一项敕令中，② 他任命一个十人委

---

① Kübler, *ACII* 1.26, 为他这个人物辩护。他去世的年代取决于普罗科庇（Procopius）的《秘史》的年代。因为在那部书里（2.17），我们得知，他的继任尤尼奥（Junilus）任职达七年，并且，明显在那之前不久由康士坦丁（Constantinus）接任。《秘史》的年代通常确定为公元550年，这表明特里波尼安去世的时间不晚于公元542年。(在 *Bell Pers.* 1.25.2 中，普罗科庇说，他在公元532年后过了"许多年"才去世。) 关于他的人生浮沉和立法产量的变动之间可能的关系，参见 Wenger, *Quellen* 668。

② *Haec quae necessario*。我们关于这次法律汇编及随之进行的法律教育改革的直接资料，主要来自于七项敕令（其中一项还有一种希腊版本，参见下文，第482页注释），它们被写在不同部分的开头（另参考 C.1.17）。如对教皇文件那样，对它们的引用是根据它们开头的单词。

员会，其中包括当时的宫廷事务官特里波尼安和君士坦丁堡教授狄奥菲勒（Theophilus），负责编纂一个新的皇帝敕令汇编。但是，鉴于《狄奥多西法典》只延伸到君士坦丁之前且限于一般法，这部新法典不仅计划要吸收《狄奥多西法典》和更早的两部法典，而且还要包括批复。这个委员会的权力非常广泛。所有过时的或不必要的规定都要删除，所有矛盾的和重复的规定都要清除，可以进行添加，甚至修改，并且，如果情况需要，可以将几部法令合在一起。这些敕令将根据其主题以标题编排，在每个标题内则按年代顺序排列。

这项工作花了一年多一点的时间完成，该法典于公元529年4月7日公布，从4月16日起生效。① 此后，以前的法令（除少数例外）只有在这部新汇编中有的情况下才能被引用。②

这部法典，如马上就会看到的那样，只有效到公元534年，并且没有流传下来。

## （二）《五十决定》。

很可能，优士丁尼最初只打算到此为止。至少，似乎隔了一年多时间之后，③ 他才转向法学家的法，并开始颁布一系列敕令，解决在法学家作品中发现的未决争论和废除过时的制度。其中有五十项敕令明显作为一个汇编予以公布。④ 但是，这并没有结束这一系列的敕令的公布，因为，随着关于《学说汇纂》的工作的进行，类似的敕令仍被公布。⑤ 那么，为什么单独公布《五十决定》呢？这个汇编本身没有保存下来，而且重构它有很多困难，因为，在（第

---

① *C. Summa*，第二项介绍性的敕令。
② *C. Summa* §4.
③ Pringsheim, *Ges. Abh.* 2.41ff. ( = *Atti Roma* 1.451ff.).
④ *C. Cordi* §§1, 5; J. 1.5.3; 4.1.16; C. 6.51.1.10B.
⑤ *C. Cordi* §1 区别《五十决定》和其他为此目作品而颁布的敕令。

二部)《法典》中,就其内容而言可能构成其一部分的那些敕令的数量大大超过了50项,并且,虽然有一些敕令肯定被分解,分布于不同标题中,其他的则可能被压缩到一起了。但是,罗通蒂表明[①],这部汇编很可能只包含在公元530年8月1日到11月17日之间制定的那些"决定",因此,它可能大约是在下令编纂《学说汇纂》的那个时候公布的。如果有人对此还增加一个事实,就是关于第一部《法典》的一个索引的一段纸莎文献片段所揭示的[②]那部法典仍包括了狄奥多西的《引证法》,那么,一个吸引人的推测是,优士丁尼原本打算就只修订成文法和解决主要的有争论的问题,而保留法学家作品不动,但是,在公元530年8月到11月之间的某个时候,他的想法发生了转变,想到了《学说汇纂》这个无比宏伟的计划。[③] 根据这种观点,《五十决定》最初属于先前的有限的想法,但它们是在改变计划之后完成并公布的,因为,预计《学说汇纂》要花十年时间才能编成,而不可能让法庭在这么长时间内没有任何指导。[④]

## (三)《学说汇纂》。

公元530年12月15日,"Deo auctore"敕令作出了关于汇编《学说汇纂》或者说《潘德克吞》的命令。它是发给当时的司法大臣特里波尼安的,由他选定一个委员会以协助他。实际上,他选定

---

① *Scr. Giur.* 1.227ff.

② *P. Oxy.* 15.1814。参见 Krüger, *SZ* 43(1923)561ff., 以及 Bonfante, *BIDR* 32(1922)277ff.(两个都附有文本)。

③ Bonfante, *BIDR* 32(1922)和 *Storia* 2.48;Pringsheim, *Ges. Abh.* 和 *LQR* 56(1940)229ff.

④ Pringsheim(上注引书)认为决定公布《学说汇纂》是理论界对实务界的一次胜利,因为后者认为,《法典》和关于有争论问题的决定就足够了。因此,在他看来,人们必须区别在决定汇编《学说汇纂》之前颁布的敕令,和后来颁布的敕令,前者具有某种实用性质,而后者只是为那个更宏伟的学术计划所必需的。关于对这些敕令中所表现的优士丁尼的古典主义的仔细研究,参见 K.-H. Schindler, *Justinians Haltung zur Klassik*(Cologne/Graz, 1966)。

了16个人,他们中有1位国家官员(康斯坦丁诺[Constantinus]),4位教授(来自君士坦丁堡的狄奥菲罗[Theophilus]和克拉丁[Cratinus],来自贝鲁特的多罗特[Dorotheus]和阿纳托里[Anatolius])和11位律师。① 命令要求,阅读并摘录有"整理并解释法律的权力"(即解答权)的古代法学家的著作,将它们编成一部著作,该著作分为50册,根据主题再分为题。对大多数法学家所持有的观点或者帕比尼安的观点不再给予优先权,委员会成员可以选择他们认为最合适的观点,而不论他们是在哪里发现它的。这部汇编不能有不必要的或者过时的规定,不能有矛盾,不能有重复,也不能有《法典》中已经有的内容,除非为了清晰,资料编排上需要这样做。这个委员会有删减和修改文本的充分权力,这种权力甚至延伸到法学家们所引用的古代法律或敕令的用语。② 禁止使用任何阿拉伯数字和缩略语,并且,例如,在给出一本书的卷次时,必须以文字写出来——这条规定也延伸到应当制作的所有副本。③ 这样规定的一个结果是,"出处",即在每个片段的开头注明作者、著作名称及卷次的文字,保存得很好,它们在重构原作和提供关于编纂者的方法的研究资料方面具有极大的用处。

禁止任何评论,因为优士丁尼认为,这些评论只会带来怀疑和混乱,就好像过去法学家通过大量著作使裁判官告示的简易文本变得模糊从而导致的怀疑和混乱。只允许直译成希腊文、制作索引和并题(paratitla)。④ 制作索引是指对一个片段的内容的简短概括,而并题可能是对相关联的片段的简要注释和汇编。⑤ 这些

---

① *C. Tanta*(下文,第482页)§9。关于该委员会的成员,参见 Honoré, *LQR* 88(1972) 34f.

② *C. Deo auctore* §7.

③ *C. Tanta* §22.

④ *C. Deo auctore* §12; *C. Tanta* §21; *C. Δέδωκεν* §21.

⑤ 关于这些被允许的例外的范围,存在争议,不仅因为所使用的这些词语的意义不明,而且还因为在这三个版本中这些词语并非同一。反对这里所作的这种解释的理由是,保存下来的同时代的法律作品似乎不符合一种如此严格的禁止。因此,贝尔格尔(Berger)

规则仅仅在《学说汇纂》方面被提到，但是，它们可能也要适用于《法典》和《法学阶梯》的，因为，很明显，原来打算这三部著作加在一起构成对整个法律的全面论述，因而完全相同的考虑看来会适用于所有组成部分。① 违反这些规则将受到严厉的惩罚，因为违法者将被认为犯有伪造罪，但是，即使在优士丁尼有生之年它们在多大程度上得到遵守，就有怀疑的；自优士丁尼死后，它们当然遭到违反，并且在后来，《学说汇纂》导致了比除《圣经》外的所有书都要多的作品。

我们知道编纂者们是如何执行它们的命令的，这部分是根据两个敕令，除了 Deo auctore 敕令外，它们附在《学说汇纂》的前面，并且都是公元 533 年 12 月 16 日颁布的。其中一项是 Omnem 敕令，它是写给 8 位法学教授的，涉及法律教育；另一项是 Tanta 敕令，② 它规定《学说汇纂》从当年 12 月 30 日起具有法律效力，这两项敕令虽然采取了适合皇帝敕令的修辞风格，但都包含了相当多的信息。对于其他的，我们几乎完全依赖该著作本身的内部证据，因为，后来的拜占庭法学作品，就其保存下来的而言，告诉我们的只有很少，而非法律书籍中对法典编纂的提及令人惊讶的少且贫乏。③

出处所表明的实际被摘录的作者的人数为 39 人，④ 但是，从

482

---

认为（*BIDR* 55/6 Suppl. Post-bellum, 1948, 124ff.），"直译成希腊文"不仅仅是指直译，而且还指按照《学说汇纂》文本的顺序的所有解释；但是，C. *Tanta* 和 C. $\Delta\acute{\epsilon}\delta\omega\kappa\epsilon\nu$ 都明显似乎是指文本的翻译（参考 Arangio-Ruiz, *Storia* 399）。Pescani（*Labeo* 7［1961］41ff.）认为，它们是指根据《学说汇纂》的文本翻译已经存在的拉丁文评论，但是包含对 Tanta 敕令的文本的校正（以 eos 换 eas），并且我们所知的东方的这些已经存在的评述是希腊文的。贝尔格尔和贝斯卡尼认为并题（paratitla）不仅仅只是援引相似的片段，他们可能是对的。Maridakis（*SZ* 73［1956］369ff.）认为这项禁止只是指禁止根据不在这部法律汇编中的文本进行评注，反对他的观点，参见 Berger, *Labeo* 4（1958）66ff.。

① 不同的观点，参见 Berger, *Labeo* 4（1958）160ff.。
② 该敕令还有一个希腊文本。在《法典》中（1.17.2），只保存了拉丁文。
③ Rotondi, *Scr. Giur.* 1.340ff.
④ 或者，如果 D. 48.19.16 的 Claudius Saturninus 与 Venuleius Saturninus 是同一人，则为 38 人；Peter, *Mél. Meylan* 1.273；但是，Bonini, *Riv. it. sci. giru.* 10（1959/62），则认为，他是被 Tertullian（*de cor.* 7.6）提到的那个评论家。

不同人摘录的数量有很大不同——从占整部著作的三分之一以上者，如乌尔比安，到只有一个片段，如艾流斯·加卢。只能利用拥有解答权的作者的命令，明显被理解为，允许引用所有那些著作依《狄奥多西引证法》最终被认为是法律准则的一部分的人，因此，甚至有一些来自生活在解答权时代之前的共和国时期法学家的片段。① 但是，这部著作的大部分——三分之二以上——来自《引证法》中提到的五位法学家。优士丁尼说，总共阅读了将近2000卷书，有3000000行，并且将这些减少到150000行。② 他补充说，这些书中有许多书，最博学的学者甚至连它们的书名也不知道，它们只是由特里波尼安提供的，③ 后者很明显收集了许多私藏的珍本古籍。汇编了一个关于所引用的作者和书名的索引，并附在《学说汇纂》前面，但是，与片段的出处进行比较就发现，这个索引不准确。它遗漏了一些实际被引用的著作，却提到一些根本没有被引用的著作，此外还混淆了独立的作品，并有其他错误。但是，它确实给我们的知识增添了一些细节。④

委员会成员收到的关于编排的唯一指示（除了分为50卷和卷下分为不同的标题外），是他们必须遵循《法典》和《告示》的结构。⑤《告示》不是指原文件，而是指对原文件的评注，由于《法典》已经主要是遵循一种基于这些评注的传统顺序，这个指示的两个部分在很大程度上是相同的。确实，编纂者运用乌尔比安的评注作为主要指导，对裁判官法上的事项配以适当的市民法上的

---

① 在 *C. Deo auctore* §4 的措词中，有关于这种做法的某种根据；Buckland 40。

② *C. Tanta* §1。书的卷数被夸大了。Honoré and Rodger（*SZ* 87［1970］314）计算，使用了1528卷书。大部分古散文书的行数在1500—2500行之间，每行大约35个字，也就是现在的书的20—35页之间（Krüger 150）。

③ *C. Tanta* §17。

④ Wenger, *Quellen* 588ff. 由于只是在《佛罗伦萨手稿》中发现它，因而它通常被称为"佛罗伦萨索引"。这些错误可能是由于它不是一个最终被摘录的著作的清单，而是最初被收集来供编纂者使用的那些著作的清单（Rotondi, *Scr. giur.* 1.298ff.）。

⑤ *C. Deo auctore* §5。

标题，如同古典的学说汇纂中所做的那样，但是带有更大程度的精致，并且在方法上有重大不同。在大多数情况下，标题（titles）的题名（headings）来自于现有著作，通常是来自《告示》的标题，尽管有一些是编纂者创造的。① 各卷书本身没有标题（headings），它们实际上也不是这部著作编排中的一个有意义的结构单位。在一种情况下，即遗赠和遗产信托，法律材料的数量是如此之多，以致一个标题必须占用 3 卷书的篇幅。②

在标题内部，片段的排列顺序初看起来很杂乱，并且，实际上，除了前面的几个标题外，没有试图遵循一种科学的顺序。但是，150 年前布鲁姆（Bluhme）对编纂者所使用的方法作出了解释，③此后这种解释得到广泛接受。通过考查这些出处，布鲁姆证明，有三个大组（或者说三大"群"）著作，来自于它们的摘录被有规律地拼合在每个标题下，他进一步说明，在每一群内部来自这些著作的节录的排列顺序通常是相同的。在这些群中，有一个叫"萨宾"群，因为它开始于乌尔比安、彭波尼和保罗的书，即《萨宾评注》，另一个叫"告示"群，因为它开始于来自乌尔比安和保罗的告示评注的一些书，第三个叫"帕比尼安"群，因为它开始于帕比尼安的《问题集》和《解答集》。还有第四个群，它要小得多，只包含大约 12 部著作，通常被称为"附录"。④ 在这些不同的著作群中作品的分布似乎部分是根据某种规律，因为"萨宾"群的主要著作论述市民法，告示群的主要著作涉及荣誉法，而帕

---

① A. Soubie, *Recherches sur les origins des rubriques du Digeste*（Tarbes, 1960），认为 430 个标题中有 175 个属于《告示》（但有 45 个作了某种修改），有 38 个属于《萨宾评注》的书，并有 36 个属于古典的专题论著，但是发现有 60 个来源于后古典或优士丁尼时期。然而，由于我们对《告示》和那些萨宾著作的标题的了解主要来自于《学说汇纂》本身，因此这样一种研究有部分循环论证的风险（Volterra, *Iura* 15 [1964] 275ff.）。

② 第 30—32 卷。

③ *Zeitschrift für geschichtliche Rechtswissenschaft* 4 (1820) 256ff.( repr. in *Labeo* 6 [1960] 50ff., 235ff., 368ff.)。

④ 布鲁姆称它为"帕比尼安后的"。

比尼安群特别包括实用性和专门性的著作，① 但是，在许多方面，它是偶然的或任意的。这些群在标题中出现的顺序并不总是相同的。很常见的是，首先是萨宾群，然后是告示群，接着是帕比尼安群，最后如果有的话，就是附录，但是，差不多每种可能的顺序都有。在有些标题里，只有一个或两个群，在其他群里，每个群出现两次以上，② 其原因是，原先是打算写两个标题的，但是后来混在一起而又没有对那些片段进行重新排列。由于这样或那样的原因，经常有某个片段从它所属的那个群移走，而放在别处了。例如，由于它明显与另一个群的某个片段有关，或者因为它构成对该主题的一个很好的引言，需要放在该标题的开头。③

布鲁姆发现了这些群是确定无疑的，随后的工作只能是在细节上纠正它，④ 但是，他根据其发现提出的进一步推论也得到了非常广泛的接受。这就是，编纂者们分为三个小组，每个小组被指派了研究一个"群"中的著作的任务。附录群可能代表的是在进行这项工作的过程中才到手的著作，它可能被指派给了帕比尼安小组，⑤ 因为来自它们的摘录通常放在来自帕比尼安群的那些摘录后面。

通过运用统计的方法，近来的进一步的研究⑥ 表明以下推论，这三个小组会各包含两位全职成员（特里波里安、康斯坦丁诺和四位教授），这些成员分工阅读并摘录分配给其所在小组的那些著作，他们在很大程度上独立地工作，以致通过统计可以看出各

---

① Bonfante 2.89ff. 在那里，他还指出这种分布与教学的安排之间的联系。

② 例如，1.3；23.2。

③ 例如参见 7.1.1。蒙森编辑的著名的 *Digest*（Berlin, 1870）中每个片段都注明它所属的群，那些位置不当的片段则标有一个星号。在蒙森和克吕格的"旧"版中，在每个标题的开头以脚注形式说明相同的信息。附录 1 是每个群所包含的著作清单。

④ Longo, *BIDR* 19（1907）132ff.; de Francisci, *BIDR* 22（1910）155ff.；23（1911）39ff., 186ff.; H. Krüger, *Die Herstellung der Digesten u. der Gang der Exzerption*（Münster, 1922）71ff. 但是仍有一些难题；Gaudemet, *Institutions* 761 n 1.

⑤ 参考 Honoré and Rodger, *SZ* 87（1970）282f.。

⑥ 前引文，第 246 页以下。Honoré, *LQR* 88（1972）30ff.（就职演讲），说明主要结论，并试图确定每个分委员会的各个成员的身份。

个成员在方法和态度上的差异。根据这种观点，当有许多相关的著作（例如对萨宾著作的评论），需要几个人阅读时，某个小组就增加那 11 位律师作为补充成员。几乎没有什么可以证明通常的推测，即整个委员会试图协调并编辑整部著作。

卷和题的划分，不是唯一得到承认的结构单位。尤其是为了教育的目的，《学说汇纂》还被分为七个"部分"，根据优士丁尼在 Tanta 敕令[①]中说明的一种结构，它们是：

第 1 部分：第 1—4 卷。首部（第一部分）。

第 2 部分：第 5—11 卷。关于审判。

第 3 部分：第 12—19 卷。关于物。

第 4 部分：第 20—27 卷。核心部分。这个"中心"部分包括抵押（第 20 卷），市政官告示和双倍返还要式口约（第 21 卷），利息、海上借贷和证据（第 22 卷），订婚、结婚和嫁资（第 23—25 卷），监护与保佐（第 26—27 卷）。

第 5 部分：第 28—36 卷。遗嘱，包括遗嘱和遗嘱附书（第 28—29 卷），遗赠，遗产信托与相关问题（第 30—36 卷）。

第 6 部分：第 37—44 卷。遗产占有与无遗嘱继承（第 37—38 卷），新施工警告、潜在损害警告、排放雨水、包税人、活人间的赠与与死因赠与（第 39 卷），解放与自由权诉讼（第 40 卷），取得所有权与占有（第 41 卷），已决案之诉与执行（第 42 卷），令状（第 43 卷），抗辩、"债与诉讼"（第 44 卷）。

第 7 部分：第 45—50 卷。口头契约、保证、更新、履行、正式免除、裁判官要式口约（第 45—46 卷），私犯与刑法、"可怕的两卷书"（第 47—48 卷），上诉（第 49 卷），地方管理、公共工程、允诺、特别审判、户口调查、词语的含义和法律格言（第 50 卷）。

将这个目录与列在《学说汇纂》前面的著作和标题清单仔细

---

① §§2—8.

比较，其缺点更加明显，这些缺点表明，即使一个同时代的法学家也会觉得简短地解释这种复杂而且主要是传统的编排是多么难。可以注意到，前三个部分只被简单地提到，而其余四个部分的内容描述得有点详细。其理由只可能是，这些部分相当于优士丁尼之前的教育规划中的相同题目的部分，①因此，它们的内容可以被认为是众所周知的。

在审查编纂者所做的工作时，优士丁尼承认未完全避免重复。②如他所说，其中有一些无疑是有意的，是由于希望在不同方面重复同一原则。其他的重复是出于无心，通常在一部这样大的著作里是可以原谅的，但是，在一个标题里出现重复就几乎不可原谅了。他说，不应发现任何矛盾，如果有人认为自己可以发现矛盾，那么，经过更仔细的考虑会发现，这种明显的不一致是有某种原因的。③但是，在有些情况下，这个任务已经被证明是太困难了，尽管后来对《学说汇纂》慷慨地给予高度评价，并且毫无疑问，编纂者们有时允许古典法学家们中的意见分歧保持原样，有时因为修改一个片段而不改另一个片段，自己导致了不同的观点。④

优士丁尼皇帝亲自说，文本的修改非常多（multa et maxima），⑤实际上，很显然，如果有好几百年历史的文本要作为现行法的一个阐述，那么，编纂者们就应该充分利用他们在这方面的明确权力。但是，他们的修改，或者说"添加"，⑥现在一般这样说它们，根本没有标明，因此，在片段的出处提到的作者可能被说成说了他们实际上没有说的话。在这些情况下，出处竟然还被保留下来，这初看起来令人奇怪；它们当然没有任何实际价值，因为所有对

---

① 下文，第498页。
② *C. Tanta* §13（14）.
③ *C. Tanta* §15.
④ 关于不充分的和"草率的"添加的例子，参见 Buckland, *RHD*（1930）117ff.。
⑤ *C. Tanta* §10.
⑥ 一个更古老的词是"特里波尼安主义"。虽然添加的字面意义是指"修补"，但通常将它用于包括所有修改，无论是通过增加、删除还是替换。

原文的提及都遭到明确禁止。① 优士丁尼以"尊重古人"为由，② 没有理由不相信他的话。但是，还有另一个原因：所摘录的那些法学家本身引用了许多其他著作的名称，删除这些名称就会造成混乱，而如果把它们留在引文里面，略去引用它们的人的名字就会很荒谬。要不是"尊重古人"，或者如果我们更喜欢这样说，"拜占庭喜欢炫耀"，这些标题和书的卷次实际上可能已经被删除了。③

16世纪和17世纪的人文主义者已经开展了对添加的辨认，但是，后来又放弃了，直到19世纪末才再重新认真地辨认。④ 此后，运用了很多的学识和才华去辨认添加，并且改变了罗马法研究的整个方向，尽管由于20世纪三、四十年代一些批评家所采取的极端立场，近年来有一种相当大的反弹。

首先，在古典时期结束后的罗马法的历史可以白纸黑字看到。在《民法大全》中，无论什么，只要不是古典的，都是优士丁尼的作品，批评的目标是要辨别编纂者们所做的修改。对此，可以利用各种不同的方法。⑤ 有时，一个古典文本提到我们知道是优士丁尼本人或某个后古典的皇帝所颁布的规则；⑥ 或者，可以发现，某个文本原来是关于一项过时的制度，因为语法有缺陷（例如，一个原来是关于信托 [fiducia] 的文本被改为与质押 [pignus] 有关，但一个表示性质的词仍然用的阴性）；⑦ 或者，可能明显看出，一个从后来法的程序角度来谈的文本可能原来是谈的程式诉讼制

---

① *C. Deo auctore* §7；*C. Tanta* §10.
② *C. Tanta* §10.
③ Gradenwitz, *Interpolationen* 18；Pringsheim, *St. Bonfante* 1.552.
④ L. Palazzini Finetti, *Storia della ricerca delle interpolazioni nel Corpus Iuris giustinianeo* (Milan, 1953).
⑤ 关于一位令人信服（且卓越的）阐述这些方法的人对它们的评论，参见 Albertario, *Introd.* 39ff.；关于有力的回击，Buckland, *Harvard Law Review* 54 (1941) 1273ff.。关于直到1929—1935年所声称的添加的清单，参见 *Index Interpolationum quae in Iustiniani digestis inesse dicuntur*, edd. E. Levy, E. Rabel (Weimar, 3 vols., 附增补).
⑥ 例如，比较 D.30.1 与 C. 6.43.1 和 J.2.20.2；或者比较 D. 19.1.44 与 C.7.47.1.1。
⑦ D.13.7.8.3, 34；Buckland 43.

度。这些修改是不容置疑的，但是，它们也没给我们增加什么知识。其他标准更加复杂，更加富有争议。它们可能依据对一个片段的文风和用语的考查。有人认为，编纂者们是说希腊语的拜占庭人，他们的用语与古典法学家的用语大为不同，因为古典法学家或者讲拉丁语作为其本土语言，或者至少非常熟练地使用它。因此，某些词和短语本身被看作为添加的表征。从早期批评家作出的有节制的这种论断来说，这有些道理，① 但是，不可避免地，这种论点成为循环论证，因为所说的"依假设"这个词可能同时出现在拜占庭文本和据称是古典的文本中。② 与古典文本同时代的非法学作品中没有这个词也不能用作为某种证明，这不仅是因为这类作品相对较少，而且还因为法学家的用语在某种程度上是他们自己的。同样地，某些句法结构，例如附加在一个句子的末尾的夺格独立结构，③ 或者除非（nisi）条款④ 可能是一种添加的标志。思维模式和方法往往是联系在一起的，并且至少编纂者喜欢"除非条款"的一个理由是，他们通常希望保留古典的话，但又想通过提到在他们看来比所阐明的那个规则更重要的某项原则来修饰它。因此，订立遗嘱的规则通常附随这样一种条款，如"除非立遗嘱人明显另有打算"。古典法学家完全是通过解释立遗嘱人所使用的词语来推断他的意图，但是，对编纂者们来说，最高原则是，立遗嘱人的意思是决定性的，因而可以提出证据证明在某种情况下，立遗嘱人的意思不同于根据解释规则他所使用的词语所具有的含义。⑤

同样地，在一个文本中的许多逻辑错误或缺乏连贯性可能表

---

① 尤其是，Gradenwitz, *Interpolationen*。

② 贝斯勒（Beseler）在其《罗马法渊源批判研究》的所有部分大量使用这个标准，通常不加节制。关于这种方法对第二代批评家的吸引程度，参见 A. Guarneri Citati, *Indice delle parole e frasi retenuti indizio di interpolazione nei testi giuridici romani*（Milan, 1927），其增补载于 *St. Riccobono* 1.701ff.；*Fschr. Koschaker* 1.117ff.。

③ 例如，18.1.57.3。

④ 关于这些条款，参见 Eisele, *SZ* 10（1889）296ff.。

⑤ Gradenwitz, *Interpolationen* 170ff.

明是添加的，尽管甚至在这里也有一种危险，即假定所有古典法学家都不曾犯过不合逻辑或语言混乱的错误，批评家经常出现这样的问题。此外，即使有理由认为文本可能被修改过，仍有一个问题，就是这个添加是实质性的还是只是形式上的。因为，明显可见，许多文本可能被缩短了，将剩余部分修补在一起并不总是做得很流畅，但这并不一定导致这样一个结论，即法律也被修改了。

还有，同一片段有时也同时出现在《学说汇纂》和流传下来的与优士丁尼无关的一个法律汇编中。只要白纸黑字方法是普遍的，就可以认为，二者之间的差别肯定是由于编纂者添加的结果。同样地，有许多例子表明同一文本在《学说汇纂》中不止一次出现（孪生法律），而且有时这些说法是不同的。在这里，也可以推定，有一个文本是编纂者的作品。但是，一旦承认这些文本可能是在中间时期被修改的，特别是，不能推断保存下来的与优士丁尼无关的文本一定是古典的，[1] 这种简单的方法就不能再使用。实际上，正是对后古典时期的文本修改的考查，[2] 加上"世俗法"的发现[3]（无疑得到来自激进的添加批评学派的帮助），导致了目前的比较保守的方法。[4] 因为在一方面，人们开始认识到，在后古典时期前期所作的修改的主要目的在于简化和缩短那些文本，而不是修改其实质内容（除非就一个不确切的注解可能这么做而言）；而另一方面，在"世俗法"时期，不会有动力，也不会有能力对文本进行重大修改，因为无论如何，对它们的使用可能很少。最后，接受关于东方的法律学校里的一种古典化的复兴以《民法大全》为高潮的假设，[5] 使得这些法律学校的教授或优士丁尼的编

---

[1] 参见 Buckland, *Yale Law Journal* 33（1923）343ff.（但是这种观点那时并不普遍）。

[2] 参见上文，第 455 页。

[3] 参见上文，第 473 页；这个词是为方便而使用的，但是参见上文，第 475 页。

[4] 参见 Kaser, *SZ* 69（1952）60ff., 但是，自那以后，观点又有很大变化；参见 Kaser 和 Wieacker 的文章，载于 *La critical del testo*（Florence, 1971）291ff., 1099ff., 以及 Kaser, *RPR* 1.8f., 191f.。

[5] 上文，第 476 页。

纂者们作出以前假定的那一类根本修改成为不可能。布克兰①在他那个时代被认为在这些问题上是极其保守的，他认为，像古典文本与《民法大全》之间存在的那样的差别，主要是因为编纂者进行了"例行"修改，以便考虑到通过立法或其他途径同时发生的法律变化。现代观点②可能补充说，一些添加还表明倾向于在东方的法律学校形成的关于古典思想的理论（其例子将在下一章举出），但是，仍在一个实质上古典性的框架内。1937年，一位最杰出的批评家的观点可以总结为一句话，③即"相对而言，《学说汇纂》几乎没有什么是真正古典性的"。现在，一个不是极端保守主义者的人今天也可以宣称，"《民法大全》中的叙述大部分是古典法，即使它们是以非古典的外在形式表现出来的"。④

在下令法典编纂的敕令与其实际公布之间有三年时间，对于一部如此巨大的著作来说，这一直被认为是一个很短的时间，而且，当过去所认为的添加比现在所认为的要更加广泛时，这么短的时间似乎令人难以相信。因此，有人不止一次提出，可能已经有一部非官方的汇编，它与《学说汇纂》类似，编纂者们可以用它作为其工作的一个基础。彼得斯（Peters），⑤是这种观点的主要支持者，他认为，这样一部"前学说汇纂"是由那些法律学校的老师们编纂的，这些人属于优士丁尼的上一代人。这可能特别解释了文本"链条"的存在，通常，在这些"链条"中，一个基础文本夹杂着来自另一个作者或几个作者的一个或一个以上文本，形成一个统一的整体。但是，对一种"前学说汇纂"的任何假设必

---

① 尤其是参见上文引用的那些文章。
② 例如，参见 Kaser, *Röm. Rechtsgeschichte*, 2nd ed. ( Göttingen, 1967 ) 315。
③ 杜夫（Duff）概括了 Albertario, *Introd*. 的观点（引自 Buckland, *Harvard Law Review* 54 [ 1941 ] 1274 )。
④ Kaser, *Roman Law Today* ( Pretoria, 1965 ) 12。
⑤ Peters, *Die oströmischen Digestenkommentare*。F. Hofmann, *Die Kompilation der Digesten* ( Vienna, 1900 )，提出了类似的观点，但是未能成功（Peter, *Mél. Meylan* 1.253ff.，认为这是不公平的）。

然遇到这样一种异议,就是,优士丁尼在介绍性敕令中所说的许多话在那时不仅仅是夸大的自我吹捧,而且是对他的同时代人来说很显而易见的连篇谎话。如果每个人都知道,优士丁尼的编纂者所做的是对一部现存的汇编作增补,优士丁尼就不可能说利用了将近 2000 册书,否则那是很可笑的。因而,其他人认为有一部更小的前学说汇纂。因此,阿兰乔·鲁伊兹令人信服地认为[1],至少《学说汇纂》的前三分之一在很大程度上是现成的。他特别指出一个事实,即《学说汇纂》的前三部分(第 1—19 卷)[2]的名称事实上在优士丁尼改革前关于法律教育的论述中也出现了。[3]在那里,它们明显是指在第二和第三年研究的著作(否则就不知道了),并且,优士丁尼在改革后的教学大纲[4]中规定《学说汇纂》的相应部分时,他似乎未将它们说成是某种全新的东西。但是,仍存在困难:如果阿兰乔·鲁伊兹是对的,那么,前 19 卷就不会与布鲁姆的四群理论相符,而事实上它们是相符的;而且(尽管这可能很偶然),流传下来的东方作品的片段没有表明任何以《学说汇纂》的方式进行的汇编的痕迹。但是,它们确实表明存在相关联片段和解释性说明的汇编,[5]而且,正是朝着这个方向,来寻求对《学说汇纂》的迅速编纂的理解。[6]我们不必认为,编纂者逐字地重新阅读优士丁尼所说的那 3,000,000 行字,而最好是认为,他们利用了它们。如我们所知道的,《学说汇纂》的大部分来自于《引证法》

---

[1] 参见 *Conferenze per il XIV centenario delle Pandette* ( Milan, 1931 ) 285ff., 以及 *Atti Accad. Napoli* ( 1931 ) 10ff. ( =Arangio-Ruiz, *Rariora* 169ff. )。许多其他的不同的观点,参见 Albertario, *Introd.* 16ff. ( 遭到 Buckland 的批评, *Harvard Law Review* 54 [ 1941 ] 1278ff. ); P. Collinet, *La genèse du Digeste, du Code et des Institutes de Justinien* ( Etudes Historiques, 3, Paris, 1952 ) 95ff.; Guarino, *RIDA* ( 1957 ) 269ff. ( =*Ordinamento* 526ff. ); Mayer-Maly, *Synteleia Arangio-Ruiz* 878ff.。

[2] 上文,第 485 页。

[3] *C. Omnem* §1.

[4] 同上,§3。

[5] 上文,第 459 页。

[6] 参考 van Warmelo, *RHD* ( 1960 ) 503ff.。

奉为权威的古典后期的作者们，并且有理由推断，在他们之中，编纂者们熟悉这些作者的主要著作，这种熟悉可能完全来自他们可以弄到手的那些版本的页边空白上写的注解，对于教授来说，则来自他们自己的教学材料。并且，古典文本相互之间进行许多交叉引用。① 此外，如果有人考虑到，这项工作可能主要由各小组的各成员分工完成，② 而且，虽然所达到的水准与前几个世纪的成就水平相比要高，但还未接近于我们现在对一部类似著作所要求的水准，那么，这些编纂者的成就也就不那么惊人了。③

在许多保存了《学说汇纂》的文本的手稿中，④ 有一个手稿，即《佛罗伦萨手稿》⑤ 具有独一无二的重要意义。公元9或10世纪的出自伦巴第人之手的一个注释表明，那时它是在意大利，并且我们知道，在12世纪，它是在比萨。1406年佛罗伦萨人征服比萨后，它作为一件贵重的战利品被带到佛罗伦萨，自此以后一直在那里。它可能是在意大利写的，很可能是在拉韦纳。它的年代不可能晚于7世纪，很可能是在公元6世纪后半期，因此，无论如何，它都与优士丁尼自己的统治时期非常接近。它几乎没有缩写（根据优士丁尼的命令），尽管它不是没有错误或遗漏；⑥ 其中有一些由那些抄写员之外的某个人纠正，并且可能是参照原手稿（被抄写文本所

---

① Honoré, *SZ* 80(1963)362, 认为这些文本"链条"主要不是由于明确的引用，而是由于这一事实，即古典作家们广泛地，但不指明地利用彼此的作品，这促进了链条的形成。关于他们的构造方法，现在参见 Honoré and Rodger, *SZ* 87(1970)246ff.。

② 上文，第484页。

③ 当然，确实，如彼得斯所指出的，从《学说汇纂》的公布到它生效有两个星期的时间，对于任何实务者来说，这个时间太短以致不能消化吸收这样大的一部新著作，但是，甚至据他自己说，优士丁尼之前的汇编与《学说汇纂》之间存在非常大的差别，因而这个时间太短，对于任何人来说，都不可能读完全部著作并作出必要的比较。必须予以接受的事实是，优士丁尼太急于完成他的工作，不允许这些考虑因素对他有影响。在两个星期的时间里，即使已经准备好了副本，也只有很小范围内的人可以接触到它。

④ 尤其是参见蒙森的著名版本的前言和 *Ges. Schr.* 2.107ff.; Kantorowicz, *SZ* 30(1909) 183ff. 和 31(1910)14ff.。

⑤ Pescani, *NNDI* s.v. *Florentina*.

⑥ Pescani, *St. Betti* 3.588ff.

出自的那个手稿）之外的某个手稿。只有一些同一时代的手稿片段。在意大利和整个西方，《学说汇纂》从 7 世纪初起逐渐被遗忘，直到 11 世纪才再次对它进行研究。此后，手稿成倍增加，尤其是为了适应波洛尼亚著名的注释学派的需要，为此，这些手稿的通用文本被称为波洛尼亚稿本（litera Bononiensis）或者说是通俗稿本（Vulgate）。蒙森的伟大功绩是证实它们全都可追溯到一个原本（未被保存下来），而这个原本本身是抄自佛罗伦萨手稿。但是，它是参照与佛罗伦萨稿本无关的某个手稿修改的，[1] 因此，在有些情况下，如果佛罗伦萨稿本有缺漏，它对于恢复原著作是有帮助的。这些手稿很少是完整的，一般只包含中世纪将《学说汇纂》划分成的三个部分中的一个部分。这些是：《旧卷》（从开篇到第 24 卷第 2 题）、《增卷》（Infortiatum）（从第 24 卷第 3 题到第 38 卷结束）和《新卷》（其余部分），《增卷》有一部分（从 D.35.2.82 中的"tres partes"这些词到末尾）又被称为"tres partes"。使用这个奇怪的专门术语的原因不明，甚至"增卷"（Infortiatum）的含义也是不明确的。一个注释学派学者[2] 所作的解释是，该学派的创建者伊尔内留（Irnerius）最初只知道第一部分，接着，他

---

[1] Kantorowicz, SZ 30（1909）183ff. 以及 Miquel, SZ 80（1963）233ff.，证明，编纂者们自己甚至在公布之后也作了修改，并且，这些修改是体现在另外一个手稿中的，而不是在佛罗伦萨手稿中。

[2] 奥多弗雷多（Odofredus），13 世纪的人。这个说法可能是杜撰的，但是，确实，我们听说《旧卷学说汇纂》和《新卷学说汇纂》是在 12 世纪之前，而在此之前没有听说《增卷》（F. Calasso, Medio evo del diritto [Milan, 1954] 527）。普拉琴蒂诺（Placentinus），12 世纪的人，说"Tres Partes"原来是《新卷学说汇纂》的开始部分，后来被移至《增卷》（Infortiatum），而《增卷》就是因这种增加而得名。关于各种解释的概述，参见 Kantorowicz, SZ 31（1910）40ff.，他自己认为这种划分是一个抄写员的个人意见，因为他不得不进行一些划分，便想出这样一个主意，即在主题涉及分裂的地方作一个划分（也就是在 D.24.2："关于离婚和离异"和 24.3："婚姻的解除等等"之间），在主题涉及"新作业"的地方再作一个划分（也就是在 39.1："关于新施工警告"之前）。在这样有了他的三个部分后，他在 D. 35.2.82 处在想出它们的时候写下"tres partes"几个大字，从而使后来的抄写员认为在这儿也作一个划分。实际的名称可能来自学生的习惯，因为"增卷"被"限制"在旧卷与新卷之间。Kretschmar（SZ 48 [1928] 88ff.；参考 SZ 51 [1931] 586ff.）从数字的神秘性的角度寻求解释。另参见 Ebrard, SZ 70（1953）399ff.。

获得第三部分，便将这两部分区分为"旧的"和"新的"。后来，他知道了第二部分，但是没有"tres partes"，当这些也显露出来时，他称第二部分为"Infortiatum"，即"增加的部分"。

## （四）《法学阶梯》。

《学说汇纂》原本要立即在各法律学校采用的，但是，如优士丁尼所知，[①]对于学生来说，它是一部太难的著作，以致不能从它开始，因此，需要一种新的介绍性的教科书，以取代数个世纪以来服务于此目的的盖尤斯的《法学阶梯》。由于评注遭到禁止，显然不可能由私人机构提供这种著作，早在公元530年，就计划编一部官方的教科书。[②]关于其编纂的命令，可能在《学说汇纂》完成之前[③]就下达给了特里波里安、狄奥菲罗和多罗特，他们的劳动成果于公元533年11月21日予以公布，题为"优士丁尼皇帝的法学阶梯"。但是，这一法学阶梯不仅仅是一部教科书，它们本身具有皇帝法令的效力，[④]并且和《学说汇纂》同一天生效，即公元533年12月30日。[⑤]

对编纂者的命令是，他们得编一本新书，根据古典时期的法学阶梯作品，尤其是根据盖尤斯的《法学阶梯》和《日常事物》，[⑥]删去不必要的过时的内容，但包含对早先法律的某些涉及。这些指令得到了执行，并且，优士丁尼《法学阶梯》严格遵循盖尤斯《法学阶梯》的编排体系。和后者一样，它们分四卷论述"人"、"物"和"诉讼"，但与后者不同，这些卷被分成题，并且在盖尤斯《法

---

[①] J.1.1.2.

[②] C. Deo auctore §11.

[③] C. Imperatoriam maiestatem（作为《法学阶梯》的导语的敕令）§3，确实说《学说汇纂》已经完成，但无论如何，它尚未予以公布；参见 Wenger, Quellen 601.

[④] C. Imp. mai. §6.

[⑤] C. Tanta §23.

[⑥] 在 C. Imp. Mai §6和 C. Omnem §1中，皇帝说"我们的盖尤斯"时就表明他的立场。

学阶梯》中，第四卷书完全是论述"诉讼"的，而在优士丁尼《法学阶梯》中，第四卷书的开头已经是私犯之债，即"物"的最后一部分。这种变化的原因无疑是，盖尤斯所讲的关于诉讼的大部分内容因为过时而必须被删掉，而编纂者希望使这些书保持差不多同样的篇幅。此外，还增加了两个题，分别是关于承审员的职责和刑法的，在盖尤斯《法学阶梯》中没有与它们相对应的内容。正文的大部分几乎原封不动地来自于盖尤斯《法学阶梯》和《日常事物》，但是，编纂者们还利用了马尔其安、佛罗伦丁和乌尔比安的《法学阶梯》，可能还有保罗的《法学阶梯》。这些，他们几乎肯定有原著，但是，来自更老的著作的片段可能取自《学说汇纂》中的摘录。[1] 有一些地方涉及优士丁尼自己的法律，这些肯定是新的。但是，总的来看，《法学阶梯》和《学说汇纂》一样是一部汇编，唯一的区别就是，没有出处以表明每个片段来自何人，[2] 并且，整部书的编写形式是皇帝向他的学生，也就是在作为导言敕令中所针对的"有志于研习法律的青年"的讲话。不可能有这种意义上的添加，即将片段归于一个并没有写它们的作者，但是实际上，情形与《学说汇纂》的完全一样。《法学阶梯》的编纂者们所利用的文本并非不掺假地被他们获得，而且，他们必然自己作出进一步的修改以使这种法律成为最新的。实际的工作可能是由两个教授做的，特里波尼安留给自己的只是一般监督，并且，基于风格，通常认为，第1、2卷书与第3、4卷书出自不同作者的手，但是，关于哪个教授写的哪两卷书，没有达成一致的意见。[3]

---

[1] Ferrini, *Opere* 2.189ff.；Wieacker, *Mél. de Visscher* 2.577ff.

[2] 关于来源的分析，参见 Ferrini, *Opere* 2.307ff.；A. Zocco-Rosa, 'Iustiniani Institutionum Palingenesia', *Ann. Dell'istit. di storia del dir. rom.* 9 (1905) 181ff. 和 10 (1908) 1ff.；还单独出版。R. Ambrosino 汇编了一部词汇表 (Milan, 1942)。

[3] 关于参考文献，参见 Wenger, *Quellen* 602f.。Ambrosino (*Atti Verona* 1.133ff.) 发现依据主题而不是依据卷册的分工，并且是出自三人之手；Sangiorgi (*Apal.* 27 [1959] 181ff.) 得出一种大体相似的二人之间的分工的结论。

《法学阶梯》的手稿很多,因为这个工作在西方总是那么地需要。但是,除了一个小片段外,没有一个是9世纪之前的。

## (五)《第二部法典》。

自公元529年以后,不仅颁布了《五十决定》,还颁布了大量的其他敕令,以致第一部法典不再是制定法的可靠依据。因此,在《学说汇纂》完成后不久,(优士丁尼)命令特里波尼安、多罗特和三位律师(他们都是《学说汇纂》编纂委员会成员)起草包含新内容的《法典》的第二版。涉及几个不同主题的敕令要进行裁剪,每个部分都要有合适的标题,而且,委员会成员再次被授予了删减和修改的广泛的一般权力。① 这部法典的名称为《经重编的法典》(*Codex repetitae praelectionis*),于公元534年11月16日公布,自同年12月29日起生效。此后,既不能提及第一部法典,也不能提到在第一部法典之后颁布的敕令,除非依照它们在新法典中的表现形式。②

新的《法典》被分为12卷,每卷再分为题,它们一般比《学说汇纂》的题更短,数量更多。在每个题内,敕令依年代顺序排列,并有出处表明发布它们的皇帝和接受者,以及注明发布日期的"落款",③ 有时还注明地点。有些带有"没有日期和名年执政官"(*sine die et consule*)的落款,这是根据优士丁尼的特别命令,即当编纂者们在旧的法典中或者后来的汇编中发现未注明日期的敕令的时候,他们应说明这一点。④ 这种编排是根据以前的法典的编排,

---

① *C. Cordi*(第三个介绍性的敕令,根据它制定了这第二部法典)§3.
② 在第一部法典下所容许的那些例外(上文,第479页)明显被希望继续有效;*C. Cordi* §5.
③ D.=data; P. P.=proposita;参考上文,第462页。
④ *C. Haec* §2. 没有日期不会对《第二部法典》中所包括的敕令的效力产生影响。君士坦丁禁止使用无日期的敕令的法令(*CTh.* 1.1.1)在优士丁尼法典中被接受,但是有一个重大变化,即只有当这样的敕令或告示属于对个人的照顾(*beneficia personalia*)时才无效(*C.* 1.23.4)。

更加特别地是根据《格雷哥里法典》的编排，[1] 因此间接地是根据告示的体系。

第 1 卷论述教会法、[2] 法律渊源和高级官员的职责；第 2—8 卷论述私法；第 9 卷论述刑法，第 10—12 卷论述行政法。关于公元 312 年（这是《狄奥多西法典》中最早的敕令的年代）以前的敕令，唯一的渊源是《格雷哥里法典》和《赫尔莫杰尼法典》。肯定是由于这个事实，包括了大量的批复，尤其是戴克里先时期的批复。[3] 修改和删减的权力得到充分运用，在许多情况下，通过与以前法典的残余相比较，可以看出这种修改的确切的性质。序言通常被删除，只包括敕令的有实际意义的部分；敕令被划分，不同的部分根据主题被置于不同标题下，偶尔，各自独立的敕令被合并在一起。

如在《学说汇纂》中一样，还进行了其他修改，以便使这个法典反映最新内容，并保证内容相互协调；在有些时候，仅仅是以较平淡的语言取代 4 世纪的浮夸文风，后者甚至比 6 世纪的更加繁复。在无法进行直接的比较时，发现这些添加的方法大体上与对《学说汇纂》采用的那些方法相似，但是，使用逻辑的和文体方面的检验标准的机会较少。[4]

由于只有《第二部法典》保存下来，在找出它与第一部法典之间的关系，以及知道第一个委员会已经作了多大程度的修改时，存在相当的困难。[5] 但是，包含第一部法典的一个索引的片段的那

---

[1] Rotondi, *Scr. giur.* 1.153.

[2] 这是一种革新，它是出于优士丁尼的虔诚；在《狄奥多西法典》中，教会法在最后一册书里。

[3] 但是，没有一个晚于君士坦丁；Rotondi, *Scr. giur.* 1.213。

[4] 关于在 1936 年以前的学者所提出的存在添加的设想，参见 *Index Interpolationum quae in Iustiniani Codice inesse dicuntur*, ed. G. Broggini（Weimar, 1969）。另参见 Solazzi, *SDHI* 23（1957）43ff. 和 24（1958）1ff.。R.von Mayr（针对拉丁文的部分）和 M. San Nicolo（针对希腊文的部分）出版了一部添加词汇表（Prague, 1925；repr. Hildesheim, 1965）。

[5] Rotondi, *Scr. giur.* 1.237；Schulz, *St. Bonfante* 1.335ff.

个纸莎文献① 提出了明确的证据证明插入了一些新的标题，并且，不仅插入了个别敕令，还删除了个别敕令。还很明显的是，根据优士丁尼的命令，自公元 529 年以后颁布的新的敕令与以前的敕令同等对待，它们的序言被删除，并且，如果将同一敕令不同的部分放到不同的标题里是合理的时候，敕令的内容被分解。在有些情况下还可以证明肯定是第二个委员会对第一部法典中包含的敕令所作的一些明确的改变，② 并且，的确，一种先验的可能性是，为使这些文本反映最新内容所必要的大部分修改是由第二个委员会作出的，因为优士丁尼的改革性质的立法大部分是在公元 529 年以后颁布的，此外，还有由《学说汇纂》中独立的添加所引起的改革需要予以考虑。

《第二部法典》的手稿的传统③ 远不像《学说汇纂》那么好。尽管有优士丁尼的命令，但从非常早的时候开始使用缩写，出处和落款被删除，来源于 6 世纪的法学家的注释被包括在文本中。在维罗那的一个属于公元 6 世纪或 7 世纪的羊皮纸保存了以这种方式产生的某个文本的片段，它是我们所拥有的包含了整个法典，包括希腊语敕令在内的唯一一份手稿。在后来，没有使用完整的手稿；最后三卷书与前九卷书相分离，由于删掉希腊语的敕令及其他敕令（尤其是被《新律》废除的或在《法学阶梯》中重述的那些），前九卷的内容缩减为大约原来的四分之一。从 9 世纪起以后，通过参照那时仍存在的完整的手稿，这种节本的范围再次被扩大，直到 11 世纪末，相当完整的文本取代这种节本。最后三册书没有回归原处，而与完整文本单独抄写。在大多数手稿中，它们与《法学阶梯》和《真本》（*Authenticum*）④ 结合在一起，成为一个单行本，称为"另卷"或"附卷"。即使在这种发展之后，

---

① 上文，第 480 页注释。
② Schulz，同上引书。
③ Krüger，425ff.
④ 下文，第 497 页及下页。

仍有很多内容被删除，尤其是希腊语的敕令，直到16世纪的人文主义者才开始对它们进行复原，主要是来自《巴西尔法律全书》。现代的文本，特别是如在克吕格（Krüger）版本中所说的，①它是根据许多原始资料，包括《狄奥多西法典》和在优士丁尼之前的其他法典，进行精细的复原工作的结果。

## （六）《新律》。②

随着《第二部法典》的公布，法典编纂的工作完成了，但是，优士丁尼预见到新的发展可能需要进一步的立法，并且实际上在他统治的剩余时期里继续自由地制定法律，虽然后来的立法比早期的立法要少。《新律》的大部分是关于公共或宗教事务，并且在涉及私法的那些新律中，有一些是由于对以前立法的效力产生疑问而引起的。③对于这些疑问，在优士丁尼禁止评论时，他已经命令必须提交给他本人作出决定。④但是，他没有将他自己限制在解释的范围内，因而在《新律》中有大量的新的私法（尤其是家庭法），例如，完全重新构建无遗嘱继承制度。⑤立法的一般趋势是向着承认拜占庭法律实践的现实；它并不完全像法典编纂本身一样，期待回到纯粹的罗马法。⑥

仅仅是在《新律》中，我们才获得优士丁尼敕令的完整的样本的原貌，而不是像《法典》中那样被删节、分割或修改。它们的开头通常是一个序言（在版本中被称为"前言"），说明该法令的必要性和目的，结尾通常是一些套语（在版本中被称为"尾

---

① "批判"版，1877年，和《民法大全》的柏林"老套"版本的第2卷。

② Pescani, *NNDI* s.h.v.; N. van der Wal, *Manuale Novellarum Iustiniani*（Groningen, 1964）; Bonini, *AG* 171（1966）196ff.

③ 例如，Novv. 19, 44, 150。

④ C. Tanta §21.

⑤ Novv. 118 和 127.

⑥ N. van der Wal, *Labeo* 10（1964）220ff.

部"），命令它的实施。法令的主体部分在必要时被分为若干章，有些涉及无关的主题。《新律》中有一些法律很长，例如第22项新律有48章，它实际上是一部基督教的婚姻法典，其他的则相当短。除了那些针对说拉丁语的行省而颁布的法令外，几乎所有的法令都以希腊文公布；有一些以两种语言公布。

从未对《新律》进行过官方的收集（尽管优士丁尼明显想过这样做），① 但是，我们通过不同的方法，很充分地了解到三部非官方，或者可能是半官方的收集。

1.最完整的是《希腊语汇编》，或者说《168项敕令汇编》，这是《巴西尔法律全书》的编纂者们所使用的汇编。② 它不可能在提贝留二世（Tiberius）统治（578—582年）之前完成，因为，它不仅包括了提贝留二世的三项敕令，还包括了优士丁二世（565—578年）的四项敕令。有两项敕令出现了两遍，③ 而且有一次，一项敕令的希腊文本和拉丁文本分别被计算。④ 最后三项（或者可能是四项）不是皇帝敕令，而是军政长官颁布的法令。直到第120项新律，除偶然情形外，是按年代顺序排列，并且可能是根据在优士丁尼统治时期一部不早于公元544年的汇编。剩余部分的排列没有遵循任何原则，并且包括了一些虽然日期是在《第二部法典》之前，却未编入其中的一些敕令。⑤ 我们的了解几乎完全是根据两份手稿，即13世纪的威尼斯手稿和14世纪的佛罗伦萨手稿。在这两份手稿中，在原汇编中无疑完整存在的拉丁文敕令或者被删除，或者被通过一个希腊语的摘要进行了重述。在威尼斯手稿中，在汇编之后是优士丁尼的13项敕令，被称为"告示"。有两项是

---

① 参见 C. Cordi §4.公布没有实际上被提及，但是，由于档案保存不言而喻，这些话可以被认为具有这个意思。
② Kroll, *Preface to Novels*（《民法大全》"老套"版的第3卷），vi.
③ Nov. 75=104；Nov. 143=150.
④ Nov.32=34.
⑤ Krüger 405 n 39.

成对法令，在原来的汇编中有，但在这个手稿中却没有了。① 有一项敕令是希腊文的，而在原汇编中它本是拉丁文。② 和其他希腊原始文献一样，这个汇编没有被注释法学家采用。它仅仅是由 15 世纪和 16 世纪的人文主义学派发现出来。

2. 最老的汇编是《尤里安摘要》（Epitome Iuliani），它是节略的拉丁文本，包含了 124 项敕令。③ 其编者尤里安据说是君士坦丁堡的一位教授，这一汇编肯定属于优士丁尼统治时期，因为他被称为我们的皇帝。其顺序虽然部分是按年代排列，但很混乱。所包含的最晚的敕令是公元 555 年的，这一事实，以及拉丁文的使用，说明这部汇编可能打算在意大利使用，因为公元 554 年优士丁尼命令在意大利颁布《新律》。④

3. 关于《真本》的年代和性质，存在更多的疑问。这也是一部拉丁文汇编，其中收集的是拉丁文敕令的原本，或者希腊文敕令的拉丁直译本。它包含从 535 年到 556 年的 134 项敕令，直到第 127 项敕令⑤都是按年代顺序排列，但有一些变化。接下来的是后来增加的。这部汇编之所以取名为《真本》，据说是因为，它第一次被提到是在伊尔内留所在的那个时代（11—12 世纪），伊尔内留认为它是依优士丁尼的命令所作的用于在意大利颁布的官方汇编，⑥这种观点与最后一项敕令的年代以及翻译的直译性质非常符合，因为直译是根据优士丁尼的规则。⑦ 但大多数现代学者不同意。⑧ 翻

---

① Ed.1=Nov.8（Corpus Juris 3, pp. 78ff.）; Ed.6=Nov.122.

② Ed.5=Nov.111.

③ 更确切地说是 122 项，因为有两项重复了。

④ *Pragmatica sanction pro petitione Vigilii*（Corpus Juris, vol.III, Appendix VII），11.《学说汇纂》和《法典》已经在意大利公布（前引书）。

⑤ = Nov.134.

⑥ 接受这种观点的有 Zachariae, *Sitzungsber. d. Berliner Akademie der Wissensch.*（1982）993ff.；Karlowa, 1.1021；以及部分接受的，P. Noailles, *Les collections des Novelles de L' empereur Justinien* 1（Paris, 1912）163ff.。

⑦ 关于从拉丁文译为希腊文，参见上文，第 481 页。

⑧ Krüger. 403 ; Kübler, 419 ; Scheltema, *TR* 31（1963）275.

译者明显是一个对希腊了解得很少的人，他使用了一个错误百出的文本，且没有受过法律教育，因此一般认为这种译文对于一种官方译本来说太差，并且，一部官方汇编不会忽略依维吉里的请求而发布的国事诏书，因为是他命令在意大利颁布新律的。但是，似乎更可能的是，它属于 6 世纪①，并且是半官方的，因为，它包含了在拉韦纳的意大利长官办公室的抄写员们在不同时期所作的拉丁文译本。②

## 二、法律教育

优士丁尼在 Omnem 敕令中下达关于在法律学校使用他的法律汇编的指令之前，简短叙述了以前的教学安排。③对于他的同时代人来说，这肯定是很清楚的，但是，在今天，它不是非常明白易懂。优士丁尼说，学生们第一年学习盖尤斯的《法学阶梯》和四本单卷本的著作：（1）嫁资；（2）监护；（3）和（4）是遗嘱和遗赠；第二年学习第一部分的法律（prima pars legum），但省略了一些题（尽管如他所说的，除《法学阶梯》外的任何东西在"第一部分"之前来学习是很荒谬的），并学习从关于物和关于审判的部分挑选出来的一些题；第三年学习这些部分的其余内容和帕比尼安的 19 卷本《答复集》中的 8 卷书，甚至这些中也省略了很多内容，因此"他们的渴求仍未满足"；在第四年，他们自学保罗的《答复集》，而且不听课。在这里只提到了 4 年的学习期间，但是，根据 Imperatoriam maiestatem 敕

---

① Bonfante, *Storia* 2.66，引用 Tamassia, *Atti del R. Istituto Veneto di scienze* 9, ser. 7。但是，Mommsen, *SZ* 21（1900）155（=*Ges. Schr.* 2.376）认为更可能是 11 世纪，Krüger（403）明显同意他的观点。

② 最好的现代版本，即 Schoell and Kroll 编辑的版本（老《民法大全》第 3 卷）主要是对希腊汇编的重构，在有《真本》的文本时，在平行栏上写上该文本（该版本缺少一个索引，在 *Seminar* 2[1944]82ff. 中得到弥补）。

③ §1。参见 Collinet, *Ecole de Beyrouth* 219ff.。

令中所说，看起来，至少有时还用第五年用来学习皇帝敕令。①对于"法定的部分"（Partes legum）指的是什么，没有解释。如我们已经知道的，②这个词语被认为是表明存在一种"前《学说汇纂》"，但一般认为，它是指告示评注的各部分，特别是指乌尔比安的告示评注。这些是法律教育的主要根据，并且毫无疑问，有许多节略和附加的参照或注解，这些在学校里成为传统。在《西奈注解》中，③读者不止一次被建议略去某些段落，并且，优士丁尼自己也说，为教育的目的，大量内容因为不合适而被省略。关于四本单卷本是什么，也有争论，但是，由于它们的主题（嫁资、监护、遗嘱和遗赠）与关于市民法的书籍的主要划分相对应，因此，它们可能正是根据这些书④，并且特别是根据乌尔比安的《萨宾评注》，后者我们知道是在各个学校里使用的。⑤

优士丁尼自己的安排如下：⑥第一年，学生们听关于《法学阶梯》和《学说汇纂》的第一部分的讲课；第二年，学生们听关于审判部分的课或者关于物的部分的课，以及关于与以前的单卷本所论述的问题相对应的那些分册的第一本书（即第23、26、28、30卷）的课；第三年，他们听上一年没有听的那两个部分（关于审判和关于物）的另一部分的课，以及关于第20—22卷的课；第四年，他们不听课，而必须自学《学说汇纂》第四和五部分剩余的内容（即第24，25，27，29，31—36卷）；第五年，同样地用来自学《法

---

① 参考上文，第454页。
② 上文，第490页。
③ 上文，第459页。
④ Krüger 396；Collinet, *Ecole de Beyrouth* 225.
⑤ 优士丁尼说六本书是学生从他们的教授那学到的全部内容，这种说法产生很大的解释上的困难。有些人认为这些话仅仅是指第一年，考虑到盖尤斯的《法学阶梯》（如在西方那样，上文，第466页）被分解为两本书，这两本加上四本单卷本，就构成了所要求的六本书。更有可能，这六本书打算包括在三年的授课时间里所教的内容，从而应被理解为：（1）《法学阶梯》；（2）单卷本书；（3）第一部分；（4）关于审判的部分；（5）关于物的部分；（6）帕比尼安的《批复》；参见 Kübler，429ff.
⑥ *C. Omnem* §2—6，参考上文，第485页。

典》。《学说汇纂》第七和第八部分（第37—50卷）不是学校课程的组成部分，而必须由每个人在自己自由支配的时间里阅读，明显也包括在他开始执业后的时间里阅读。

早在优士丁尼时期以前，处于不同学年的学生都有其特别的名称。一年级学生叫"两钱人"（dupondii），虽然不能看出这个名称的意思。① 二年级和三年级的学生根据他们学习的东西的性质，分别叫作"告示生"（edictales）和"帕比尼安生"（Papinianistae）；四年级学生叫"高级生"，这可能是因为他们已经能够自己解决问题。② 优士丁尼禁止使用"两钱生"一词，他说这个词无聊且可笑——它原先肯定是学生们的俚语——并用"优士丁尼的新生"（Iustiniani novi）取而代之。③ 他保留了二年级、三年级和四年级学生的称谓，并且，为了给仍叫三年级学生为帕比尼安生找到一个理由，他想到一个办法，在第20卷，也就是他们必须阅读的三个单卷本（第20—22卷）中的第一本书的每个标题的开头写一段帕比尼安的摘要。他还允许他们和此前一样，在因这个著名名字而光彩夺目的学年开学的那一天庆祝。④ 五年级的学生被称为"prolytae"（可能意思是"高级的lytae"）。恶作剧，尤其是针对新生的恶作剧——如扎卡里（Zacharius）也提到，不过被他说成是无害的⑤——遭到严格的禁止。⑥

## 三、优士丁尼立法在东方的历史 ⑦

优士丁尼的立法在西方的影响是整个欧洲法历史的一个组成

---

① Kübler 431 作出某些猜测。
② 参考 Schulz, *History* 276。
③ *C. Omnem* § 2.
④ *C. Omnem* § 4.
⑤ Collinet, *Ecole de Beyrouth* 107.
⑥ *C. Omnem* 9.
⑦ Wenger, *Quellen* 679ff.

部分，它不属于本书的研究范围，但是在东方，法的历史仍在继续，尽管主要是一段衰退的历史，① 而且，确实未随着土耳其的征服而结束，因为宗教法庭保持相当大的独立性，并继续管理罗马—拜占庭体制。

优士丁尼的汇编立即带来一系列著作，这些著作的主要目的是使它更容易为讲希腊语的人们所理解。优帝不仅允许翻译，而且允许制作索引和并题，好像甚至在他的有生之年里，也没有严格遵守这种有限的许可，② 这一部分是因为词语本身的模糊性，一部分是因为不可能阻止讲义的传播。无论如何，这些作者中有两位本身就是编纂者。以原本流传下来的唯一一部著作是狄奥菲罗搞的《法学阶梯》的希腊语译本（它被扩充至原《法学阶梯》的三倍大）。③ 尽管有一些不足，④ 尤其是在历史问题上，但它作为一部评注性著作，本身具有相当大的价值，并且它对我们来说很重要，这既因为它清楚地表明了优士丁尼时代的法律以及在东方法律学校占主导地位的那些标准，还因为它似乎利用了别处所没有的原始资料。特别是，它似乎直接参阅盖尤斯《法学阶梯》的某个版本，而这个版本既非维罗纳版本，也不是优士丁尼的《法学阶梯》编纂者所使用的那种。⑤ 狄奥菲罗还写了《学说汇纂》前三部分的索引，在《巴西尔法律全书》中保存了它的摘录。这远不只是一个摘要，因为它包含了文本释义，以及历史的和其他的注释。⑥ 多罗特

---

① 关于一般性叙述，参见 Scheltema, *Cambridge Medieval History* 4.2(1957)55ff.。

② 上文，第481页及下页。

③ 由费里尼（Ferrini）编辑的最晚近的版本（Berlin, 1884—1897）。费里尼本人否认狄奥菲罗的作者身份，但是参见 Kübler, *PW* 5A. 2142ff.。

④ D'Emilia, *Ann. stor. dir.* 5/6(1961/2)137ff.。

⑤ Wieacker, *Fschr. J. v. Gierke*(Berlin, 1950)299ff.。Ferrini(*Opere* 1.15ff.)认为，这个模型是盖尤斯作品的希腊译本；Arangio-Ruiz, *Scr. Ferrini Pavia* 91ff.（此观点也得到 Santalucia, *SDHI* 31[1965]171ff. 的追随）认为，这个希腊文模型肯定不仅仅是来自《法学阶梯》。另参见 de Francisci, *St. Biondi* 1.1ff.，以及 Schulz, *History* 305f.。

⑥ 只包括了讲课所涉及的那些书的事实表明，它可能是根据讲课笔记。但是，参见 Peters, *Die oströmischen Digestenkommentare* 46ff., 所表达的观点是狄奥菲罗对一部"前学说汇纂"进行评论；参见上文，第489页。

也写了《学说汇纂》的索引,它明显更严格地遵照原文。① 塔勒鲁(Thalelaeus)和伊斯多(Isidorus)写了关于《法典》的著作,② 这二人都是 Omnem 敕令中说到的教授,大约在同一时期,塞里路(Cyrillus)写了《学说汇纂》的译本,它包含简短的摘要,说明每个文本的大意,而无须查阅原文,被称为"可能是当时最引人注目的智力成就"。③ 更晚些时候,虽然仍可能是在优士丁尼统治时期,斯蒂芬(Stephanus)写了《学说汇纂》的索引,据说他是一位教授,其作品几乎可以肯定是根据他的讲稿。它非常详尽,包含对原文的主要翻译,以及详尽的注释和对其他作者,尤其是狄奥菲罗的引用。④ 再晚些,大约在公元 570 年和 612 年之间,⑤ 是一个我们只(从对《巴西尔法律全书》的注解中)知道叫"无名氏"(Anonymus)的人的著作。他似乎写了两部专题著作,一部是关于遗赠和死因赠与,另一部是关于《学说汇纂》中的不一致的地方,⑥ 翻译了《学说汇纂》并作注释,还作了被称为"14 题

---

① 由于他引用了公元 542 年的第 115 项新律,所以它的出版不可能在此之前;Heimbach 6.36 n 3。他可能也写了"评注",尽管 Peters, *Die oströmischen Digestenkommentare* 44 和 85 否认这一点,理由是这些可能属于优士丁尼关于评注的禁令。关于被认为属于多罗特的著述的纸莎文献片段,参见 La Pira, *BIDR* 38(1930)151ff.;不同的观点,参见 Pringsheim, *SZ* 53(1933)488ff.。

② 参见 N. van der Wal, *Les commentaries grecs du Code de Justinien*(The Hague, 1953)。塔勒鲁的著作比伊斯多的要广泛详尽得多,并且,由于它经常提到先前的法律,因而特别重要。一个叫阿纳托里(Anatolius)的人也创作了一部《法典》译本,但他可能与 Omnem 敕令中提到的那个阿纳托里(Anatolius)不是同一个人;Zachariae, *SZ* 8(1887)70;v.d. Wal,同上引书,第 111 页;不同的观点,参见 Ferrini, *Opere* 1.240。

③ Krüger 409。一般认为,他的写作是在尤士丁尼二世时期(公元 565—578 年),但 Lawson 表明(*SZ* 49[1929]228f.)这种说法实际上没有证据。但是,他可能与公元 535 年第 35 项新律中提到的奎里洛(Quirillus)是同一人。

④ 他称狄奥菲罗、塔勒鲁和多罗特为"已故的";Heimbach 6.51;Peters, *Die oströmischen Digestenkommentare* 39f.。关于斯蒂芬的评注,参见 Scheltema, *TR* 26(1958)5ff.。

⑤ Peters, *Die oströmischen Digestenkommentare* 11ff.。

⑥ 关于前者,没有什么保留下来;关于后者的摘录,"无名氏的评注"在《巴西尔法律全书》的注解中被引用,好像"无名氏"是一个人的名字一样。参见 Pringsheim, *Seminar* 4(1946)21ff.(=*Ges. Abh.* 1.455ff.)。

第二十九章 优士丁尼的立法 643

条规"的汇编。① 根据彼得斯②的理论,绝大多数对《学说汇纂》的注释包含以前的作者的著作摘录,这些以及作者自己的一些注释写在正文周围的空白处。每个摘录的前面都写上原作者的姓名,但是,这个作者自己的那些注释自然没有前缀。在抄录手稿时,这些无名字的注释获得"无名氏"的前缀,后来,当这些注释被转至《巴西尔法律全书》的手稿中时,它们保留了这种前缀。在那时的理论著作中都有这一系列摘录,其中,也有以"无名氏"为题头或类似的摘录。

在7世纪早期以后,使用整个《民法大全》似乎变成一种太大的负担。③ 无论如何,文献创作显然已经停止了,并且紧接的立法工作在规模上要小得多。这就是《节录》(Ecloga),④ 它可能是大约公元740年由第一个反对崇拜圣像的皇帝伊索里亚的利奥和他的儿子康士坦丁·科普洛姆(Constantine Copronymus)公布的。它自称是优士丁尼《法学阶梯》、《学说汇纂》、《法典》和《新律》的选集,也自称对这些法律作了更人性化的修改。⑤ 大约公元600年到800年之间的某个时候,也有过三部关于特殊主题的法规汇编,它们分别是海洋法、⑥ 农民法⑦ 和士兵法,⑧ 但是,

---

① "条规"(Nomocanon)是指将教会法的世俗渊源和教会渊源结合起来的一种汇编;参见 v.d. Wal, *Les commentaries grecs*(同上)43ff.。

② 这是他的 *Ostrōmischen Digestenkommentare* 的主要论点之一。另参见 Mitteis, *SZ* 34(1913)402ff. 和 Lawson, *LQR* 46(1930)486ff., 47(1931)536ff. 的评论。

③ Ménager, *Varia* 3.239ff.

④ C. E. Zachariae von Lingenthal, *Collectio Librorum Iuris Graeco-Romani*(Leipzig, 1852),repr. in J. and P. Zepos, *Ius Graeco-Romanum*(Athen, 1931,repr. Aalen, 1962)2.1ff.。英译本是 F. H. Freshfield, Cambridge, 1926。另参见同一作者, *Roman Law in the later Roman Empire*(Cambridge, 1932)。

⑤ 但是,没有很多创新;Scheltema, *Cambridge Medieval History* 4.2(1957)63。

⑥ W. Ashburner, *The Rhodian Sea-Law*(Oxford, 1909), repr. Zepos, *Ius Graeco-Romanum*(同上)2.75ff.

⑦ Ashburner, *Journal of Hellenic Studies* 30(1910)85ff., 32(1912)68ff., repr. Zepos, *Ius Graeco-Romanum* 2.65ff。参见 Ménager, *Varia* 3.275ff.

⑧ Ashburner, *Journal of Hellenic Studies* 46(1926)80ff. repr. Zepos, *Ius Graeco-Romanum*(同上)2.93ff.

现在认为它们与反对崇拜圣像的皇帝们无关。

在巴西尔一世时期（公元867—886年），马其顿王朝的兴起引起了在法律上和其他事项上对反对崇拜圣像的皇帝们的创新的反抗，巴西尔为自己确定了复兴和"净化"优士丁尼立法的任务。他发起一场全面的法律汇编，但是在他本人统治时期实际完成的是《摘要》（*Procheiron*）和《汇录》（*Epanagoge*）。《摘要》[1]是在大约公元879年公布的一本手册，它原打算取代异教徒的《节录》，但实际上却保留了它的许多创新。《汇录》[2]明显只是一个草案，从未获得立法机关的批准。在巴西尔的儿子"智者"利奥统治时期（公元886—911年），那个伟大的法律汇编，现在被称为《巴西尔法律全书》（*Basilica*）[3]得以完成。[4]它是优士丁尼以后时期最重要的法律著作。它将优士丁尼法律汇编的所有内容合并成一个整体，包含60卷书并分为题。[5]在每个题内，收集了《学说汇纂》、《法典》和《新律》，有时还有《法学阶梯》的相关内容，每部著作的片段通常都按其原来的顺序保留。[6]关于出处，只保留了法学家的姓名，通常采取缩写形式。在有些标题中编入了《摘要》（*Procheiron*）的部分内容。当然，整部汇编都是用的希腊文，拉丁文的原本用6和7世纪的希腊译本代表。《法学阶梯》使用的是狄奥菲罗的版本，《学说汇纂》使用的是无名氏的版本，有时也使用塞里路的版本，《法典》特别使用的是塔勒鲁的版本。进行了一些修改，尤其是将以前

---

[1] Zachariae, Heidelberg, 1837, repr. Zepos, *Ius Graeco-Romanum*（同上）2. 108ff. 英译本是 Freshfield, Cambridge, 1928.

[2] Zachariae, *Collectio Librorum*（同上），repr. Zepos, *Ius Graeco-Romanum*（同上）2. 229ff.

[3] 由 C. G. E. Heimbach 编，6卷本，Leipzig, 1833—1870, 由 Zachariae（1846年）以及 Ferrini 和 Mercati（1897年）增补；由 H. J. Scheltema 和其他人编辑的新版本正在出版中（Groningen, 1953—　）。关于一般性的叙述，参见 Lawson, *LQR* 46（1930）486ff.；47（1931）536ff.

[4] 主要的工作可能是在巴西尔统治时期完成的；Scheltema, *TR* 16（1939）320ff.。

[5] 但是，优士丁尼的法律汇编仍然是官方的法律渊源，《巴西尔法律全书》在形式上只是一种更为简便的版本；Scheltema, *TR* 23（1955）287ff.。但是，1169年，帝国法庭认为后者优先。

[6] 关于这些标题的顺序，参见 Lawson, *LQR* 46（1930）494ff.。

的作者们在拉丁原著中保存的专门术语用相同的希腊词语替代。①

虽然《巴西尔法律全书》没有完整的手稿被保存下来，但是，有相当多的手稿包含了文本的部分内容，根据这些几乎可以重现整部著作。一些手稿在页边空白处写满了注解，即所谓的"注解"。这些注解中有一些是"以前的注解"，主要包含对公元 6 世纪和 7 世纪作者的摘录，它们可能是在公元 10 世纪被增加到《巴西尔法律全书》的文本中的；②"新的注解"是在《巴西尔法律全书》公布后工作的成果，它是在后来的一次修订中引进的，这次修订可能发生在 13 世纪。③如果关于无名氏的相关性的理论④是正确的，那么，就与《学说汇纂》相对应的文本而言，插入"以前的注解"主要是将那个相关的注解放回它在希腊译本周围的原处，因为在利奥时期已经对该译本作了摘录，以构成《巴西尔法律全书》的文本。⑤

在君士坦丁·摩洛马可（Constantine Monomachus）统治下（1042—1054 年），法律研究得到复兴，因为他在君士坦丁堡重新确立了法律研究的教职。⑥虽然没有汇编新的伟大著作，但是，一直在研究并摘录以前的文献资料。在保存下来的著作中可以提到的有所谓的《论集》（*Tipucitus*），是 11 世纪后期的一部参考著作，⑦"汇编"（Peira），是对 11 世纪的一位法官所作判决的汇

---

① Heimbach 6.55，123.

② Peters, *Die oströmischen Digestenkommentare*，引用 Zachariae, *Jahrbücher für Deutsche Rechtswissenschaft*（1844）1083ff.，（1847）594ff.；Heimbach 6.121—124.

③ Heimbach 6.212—215.

④ 上文，第 502 页。

⑤ 参考 Lawson, *LQR* 46（1930）489f.。

⑥ C. E. Zachariae von Lingenthal, *Geschichte des Griechisch-Römischen Recht*（3rd. ed., Berlin, 1829）29.

⑦ 由梵蒂冈图书馆（在 Studie Testi 系列中）公布的版本，共 5 卷本：第 1—12 册由 Mercati and Ferrini 编辑（1914 年），第 13—23 册由 F. Doelger 编辑（1929 年），第 24—38 册（1943 年）、第 39—48 册（1955 年）、第 49—60 册（1957 年），由 S. Hoermann and E. seidl 编辑。该汇编的名称的构成来自"什么会在哪里找到"这样的标题。这本著作很多被用来恢复《巴西尔法律全书》的遗失部分。参见 Berger, *BIDR* 55/6 Suppl. 'Post-bellum', 1948，277ff.；Seidl, *BIDR* 59/60（1956）229ff.；Amelotti, *SDHI* 24（1958）368ff.。

编,① 以及《纲要》（Hexabiblos），是大约 1345 年在萨洛尼卡的一位法官哈门诺普鲁（Harmenopulos）出版的纲要。② 尽管这最后一部著作被称为"对摘要的摘要的一个可怜的摘要"，但它很有趣，因为它保存下来，几乎使用到现代。③

---

① Zachariae, *Ius Graeco-Romanum* 1.1856.
② 由 Heimbach 编辑，Leipzig，1851 年版。第四部分的英译本，关于侵权和犯罪，由 Freshfield 译，剑桥出版社，1930 年版。
③ 1835 年 2 月 23 日的一项法令规定,在希腊王国,在颁布一部《民法典》之前,《纲要》(*Hexabiblos*)具有法律效力，除非有相反的法庭习惯或做法。但是，民法典的颁布直到公元 1946 年才发生，这部新的《民法典》从那一年的 2 月 23 日起生效。实际上，在其间的 111 年里，法庭的指导依据主要是现代民法的权威著作，例如 Windscheid, *Pandektenrecht*。参见 P. J. Zepos, *Greek Law* (Cambridge, 1949)，以及萨洛尼卡大学为纪念该作品到 1945 年满 600 周年，而于 1952 年出版的一本论文集。Chloros, *Acta Juridica* 1 (1958)，认为它的优点被低估了。

关于拜占庭帝国的西半部分的文献资料，参见 Ménager, *Varia* 3. 249ff., 以及 Freshfield, *A Provincial Manual of Later Roman Law, The Calabrian Procheiron* (Cambridge, 1931)。

# 第三十章

# 优士丁尼法的一般特征

优士丁尼《民法大全》向我们展示的法律体制，在精神和细节上都与古典时期的法律制度有所不同，但是，要说明这种区别绝非易事。这主要是因为，如我们已经知道的，古典法本身主要摘自于优士丁尼的文献资料，而那些文献资料被优士丁尼或者某个以前的编者作了多大程度的修改，是一个有很大争议的问题。但是，还有一个难题是，《民法大全》不是它那个时代的现行法的完全可靠的指导，[1]因为它所包含的大部分资料摘自古典文献，并为了法典编纂的目的或多或少地作了调整。虽然看起来，[2]法律学校尤其是构造《学说汇纂》的推动力量，但是很难说，甚至在大都市里，这种出自学院的古典主义在多大程度上在实际适用的法律中得到反映。如我们所知的，它实际上很快被方便的希腊语摘要和评论所取代，并且，它可能总是深奥得令行省的那些小律师们难以理解。但是，实际中的法是什么样的，有关的证据是如此少，以致我们能做的只有猜想。因此，如果我们说到优士丁尼的法律，我们是指《民法大全》的法律。

这一法律的一些特征是很清楚的。它是一个统一的体系，其中，

---

[1] 如列维的反论所说的，"所有时代的最具有影响力的法典编纂在任何时候都不代表现行有效的法律"（*SZ* 49［1929］240 n 5）。

[2] 参见上文，第 476 页。

市民法与万民法之间的区分纯粹是历史性的和理论性的。关于这种区分的实际意义，①在一个实际上每个自由人都是市民的社会里，根本没有余地。实际上，市民法的特殊制度不再存在了。麻烦的称铜的仪式早已从所有法律部门中消失了，而且没有试图去恢复它。②和它一样曾限用于罗马市民的拟诉弃权也消失了，③以前的文字契约也一样。④时效取得和对行省土地适用的与它相对应的长期时效，似乎在君士坦丁以后便不再使用，并且被一种简单的30年或40年的时效所取代，除了时间的经过外别无其他要求。优士丁尼恢复了以前的体制，但是有所区别。之所以需要产生单独的长期时效制度，是因为有一项原则，即行省土地（不同于意大利土地）不能被拥有，因而不能被时效取得。意大利土地和行省土地之间的区分明显过时，而优士丁尼正式废除了它，⑤同时他将"时效取得"这个词用于动产的取得（但是有3年的时限），并将"长期时效"这个名称（带有和以前相同的期限）适用于土地的取得。此外，虽然现在只有一种土地和一种所有权形式，⑥但它还受到出于公共利益的许多限制，而这些是古典法的依市民法享有的所有权所没有的。⑦

在《新律》所确立的无遗嘱继承制度中，早已为裁判官法和

---

① 上文，第103页及下页。

② 要式买卖明显早已废弃。在4世纪的敕令中（最晚的一个是公元355年的 *CTh.* 8.12.7）偶尔提到它，而从西方，我们得知在脱离父权方面提及它（*Gai.Epit.* 1.6.3），但是很明显，那个仪式已经被遗忘，因为它被解释为"亲手交付"（manu tradition）。这个词确实仍在西方的文件中出现达数世纪之久，但是，这只不过是撰写转让契据的律师习惯使用的旧词而已。甚至在古典后期，词语可能就代这种行为用了。参见 Buckland 240f.；Collinet, *Ecole de Beyrouth* 222ff.；Kaser, *RPR* 2.197. 优士丁尼的编纂者们小心地将它从《民法大全》中删去，尽管他们并没有不厌其烦地正式地废除它。

③ 也是由于简单的不用。最晚的痕迹是在公元293年的一项敕令中（*Consulatio* 6.10）。

④ 在公元4世纪写的 Cic.Verr. II.1.60（Bruns. 2.72）中，阿斯克尼（Pseudo-Asconius）说："这项古老的习惯做法已经从我们的记忆中完全消失了"。

⑤ C.7.31.1；参考 J.2.1.40；2.6 pr.。该敕令还废除了要式物和略式物之间的区别。

⑥ C.7.25.1.

⑦ Kaser, *RPR* 2.189ff.，195f.；Levy, *Property* 110ff.；Biondi, *Dir. rom. crist.* 3.301ff.

皇帝立法所削弱的宗亲属，根本不再具有任何意义。市民法和裁判官法之间的区分，就表面上而言，仅仅是一种历史的遗迹。因此，在《学说汇纂》和《法典》中，遗产和遗产占有仍然有独立的标题，但这实际上是利用以前的资料的结果。事实上，只有一种继承制度。① 形式主义少了，刚性也减小了。唯一外在形式要求只是为了证实文件，包括登记、证人的在场，以及对于遗嘱而言的封印。以前的口头仪式已经消失，而且未得恢复。② 遗嘱当然可以希腊文订立。③ 在遗嘱中处分的命令不重要，④ 而且对于不同种类遗赠的不同话语形式之间的区别（实际上和不同种类的遗赠之间的实质差异一样）已经消失。⑤ 就内在而言，也不再有任何形式主义。一般规则是，一方或各方当事人的意思优先，即使以牺牲确定性为代价也要坚持这种意思。我们已经谈到在遗嘱法中这一规则的一种效力；⑥ 另一个表征是在涉及契约解释的文献中反复添加某个短语，如"除非另有明确规定"。⑦ 虚假交易无效，变成一般规则；所适用的原则是各方当事人想进行的真实交易（如果有的话）的原则。⑧ 在确定一项转让的效力方面有很大的自由；甚至可以使它受制于一项解除条件，因而，在特定事件发生时，所转让的财产依事实自动恢复转让人所有。⑨ 自始至终坚持公平而不是"严格"法，而且不再是古典法学家的那种有

---

① Kaser, *RPR* 2.338ff.
② 关于要式口约，参见下文，第 509 页。
③ 公元 439 年的 C. 6.23.21.6。塞维鲁·亚历山大（Severus Alexander）的一项敕令可能已经允许在埃及这样做；Mitteis, *RPR* 282。
④ J. 2.20.34.
⑤ J. 2.20.2；C. 6.37.21（这个敕令可能是公元 320 年的，并且和 C. 6.23.15 一样是同一法律的一部分）；Kaser, *RPR* 2.350n。
⑥ 上文，第 488 页。
⑦ 例如，D. 2.14.27.8；D. 21.1.33 pr.。
⑧ C.4.22（标题）；Partsch, *SZ* 42（1921）227ff.。
⑨ C.8.54.2 受到过添加，通过与 *FV* 283 的比较可以证明这一点。关于有争议的情形，参见 de Zulueta, *Sale* 55ff.。

节制的方式，因为优士丁尼时代的法律把衡平法想象为普遍存在于整个法律的公平原则，但是带有对法律的细微之处的不耐烦。① 因此，在诸如"公平所要求的是"（benigne tamen dicendum est）之类的短语的添加之后往往是一个推翻古典法学家的决定的声明。② 实际上，这些疑难情形通常产生不好的法律，因为拜占庭的法学家总是只能推翻他认为不公平的决定；他不能用一个新原则取代旧原则。③

与这种对公平的尊重紧密联系的是立法趋向于保护它认为的弱者不受它认为的强者的伤害，甚至以牺牲一般的法律安全和公信为代价。④ 这样，与丈夫相比，妻子受到优待。例如，她被授予对丈夫的所有财产的抵押权，以担保她的嫁资请求权，这种抵押权甚至优先于丈夫在婚前给予的抵押权。⑤ 根据这项法律，优士丁尼"这个怕老婆的立法者"，被说成是，在毁坏已婚男人的信誉后，又毁了单身汉们的信誉。⑥

从君士坦丁时起，受监护人受到保护，免受监护人的伤害。⑦ 比起债权人，债务人受到优待。不仅有未付款抗辩和未付款之诉的规则，这些是在古典时期末开始形成的，而且，对抵押法进行了这样的修改，以致抵押权人在催告债务人偿还或者获得关于债务的判决后的两年内不得出卖抵押物（除非另有约定）。⑧ 如果

---

① 例如，在 D. 41.1.7.5 中的："严格地遵守这一规则则过于勉强"。Pringshiem, *Ges. Schr.* 1.131ff., 224ff. ( =SZ 42 ( 1921 )643ff.; *ACII* 119ff.) 认为，在古典的观点与拜占庭观点之间有明确的区分。对于古典法学家来说，公平仅仅是一项控制性的原则，而对拜占庭法学家来说，公平是一种独立的制度，法必须让步于它。但是，参见 Riccobono, *BIDR* 53/4 ( 1948 ) 53ff.。

② 例如，D. 35.1.10 pr.。其他例子，参见 H.-S. s.v. *benignus*；Beseler, 3.41。并参见 Biondi, *Dir.rom.crist.*2.138ff.。

③ 例如，J.4.1.8 与 Gai.3.198 相对照；D.41.1.7.5 与 D.41.1.38 相对照。

④ 关于对这种趋势出色的斥责，参见 R.von Jhering, *Der Kampf ums Recht* ( 21st ed., Weimar, 1925 )81ff.。

⑤ C. 8.17.21.1.

⑥ Girard 1023.

⑦ 也是通过抵押权；C. 5.37.20。和妻子的一样，这可能是沿袭希腊的模式。

⑧ C.8.33.3.1.

由于不能找到一个买受人，债权人向皇帝请求并从后者获得对抵押物所有权，则债务人仍然可以在两年内在偿还债务连同利息和费用后收回他的财产。① 给予某些债务人的能力限度照顾（beneficium competentiae）的含义扩大为判决不得使他们成为赤贫，而在古典法上，它仅仅是指对他们的判罚不得超出他们所拥有的财产的范围，因而不必遭受对其人身的执行。② 甚至对恶信也显示出温柔。在古典法上，如果一个人对他善意占有的土地作了改良，他可以通过诈欺抗辩拒绝将该土地返还其所有人，除非所有人就这些改良向他作出补偿。在优士丁尼时代，他不仅被授予拆除这些改良的权利（去除权），条件是他那样做不会对财产造成损害，③ 而且这种权利甚至延伸给恶信占有人。④ 这种延伸的原因无疑可以在拜占庭法律的一般原则中找到，即任何人不得以牺牲他人利益为代价而获利，⑤ 这个原则在古典时期只存在一些萌芽。与法律的这种"人道主义"态度一起，还经常会发现，一厢情愿地认为立法权能够通过单纯的禁令去消除经济性质的弊病，⑥ 以及喜好通过法令过分地调整一些事项，而对这些事项，确定的规则本身根本不可能成功地适用。⑦

　　这种发展的原因有一些几乎是表面上的。完全的独裁统治，以及由于经济上的弊病导致统治的日益困难，即使不能证明，至少也解释了通过立法防止弊病的企图经常失败的原因，这些弊病如果真能克服的话，也只能通过有远见的经济政策来克服。官僚主义的政府则解释了试图管制生活的方方面面的细节的企图。基督教的引进无疑至少部分说明了为什么一直试图将更大的"人道

---

① C. 8.33.3.3B.
② 将 D. 42.1.19.1 与孪生法 D.50.17.173 pr. 相对照，后者省略了对赠与人的限制。
③ 尽管有"地上物添附于土地"的规则。
④ 例如，D.6.1.37。关于诚信占有人的去除权的添加未获得一致承认，但是，关于恶信占有人则毫无疑问；参见 Pernice, *Labeo* 2.1.380ff.; Riccobono, *APal.* 3/4（1917）357ff.。
⑤ Riccobono, *APal.* 3/4（1917）367.
⑥ 例如，Nov. 32。
⑦ 例如，Nov. 115.3 and 4。

主义"引进法律中和支持弱者的事业,并且,它至少部分上是惩罚离婚的立法①和废除奥古斯都的法律对独身者所施加的无资格的立法的原因。很多也可以解释为早在古典时期就存在的原则的一种"自然的"或"有机的"发展。"公平"根本不是新事物;②许多单个的"不当得利"的情形实际上可以通过古典法上的途径进行补救;如我们所知道的,③形式主义早已经开始消退,宗亲家庭制度在古典时期已经受到裁判官法的打击。

很明显也有其他影响。我们已经谈到有一些是从希腊法引进的制度,④并且还有其他的希腊思想产生影响的不太明显的方式。例如,一般认为,对书面形式的更大重视是由于东方的影响。确实,这种影响在古典时期已经存在,甚至在古典时期之前就有,⑤但是,那不是忽视其持久性的理由。我们知道,口头证据渐渐被忽视,文书证据得到支持。⑥在优士丁尼时期,废除了罗马的收养和脱离父权的形式⑦,代之以将声明记入法庭案卷或自治市档案中的方式。⑧

关于要式口约,我们知道,在古典时期,虽然根据书面形式可以推断已经完成了必要的口头形式,但是,通过证明当事人没有碰面,就可以反驳这种推论。⑨无论如何,优士丁尼说,对于是否必

---

① 但是,基督教从未成功地引进关于结婚和离婚的法律的连贯一致的重新定位; Jolowicz, *Roman Foundations* 148ff.; Wolff, *SZ* 67(1950)261ff.; Biondi, *Dir.rom.crist.* 3.151ff.。而且,似乎有其他方面的影响; Mitteis, *Reichsr.* 261。

② 与严格法对照形成的悬殊差别起源于亚里士多德; Coing, *SZ* 69(1952)39ff.。

③ 上文,第 408 页。

④ 上文,第 507 页注释。

⑤ 上文,第 414 页。

⑥ 上文,第 443 页。

⑦ 收养, C.8.47.11;J.1.12.8;脱离父权, C. 8.48.6;J. 1.12.6;还有解放奴隶, C.7.6.1.2, 10。明确的立法只始于优士丁尼,但是在东方实践中在更早时就出现了书面文件; Mitteis, *Grundzüge* 274f.; *Chrest.* no.363; Collinet, *Le caractère oriental* 51ff.。

⑧ 有争议的是,通过执行某个文件转让所有权(当然,这个文件必须是"处分性的")是否被接受,这一点是里科博诺所主张的; *SZ* 33(1912)259ff.(尤其是 284—295);34 (1913)159ff.。反对的观点,参见 Bonfante, *Corso* 2.2.170ff.; Levy, *Property* 152ff.; Kaser, *RPR* 2.203。

⑨ 上文,第 418 页。

须证明当事人在场，是有疑问的。① 他解决了这种疑问，规定如果书面文件声称当事人在场，那么推定当事人在场，而要反驳这一推定，只能通过证明，双方当事人中有一方在那一整天都不在该书面文件注明的那个地方（城邦）。② 值得注意的是，在《法学阶梯》关于这项法律的叙述中，③ 这类抗辩的使用被描绘成"诡辩性的"，并被认为是一个技术细节，不值得同情。因此，优士丁尼明显与一般人持同样的观点，认为书面文件就够了。关于他不通过立法进一步确定它，而仍允许这个漏洞在他的敕令中被提到的原因，不太清楚。④ 很可能，这被认为是他的古典主义倾向的另一个例子；他不可能让自己来废除由契约的最初的口头性质所决定的规则的最后一缕痕迹。⑤

除了书面要式口约以外，书面债务承认仍继续存在，但和以

---

① C.8.37.14 pr.
② C.8.37.14.
③ J.3.19.12.
④ 如果有人宣称一个奴隶代表其主人订立了要式口约，那么，甚至这个漏洞也被堵住，而且，不能抗辩说所涉的这个人不是一个奴隶，也不能抗辩说他不是他所声称的那个主人的奴隶。
⑤ 关于后古典时期的要式口约的整个问题，是一个很困难的问题。关于它的解决，在某种程度上取决于 C.8.37.10 的添加，这个敕令是公元 472 年利奥发布的一项含义隐晦的敕令，其规定如下："所有的要式口约，即使它们没有以形式或者直接的言辞表达出来，而是以其他的话表达出来，并且得到缔约方的同意，并且符合法律，那么它们应该有效"。优士丁尼《法学阶梯》(3.15.1) 认为这是指口头的要式口约，Riccobono（*SZ* 35 [1914] 214ff.; 43 [1922] 262ff.; *BIDR* 31 [1921] 29ff.; 由 B. Beinart 翻译为英文并作增加和评论，*Stipulation and the Theory of Contract*, Amsterdam and Cape Town, 1957）将它解释为使提问与回答变得不必要（甚至也不必在书面文件中主张提问与回答，参见下文）。因此，任何在场者之间的口头协议都是一种要式口约（同样地，任何书面协议也是一种契约，但须遵守 C.8.37.14 的规定，参见上文注释）。因此，优士丁尼的法律已经包含这一规则，即所有协议都是可诉的（只要有"原因"[ Causa ]的存在；SZ 43.287ff. = *Stipulation and the Theory of Contract* 123ff.）。然而，如 Riccobono 所承认的（*APal*.12 [1928] 571），要式买卖与简约之间的区别仍可以在《民法大全》中找到。但是，他认为它是"纯理论的，或者更好的说法是，纯粹历史的回忆"。确实，完全有可能，编纂者们是不一致的，因而未能得出他们应从利奥的敕令中得出哪一种观点的结论。这样做可能使他们陷入完全重新改写关于契约法的文本，以便表达一个原则，即任何协议（具有"原因"的）是一个契约，而不是古典法上的通过具体契约的方法，不过这不仅可能是一件巨大的任务，它还可能违背他们自己的古典化的倾向。近来的观点广泛接受里科博诺的结论，但 Levy（*Obligations* 34ff., 52ff）和 Kaser（*RPR* 2.273ff.）也追随他，认为，利奥的敕令只涉及书面的要式口约，口头契约如此过时以致任

前一样，受到未付款抗辩的限制。① 在《法学阶梯》中，优士丁尼在"文书债务"的标题下讨论了这个问题，② 并认为，在他自己那个时代里，尽管旧的文书契约已经消失，也仍有一种"文书债务"，因为如果一个人承认他欠了钱，尽管他实际上未得到这笔钱，但在两年的期限过后，他将必须支付。人们经常指责优士丁尼在这方面将一条证据规则与一条实体法规则相混淆。③ 据说，如果提起诉讼，承认债务的那个人必须支付的根据，不是书面文书，而是被认为由该文书决定性证明的一种消费借贷。根据严格的分析，这种指责可能是正当的，但是，这不影响这样一种结果，即实际上，抽象的效力被赋予一项文书（但推迟了两年）。④

到目前为止所讨论的变化是通过实际的皇帝立法，或者是优

---

何敕令都不必涉及它。为了支持这种解释，他提出"compositae"的使用必然表示是制作一种书面协议；但是优士丁尼在 C.6.21.17 和 6.23.26 中将它用来表示口头遗嘱的作出。根据 Levy 的观点，利奥取消了要式口约条款的必要性（参考上文，第 470 页），因而宣布任何书面协议都是一个契约（但受制于在场的问题）。列维认为，优士丁尼《法学阶梯》将这个敕令与口头要式口约相联系是一种复古的做法。对利奥的敕令的这种解释的障碍不仅在于，要式口约条款继续在使用（当然这很可能仅仅是由于保守主义），而且还在于，狄奥菲罗（Theophilus）肯定了解他那个时代的法律，当他想举出一个不是要式口约的书面协议的例子时，他说它是在不在场的人之间订立的，并且它"没有将要式口约写进来"，而这只可能是指那个条款（参见 Paraphr. 3.21，以及 Nicholas, LQR 69 [1953] 242f.）。如果是这样，编纂们并非对保持要式口约和简约之间的区别存在不一致：并非每个书面协议都是契约。此外，如果利奥的敕令被理解为是指口头要式口约（如果如现在所认为的，上文，第 476 页，古典化倾向在这时开始表现出来，那么这不是不可想象的），通过假设古典法对要式口约的要求不仅仅是一种口头的提问和回答，而且还只能是使用特定形式的话语的一种提问和回答，也可以避免里科博诺的结论（Nicholas, LQR 69 [1953] 63ff.；参考 de Zulueta 的较不严格的提议，Gaius 153f.，它可以在 Gai.2.117 中找到支持），但是这遭到普遍的怀疑；参见 Winkler, RIDA 5 (1958) 603ff.；van Oven, TR 26 (1958) 409ff.；Watson, RIDA (1961) 396ff.。这个争论不可能在这里继续下去。

① 关于它的期限（上文，第 409 页），在被给予后，被优士丁尼减到 2 年；J.3.21；C.4.30.14。

② J.3.21。

③ 例如，Buckland 461。

④ 只要被告确实在法律上不能就该文书的真实性提出质疑。这不是很明确；参考上文，第 419 页注释，以及 Nicholas, Introduction 198。Collinet (Le caractère oriental 59ff.) 认为这是对一种希腊契约的承认，但是，事实却是，优士丁尼是在以一种从特殊事实中得出的相当无力的论点来填补盖尤斯四分法的一个空缺。狄奥菲罗的译本说，"如果一个人很仔细地看，他仍然可以发现一种文字契约"。

士丁尼的，或者是他的前任的，而体现于官方罗马法中，但是，还有许多变化根本不是立法的产物，也不可能是立法的产物，因为它们是精神上的变化，而这种变化是任何立法者都不能够做到的。许多变化可以一般性地描述为实体观点对程序观点的胜利，但是，也有其他的变化，虽然它们无疑是由这种胜利所推动的，但它们更进一步，表明这个时代的法律喜欢抽象的标准，这些标准与具体的有意识的伦理道德的概念有关，而不喜欢古典时期的较为经验主义的规则；这时的法律还喜好逻辑排列，尽管这种排列有时退化为繁杂的不真实的，没有什么实践价值的区分。

分类跨越了市民法和裁判官法的划分所确定的界限，因此，现在没有什么障碍阻止对起源于得到裁判官告示授予诉权的债的承认。① 契约，尽管不是由"世俗化"的趋势下，不严格的观念所创造，② 但它是一个一般范畴，不仅包含可提起市民法诉讼的协议，512 而且包含可通过裁判官诉讼执行的协议，并且坚持要合意作为其决定性的特征。③ 永佃权 ④，甚至赠与 ⑤ 也被看作为契约。这样，也产生了无名契约的一般理论。古典法对简约不给予诉权，除非它属于一种有名的合意契约类型。例如，单纯的互换协议是不可诉的，但是，如果一方当事人履行了该协议中他的那部分义务，而另一方当事人未能移交答应互换的那个物，则前者可以通过请求返还之诉取回他所给予的东西。但是，有些时候，这种救济毫无用处。例如，如果甲与乙达成协议，甲解放他的奴隶丙，条件是乙解放他的奴隶丁，而在甲解放丙后，乙拒绝解放丁，则甲不

---

① 比较 J.3.13.1："所有的债的划分主要是两种：要么是市民法上的债，要么是裁判官法上的债"；和 Ulpian, D.44.7.25. 2："所有的诉讼，要么是市民法上的诉讼，要么是裁判官法上的诉讼"。

② Levy, *Obligations* 21ff.

③ "意图是契约之母"，参见 Theoph. *Paraphr.* 4.19.8；Stephanus, on B.14.1.5, sch.'Εντεύθεν.

④ C.4.66.1；参见 Bonfante, *Scr. giur.* 3.141，以及上文引用的著作。

⑤ C.1.2.14.3；参见 Pringsheim, *SZ* 42（1921）277（Ges.Abh. 1.258）。

可能通过对乙提起请求返还之诉,撤销他已经做的行为。对于这类情形,必须通过欺诈之诉或特殊的事实诉讼来处理。① 但是,在优士丁尼时期,有一项一般原则,就是,只要有这种双务协议,且一方当事人已经履行了,则他可以请求返还他所给予的东西(如果这是可能的),也可以提起诉讼请求另一方履行他的承诺。这种诉讼有许多名称,其中最普通的一个是依诉求前书之诉(actio praescriptis verbis)。② 关于它的得名和历史,有很多论述,③ 而且仍没有达成一致意见,但这点是很清楚的。一般原则取代了古典法上对个别情况的个别对待,而且,契约的类型扩大到包括所有的存在产生一种债的协议的情形。"无名"一词确实没有在《民法大全》中真正出现,但是对那些因属于一种有名契约而可诉讼的协议与那些仅仅因为这个一般原则而可诉讼的协议之间,有明确的区分。④

在私犯方面,通过阿奎利亚法之诉的推广,也发生了类似的扩大。⑤ 阿奎利亚法本身只对直接的财产损害给予诉权,但是,裁判官通过对间接损害给予一种事实诉讼(或扩用诉讼),延伸了它的规定。⑥ 还有一些情形是与阿奎利亚法无关的,⑦ 在这些情形下,如果一个人由于他人对其财产的不当干涉,虽财产本身未受损,但他遭受了损失,例如就好像他的奴隶被解除锁链因而能够

---

① 参见例如,D.19.5.5.2。如果明显存在一项契约,但对于它属于两种或两种以上类型中的哪一种有争论,也是同样处理。

② Buckland 522.

③ 最透彻的研究是 P. de Francisci 的 $\Sigma \nu \nu \acute{\alpha} \lambda \lambda \alpha \gamma \mu \alpha$, Storia e dottrina dei cosidetti contratti innominati 1(Pavia, 1913),2(1916)。

④ D.2.14.7.2;19.5.2—3。在 B.20.4.3 中,"无名契约",被用于翻译在 D.19.5.3 中的那个较长的短语。

⑤ Rotondi, Scr. giur. 2.444ff.。关于另一种观点,Albanese, APal. 21(1950)5ff.。另参见 Lawson, Negligence 22ff.。

⑥ 上文,第277页。

⑦ 但是,盖尤斯(3.202)认为与阿奎利亚法的联系是一个可讨论的问题;Nicholas, Synteleia Arangio-Ruiz 150ff.。

逃跑一样，则赋予他一种事实诉讼。但是，在优士丁尼《法学阶梯》中，① 这些情形变得看起来是阿奎利亚法的延伸，并对依该法的直接诉讼、扩用诉讼和事实诉讼进行区别。如果所致损害是实物的，也就是通过实际接触，则可成立直接诉讼；如果没有接触，则扩用诉讼成立；如对财产本身没有伤害，则事实诉讼成立。事实诉讼的使用因而被认为是阿奎利亚法的一种延伸，但它的使用范围远远不止包括对财产的不当干涉；适用事实诉讼的其他各种情形，都被认为是单个诉讼的情形，建立在阿奎利亚法的原则的基础上，并且，实际上，对于《法学阶梯》对扩用诉讼和事实诉讼所作的区分，拜占庭的作者们本身并没有一致遵循。②

其结果有点接近现代法国法的情况，因为后者规定，任何因为过错导致的损害都产生一种赔偿诉讼，③ 一般的事实诉讼与阿奎利亚法之间的联系体现于，阿奎利亚法的规则适用于它，即在否认责任的情况下，损害赔偿加倍。

所发生的另一个一般变化是，从对任何法律关系的具体事实的强调转变为对当事人的意图（心素）的强调。④ 很容易夸大这种转变，并且激进的批评者写得就好像古典法学家们不能想象主观意愿一样，然而很明显，他们对意图和意思之类的也谈得很多。但是，当对于存在一种特定的关系有怀疑的时候，他们解决这个问题的方法是将法律准则适用于实际的案件事实，而不是问双方当事人是否有建立那种特定关系的意思。这样，如果两个人有意地成为一件财产的共同所有人，例如通过共同买这件财产，那么他们依事实缔结了一项合伙契约，因为他们有意地参加一项共同的事业。⑤ 另一方面，如果这种共有关系是在他们没有这种意思的

---

① J.4.3.16. 但是，注意，甚至在这里，"praecipue" 也是添加的； Rotondi, *Scr. giur.* 1.458。
② Rotondi, *Scr. giur.* 2.445ff。
③ 前引书，1.465ff.；参考 Lawson, *Negligence* 25。
④ Pringsheim, *SZ* 42（1921）273；*LQR*（1933）43ff., 379ff.（=*Ges. Abh.* 1.253ff., 300ff.）
⑤ D. 10.3.2 pr.

情况下建立的，则没有合伙。但是，一个受到添加后的文本①清楚地表明了拜占庭的概念有何不同。在这方面，每件事情都不是取决于一项共同活动的存在，而是要取决于缔结合伙契约的意图，甚至有意的共同购买行为也不会导致合伙，除非双方当事人想到那个特定的契约。

对于无因管理来说，情形有点类似。②在古典法上，一个人支出费用使他人受益，他是否能通过无因管理之诉请求费用的偿还，这个问题主要是一个客观问题。是不是他人事务，即能不能说他是为了那个受益的人行事，还是他关心的是他自己的事务？毫无疑问，他的意图可能对决定这个问题起到一定作用，但是，在拜占庭文本中更加强调这种主观意愿。在那里，这个问题是，他是否带着那种受偿意图（animus recipiendi）做这种行为，即是否有后来从受益人那里获得补偿的明确意图？并且，这种意愿不同于赠与意图，即作出赠与的意思。这样的意图直接产生一种明确的法律后果，但通常不能证明，即使不了解法律的人可以被说成有这种意图，但是，在拜占庭的条件下，证据更加容易获得，因为那时可以将所要求的意愿记载于一份正是为说明这种意图而拟订的文件中。③

关于拜占庭法律所表明的法律学院的影响和精神上的变化，这里举出的许多例子受到争论，④而且在寻找添加的比较极端的时

---

① D. 17.2.31；V. Arangio-Ruiz, *La società in diritto romano*（Naples, 1950）68ff.；更激进地，Pringsheim, *Ges.Abh.* 315f.（=*LQR* 49［1933］382ff.）。参考 D.17.2.44 与 19.5.13 之间的对比差别。

② Partsch, *Studien zur N.G.*（*Sitzungsber. Heidelberg*, 1913）；Pringsheim, *SZ* 42（1921）310ff.（=*Ges. Abh.* 1.278ff.）；不同的观点，参见 Riccobono, *APal.* 3/4（1917）244ff.；但是，参见 Rabel, *St. Bonfante* 4.279ff.。

③ 关于与罗马的情形非常类似的一种情形，参见 *Re Rhodes*（1890）44 Ch.D.94。对于一般理论问题，即在法律上的任一行为中，当事人的意图必须指向所涉的法律上承认的效果，还是仅仅须指向有关的经济的（或社会的）效果，不能在这里进行讨论。参见，例如 Windscheid-Kipp 1.311ff.。

④ 里科博诺特别坚持认为，《民法大全》与古典法之间的区别仅仅是由实践家们的实践有机发展的结果，并且，优士丁尼的法律差不多和古典法本身一样都不是罗马特有的产品。尤其参见 *Mél. Cornil* 2.237ff.；*APal.* 12（1928）500ff.；*ACII* 2.377ff.；*BIDR* 53/4（1948）5ff.。

期，这种变化确实被夸大了。但是，两个事实仍存在。在优士丁尼法律的智力水平与前两个世纪的法律的智力水平之间存在巨大差异。而且，法律学问的复兴不是一个纯粹无独创性的向古典法的回归。它包含对概念的重新塑造以及对分类的重新思考——简言之，一种能够感觉得到的思维方法上的差异，这种差异支持了这样一种看法，即优士丁尼法律的基础在东方的法律学校。我们也不应看轻后来的拜占庭作者们对于理解《民法大全》的作用。如我们已经知道的，他们中的一些人实际上与这个工作有联系，其他人则紧跟其后。因此，他们的帮助特别有用，因为他们可以说明由于使用旧资料进行法律汇编而被掩盖的更为现代的观念，他们的著作因而也是我们可以用以发现编纂者们的意图的最好证据。简言之，我们不应低估拜占庭的成就。一个神学如此深奥的社会不可能不将某些同样深奥的东西引进它的法律中。如果拜占庭的主观主义在今天不受欢迎，这是由于对来自19世纪法学的类似趋势的一种反应，那么，当主流趋势转向另一端时，可能也会承认，拜占庭主义为阐明法律思想做出了很多具有永久价值的贡献。

# 索 引

（索引页码为原书页码，即本书边码）

## A

A censibus equitum Romanorum，罗马骑士核查署，第 333 页
A cognitionibus，帝国法庭庭长，第 338 页
A libellis，申诉部，第 338、369 页
A memoria，记录官，第 338 页
A rationibus，会计官，第 337—338 页
Ab epistulis，信函部，第 338 页
Abstraction，抽象，第 412 页以下
Actio，诉讼
    aestimatoria iniuriarum，侵辱估价之诉，参见 Actio iniuriarum（侵辱之诉）；
    aquae pluviae arcendae，排放雨水之诉，第 157 页注释，第 183 页；
    arborum furtim caesarum，追究偷伐树木行为之诉，第 174 页注释；
    auctoritatis，合法性之诉，第 145 页注释，第 146—148、151、154 页，第 172 页注释，第 292 页；
    certae creditae pecuniae，特定贷款之诉，第 203—204、211 页，第 215 页注释；
    certi ex testamento，依遗嘱的确定之诉，第 215 页注释；
    commodati，使用借贷之诉，第 211 页注释；
    communi dividundo，共同财产分割之诉，第 156、183 页；
    conducti，承租之诉，第 211 页注释；
    damni infecti，潜在损害之诉，第 183 页；
    de arboribus succisis，砍伐树木之诉，第 174 页注释；
    de modo agri，田亩之诉，第 147 页，第 172 页注释；
    de dolo，诈欺之诉，第 202、214、278、411 页；
    de peculio et in rem verso，特有产和转化物之诉，第 50 页注释，第 204 页注释，第 257 页，第 294 页注释；
    depensi，保证人追偿之诉，第 299 页注释；
    depositi，寄托之诉，第 211 页注释；
    empti，买物之诉，第 211 页注释，第 292—293 页；
    exercitoria，船东之诉，第 256 页以下，第 294 页注释；
    ex stipulatu，依要式口约之诉，第 193 页注释，第 205 页、第 213 页注释，第 215 页；
    ex testamento，依遗嘱之诉，第 213 页注释，第 215 页注释；
    familiae erciscundae，遗产分割之诉，第 139 页注释，第 156、178、183 页；
    fiduciae，信托之诉，第 211 页注释，第 286 页；
    finium regundorum，地界调整之诉，第 112 页注释，第 156、178、183 页；
    furti，盗窃之诉，第 209 页；
    f. concepti，查获盗窃之诉，第 167—168

页，第 274 页；
f. manifesti，现行盗窃之诉，第 274 页；
f. non exhibiti，拒绝出示被窃物之诉，第 274 页；
f. oblati，转移盗窃之诉，第 167 页注释，第 274 页；
f. prohibiti，拒绝搜查被窃物之诉，第 169、274 页；
iniuriarum，侵辱之诉，第 203 页注释，第 213、224 页，第 239 页注释，第 272、274 页；
institoria，经管人之诉，第 256 页以下；
iudicati，已决案之诉，第 189、216、400、401、444 页；
legis Aquiliae，阿奎利亚法诉讼，第 276 页注释，第 512 页；
locati，出租之诉，第 211 页注释；
mandati，委托之诉，第 211 页注释，第 288、297 页；
metus，胁迫之诉，参见 Actio quod metus causa（胁迫之诉）；
negatoria，排除妨害之诉，第 211 页注释；
negotiorum gestorum，无因管理之诉，第 211 页注释，第 298、514 页；
pigneraticia，质押之诉，第 211 页注释；
pluviae arcendae，排放雨水之诉，第 477、512 页；
praescriptis verbis，依诉求前书之诉，第 477、512 页；
pro socio，合伙人之诉，第 211 页注释，第 288 页；
Publiciana，善意占有之诉，第 210、263—267 页；
quanti minoris，减价之诉，第 294 页；
quasi-Serviana，准塞尔维诉讼，第 303 页注释；
quod iussu，依令行为之诉，第 256 页以下；
quod metus causa，胁迫之诉，第 214、278—279 页；
redhibitoria，解除买卖契约之诉，第 294 页；
rei uxoriae，妻物之诉，第 211 页注释，

第 237—238 页；
Serviana，塞尔维诉讼，第 303—304 页；
tributoria，分配之诉，第 257—258 页；
tutelae，监护之诉，第 172 页，第 211 页注释，第 239 页；
venditi，卖物之诉，第 205 页，第 211 页注释。另参见 Condictio（请求给付之诉），Iudicium（审判）

Actiones，诉讼
adiecticiae qualitatis，主人或家父责任之诉，第 209 页注释，第 256 页注释；
arbitrariae，仲裁诉讼，第 213 页；
bonae fidei，诚信诉讼，第 205、211—212 页，第 220 页以下；
civil and praetorian，市民法诉讼和裁判官法诉讼，第 208—209 页；
honorariae，执法官法诉讼，第 209 页；
in bonum et aequum conceptae，善良和公正意义上的诉讼，第 203 页注释，第 211 页注释，第 213 页；
in personam，对人之诉，第 211、440、474 页；
in rem，对物之诉，第 211、214、440、474 页；
noxales，损害之诉，第 173 页；
stricti iuris，严格法诉讼，第 212—213 页；
utiles，扩用诉讼，第 210 页注释，第 513 页。另参见 Formula（程式）

Actus，负重通行权，第 158 页
Ad Sabinum，《萨宾评注》，第 376 页
Ad Vitellium, etc.，《论维特流》等，第 382 页注释
Adaeratio，津贴，第 426 页
Addictio，判决，第 135、150 页，第 176 页注释，第 178 页注释，第 188 页
Addictus，判付给，第 167 页，第 188 页注释
Aditio hereditatis，接受继承，第 124、251 页
Adiudicatio，分配裁判，第 156、205 页
Adiudicatus，被判付者，第 167 页
Adlectio，推举，第 327 页

Adnotatio，批示，第 461 页

Adoptio，收养，第 120 页，第 151 页注释，第 471 页

Adoption，收养，第 119—120、130、349、509 页

Adrogatio，自权人收养，第 89、120、128、130—131 页

Adscripticii，在册的，第 436—437 页

Adsertor libertatis，释奴人，第 134—135 页

Adsessores，陪审员，第 449 页

Adstipulator，副缔约人，第 297 页注释

Advocacy，advocati，律师，第 96、449—450 页

Advocatus fisci，国库律师，第 333 页

Aediles，市政官，第 16 页，第 47 页注释，第 49—50、293—294、307、310、329—330 页，第 431 页注释；
   ceriales，粮食市政官，第 329 页。另参见 Edicts（magisterial）（执法官告示）

Aelius, P.，贝吐斯·艾里，第 92 页

Aelius, Sextus，塞斯特·艾里，第 92、94、110、192 页

Aelius Gallus，艾流斯·加卢，第 482 页

Aequitas，公平，第 410、507 页

Aerarium，金库，第 28、38—40、45、327—328 页；
   militare，军事金库，第 54 页注释

Aerarius，下层公民，第 53 页

Aes，铜
   grave，铜铸币（足重的铜币），第 145 页注释；
   et libra，称铜式，第 151、505 页；
   hordearium，军马饲料费，第 190 页注释；
   militare，军饷，第 190 页注释；
   signatum，铸造带花纹的铜币，第 145 页注释；另参见 Mancipation（要式买卖），Nexum（债务口约）

Africanus，阿富里坎，第 386 页

Agentes in rebus，勤务部队，第 425、427 页

Ager，田地
   assignatus，分配田，第 10、76 页；
   publicus，公田，第 10、15—16、261 页；
   vectigalis，赋税田，第 269—270 页

Agere，帮助（特指诉讼方面的），第 96 页

Agnates，宗亲
   agnatic relationship，宗亲关系，第 121—123、124—125、174、249—250、252、506 页

Album，名录，第 98 页注释，第 203 页；
   iudicum，审判员名录，第 80 页注释，第 178 页

Alfenus，阿尔芬，第 94 页

Alieni iuris，他权人，第 119 页注释

Alimenta，扶养，第 396 页

Ambitus，选举舞弊，第 320 页

Amici Caesaris，皇帝之友，第 339—340 页

Anatolius，阿那多利，第 501 页注释

Angustus clavus，窄条带，第 82 页，第 332 页注释

Animus，意愿，心素，第 513—514 页

Annona，年赋，第 335、425—426 页

Anonymus，无名氏，第 502、503、504 页

Anquisitio，调查程序，第 306 页

Antony, Mark，马克·安东尼，第 321 页

Appeal，上诉，第 216 页注释，第 400、444 页。另参见 Provocatio（申诉）

Appius Claudius Caecus，阿庇·克劳迪·切库斯，第 20 页注释，第 91—92、110 页

Appius Claudius the Decemvir，阿庇·克劳迪（十人立法委员会成员），第 13、92、110 页

Aqua et igni interdictio，流放令，第 307—308、403 页

Aquaeductus，引水权，第 158、268 页

Aquaehaustus，汲水权，第 158 页注释，第 268 页

Aquilian stipulation，阿奎利亚要式口约，第 93 页

Aquilius Gallus，阿奎利·加卢，第 93、95、278、279—280 页

Arbiter，仲裁人，第 178、182—183、231 页

Arbitrium liti aestimandae，诉讼标的估价裁断，第186—187页

Arcadius Charisius，阿卡迪·卡里西奥，第394页注释

Aristo，阿里斯多，第383—384页

Aristotelian philosophy，亚里士多德哲学，第104、379页

Arra，定金，第290—291页

Arson，纵火，第170、174页

Assemblies，民众会议，第8页、第17页以下。另参见 Comitia（民众会议）和 Concilium plebis（平民会议）

Assiduus，较富有阶层，第176页

Assignment，债权让与，参见 Cession of actions（诉权转让）

Atilius，阿提里，第92页

Auctoritas，合法性保证，第146页注释，第154—155页；
 patrum，元老院准可，第25、33页；
 principis，君主准可，第324、343—344页；
 prudentium，法学家准可，第362页；
 senatus，元老院准可，第45页。另参见 Actio auctoritatis（合法性之诉）

Auditor，听审者，第97页

Augurs，占卜官，第42页

Augustales，崇敬者，第351页注释

Augustus，奥古斯都，第3页、第321页以下、第343—344、359—360页

Augustus(title)，奥古斯都（称号），第322、343页

Aulus Agerius，奥卢·阿杰里，第200页注释

Aurelii，奥勒留，第346页注释

Aurum oblaticium，贡赋，第433页

Auspices，占卜，第30、127页

Authenticum，《真本》，第496、497—498页

Auxilium，帮助权，第12、307页

## B

Bacchanalian conspiracy，酒神崇拜阴谋，第313页

Bankruptcy，破产程序，第217页

Basilica，《巴西尔法律全书》，第455、502、503—504页。另参见 Scholia（注解）

Beneficium competentiae，能力限度照顾，第218页注释、296、508页

Betrothal，订婚，第233、281页

Beirut, Law School of，贝鲁特法学院，第454页

Bishops，主教，第431、448—449页

Bona fide possessor，善意占有人，第264页

Bonae fidei iudicia，诚信审判，参见 Actiones bonae fidei（诚信诉讼）

Bondage，奴役，第114、238—239页

Bonitary ownership，善意所有权，参见 Ownership, bonitary（善意所有权）

Bonorum emptor，财产买受人，参见 Bonorum venditio（财产拍卖）

Bonorum possessio，遗产占有，第99页，第125页注释，第248—255页，第356页注释，第357、506页；
 ab intestato，无遗嘱继承的遗产占有，第250页；
 contra tabulas，违反遗嘱的遗产占有，第249页；
 origin of，遗产占有的起源，第253—255页；
 secundum tabulas，根据遗嘱的遗产占有，第243页注释，第248—249页；
 sine re，不胜诉的遗产占有，第254页

Bona fides，诚信、善意，第152—153、155、292、411页

Bonorum venditio，财产拍卖，第216页注释，第217、228—229、445页

Breviarium Alaricianum，参见 Lex Romana Visigothorum（《维息哥罗马法》）

Brutus，布鲁图，第92页

Bucellarii，家丁队，第437页

Bustum，陵墓，焚烧场，第155页注释

## C

Caelius Antipater，切里·安提帕特，第93页

Caesar, Iulius, 裘力斯·恺撒, 第 3、321 页
Caesar (title), 恺撒 (称号), 第 422 页注释
Calendar, 历法, 第 89 页注释
Callistratus, 卡里斯特拉特, 第 391 页注释, 第 392 页
Capitatio, 人头税, 第 426 页
Capite censi, 只登记人头的贫困者, 第 21、85 页
Capitis deminutio minima, 最小人格减等, 第 410—411 页
Capito, 卡比多, 第 378—379、381 页
Caracalla, 卡拉卡拉, 第 346 页
Carmina, mala, 恶意诋毁 (诅咒), 第 171 页注释
Carvilius Ruga, 卡尔维里·鲁加, 第 118 页注释
Cascellius, 卡谢里, 第 94 页
Cassiani, 卡西学派, 第 378、380 页
Cassius, 卡西, 第 356 页注释, 第 378—379、382—383 页, 第 385 页注释, 第 388 页
Catenae (chains of texts), 文本链条, 系列文献, 第 489 页, 第 490 页注释, 第 502、504 页
Cato, the Elder, 老加图 (父亲), 第 92 页, 第 191 页注释;
　the Younger, 小加图 (儿子), 第 92 页
Causa Curiana, 庭审案, 第 198 页注释
Causa liberalis, 自由权诉讼, 第 135、446 页
Causae coniectio, 争议概述, 第 185 页注释
Cautio, 保证, 第 96 页注释;
　damni infecti, 潜在损害保证, 第 227 页;
　rei uxoriae, 妻物保证, 第 238 页注释;
　usufructuaria, 用益权受益人保证, 第 227 页
Cavere, 起草, 第 96 页
Celsus, P. Iuventius, 尤文第·杰尔苏
　the Elder, 老杰尔苏 (父亲), 第 339、384 页;
　the Younger, 小杰尔苏 (儿子), 第 384—385 页
Censibus adscripti, 财产登记的记录事项, 第 437 页
Censors, 监察官, 第 15 页, 第 22 页注释, 第 32—33、38—39、44 页, 第 47 页注释, 第 51—54 页, 第 97 页注释
Censorship, assumed by emperor, 由皇帝担任的监察官职位, 第 325 页
Census, 人口登记, 第 15、52、134、238 页
Centuria, 百人团, 第 20—23 页
　praerogativa, 先投票的百人团, 第 23 页注释
Centumviral court, 百人审判团, 第 178 页, 第 196 页注释, 第 197—199、218、329—330 页
Certum, 确定物, 第 193 页注释
Cessio bonorum e lege Iulia, 财产转让和尤利法, 第 217—218 页
Cessio in iure, 拟诉弃权, 参见 In iure cession (拟诉弃权)
Cession of actions, 诉权转让, 第 414 页
Chirographum, 亲笔字据, 第 283、415、418—419 页
Christianity, 基督教, 第 422、431、448—449、451、473、496 页
Cicero, 西塞罗, 第 5 页, 第 17 页注释, 第 191 页注释
Cingulum, 腰带, 高级官员的代名词, 第 428 页
Circumscriptio adulescentium, 欺骗青少年, 第 241 页
Citations, Law of,《引证法》, 参见 Law of Citations (《引证法》)
Citizenship, 市民籍, 第 58 页以下, 第 71 页以下, 第 345—347、351 页
　by manumission, 由解放取得市民籍;
　duality of, 双重市民籍, 第 63、71—72 页;
　extension of, 市民籍的扩展, 第 65—66、345—347 页
Civil service, 民政机构, 第 38 页, 第 331 页以下, 第 428—430 页
Civitas, sine suffragio, 无表决权的市民籍,

## 索 引　665

第 61、62—63 页

Clarissimus，著名的人，第 429、445 页

Classes，classis，等级，第 20—21 页，第 22 页注释

Classical period，古典时期，第 6 页，第 405 页以下

Classicising revival，古典化的复兴，第 451、476、505、514 页

Clausula，条款
  arbitraria，仲裁条款，第 202 页注释；
  nova，Iuliani，尤里安新条款，第 357 页

Code of Justinian，《优士丁尼法典》
  first，第一部，第 479、483 页；
  second，第二部，第 493—496 页

Codes (barbarian)，蛮族法典，第 466 页以下

Codex，as book form，书籍形式的法典，第 455 页

Codex accepti et expensi，收支簿，第 282 页

Codex，法典
  Euricianus，《埃乌里克法典》，第 467 页注释；
  Gregorianus，Hermogenianus，《格雷哥里法典》，《赫尔莫杰尼法典》，第 372、463—464、466、494 页；
  Iustinianus，《优士丁尼法典》，参见 Code；
  Theodosianus，《狄奥多西法典》，第 464—465、479、494 页

Coemptio，买卖婚，第 115—116、145 页，第 236 页注释
  fiduciae causa，信托买卖婚，第 240 页

Coemptionator，买卖婚的买方，第 240 页注释

Coercitio，强制权，第 54、305—316、320、403 页

Cognati，血亲，第 123、250 页

Cognitio procedure，审判程度
  different forms of，不同种类，第 398 页

Cognitio extraordinaria，非常审判，第 175、337 页，第 397 页以下

Cognitor，诉讼代理人，第 225 页，第 298 页注释

Cohortales，cohortalini，普通行省总督的职员，第 429 页

Coinage，铸币，第 64、145 页

Collatio legume Mosaicarum et Romanarum,《摩西法与罗马法合编》，第 456—457 页

Collatio lustralis，五年一次的金银贡税，第 435 页注释

Colonate，coloni，殖民地市民，农奴，第 351、435—437 页

Colonies，殖民地，第 2、59、61、66 页，第 139 页注释，第 348 页

Comes，侍从官，第 429—430 页
  domorum，侍卫长官，第 448 页；
  Orientis，东方管区最高长官，第 424 页注释；
  rerum privatarum，私人管家，第 427—428、448 页；
  sacrarum largitionum，帝国财政官，第 427—428、448 页。另参见 Comites

Comites，侍从官
  of provincial governor，行省总督的侍从，第 68 页；
  of emperor，皇帝顾问，第 339—340 页。另参见 Comes

Comitia，民众会议，第 17—30、84、326、355 页
  calata，民众会议的召集，第 127 页；
  centuriata,百人团民众会议,第 19 页注释，第 20—23、25—26、45、49、84、109 页，第 127 页注释、第 305 页注释、第 306—307、310 页
  curiata，库里亚民众会议，第 18—19 页，第 45 页注释、第 89、120 页；
  tribute，部落民众会议，第 19 页注释，第 23—24、25、26 页，第 33 页注释，第 50、56、57、307 页

Comitialis dies，举行民众会议的日子，第 179 页注释

Comitiatus maximus，最大的会议，第 20、

24 页

Comitium, 库里亚民众会议召集的地方, 第 18 页注释

Commendatio, 推荐, 第 326 页注释

Commentarii, 高级官员办公室关于公务活动的记录簿, 皇帝法庭的文案, 第 371 页

Commercium, 通商权, 第 59—60、102、143、268 页

Commodatum, 使用借贷, 第 211 页注释, 第 286—287 页

Concilium plebis, 平民会议, 第 12、14、24—26、49、87 页。另参见 Plebiscita（平民会决议）

Condemnatio, 判决程式, 判罚, 第 204—205、206 页, 第 218 页注释, 第 257 页
    pecuniaria, 钱款判罚, 第 186 页注释, 第 204—205、213、444 页

Condictio, 请求给付之诉, 第 180 页, 第 193 页注释, 第 214—215、215 页注释, 第 223、282、284—285、502 页
    incerti, 请求返还不确定物之诉, 第 215 页注释；
    indebiti, 错债索回之诉, 第 215、285 页；
    ob rem dati, 因给付物的请求返还之诉, 第 285 页；
    causa data causa non secuta, 因给付未获回报的请求返还之诉, 第 285 页注释。另参见 Legis action per condictionem（请求给付之诉）

Confarreatio, 祭祀婚, 共食婚, 第 115、117 页

Confessio, 供认, 第 182 页注释, 第 216 页注释

Conscription, 征兵, 第 85 页

Consiliarii, 顾问, 第 449 页

Consilium (council), 委员会, 陪审团, 评议会
    of paterfamilias, 家父的, 第 118—119 页, 第 317 页注释；
    of iudex, 承审员的, 第 185—186 页；
    of magistrate, 执法官的, 第 178、311—312、313—314、317、449 页；
    principis, 君主顾问委员会, 第 339—340 页；
    semestre, 六月期的顾问委员会, 第 339 页注释。另参见 Jury（陪审团）

Consistorium, 枢密院, 第 428、447 页

Consortium (societas ercto non cito), 不分遗产共同体, 第 296 页（参考第 126 页）

Constantine the Great, 君士坦丁大帝, 第 4、421—423、471、474 页

Constantinople, law school of, 君士坦丁堡法学院, 第 454 页

Constitutio, 敕令, 第 366、438、459、470 页
    Antoniniana, 安东尼敕令（卡拉卡拉敕令）, 第 74、345—347、350、367、473 页；
    Rutiliana, 鲁第里敕令, 第 155 页注释

Constitution, 政制
    under the Dominate, 君主制时期的, 第 421 页以下；
    under the Principate, 元首制时期的, 第 321 页以下；
    Republican, 共和国时期的, 第 8 页以下

Constitutiones Sirmondi, 西蒙迪敕令, 第 465 页

Constitutions, imperial, 皇帝敕令, 第 365—373 页, 第 460 页以下

Constitutions, collections of, 敕令汇编, 第 463 页以下；
    publication of, 敕令的公布, 第 371—372 页；
    use of as precedents, 敕令作为先例的适用, 参见 Precedent（先例）

Constitutum, 债务协议, 第 301 页

Consul ordinarius, 在任执政官
    suffectus, 继任执政官, 第 329 页, 第 432 页注释

Consulares, 执政官职位, 担任过执政官的人, 帝国后期有些行省总督的称号, 第 323、425 页

Consuls, 执政官, 第 8、11、16、40、43—44、45—48、322、328—329、330、

索 引 667

Consultatio, 在非常审判程序中下级法官向上级法官征询法律意见, 第 370 页；
 post sententiam, 判决后的咨询, 第 460 页注释
Consultatio veteris cuiusdam iurisconsulti,《某些早期法学家的见解》, 第 458 页
Contio, 非正式会议, 第 27、34、45、129、306 页
Contract, 契约, 第 161 页以下, 第 271—272 页, 第 279 页以下, 第 474—475、511—512 页
 consensual, 合意契约, 第 104、220 页, 第 288 页以下；
 formal, 要式契约, 第 279 页以下；
 informal, 不要式契约, 第 104 页, 第 284 页以下；
 innominate, 无名契约, 第 512 页；
 literal, 文字契约, 第 282 页以下, 第 510—511 页；
 real, 要物契约, 第 104、164 页, 第 285 页以下；
 verbal, 口头契约, 第 279 页以下
Contractus, 契约, 第 271—272 页
Contrectatio, 窃取, 第 170 页
Contumacia, 拒不出庭, 第 399、442 页
Conubium, 结婚资格, 通婚权, 第 11、60、109、235 页, 第 346 页注释
Conventio, 协议, 第 271 页
Conventus, 巡回审判, 第 446 页
Convicium, 辱骂, 第 273 页
Corpus Iuris,《民法大全》, 第 479、505 页
Corrector, 督察, 第 425 页
Coruncanius, 科伦卡尼, 第 91、92、94 页
Cretio, 限期决定继承, 第 251 页
Criminal law, jurisdiction and procedure, 刑法, 管辖权和程序, 第 305—320、329—330、349、401—404 页, 第 434 页注释, 第 439 页, 第 445 页以下
Cura (guardianship), 保佐（监护）, 第 121—122、240—241 页
 furiosi, 精神病人保佐, 第 121 页, 第 139 页注释, 第 240—241 页
 minoris, 未成年人保佐, 第 241 页；
 prodigy, 浪费人保佐, 第 121—122、240—241 页
Cura (in public law), 专门负责特定事务的官员（公法意义上）
 annonae, 粮食供给保佐, 第 335 页；
 legum et morum, 对法律与道德的监护, 第 325、365 页；
 rei publicae (civitatis), 城邦保佐人, 第 350、430 页；
 urbis, 城市维护, 第 50 页
Curatores (senatorial), 元老级别的保佐人, 第 331 页注释, 第 333 页注释, 第 335 页
Curia, 库里亚, 市政会, 第 18、434 页
Curiales, 市政会议员, 第 351—352、434 页
Cursus honorum, 官职序列, 第 54、79、330 页
Curule offices, 显贵官职, 第 17 页注释
Customary law, 习惯法, 第 101、353—355 页
Cyrillus, 塞里路, 第 501、503 页

## D

Damage to property, 财产损害, 第 170—171、275—277、512—513 页
Damnas, 判处, 第 165、247 页
Damnum, 损失, 第 275 页注释
Damnum infectum, 潜在损害, 第 226 页注释, 第 227、228—229 页
De actionibus (tract),《论诉讼》（小册子）, 第 458 页注释
Decemviral court, 十人审判团, 第 178、198—199 页
Decemviri, 十人委员会成员, 参见 Twelve Tables（《十二表法》）
Decemviri, sacris faciundis, 十人祭司团, 第 16 页, 第 43 页注释

stlitibus iudicandis,十人争议裁判委员会,第57、198—199、330页

Decretum (interdict),命令(禁令),第230页注释

Decretum (of emperor),君主裁决,第356页注释,第366、368、371、461页

    d.Marci,马可皇帝裁决,第368页注释

Decuriones,地方议会,第345页注释,第348—349、432、434页

Dediticia libertas, dediticii, deditio,自由归降人,归降人,归降,第42、64—65、69、346—347、438页

Defamation,诽谤,第171页注释

Default of appearance,缺席,第399、400、442页

Defects, seller's liability for,卖方对瑕疵的责任,第293—294页

Defensor civitatis,城市保护人,第430—431、435、446—447页

Definitiones,《定义》,第376页

Delict,私犯,第160页、第167页以下、第272页以下、第512—513页

Demonstratio,请求原因,第205、206、221页

Denegatio actionis,否认诉权,第99页、第195页注释、第222页注释、第224页

Denuntiatio,通知,参见 Litis denuntiatio(诉讼通知)

Deportatio,流放,第403页

Depositum,寄托,寄存,第164页、第169页注释、第172页、第211页注释、第286—287页

Destinatio,选拔,第23页、第326页注释

Detestatio sacorum,退教,第120页注释

Dictator,独裁官,第8页注释、第11、35页、第43页注释、第45、55—56页

Dictator imminuto iure,不受法律限制的独裁官
    optima lege,根据法律封授的独裁官,第56页注释

Dictio dotis,嫁资声言,第236页注释、第279页注释

Diem dicere,庭期决定,第320页注释

Diffarreatio,祭祀除婚,分食婚,第117页

Digest of Justinian,优士丁尼的《学说汇纂》,第377、455页、第480页以下

Digesta (of classical jurists),《法学阶梯》(古典法学家的),第376页

Digestum,《学说汇纂》,infortiatum,《增卷》,novum,《新卷》,vetus,《旧卷》,第491—492页

Dignitates,高级职位,第429—430页

Dioceses,管区,第424页

Diocletian,戴克里先,第4、421—423、462、470页

Diptych,双连书写板,第415页

Dispensing power,豁免权
    of emperor,皇帝的豁免权,第325页;
    of senate,元老院的豁免权,第34页

Dispositive document,决定性文件,第416—417页

Disputatio fori,庭外讨论,第95页、第353页注释

Disputationes,《争议集》,第376页

Distractio bonorum,零卖,第445页

Division of empire,帝国的划分,第3、422页

Divorce,离婚,第117—118、235—236、508页

Divus,神圣的,第377页注释

Dolus,诈欺,第278、411页。另参见 Actio de dolo(诈欺之诉)和 Exceptio doli(诈欺抗辩)

Domestic jurisdiction,家事审判,第118—119、317—318页

Dominate,专制君主制,第3页、第421页以下

Dominium,所有权,参见 Ownership(所有权)

Domum deductio,娶妻入夫家,第114页

Donatio,赠予
    ante (propter) nuptias,婚前赠予,第472、476页;
    mortis causa,死因赠予,第131页。另

索 引 669

参见 Gifts（赠予）

Dorotheus，多罗特，第 481、492、494、501 页

Dowry (dos)，嫁资，第 118 页注释，第 234 页注释，第 236—238、472、476 页
    adventicia，外来嫁资，第 236 页；
    profecticia，父予嫁资，第 236 页，第 237 页注释，第 472 页；
    recepticia，回复嫁资，第 237 页注释。另参见 Dictio dotis（嫁资声言）

Ductio，监禁，第 216—217 页

Duoviri, aediles，市政二人官，第 348 页
    iure dicundo，两人执法委员会，第 348—349 页；
    perduellionis，敌对行为两人审委会，第 306、307 页；
    viis extra urbem purgandis，城市清洁二人官，第 330 页

Duplex dominium，双重所有权，第 265 页注释，第 390 页注释

Duplicatio，再抗辩，第 208 页

Dupondius，两磅生（对法律学校一年级学生的俚称），第 499 页

'Duty' and 'liability'，"义务"和"责任"，第 161 页注释

Dux，统帅，第 427、448 页

# E

Ecclesiastical courts，宗教法庭，第 448 页

Ecloga，《节录》，第 502 页

Edictales，法律学校二年级学生，第 499 页

Edicts (imperial)，君主诏谕，第 366—367、460 页

Edicts (magisterial)，执法官告示，第 97 页以下，第 330 页，第 356 页以下
    commentaries on，告示评注，第 376、483 页；
    of curule aediles，贵族市政官告示，第 293—294、329—330、358 页；
    of praetors，城市裁判官告示，第 97 页以下，第 201 页以下，第 407 页；
    of praetor peregrinus，外事裁判官告示，第 100—101、103、358 页；
    of praetorian prefects，禁卫军长官告示，第 359 页；
    of provincial governors，行省总督告示，第 70、101、267、358 页。另参见 Ius honorarium（荣誉法）

Edictum perpetuum，永久告示，第 98、201 页，第 357 页注释

Edictum repentinum，临时告示，第 98 页注释

Edictum (summons)，告示传唤，第 399 页

Edictum Theoderici，狄奥多里科告示，第 468 页

Edictum tralaticium，沿袭告示，第 98 页

Editio actionis，起诉要旨，第 185、200 页

Egypt，埃及，第 336、406 页，第 424 页注释

Emancipation，脱离父权，第 89—90、119、145、509 页

Emphyteusis，永佃权，第 269、512 页

Emptio venditio，买卖，第 144—145 页，第 211 页注释，第 288 页以下，第 474 页

Enchiridia，《手册》，第 376 页

Endoplorare，呼唤，第 169 页注释

Epanagoge，《汇录》，第 503 页

Epistulae (imperial)，敕函（皇帝的批复），第 368 页以下，第 371 页，第 460 页注释

Epistulae (of jurists)，《书信集》（法学家的著作），第 376 页

Epitome Gai，《盖尤斯摘要》，第 466、476 页

Epitome Iuliani，《尤里安摘要》，第 497 页；
    Ulpiani，《乌尔比安摘要》，第 458 页

Equestrian posts in the imperial service，在帝国行政机构中的骑士职位，第 332 页

Equites，骑士，第 21—23、52 页，第 79 页以下，第 332—333、335、338、350、433—434 页
    equo privato，私人马匹骑士，第 80 页注释；
    equo public，公共马匹骑士，第 80—81、

332 页

Equity，公平，参见 Aequitas（公平）

Etruscans，埃特鲁斯，第 1、9—10 页

Eviction, seller's liability for，卖方对追夺的责任，第 146、291—293 页

Evidence, rules of，证据规则，第 443—444 页

Evocatio，传唤，第 399 页

Exceptio，抗辩，第 201—202 页，第 206 页以下，第 442 页注释，第 443 页
　doli，诈欺抗辩，第 212 页，第 254 页注释，第 264 页注释，第 265 页注释，第 279 页，第 419 页注释，第 442 页注释，第 443、508 页；
　in factum，事实抗辩，第 207 页注释；
　iusti dominii，正当所有权抗辩，第 264 页；
　mercies non traditae，标的物未交付的抗辩，第 290 页注释；
　metus，胁迫抗辩，第 212 页注释，第 279 页；
　non numeratae pecuniae，未付款抗辩，第 419—420、507、510—511 页；
　pacti，简约抗辩，第 207、212 页；
　praeiudicialis，预备审抗辩，第 252 页注释；
　rei iudicatae，已决案抗辩，第 212 页注释；
　rei venditae et traditae，物已出卖并交付物抗辩，第 264—265 页

Exceptores，文秘人员，第 429 页

Execution，执行，第 187 页以下，第 216 页以下，第 401、444—445 页

Exilium，离弃祖国，流放，第 403 页

Exsecutor，送达员，第 442 页

Extortion，搜刮钱财罪，参见 Repetundae（搜刮钱财罪）

Extraneus heres，家外继承人，第 123—124、251 页

## F

Familia，家，家庭，家产，第 125、127、139—140、244 页

Familiae emptor，家产买受人，第 127、129 页，第 139 页注释，第 242 页以下，第 248 页

Family，家庭，参见 Joint family（联合家庭）

Fasces，束棒，第 47、55 页

Fasti，罗马大事年表，第 8 页注释，第 110 页

Fasti, dies，法庭能够开庭以及执法官能够进行审判活动的日子，第 179 页注释，第 203 页注释，第 232 页

Festuca，权杖，第 134 页，第 148 页注释，第 198 页注释

Festus，费斯都斯，第 191 页注释

Fetiales，战和事务祭司，第 41 页

Fideicommissa，信托，第 395—396、401—402、409 页

Fideiussio，担保，保证，第 299 页以下

Fidepromissio，承保，第 197、299—300 页

Fiducia，信托，211 页注释，第 285—286、287、301—302 页

Fifty Decisions，《五十决定》，第 479—480 页

Figulus C.，菲古路斯，第 94 页注释

Finance, republican，共和国的财政，第 37—40 页
　imperial，帝国的财政，第 327—328、425—426、427—428 页。另参见 Aerarium（金库），Fiscus（国库），Patrimonium（财产），Res private（私产），Taxation（税收）

Fiscus，国库，第 328、427 页

Flamen dialis，朱庇特神的祭司，第 115 页

Flavius, Gn.，福劳维，第 91、192 页

Florentine MS. of Digest，保存《学说汇纂》文本的《佛罗伦萨手稿》，第 491 页

Florentinus，佛罗伦丁，第 390、493 页

Flumen（servitude），流水役权，第 268 页

Foedus，条约，参见 Treaties（条约）

Follis，财产合算，第 433 页

Formalism，形式主义，第 408 页以下，第 506 页

Formula（-ae）, arbitraria，仲裁程式，第 231—232 页；

索 引　　671

of actions bonae fidei，诚信诉讼程式，第 211—212 页；

of actions in personam，对人诉讼程式，第 211 页；

of actions in rem，对物诉讼程式，第 211 页；

classification of，程式的种类，第 208 页以下；

de dolo，诈欺抗辩程式，第 93、279 页；

in factum，事实概念上的程式，in ius，法律概念上的程式，第 209—210、287 页（参考第 211 页注释）；

Octaviana，屋大维程式，第 278 页注释；

oral or written，口头或书面的程式，第 201 页；

parts of，程式的组成部分，第 203 页以下；

pattern，in edict，告示中的程式范例，第 202 页；

with change of persons，变更诉讼主体的程式，第 209—210、257—258 页；

with fiction，拟制程式，第 209、227、230、257、263、267、268 页；

praeiudicialis，预决，第 204 页。另参见 Actio（诉讼），Actiones（诉讼）

Formulary system，程式诉讼制度，第 175、192 页，第 199 页以下，第 375 页注释，第 439—440 页

origin of，起源，第 218 页以下

Forum sepulchri，坟墓入口处，第 155 页注释

Fragmenta Vaticana，《梵蒂冈片段》，第 456 页

Freedmen，解放自由人，第 83—84 页

in imperial service，帝国机构中的解放自由人，第 332 页

Furiosus，精神病人，参见 Cura（保佐）

Furtum( theft )，盗窃，第 141 页，第 162 页注释，第 167 页以下，第 172、274—275 页

conceptum，查获盗窃，第 167—168、274 页；

lance et licio conceptum，搜查携盘碟缠布带，第 168—169、219、274 页；

manifestum，现行盗窃，nec manifestum，非现行盗窃，第 167—168、172、274 页；

non exhibitum，拒绝出示被窃物，第 274 页；

oblatum，转移盗窃，第 167 页注释，第 274 页；

prohibitum，拒认盗窃，第 169、274 页

## G

Gaius，盖尤斯，第 378 页，第 386 页以下

Institutes，《法学阶梯》，第 388—389、501 页；

the Autun，《安屯盖尤斯手稿》，第 458 页；

new fragments，新的片段，第 389 页。另参见 Epitome Gai（《盖尤斯摘要》）

Gallus, Aquilius，阿奎利·加卢，参见 Aquilius Gallus（阿奎利·加卢）

Gens, gentiles，氏族、族人，第 18、31 页，第 99 页注释，第 121 页，第 122 页注释，第 125 页，第 138 页注释，第 239 页注释，第 250 页

Gifts，赠与

restriction of，关于赠与的限制，第 87 页，第 233 页注释；

between husband and wife，夫妻间的赠与，第 235 页，第 353 页注释。另参见 Donatio（赠与）

Gnomon of Idios Logos,《关于皇帝私产的训示录》，第 370 页注释

Governor of province，行省总督，第 66 页以下，第 333、335—336、402—403、425 页

Gracchus, C.，格拉古，第 65、78、80、178、315 页

Granius Flaccus，格兰尼·弗拉库斯，第 86 页注释

Greek influence，希腊的影响，第 97、111—113、406、408 页，第 414 页以下，第 469 页以下，第 509 页

Guardianship，监护，第 121—122 页，第 239 页以下，第 446、507 页。另参见 Cura（保佐），Tutela（监护）

Guilds, 行会, 第 435、448 页

# H

Hadrian, 哈德良, 第 6、325、332、333、356—357、361—362、369、384—385 页

Harmenopulos, 哈门诺普鲁, 第 504 页

Heredis institutio, 继承人的设立, 第 123、128、129—130 页

 restrictions on, 对设立继承人的限制, 第 246 页

Hereditas, 遗产, 继承, 参见 Succession (继承)

Hereditatis petitio, 要求继承之诉, 第 198、252—253、259 页

Heredium, 世袭地产, 第 139 页

Heres, 继承人, 第 123—124、128、251 页; extraneus, 家外继承人, 参见 Extraneus heres (家外继承人)

Heres, suus, 自家继承人, 参见 Suus heres (自家继承人)

Hermogenianus, 赫尔莫杰尼, 第 394 页注释, 第 464 页

Hexabiblos,《纲要》, 第 504 页

Hire, 租赁, 参见 Locatio conductio (租赁)

Honestiores, 上等人, 第 347、351、403、431、434 页

Honor, 荣誉, 荣誉职位, 第 98 页注释

Honoraria for 'liberal' services, 提供"自由"职业服务的酬谢, 第 396 页

Honorarii, 荣誉官员, 第 429 页

Hostes publici, 公敌, 第 402 页注释

Humiliores, 下等人, 第 347、351 页

Hypotheca, 抵押, 协议质押, 第 302—304 页

# I

Iavolenus Priscus, 雅沃伦·普里斯科, 第 378、383 页

Idios Logos, 皇帝在埃及的财务官, 第 370 页注释

Illustris, 杰出的人, 第 427、429、432、445 页

Imperial council, 参见 Consilium principis (君主顾问委员会), Consistorium (枢密院)

Imperium, 治权, 第 9 页, 第 19 页注释, 第 35 页, 第 36 页注释, 第 40、41、43、45—46 页, 第 47 页注释, 第 49、52、55、66—67 页, 第 135 页注释, 第 179 页注释, 第 226 页, 第 323 页注释, 第 333、365、395 页

 maius, 较高治权, 第 323 页注释, 第 402 页注释;

 proconsulare, 行省执政官治权, of emperor, 皇帝治权, 第 323—324、365 页

Imprisonment, 监禁, 第 307 页注释

In actu positi, 现任职, 第 249 页

Incertum, 非确定物, 第 193 页注释

Indebitum, 不存在的债, 第 215 页, 第 271 页注释, 第 284—285 页

Index, 索引, 第 481、500、501 页

Index Florentinus,《佛罗伦萨索引》, 第 483 页注释

Indictio, 评断, 第 426 页

Infamia, 不名誉, 第 218、273、288 页

Infra classem, 下等市民, 第 22 页注释

Ingenuus, 生来自由人, 第 84 页注释

In integrum restitution, 恢复原状, 第 226 页注释, 第 229—230、241、278、349 页, 第 356 页注释, 第 400、446 页

In iure cessio, 拟诉弃权, 第 47 页注释, 第 60、133、135、137、141—142 页, 第 145 页注释, 第 149 页以下, 第 158、166 页, 第 176 页注释, 第 420、506 页

Iniuria, 侵辱, 第 169、171、173 页, 第 272 页以下

In ius vocation, 传唤受审, 第 175—176、200、441 页

Innocentius, 伊诺钦提, 第 361 页

Innominate contracts, 无名契约, 第 512 页

Inquilinus, 客民, 第 436 页注释

Institutes, of Gaius,《盖尤斯法学阶梯》, 第 388—389 页

 of Justinian,《优士丁尼法学阶梯》, 第

492—493 页

Institutio heredis, 继承人的设立, 参见 Heredis institutio（继承人的设立）

Institutiones (of classical jurists), （古典法学家的）《法学阶梯》, 第 376 页

Intentio, 原告请求, 第 203—204、206 页, 第 209 页以下
 certa, 特定的原告请求, incerta, 不特定的原告请求, 第 203 页

Intention, 意图, 第 174、410、513—514 页

Intercessio, 否决权, 第 12、44、47、54—55 页, 第 98 页注释, 第 316、330、400 页

Interdicta, 令状, 第 157 页注释, 第 226 页, 第 229 页注释, 第 230—232、440—441 页;
 popularia, 公共令状, 第 230 页注释;
 possessoria, 占有令状, 第 232 页, 第 259 页以下

Interdictal procedure, 令状程序, 第 231—232 页

Interdictio aqua et igni, 流放令, 第 307—308、403 页

Interdiction of prodigus, 针对浪费人的令状, 第 122 页

Interdictum, 令状
 de clandestina possession, 制止欺瞒占有令状, 第 261 页;
 de glande legenda, 关于收获果实的令状, 第 157 页注释, 第 232 页注释;
 de loco publico fruendo, 关于利用公共土地的令状, 第 261 页注释;
 de migrando, 禁止搬离令状, 第 232 页注释;
 de precario, 针对临时让与的令状, 第 230、261 页;
 quorum bonorum, 获得占有令状, 第 100、232、253、255、259、262 页;
 Salvianum, 萨尔维令状, 第 303—304 页;
 unde vi, 制止暴力剥夺令状, 第 261—263 页;
 utile, 扩用令状, 第 230 页注释;

uti possidetis, 现状占有令状, 第 226 页注释, 第 259—260、262、263 页;
utrubi, 优者占有令状, 第 260—261、262、263 页

Interpolations, 添加, 第 456、486—489、495、507 页

Interpretatio, 解释, 第 88 页以下, 第 92、95、276、362 页
 to lex Romana Visigothorum, 对《维息哥罗马法》的解释, 第 466—467、476 页

Interregnum, 王位空缺期
 interrex, 摄政王, 第 30、33 页, 第 43 页注释, 第 45 页

Intestate succession, 遗嘱继承, 参见 Succession intestate（遗嘱继承）

Irnerius, 伊尔内留, 第 492、498 页

Isidorus, 伊斯多, 第 501 页

Iter, 通行权, 第 158 页

Iudex, 审判员, 第 48、80—81、95、177—179、182—183、184—187 页
 medius, minor, 中等级别和低等级别的审判员, 第 462 页;
 ordinarius, 普通审判员, 第 446 页;
 pedaneus, 受委托的承审员, 第 398、439—440、444、446、449 页;
 quaestionis, 具有执法官地位的审判员, 第 318 页

Iudices decemviri, 十人审判委员会, 第 199 页注释

Iudicis arbitrive postulatio, 请求审判员仲裁, 第 182 页以下, 第 185—186、193、194、195、220 页

Iudicium, 审判, 第 176 页注释
 bonae fidei, 诚信审判, 参见 Actiones bonae fidei（诚信诉讼）;
 Cascellianum, 卡谢里审判, 第 94 页;
 imperio continens, 依权审判, 第 223 页, 第 400 页注释;
 legitimum, 法定审判, 第 156、223 页, 第 400 页注释;

索引　673

privatum, 私人审判, 第225、313页；
publicum, 公共审判, 第225、313、376页（并参见 Criminal law 等词条）；
rescissorium, 撤销审判, 第229页；
secutorium, 附带审判, 第231页

Iugatio, 一种土地税, iugum, 小块土地, 第426页

Iulianus, 尤里安, 参见 Julian（尤里安）

Iuniores, 年少者, 第21—22页, 第129页注释

Iurisdictio, 司法管辖, 第47页注释, 第226页。另参见 Jurisdiction（司法权）

Iuris prudentes, 法学家, 第91页以下、374页以下。另参见 Ius respondendi（解答权）、Responsa Prudentium（法学家的解答）

Ius, 法, 权利
  actorum conficiendorum, 保管公共案卷的权利, 第441页；
  Aelianum,《艾里亚法》, 第92、97页；
  civile, 市民法, 第95页注释, 第98页, 第102页以下, 第201—202、207、208—209、210—211、214页, 第221页以下, 第242、249页, 第252页以下, 第291、357—358、364、438、505页（并参考 Ius honorarium）；
  Flavianum,《福劳维法》, 第91、92、97页；
  gentium, 万民法, 第59、65页, 第102页以下, 第143、417、438、505页；
  gladii, 剑罚权, 第403页；
  honorarium, 荣誉法, 执法官法, 第98页以下, 第222、228、278、356、357、364、406、506页；
  migrandi, 迁居权, 第60、61页；
  in re aliena, 他物权, 第157—158、268—270、413、474页；

Italicum, 意大利权, 第137页注释, 第267页, 第345页注释；
  naturale, 自然法, 第102—107、143页；
  non scriptum, 不成文法, 第353页；
  opposed to leges, 与法律（leges）相对, 第451页注释；
  Papirianum,《帕皮里法》, 第86页注释；
  Quiritium, 奎里蒂法, 罗马市民法, 第60页（并参见 Ius civile）；
  respondendi, 解答权, 第359—363、374、375、451、481—482页；
  sacrum, 神法, 第89、109页；
  scriptum, 成文法, 第353页；
  tollendi, 去除权, 第508页

Iusiurandum, 宣誓, liberti, 解放宣誓, 第279页注释
  in litem, 估价宣誓, 第214页；
  necessarium (in iure delatum), 必要宣誓（诉讼中依要求宣誓）, 第195页注释

Iustinianus novus, 优士丁尼的新生, 参见 Dupondius

Iusta causa, 正当原因, 第152、153、155页

## J

Joint family, 联合家庭, 第126页, 第127页注释, 第131—132页, 第138页注释。另参见 Family（家庭）

Julian, 尤里安, 第339、361、383、384—385、386页
  revision of edict by, 尤里安对告示的修订, 第357—358页

Jurisdiction, 司法权, 审判权, 管辖权, 第46、47、48—49、49—50页, 第51页注释, 第53、56—57、61、63、66、67—68、70页, 第197页以下, 第305页以下, 第329—330、334—337、339—340、348—349页, 第395页以下, 第426、430页, 第439页以下

Jurists, 法学家, 参见 Iuris prudentes（法学家）

Jury, 陪审团
  jury courts, 陪审团法庭, 第80—81、178、198、308、315、318、401页

Justinian, 优士丁尼, 第6、478页；

legislation of，优士丁尼的立法，第 478 页以下

## K

King，王，参见 Regal period（王政时期）

## L

Labeo，拉贝奥，第 93、378—379、380—381 页

Land，土地，参见 Ager（田地）

Lanx et licium，携盘碟与缠布带，第 168、219、274 页

Latin，cities (in Principate)，拉丁城市（元首制时期），第 348—349 页

    colonies，拉丁殖民地，第 59、61—62、64、134 页；

    league，拉丁同盟，第 2 页、第 58 页以下、第 102 页

Latini，拉丁人，coloniarii，殖民区拉丁人，第 60 页注释

    Iuniani，尤尼亚拉丁人，第 62、345、367、438 页；

    prisci，早期拉丁人，第 60 页注释

Latinity，拉丁人身份，第 59—62、64 页、第 66 页注释、第 345 页

Latium，拉丁权

    maius and minus，大拉丁权和小拉丁权，第 61 页、第 345 页注释

Latus clavus，外袍上的阔边带，第 327 页注释

Law of Citations，引证法，第 387 页、第 452—453 页

Legacies，遗产，第 124、129 页、第 246 页以下、第 269、506 页

Legal education，法学教育，第 97 页、第 453 页以下、第 498 页以下。参见 Schools, Law（法学院）

Legare，遗赠，第 244 页

Legati，特使，第 67—68 页

    Caesaris, pro praetor，皇帝行省的使节裁判官，第 331、333、335—336 页

Legibus solutus，免受法律的约束，第 325 页

Legis action，法律诉讼，第 60、90、91、100、150、175、176—190、192—196 页、第 218 页以下、第 313 页

    per condictionem，请求给付之诉，第 193—195 页、第 215 页注释、第 220、223—224、285 页；

    per iudicis arbitrive postulationem，请求审判员或仲裁人之诉，第 176 页注释、第 178—179、182—184、194、195、220—221 页、第 281 页注释；

    per manus iniectionem，拘禁之诉，第 188 页以下、第 196 页以下；并参见 Manus iniectio（拘禁）；

    per pignoris capionem，扣押之诉，第 101 页、第 163 页注释、第 190 页；

    sacramento，誓金法律诉讼，第 56 页注释、第 134 页、第 138 页注释、第 139 页注释、第 141—142、165、180—182、183—184、186、187、195、196、266、285 页；

    sacramento in capital matters，在死刑问题上的誓金法律诉讼，第 311—313、317 页

Legislation by popular assemblies，民众会议的立法，第 86—87、355—356 页

    imperial，皇帝立法，第 365 页以下、第 460 页以下

Legitimi，法定继承人，第 250 页

Lex, leges，法律，第 24 页以下、第 86 页以下、第 244 页注释、第 353、355—356、451 页

    as opposed to ius，与法（ius）相对，第 451 页注释；

    commissoria，流质约款，第 302 页；

    curiata，库里亚法，第 19、55 页；

    data，官定法律，第 69、348 页、第 366 页注释；

    dicta，宣示法，第 145 页注释、第 366 页注释；

    edictalis，告示法，第 460 页；

    geminata，孪生法律，第 488 页；

    generalis，一般法，第 460 页；

    imperfecta, minus quam perfecta, perfecta,

不完善法律、次完善法律、完善法律，第 87—88 页（参考第 28—30 页）；
publica, 公共法律, 第 244 页；
regia, 君王法, 第 86 页注释
rogata, 民决法律, 第 69 页注释
Lex, leges, Acilia,《阿其里法》，第 61 页注释，第 80 页注释
Aebutia,《爱布兹法》，第 100 页，第 168 页注释，第 175、199 页，第 218 页以下，第 226 页注释；
Aelia Sentia,《艾里亚和森迪亚法》，第 346—347 页；
agraria ( of 111 B.C.),公元前 111 年的《土地法》，第 132 页注释,（of Nerva）内尔瓦的《土地法》，第 326 页注释；
Antonia de Termessibus,《关于特尔梅苏的安东尼法》，第 69 页注释；
Appuleia,《阿布勒伊法》，第 320 页注释；
Apuleia,《阿普雷亚法》，第 300 页；
Aquilia,《阿奎利亚法》，第 87、170、227 页，第 275 页以下，第 297 页，第 355 页注释，第 512—513 页；
Atilia,《阿梯里亚法》，第 54 页注释，第 239 页；
Atinia,《阿梯尼法》，第 146 页注释，第 153 页；
Aurelia,《奥勒留法》，第 80 页，第 318 页注释，第 322 页注释；
Caecilia Didia,《凯其里和迪第法》，27, 29 页；
Calpurnia,《坎布尔尼亚法》，第 193 页；
Calpurnia repetundarum,《关于搜刮钱财罪的坎布尔尼亚法》，第 70 页注释，第 308 页；
Canuleia,《卡努勒亚法》，第 14、25、87 页；
Cicereia,《西塞雷法》，第 299 页注释，第 300 页；
Cincia,《琴其亚法》，第 87、207 页，第 233 页注释，第 235 页注释；
Claudia,《克劳迪法》，第 79 页；
Cornelia,《科尔内利法》，第 34、98、274、300、314 页；
de imperio Vespasiani,《维斯帕西安权力约法》，第 88 页注释，第 324 页注释；
Fabia,《法比法》，第 320 页注释；
Falcidia,《法尔其第法》，第 248 页；
Fufia Caninia,《富菲亚和卡尼尼法》，第 355 页注释；
Furia de sponsu,《关于誓约的富里法》，第 197、300 页；
Furia testamentaria,《关于遗嘱的富里法》，第 87 页，第 197 页注释，第 247 页；
Genucia,《格努其法》，第 25 页，第 355 页注释；
Hortensia,《霍尔滕西法》，第 2、17、25、275 页；
Icilia,《伊其利法》，第 13 页；
Iulia,《尤利法》，第 66 页，第 152 页注释，第 217 页注释；
Iulia de adulteriis coercendis,《关于惩治通奸罪的尤利法》，第 355 页注释；
de maritandis ordinibus,《关于嫁娶的尤利法》，第 355 页注释；
municipalis,《关于自治市的尤利法》，第 348 页注释；
leges Iuliae iudiciariae,《关于审判员的尤利法》，第 198、199、218—219、225、313 页；
Iulia et Titia,《尤利和提第法》，第 239 页注释；
Iunia,《尤尼亚法》，第 136、345、346 页；
Laetoria,《莱多里法》，第 241 页注释；
Licinia et Mucia,《李其尼和穆齐法》，第 65 页，第 94 页注释；
leges Liciniae Sextiae,《李其尼-塞斯提法》，第 15—17、25 页，第 29 页注释，第 75 页；
Licinnia,《李其尼亚法》，第 183 页；
Maenia,《梅尼亚法》，第 33 页；
Malacitana,《马拉其塔法》，第 366 页注释；

# 索引

metalli Vipascensis,《维帕西矿场法》,第366页注释;

Munatia Aemilia,《穆那体·艾米里法》,第73页;

Ogulnia,《奥古尔尼法》,第16、91页;

Ovinia,《奥威尼法》,第32页;

Papia Poppaea,《巴比·波培法》,第355页,第356页注释;

Papiria,《帕庇里亚法》,第56页注释;

Pinaria,《皮那里亚法》,第184页注释,第194页;

Plaetoria,《普莱多里法》,第241页;

Plautia,《普劳第法》,第152页注释;第320页注释;

Plautia Papiria,《普劳第和帕皮里法》,第66页;

Poetelia,《博埃得里亚法》,第87、164、189页,第195页注释,第279页;

Pompeia,《庞培法》,第36页注释;

Pompeia parricidii,《关于弑亲罪的庞培法》,第320页注释;

Porcia,《波尔其亚法》,第307页;

Publilia,《布布里利法》,第16、24、196—197页;

Publilia Philonis,《布布里利和菲罗尼法》,第25、33页;

Remmia,《雷米法》,第318页注释;

Romana Burgundionum,《勃艮第罗马法》,第467页;

Romana Visigothorum,《维息哥罗马法》,第466页;

Roscia theatralis,《有关剧院的罗沙法》,第80页注释;

Rubria,《鲁比法》,第216页注释;

Rupilia,《鲁皮里法》,第69—70页;

Salpensana,《萨尔本法》,第366页注释;

Sempronia iudiciaria,《关于审判员的森布罗尼法》,第80、315页;

de provinciis consularibus,《关于执政官行省的森布罗尼法》,第36页;

de provocatione,《关于判处市民死刑的森普罗尼亚法》,第313页注释,第315、316页;

Silia,《西利法》,第193页;

Valeria Cornelia,《瓦勒里和科尔内利法》,第23页,第332页注释;

Valeria Horatia on plebiscites,《关于平民会决议的瓦勒里和霍拉提法》,第14、24页;

Valeria Horatia de provocatione,《关于申诉的瓦勒里和霍拉提法》,第12、14页,第55页注释;

Vallia,《瓦里法》,第197页;

Vatinia,《瓦提尼法》,第36页注释;

Visellia,《威塞利法》,第351页注释;

Voconia,《沃科尼亚法》,第246、248、249页

Liability and duty,"责任"和"义务",第161页注释,第166页注释

Libelli,申诉状,第369、372页

Libellus conventionis,起诉状,第442页

Libellus contradictories,答辩状,第442页

Liber,纸莎书卷,第377页注释,第482页注释;

mandatorum,训示集,第462页

Liberi,卑亲属,第249—250页

Libertinus,解放自由人地位,Libertus,解放自由人,并参见 Freedmen(解放自由人)

Libri ad Sabinum,《萨宾评注》,第376页

Libripens,司秤,第144、165、242页,第243页注释,第248页

Lictors,侍从官,第19、47、55、120页

Light, servitude of,采光役权,第158页

Literal contract,文字契约,第195页,第282页以下,第417、506页

under Justinian,优士丁尼时期的文书债务,第510—511页

Litis contestatio,证讼程序,第177、184、201、206、216页,第299页注释,第301页注释,第442、443、450页

Litis denuntiatio，诉讼通知，第 399、441 页

Litterae (summons)，书信传唤，第 399 页

Local government，地方管理，第 347—350、430 页

Locatio conductio，租赁，第 163 页，第 211 页注释，第 288、294—295、435 页

Longi temporis praescriptio，长期时效，第 153 页注释，第 506 页

Longinus，隆琴，第 378 页

Lucullus, M. Terentius，卢库鲁斯，第 277 页

## M

Maecianus，梅其安，第 386 页

Magister, census，监察长官，第 454 页
 equitum，骑兵长官，第 55、56 页；
 militum，军团长，第 427—428、448 页；
 officiorum，宫廷办公室主任，第 427—428、448 页；
 utriusque militiae，掌实权的大将军，第 430 页

Magistrates，执法官
 in Republic，共和国时期执法官，第 45 页以下；
 republican, in Dominate，君主制时期共和国执法官，第 432—433 页；
 republican, in Principate，元首制时期共和国执法官，第 328—330 页

Magistrates, minor，低级执法官，第 56—57、330 页

Magliano, inscription of，马里阿诺铭文，参见 Tabula Hebana（赫巴铭文）

Maiestas，叛逆罪，第 319—320 页

Mancipation，要式买卖，第 60、104、116、133、135 页注释，第 137—138 页、139 页注释，第 141—142 页、143 页以下，第 151、154、162—163、165、293 页，第 505 页注释

Mancipio, in，处于受役状态，参见 Bondage（奴役）

Mancipium，权力，财产权，第 114 页注释，第 138 页注释

Mandatum (contract)，委托（契约），第 211 页注释，第 288、297 页
 pecuniae credendae，放债委托，第 301 页；
 qualificatum，特定委托，第 301 页注释

Mandatum (imperial)，皇帝训示，第 366 页，第 370 页以下，第 462 页

Manilius，曼尼流，第 92—93 页

Manumission，解放奴隶，第 83 页，第 134 页及以下，第 258、355、438 页，第 509 页注释
 by foreigners，由异邦人所为的解放，第 106 页；
 by Latins，由拉丁人所为的解放，第 349 页；
 censu，登记解放，第 134、236 页；
 inter amicos，当着朋友面解放，第 258 页；
 per epistolam，通过书信解放，第 258 页；
 testamento，遗嘱解放，第 124、135—136 页；
 vindicta，诉请解放，第 47 页注释，第 134 页以下，第 148 页注释，第 151 页注释，第 349 页

Manus，权力，夫权，第 114—118、119、121—122、123、234、240 页

Manus iniectio，拘禁，第 56 页注释，第 165—166、167 页，第 176 页注释，第 188 页以下，第 193、300 页
 pro iudicato，准判决拘禁，第 197 页；
 pura，纯粹拘禁，第 196—197 页

Marcillus，马尔切勒，第 390 页

Marcianus，马尔西安，第 394、492 页

Marcus Aurelius，马可·奥勒留，第 341 页

Marriage，婚姻，第 11 页，第 114 页以下，第 119、234—235、355、371、509 页

Masses，编组
 edictal, Papinian and Sabinian，告示编、帕比尼安编和萨宾编，第 483—484 页

Materfamilias，家母，第 115 页注释，第 119 页注释

索 引 　679

Maximus, Q., 马克西姆, Q., 第 92 页

Membrum ruptum, 断肢, 第 171、172 页, 第 272 页注释

Metus, 胁迫, 第 226 页注释, 第 229、278、279 页

Militia, 官员, 军队, 第 428—429 页

Minors, 未成年人, 参见 Cura minoris（未成年人保佐）

Missio, in bona, 财产占取

    in possessionem, 授权占有, 第 195 页注释, 第 200 页注释, 第 216 页注释, 第 217 页, 第 226 页注释, 第 227、228—229 页

Modestinus, 莫德斯丁, 第 394 页

Morbus, 疾病, 第 294 页

Mos maiorum, 传统习俗, 第 97 页注释, 第 101、354 页。另参见 Customary law（习惯法）

Mucius, 穆齐, 参见 Scaevola（斯凯沃拉）

Muncipium, 自治市, 第 63、66 页, 第 71 页以下, 第 348、430、446—447 页

    local law in, 自治市的地方法, 第 73—74 页

Murder, 杀人罪, 第 174、305、310—313、314、319 页

Mutatio civitatis, 市民籍的变更, 第 72 页

Mutum, 消费借贷, 第 195、214、284—285、419、511 页

# N

Namusa, Aufidius, 奥菲迪·那莫萨, 第 94 页

Narratio, 陈述诉讼请求, 第 443 页

Natural law, 自然法, 参见 Ius naturale（自然法）

Navicularii, 船东, 第 435 页

Nefasti, dies, 凶日, 法庭不能开庭进行审判活动的日子, 第 179 页注释, 第 203 页注释, 第 232 页

Negotiatores, 商人, 第 435 页

Negotiorum gestio, 无因管理, 第 211 页注释, 第 288、298、514 页

Negotium, 交易行为, 第 271 页

Nemo pro parte testatus, 不得实行部分遗嘱继承, 第 124、131 页

Neratius, 内拉蒂, 第 339、384 页

Nerva (jurist), 法学家内尔瓦

    the elder, 内尔瓦（父亲）, 第 378、382 页；

    the younger, 内尔瓦（儿子）, 第 378、382 页

Nexum, 债务口约, 第 161、162、163 页, 第 164 页以下, 第 195 页注释, 第 196、279 页

Nobilitas, 贵族, 第 17 页；参考第 78—79 页, 第 350 页注释。另参见 Senatorial nobility（元老贵族）

Nomina arcaria, 支付记账, 第 283 页

Nomina transscripticia, 债权誊账, 第 283—284 页

Nominatio, 提名, 第 326 页注释

Nomocanon, 条规, 第 502 页

Nota (censorial), 监察官记过, 第 52—53 页

Notitia Dignitatum, 官员名单, 第 423 页注释

Novels of Justinian, 优士丁尼的《新律》, 第 496 页

Novels, Post-Theodosian, 狄奥多西以后的新律, 第 465 页注释

Noxia, 侵害, 第 171、173 页

Noxae dare, 移交侵害者, 第 170 页注释, 第 173 页

Noxal actions, 损害诉讼, 参见 Actiones noxales（损害之诉）

Numerius Negidius, 努梅里·内基迪, 第 200 页注释

Nummus unus, 一个硬币, 第 146 页

Nuncupatio, 附约, 第 243 页, 第 366 页注释

Nundinae, 集市日, 第 189 页注释

# O

Objective document, 以第三人称叙述的文件, 第 415 页

Obligation, 债, 第 27、161、413、414 页注释, 第 511 页

Obligations, 债, 第159页以下, 第271页以下, 第413—414、474页
 natural, 自然之债, 第159页注释
Occupatio, 先占, 第143页
Octavian, 屋大维, 参见 Augustus（奥古斯都）
Oecumenical masters, 世界性大师, 第453页
Officiales, 低级别官员, 办事人员, 第448页
Ofilius, 奥弗利, 第94页
Oportere, 一种法定义务, 用于对人诉讼程式的原告请求中, 通常与另一动词（如 dare、fare）连用表示被告债务的性质, 第209—210、221—222页
Optimates, 贵族派, 第36页
Oratio (imperial), 皇帝的演说, 第365页
Os fractum, 折骨, 第171页, 第272页注释
Ownership, 所有权, 第137—139、140—142、263—268、474—475、506页, 第509页注释
 absolute or relative, 绝对的所有权或相对的所有权, 第140—142、154—155页, 第196页注释, 第266—267页；
 acquisition of, 所有权的取得, 第143页以下；
 and possession, 占有, 第259、474页；
 bonitary (praetorian)（裁判官法上的）善意所有权, 第99—100页, 第258页注释, 第264—265页；
 by peregrini, 异邦人所有权, 第268页；
 ex iure Quiritium, 市民法所有权, 第60、99、141、506页, 参考第263页及以下；
 functional division of, 对所有权的功能性划分, 第158页注释；
 of provincial land, 行省土地所有权, 第267—268页；
 restrictions on, 对所有权的限制, 第156页以下, 第506页

## P

Pactum, 简约, 第207、212、271页
Pandects,《学说汇纂》, 参见 Digest（《学说汇纂》）
Papian, 帕比安, 第467页注释
Papinian, 帕比尼安, 第338、391、484页
Papinianistae, 帕比尼安生（对法律学校三年级学生的称谓）, 第499—500页
Papirius, 帕比里, 第86页注释, 第92页；参见 Ius Papirianum（《帕皮里法》）
Papirius Iustus, 帕比里·尤斯特, 第372、390、463页
Paratitla, 并题, 第481、500页
Parricidium, 弑亲罪, 第320页注释；参见 Quaestores parricidii（杀人罪审判官）
Paterfamilias, 家父, 第115页注释, 第119页；参见 Family（家庭）
Patres: 家父, 元老
 conscripti, 当选者, maiorum and minorum gentium, 大氏族的家父和小氏族的家父, 第30—32页
Patria potestas, 父权, 第60页, 第104页注释, 第114、118—120、121、238—239、471页
Patricians, 贵族, 第2、9—17、18、32、75—76页
Patricius, 贵族, 第430页
Patrimonium (of emperor), 皇帝本人的财产, 第328、337页, 第427页注释
Patronus, patron, 庇主, 第121页
Paulus, 保罗, 第6、381、392—393、484页
 Sententiae of,《保罗论判决》, 第452、457页
Pauperies, 四足动物, 第171页
Peculatus, 贪污罪, 第310页
Peculium, 特有产, 第83、239、256—258页
 quasi-castrense, 准军营特有产, 第428页
Pecunia, 财产, 钱财, 第139—140、244页
Pedarii, 二等元老, 第44页
Pegasus, 贝加苏, 第383页
Peira,《判决汇编》, 第504页
Perduellio, 敌对行为, 第305页。另参见 Duoviri perduellionis（敌对行为两人审

索 引　　681

委会）

Peregrini，异邦人，第 42、71、102 页以下、第 136、220、345 页以下、第 403、438 页

Perfectissimus，优秀的人（骑士阶层高级官员的头衔），第 429、434 页

Personal law，属人法，第 103、136 页

Pignoris capio，扣押，第 163 页注释，第 190 页；参考第 37 页

Pignus，pledge，质押，第 286—287、302—303、508 页

　　in causa iudicati captum，司法质押，第 445 页

Plagium，拐带人口罪，第 320 页注释

Plautius，普劳提，第 383 页

Plautus，普劳图，第 191 页注释

Plebeians，平民，第 2、9—17、18、32、75—76 页

Plebeii (=lower classes)，下等阶级，第 351、430 页

Plebiscita 平民会决议，第 11、17、24—26、33、43、86—88、353、355 页

Pledge，质押，参见 Pignus（质押）

Plus petition，过分请求，第 442 页

Pompeius, Sextus，塞斯特·庞培，第 93 页

Pomponius，彭波尼，第 91—94、385、484 页

Pontifex maximus，祭司长，第 45 页、第 88 页注释、第 89 页注释、第 115、127、307、308-309 页

Pontifices，祭司，第 16、42、88—90、120、180 页

Pontius Pilate，庞蒂·彼拉特，第 336 页注释

Population, classes of，社会等级，第 75 页以下、第 345 页以下；第 433 页以下

Portoria，口岸税，第 37、39、337 页

Possession，占有，第 259—263 页

　　bona fide，善意占有，第 264 页

Possessores，占有人，第 261 页

Postulatio actionis，提出诉讼请求，第 185、201 页

Potentiores，大土地主，第 430 页

Potestas，支配权，第 114 页；并参见 Patria potestas（父权）

Potioris nomination，择优推荐，第 396 页

Praedes (praes)，保证人，第 162、281、299 页

　　litis et vindiciarum，诉讼保证人，第 181 页注释，第 187—188 页

Praefecti，行政长官

　　aerarii，金库行政长官，第 329 页注释；

　　Capuam Cumas，卡普与库玛城司法官，第 57、330—331 页；

　　iure dicundo，司法长官，第 61、63 页。另参见 Prefects（行政长官）

Praefectus, Aegypti，埃及长官，第 336、359 页，第 424 页注释

　　annonae，粮食长官，第 335、424、446 页；

　　per Illyricum，伊利里亚大区长官，第 425 页；

　　praetorio，军政长官，第 334—335、359、400、423—424、427、445、447、454 页；

　　praetorio in comitatu，在宫廷的军政长官，第 428、447 页；

　　urbi，城市行政长官，第 328、334 页，第 403 页注释，第 424、427、439—440、445、448 页；

　　vigilum，宵警长官，第 335 页，第 403 页注释，第 425、446 页

Praeiudicium，预备审，第 300 页注释

Praenomen，名字，第 18 页注释

Praepositus sacri cubiculi，圣室长官，第 427—428、448 页

Praescriptio，前书，诉求前书，第 206、225 页，第 252 页注释

　　longi temporis，长期时效，第 153 页注释，第 506 页

Praes，保证人，参见 Praedes（保证人）

Praesides，总管，第 425 页

Praetor，裁判官，第 8 页注释，第 16 页，第 43 页注释，第 48—49、66 页，第 97 页以下，第 149、201—202 页，第 220 页以下，第 311—312、318、329、330、

395—396 页，第 431 页注释，第 432 页注释，第 446 页

aerarii，金库司库员，第 329 页注释；

fideicommissarius，遗产信托裁判官，第 359 页注释，第 396 页；

maximus，最大的长官，第 8 页注释；

minor，较小的长官，第 16 页注释；

peregrinus，外事裁判官，第 46、48、100 页，第 102 页以下，第 198 页注释，第 220、221 页注释，第 329、358 页；

plebis，平民裁判官，第 446 页注释；

tutelarius，监护裁判官，第 396 页；

urbanus，内事裁判官，第 48—49 页，第 56 页注释，第 63、97、329、440 页。另参见 Edicts (magisterial)（执法官告示），Ius hororarium（荣誉法）

Precarium，临时让与，第 230、303 页

Precedent，先例，第 354 页注释，第 368、372—273、461 页

Pre-Digest，前学说汇纂，第 489—490 页

Prefects (imperial)，行政长官，第 331、334—336、340 页。另参见 Praefecti, Praefectus（行政长官）

Prefectures，大区，第 424 页

Prescription，时效，第 435—436、506 页。另参见 Usucapio（时效取得），Usus (marriage)（时效婚）

Presumptions，推定，第 444 页

Primicerius notariorum，首席大臣，第 423 页注释

Princeps (emperor)，元首，君主，第 3、324—325、339—340、341—342、395、400 页，第 402 页注释

Princeps senates，元老院首领，第 44 页

Principate，元首制，参见 Princeps（元首）

Privata testatio，私人证明，第 441 页

Private international law，国际私法，第 103 页

Privilegium，个别性的法律，第 29、109 页

Probatoria，证书，第 429 页

Procedure (civil)，程序（民事），第 175 页以下，第 191 页以下，第 397 页以下，第 439 页以下

apud iudicem，裁判审程序，第 48 页，第 176 页以下，第 185 页以下；

by default，缺席审判，第 399、442 页；

in iure，法律审程序，第 48 页，第 179 页以下；

libellary，通过诉状进行的程序，第 441 页。另参见 Cognitio extraordinaria（非常审判），Formulary system（程式诉讼制度）

Procedure (criminal)，程序（刑事），参见 Criminal Law etc.（刑法等词条）

Procedure, of assemblies，民众会议的程序，第 27—28 页；

of senate，元老院的程序，第 43 页以下

Procheiron,《摘要》，第 503 页

Proconsul，行省执政官，第 67、323、329、425、447 页

Proconsulare imperium，行省总督的治权，第 323 页注释，第 324 页

Proculians，普罗库勒学派，第 378 页以下

Proculus，普罗库勒，第 378、382 页

Procurator，代理人，第 298、329、336—337 页；

ad litem，诉讼代理人，第 298 页注释

Prodigus，浪费人，第 121—122、240—241 页

Pro herede gestio，作为继承人经营，第 251 页

Proletarii，无产者，第 21、219 页

Prolytae，对法律学校五年级学生的称谓，第 500 页

Pro-magistrates，前任执法官，第 34、67、323、329 页

Property, law of，财产法，第 137 页以下，第 259 页以下

Province, provincial，行省，第 2、35—36、40、42、48、49、66—71、102、323、424 页

Provincial governors，行省总督，参见 Edicts (magisterial)（执法官告示），Jurisdiction（司法权），Province（行省）

Provocatio，申诉，第 12、46、55 页，第 65

页注释，第 305 页注释，第 306—316 页

Prudentes，法学家，参见 Iuris prudentes（法学家）

Publicani，包税人，第 39、81、190、297、337 页

## Q

Quaestiones, of classical jurists,《问题集》（古典法学家的著作），第 376 页

Quaestiones，刑事法庭，extraordinaria，非常刑事法庭，第 309 页注释，第 313 页 perpetuae，常设刑事法庭，第 49、318—320、329、401—402、439 页

Quaestor，财务官，第 11、15、33、39—40、47—48、50—51、67、79 页，第 97 页注释，第 155、306、310、329、330 页，第 431 页注释

 Augusti，奥古斯都的财务官，第 329 页，第 427 页注释；

 pro praetore，作为行省裁判官的财务官，第 329 页；

 sacri palatii，圣殿执法官，第 427—428、447、462 页

Quaestores parricidii，杀人罪审判官，第 50 页注释，第 310、316 页注释

Quasi-contract，准契约，第 172、195 页，第 272 页注释，第 284—285、288、298 页

Quasi-delict，准私犯，第 272 页注释

Quattuorviri，四人委员会，第 47 页注释

Querela inofficiosi testamenti，悖伦遗嘱之控告，第 198 页，第 396 页注释

Querela non numeratae pecuniae，未付款之诉，参见 Exceptio n.n.p（未付款抗辩）

Quindecimviri sacris faciundis，十五人祭司团，第 43 页注释

Quinquennales,《五十项裁定》，第 349 页

Quirites，罗马市民，第 60 页

## R

Rapina，抢劫，第 167 页注释，第 271 页注释，第 277 页

Rationalis，会计官，第 337 页注释，第 448 页

Raudusculum，铜片，第 144 页

Receptum argentarii，钱庄承保，第 301 页注释

Reciperatio，各得己物，第 102 页

Recuperatores，判还官，第 53、102、203、213 页，第 221 页注释，第 272 页

Regal period，王政时期，第 8、10、19 页，第 95 页注释

Registration, land，土地登记，第 406 页

Regulae，法则，第 376 页

Relatio，请示，第 44 页注释，第 370、401 页

Relegatio，遣送，第 403 页，第 446 页注释

Religion，宗教，第 42—43、45 页。另参见 Augurs（占卜官），Auspices（占卜），Fetiales（战和事务祭司），Flamen dialis（朱庇特神的祭司），Pontifex maximus（祭司长），Pontifices（祭司），Rex Sacrorum（圣王）

Renuntiatio，对民众会议所选举的执法官的宣布，第 232 页，第 326 页注释

Reparatio temporum，原告重新诉求，第 441 页

Repetundae，搜刮钱财罪，第 70 页注释，第 80 页注释，第 203 页注释，第 308 页，第 314 页注释，第 318 页注释，第 320 页，第 402 页注释

Replicatio，答辩，第 208 页

 pacti，简约答辩，第 208 页；

 rei venditae et traditae，物已出卖并交付答辩，第 264 页

Repudium，片面离婚，第 235—236 页

Res，物，第 412—413 页

 certa，确定物，第 193 页；

 corporals, incorporales，有体物，无体物，第 390 页注释，第 412 页；

 furtive，被窃物，第 152、153 页；

 mancipi, nec mancipi，要式物，略式物，第 137—140、141—142、143、144、146、153、155、158 页，第 263 页以下，第 506 页注释；

mobiles, immobile, 动产, 不动产, 第137页;

privata Caesaris, 皇帝私产, 第337、427页

Res gestae divi Augusti, 《奥古斯都行述》, 第322页注释

Rescriptum, 批复, 第368页以下, 第401、442、461页

Respondere, 解答, 第95—96页

Responsa (literary form), 答复集, 第443页

Responsa prudentium, 法学家的解答, 第95页, 第180页注释, 第353、359—363、375、451页

Responsio, 答辩, 第443页

Restitutio, 复原, 参见 In integrum restitutio（恢复原状）

Revocatio in duplum, 加倍撤销, 第400页注释

Rex sacrorum, 圣王, 第1、45、115页

Rhetoric, 修辞, 第380、453页注释

Rogatio, 提案, 第27页

Rutilian action, 鲁第里诉讼, 第209页注释, 第217页注释

Rutilius, 鲁第里, 第93页

## S

Sabinians, 萨宾学派, 第378页以下

Sabinus, Caelius, 切流斯·萨宾, 第378、383页

Massurius, 马苏里·萨宾, 第360、374、376、378、380、381—382页, 第382页注释

Saccarii, 搬运工, 第435页

Sacra, 圣事, 祭祀, 第18页注释, 第89页, 第120页注释, 第130页, 第240页注释, 第254页

Sacramentum, 赌誓, 参见 Legis action sacramento（誓金法律诉讼）

Sacrosanctitas, 神圣不可侵犯, 第55页, 第323页注释, 第324页

Sale, 买卖, 参见 Emptio venditio（买卖）

Sanctio, 处罚条款, 第88页;

pragmatic, 国事诏书, 第461页, 第497页注释, 第498页

Satisdatio secundum mancipium, 根据要式口约保证, 第292页注释

Saturninus, 萨图尔尼诺, 参见 Venuleius（维努雷）

Scaevola, P.Mucius, P. 穆齐·谢沃拉, 第92页

Scaevola, Q.Cervidius, Q. 切尔维丢·谢沃拉, 第390—391页

Scaevola, Q.Mucius, Q. 穆齐·谢沃拉, 第93、94、101页, 第198页注释, 第376、380页

Scholae, 会社, 第429页

Palatinae, 圣殿卫队, 第425、427页

Scholia, to Basilica, 《〈巴西尔法律全书〉注解》, 第454、476、501、503—504页

Sinaitica, 《西奈注解》, 第454、459、476、499页

Schools, law, 法律学校, 第451、453页以下, 第476、489、498页及以下, 第505、514页

Sabinian and Proculian, 萨宾学派和普罗库勒学派, 第378页以下

Schuld and Haftung, 义务和责任, 第161页注释

Scipio Nasica, 希比奥·那西卡, 第92页

Scribere, 撰写, 第96页

Scrinia, 宫廷官署, 第427页

Scriptum and voluntas, 文字与意图, 第410页

Sealing, 封印, 第248、416页

Search for stolen things, 搜寻被窃物, 第167—169、274页

Secession (of plebs), 平民撤离, 第12、13页, 第275页注释

Secretaries (imperial), 皇帝秘书, 第338—339页

Security, 担保, 第159—162、298—304页

personal, 人的担保, 第298—301页;

real, 物的担保, 第 301—304 页
Sempronius, 森普罗尼, 第 92 页
Senate, 元老院, 第 8 页、第 30 页及以下、第 326 页以下, 第 402、431—432 页
Senatorial nobility, 元老贵族, 第 78—79、350、433、446 页
Senatorial posts in imperial service, 在帝国行政机构中的元老职位, 第 332 页
Senatusconsultum, 元老院决议, 第 30 页注释、第 44—45、207、353 页, 第 363 页以下
   Calvisianum,《卡尔维西安元老院决议》, 第 339 页注释、402 页注释;
   de Bacchanalibus,《关于酒神崇拜的元老院决议》, 第 65 页注释、第 309 页注释, 第 313 页;
   Iuventianum,《尤文第元老院决议》, 第 364 页注释;
   Macedonianum,《马切多尼安元老院决议》, 第 207、364 页;
   Neronianum,《尼禄元老院决议》, 第 364 页;
   Pegasianum,《贝加西安元老院决议》, 第 401 页注释;
   Silanianum,《斯拉尼安元老院决议》, 第 363 页;
   Tertullianum,《德尔图良元老院决议》, 第 364 页注释;
   Trebellianum,《特雷贝里安元老院决议》, 第 364 页;
   ultimum, 元老院最高决议, 第 36 页、第 402 页注释;
   Vellaeanum,《韦勒雅元老院决议》, 第 363 页、第 367 页注释
Seniores, 年长者, 第 21—22 页
Sententiae,《判决》, 第 376 页
Servian constitution, 塞尔维体制, 第 20、79 页
Servitudes, personal, 人役权, 第 158 页注释, 第 269 页
   praedial, 地役权, 第 157—158 页, 第 214 页注释、第 268、413 页;

urban and rustic, 城市地役权和乡村地役权, 第 157—158 页
Servius Sulpicius Rufus, 塞尔维·苏尔比丘·鲁佛, 第 93 页、第 97 页注释、第 380 页
Sex suffragia, 六个先投票的百人团, 第 21 页注释、第 23 页注释
Sibylline books, 希比拉书, 第 43 页
Signature, 签名, 第 369、416 页
Slavery, 奴隶制, 第 83、106 页、第 133 页以下、第 256 页以下、第 435 页
Social War, 同盟者战争, 第 66 页
Societas, 合伙, 第 126、288 页, 第 295 页以下, 第 513—514 页
   ercto non cito, 不分割的遗产, 参见 Consortium (不分遗产共同体)
Societates publicanorum, 包税人合伙, 第 297 页
Socii, 同盟者, 第 64、69 页
Sodales, 社团成员, 第 112 页注释
Solon, 梭仑, 第 13、111 页
Solutio, 清偿, 第 161 页
   per aes et libram, 秤铜式清偿, 第 161 页
Sorcery, 巫术, 第 171 页注释
Sources of law, 法律渊源, 第 86 页以下, 第 353 页以下、第 451 页以下
Specific performance, 强制履行, 第 444 页。参见 Condemnatio pecuniaria (钱款判罚)
Specificatio, 加工, 第 143 页、第 379 页注释
Spectabilis, 显要的人, 第 429、445 页
Spendthrift, 浪费人, 参见 Prodigus (浪费人)
Sponsalia, 订婚、婚约, 第 233 页注释, 第 281 页
Sponsio, 誓约, 第 280—281、299—300 页
   betrothal, 婚约, 第 233、281 页;
   et restipulatio, 誓约和复约, 第 194, 第 224 页注释、第 301 页;
   procedure, per sponsionem, 关于誓约的程序, 第 195—196、230—231、260 页
Sponsor, 保证人, 第 197、280—281、299—300 页

Stephanus，斯蒂芬，第 501 页

Stillicidium，排水役权，第 268 页

Stipulatio, duplae，加倍赔偿要式口约，habere licere，关于合法拥有的要式口约，第 292 页，第 294 页注释

Stipulation，要式口约，第 96 页注释，第 103—104、162、182、279 页以下，第 283、289、470、509—510 页

    praetorian，裁判官要式口约，第 226 页以下；

    pro praede litis et vindiciarum，关于诉讼保证人的要式口约，第 196 页；

    written，书面的要式口约，第 414、418、509—510 页

Stoicism，斯多葛主义，第 379 页

Struggle between the Orders，阶层之间的斗争，第 9 页以下，第 75、139 页

Subjective document，以第一人称叙述的文件，第 415 页

Subjectivism, Byzantine，拜占庭的主观主义，第 513—514 页

Subscriptiones，批示，第 369、371 页

Succession，继承，继受，第 123—124 页，第 242 页以下

    intestate，无遗嘱继承，第 121、124 页以下，第 151 页注释，第 249 页以下，第 496、506 页；

    testamentary，遗嘱继承，第 126 页以下，第 242 页以下；

    to Principate，元首职位的继受，第 341 页以下；

    to Dominate，帝位的继受，第 422—423 页；

    universal，概括继承，第 123—124 页。另参见 Bonorum possessio（善意占有），Testamentum（遗嘱）

Sui iuris，自权人，第 119 页注释

Sulla，苏拉，第 23、33、36、49、55、274、308、321 页

Summons，传唤，第 175—176、200、398—399、441—442 页

Sureties，保证，参见 Security, personal（人的担保）

Suus heres，自家继承人，第 122 页注释，第 123—124 页，第 124 页以下，第 130 页以下，第 251 页

Syngrapha，约据，第 418—419 页

Syro-Roman law book，锡罗—罗马法学课本，第 459 页

# T

Tabula, Banasitana，巴纳斯塔拿铜表，第 347 页注释

    Hebana，赫巴铜表，第 23、第 326 页注释；

    Heracleensis，伊腊克林铜表，第 348 页注释

Talion，同态复仇，第 171 页

Taxatio，估定限额，第 204 页

Taxation，征税，第 37—39 页，第 54 页注释，第 70、328、337、349、425—426、430、435 页

Teaching，教学，参见 Legal education（法律教育）

Terence，特伦斯，第 191 页注释

Tertullianus，德尔图里安，第 392 页

Testamentum (will)，遗嘱，第 126 页以下，第 242 页以下，第 488、506 页

    comitiis calatis，会前遗嘱，第 127 页，第 128 页以下，第 132、242、506 页；

    in procinctu，战前遗嘱，第 89、127 页，第 129 页注释，第 242 页；

    per aes et libram (mancipatory will)，称铜式遗嘱（要式买卖遗嘱），第 127—128、132、145 页，第 242 页以下，第 417 页；

    praetorian，裁判官法遗嘱，第 248—249 页

Thalelaeus，塔勒鲁，第 501、503 页

Theft，盗窃，参见 Furtum（盗窃）

Theodosian Code，《狄奥多西法典》，第 464—465、479、494 页

Theophilus，狄奥菲罗，第 480、492、550—

551、503 页

Things，物，classification of，物之分类，参见 Res（物）

Tipucitus，《论集》，第 504 页

Traditio，让渡，交付，第 137、143 页，第 145 页注释

Transscriptio a persona in personam, a re in personam，记人于人，记事于人，第 282 页

Treason，叛国罪，参见 Maiestas（叛逆罪）、Perduellio（敌对行为）

Treaties，条约，第 41、64、68、70、102 页

Trebatius，特雷巴蒂，第 94、381 页

Tres partes，对《学说汇纂》第二部分《增卷》中从"tres partes"开始至卷尾这一部分的代称，第 491 页

Tresviri, capitals，三人行刑官，第 56、314、320、335 页

　　monetales，三人铸币官，第 56 页；

　　nocturni，三人宵禁官，第 56 页

Trial, civil，民事审判，第 48 页，第 176 页以下，第 215、223、443—444 页

　　criminal，刑事审判，第 50、109、305 页以下，第 329—330 页；

　　domestic，家事审判，第 118、119 页，第 317 页注释

Tribes，部落，第 18、20—24 页

Tribonian，特里波尼安，第 478、479、480、483、492、494 页

Tribunes, military，军团长官，第 56 页

　　military, with consular power，拥有执政官权力的军团长官，第 8 页注释、14—15、43 页注释；

　　of the plebs，保民官，第 12、43、45、54—55、306—307、330 页，第 431 页注释

Tribuni aerarii，准骑士，第 81 页注释

Tribunicia potestas，保民官权力，第 323—324、330、365 页

Tributum，税，第 38、52、64 页

Tripertita，三分法，第 92 页，第 219 页注释

Triplicatio，再答辩，第 208 页

Triptych，三连书写板，第 415 页

Triumvirs，三人执政，第 321 页

Tryphoninus，特莱弗尼，第 391 页

Tubero（consul），吐贝罗（执政官），第 93 页

Tubero (pupil of Servius)，杜贝斯（塞尔维的学生），第 94 页

Tuscianus，图西安，第 378 页

Tutela，监护，第 93、121—122、124 页，第 129 页注释，第 139 页注释，第 151 页注释，第 169 页注释，第 172、198、239—240 页

　　fiduciaria，信托监护，第 240 页注释；

　　legitima，法定监护，第 240 页

Twelve Tables，《十二表法》，第 5、13—14、97 页，第 108 页以下

## U

Ulpian，乌尔比安，第 6、393—394、482、483、493、499 页

　　Epitome of，《乌尔比安摘录》，第 458 页；Opiniones of，乌尔比安的《观点集》，第 455 页

Usucapio，时效取得，第 151 页以下，第 229、506 页

　　pro herede，作为继承人的时效取得，第 153 页注释

Usufruct，用益权，第 227、269 页

Usurpation trinoctii，离家三夜中断，第 116—117 页

Usus，（为时效取得的目的）不间断的占有，第 147 页注释

　　acquisition of manus by，通过时效取得夫权，第 116—117 页；

　　servitude，使用权，第 269 页

Usus auctoritas fundi，对土地的时效取得，第 146 页注释，第 154—155 页

## V

Vacantes，后备名单，第 429 页

Vades, (vas)，应诉保证人，第 162、184、

219、281、299 页
Vadimonium, 出庭保证, 第 184、200、441 页
Varro, 瓦罗, 第 191 页注释
Vectigal, 田税, 第 39 页
Venditio sub hasta, 公开拍卖, 第 155 页
Venuleius, 维努雷, 第 386 页
Verginius, 维尔吉尼, 第 93 页
Veto, 否决权, 参见 Intercessio（否决权）
Via, 道路通行权, 第 158 页
Vicarius, 代理官, 第 424—425、446 页
Vicarious in urbe, 罗马城代理官, 第 424、446—447 页
Vice sacra, 代皇帝行事, 第 423、445、447 页
Vigintisexvirate, 二十六人官, 第 57、79、330 页
Vigintivirate, 二十人委员会成员职位, 第 326、330 页
Vindex, 应诉保证人, 第 176、181、189、190、193、197 页
Vindicare, vindicatio, 所有权主张, 所有权之诉, 第 140—142、148、150、154—155、180—182、198、199、211、214、474 页
Vindiciae, 临时占据, 第 181 页注释, 第 262 页

Vindicta, 权杖, 第 134 页, 第 148 页注释, 第 180 页注释
Vitae necisque potestas, 生杀之权, 第 119 页
Vitium, 瑕疵, 第 294 页
Volumen parvum,《附卷》, 第 496 页
Voluntas, 意图, 第 410、513 页
Voting in assemblies, 民众会议上的投票, 第 27—28 页
Vulgar law, 世俗法, 第 440、466 页, 第 473 页以下, 第 488 页

# W

War, declaration of, 宣战, 第 40—41 页
Way, rights of, 通行权, 第 158、268 页
Wills, 遗嘱, 参见 Testamentum（遗嘱）
Witnesses, in litigation, 诉讼中的证人, 第 185、443—444 页
    in mancipation, 要式买卖中的见证人, 第 143、145—146 页；
    in search for stolen goods, 搜寻被窃物时的见证人, 第 168 页
Women, 妇女, 第 116 页注释, 第 117、121、125—126、234、240、246、250、363—364、367、472、507 页。另参见 Divorce（离婚）, Dowry（嫁资）, Marriage（婚姻）

# 译 后 记

2000年年底，我在意大利比萨大学学习的时候，业师徐国栋教授从国内来信询问我是否愿意与商务印书馆合作，接手翻译乔洛维茨的《罗马法研究历史导论》一书。考虑到我先前阅读此书第二章关于罗马共和国时代政制的论述时，对论述的清晰、扼要和作者在对各种论点进行剖析时所表现出来的稳妥和精细所具有的深刻印象，我立即答应了这一译事。就这样，此书的翻译陪伴了我在意大利攻读博士学位的五年的留学生活。2005年7月，我携带着已经完成的译稿来到北京大学法学院，开始了新的生活。日出日落，又是8年过去了，这个已经酝酿了很久的译著，终于要面世了。

在接近13年之后来反思当初的选择，我仍然觉得接手翻译这本书是一个正确的选择。不避卖瓜之嫌，我确信这本译著，能够为中国学界——特别是法学界——带来相当多的知识。乔洛维茨的这本罗马法论著，结构和内容都相当独特。作者在第一版序言中提到，这本书是一个"去掉了本质的东西"的版本。这一说法中包含了相当多的意味。根据传统的看法，罗马法研究的中心问题——在某种意义上也被认为是罗马法的"本质"——是罗马古典时期的私法。但是，乔洛维茨在这本书中，偏偏没有过多地去论述这个被传统的罗马法研究认为是"本质"的内容，所谓"去掉了本质的东西"，就是在这个意义上而言的。但是，乔洛维茨的这句话，在自谦的同时，其实也对传统的罗马法研究模式提出了批评。在罗马法的研究中仅仅把眼光局限于罗马古典时代的私法，并且认为这构成所谓的罗马法研究的本质，其实是一种非历史的，把法律规范从其赖以产生和发展的诸多因素中割裂开来的做法。罗马私法本身是罗马特定的社会、政治、经济和意识形态等因素影响之下的产物。如果不把这些背景因素结合起来加以考虑，最终对罗马私法的认识也难以达到准确和深入。正是在这一点上，一个"去掉了本质的东西"的版本，也许恰恰是凸现那些在我们追求所谓"本质"的过程中有意或无意遗忘的因素的版本。

乔洛维茨这本书的意图就是要勾勒出那些被罗马法的研究者通常忽视的因素。其中最突出的就是该著作特别关注对罗马公法的论述。长期以来，中国的罗马法研究中一直存在一种不知所本的观点，认为罗马法的发达以及对后世欧洲法制产生重大影响的，主要是罗马私法，而罗马公法是不发达的、落后的，并且对后世缺乏影响。这种说法其实没有任何依据。如果我们对罗马公法做一种相对宽泛的理解，将其理解为罗马人的政治治理经验的总括，那么罗马文明中最为辉煌灿烂，也最具有范式意义的，恰恰是罗马人所实现的政治成就。这种成就，不同于那种单纯依靠武力的军事征服，罗马人为了对囊括当时西方文明已知世界的全部的庞大疆域进行有效的治理，建立了精密的治理体系。这个体系有效地运作了许多个世纪，甚至在罗马帝国崩溃之后，罗马人的政治遗产仍然深刻地影响着后世欧洲人的政治思维和想象力，出现了形形色色的诸如"神圣罗马帝国"之类的翻版。此外，宣称罗马公法对近现代欧洲公法思想和制度实践缺乏影响，也违背思想史的基本事实。在欧洲近现代公法思想史上具有举足轻重的地位的公法思想家的理论体系都与罗马公法存在密切的联系。马基雅维里，这位现代政治科学的奠基者，通过《论李维》这样一本可以叫作"罗马公法读书札记"的著作来阐述其公法思想。孟德斯鸠则撰写了《罗马盛衰原因论》，通过分析罗马治乱的经验，提出了权力制衡学说。卢梭在其《社会契约论》中，花费相当多的篇幅论述罗马公法的内容。这些事例，再清楚不过地表明，罗马公法是近现代欧洲公法思想建构的重要来源，罗马公法是近现代欧洲政法文化的古典思想背景，是近现代欧洲公法文化展开和发展的无法回避的历史语境。因此，要在最深层次上解读现代欧洲政法思想和实践，就必须追溯到作为其历史源头的罗马公法。而正是在这一点上，中国法学界——特别是公法学界——加强对罗马公法的研究，是一个无法回避的学术课业。

乔洛维茨的这本书，在罗马公法方面着力甚多，在某种意义上，这是这本著作论述的重点。作者在第二章、第十九章和第二十五章分别论述了共和国时期、元首制时期和君主专制时期的罗马公法体制。有关论述的深入和系统，远远超越了一般的罗马法论著对这一问题的蜻蜓点水般的提及。特别是本书第二章关于罗马共和时期的公法体系的论述，围绕着共和国体制之下的政制构架的分析而展开，条分缕析地论述了民众会议、元老院和执法官三元政治构架的形成，权力分配，运作方式等。可以说，通过这一章的阅读，可以获得对罗马共和政制的一个比较全面的了解。同样的，第十九章和第二十五章分别以元首制和君主制的政制构架为论述重点，通过与共和国政制的对比，可以观察到罗马的公法体制如何发生变迁。

但是，作者并没有把罗马公法仅仅限于对政制体制（用现代的术语来说，就是宪法体制）的论述，他还详细论述了罗马时代的刑法和刑事诉讼法（第十八章、第二十三章和第二十六章），分析了罗马公法中的刑事诉讼程序的历史发展。关于这一问题的论述，虽然在欧洲的罗马公法研究中，一直备受关注，出现了不少优秀的研究作品，但在中国法学界，对罗马刑事诉讼法的研究则几乎是一个空白。其结果就是，中国法学界对"抗辩制"、"纠问制"等刑事诉讼结构，以及与之相对应的陪审制度、证据制度在欧洲法律史上的起源和发展演变的了解，缺乏历史的纵深。乔洛维茨这本书中对这一问题的论述，在我看来，对中国刑事法学界具有重要的知识价值。

此外，乔洛维茨在这本书中，也有针对罗马的行政管理、地方制度等专门问题的论述（第三章、第四章、第二十章、第二十五章等）。这些可以大概地归结于"行政法"的内容，毫无疑问也是对罗马法知识领域的有意义的拓展。通过这些论述，我们看到的不再是一个限于"私法"的罗马法叙述体系，而是一个涉及罗马帝国各个方面，大到基本的政制构架，小到道路维护、城市消防管理，从作为帝国的政治中心罗马延伸到遥远的边疆行省的法律体制之整体的"工笔长卷"。

总而言之，对罗马公法的论述，是这本书的独特性的一个重要方面。毫不夸张地说，这本书能够帮助我们填补对于欧洲古典时代的公法制度的知识点中的诸多空白。

不过，即使对罗马私法的研究者而言，这本著作也具有重要价值。我在前面已经提到，罗马私法研究者通常将其关注的中心限定于从罗马古典时期的罗马私法。这种取向当然是值得肯定的，因为罗马私法的主体内容的确在古典阶段达到最高的水准，这一时期的罗马私法因此也最具有"范式"意义。但是，如果仅仅关注这一时期的罗马私法，将其"非历史化"，从方法论上是存在问题的。罗马古典时期的私法并不是凭空出现的，它必然建立在先前时代的私法制度的基础之上，是先前时代的私法制度的进一步发展。从这个意义上说，如果不对罗马古典时期的私法之前的罗马私法的发展历史有基本的了解，那么对罗马古典时期的私法的了解也难以达到全面和深入。而且，仅仅关注罗马古典时期的私法，也无法揭示罗马法本身所具有的历史性的维度，容易将其固定化，模式化。而这恰恰就是中国学者在论述罗马私法的过程中存在的普遍倾向。

中国的法学者——特别是私法学者——在论述罗马法的时候，往往对罗马法进行简单化的处理，将罗马古典时代的私法当作罗马法本身，经常宣称"罗马法如何如何"。但是这种论述往往是很容易出问题的。因为罗马法本身具有1000多年的历史发展，在发展中，罗马法的一般形态和具体制度都有深刻的变化。对于这样一个存在明显的历史性维度的法律经验体，不可能，也不应该将其挤压成一个平面化的、共时态性的法律体制。所以，当我们说"罗马法如何如何"的时候，必须要明确指出，我们所指的究竟是哪一个历史时期的罗马法。缺乏时代限定而泛泛地去宣称"罗马法如何如何"，没有任何意义。

但问题是，要克服在罗马私法的论述中的"非历史化"的倾向，论者就必须具备罗马私法在其各个历史时代，特别是前古典时代的基本知识。如果没有这样的知识背景，即使在方法论上意识到问题的存在，在实际上也无法去关注和分析罗马私法本身所具有的历史性维度。所幸的是，乔洛维茨的这本书，恰恰在这一方面下足了功夫，为我们"历史地"去认识罗马私法，提供了可贵的知识支持。事实上，这正是乔洛维茨的抱负之所在。他之所以将这一著作叫作《罗马法研究历史导论》，就是为了强调罗马法研究中所应该存在的"历史性"的维度。

在这本著作中，乔洛维茨将罗马古典时代的私法之前的历史发展分为两个主要的历史阶段："《十二表法》时期"和"从《十二表法》时期到共和国衰亡时期"。他分别论述了这两个历史时期中罗马私法的主要内容：家庭法、继承法、财产法、债法和程序法，在其中还穿插论述了关于奴隶制度和关于奴隶解放的有关问题。作者在论述内容上的选择和论述结构上安排，都具有很深的用意。由于《十二表法》被认为是后世罗马法发展的源头，将其作为罗马私法发展史中的一个独立的阶段来进行论述，可谓追根溯源，把法律制度的研究，一下子推进到其最初的源头。另外，这一时代的私法体制具有明显的时代特征，属于习惯法成文化的阶段，与共和国时期的得到进一步发展的私法体制存在明显的区别，所以，作者将罗马古典私法之前的私法发展划分为两个历史阶段来论述，使得私法制度的历史分析更加具有层次感，也更加精细和具体。从论述的结构看，作者在对古典时代之前的罗马私法进行论述的时候，将其分为家庭法、继承法、财产法、债法和程序法等论述单元，主要是为了与罗马古典法的传统论述体系相呼应，便于读者在研究具体制度的时候，方便地寻找到相关的古典法制度在早期发展的历史轨迹。

关注罗马公法，强调罗马私法的历史性的维度，这是本书在知识内涵上最主要的"闪光点"。但是，在其他方面，这本书颇有"出彩"之处。例如，作者用了两个单独的章节（第五章和第二十一章）单独论述了共和国时期以及元首制时期的法律渊源体系。这样的安排使得关于罗马法的法律渊源的论述，更加集中、系统，而且凸现了其内在的变迁。还比如，作者以相当长的篇幅（第二十二章）详细介绍了元首制时期重要的法学著作、两大法学流派和主要的法学家。文中关于这一部分的论述，流光溢彩，富有趣味，可读性极强，而且资料之丰富，论说之全面，为一般的罗马法著作所不及。还有，作者对"后古典"时代的罗马法也给予了相当多的关注，将罗马法从古典时代到后古典时代，再到优士丁尼时代的发展演变，交代得清清楚楚（第二十七章、第二十八章），并且对其"后古典"时代的罗马法的历史影响的评价平正、公允，毫不偏激。这种对待"后古典"时代的罗马法的态度，在传统的罗马法著作中是不多见的。传统的做法是对这一时代的罗马法大加批判，斥其为粗鄙、衰落，或者是对这一段历史遮遮掩掩，略谈或者少谈。乔洛维茨之所以持有这样的态度，与其对罗马法本身所具有的历史性的把握不无关系：只有试图抹平罗马法本身的内在的历史性的人，才会觉得罗马法在后古典时代的状况，与辉煌的古典法相比是一个不和谐的因素，是一个需要掩盖起来，否则会影响罗马法的光辉形象的"后腔"。但是作者不这么看，他所关注，并且试图去解释的是，究竟是哪些因素影响罗马法在后古典时代的发展，使其表现出与古典时代不同的特征。应该说，这种尊重历史的态度，是非常有益的。因为只有基于这种客观的分析，我们才可以去理解和厘清罗马法在中世纪早期发展所具有的真正的基础和前提。而这前提恰恰不是古典罗马法而是表现在优士丁尼的法典编纂中的罗马法。

因为上述优点，乔洛维茨的这本书在英语世界中享有很高的学术声誉，历经修订，至今保持其生命力。事实上，这是本拥有相当高的引用率的著作，几乎是英语世界的学者谈论罗马法时候的必引之书。

我是在意大利这个罗马法研究最为发达的国度翻译这本英语著作的。根据我的观察，与欧洲大陆国家强大的罗马法研究传统相比，英语国家的罗马法研究无论从阵容还是声势而言，都相对要弱势一些。但是这并没有影响在英语世界中涌现出了不少优秀的、具有重大的学术影响力的罗马法研究著述——乔洛维茨的这本著作就是其代表。对于这一现象，我曾在一次学术会议上与意大利那不勒斯大学的一个不知其姓名的罗马法教授谈起。他对这一现象的解释很简洁，也很有意思："Sono pochi, ma sono bravi！"（他们人数很少，但是很优秀！）

最后，我要对许多促成此译作面世的人表示感谢。感谢我的硕士生导师徐国栋教授向商务印书馆推荐我翻译此书。感谢我的博士生导师 Sandro Schipani 教授，他解答了我翻译中的诸多疑难问题。感谢意大利比萨大学法律系的 Carlo Venturini 教授，虽然已经过去十多年的时间,但是他在办公室为我单独讲授罗马刑事诉讼法的场景仍然历历在目,记忆犹新。最后还要提到的是我的爱人,这些年来,她为支持我的工作和生活,付出了无数的辛劳。这本译作应该看作是我们共同的成果。

薛军

2013 年 6 月 22 日

于北京大学法学院陈明楼

图书在版编目(CIP)数据

罗马法研究历史导论/(英)乔洛维茨,(英)尼古拉斯著;薛军译.—北京:商务印书馆,2013
ISBN 978-7-100-10005-2

Ⅰ.①罗… Ⅱ.①乔…②尼…③薛… Ⅲ.①罗马法—研究 Ⅳ.①D904.1

中国版本图书馆 CIP 数据核字(2013)第 121394 号

所有权利保留。
未经许可,不得以任何方式使用。

### 罗马法研究历史导论

〔英〕H. F. 乔洛维茨 著
巴里·尼古拉斯
薛军 译

商务印书馆出版
(北京王府井大街36号 邮政编码100710)
商务印书馆发行
北京市白帆印务有限公司印刷
ISBN 978-7-100-10005-2

2013年12月第1版　　开本 787×960　1/16
2013年12月北京第1次印刷　印张 45½
定价:93.00 元